国家自然科学基金项目资助（71103202）

创新集群的成长与演化

——第十二届产业集群与区域发展学术会议论文集

梅丽霞 ◎ 主编

中国出版集团
世界图书出版公司
广州·上海·西安·北京

图书在版编目(CIP)数据

创新集群的成长与演化：第十二届产业集群与区域发展学术会议论文集 / 梅丽霞主编. — 广州：世界图书出版广东有限公司，2014.11

ISBN 978-7-5100-8902-2

Ⅰ.①创… Ⅱ.①梅… Ⅲ.①区域经济发展－产业发展－中国－学术会议－文集 Ⅳ.①F127-53

中国版本图书馆 CIP 数据核字 (2014) 第 283057 号

创新集群的成长与演化
——第十二届产业集群与区域发展学术会议论文集

责任编辑	李汉保
封面设计	高　燕
出版发行	世界图书出版广东有限公司
地　　址	广州市新港西路大江冲 25 号
邮　　箱	sancangbook@163.com
印　　刷	虎彩印艺股份有限公司
规　　格	787mm×1092mm　1/16
印　　张	34
字　　数	700 千字
版　　次	2014 年 12 月第 1 版　2015 年 6 月第 2 次印刷
ISBN	978-7-5100-8902-2/F・0163
定　　价	119.00 元

版权所有，翻印必究

编委会成员

（以姓氏拼音为序）

陈池波（中南财经政法大学工商管理学院教授、博导）

胡汉辉（东南大学教授、博导）

胡立君（中南财经政法大学MBA学院教授、博导）

金祥荣（浙江大学经济学院教授、博导）

梁　琦（中山大学管理学院教授、博导）

王　珺（广东省社科院教授、博导）

王缉慈（北京大学城市与环境学院教授、博导）

臧旭恒（山东大学经济学院教授、博导）

曾　刚（华东师范大学城市与区域规划学院教授、博导）

关于产业结构之谜的思考

（代序）

王缉慈

2014年《政府工作报告》提出：要在优化结构中稳增长，在创新驱动中促转型。由此，以创新来支撑和引领经济结构优化和升级，鼓励服务业，支持战略性新兴产业，化解产能过剩矛盾，推进节能减排和污染防治，深化科技体制改革等一系列工作摆在决策者和研究者面前。诸如"产业结构优化"和"产业结构调整"的词组频繁地出现在政府文件和学者论著之中。不少省份提出了产业规划，对重大项目、示范园区建设等进行了部署。然而，何为优化？如何调整？学界纷争，至今未有明确的答案。

产业结构是何物？在中国至今仍是个谜。

轻重工业之谜

据上个世纪五十年代我国社会主义计划经济的政策思维，生产资料生产是提高人民福利的前提，有计划、按比例地发展国民经济，就要在优先发展重工业的条件下，工农业并举。长此下来，造成了轻工产品的严重短缺，带来了改革开放初期的市场契机，加之国际产业转移，以民营企业为主力的轻纺工业活力迸发出来。特别是2001年我国加入WTO(World Trade Organization，世界贸易组织，简称WTO)之后，消费品制造业一度发展迅猛。

以劳动者利益、环境、资源为代价的轻工产品制造，使很多企业徘徊在利润边缘。装备制造业基础薄弱等问题也逐渐暴露，于是近些年来一些地方开始大力发展重化工业。然而，过分投资于高污染高耗能的重工业，又造成了产能过剩危机。由此，一些地方又要求产能过剩行业向消费品行业领域或服务业转型。

经济学家们曾就经济增长模式与重化工业展开过激烈的争论。我国自然资源短缺、资本资源紧俏、生态环境脆弱，不能不顾地方条件发展重化工业，轻视或排斥原有轻工业。因此既要通过创意、文化和高技术的渗透来提升传统轻工业的竞争力，又要发展节能和环保的绿色重工业。一种以衡量、预防、限制、减少或纠正环境破坏、降低环境风险、生态建设等为使命的商品生产和咨询服务业——生态产业(又称环保产业)呼之欲出,并突显出环保技术开发应用和创新的重要性。

产业的生产要素密集型之谜

产业结构高度化理论认为,随着经济的增长,劳动密集型产业比重会下降,由资本密集型替代,继而又让位于知识技术密集型产业。技术和知识在产业发展中的重要性日益增加。轻工业部门多为劳动密集,重工业部门多为资本密集,而生产者服务业多为知识和技术密集而又是高技术劳动密集的。

片面追求发展高技术产业或新兴产业,而忽视本地基础雄厚的传统产业显然是愚蠢的做法。企业如果盲目地争相进入新兴产业,却处在价值链低端环节,则会有很大风险。如果不顾条件简单地只支持节能环保、新一代信息技术、生物、高端装备制造、新能源、新材料和新能源汽车等产业,而排斥鞋业、服装业、玩具业等本地优势产业,则会误导地方经济的发展。产业结构的变迁与升级是演进的过程。要重视传统产业对地方的税收、就业、资本积累和区域经济增长的贡献,支持企业通过产品创新、过程创新、营销创新、组织创新,提高传统制造业在全球价值链的获利地位与能力。

传统产业中也需要高技术应用和创新,传统产业与新兴产业融合有很好的发展前景。例如时尚的服装和鞋类产品的设计样式、颜色、质料的选择都具有文化或知识特性,这些产业可以获得国际竞争力。在土地和劳动力成本上涨时,本地传统产业可以将低端环节转移出去而向制造高端产品升级、向设计和营销等服务环节升级。因此,问题不在于企业所生产的产品和所从事的产业,而在于企业所处的价值链的低端环节。也就是说,产业升级的分析单位需要从"产业"、"部门"转向"价值活动"或"价值链环节"。

制造业和服务业比重以及一、二、三产业比重之谜

很多地方的产业结构调整思路都是"调优一产、壮大二产、加快发展第三产业",而调整的成效通常用三次产业在国民经济的比重变化来衡量,逐渐增加二产比重,实行工业强省(市、县)战略,进而加大三产比重。

按这种思路,轻视农业而转向制造业的倾向很难改变。中国仍有很大比例的生猪、蛋肉鸡、奶牛、良种、高端蔬菜、花卉品种、先进农产品加工成套设备等高度依赖进口,农业尚未摆脱依靠土地而不是依靠先进技术和服务来推动发展的局面。殊不知,在丹麦和加拿大等发达国家,农业在经济中仍然重要,以生物技术引领的先进农业仍然盛行,并具有很强的国际竞争力。

在我国,尽管制造业基础还不够强大,尚处于艰难发展之时,社会上对制造业的轻视却在加剧。很多企业刚刚获得一定的资本和知识积累,本该继续做强和做精产品,增加其核心竞争力,却逃离制造业,转战房地产。一些企业上市后,面对所融到的大量资金,为了吸引眼球而寻求所谓"热点",忙着圈地、做多角化经营,最后却削弱了主业的竞争力。一些企业缺乏创造力和创新能力,使区域制造业陷入低端锁定。在这种情况下,很多地方强调发展服务业,尤其是生产者服务业(producer service),把增加第三产业比重视为产业结构优化的"万能药"。

2008年金融危机后,美、德等发达国家重振制造业竞争力。很多公司把生产线转移回本国,它们认为外包会降低公司对市场的敏感性,因为设计师、工程师、咨询专家、消费者远离制造端,公司无法快速反应客户的需求。

欧盟2013年产业结构报告指出,制造业和服务业之间的联系正在日益增强。没有强大的制造业也就不可能有发达的服务业。强大的制造业有助于其他经济领域的竞争力,也就是说制造业越来越高的生产率增长会蔓延到服务业,这一点特别重要。

在一个国家或地区的GDP(Gross Domestic Product,国内生产总值,简称GDP)中,服务业份额越来越大是由于高收入群体对服务的需求弹性较大,随着收入的增长,中产阶级的最终需求往往转向服务业;相对来说,高技术制造业的生产率比劳动密集型服务业的生产率较高,制造业价格相对下降,因此从就业来说,制造业向服务业的移位很明显。

发达国家自1995年以来,制造业企业对中间业务的使用已横跨几乎所有行业。中高技术的制造业不再被机器操作员及装配线工人所支配,而是越来越多地将服务作为其业务流程的一部分,更多地使用与服务相关的员工,更多地在使用服务中创新,以提高生产产品的质量和生产流程的效率,从而提高生产率,进入潜在的新市场。制造业为服务业提供着"载体功能"。例如智能手机的销售需要使用软件应用等服务,以最大限度地发挥其效用,而设备制造商与软件服务供应商之间的互补性是至关重要的,这个载体刺激着服务活动创新和质量的提升。

建设园区和新城之谜

科技园区和新城等在局部营造创新环境的关键,是促进产学研合作的制度创新,并非房地产本身。当前,国内一些地方政府正试图布局新的园区,制定产业结构调整的路线图、调整标准以及时间表等等,把产业结构优化的希望寄托发展园区经济上。但有时适得其反。在实现产业结构调整、改变增长方式的口号下,对GDP和权力的追逐使一些地方政府热衷于人为地制造各类"项目",忙着招商引资、承接产业转移,并没有很好地关注企业的空间战略和实际空间行为。

当下各种名目的园区和新城建设方兴未艾,但地方决策者往往过分重视园区硬件建设,而不重视创新环境的营造;只引进国外该类产业的概念,而不重视我国某地区在这种产业活动中所处的价值环节。过多不切实际的产业地产加剧了对自然环境的破坏,增加了资源消耗,恰恰是产业结构优化的大敌。

应该说，园区或新城建设是提高产业竞争力的一种重要政策措施。例如丹麦为加速农业和食品业的创新，正在奥胡斯市（Aarhus）建设3万平米的农业食品园区（Agro Food Park）。这是地方政府与产业届合作行动的集群动议，使丹麦的农业科技研究所、知识中心和二十多个专业化公司等机构为农业和食品技术研发和应用密切合作，该项目将于2020年建成，将会使丹麦在肉、奶等农牧业和食品加工等行业的国际竞争力更加强大。

然而，投入巨资建设园区或新城本身是有风险的，要因地制宜地开展科学规划和合理建设。园区和新城是对企业的承诺，以促进经济发展和营造创新环境为初衷，要经过长期的耐心的努力，吸引足够的企业和机构，在合作机构的促进下，在良好的法制环境中，产业融合，知识溢出，不断催生创新的产品和服务，形成充满创新氛围的和谐的产业社区。依靠外力的发展要逐渐与培育本地社区（如本地配套企业、相关生产者服务企业、知识密集型员工和一线劳动力等）的内生动力结合，否则难以持续。

企业规模之谜

企业的规模分布、大小企业比例与部门业绩和产业竞争力密切相关。一方面多区位的大企业快速成长，另一方面小微企业数量和贡献占比持续增加。在产业结构优化过程中，要营造良好的创业环境，并充分重视中小微企业。例如，在欧盟2013年企业总数中，99%是中小企业，它们共提供约6500万个就业岗位，并有强劲的增长潜力，有大约200万个中小企业主要在非资金密集型的服务行业中新生。中国需要鼓励企业家精神，发展创新型中小企业，培育创新集群，发挥中小企业的集体效率。在互联网和大数据时代下，我国内需增长强劲，为中小企业创业提供了绝好的机会，机不可失。

创新集群之谜

我国的产业集群同各类开发区一起制造并出口了大批量廉价的工业产品。然而，随着国际国内经济风云变幻，这支曾经代表着中国制造崛起的重要力量逐渐失去了其神秘感，不断显现出各类问题。在摆脱出口依赖、重整经济以及发展实业，增加就业机会的背景下，产业升级对于现阶段许多集群来说，是非常紧迫的任务。

多年前，产业集群升级研究的权威学者H. Schmitz教授就为发展中国家的企业提出"参与全球价值链，在地方集群中升级"的观点，这种观点也被写进2002-2003年联合国工业发展组织的年度报告。与此同时，研究发达国家创新集群的真谛，吸取其经验，受到中国相关研究者和决策者的密切关注。

在走出经济低迷、摆脱出口依赖的过程中，知识型服务业是否能得到发展是集群获得竞争力的重要标志。为此需要把创新的内在驱动力作为产业集群升级的核心问题来研究。多年来，发达国家对知识型服务业（KIBS）有大量研究和实践，但是我国还停留在"生产型服务业"、"现代服务业"的理念，对于"创新驱动"、"知识网络"等理解还差得很远。在集群中的知识型服务业的"嵌入"是渐进的过程，而不是凭空打造的。要提升集群的竞争力，地方政府不能只是做一般性规划，或对中央政策的简单传达，而要下工夫弄明白企业对知识型服务业的真正需求是什么。

综上，一个经济体的产业结构是其长期经济增长的结果。各个部门的就业份额和附加值取决于生产率增长、需求结构和国际贸易等诸多因素。经济增长伴随着结构变迁，结构变迁推动着经济增长。

产业结构不合理并不可怕。真正可怕的是对产业结构毫无认识却空喊产业结构优化，结果却可能使产业结构恶化。中国经济转型升级的瓶颈，中国在国际分工中的中低端位置，均源于技术相对落后和创新生态系统不够良好。企业需要技术创新，还要踏踏实实从关键零部件、关键材料等的研制和关键技术的攻关做起。产学研需要互动合作，还要从改革科技评价体制做起。一句话，还是要回归以教育为本和技术立国这个根本问题上来。

丽霞嘱我为这本论文集写序，而此时我有他事在身，无暇提笔，遂将年中撰写的关于国内产业结构转型问题的文章整理出来，是为代序。

"产业集群与区域发展"（ICRD）系列学术会议由中国产业集群研究协调组主办。该会议从2002年肇始，至今已经成功举办了十二届，先后由浙江大学经济学院、中山大学广东省发展研究院、山东大学经济学院、东华大学旭日管理学院、北京大学地理科学研究中心、中山大学管理学院、河南大学黄河文明可持续发展研究中心和经济学院、中国矿业大学管理学院和经济学院、华东师范大学中国现代城市研究中心、中国海洋大学经济学院、内蒙古大学经济管理学院和中南财经政法大学组织承办。中国产业集群研究协调组由产业集群与区域发展系列会议的组织者联合组成，研究者来自地理学、经济学、管理学、社会学等多种跨学科领域，在促进我国产业集群和区域发展的理论研究与政策实践方面产生了积极而重要的影响。

2013年7月，第十二届产业集群与区域发展会议落户于湖北武汉，由中南财经政法大学工商管理学院和MBA学院联合主办，年会主题为"创新集群的成长与演化"。该会议紧密结合国情，深入解读了当前国际、国内产业集群与区域发展领域的前沿和热点问题，围绕着"转型情景下的中国产业研究"、"产业集群发展和政府角色转变"、"产业集群与城镇化"、"产业集聚与环境治理"等当前发展中的重大议题进行了深度研讨和充分争鸣，取得了积极而重要的研究进展，大会获得了圆满成功。

第十二届产业集群与区域发展学术会议共征集论文百余篇，经专家评审和编委会筛选，共选取44篇，形成了本论文集，以飨读者。

（注：王缉慈（1946— ），女，北京大学城市与环境学院教授、博士生导师，国际地理联合会经济空间动态委员会指导委员。）

目 录

1 为何经济地理学不是演化科学？——走向演化经济地理学 ……………… 1
2 区域嵌入全球价值链水平和其物流能力关系研究 …………………………… 20
3 商业生态系统视角下产业园区持续发展的"三聚"路径 ……………………… 39
4 产业集群的异地转移与本地升级 …………………………………………… 48
5 R&D、FDI 知识溢出及其区域创新效果研究——基于长三角地区实证分析 …… 57
6 后工业化家纺产业集群创新转型 …………………………………………… 70
7 基于产业集群的企业知识共享模式构建研究 ………………………………… 79
8 我国创新集群发展探析 ……………………………………………………… 86
9 江苏省制造业转移趋势的综合测度研究 ……………………………………… 94
10 集群式升级：传统产业升级与战略性新兴产业发展路径研究——基于无锡惠山产业集群案例研究 …… 106
11 集体学习、集群性动态能力与竞争优势的关系研究 ………………………… 120
12 产业集群生命周期视角下的地理邻近对集群创新的动态影响——对我国汽车产业集群的实证 …… 127
13 政府认知视角下的集群升级——以广东专业镇为例 ………………………… 144
14 全球价值链视角下的宁夏清真食品产业集群升级研究 ……………………… 158
15 FDI 与产业集群的互动研究——以浙江制造业为例 ………………………… 168
16 环同济设计产业集群中的城市更新案例研究 ………………………………… 184
17 动漫产业和玩具制造业的整合——以喜羊羊和奥飞动漫为例 ……………… 193
18 技术标准、知识产权与创新集群的成长路径——以武汉东湖国家自主创新示范区为例 …… 202
19 集群企业网络动态能力、刻意学习与创新绩效的关系研究——基于黑龙江六大产业集群的实证 …… 214
20 基于产业集聚的高端装备制造业创新能力研究 ……………………………… 227
21 武汉市高端装备制造业协同创新发展的路径研究 …………………………… 234
22 从流动集群到组织化运营——城市废弃电器电子产品回收体系的转型 …… 241

23	产业集群对区域发展影响研究——以浙江省纺织业产业集群为例	260
24	推拉理论视角下外来人力资本与产业集群的本土相融性研究——以浙商与江苏产业集群融合为例	271
25	产业园区模式创新与区域经济发展研究——以大连生态科技创新城为例	282
26	区域内知识的三重结构——从企业创新行为、集群创新网络到区域创新体系	289
27	产业集群视角下资源型城市产业转型问题研究——以辽宁省为例	298
28	基于熵指数、行业集中度和HHI指数高技术产业集聚度研究	306
29	我国纺织产业集聚的定量测度及其影响因素实证分析	316
30	产业集聚对高技术产业全要素生产率变化的影响研究	323
31	社会资本:一个基于多元视角的理论综述	339
32	制度、组织与知识研究:基于演化和空间	347
33	集群化协同技术创新多维复杂性特征研究	362
34	产业集群地方实践的困境与建议:一个政府的视角	371
35	从产业集群到区域创新系统:基于产业组织视角的集群升级方向与路径	382
36	产业规划视角下的广州市人口变动研究	396
37	技术标准联盟的内涵和运作模式研究	413
38	产城融合视角下服务业与制造业集群协同发展模式研究——以盐城环保产业园为例	422
39	基于区域创新体系的高科技园区策划方法研究——以广州知识城为例	431
40	从地方化到去地方化:中国沿海外贸加工业空间格局变化	443
41	资源环境约束、认知行为偏差与产业集群发展困境——基于江苏特色产业集群的实证分析	461
42	论产业集群是否有利于中小企业融资	485
43	Market Centralization in Clusters' Development as Research Area In Ukraine	492
44	Mixed Duopoly with Foreign Firm and Subcontracting	504

后记 成长在创新与创业的大时代 ························ 527

1 为何经济地理学不是演化科学？
——走向演化经济地理学

译　者：包卿，江苏省江阴市发展和改革委员会
原作者：Boschma and Frenken，荷兰乌德勒支大学

> **摘　要**：本文首先阐述了在过去二三十年经济地理学领域中发挥重要影响的新古典、制度和演化方法的异同。通过理论内容和研究方法的比较，有利于我们更好地掌握这三者之间方法的异同。当前显而易见的是创新性理论主要在新古典和演化理论之间（尤其在模型方面），以及在制度和演化理论之间的交叉方面（尤其在理解理论方面）。总的来说，我们认为演化经济地理学是一个不断呈现新鲜活力的经济地理学领域。尽管如此，目前演化经济地理学尚未能形成与其他理论方法相区别开来的独特理论方法。
>
> **关键词**：演化经济地理学；新经济地理学；制度经济地理学

一、引言

自从经济学进入"地理转向"以来，"方法论之争"便在经济地理领域不断地发热（Martin，1999）。从 1980 年代，经济地理便开始脱离传统经济分析，利用社会、文化和政治科学的洞察转向更加"跨学科"的一边。这种转向在经济地理学那里被归结为"文化转向"（Amin & Thrift，2000；Barnes，2001）或"制度转型"（Martin，2000）。10 年后，随着克鲁格曼（1991a）的一个开创性贡献，新古典经济学家们已重返"经济地理学"（Fujita et al.，1999；Brakman et al.，2001；Fujita & Thisse，2002；Puga，2002）。当然这也遭到了经济地理学家们的顽固抵制。新古典经济学家们正重新焕发了他们对"地理"的兴趣，而地理学家们却正远离经济学，经济学家和地理学家之间的争论鲜有结果，这种情形犹如"聋子之间的对话"（Martin，2003）。

演化经济学可视为经济地理学的第三种方法，但迄今尚未受到真正关注。虽然，对

演化思考和演化概念的溢美之词不断增加（Storper，1997；Cooke & Morgan，1998；Martin，1999；Sjöberg & Sjöholm，2002；Cooke，2002；Scott，2004），然而经济地理学目前还是很少系统性地应用演化经济学（Rigby & Essletzbichler，1997；Boschma & Lambooy，1999；Essletzbichler & Rigby，2005）。当然，在经济地理学界看来，演化经济学自身也尚未发展为内在一体的理论与实践。客观公正地说，演化经济学家们比经济地理学家们更积极地将演化经济学引入经济地理学论题（Arthur，1987，1990；Swann & Prevezer，1996；Antonelli，2000；Caniëls，2000；Breschi & Lissoni，2001，2003；Bresnahan et al.，2001；Klepper，2002a；McKelvey，2004；Brenner，2004；Werker & Athreye，2004）。也许正是因为演化经济学在经济地理学领域的影响尚还微小，所以经济地理学家们或多或少地将演化经济学和制度经济学不加区别。

我们提出"经济地理学的演化方法"这一论题，相似情形，韦伯曾经在其开创性论文中指出"为何经济学不是演化科学？"。我们的主要目的是提出演化经济地理学的基本要素。在描绘出这一新方法的主要轮廓之前，我们要指出，经济地理学界的"演化经济地理学"是不能还原到新古典主义和制度主义的。为此，我们首先将概括出经济地理在过去几十年间的两大理论进展：一是1990年代左右的新经济地理；二是1980年代左右的文化或制度转向。在文章的第二部分，我们解释了这两股思潮之间为何存在较大冲突而不是相互交流借鉴。在第三部分，我们提出了三个议题，重现了经济地理学内部的分歧（经济学也如此）——讨论的假设、数学方法的使用，以及静态和动态的差别。在此框架下，我们探讨新古典、演化和制度方法的异同点。我们展现了演化方法的价值，并提出演化经济地理学实际是"新酒装新瓶"。为了展示演化经济地理学的新颖性，我们在第四和第五部分比较了新古典经济地理学、制度经济地理学和演化经济地理学之间的差异性。尽管这种比较尚未能够体现出系统性，但是显然是值得鼓励的，并且已经有很多成果。演化经济地理学方法是富有独特性的，这主要体现在它的核心假设、分析单元和解释风格方面。文章的最后部分，为了证实我们的论文观点，我们勾勒出了演化经济地理学的基本轮廓。

在介绍经济地理学的三种方法之前，有必要指出的是，我们的目标不是讨论和比较每一种方法的具体细节（参见Nelson，1995a；Hodgson，1998；Marchionni，2004）。因此，我们不可避免地要"回避"掉一些细微差别。我们主要参考了这三个理论的"教材文本"，这不是说"现代作品"都非常合适于这三个理论。相反，这提醒我们：程式化地区分这三种方法主要是为了使用方便，并最终有利于理论方法之间的融合。

二、经济地理学的方法论讨论

过去二十多年间，经济地理学被认为经历了很多的"动荡"（Martin & Sunley，1996；

1 为何经济地理学不是演化科学？
——走向演化经济地理学

Amin & Thrift, 2000; Barnes, 2001; Meardon, 2001; Overman, 2004; Scott, 2004)。如果说经济地理学中新近有所"演化"，一般认为是由克鲁格曼等所开拓的新古典经济学在经济地理学中的应用。接下来，我们以"新经济地理学"来专指这一新进展。我们也会使用"新古典经济地理"，借以包含了克罗格曼之前的区域科学和新近的新经济地理学进展，两者都是从新古典的"效用最大化"和"委托代理"假定出发，以"均衡分析"推导出模型，这些都类似于新古典经济学。

克氏的新经济地理学方法可以看作是新古典经济学对"贸易、专业化和集聚"解释的新拓展，缓解了常用的"完全竞争"和"规模报酬递增"假设压力。这基本上是一种微观经济理论，它以"经济人的理性决策"解释了集聚的存在和持续。在假定企业层面的规模报酬递增以及企业层面的不完全竞争情况下，克鲁格曼的理论贡献表明集聚可以发生——不必假定区域差异或外部经济。尤其在交通成本下降的背景下，集聚和扩散均衡点的达成取决于企业和劳工是在集群中更受益还是扩散到更多区域受益。这个平衡点的转换是在企业内部规模经济和针对消费者的生产多样性经济——一方面是集群，另一方面是区域之间的运输成本。此外，克氏的核心模型具有多个方向的延伸性，包括其他因素如人口稠密与失业(Fujita et al., 1999; Brakman et al., 2001; Puga, 2002;更全面的综述参看 Neary, 2001)。

在克鲁格曼和其他经济学家着手他们的主要理论观点的同时，经济地理学家们也开始重新定位自己的研究。提及这一点，我们通常会指出经济地理学的"制度转向"这一变化。我们可以把经济地理学的"制度转向"看作是制度主义成功发展的一脉，其在经济学领域却鲜有成效。即使这样，需要指出的是：目前对"制度经济地理方法"尚未有充分论述(Martin, 2000)。同样的事实是制度经济学尚未形成内在系统性(Hodgson, 1998)。两者都被认为是一种方法的集中，在个性化事例上分享了共同的概念和兴趣(Samuels, 1995)。对于绝大多数制度经济学家而言，方法论和理论的多元化并不能推论出其内在不一致性。相反，多元化是方法论的核心，并受到鼓励，这一点至少在接受制度经济地理作为跨学科和综合科学的学者那里得到认可和接受(Hodgson, 1988)。

在其最为严谨的形式中，制度经济学方法提出"经济行为差异"的原因是"制度差异"(Hodgson, 1988, 1998; Whitley, 1992, 2003; Saxenian, 1994; Gertler, 1997)。"制度差异"表现于企业和地域间(前者以组织架构和商务文化为表现形式，后者表现为"法律框架、非正式制度、政策、价值观和标准"等)。以制度的视角对这些经济单元的比较分析能够解释不同经济绩效的成因，如利润、增长、收入的分配和矛盾。需要指出的是这些仅仅是对制度主义方法的部分解释。研究者可以区分"过度社会化"和"低度社会化"两种视角：前者认为主要是制度及社会阶层控制决定个体行为；后者认为是个体的理性行为塑造了制度(Granovetter, 1985)。如在经济学中，老制度主义经济学主要对应于"过度社会化"，而新制度经济学(Williamson, 1985)重在"低度社会化"(从这个方面而言，接近于新古典经济学)。我们经济地理学的制度主义方法倾向于"过度社会化",因为很多的经济地理研究主要侧重于制度,而不是个体行为(Gertler,1997)。

一直以来,新经济地理学和制度经济地理学各自保持了独立发展,也展开了一些讨论(e.g.,Amin & Thrift,2000;Martin & Sunley,2001)。我们赞同马丁(2003)观点:富有成果的思想交流还是鲜有发生。相反的观点认为,讨论已经很激烈,但没有进展而已。毫无疑问,两股思潮的基本方法存在较大差异。我们理解这两者之间的冲突至少反映了两大不可调和性。

首先,制度主义和新古典主义在方法论上存在差异,他们以不同的方式接受了"空间"这一概念。制度经济地理学者拒绝使用模型和计量经济学规范进行演绎推理。相反,他们使用一种归纳的方法,通常是案例研究方法,突出"现实空间"的地方独特性。制度分析的一大目标是理解"现实空间"的"地方独特性"对经济发展的影响,而这也是导致不同空间尺度下"地方特色制度"的原因。因此,任何一种制度分析方法在不同地方的展开是不同的,如在对起点的分析和"地方特色制度"如何影响经济发展方面。相反,新经济地理学在假定"效用最大化"和"委托代理"的前提下,使用模型进行演绎分析,利用"均衡分析"进行理论推定和预测。新经济地理学不认同甚至拒绝那种突出地方特色的案例研究(e.g.,Overman,2004)。新经济地理学忽略区域差异的存在,但事实上在"要素价格"或者"制度建制"上是存在差异的。再者,这些模型的建立起始于对"原子空间"的假定,目的是解释集聚如何发生的。它们的主要目标是展现"不均衡的空间模式"是如何在起初"均质世界"中产生的,因此,他们从不同的"地方特殊性"和不同尺度的"空间集聚"中进行抽象概括。

第二,这两种方法在解释经济现象时存在"行为假定"的差异。新经济地理学的目标是从个体经济行为"效用最大化"中解释经济活动中的地理模型。制度经济地理学者则是假定:经济行为并非如"效用最大化"所言那样准确精致,而在"行为规范"框架下能够更好地理解。个体的理性是有限的,他们更大程度上是依赖于"身在其中"的制度进行行为决策。"制度"根植于特定的地理空间实践中,这就要求区位("真实空间")和分析单元相联系。通过这样做,制度经济地理学分析了"制度的特殊性"影响了经济行为和由此形成的"区域经济发展模式"。相反,制度在新古典经济学模型中不扮演任何角色,或者仅仅是一种模糊和不言而喻的感觉(例如模型中特定相关参数)(Olsen,2002)。地方的"制度"和"文化"因素在分析模型中被遗漏了,因为这在经济分析中认为是不必要的,是认为应该留给社会学家们干的事情,克鲁格曼就是如此处置的(Martin,1999,p.75)。

我们认为"演化经济地理学"不同于新古典和制度主义,应该被纳入为经济地理学的第三种研究方法。它在经济地理学背景下使用演化经济学的核心概念和方法论,为主要经济现象提供了另外一套解释架构,包括集聚和区域增长差异。它的起点是解开"组织"的黑箱,且视"组织间的竞争"是立足于"与时演进积累"的"惯例"基础上的(Nelson &

1 为何经济地理学不是演化科学？
——走向演化经济地理学

Winter，1982；Maskell，2001）。"组织演化模型"的建立是在两大概念基础之上——"有限理性"和"惯例行为"，而不是"效用最大化"（Simon，1955a）。"惯例"可以理解为"组织技能"，但不能简单认为是"个体技能"的总和（Nelson & Winter，1982）。在企业层面，"惯例"是显现的，这是因为在企业中的员工因为技能特长不同而有劳动岗位分工差异。对应于个体技能的"组织惯例"是由大量实践知识（干中学）和那些难于编码的"隐含知识"构成的。这就使得企业之间很难模仿（Teece et al.，1997）。因此，组织的多样性在于他们"惯例"的多样性，并持续作用。因此，组织的模型化不再依赖于委托代理假设。正是这种多样性在经济发展处于可以变更和超越平衡的过程中丰富了选择（Hodgson，1999）。而且，组织在建立"惯例"基础上的竞争的同时，特别强调对于熊彼特式的创新驱动所需要的新产品和新技能，由此形成"新惯例"，而这并非新古典经济学所认定的生产成本。

总的来说，演化经济学揭示了"惯例"的分布——搜索和选择的结果（Alchian，1950）。首先，企业在试错过程中总结失败教训，当"惯例"不能良好运作时，失败会引致更为活跃的对"惯例"的搜索（Nelson & Winter，1982），如通过投资研发。演化经济学喻示绝大多数企业是在过去基础上不断增加创新和开拓知识的。经验研究表明创新提高了企业生命周期（Cefis & Marsili，2006），但组织转变是趋于降低企业生存概率的（Anderson & Tushman，1990；Carroll & Hannan，2000）。组织在带着竞争的危险"拷贝"和"模仿"其他企业时，也通过网络来学习（Cowan & Jonard，2003），尽管模仿往往是失败的——因为"惯例"中的隐含知识是难于拷贝的（Teece et al.，1997）。其次，"知识情报"是作为一个整体在产业层面存在的，正如生物界的种群（Nelson & Winter，1982）。只要企业展现了"惯例化"行为，市场竞争就如一个选择装置，它保留和放大精明合适的"惯例"，消除愚笨不合适的"惯例"。尤其，利润差异导致不同的成长率这使得更合适的"惯例"在产业内具有优势。这种选择逻辑是与企业成长实践中自动纠错机制相一致的，这意味着一些企业能够持久成长（Bottazzi et al.，2002；Cefis & Orsenigo，2001；Cefis，2003；Garnsey et al.，2006）。

演化经济地理学的目标是理解随着时间变化"惯例"的空间分布。它尤其着力于分析空间中创新和新"惯例"的扩散，以及通过什么机制使得更合适的"惯例"扩散开来。遵循这种逻辑，空间集聚的出现既不是新古典理论所言的区位理性决策的结果，也不是制度理论所言的建立特定地方制度的结果，而是要以嵌入在组织"惯例"中的知识历史性地在空间中成长集聚来分析。沿着这个视角，就有几个演化机制使得企业空间集聚。

集聚可能是一个过程的结果，在此过程中偶然事件被企业层面的正反馈所放大（Arthur，1990）。因为通过学习，成功引致更多的成功，一些企业将成为幸运者并成长为产业领航者，而另一些企业是不幸的并最终消失。成功企业产生更多的、更成功的溢出效应，这些几乎都保留在区域内部。由此产生的产业和空间动态牵涉到企业和区域关系的路径依赖，一旦一种空间模式被历史性地"设定"，就会很大程度上不可逆转。在这种情况下，即使没有聚集经济，演化过程也可导致空间集中（Klepper，2002b）。空间集聚也可能是区域层面的报酬递增。知识不仅根植于企业的组织"惯例"中，而且也可能从一个企业传播到另一个企业。正如默认知识难于通过全球市场的联系而得以交换，知识溢出更多地是在地理临近的空间中发生（Jaffe et al.，1993；Breschi & Lissoni，2003；Verspagen & Schoenmakers，2004）。集聚经济既是一种激励机制，又是一种选择机制，它解释了经济活动为何驱使企业从其他区域集中到一些领先区域（Malmberg & Maskell，2002；Boschma，2004）。

接下来，我们讨论演化经济地理学与新古典和制度方法的联系，它认同新古典的"规范建模"方法，而在行为基础上它认同制度方法（如有限理性）。考虑到这些相似性，我们可以预期沿着演化、新古典和制度方法之间的交集在经济地理领域进行丰富的思想交流。我们因此将具体讨论演化和新古典经济地理学之间的交集（第四部分）和演化和制度经济地理学之间的交集（第五部分），与这些安排相呼应，在第三部分，我们简要地描述了经济地理学的三个主题，这样有利于深入讨论过程中对这三种方法的交集性质有深入的理解。

三、经济地理学的三个主题

自从我们从演化经济地理学那里获得一种有别于新古典经济学和制度经济地理学的方法之后，我们的目标就是要清晰表达出这三者在方法上的"相似性"和"差异性"。尽管任何试图从学科视野来刻画和描述其主要特征是非常困难和复杂的，但我们感到这将是非常有益的一件事——将一个新方法和既有方法区别开来，以及表示出它们之间的联系和在思想方面更加亲近的关联。我们将通过以下三个主题加以介绍、展开。对此，我们以图1的三角形加以图形化描述。每个主题由三个方法中的两个组成并与第三种方法加以区别比较。这三个主题再次一起在经济史和经济地理学史中被展示出来。

第一个方面主要讨论规范建模的有效性，这部分主要讲述演化和新古典学者的主张，以及比较他们与制度学者的区别。前已述及，绝大多数制度主义学者拒绝规范建模，因为"它"不能把握住经济和社会生活的复杂性（Martin，2000）。根据制度主义学者的意见，"规范建模"就如一个规则，这个规则采取了反现实的立场，因为它排斥了"地点的特殊性"因素（如文化和制度），这些是难以放入"希腊经济学"里的，但却在解释区域差异时发挥了重要作用（Gertler，997）。相反，新古典和演化论学者以不同的途径采用"规范建模"作为理论化的工具。

第二个方面集中在理论假设的争论。演化和制度主义对新古典主义的"个人效用

1 为何经济地理学不是演化科学？
——走向演化经济地理学

最大化"的假设持有一致的批评。正如 Dosi（1984）曾经指出："我们必须放弃新古典框架,因为我们不能假定一个外在的、给定的背景和令人喜欢的要素要与人们的理性完全一致。"相反,演化和制度主义学者认为经济代理人的理性是有限度的,他们的决策建立在规则和制度基础上（Veblen, 1898; Simon, 1955a; Nelson & Winter, 1982）。这并非说演化和制度主义学者就假定经济人不去争取效用最大化,而是因为真实世界中经济人因为有限理性而不能做到。相反,经济人必须依赖"惯例"（在微观层面）和"制度"（在宏观层面）。既然"惯例"和"制度"是特定背景所给定的——惯例特定于组织,制度特定于地域（真实空间）,这两种方法都拒绝采用那种忽略人的行为复杂性的新古典理论的原子化视角。

第三个方面是关于时间概念。这方面演化论者对新古典和制度主义的"静态分析"持有批评立场。如果说演化理论是生物界的自然历史理论或者是经济学中经济发展理论,那它的特征是从历史解译事物的当前状态："解释为什么一些事物的存在密切地依赖于它的历史"（Dosi, 1997）。因此,事情的当前状态演绎于并由它之前的状态所构成。演化理论处理路径依赖过程,这其中之前事件影响未来发生事件的概率。在这种视角下看,小事件会因为自我增强能够带来大的和长期的影响（Arthur,1989）。概括地说,历史发挥重要作用（David, 1985）。这方面是演化方法与新古典和制度主义的基本差别,后两者都重视静态分析。

总得来说,新古典和制度经济地理学之间的冲突可以理解为两大基本差异,在方法论（规范建模的采用）和关键行为假定方面（有限理性和惯例/制度指导行为决策）。演化经济地理学持有中立立场：它认同新古典的规范建模方法,并把这种建模建立在"地方背景"的抽象概括和用制度主义方法假定有限理性以及侧重于人们行为决策的背景分析。这看似模棱两可的定位可以从分析的不同层次来加以明晰：演化经济学视组织惯例为一个特定背景,以解释有限理性下的行为决策,而制度主义方法是从地域制度出发。因此,演化经济地理学不是从宏观制度差异解释区域增长差异,而是从企业运行于地域背景下的微观历史出发来进行分析。

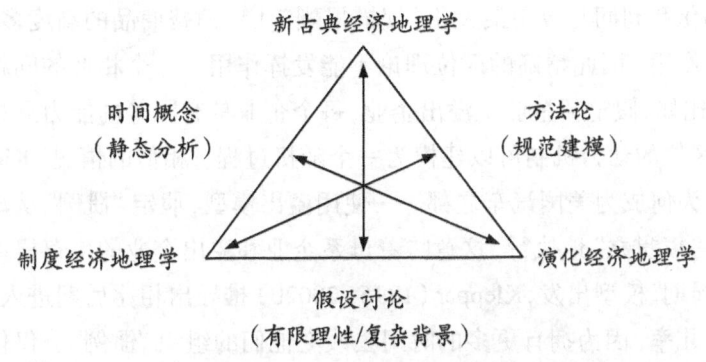

图 1 新古典、制度和演化经济地理学之间的三个关键议题

四、新古典经济地理学和演化经济地理学之间的交集

正如前言，近年来新古典经济学对经济地理学的影响已经发展出一派新模型——建立于克鲁格曼核心模型基础之上(1991a)。这些模型易于理解接受，但仅仅处理了地理的一些方面（尤其交通运输成本），这使得其在多个场合被经济地理学者和其他学者所攻击，因为它们没有很好地处理"真正"地理问题(Martin & Sunley, 1996; David, 1999; Amin & Thrift, 2000; Nijkamp, 2001)。尽管如此，新经济地理学被认为在空间不均衡发展理论化方面作出了重要贡献。我们认为，尽管理论基础有差异，新经济地理学与演化经济地理学之间可能存在一些共同之处，而这些可以看作是两者之间的交集。与此同时，我们需要明确指出的是那种错误认识：认为这两者之间理所当然地存在"交集"。正如前面提出的，演化和新古典主义存在共同的建模方法论基础，包括对原子空间、锁定的可能性、不可逆转性等概念的使用，然而这两者在关键行为假定、分析的单元、时间的处理和集聚经济概念等方面存在分歧。

新经济地理学被认为是新古典经济学报酬递增模型大家庭中的一员，包括了增长理论、贸易理论和经济地理。这些新模型家族取代了原先的规模报酬不变或递减以及完全竞争的假定——通过假定不完全竞争和规模报酬递增。这些假定更好地掌握了现代经济中绝大多数部门的特点——垄断寡头和大企业内在地实现规模报酬递增。对于演化方法而言，新经济地理学与传统新古典主义方法的最大不同是它通常能够以一种独特的优化均衡方式建立历史和可逆过程模型。相比较，演化和新经济地理学模型都是可能的多重均衡，在进入某一均衡过程中的路径依赖，不可逆转的结果导致系统锁定和次优结果。

这两个方法的另一个共同特征是关注于解释不均衡空间模式是如何从均一的或"原子"空间中发展出来的。尽管回避区域差异，仍然试图解释空间集聚。在新经济地理学模型中，当消费者和企业预知到在某一区位集群会更有优势时集聚就发生了，这带来了运输成本最小化和利润与效用最大化（规模报酬递增、消费商品的高度多样化）。因为经济人的集群作用，因此精确的区位理论不能发挥作用。一个相似的问题占据了演化理论的思考。比如，假定新企业是溢出企业，每个企业具有同等的能力通过溢出去创造新企业，结果区位的动力机制可以建模为一个随机过程。相似的情况，Klepper(2002a)解释了底特律为何成为美国汽车之都——使用溢出模型，假定"惯例"从母系企业到溢出企业得到"一以贯之"地执行，这意味着母系企业和溢出企业的生存概率是一样的。从"产业生命周期"模型出发，Klepper(1996, 2002b)推导出相比后期进入者，早期进入者存在高生存几率，因为拥有更多的时间去改变他们的组织"惯例"。仅仅那些虽属后来但从先前"母系"企业中派生的企业能够克服后来者的逆势，因为这些派生企业继承

1 为何经济地理学不是演化科学？
——走向演化经济地理学

了他们"母系"企业的合适"惯例"。因此,当派生企业和其"母系"企业布局在同一区位时,带有相同"惯例"的企业便在地理空间中集群(Klepper, 2002a)。

以随机推理为基础的演化模型已经应用于空间网络的演化分析——空间中任何地方都可能演绎为一个新节点,节点之间的链接依赖于地理空间(消极性)和优选的联系(积极性)。优选的联系意味着一个新的节点更倾向于联系那些能从其中获益的节点(Barabasi & Albert, 1999; Albert & Barabasi, 2002)。网络的空间组织和形态可以理解为纯碎的随机和就近选择的结果(Andersson et al., 2003, 2006),这种情况在基础设施网络中可以观察到呈现为"轮毂—辐条"式的集中放射状(Guimerà & Amaral, 2004; Barrat et al., 2005)。相同情况,聚落体系中的城市,其历史性的增长网络模式是从潜在的联系中发展起来的结果(Castells, 1996)。

因此,尽管演化和新古典方法在精密的模型技术和重要的理论假设方面存在极大的差异,但两者都采用假定的"原子空间"规范建模解释最初均质的世界是如何演变为不均衡分布格局的。尽管有这些共同特征,但演化经济地理学和新经济地理学至少存在这四个基础性的差异。

首先,新经济地理学坚持保留了新古典框架下的经济代理人"效用最大化"以及经济人的同一性假定。这就和演化经济学理论极大地区别开来,后者是建立在不同的一组对经济人的假定基础之上的,包括有限理性、惯例行为和异质性。新古典模型假定一个给定了的市场结构(如新经济地理学的"垄断竞争"),而演化模型考虑了进入、退出和创新,并让市场结构自发地演进。换句话说,新经济地理学在现代产业组织方面比较薄弱(Neary, 2001)。

其次,这两种方法中在集聚的经济层面存在差异。新古典模型侧重于宏观空间经济中经济人(企业和消费者)的区位决策——在微观层面假定一个给定的市场结构。藉此,马丁指出新经济地理学不能解释"产业区位和专业化"在何地发生,或者为何在此地而不在其他。相比,演化方法目标是从中观经济层面解释产业空间和网络如何演化。在宏观层面,经济体系的空间演化侧重于结构演变分析框架,在那里,区域单元的赶超或落后用要素的升降和空间网络结构加以分析(Hall & Preston, 1988),如在国家(Dosi & Soete, 1988)、区域(Boschma, 1997)或者城市层面(Hohenberg & Lees, 1995)。

第三方面,两大理论在处理"动态"方面存在差异。尽管新经济地理学模型被认为是用来解释集聚的动态形成过程,但其结论是建立在静态均衡分析基础上,就如其他新古典经济学模型一样。模型的预测是源自对所有单个经济代理人的一次性区位选择结果。如此,他们的共同行为是均衡的。在这些模型中,均衡中的变化是由外生而不是内生参数的变化所引发的。比如,运输成本的下降或者贸易壁垒的消除可能导致企业在一个区域集群,而不是在空间中均匀地发布。因此,真正的"动态"结果仅仅是"不同参数设置的不同均衡状态"的静止分析。演化模型不同于新古典模型,其经济"动态"仅仅展现为暂时趋于平衡的打断——由内生决定性创新型企业行为引发的(Nelson & Winter, 1982)。由"离经叛道"企业行为所引发的失衡趋势不被认为是"噪音",而是驱动经济发展的潜在力量。演化经济学视"通过创新对超额利润的寻求(也称为'熊彼特式竞争')"为经济的基本动力(摆脱均衡状态),同时视利润的流失是因为价格的竞争——仅仅被认为是第二位的动力(均衡的转换)。在模型化的语言里,这意味着企业的增长和下降,要素和区域可以明确地动态模型化——假定一些潜在随机过程去反映创新。沿着这条脉络,演化经济学开始更多地从"复杂理论"中借鉴采用"相互作用的代理模型"(作为参考,请参阅Frenken, 2006)。在经济地理学语境中,简单随机模型(Simon, 1955b; Arthur, 1987; Gabaix, 1999)和更加复杂的模型(Klepper, 2002a; Andersson et al., 2003, 2006; Bottazzi et al., 2004; Brenner, 2004; Guimerà & Amaral, 2004; Barrat et al., 2005)近来被更多地使用。

最后,新古典和演化经济学方法的一个决定性差异是关于集聚经济的基础理论。正如前面所述,新古典经济学突出对"集聚经济"的经济租金解释,而演化经济学更对集聚经济的知识外溢感兴趣。在演化的视角来看,知识外溢推动了集聚经济的自我增强效应,企业在某一区域的布局产生和吸引了新企业在同一区域布局,知识外溢来源于一群企业(Arthur, 1990; cf. Myrdal, 1957)。与此同时,知识外溢企业对可持续的区域技术路径多样性至关重要,因为每一个专业技术的溢出都是从临近企业获取的(Essletzbichler & Rigby, 2005)。

在演化视角下,很多问题的提出是从知识溢出而来的(Feldman, 1999; Schamp, 2002)。首先,知识是以多种方式溢出的(模仿,抽资脱离,社会网络,劳动力流动,合作网络),问题之一是何种知识溢出机制最重要。在个案分析中,我们可以提出这样的问题:在多大程度上,"知识溢出"网络区别于其他经济网络?且网络的中心性是否影响了主体对"知识溢出"的吸收能力(Lissoni, 2001; Giuliani, 2005; Giuliani & Bell, 2005)? 第二,对于每一个"溢出机制",我们可以分析:地理上的临近还是遥远,"催生"出了知识创造和知识溢出(Rallet & Torre, 1999; Malmberg & Maskell, 2002; Bathelt et al., 2004)。最后,演化理论着力于一个依然"有待求解"的问题,就是区域多样性(Jacobs, 1969)或者专业化是否更有利于"知识溢出"(Glaeser et al., 1992)。理论上,演化经济学认为多样性对"知识溢出"的发生更为重要,至少在知识方面为激进创新和知识的重新组合提供了支撑。该理论指出一定程度的相关多样性(界定为成员的基本能力)是有效的交互性学习和强劲的区域增长所必需(Frenken et al. 2005)的。此外,演化理论认为区域专业化的影响依赖于各自产业的生命周期阶段(Boschma & Wenting, 2005)。

五、演化经济地理学和制度经济地理学之间的交集

正如前面介绍所言,把演化方法等同于制度分析方法是一个非常普遍现象(Martin,

1 为何经济地理学不是演化科学？
——走向演化经济地理学

2000）。这种关联很大程度上是由于上述常见的对新古典经济学的批评，而并非是因为演化和制度方法在基本原则上的完全一致性。这两个方法都拒绝"效用最大化"和"均衡分析"，共同致力于制度在经济发展中的重要角色。然而，我们需要指出的是这不仅混淆而且误导地使得制度和演化方法在经济地理学内"等同化"。没有人会同意所有在制度经济地理学名义下的研究等同为演化方法的，反之亦然。这一点对于那些评估特定制度安排的经济绩效研究非常真实，而其往往忽略了动态链接的演化方法作用。相反，相当一些有影响的演化研究在它们的分析中没有包括制度角色（Arthur, 1987; Klepper, 2002a; Bottazzi et al., 2002）。这样说来，演化和制度方法比演化和新古典主义方法拥有更多的"家族相似性"，因为他们在分析经济主体时都考虑了历史和地理背景（Bathelt & Glückler, 2003; Martin, 2003）。

前已述及，两者不同之处是制度经济地理学对规范建模持批判立场，演化经济地理学使用其作为理论工具做"推导性假说"，而制度经济地理学倾向于不使用其进行演绎推理。举个例子，在区域研究中制度主义者呼吁"反还原论"定性方法，特别是深入的案例研究，以理解复杂多面的区域发展本质。使用定性方法或多或少遵从理论性质，然而，在某些情况下，它们的核心概念变得难以操作，比如在经济地理学中已经拥有影响力的"制度厚度"概念（Amin & Thrift, 1994; Keeble et al., 1999），因为无法准确测量，而被批评为是一个模糊的概念，更遑论其对区域发展的影响可以被确定和测试（Markusen, 1999）。更普遍的是，根据一些批评者的意见，经济地理学中的制度和文化方法缺乏严谨性，对假设的检验缺乏，概念含混（Martin, 2003）。因此，制度方法在经济地理学中是理论上具有重要贡献——通过提出新的区域发展解释和机制，并在政策方面具有影响——通过开拓"文化意义和地方历史遗产"新话语，以及提出"根植本地经济生产有限转移论"观点（Gertler, 1997）。

即使研究方法往往遵从理论前提，但在所有情况下，制度经济地理学定性研究方法的使用并不"自动地"跟随理论前提，例如，新近的网络分析方法，可以利用社会网络分析的统计技术（Wasserman & Faust, 1994）和地图理论的建模技巧（Barabasi & Albert, 1999; Watts, 2004）。然而，在他们的纲领性贡献中，Boggs 和 Rantisi（2003）认为"关系经济地理学"意味着"案例研究"——作为一项规则。因此，有些人似乎有一个先验的反对量化工具的使用，即使理论贡献并不妨碍他们卓有成效地应用"量化工具"。同样的观察，已经体现在马库森（2003）对"制度经济地理学家"的回复中，她呼吁要超越归纳和演绎、定量和定性之间的对立研究。她的论点是与演化经济学方法论基础相一致的，其中结合了 Nelson 和 Winter（1982）所称的"理解理论"，并从一开始就接纳了"规范建模"。

演化和制度方法的第二个更微妙的差异是它们对待环境的处理上。演化的方法是从微观企业层面的组织惯例出发，而制度的方法是从区域层面的制度着手。因此，尽管双方承认经济决策中"背景因素"的重要性和拒绝"效用最大化"的新古典范式的核心框架，但它们在对待作用于经济行为基础的"精确背景"处理上存在差异。对于每个企业，组织惯例是特定的，提供了一个微观背景，它产生于公司过去的经验和活动的结果。相反，制度是特定的社区和地区所提供的一个宏观背景。这种宏观制度背景可能对公司的惯例有相当的影响。从这方面来说，资本主义的多样性有着丰富的内涵，它意味着，公司的惯例将在分享同一个制度系统下的共性同时，体系内部的子系统之间存在诸多特性差异(Gertler，1997；Hall & Soskice，2001)。了解惯例的合适性不仅需要分析市场，而且还有制度的相关制约背景。不得不说的是，从演化的角度来看，把制度作为经济分析的解释变量是没有概念困难的。一方面制度可能确实限制了经济行为，组织惯例不应与区域制度相冲突，但另一方面，制度的存在仍然允许企业之间组织惯例存在差异。因此，以区域为分析单元来讨论组织惯例问题是欠妥的，因为特定地区的组织惯例都不会是事先假定好的。有些地区可能以组织惯例同质化程度高为特征，而一些地区不是这样。相反，许多公司已经在不同的区域背景下建立多个据点，尽管这些据点分享公司的组织惯例，但一些组织惯例是适应了当地环境的(Kogut & Zander，1993；Cantwell & Iammarino，2003)。因此，尽管方法上存在前后关联性，但演化经济地理学的主要兴趣是考量"地理"如何起作用，并以什么样的方式起作用，而不是理论上假定其在所有情况下都起作用。

让我们举例说明这之前已经提出的评点——关于处理"创新系统的方法"，它是演化和制度概念在"地理"方面进行卓有成效交流的一个很好例子(Freeman，1987；Nelson，1993；Edquist，1997；Cooke et al.，1998；Cooke，2001；Asheim & Isaksen，2002；Simmie，2005)。这一方法已经历史性地根植于演化经济学，它分享了许多制度经济地理学的方法特征。比如说，"国家创新系统"最初概念目的是为了揭示一个国家的制度环境作用于创新进程中要素之间的相互作用模式。因此，它视现存制度为"理所当然"的存在，并试图鉴别链接不同"制度设置背景"下经济效能的差别。这种方法后来被延伸到区域层面(Cooke et al.，1998；Cooke，2001；Asheim & Isaksen，2002)。然而最近，演化学者强调部门创新系统的特异性和这些创新系统所具有的跨区域共同性能(Breschi & Malerba，1997；Breschi，2000)。这种部门方法表明，创新系统的历史，在特定的地方，应该从动态的角度理解，通过分析制度如何共同演化出一个新行业的出现。这样，它认为"新奇"的扩散往往需要旧制度的重构和新制度的设立(Freeman & Perez，1988；Galli & Teubal，1997)。一个著名的例子是在十九世纪下半期，合成染料工业的兴起，导致许多制度变迁(比如新的科学和教育组织和新专利法)。那时德国成功推行了这一系列的变化，而英美没有(Murmann，2003)。另一个例子是1840-1890年代，英国零售银行业强调产业组织、技术和制度共同演化(Consoli，2005)。因此，演化框架下，关键是分析制度的弹性和响应会因不同的地方而有所差异的程度。在这种视野下，区域和国家之间制度的差

1 为何经济地理学不是演化科学？
——走向演化经济地理学

异，是有待解释的一部分，因为制度是与技术创新和产业动力机制的变化而共同演进的（Nelson, 1995b）。当有了这样共同演进视角时，技术、市场和制度的相互影响是"与时俱进"的，因此，显而易见，制度和演化方法就聚集交汇到了一起。

有待回答的问题是在规范建模中演化经济地理学是如何调和原子空间概念（相似于新古典方法）和现实世界中案例的真实空间概念（如同制度主义方法）。无论是真实世界的特定制度，亦或从新古典增长理论中导出的传统决定因素（如要素价格），都不能提供不同区域增长差异的充分解释。尽管这些因素约束了地区增长的可能，但他们无法解释为什么即使有类似的制度和要素禀赋的地区可以有不同的速度和增长模式。因此，制度和要素禀赋因素是必须辅之于一个动态分析的行业和网络框架，而其中"路径依赖"和区位动力机制的自我强化性能是系统解释的核心。基于此，演化经济地理学认为真实空间产生于经济主体的行为，而不是完全决定他们的行为。

当处理特定区域新领域和新网络的形成时，演化经济地理学理论性地假定厂商在中性空间运作（不是简单地构建模型，原因参见克鲁格曼，1991a），地方特色不能推断出新行业的区位，因为对于新产业而言，现有空间结构的选择压力还是相当薄弱的。也就是说，环境被认为是轻微的重要性，在一个行业发展的初期，新公司的需求和环境之间存在很大的缺口（在知识、技能和环境等方面）。区域条件在一个新行业产生之初可能扮演了一个通用的，而不重要的角色，如提供通用的知识和技能，这往往是众多地区提供的是同样功能（Boschma & Lambooy, 1999）。关键的投入，如特定行业的知识和技能，都是由公司自己开发的，组织惯例的演化贯穿其中。因此，我们有理由期待新领域的公司在许多不同的地方出现。在这种情况下，Storper 和 Walker（1989）使用术语——打开区位性"机会窗口"来描述新领域企业的区位动态演化模型，这已接近演化模型中的中性空间概念设想。随着时间的推移，"机会窗口"再次关闭，并且，接下来，该行业在少数地区繁荣，大多数地区保持一种边缘化状态。同样，网络空间的演化可以被理解为一个过程，开始于中立的空间，在许多但可能不是所有的位置都有可能成为新的中心。然而，随着时间的推移，只有几个地点将开发具有高链接的中心枢纽功能，并且"机会窗口"将会关闭（Castells, 1996）。

随着时间推移，最初的中性空间转化为真正的地方，新的行业和新的基础设施网络，路径依赖地在一些地区集中，并触发这些地区的制度基础以去改造和适应。为支持新的经济活动而进行的制度更新是一个长期的协同演化过程的结果，而不是最初的决定性因素使得新行业选定某一区域（再度想起十九世纪末德国化学工业的案例）。因此，区域发展中"路径依赖"多于"地方依赖"，虽然有些地方可能更新他们的制度比其他地方更好。在一个新行业的初期，制度只扮演了一般角色，之后在那些区域有一定量的企业布局，制度就变得更加具体和发展得更好。因此，在某一时刻，同一区域同样制度基础可以为成熟产业，以及毫不相关，甚至功能紊乱的新兴产业提供运行良好的功能服务。

当然,持有此区域政策悖论者认为,这样可以在保持经济活力方面富有成效,但在激发新的经济活动的长期发展方面存在困难(Pasinetti,1993;Saviotti,1996)。

六、演化经济地理学

我们在表1中总结了经济地理学中新古典、制度和演化方法的异同。这三个方法在方法论、主要假设和时间概念的相应"交集"已经在图1的三角形中加以展现。为了突出之间的差异,我们把地理作为一个附加项,以强调"中性空间"和"真实地方"概念。作为第一次尝试,我们也在表2中列出了经济地理学演化方法的关键命题,这个已经贯穿于整个论文的讨论。

表1 经济地理学三个方法的比较

主题	新古典主义	制度主义	演化主义
方法论	演绎的 规范建模	归纳的 理解理论	兼有 兼有
关键假设	优化的代理人	接受规则的代理人 前后关联的(宏观)	满意的代理人 前后关联的(微观)
时间概念	均衡分析 微观到宏观	静态分析 宏观到微观	超越均衡分析 回溯的
地理	中性空间 运输成本	真实地方 地点依赖	由中性空间到真实空间 路径依赖

表2 演化经济地理学总结

1. 结合了理解理论(归纳)和规范建模(演绎)。
2. 视企业和它们的路径为基础,但不是单个的分析单元。
3. 假定企业的行为和成功是基本依赖于企业过去所建立的路径(路径依赖)。
4. 视价格信号是企业或区位行为的传统决定变量。
5. 总体而言,视制度是影响创新的基本力量,制度和技术一起随时间而演进,因此制度存在区域差异。
6. 描述作为动态共同演化过程的行业和网络空间演化——从中性空间到真实地方。
7. 解释区域经济发展从行业层面的动态结构转换到多个地域层面的网络、制度层面。

在研究方法上,我们可以得出这样的结论:演化经济地理学不认同制度主义方法(即忽略规范建模和回避统计检验理论命题的方法)。然而,不同于新古典主义的思维,演化学者承认在"理解理论"中个案研究的价值。因此,演化经济地理学强烈支持方法多

1 为何经济地理学不是演化科学？
——走向演化经济地理学

样、开放的经济地理学。正如最近 Plummer 和 Sheppard（2000），Markusen（2003）和 Scott（2004）所倡导的。在 Nelson 和 Winter（1982）之后，演化的方法采用规范建模（更演绎）以及"理解"理论（更感性）。因此，演化经济地理学在更现实的假设（如有限理性）基础上使用形式化理论，但也采纳了案例研究方法，从动态的视角分析区域差异性。总之，演化论学者青睐的方法多元化。

在关键假设方面，演化经济地理学接近制度主义方法，假定经济行动存在"前后关联"的背景，而不是最大化演算驱动的。然而，当制度主义学者倾向于把经济人的行为与宏观区域制度环境相联系时，演化主义学者把微观组织惯例放置在首要位置。鉴于此，价差（新古典主义观点）和特定地方的制度（制度主义观点）只是对企业可能行为和潜在区位选择的可能范围予以界定，而实际行为和区位选择主要是由"过去"获得的确定"组织惯例"所决定的。言及于此，企业不仅是他们的时间与空间的历史的承受者：组织惯例可以通过创新和区位的重新选择而发生变化。因此，它是一种动态的相互作用——是由"真实空间"的演变产生的结构和机构之间动态相互作用。

对于时间概念，演化经济地理学采用一种显现动态的视角，在这种视角下，企业和行业的出生和死亡过程放置在中心位置，等同于创新和企业/行业与制度共同演化所扮演的角色。相反，新经济地理学是基于静态的均衡分析，而制度的方法往往集中，但不限于，对制度采用案例研究和比较研究的静态分析。由此，它如下的中性空间的概念（如新古典为建模简单而作的假设）和真实的地方（制度经济地理的中心）是可以调和的——演化思想通过视新行业或新网络的空间演化为一个动态的过程，中性空间转化为真实的地方。

为进一步强调并支持我们的观点——演化经济地理学潜在地提供了经济地理学的理论和实证研究的一个全面的框架，我们提出了一个多层的方案如图2所示。演化经济地理学的微观分析单位是公司和它的"惯例"（Maskell, 2001）。公司的选址行为可以从历史的视角进行分析。我们可以采用由"行为地理学"发展的理论化区位决策解释模型其中有一则案例是 Pred（1967）提供。正像演化经济学家，行为地理学的追随者从有限理性出发，这意味着企业区位决策在很大程度上受制于过去。例如，大多数公司从本土出发，分公司通常布局于母公司所在的区域。这两种情况，先前的决策，在不同的历史语境下，决定了一个新公司选址决策。此外，公司很大程度上存在"区位惯性"。重新布局的可能性会随着时间的推移而减少，因为公司发展了一套稳定的与供应商和客户的关系，沉没成本不断积累（Stam, 2003）。与 Nelson 和 Winter（1982）以及 Cohen 和 Levinthal（1990）相一致，Pred（1967）也强调，公司具有不同的能力来吸收潜在的区位信息。因此，企业不仅在区位信息方面是不完全的，而且内在地凭借他们各自的能力，以一种有意义的方式使用信息。最后，空间模式是在多种多样企业及其区位选择下的一个选择过程。当企业故意或偶然选择了落在盈利的空间范围内，那他们有更好的机会去生存和繁荣(Smith,1966)。

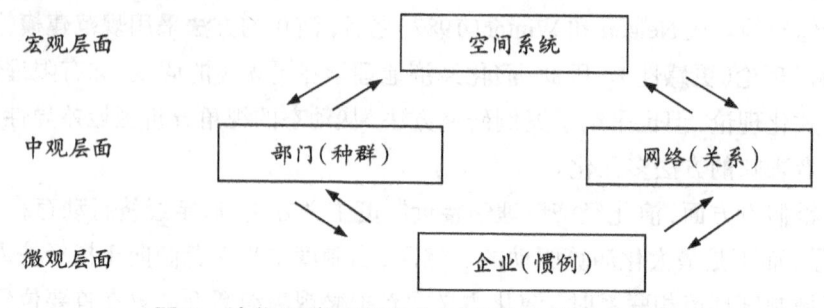

```
宏观层面              空间系统
                    ↗    ↖
中观层面      部门(种群) ⇄ 网络(关系)
                ↘    ↗
微观层面           企业(惯例)
```

图2　演化经济地理学在不同层次的聚合应用

再进一步,我们可以假设一些企业发展复杂的策略在不同地域环境中复制他们的"惯例",而其他公司继续以一个特设的方式追求战略目标。比如 Kogut 和 Zander(1993)提出成功的跨国公司在跨边界知识转移方面显示出卓越效率。服务型企业在新的分支系统复制组织惯例构成了企业竞争力的重要组成部分(Winter & Szulanski, 2001)。总之,一个企业在不同的地理环境下复制自己的组织惯例的能力构成了"企业行为绩效"的重要组成部分。

从企业理论的角度出发,演化经济地理学应用于两个中观层面,即行业和网络的空间演化。公司关系在行业层面主要是竞争性质,这使得进退模型和生存分析显著于技术分析。产业空间演化核心模型是 Simon(1955b)的随机生长模型和 Arthur(1987)的聚散经济模型,而更详尽的方法论是由 Klepper(2002a)、Bottazzi 等(2002)、Maggioni(2002)和 Brenner(2004)发展起来的。这些分析中采用动态的视角,一种新的产业空间演变,是用"区位进入、扩散和退出"的话语加以描述,是这些驱动了企业组织惯例的分布随着时间推移而变化(Boschma & Frenken, 2003)。

重要的是,在演化背景下,空间集聚(或缺乏)不仅是产业演化过程的结果,也会影响一个产业的进一步演化。这种递推关系,至少有三个维度(Hannan et al., 1995; Stuart & Sorenson, 2003; Boschma & Wenting, 2005; Van Wissen, 2004)。第一,产业活动的地理集中可产生集聚经济,培育创业和创新,还可能带来该地区的相关行业的诞生。第二,企业地理集中增加竞争水平,使得现存企业提高惯例的平均适应度。第三,企业的空间集聚也可以影响集体行动的机会,因为这样的主动作为更可能产生于临近的经济人中间,而且他们能更有效地控制机会主义行为。

网络提供了另一种分析单元。在演化经济地理学中,网络的一个重要方面是扮演了知识创造和知识扩散的"车辆"角色(Cowan & Jonard, 2003)。一个重点研究的问题是如何确定知识扩散与创新更多的是在恰当的地方,或在恰当的网络发生,亦或两者俱是(cf. Castells, 1996)。最近一项研究发现,知识溢出的地理区位很大程度上归因于社会网络和劳动力的流动性(Breschi & Lissoni, 2003)。既然大多数的网络关系和职业流动

1 为何经济地理学不是演化科学?
——走向演化经济地理学

是地方性的,而职业流动又主要通过网络结构,那么对于"知识扩散"的理解需要对潜在的社会网络一个详细的了解。利用社会网络分析,经济代理人的成功和失败(区域可以视为一个集合)可以与经济人在本地和全球网络内的中心性进行关联性分析。正如前面所提到的,这意味着对企业创新绩效的实证研究不应理所当然归于地区的影响,而应探讨公司特征(能力,市场力量)和其网络位置的影响(Boschma & Weterings, 2005; Giuliani, 2005; Giuliani & Bell, 2005)。另一个重要问题是:区域和国家制度在多大程度上影响经济人链接全球和地方网络的偏好和倾向(Bathelt & Glückler, 2003)。

除了分析网络结构,还有一个问题是与制度理论共同关注的。演化经济地理学的目的是解释网络空间演化。在网络形成的演化模型中,网络的演进是理解为新的节点连接到某一现有节点上这一过程——依赖于地理距离和后者的连接性(Barabasi & Albert, 1999; Guimerà & Amaral, 2004; Barrat et al., 2005; cf. Castells, 1996)。好的连接节点会成为更好的连接节点,这使得连接的最终分布呈现倾斜:网络自动朝着一些高度连接的节点呈现为层级结构——主要中心、其他次要枢纽,而大多数节点演变成不良连接的"辐条"。网络演化模型的一个有力特征是它同样适用于社会成员间的网络空间演化,以及不同区位间的基础设施网络空间演化(例如,交通网络,信息网络,贸易网络)。

从行业和网络的动力学推理,演化经济地理学也适用于空间系统的宏观整体水平。城市和地区经济的发展可以视为一个地区的部门和网络的区域集聚进行分析,分析其在全球贸易和商务系统的地理位置。潜在空间系统演化的行业逻辑可以用结构变化的过程加以理解(Freeman & Perez, 1988; Pasinetti, 1993; Boschma, 1997)。那些能够产生新行业并扩大需求的城市与区域将经历增长,而被锁定在较早的专业与成熟生命周期的城市和地区将经历下降。重要的是,没有自动的经济或政治机制保证城市或地区成功地更新自己。相反,在大多数情况下,我们看到的是由于既得利益、体制僵化和与以前的专业相关的沉没成本,这些使得地区在一段时期的增长之后经历下降。

应用于空间系统演化的网络逻辑理论是新近发展起来的,这其中地理学家发挥了突出作用(Hohenberg & Lees 1995; Castells, 1996)。根据这些贡献,增长的关键取决于一个城市或地区在全球贸易和商务网络中的内涵。一个中央网络位置可以通过吸引公司总部、开发专门的商务服务以及交通枢纽来实现。再次,人们可以预期在某一时代的中心城市(例如,基于铁路),由于体制僵化和与以前的基础设施相关的沉没成本,在未来的时代是失败的(例如,基于航空公司)。

从行业和网络的中观层次看,不同的区域增长模式、收敛和扩散过程,以及跨域式发展可以用模拟或计量化模型。例如,研究兴趣已经更新——在根据城市规模使用时间序列研究城市增长的随机模型方面。这些模型关注于研究城市增长的可持续性,从而超越了简单的Gibrat逻辑法则——城市增长率是随机的和不依赖于城市规模的(Pumain, 1997; Gabaix, 1999)。历史分析是对这项研究的补充,其要求理解区域经济发展的协同演化和作用于个别区域历史系统增长或下降的制度结构(Nelson,1995b,2002)。在这方面,制度可以成为一个演化经济地理学框架的一个组成部分,尤其当应用分析于产业、网络和空间系统的动力机制。

言及于此,我们要指出的是演化经济地理学的发展尚处于初级阶段。它的一些基本概念,如惯例和路径依赖,需要从理论和实证两个方面加以更仔细的阐述(参见 Martin,2003;Becker,2004)。此外,少有研究可以划时代地作为这种研究方法的"库恩典范"。尽管有这些缺点,我们仍然相信演化经济地理学为经济地理学中的解释项提供了真正的新解释,如公司的区位行为,行业和网络空间演化,企业的协同进化,技术和区域制度,以及空间系统的收敛及发散。演化与新古典和制度的方法比较表明,演化经济地理学需要为经济地理学真正提供附价值。

进一步而言,演化方法为新古典经济学和制度主义提供了交集,这可能会更加丰富了它们彼此,我们已经见证了新古典经济学和制度主义的学者之间紧张不安的互动。我们知道演化经济地理学成为一种成熟的领域还有很长的路。既然这样说,我们相信演化理论将构成为经济地理学真正新的和有前途的范式。时间会告诉我们是否会辜负我们的期望:它和演化一样。

参考文献

[1] Amin, A., Thrift, N. What kind of economic theory for what kind of economic.2000.

[2] Atkinson, A. B., Stiglitz, J. E. A new view on technological change. The Economic Journal, 1979(79): 573-578.

[3] Bertolini, L. Evolutionary urban transportation planning? An exploration. Papers in.2005

[4] Boschma, R. A., Frenken, K. Evolutionary economics and industry location. Review for Regional Research, 2003(23): 183-200.

[5] Bresnahan, T., Gambardella, A., Saxenian, A. 'Old Economy' inputs for 'New Economy' outcomes: Cluster formation in the new Silicon Valleys. Industrial and Corporate Change, 2001(10): 835-860.

[6] Consoli, D. The dynamics of technological change in UK retail banking services. An evolutionary perspective, Research Policy 2005(34): 461-480.

[7] David, P. A. The economics of QWERTY. American Economic Review (Papers and Proceedings), 1985(75): 332-337.

[8] Edquist, C. (ed.) Systems of Innovation. Technologies, Institutions and Organizations. Lon-

don/Washington: Pinter.1997.

[9] Essletzbichler, J., Rigby, D. L. Competition, variety and the geography of technology evolution. Tijdschrift voor Economische en Sociale Geografie, 2005(96): 48-62.

[10] Feldman, M. The new economics of innovation, spillovers and agglomeration: a review of empirical studies.Economics of Innovation and New Technology, 1999(8): 5-25.

[11] Foster, J., H? lzl, W. (eds.) Applied Evolutionary Economics and Complex Systems, Cheltenham: Edward Elgar.2004.

[12] Jacobs, J. The Economy of Cities. New York: Vintage Books.1969.

[13] Jaffe, A. B., Trajtenberg, M., Henderson, R. Geographic localization of knowledge spillovers as evidenced by patent citations. Quarterly Journal of Economics, 1993 (108): 577-598.

[14] Overman, H. G. Can we learn anything from economic geography proper? Journal of Economic Geography, 2004(4): 501-516.

[15] Pasinetti, L. L. Structural Economic Dynamics. Cambridge: Cambridge University Press. 1993.

[16] Rivkin, J. W. Imitation of complex strategies. Management Science, 2000(46): 824-844.

[17] Samuels, W. J. The present state of institutional economics. Cambridge Journal of Economics, 1995(19): 569-590.

[18] Simon, H. A. A behavioral model of rational choice. Quarterly Journal of Economics, 1995 (6): 99-118.

[19] Smith, D. A theoretical framework for geographical studies of industrial location. Economic Geography, 1996(42): 95-113.

[20] Verspagen, B., Schoenmakers, W. The spatial dimension of patenting by multinational firms in Europe. Journal of Economic Geography, 2004(4): 23-42.

[21] Wasserman, S., Faust, K. Social Network Analysis Methods and Applications. Cambridge: Cambridge University Press.1994.

区域嵌入全球价值链水平和其物流能力关系研究

曹丽莉 邓 欢

（中南财经政法大学工商管理学院 湖北 武汉 430073）

> **摘 要**：伴随着经济全球化，跨国公司通过构建全球价值链体系，将生产网络在全球范围内进行布局。地方区域通过嵌入跨国公司主导的全球价值链体系来实现升级发展是一条有效的途径。全球价值链运作的复杂性对链上成员的物流能力提出了更高的要求，各区域在积极嵌入GVC(Global Value Chains,全球价值链,以下简称GVC)的同时，必须注重其物流能力的提升，卓越的区域物流能力能有效推动其嵌入GVC的进程。基于此，本文以GVC和区域物流能力的作用机理为基础，对我国30个区域的物流能力和切入GVC水平进行了测度，并进而对二者的关系展开了实证分析。
>
> **关键词**：全球价值链；区域物流能力；垂直专业化程度；模糊物元

一、引言

1990年代以来，生产和贸易的全球化使得国际分工逐渐由产业间分工向产业内分工和产品内分工转化。为了获得竞争优势，跨国公司纷纷将其非核心业务进行外包，而自己仅保留核心的生产、设计、营销等高附加值环节。这种国际生产模式将生产、销售环节片段化并布局于世界各地，形成了以产品内分工为基础的全球价值链。嵌入全球

[基金项目]：本文受教育部人文社会科学研究青年基金(10YJC630011)和中南财经政法大学青年教师基本科研业务费项目(31541110801)资助。

[作者简介]：曹丽莉(1979–)，女，湖北襄樊人，中南财经政法大学工商管理学院讲师，管理学博士，主要研究方向产业经济、物流管理。邓欢(1987–)，女，河南信阳人，中南财经政法大学工商管理学院硕士研究生。

价值链,广泛参与国际分工,融入全球经济体系成为地方区域实现跨越发展的有效途径。我国东部沿海地区凭借着低廉的劳动力成本、广阔的市场空间等比较优势首先切入GVC,区域嵌入GVC促进了地区的进出口贸易,实现产业的优化升级,带动了区域经济的迅猛发展。但值得注意的是,随着人力、土地等要素成本的优势逐渐缩小,各地区为了顺利承接价值链中的生产环节开始寻找新的比较优势。物流作为生产性服务业,在由供应商价值链、生产商价值链、经销商价值链、买方价值链构成的整个价值系统中,充当了价值连接的纽带,以复杂生产网络为特征的全球价值链依托于有效的物流系统的支撑,一方面它支撑和塑造了全球价值链的连贯性;另一方面物流降低了生产成本,创造了时间、空间和流通加工等价值。同时,全球价值链中各生产工序遍布全球不同区域,链上成员间的原材料、半成品、产成品、订单信息等需求更大,流程更复杂,管理更具挑战性,需要物料流、信息流更强的流动性与其相适应,这也对嵌入GVC的区域物流能力提出了更高的要求。因此,在当前经济全球化背景下,本文对各区域切入GVC水平和其物流能力之间关系的实证探究具有较强的理论和实践意义。

二、文献述评

（一）全球价值链的国内外研究现状

全球价值链理论最早可追溯到Porter(1985)的价值链理论,随后,Kogut(1985)和Krugman(1995)分析了价值链生产环节的片段化和空间重组问题[1]。在此基础上,Gereffi(1999)率先引出了全球价值链,将价值链与全球化的组织联系起来[2]。目前,国内外研究的重点主要集中在GVC中产业集群升级上。

大多数国内外学者都对嵌入GVC的地方产业集群升级持乐观态度,认为区域嵌入GVC能够带动区域整体发展。Humphrey和Schmitz(2000)提出了GVC下产业集群升级的四种方式:工艺流程升级、产品升级、功能升级和链条升级[3];Gereffi(2003)指出GVC中的主导企业会积极主动促进地方产业集群实现从工艺流程升级到产品升级到功能升级到链条升级[4];Kaplinsky和Readman(2001)肯定了发展中国家产业集群融入全球价值链的重要性[5];联合国工业发展组织《2002—2003产业发展报告》指出,产业集群参与全球竞争的发展战略就是提升和支持其融入GVC,并由此获取沿着GVC不断向上攀登或升级的机会。国内研究方面,张辉(2006)也提出了"一般只有那些已经融入了该产业价值链条中的企业或地方产业集群才能够把握住突破性技术创新"[6];陈树文,聂鸣(2006)指出GVC下地方产业集群的能力升级贯穿于集群的整个发展过程,并呈现一定的阶段性特征[7];周晓艳,黄永明(2008)探讨了产业集群通过嵌入GVC的国际链接和本土链接构筑的强弱联系的知识传导机制从而进行知识转移和学习进而实现升级[8];吴波,李生校(2010)认为GVC嵌入一方面通过知识溢出加强了集群企业知识的积累,另一方面通过推动集群制造能力为其能力的提升铺垫[9]。同时,王如镜[10](2006)、黎国林[11](2008)、魏丽华[12](2009)、张伟[13](2010)还分别结合国内具体产业的发展,对IT制造业、银行卡产业、加工制造业、磷化工产业嵌入GVC的升级进行了实证分析。此外,陶锋[14](2008)、彭新敏[15](2008)还研究了GVC代工过程中的产品开发知识溢出和学习效应,并指出我国OEM企业应积极融入GVC,通过学习效应和技术创新进一步提升自身竞争力。

(二)区域物流能力的国内外研究现状

国外学者对区域物流能力的研究较少,其大多从企业微观层面或供应链层面探讨物流能力,如Kuo-chung Shang(2005)基于台湾地区1200家制造企业的调查分析,运用结构方程模型探讨了企业物流能力与物流绩效和财务业绩的关系[16];Chin-shan Lu(2006)对台湾地区的国际分销中心运营商的物流能力进行了实证分析,并指出其关键的物流能力包括客户响应、创新、规模经济、柔性运作和物流知识[17];Jay Joong-Kun Cho(2008)对电子商务市场环境下企业物流能力、物流外包与企业绩效的关系进行了研究,并指出物流能力与企业绩效正相关,物流外包和企业绩效并不存在正向联系[18]。

国内学者对区域物流能力的研究较晚,研究的重点主要集中在区域物流能力的构成要素及评价指标、区域物流能力与区域经济的互动发展上。区域物流能力的构成要素及评价指标方面,陶存新(2006)从物流能力基础性指标、促进性指标、支持性指标、保障性指标出发构建了一个三级指标体系[19];周泰,叶怀珍(2008)提出了一个由基础设施支撑能力、信息系统保障能力、经营管理运作能力、发展环境支持能力四个要素组成的区域物流能力量化指标体系[20];王岳峰,刘伟(2010)以盲数作为数学工具从要素性资源、结构性资源和环境三个层次构建了区域物流能力的盲数测评模型[21];李丽,黄超(2011)构建了一个包括区域物流环境、区域物流实力、区域物流潜力、区域物流低碳能力的三级评价指标体系[22]。一些学者围绕区域物流能力与区域经济的互动发展展开了研究,闫秀霞,孙林岩(2006)选用货物周转量、旅客周转量、仓储和批发零售贸易量3个指标来度量区域物流能力,并对中西部地区的物流能力对区域经济的影响作用进行了实证研究[23];周泰[24](2009)和张诚[25](2011)选取了物流业基础投资占全部基础设施投资的比重、人均货运量、人均邮电业务量作为评估物流能力的指标,以三产GDP作为评估区域经济的指标,建立了物流能力与产业经济的灰色控制系统;李全喜,金凤花(2010)从物流经济产出、物流产业规模、物流基础设施构建了区域物流能力指标体系,对31个省市的物流能力与区域经济发展进行了实证研究[26]。

(三)全球价值链与区域物流能力的文献述评

目前,国外学者将全球价值链与区域物流能力联系起来进行研究的比较少,Olga Memedovic & Lauri Ojala(2008)立足于全球价值链,构建了衡量一个国家物流绩效能力的复合指标,从 GVC 中获益的发展中国家提出建议[27];Hesse & Rodrigue(2006)从全球生产网络的地理和功能整合的视角出发评估了驱使全球化生产、配送和运输的条件[28]。国内学者将两者相连的研究尚处于空白,其主要是从 GVC 和物流产业升级的角度来展开:陈丽英(2008)提出了 GVC 下我国物流产业升级的模式:流程升级、产品升级、功能升级和链条升级,并从宏观角度出发对物流产业升级政策的调整和制定提出了对策[29];刘伟华,彭岩(2009)在 GVC 理论的基础上,提出了 GLVC(全球物流价值链)的定义,并对我国物流产业的升级动力、升级范围的扩展模式、升级深度的发展模式进行了探讨[30];韩董(2009)对 GVC 下服装业物流整合的绩效评价进行了实证分析[31];宋迎春(2010)认为 GVC 背景下我国物流企业应以物流操作能力为基础,选择特定的升级路径,并指出构建模块化物流集群是我国有效实施物流业升级的策略选择[32]。

通过上述文献的梳理可以发现,目前国内外学者关于 GVC 和区域物流能力的研究大多将两者割裂开来,进行分块探讨,而鲜有展开两者关系探讨的。本文基于此背景,在对已有文献进行梳理的基础上,着重探讨了区域物流能力与全球价值链的相互作用机理,对区域嵌入 GVC 水平和区域物流能力展开了实证测度,并进而对两者之间的关系进行计量分析。

三、全球价值链与区域物流能力的作用机理

(一)全球价值链对区域物流能力的影响

全球价值链中生产、消费环节在空间上的片段化以及它们在 GVC 中的功能性整合是基于物流和信息流在地理空间上的整合而展开的。功能整合致力于将供应链的组成部分更有效的联系起来,通过供需关系集合,功能的互补性得以建立;地理空间整合致力于运用各区域的比较优势,通过全球价值链中原产地/目的地关系的集合以获得空间的互补性和外部经济性。全球价值链的地理空间整合使得片段化的商品链得以出现,链条中每一个组成部分都会选择效率最高的地理位置来进行空间上的布局。因此,通过空间整合,价值链中的各组成部分能够进行合适的区位选择以获得最大的运作效率。为了配合这种地域分散性和实务流动的复杂性,物流的功能也得以扩展。同时,全球价值链在地理空间上呈现出的两大特征——"垂直分离"和"水平聚集"也对区域物流能力的发展提出了更高的要求。

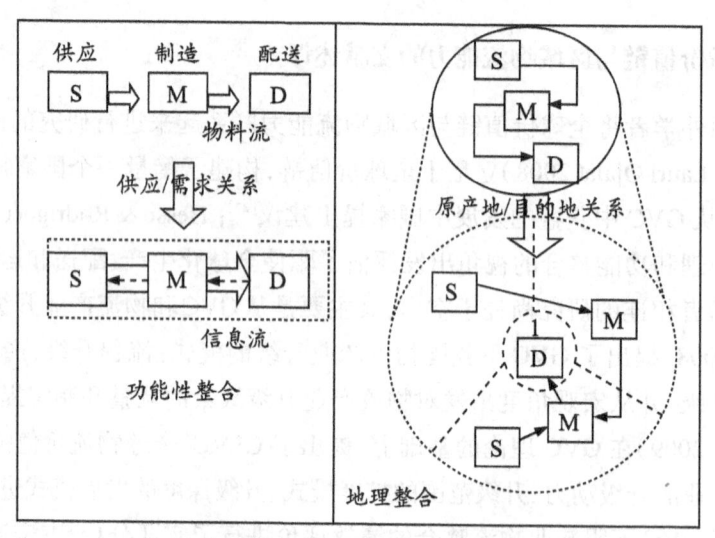

图 1　全球价值链的功能、地理空间整合

1. GVC 的垂直分离对区域物流能力的影响

全球价值链在地理空间整合上的垂直分离实际上是价值链中的主导企业改变以往通过一体化的途径来获取核心竞争力,转而将其非核心业务外包。价值链中各环节片段化的分布格局和供应链中上下游企业管理协调难度的加大需要与之相配套的物流能力的支撑,这进一步推动了物流功能的创新和完善,刺激了嵌入 GVC 的各区域物流能力的发展。

（1）强化了嵌入 GVC 区域的全球物流管理能力

全球价值链的垂直分离使得嵌入 GVC 区域的各个企业之间物料流动的空间距离加大,物料在生产、消费各地的空间流动大大增加了世界范围内的物流需求,这就需要嵌入 GVC 的区域能够具备完善的物流基础设施、发达的信息网络、宽松的物流政策环境等条件,为价值链的片段化环节间的耦合提供全球物流管理能力,从而整合散落在各职能部门中的分离的物流活动。同时,GVC 的片段化在要求更快的物流反应速度的基础上也对物流的供应链协同管理能力提出了更高的要求。这使得供应链上企业间的沟通协调必须具备透明的信息共享网络和实时共享数据,实现库存的可视化和生产的及时化,从而减少"牛鞭效应"。

（2）增大了嵌入 GVC 的区域对第三方物流的需求

第三方物流服务提供商能有效整合社会物流资源对客户的需求做出快速和个性化的响应,从而最终降低企业物流成本。在 GVC 背景下,价值链中的企业势必会将其全部或部分物流服务外包给能够进行一体化整合和运作的第三方物流企业,因此增大了嵌入 GVC 的区域对第三方物流的需求。虽然相比于物流较为发达的欧美日国家,我国目前的第三方物流发展还较为滞后,但随着全球价值链的不断深化,第三方物流的发展空间将十分广阔。

2. GVC 的水平聚集对区域物流能力的影响

全球价值链片段化的各个价值环节在地理区位上是高度聚集的,从而形成了产业集聚。产业集聚内企业的存在是基于价值链的联系,其所带来的外部规模经济效益、创新效益、竞争效益使得集群内的企业具备了较强的竞争力。在此背景下,嵌入 GVC 区域的物流业应更好地融入到价值链中,当地的物流能力也应与当地产业集群达到良好的配套,从而保持与地区嵌入 GVC 程度相匹配。

(1) 产业聚集区竞争力的提升需要与之配套的区域物流能力

全球价值链视角下,与制造业直接配套的物流服务的地位日趋上升。雄厚的区域物流能力能够与完善的产业聚集区保持同步,从而实现价值链条中上下游企业之间以及企业内部物流活动的协调性和整体性。产业聚集区竞争力的提升需要产业集群供应链的构建与优化,而后者保证了集群内的企业在从上游原材料供应到下游销售整个过程中保持畅通。在产业集群供应链整合的过程中,集群内的企业通过改造自己的业务流程,使得集群产业中的分工越来越精细,集群内企业的专业化程度越来越高。产业集群内企业间分工的精细化会增加企业间物流量的流动,加大物流业务的复杂性和操作困难,这就需要与之配套的区域物流能力为集群内企业提供专业化、一体化、集成化和个性化的物流服务。

(2) 产业集聚区的发展可促进地方物流产业集聚区的形成

全球价值链的水平聚集一方面要求区域物流能力能够与地方产业集聚相匹配,另一方面,物流业也可实现升级,形成物流产业集群,发挥产业集聚优势。目前,我国各地已形成了初具规模的物流园区和物流中心,这些物流集聚地通过整合区域内的物流资源,不仅能够根据区域内不同物流需求实现物流资源的有效调度,而且还能为集群内的中小型物流企业提供针对性的融资服务,最终提升本物流集聚区的竞争力,并进而为嵌入 GVC 的地方产业集群提供更优质的物流配套服务。

(二) 区域物流能力对地区嵌入全球价值链的影响

物流能力和全球价值链的关系正被地理整合和功能整合模式决定着,区域物流能力保证了 GVC 的连贯性,尤其是伴随着价值链中运营地理范围的不断延伸和角色的多样化。

1. 区域物流能力推进了 GVC 模式的产业转移的进程

不同于以产品间分工为基础的传统产业转移,GVC 模式的产业转移是基于产品内分工的,其凸出的三个特点为:一是 GVC 中的主导跨国企业是产业转移的主体;二是集聚效应在 GVC 模式的产业转移中显著存在;三是产业转移的内容已从制造业扩展到生产者服务业。GVC 模式的产业转移在地理空间上的布局是基于交易成本(如产业配套服务、市场化程度等)和要素成本(劳动力成本等)间的均衡而展开的[33]。当要素成本优势日趋减弱时,区域物流能力作为交易成本的重要组成部分逐渐得到海外投资者的重视。对于GVC模式的产业转移来说,强大的物流能力一方面能够强化供应链中上下游企业之间的沟通和协调,通过关联效应和规模经济效应促进区域其他产业的共同发展;另一方面,区域物流能力的提升也将推进信息、技术、资金等要素的流动,并进一步增强承接产业转移的能力,吸引更多的产业转移。我国最早嵌入GVC的东部沿海地区,虽然其在劳动力、土地成本方面相比中西部地区较高,但企业一般可以通过提高劳动生产率的方式来降低要素成本;而对于企业不可控制的外生变量——交易成本来说,东部地区在物流成本方面则更具优势,因此才更易吸引GVC模式的产业转移。

此外,与生产配套的区域物流能力还可通过降低成本、促进产业效率、实现物流资源优化配置等来提升GVC模式产业转移所聚集的地方产业集群的整体竞争力,并进而提升产业聚集区所在区域的综合竞争力,这主要体现在:首先,良好的区域物流能力能够为嵌入GVC中的地方产业集群提供包括纵向一体化和横向一体化的一体化物流服务;其次,较强的区域物流能力能够根据产业集群类型和产品特性提供针对性、个性化的物流服务。

2. 物流能力保证了全球价值链片段化活动的连贯性

物流基础设施的发展是区域物流能力发展的重要物质条件,它为全球价值链中错综复杂的物资流动提供了物质保障。运输装卸机械节省了物资在搬运转移中的人力和时间;仓储设施确保了物资的质量和安全;多式联运、集装箱运输、城市配送等新型运输方式,降低了社会的综合运输成本,提高了运输的可靠性和效率。国际物流模式运作的标准化,推动了全球价值链上的物在不同国家和区域间顺畅的流动。

物流信息系统为区域嵌入GVC提供了技术支持,确保了GVC中信息流传递的及时性和准确性。通过对物流过程中信息流的收集、分类、传递、识别、跟踪后,从而实现对物料流的控制和生产需求的预测。同时,强大的物流信息共享平台还能有效整合区域内外的物流信息,提高产业链条的一体化运作。

作为物流发展环境的物流产业政策、地理区位、相关制度法规等确保了全球价值链中生产经营活动的有效开展。例如,经济全球化背景下,贸易便利化、简化的海关通关手续和有效的规章制度将提高信息流的流动性和透明度,直接有助于增强区域供应链与全球价值链的联系。

四、区域嵌入GVC水平与区域物流能力的测度

(一)区域嵌入GVC水平的测度

1. 垂直专业化程度

全球价值链在地理空间结构上的垂直分离使得全球主导跨国公司迅速改变产品生

产产地的垂直分工经营方式,从分工角度来考察则可称之为垂直专业化。垂直专业化分工的三个显著特点为(1)一种商品在两个或两个以上的连续阶段生产;(2)两个或两个以上的国家在商品生产过程中提供价值增值;(3)至少有一个国家必须在它的生产过程中使用进口投入品,产出的产品除了部分用于国内消费及投资外,还必须有一部分用于出口。这三个特点与地区参与 GVC 下分工的特征完全吻合,因此,国内许多学者纷纷采用 Hummels(2001)提出的垂直专业化程度指数对地区嵌入 GVC 水平进行度量,如平新乔等(2006)对我国出口贸易中的垂直专业化数量及比重进行了度量[34];张少军(2009)以垂直专业化指数为基准,在对其进行修正的基础上,分析了广东省和江苏省嵌入全国价值链和国内价值链的水平[35];顾国达,周蕾(2010)运用垂直专业化贸易份额这一指标评估了我国服务业参与 GVC 的程度,并将其与美国、韩国生产性服务贸易进行了横向比较[36]。本文将结合上述学者的文献研究,借鉴张少军(2009)修正后的垂直专业化指数对我国部分区域嵌入 GVC 的水平进行测度。

2. 基于投入产出表法的区域嵌入 GVC 水平的测度

测度垂直专业化指数的主要方法为价值增值法(VAS)和投入产出表法(I-O)。VAS法存在易受产业链的不同阶段和最终产品相对价格影响的缺陷,且这种方法较为粗糙,不够精确。因此,本文将采取更为精确的投入产出表法对改进后的垂直专业化指数进行测度。

假设经济中有 n 个部门,M_i 为 i 部门进口的中间产品,Y_i 为 i 部门的总产出,X_i 为 i 部门的总出口,则 i 行业的垂直专业化数量为:

$$vd_i = (M_i/Y_i)/X_i = (X_i/Y_i)M_i \tag{1}$$

行业 i 的垂直专业化程度为:

$$vdi_i = vd_i/X_i = (X_i/Y_i)M_i/X_i = M_i/Y_i \tag{2}$$

则某一区域内各个行业总的出口额中的进口中间投入比重即区域的垂直专业化指数为:

$$vdi = \frac{\sum vd_i}{\sum X_i} = \frac{\sum (vd_i/X_i)X_i}{\sum X_i} = \sum \left[\left(\frac{X_i}{X}\right)\left(\frac{vd_i}{X_i}\right)\right] = \frac{1}{X}\sum_{i=1}^{n}\sum_{j=1}^{n}\left(\frac{M_{ij}}{Y_i}\right)X_i = \frac{1}{X}uA^M X^V \tag{3}$$

其中,$\frac{M_{ij}}{Y_i}$ 为生产一单位 j 行业产品,需要从 i 部门进口的中间产品,其构成的矩阵为进口的中间产品的依存系数矩阵,为进口系数矩阵 A^M,X^V 为出口向量,u 为 $1 \times n$ 维元素为 1 的向量。

若引入投入产出表中的完全消耗系数矩阵,则有:

$$vdi = \frac{1}{X}uA^M(I-A^D)^{-1}X^V \tag{4}$$

其中,A^D 为国内消耗系数矩阵。投入产出表中的直接消耗系数矩阵 $A = A^D + A^M$。

要计算出区域的垂直专业化指数,就要通过求解 M_{ij} 来确定 A^M,由于投入产出表中的中间投入并未独立列出进口中间投入的数量,因此需要两点假设来进一步确定进口的中间投入的比重:假设1,某一部门的进口中间投入品在其他部门均是平均分配的;假设2,中间产品中进口I_M与国内生产I_D的比例等于最终产品中进口C_M与国内生产C_D的比例。

通过以上的两个假设可以得到:

$$\frac{C_M}{C_D} = \frac{I_M}{I_D} = \frac{I_M + C_M}{I_D + C_D} \Rightarrow \frac{I_M}{I_D + I_M} = \frac{I_M + C_M}{I_D + I_M + C_D + C_M} \tag{5}$$

即中间产品中进口中间产品的比重 $\lambda = \dfrac{\text{进口}}{\text{总产出} + \text{进口} - \text{出口}}$ (6)

用λ乘以直接消耗系数矩阵A即可得到A^M,将其带入(3)式即可求得垂直专业化程度。对于地区投入产出表来说,由于该地区与其他地区的联系包括"进出口"和"地区间调出入"两类,在计算价值链时,λ相应地就变为(进口+调进)/(总产出+进口+调进-出口-调出)。然后用投入产出表的直接消耗系数矩阵A的每行乘以相同的比例就可以得到进口和流入系数矩阵A^{M+1}。此时,若采用的是该地区对世界的进出口数据,就用各部门的(进口/(进口+调进))来乘以A^{M+1},则最终计算出的是该地区相对于世界的切入价值链的程度,记为一国某一地区的全球价值链水平。

五、区域物流能力的测度

(一)区域物流能力指标体系的构建

目前,国内外学者对区域物流能力的研究主要集中在构成要素的探讨上,尚未形成统一认识。周泰、叶怀珍(2008)将区域物流能力定义为在一定时期内,区域物流供给主体通过有效、合理地组织和运用其物流系统内部的各种资源,向区域内物流需求主体提供所需物流服务的最大能力[20];张诚、于兆宇(2011)将区域物流能力阐述为一个国家之内一定地域或跨国界的毗邻的地域内的物流系统内物流主体所具有的物质结构,其形成不仅需要物流基础设施建设的投资,而且还需要增加行业从业人员、完善区域内企业的物流信息系统、提升物流企业的经营管理水平等[25]。

上述学者对区域物流能力定义的探讨均集中在定性角度,为了更好的对区域物流能力进行定量评价,需要从其构成要素入手构建科学合理的指标评价体系。本文在参照已有文献研究的基础上,考虑到数据的可信度和可得性,从基础设施支撑能力、信息系统保障能力、经营管理运作能力、物流环境支持能力和经济基础推动能力五个二级指标出发构建了一个区域物流能力的评价指标体系,每一个二级指标都细化为可以定量的三级指标,如下表1所示。其中,基础设施是确保地区物流活动开展的物质基础,信息系统为物流业务的开展提供了技术和网络支持,经营管理运作能力直接反映了对物流活动实施有效管理的水平,物流"软环境"如政府的政策支持和区域自身的区位优势能够有力促进物流产业的发展,经济基础推动能力为区域物流能力提供了需求保障。

表1 区域物流能力的评价指标体系

一级指标	二级指标	三级指标
区域物流能力	基础设施支撑能力 x1	• 交通运输、仓储和邮政业产值 z1 • 物流业基础建设投资占全部基础设施建设投资比重 z2 • 路网密度=城市道路总长度/城市总面积 z3 • 人均货运量 z4 • 人均货运周转量 z5
	信息系统保障能力 x2	• 人均邮电业务量 z6 • 每万人拥有固定电话数 z7 • 每万人拥有移动电话数 z8
	经营管理运作能力 x3	• 物流业从业人员比重 z9 • 每万人拥有大专及以上人数 z10 • 人均教育费用 z11 • 区域内物流服务商的信誉度 z12
	物流环境支持能力 x4	• 物流产业政策环境 z13 • 地理区位 z14
	经济基础推动能力 x5	• 地区生产总值 z15 • 货物进出口总额 z16 • 消费品零售总额 z17

(二)基于模糊物元的区域物流能力评价

区域物流能力评价体系是一个多层次、多指标的量化体系,由于各指标的规律各不相同,存在不相容问题,而且某些定性指标的量化具有一定的主观性,因此在建立量化模型时呈现出一定的不确定性和模糊性。因此,在借鉴已有文献的基础上,本文选取了将模糊数学和物元(将事物用"事物、特征、量值"三个要素来描述)有机结合的模糊物元模型,对事物特征相应的量值所存在的模糊性和影响事物诸多因素间的不相容问题进行综合分析,以解决这类不相容问题。

1. 模糊物元模型

(1)模糊物元和复合模糊物元

物元分析中物元 R 是由事物 M、特征 C 及量值 x 构成的。若物元模型中的量值存在不确定性,则称为模糊物元。事物 M 有 n 个特征 $C_1,C_2,\cdots,C_n$ 及相应的量值 $x_1,x_2,\cdots,x_n$,则称 R 为 n 维物元。m 个事物的 n 维物元组合在一起,即构成 m 个事物的 n 维复合物元,记为 R_{mn}。若 R_{mn} 的量值为模糊物元量值,则为 m 个事物的 n 维复合模糊物元。从复合物元转化到复合模糊物元,需要依据从优隶属度原则进行确定。

(2)从优隶属度原则

各单项指标相应的模糊量值,从属于最优方案中各对应指标相应模糊量值的隶属程度,称为从优隶属度。从优隶属度 μ_{ij} 一般为正值,对于量化指标而言,有的是越大越好,有的是越小越好,因此对于不同的隶属度采用不同的计算公式,由此计算出来的每一个特征量值即构成了复合模糊物元。

$$越大越优型指标: \mu_{ij} = \frac{x_{ij}-\min x_{ij}}{\max x_{ij}-\min x_{ij}} \tag{7}$$

$$越小越优型指标: \mu_{ij} = \frac{\max x_{ij}-x_{ij}}{\max x_{ij}-\min x_{ij}} \tag{8}$$

(3)最优模糊物元和差平方复合模糊物元

最优模糊物元是由从优隶属度模糊物元中各量化指标的从优隶属度的最大值或最小值构成。本文选取的指标是越大越优型,因此最优模糊物元中各指标的从优隶属度均为 1。差平方复合模糊物元中每一指标相应的量值是最优模糊物元和复合模糊物元中各项差的平方。

(4)欧式贴近度复合模糊物元

贴近度是表示各方案与最优方案之间互相接近的程度,用以衡量两者的接近程度,其值越大表示两者越接近,反之则相离越远。由于区域物流能力的量化结果是某一地区全部特征共同作用的综合结果,因此本文采用 $M(\cdot,+)$ 模式,即先乘后加运算来计算欧式贴近度 ρH_i,

$$\rho H_i = 1 - \sqrt{\sum_{j=1}^{n} w_j \Delta_{ij}}, i = 1,2,\cdots,m \tag{9}$$

2.综合权重的确定

在计算欧式贴近度时,需要知道量化指标的综合权重 w_j。w_j 的确定直接影响到量化的结果,由于在权重的确定上,德尔菲法、层次分析法存在一定的主观性,主成分分析法、熵权法虽然相对客观,但是却忽略了指标本身的重要程度,因此单纯使用一类方法很难对权重做出科学的确定。基于此,本文在综合权重的确定上,将层次分析法和熵权法相结合,力求做到主观和客观的有效统一。

设 α_j 为层次分析法得到的第 j 个指标的权重,β_j 为熵权法得到的第 j 个指标的权重,μ 为主观权重和客观权重的偏好系数,此处取 $\mu = 0.5$,则第 j 个指标的综合权重 w_j 为:

$$w_j = \mu\alpha_j + (1-\mu)\beta_j \tag{10}$$

六、区域嵌入 GVC 水平与区域物流能力的实证测度——以 30 省市为例

(一)数据来源

由于国家统计局编纂的地区投入产出表中不包含各部门的"进口"、"出口"、"调进"和"调出"项目,而各个地区统计局编制的投入产出表中则含有上述分项,因此本文将选用后者作为数据来源。考虑到投入产出表逢 2、7 年份进行编表工作以及笔者目前可获得的数据来源,本文将对 2002 年全国 30 个省市嵌入 GVC 的水平以及 2007 年江苏省、广东省、河北省、浙江省、辽宁省、新疆省、北京市和天津市 8 个省市嵌入 GVC 的水平进行测度。

相应的,笔者也将运用模糊物元模型计算出全国 30 省市 2002 年、8 省市 2007 年的物流能力。量化指标将采用表 1 中区域物流能力指标评价体系中的全部三级指标,共计 17 个,其中,$z1 \sim z11$、$z15 \sim z17$ 各个指标的数据来源为《中国统计年鉴 2003》和《中国统计年鉴 2008》;指标 $z12 \sim z14$ 为定性指标,可分为 9 个等级,即{极好,很好,好,较好,一般,较差,差,很差,极差},分别对应{1,2,3,4,5,6,7,8,9},$z12$ 的量化依据为 02、07 年中国百强物流企业在各个地区的地理布局,$z13$ 和 $z14$ 由专家打分得出。

(二)计算结果分析

1. 全国 30 个省市 2002 年嵌入 GVC 水平和其物流能力的横向比较

表 2 是 2002 年全国 30 个省市嵌入全球价值链水平和其物流能力的数值分布情况,各省市的 GVC 数值都是基于公式(3)计算得出。从表中可以看出,2002 年上海市嵌入 GVC 水平数值达 0.2595,在全国 30 个省市中排名首位,其物流能力水平也稳居全国之首;紧随其后的广东省在嵌入 GVC 水平和物流能力发展水平方面与之差距较小,这与两省在物流基础建设上的大力投资直接相关,且与一直以来两省的外向型经济特征和其强大的外资吸引力是一致的;其他三个直辖市——天津、北京和参与全球价值链模式分工的排名为 3、5、22,其对应的物流能力排名情况为 4、7 和 17,两项指标在全国的排名情况基本趋于一致;另外,正在崛起中的中部六省的嵌入 GVC 水平普遍偏低,其中,湖北省在中部地区的表现最为强劲,其嵌入 GVC 水平为 0.0208,排名 15,中部地区排名第二的是安徽省,其次是江西、湖南,排名最后的是河南和山西,这说明两省 2002 年经济发展主要呈内向型增长;而相应的物流能力发展水平方面,河南省的物流能力排名较为靠前,达 0.2449,在全国排第 11 位,其次是湖北(12 位)、山西(15 位)、安徽(16 位)、湖南

(18位)和江西(25位),由此可见,中部地区相对于东部地区而言,整体的物流能力发展还存在较大差距。

表2　2002年全国30个省市嵌入GVC水平和其物流能力情况

地　区	2002年嵌入GVC水平	在30省市的排名情况	2002年区域物流能力	在30省市的排名情况
上海	0.259503	1	0.533829	1
广东	0.247104	2	0.496810	2
天津	0.184845	3	0.364905	4
江苏	0.135814	4	0.376213	3
北京	0.085318	5	0.349707	7
辽宁	0.065892	6	0.292397	8
福建	0.060743	7	0.272156	9
山东	0.057889	8	0.350456	6
浙江	0.036509	9	0.355848	5
内蒙古	0.034957	10	0.153109	20
甘肃	0.028826	11	0.124551	27
四川	0.025192	12	0.202439	14
陕西	0.023967	13	0.147203	22
黑龙江	0.021898	14	0.211477	13
湖北	0.020821	15	0.218095	12
安徽	0.018356	16	0.186801	16
江西	0.018274	17	0.132024	25
新疆	0.018043	18	0.151018	21
湖南	0.017704	19	0.170975	18
吉林	0.017499	20	0.157158	19
广西	0.014367	21	0.144263	23
重庆	0.013440	22	0.171416	17
海南	0.013111	23	0.131001	26
贵州	0.013022	24	0.085078	29
云南	0.012687	25	0.142737	24
宁夏	0.011942	26	0.097020	28
河南	0.009258	27	0.244494	11
河北	0.008716	28	0.257184	10
山西	0.007701	29	0.189075	15
青海	0.006492	30	0.074648	30

2 区域嵌入全球价值链水平和其物流能力关系研究

2.8 省市 2002 年、2007 年嵌入 GVC 水平和其物流能力的纵向比较

2002 年、2007 年江苏省、广东省、河北省、浙江省、辽宁省、新疆省、北京市和天津市 8 个省市嵌入全球价值链水平和其物流能力的数值分布情况如表 3 所示:

表 3　2002、2007 年 8 省市的嵌入 GVC 水平和物流能力水平发展情况

地区	2002 年嵌入 GVC 水平	2007 年嵌入 GVC 水平	8 省市中的排名趋势	2002 年区域物流能力	2007 年区域物流能力	8 省市中的排名趋势
江苏省	0.135814	0.280301	↑	0.376213	0.409882	↑
广东省	0.247104	0.257653	↑	0.49681	0.548772	↑
河北省	0.008716	0.017884	↑	0.257184	0.257504	↑
浙江省	0.036509	0.056013	↑	0.355848	0.379488	↑
北京市	0.085318	0.155388	↑	0.349707	0.389182	↑
天津市	0.184845	0.09592	↓	0.364905	0.397242	↑
辽宁省	0.065892	0.02868	↓	0.292397	0.289914	↓
新疆省	0.018043	0.009179	↓	0.151018	0.138926	↓

从表 2 可以看出,2007 年相较于 2002 年,8 个省市中有东部 5 个地区嵌入 GVC 程度呈上升趋势,上升幅度约为 1～2 倍;天津市、辽宁省、新疆省 3 个省市嵌入 GVC 水平处于下降态势,下降幅度较为显著。江苏省 2007 年的 GVC 水平较 2002 年翻了近一倍,这说明江苏省切入 GVC 的水平逐渐加深,经济外向型特征日趋显著。北京市 2002 年切入全球价值链水平为 0.0853,2007 年约为其 2 倍,排名情况跃居到 8 省市中的第 3 位,这说明北京地区对外商投资仍具备较强的吸引力。同时,河北省、浙江省 2 省的 GVC 水平虽然也呈上升态势,但与广东、江苏、北京 3 省市相比,其切入 GVC 的水平还相对较低。此外,在 GVC 水平下降的 3 个省市中,天津市的下降幅度最为明显,其由 2002 年排名第 2 的 0.1848 跌落到 2007 年的 0.0959,经济增长的外向型倾向呈现较大程度的减弱。2002 年,原本 GVC 水平就不显著的辽宁省和新疆省,其 2007 年切入全球价值链水平更是下降了 2 倍多,分别排在了 8 个省市中的第 6 位和第 8 位,经济增长方式的内向型表现明显。

区域物流能力发展水平方面,2007 年与 2002 年相比,8 省市中东部 6 个省市的物流能力处于上升态势,上升幅度较为平缓,辽宁省和新疆省的物流能力略有下降;在两年的排名情况中,8 省市的物流能力排名分布大体保持不变。位居 8 省市中首位的广东省 2002 年的物流能力为 0.4968,2007 年则上升至 0.5488,其物流能力增强势头最为显著。紧随其后的江苏省、天津市、北京市、浙江省、河北省的物流能力虽然与广东省存在一定的差距,但表现仍为强劲,2007 年相较于 2002 年,除"物流业基础建设投资占全部设施建设投资比重"有所下降外,其他各项指标均呈同步增加。辽宁省和新疆省 2007 年的物流能力虽然有所下降,但下降幅度较小。由此可以看出,东部 6 个地区的物流能力发

展水平较东北地区的辽宁省和西部地区的新疆省普遍要高,这与东部地区优越的地理区位、宽松的物流环境、完善的基础设施和先进的信息网络有密切关系。

七、两者关系的计量分析

以全球价值链与区域物流能力的作用机理为理论基础,在对2002年30省市、2007年8省市嵌入全球价值链水平和其物流能力分别进行测度的基础上,本小节将对两者的关系展开定量分析。定量分析将主要从两个方面来展开,一是2002年全国30省市嵌入GVC水平和区域物流能力的相关性分析;二是8省市2002年和2007年嵌入GVC水平和区域物流能力均值的相关性分析。

(一)全国30省市2002年嵌入GVC水平和区域物流能力的相关性分析

将全国30个省市2002年嵌入GVC水平和区域物流能力的数值情况输入到spss统计软件进行相关性分析,得到的相关性分析结果如表4所示:2002年全国30个省市嵌入GVC水平和其物流能力是高度相关的(在0.01水平上显著相关),p值0.000远小于显著性水平0.01,且相关系数高达0.863。

表4 全国30个省市2002年的指标相关性情况

相关性

		2002年GVC程度	2002年物流能力
2002年GVC程度	Pearson相关性	1	.863**
	显著性(双侧)		.000
	平方与叉积的和	.134	.200
	协方差	.005	.007
	N	30	30
2002年物流能力	Pearson相关性	.863**	1
	显著性(双侧)	.000	
	平方与叉积的和	.200	.398
	协方差	.007	.014
	N	30	30

注:**. 在.01水平(双侧)上显著相关。

(二)8省市2002年和2007年嵌入GVC水平和区域物流能力均值的相关性分析

从表5可以看出,8省市嵌入GVC水平和其物流能力的对应排名基本趋于一致。

广东省物流能力均值最高,达 0.5228,其对应的嵌入 GVC 水平也列居 8 省市首位,为 0.2524;紧随其后的江苏省、天津市、北京市的物流能力发展水平也与其切入 GVC 水平遥相呼应;排在后四位的浙江省、辽宁省、河北省和新疆省的 GVC 水平和物流能力水平排名情况虽然未完全同步,但波动幅度较小,基本趋于一致。通过以上分析,可以看出区域嵌入全球价值链水平和其物流能力呈现较强的相关性,下面将用计量软件进一步验证两者的关系。

表5 8省市 GVC 水平和物流能力均值情况

地区	GVC 均值	排名情况	物流能力均值	排名情况
江苏省	0.208058	2	0.393048	2
广东省	0.252379	1	0.522791	1
河北省	0.013300	8	0.257344	7
浙江省	0.046261	6	0.367668	5
北京市	0.120353	4	0.369445	4
天津市	0.140383	3	0.381074	3
辽宁省	0.047286	5	0.291156	6
新疆省	0.013611	7	0.144972	8

运用 spss 软件对 8 省市两个指标的均值情况进行相关分析,得出的结果如下表6所示,p 值 0.006 < 显著性水平 0.01,这说明区域嵌入 GVC 程度与其物流能力存在显著的线性相关性,相关系数高达 0.863。

表6 8省市的指标相关性分析结果
相关性

		GVC 均值	物流能力均值
GVC 均值	Pearson 相关性	1	.863**
	显著性(双侧)		.006
	平方与叉积的和	.057	.061
	协方差	.008	.009
	N	8	8
物流能力均值	Pearson 相关性	.863**	1
	显著性(双侧)	.006	
	平方与叉积的和	.061	.087
	协方差	.009	.012
	N	8	8

**. 在 .01 水平(双侧)上显著相关。

八、结论

以全国30省市为例,在分别对其2002年、2007年嵌入GVC水平和物流能力进行测度的基础上,本文对两者之间的关系展开了实证分析,结果表明:区域嵌入全球价值链水平和其物流能力之间存在较强的相关性,这个结论从实证角度验证了对于期望融入全球价值链进而实现区域经济发展的地区而言,不能单纯依赖低廉的劳动力、土地等,应将区域发展的重心放在与制造生产相配套的物流的发展上,加快物流基础设施、信息共享网络的建设,提高物流业的经营管理水平,营造宽松便利的物流发展环境,使得区域能够凭借较强的物流能力吸引到GVC模式的产业转移,进而提高其嵌入GVC的水平,最终推动地方宏观经济的总体发展、提升区域的整体竞争力。

参考文献

[1] Kogut, B. Designing Global Strategies: Comparative and Competitive Value-added Chains [J]. Sloan Management Review, 1985, 26(4).

[2] Gereffi, G. International Trade and Industrial Upgrading in the Apparel Commodity Chain [J]. Journal of International Economies, 1999, 48: 37−70.

[3] Humphrey, J. and Schmitz, H. Governance and Upgrading: Linking Research on Industrial Districts and Global Value Chains[R].Brighton: Institute of Development Studies, 2000.

[4] Gereffi, G. and Memedovi, O. The Global Apparel Value Chain: What Prospects for Upgrading by Developing Countries? [EB].http://www.unido.org/, 2003.

[5] Kaplinksy, R. and Readman, J. Integrating SMEs in Global Value Chains: Towards Partnership for Development[R]. United Nations Industrial Development Organization, 2001.

[6] 张辉.全球价值链下地方产业集群转型和升级[M].北京:经济科学出版社,2006.

[7] 陈树文,聂鸣,梅述恩.基于全球价值链的产业集群能力升级的阶段性分析[J].科技进步与对策,2006(1):72−74.

[8] 周晓艳,黄永明.全球价值链下产业升级的微观机理分析——以台湾地区PC产业为例[J].中南财经政法大学学报,2008(2):21−27.

[9] 吴波,李生校.全球价值链嵌入是否阻碍了发展中国家集群企业的功能升级?——基于绍兴纺织产业集群的实证[J].科学学与科学技术管理,2010(8):60−65.

[10] 王如镜.基于全球价值链视角的IT制造业集群的升级研究——以苏州为例[J].华东

经济管理,2006(8):16-18.
[11] 黎国林,江华.全球价值链下我国加工贸易产业升级研究[J].华南农业大学学报(社会科学版),2008(1):25-30.
[12] 魏丽华.全球价值视角下我国产业集群升级的必然性分析——以金融危机中的加工制造业集群为例[J].北方论丛,2009(2):142-145.
[13] 张伟,吴文元.全球价值链下我国资源型产业链升级研究——以贵州中部瓮福磷化工产业链为例[J].研究与发展管理,2010(6):30-38.
[14] 陶锋,李诗田.全球价值链代工过程中的产品开发知识溢出和学习效应——基于东莞电子信息制造业的实证研究[J].管理世界,2008/01:115-122.
[15] 彭新敏,吴晓波.基于全球价值链的知识转移影响因素研究[J].重庆大学学报(社会科学版),2008(14):40-45.
[16] Kuo-chung Shang and Peter, B. Marlow. Logistics capability and performance in Taiwan's major manufacturing firms [J]. Transportation Research Part E, 2005, 41: 217-234.
[17] Chin-shan Lu and Ching-chiao Yang. Evaluating Key Logistics Capabilities for International Distribution Center Operators in Taiwan [J]. Transportation Journal, 2006, 45: 9-27.
[18] Jay Joong-Kun Cho and John Ozment. Logistics capability, logistics outsourcing and firm performance in an e-commerce market [J]. International Journal of Physical Distribution & Logistics Management, 2008.38: 336-359.
[19] 陶存新,陈定方.城市物流能力评价研究[J].武汉理工大学学报,2006(5):892-894.
[20] 周泰,叶怀珍.基于模糊物元欧式贴近度的区域物流能力量化模型[J].系统工程,2008(6):27-31.
[21] 王岳峰,刘伟.信息混沌环境下区域物流能力盲数测评模型[J].管理学报,2010(3):418-422.
[22] 李丽,黄超.产业转移与区域物流能力的相互作用机理分析[J].北京工商大学学报(社会科学版),2011(6):41-47.
[23] 闫秀霞,孙林岩.物流能力对区域经济发展的影响分析[J].科技进步与对策,2006(10):160-163.
[24] 周泰,王亚玲.区域物流能力与产业经济的灰色控制系统[J].武汉理工大学学报,2009(19):168-17.
[25] 张诚,于兆宇.江西区域物流能力与产业经济的灰色控制系统研究[J].华东经济管理,2011(7):23-25.
[26] 李全喜,金凤花.区域物流能力与区域经济发展的典型相关分析——基于全国面板数据[J].软科学,2010(12):75-79.
[27] Olga Memedovic and Lauri Ojala. Fuelling the Global Value Chains: What Role for Logistics Capabilities? [J]. International Journal of Technological Learning, Innovation and Development, 2008, 3: 353-374.

[28] Markus Hesse and Jean-Paul Rodrigue. Global Production Networks and the Role of Logistics and Transportation[J]. Growth and Change, 2006, 37:499-509.

[29] 陈丽英. 全球价值链视角下的我国物流产业升级研究[M]. 厦门:厦门大学, 2008, 3.

[30] 刘伟华, 彭岩. 基于 GVC 和 GLVC 的我国物流产业升级[J]. 天津大学学报(社会科学版), 2009(7):289-294.

[31] 韩董. 全球价值链下我国服装业物流整合研究[M]. 南京:江苏大学, 2009, 6.

[32] 宋迎春. 全球价值链对我国物流产业升级的影响与对策[J]. 南京社会科学, 2010(7):9-14.

[33] 张少军, 李东方. 全球价值链模式的产业转移——商务成本与学习曲线的视角[J]. 经济评论, 2009(2):65-72.

[34] 北京大学中国经济研究中心课题组. 中国出口贸易中的垂直专门化与中美贸易[J]. 世界经济, 2006(5):3-12.

[35] 张少军. 全球价值链与国内价值链——基于投入产出表的新方法[J]. 国际贸易问题, 2009(4):108-115.

[36] 顾国达, 周蕾. 全球价值链角度下我国生产型服务贸易的发展水平研究——基于投入产出方法[J]. 国际贸易问题, 2010(5):61-69.

3 商业生态系统视角下产业园区持续发展的"三聚"路径

曹宁 任浩 甄杰

(同济大学经济与管理学院 上海 200092)

> **摘 要**：产业园区是许多地区经济发展的主要模式，然而并不是所有园区都是持续有效的，由于各种原因，许多产业园区面临诸多发展困境。产业集群要成为具有显著协同效应的区域经济系统，商业生态为产业园区可持续发展提供了一个新的逻辑分析视角。本文运用商业生态系统的相关理论，分析产业园区生态系统的结构和运行机理，从宏观、中观和微观三个层面构建了产业园区向商业生态系统演进的"三聚"路径，以期对产业园区的发展实践提供理论指导和决策支持。
>
> **关键词**：商业生态系统；产业园区；持续发展；三聚路径

一、引言

20世纪后半叶，美国硅谷将企业、大学、政府及其他中介组织的力量联合起来，通过产业的集聚与辐射功能，成功促进了本地经济的快速发展。世界各地纷纷开始兴建各种产业聚集区或开发区。受此成功发展经验的影响，1980年代，中国政府开始主导建设产业园区，截至2012年，中国已经批准了375家国家级产业园区，1222家省级产业园区以及许许多多的地方产业园区。各类产业园区以"粘稠的经济能量"促使经济向着"平

[基金项目]：本文受国家自然科学基金(项目编号：70872085)"基于企业间关系的模块化组织中核心企业生成机理研究"和国家自然科学基金(项目编号：7127204)"多层次网络异动、知识异质度与企业持续创新能力研究"的资助。
[作者简介]：曹宁(1982–)，女，同济大学经济与管理学院博士研究生，研究方向为产业集群，组织关系管理；任浩(1959–)，男，同济大学经济与管理学院博士生导师，研究方向为战略管理，组织间关系管理；甄杰(1975–)，男，华东政法大学商学院讲师，研究方向为创新集群，合作战略。

滑空间上的粘滞点"集聚[1],发挥着地方经济主导作用。然而,很多产业园区的发展却存在着"三重三轻"的问题:即重外部优惠政策,轻内生动力培育;重零星招商引资,轻产业链整合打造;重经济指标达标,轻区域系统协调。因此,许多产业园区注重"聚集"不注重"联合",实质上仅仅是各类企业在空间上的"简单扎堆",缺乏相互关联和依存的专业化分工作网络,缺乏从战略层到操作层全方位、深层次的协同管理,造成企业之间"竞争多度,合作不足",园区"聚而不强,活力不足"。这种政府依赖型的"人工花园式"产业园区,在发展过程呈现出脆弱性和难以持续的负面特征,一旦面临环境方面的弱势条件,就有可能失去已有的优势。为此,产业园区越来越需要克服现有弊端,提升整体发展凝聚力。

实际上一个健康发展的产业园区应该是一个内外构成要素间适应性互动的具有显著协同效应的区域经济系统,商业生态功能因其具有单个企业功能叠加所不具有的特质,为产业园区可持续发展提供了一个新的逻辑分析视角。

二、商业生态系统的内涵和特征

1993年美国学者詹姆士·穆尔(James F.Moore)[2]在发表于《哈佛商业评论》的论文《掠食者与猎物:新的竞争》中首次提出商业生态系统的概念,认为商业生态系统是以组织和个人的相互作用为基础的经济联合体。后来Moore(1996)[3]对自己在1993年界定的定义进行了扩展,认为商业生态系统是由企业和产业集群及其赖以生存和发展的外部环境构成的动态结构系统。商业生态系统包括供应商、生产企业、销售商和顾客之间的垂直关系,也包括竞争者、中介机构、政府、科研机构等相关性组织间的关系,此外,还涉及经济和社会文化环境等因素。穆尔借用自然生态系统对市场中企业活动的描述和诠释,打破了传统的竞争战略理论的限制,强调系统内企业的"合作、竞争"与"共同进化"。

此后,商业生态系统理论得到了学术界广泛的瞩目和发展。学者们从不同的视角展开研究,大多数学者把商业生态系统定义为由不同的组织种群构成的带有自然生态系统的某些特征的复杂适应系统。表1对既有相关文献所阐述的商业生态系统内涵特征进行了归纳整理。

综合学者们的研究可知,商业生态系统具有循环性、适应性、协同性、相关性、有序性和再生性,强调系统成员类型的多样性、企业生态位的分离,核心成员的主导作用以及各子系统之间的相互作用力。具体来看,商业生态系统具有如下特征:

1. 商业生态系统强调系统成员数量及类型的多样性。多样性对于系统应对不确定性环境起着缓冲作用,可保护系统的结构、生产力。

2. 商业生态系统是众多企业的联合体,是建立在企业生态位分离的基础上的。同一生态位的企业组织易发生激烈的竞争行为,分离企业的生态位使其保持竞合动态均衡,有利于价值的创造。

3. 商业生态系统中的核心成员对于系统的方向和类型起着决定性作用。关键成员相当于优势物种,比如森林里的高大乔木,塑造和协调其所在的系统。

4. 商业生态系统自主的、持续的演化动力不是来自系统外部或上层组织,而是来自系统内各子系统之间产生的运行法则,包括竞合法则、错位经营法则和协同进化法则。

5. 商业生态系统具有很强的灵活性和适应性,强调子系统之间相互依赖的作用力,能够根据市场需求调整和优化结构、决策和操作,可以快速聚集企业完成设计、生产、分销和服务等工作。

6. 衡量商业生态系统是否健康有三个重要的标志:生产率、生命力和创造力,分别以投资收益率、从各种干扰和破坏中存活下来的能力、有能力创造有价值的新功能使物种呈现多样性来衡量。

表1 对商业生态系统内涵的研究成果

作者(年份)	主要定义
Moore (1993)[2]	基于组织互动的经济联合体。
Moore (1996)[3]	商业生态系统是一种由客户、供应商、主要生产商、投资商、贸易合作伙伴、标准制定机构、工会、政府、社会公共服务机构和其他利益相关者等具有一定利益关系的组织或群体构成的动态结构系统。
Power & Jerjian (2001)[4]	商业生态系统是遍布世界范围的网络系统,包含相互作用的真实世界的一部分,是与所处环境的非生物因素组成的实体系统。
Iansit & Levien (2004)[5]	商业生态系统由占据不同但彼此相关的生态位的企业所组成,一旦其中的一个生态位发生变化,其他生态位相应也会发生变化。
Den Hartigh & Van Asseldonk (2006)[6]	是一种由围绕在某项核心技术周围,相互依赖的供应商和客户组成的网络。
Kim (2010)[7]	一种由众多具有共生关系的企业构成的经济共同体,在这个系统内部,成员企业可通过合作创造单个企业无法独立创造的价值。
Zahra & Nambisan (2012)[8]	一种为企业提供资源、合作伙伴以及重要市场信息的网络,还认为"这种网络是基于网络内部成员企业之间长期的互动关系形成的,构建并发展商业生态系统需要创业洞察力和战略思维的互相匹配"。

三、产业园区生态系统的运行机理和结构层次

作为经济发展的重要载体,产业园区是由经济与生态多种环境因素组成的有机复杂系统,是一种典型的商业生态系统,其运行可以从商业生态系统的视角进行分析。产业园区内企业集聚的目的是通过协同效应而达到共同发展,具体形式包括从周围环境中吸纳人员、物资、能量、信息等资源,通过资源共享、创新、竞争与合作等过程发挥园区系统功能,获取产品、知识、技术、人才等产出,并通过产业园区对区域经济的带动、辐射与示范等促进效应,推动区域经济的发展和自身生态系统的持续进化。(见图1)。

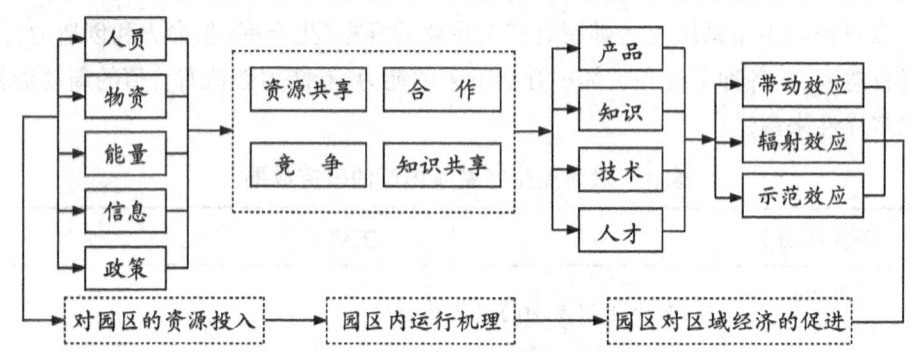

图1 产业园区生态系统的运行机理

从系统的结构层次上,产业园区商业生态系统是"一个宏观、中观、微观相互渗透,纵向、横向相互交错,动态、静态相互结合的具有增强型正反馈的共生网络"[9],包括吸收传递物质和能量的各种独立企业个体(核结构)、提供物质和能量的源种群(链结构)以及环境(网络系统)三大部分。各类具有关联又分别独立的个体企业是产业园区的主体因素,这些主体通过交易网络、技术网络、社会网络等发生各种直接或间接的相互关系,并成为产业园区发展的动力所在。其中,源种群为各企业提供的物质能量包括技术、人才、资金、信息、企业家等配套要素;环境则包括经济、政治、教育、科技、文化等外部系统,并构成整个园区内企业生存与发展的生态网络。在产业园区的"核—链—网"的各个层面,始终存在着物质流、价值流、收益流和信息流之间的交换,并形成了正循环的供给支持或负循环的制约关系,正循环促进协同进化,负循环抑制系统成长(见图2)。

可见,商业生态系统理论提供了一种对产业园区的结构、生产力、系统成员的相互关系、健康性等的系统全面的分析方法。用商业生态的视角来对产业园区此进行透视与解读,可以反思企业之间的过度竞争,将良性协同进化和可持续发展的观念渗透到中国产业园区管理者的主流意识层,成为园区发展的战略导向。那么如何根据商业生态系统的原理,推进园区快速高效地形成可持续发展的生态系统呢?

3 商业生态系统视角下产业园区持续发展的"三聚"路径

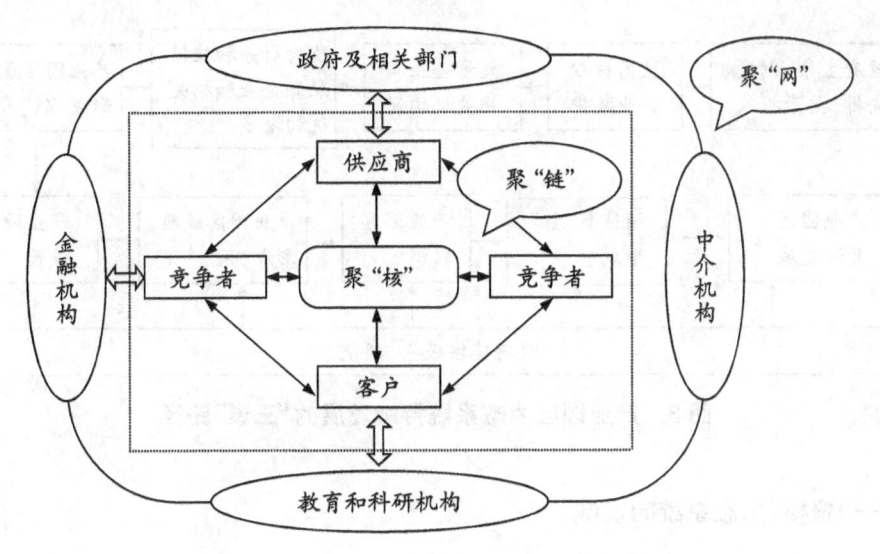

图2 产业园区商业生态系统的结构层次

四、产业园区商业生态系统持续发展的"三聚"路径

国内外文献为产业园区如何发展为商业生态系统提出了有力的证据。Krugman（1991）指出，产业空间聚集、产业关联与产业链是支配产业园区商业生态系统健康、持续、快速发展的重要因素，其中，空间集聚描述了产业集群是"有界的地理范围"，产业链描述了"企业之间的相互关联性"，产业链上下游企业的合作是"技术和知识传播的重要途径"[10]。法国经济学家弗朗索斯佩鲁（1950）[11]提出来"增长极"理论，该理论引入了"推进型产业"的想法，认为经济增长通常是从一个或数个"增长中心"逐渐向其他部门或地区传导，建议园区应建立"发展极"，明确主导产业。我国学者向世聪（2006）[12]从适用的市场基础，提出市场发育不完善、法制不健全、外部环境较差的发展中国家的产业园区在选择发展路径时需要重视政府的角色和作用，对我国产业园区的发展提供了重要指导。

根据当前我国经济转型发展阶段的特点，本文认为，在促成产业园区商业生态系统形成的过程中，需要以可持续发展为导向，产业园区管理者"规划森林"，从原则上对园区空间布局、产业协调发展起引导作用，并提供各种生存因子、资源条件和环境空间。产业园区自身也要形成内生演化机制，使得"树木"自然生长，并能逐渐聚集各种资源，促进各企业之间自我组织、互相协同、适应环境[13]。我们把这种聚集分为三个层面，形成了商业生态系统下产业园区持续发展的"三聚"路径（见图3）。

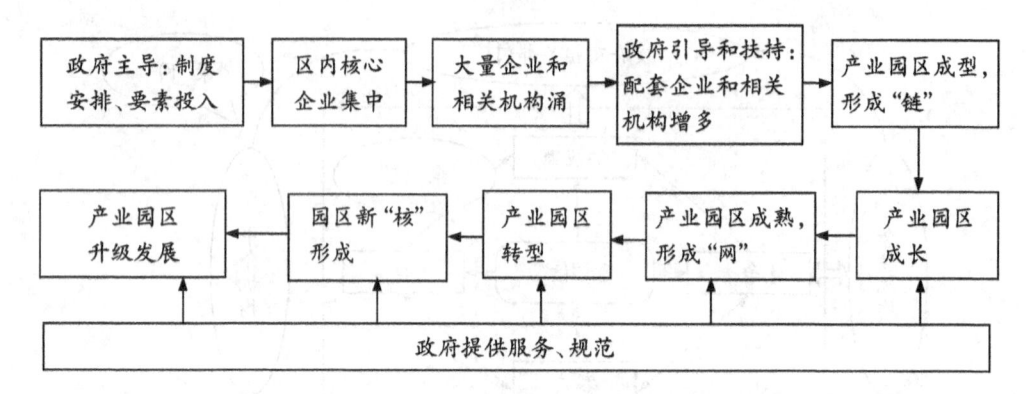

```
政府主导：制度    区内核心   大量企业和    政府引导和扶持：   产业园区成型，
安排、要素投入 → 企业集中 → 相关机构涌 → 配套企业和相关 → 形成"链"
                                        机构增多
                                                                    ↓
产业园区    园区新"核"   产业园区   产业园区成熟，   产业园区
升级发展  ←   形成     ←  转型   ←   形成"网"    ←   成长

              政府提供服务、规范
```

图 3　产业园区生态系统持续发展的"三聚"路径

（一）聚核：生态系统的发端

"聚核"即在产业园区发展之初培育核心企业，发展主导产业。产业园区的"核结构"决定了产业园区的具体类别和发展方向，并成为产业园区发展的主力军和增长极。

1. 核心企业。在产业园区发展早期，一家或若干家企业首先入驻，逐渐形成一定的规模，并对周边经济起辐射和牵引作用。核心企业可以是企业自发入驻形成，也可以由政府以某种方式引进。核心企业在能力和网络嵌入性上与园区中的其他企业有着本质的区别，它们是促成产业集聚效应产生和园区整体演进的引擎。作为园区制造主体、出资主体、创新发动机或区域品牌代表，核心企业通过投资、创新、知识转移、品牌扩散等行为带动其他企业的发展。

2. 主导产业。确立主导产业，并坚持发展特色产业，避免产业结构雷同，从而形成比较优势，才能使产业园区持续性演化。主导产业的发展就是科学发展观"有所为、有所不为"的具体应用，主导产业的发展需要具备一定的区位和资源基础，包括资金、技术、人才、地理等方面。由于在初创期，产业园区对外部环境和内部结构的控制能力较低，对发展空间和资源取向的把握程度不高，因此，该阶段，由园区管理者根据地域特点和产业优势，选择关联性较强、市场发展前途好、科技含量高的主导产业加以扶持，将会比产业园区自发形成更有效率。

最初，入驻企业之间尚没有形成特定关联，与外部环境之间也没有真正建立起物质循环、能量流动和信息传递。但是，随着园区内不断涌进同类型的中小型企业，在聚集规模的边际递增效应下，企业之间会共享信息、市场等资源，产生了具有关联结构和特定功能的园区"核"结构。在此结构中，有脱颖而出的大企业，它们相当于生态系统中的高大乔木，也有同类型的小企业，它们相当于园区抵御市场骤变的"缓冲安全系统"，形成大企业主导、中小企业共生的主导产业。

(二)聚链：生态系统的形成

随着产业园区"核"结构的聚集和发展，到一定程度，一些实行业务归核化战略的"核"企业，会采用分工协同的方式吸纳上下游配套企业入驻其产业园区。而另一些"核"企业为了适应环境的变化，采用高度本地化发展策略，将研发中心、区域总部迁入园区，加强与本地企业和其他行为主体的联系。由此，形成产业园区纵向与横向的"聚链"式发展路径。该阶段，园区管理者的作用主要表现在积极创造有利于人才、资金、技术、管理、服务等资源集聚的软环境，为园区提供服务并加以规范。

1. 纵向聚链。表现为产业链的上下游关系，包括供应商、制造商和需求商。有效供应产品、服务是产业园区竞争优势的集中体现，而产品顺利生产和销售则需要上下游企业之间围绕"核"企业进行分工协作和关系互动。

2. 横向聚链。横向聚链表现为产业园区引进各种配套服务的企业，包括风险投资、金融机构、研究机构、管理机构、服务中介机构等，从而为"核"企业提供资金、技术、人才、管理、服务的外延支撑，以更有效率地输送高质量的产品和服务。

随着产业园区实力的不断壮大，园区内本地成长的、外地迁入的大企业和小企业通过交互促动和合作竞争逐步建立起信任机制，大量存在的正式和非正式关系构成了规模非线性放大效应，以更大的吸附力吸引更多的资源聚集，更多的创新思想在这个生态系统中迸发。

(三)聚网：生态系统的完善

产业园区商业生态系统的进一步发展，需要不同于传统的新的产业功能的综合，即不是单纯的工业加工、科技产品制造区，而是可以提供类似"阳光、空气和土壤"的基础配套设施、鼓励创新创业的社会文化环境、优良的政策环境、技术环境、市场环境、地理区位环境、娱乐休憩环境等[14]，它们形成了产业园区商业生态系统的大气环境，并反过来也为产业园区的发展和壮大提供潜移默化的影响。此时，产业园区从整体上进入生态系统的"聚网"发展阶段。

1. 园区利用环境进行扩张。处于成长期的产业园区，随着生存力、发展力、竞争力的逐步提高，能够对外部环境产生较强的辐射力和影响力。产业园区的盈余资金逐步得到积累，为园区进行系统排列和优化组合、挖掘资源深层潜力、提升综合竞争优势提供了新的内部条件。此时，产业园区会发生资源结构性规模扩张和空间结构性规模扩张，前者注重各方面生存要素的积累性获得，后者注重高适合度空间的层次性整合。

2. 环境对园区的反作用。随着园区资源规模的扩大和空间规模的扩张，势必会引起对资源的争夺，造成资源对发展的"瓶颈制约"。同时，园区内部容易出现思想僵化封闭、知识技术趋同、互补性消失、地价人力等成本过高、效率降低、市场和技术失去活力和竞争力等问题,原有的"核"逐渐失去聚集功能。在这个阶段,由于园区内的发展基础,可能出现转变的机会,政府如果能够对这些新的内部要素加以正确引导和自我重组,产业园区可以在吸收原有竞争优势的基础上,促进新"核"的适时更替,使园区再次进入有序发展状态。直到园区达到一种新的循环平衡,从业人员数量和企业数量趋于稳定,企业之间的横向和纵向协作关系不断完善。

五、结语

产业园区商业生态系统的产生和演化,是企业之间自我组织、互相协同、适应环境的结果,其中,产业园区内部企业间的互动合作是根本。同时,根据我国现阶段的国情和发展特点,外部环境、政府的积极调控、管理、服务和监督等也是系统有序演化的重要条件,因此,政府"规划引导",园区"自然生长"能够促进园区更快更高效的发展。但是,政府的行为必须严格遵循产业园区自身的发展规律,其推动力应该转化为园区的自觉行动,只有这样才能更好地适应外界环境的迅速变化,实现从不平衡到平衡、从无序到有序的发展,使产业园区能够在不断波动和变化中持续发展。

参考文献

[1] Markusen A. Sticky places in Slippery space: A typology of industrial districts [J]. Economic Geography, 1996, 3:293.

[2] Moore J F. Predators and Prey: A new ecology of competition [J]. Harvard Business Review. 1993, 71(3): 75-86.

[3] Moore J F.The death of competition: leadership and strategy in the age of business ecosystem [M]. Boston: John Wiley & Sons Ltd, 1996: 76.

[4] Power, T., Jerjian, G. Ecosystem: Living the 12 principles of net worked business [M]. Pearson Education Ltd, 2001: 392.

[5] Iansiti M and Levien R. the keystone advantage: what the new dynamics of business ecosystem mean for strategy, innovation, and sustainability [M]. Boston: Massachusetts, Harvard business school press, 2004: 59-62.

[6] Den Hartigh E, et al. the health measurement of a business ecosystem[R]. Paper presented at ECCON 2006 annual meeting, 2006.

[7] Kim K, et al. the healthiness of business ecosystem and its effect on SEMs, performance[R].

International Council for Small Business(ICSB),2010:1-17.

[8] Zahra S and Nambisan S. Entrepreneurship and Strategic thinking in business ecosystems[R]. Business Horizons,2012,55(3):219-229.

[9] 李玉琼.网络环境下企业生态系统创新共生战略[M].北京:经济科学出版社,2007:2.

[10] Krugman P. Increasing returns and economic geography. Jouranl of Political Economy, 1991,99(3):173.

[11] Francois Perroux. Economic space:Theory and applications. The Quarterly Journal of Economics,1950,64(1):89~104.

[12] 向世聪.基于产业集聚的园区经济研究[D].长沙:中南大学,2006.

[13] 芦彩梅.基于复杂系统视角的产业集群演化研究[M].北京:经济科学出版社.2010:1.

[14] 张爱平,孔华威.创新生态——让企业相互"吃"起来[M].上海科学技术文献出版社.2010:8.

4 产业集群的异地转移与本地升级

陈金丹

（南京邮电大学经济管理学院　南京　210096）

> **摘　要**：产业集群的转移和升级是当前我国区域经济发展中的两大热点问题。本文在分析产业集群转移内涵、模式和过程的基础上，阐述了通过集群选择性异地转移的过程实现集群本地化升级的路径。在这一升级过程中，转出地与转入地的集群之间形成了集群网络链，集群网络链的结构特征使其具有促进各集群持续创新的功能。基于理论的分析与阐述，本文提出对南京大明路汽车销售与服务产业集群升级之路的合理构想。
>
> **关键词**：产业集群；集群升级；集群转移；集群网络链

当前我国境内产业转移不仅声势浩大，而且呈现出多个具有较强关联性企业"抱团成堆"的转移特征，即产业集群转移现象。对于转入地而言，这种集群企业的整体转移将会通过本地化过程促进当地产业集群的形成与发展，进而带动区域经济的发展。而对于转出地而言，集群企业的抱团转移可能会给原产业集群地造成产业流失的后果，但也可能在一定条件下通过一定数量的企业（或一部分生产功能）的集体迁移为当地产业转型与升级创造空间。因此，探讨产业集群转移的内涵、模式和过程，并基于此进一步分析转移过程中原有集群的升级问题，将具有现实意义和理论价值。

一、产业集群的异地转移

（一）产业集群转移的内涵

目前，产业集群的转移已经被许多学者所关注。例如，丘兆逸（2006）认为，产业集群转移是指一个地区的产业集群整体转移到另一个地区[①]。蒙丹(2007)进一步将产业集群式转移定义为原本在地理上集中、关系密切的企业群体,整体搬迁到另一地区,此时企业的网络关系保持不变[②]。毛广雄(2010)对产业集群转移的阐述更为详细,他认为产业集群转移是由于资源供给、产品需求条件变化以及资本动态转化引起的、包括产业集群在国家(区域间)的转移以及产业向已有集群区域的时空转移过程,是一个涉及区域产业转移—产业集群系统主体(企业)、客体(投资者等)和载体(承接地等)的动态网络化过程[③]。实际上,产业集群转移是产业转移的一种具体形式。产业集群转移是指一些原本就处于同一产业集群的企业在投资地的选择上集体行动,包括众多上下游配套、相互分工协作的各类企业,这些转移企业落地后又会与当地企业形成配套与协作关系,在投资地产生集群现象。

(二)产业集群转移的模式

Ortona 和 Santagata 将企业的跨地域转移模式分为两种,一种是完全转移(complete relocation),是指企业将生产设施从一个地方搬迁到另一地方;一种是部分转移(branch movement),是指企业将部分生产活动迁出并在新的地方建立新的分支机构[④]。这一划分标准是按企业生产环节是否全部迁出为标准的。如果将这一划分标准应用到集群中,集群转移也有两种转移模式,即复制性转移(replicative relocation)和选择性转移(selective relocation)(Belussi & Sammarra,2006)[⑤]。

产业集群的选择性转移是建立在集群中价值链垂直分离的基础上,是指将价值链上具有低附加值的生产环节转移到其他国家或区域内,而将高附加值的生产环节保留在原地,例如设计、研发和营销环节等。这一转移过程实际上由两个子过程组成:一方面,原产业集群中的低附加值环节经过产业转移过程集体转移到集群之外,在目的地区域再次形成新的产业集群,带动当地经济的发展;另一方面,在集群转出地,基于原集群中高附加值环节的沉淀与保留,完成了原集群向价值链高端的升级。这两个子过程是一个转移过程的两个方面,是同时进行的。高附加值环节的沉淀往往是伴随着低附加值环节的转移同时存在的。这是因为,当集群开始追求价值链高端的高价值时,会有意识地分割低附加值环节,如制造环节,并通过消亡或者转移的方式实现转移。在此过程

---

① 丘兆逸.实施产业集群转移模式实现西部经济腾飞[J].探索,2006(1):164-150.
② 蒙丹.以集群转移的模式促进东部劳动密集型产业的转移[J].商场现代化,2007(18):268-259.
③ 毛广雄.产业集群化转移:理论述评及启示[J].统计与决策,2010(6):154-158.
④ Ortona G, Santagata W, Industrial mobility in the Turin metropolitan area 1961-1977[J]. Urban Studies, 1993(20):59-71.
⑤ Belussi F, and Samarra A, Industrial Districes, Relocation and the Governance of the Global Value Chain[M], Padova:CLEUP, 2005.

中,高附加值环节得以保留,集群相应氛围和外部环境也随之得到逐渐改善,集群将会吸引更多高附加值环节中的企业和机构。

产业集群的复制性转移指的是随着集群自身的发展及其所处外部环境的变化,集群主导产业在该地区的比较优势逐渐消失,大部分的集群内企业和机构逐渐抱团迁徙到新的具有比较优势的新区域内。这一转移过程往往伴随着转出地集群的衰亡,集群集体迁移到另一区域,并逐渐根植于当地的经济社会,再次形成产业集群现象。可以说,经过集群的复制性转移过程,新集群是旧集群的异地复制。

选择性转移与复制性转移这两种转移模式对当地集群的影响也有很大的不同。纯粹的复制性转移对当地集群会带来很严重的破坏,就业、竞争力和收入会随着企业的转移出现急剧的下降。而选择性转移保留了集群基本的结构性特征,比如认知模式、协作网络和创新能力,能够促进集群的升级和扩张。

(三)产业集群转移的过程

1. 基于主导企业迁移的产业集群转移

刘友金(2011)指出,在产品内全球分工背景下,企业更多地只从事某个或少数几个生产环节,它们对产业的关联性和本地配套要求高,从而致使产业转移已不再是零散地、小规模地进行,而是倾向于整体地、集群式地展开[⑥]。经过多年的发展,集群企业之间已经形成了共生共荣的合作竞争关系,特别是集群的主导企业与其产业链上下游的企业之间更是紧密。而紧密的共生关系恰恰促使了集群企业的抱团迁移,即产业集群的转移。

迁徙的集群主导企业通过建立地区总部、投资建立子公司等方式,带动与之相关的配件公司和供应商的转移,并和转入地的企业一起发展成为新的产业集群。通过这一过程,原集群中的主导企业不仅从转入地获取更多的廉价资源和特殊的知识资源,还能通过与当地企业的合作,迅速地融入转入地市场,整合更多的企业资源,扩大其产品或零部件供应链,形成一个新的以其自身为中心的产业集群。例如,日本松下与中方在杭州建立其最大的海外洗衣机生产基地,带动了12家多年为松下供应配件的配套厂来华投资;奥康集团带动其鞋机、鞋底、印刷包装、职业技术教育等配套企业转移到重庆;珠三角手机产业集群通过多条产业链向广东省东北部河源进行集群式转移。

2. 基于地方政府协同的产业集群转移

集群转移可以是企业的自发行为,也可以是政府有目的的推动和引导行为。从组织程度上看,企业自发的转移行为相对松散,在形成集群形态时存在一定的滞后性。而

---

⑥ 刘友金,胡黎明,赵瑞霞.基于产品内分工的国际产业转移新趋势研究动态[J].经济学动态,2011(3):101-105.

政府的规划引导行为(包括相应的园区规划和产业规划等),则能在一定程度上消除企业转移粘性和集群发展滞后性。基于地方政府协同的产业集群转移模式通过地方政府间合作推动、政府规划与基础设施建设的支持,引导和协助集群企业组团式转移,以降低企业转换成本与风险。

首先,地方政府"规划先行"为集群转移奠定了基调,决定了转移后的空间布局和产业布局。地方政府所制定的产业发展规划,明确了地区发展的产业需求和产业定位,所提供的产业支持政策将会引导相关产业中集群企业的扎堆转移。与此同时,地方政府的城市空间规划,则为集群转移的实现提供了空间条件。而规划中关于基础设施、金融保障、人才政策等方面的内容,则为集群转移铺平了道路。

其次,随着各地工业园区建设规模的不断扩大,以地方政府合作形式推动园区建设的集群转移现象日益突出,并成为承接产业集群转移、推广经济发展经验和带动周边地区产业发展的重要方式。园区建设在很大程度上能够吸引资本和劳动力的投入,具有较高产业关联的企业在工业园区的集聚,能快速实现集群转移。而在规划保障下的园区建设,与集群转移过程相辅相成,成为推动和保障集群转移的重要运作形式。

第三,地方政府往往是产业政策、园区政策及集群政策的重要制定者和实施者。通过基于地方政府的协同与合作,一方面保证了规划内容的有序实施,另一方面,也能够实时解决集群转移中遇到的问题,完善与修正规划细节,保证园区建设的有序进行,降低转移企业的风险。

二、产业集群的本地升级

(一)产业集群的异地转移和本地升级

产业集群升级实际上就是处于价值链低附加值环节的集群企业在整体上通过交易与技术控制权的提升,提高集群获取价值的能力,最终实现集群从价值链的低附加值环节向高附加值环节的攀升(Kaplinsky & Morris,2001)[7]。集群企业的工艺流程升级、产品升级、功能升级和链升级是集群升级的微观基础。通过众多集群企业有效地生产产品(同一产品、同一生产环节)、生产更复杂的产品(不同产品、同一生产环节)、和转移到新的高附加值的生产环节(不同产品,同一产业链高端环节或新产业链)实现产业集群的整体升级。

伴随着集群企业的功能升级和链升级,原有企业的低附加值环节需要被剥离转移

---

[7] Kaplinsky R, Morris M A. Handbook for Value Chain Research [R]. Prepared for the IDRC, 2001.

或放弃。这些被剥离转移的环节可能是分散于不同目的地的,也可能是地理集聚的,后一种"抱团"迁徙的方式就是产业集群的选择性转移。集群的选择性转移过程涉及到新旧两个产业集群,而集群的升级则主要针对旧集群而言,它是集群选择性转移过程的一个子过程。在旧集群的选择性转移过程中,伴随着企业低附加值环节的整体迁徙,原有的高附加值环节得以保留。旧集群以此为基础产生新的正向集聚效应,吸引更多生产相同、相似或相关产品的企业入驻,实现旧集群在价值链上的整体攀升。如图1所示,老集群A在选择性转移过程中分裂成为A、B两个集群,通过集群升级过程,旧集群A实现了在价值链上的升级(从A升级为A1或A2或A3),集群B则是旧集群A中低端环节与承接地产业相结合而形成的新集群现象。由于集群B是承接集群A的转移而形成的,因此其主要的价值链环节是集群A中原有的低端环节,新集群B与集群A原本所处的价值链环节基本一致,尚还处于价值链上的低端。

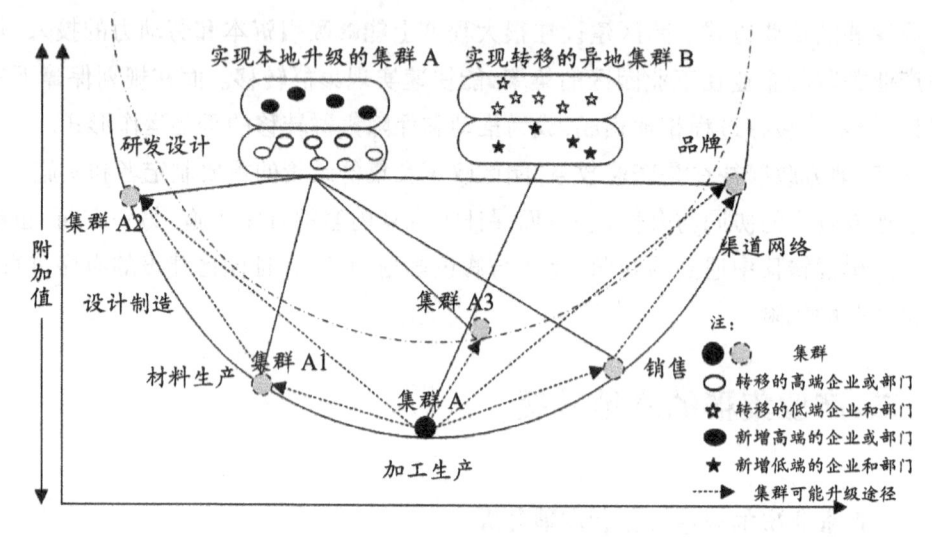

图1 产业集群的异地转移和本地升级

(二)异地集群网络链与本地升级

如果用网络来刻画经集群选择性转移过程实现升级后的集群内部以及集群与集群之间的互动关系,集群内部网络与集群间网络整体表现为集群网络链,如图2所示。一方面,集群内部各主体之间由于频繁的经济与社会互动,形成了密集的集群经济网络与社会网络。这些网络关系可以促进企业间协调、建立信任等,能有效促进知识资源在集群内部的有效传播与共享,激发集群创新的产生。但需要提及的是,集群密集的网络关系在提高创新知识共享效率的同时,也容易导致集群主体之间知识结构的同化,对内部成员发现新机会以及长期创新潜力产生不利影响。另一方面,集群网络之间由少数网络关系所连接。与集群内部的网络关系不同,集群网络间的关系更多地表现为经济关

4　产业集群的异地转移与本地升级

系。这是因为，集群内主体共同处于一个较小的空间范围内，共享着社会、文化、政治等环境，集群主体更有可能基于三缘关系形成密集的社会关系。但价值链上下环节的不同集群是离散分布的，其间形成的社会关系势必会大大小于集群内部。与此同时，集群间网络关系也远没有集群内部网络关系密集，拥有网间关系的网络节点处于结构洞的位置，扮演着"守门人"的角色。

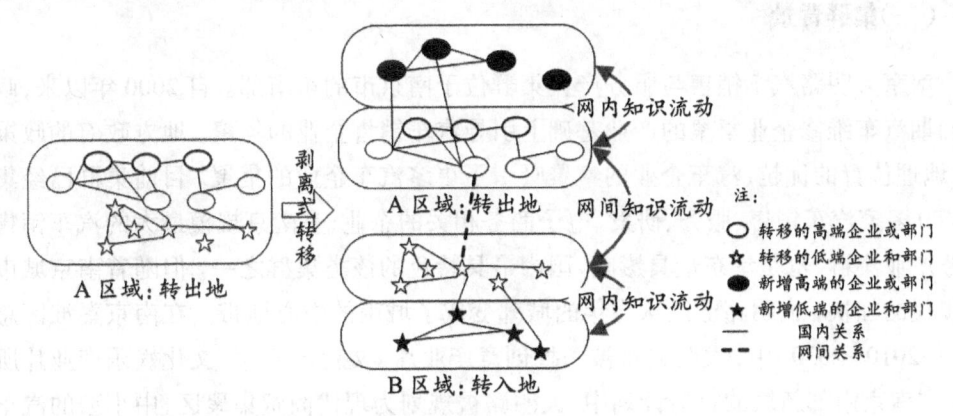

图2　异地集群网络链

如何在集群异地转移的同时，抓住时间实现本地集群的升级呢？创新无疑是最核心的动力。创新的产生是一个集群主体间相互作用的复杂过程，而集群主体间的各种网络关系之所以能激发创新主要有两方面的原因：一是网络关系为集群主体提供了获取知识的渠道，成倍提升每个主体的知识存量；二是网络中的知识交流有效地打破了集群主体的思维锁定，并激发创新的产生。异地集群网络链中两类网络关系（网内关系和网间关系，如图2所示）分别是通过提高知识共享的效率以及共享知识的异质性促进集群中创新的实现，进而推动集群的持续升级。

一方面，集群网络链上的网内关系为集群内部新知识的流动和传播提供了路径，密集的网内关系也保证了集群内部知识传播的高效。知识传播与共享有效促进了知识的融合与碰撞进而产生创新。另一方面，集群网络链上的网间关系为不同集群内部的知识流动提供了渠道，提高了集群内部的知识异质性。而异质性的知识和信息只有在集群内部得到广泛的交流与扩散，才能克服以往思维方式的锁定，实现知识的重组和融合，激发出创新的火花，将集群带入到新的生命周期中（Menzel & Fornahl, 2009）[⑧]。

---

⑧ Menzel M P, Fornahl D. Cluster life cycles—dimensions and rationales of cluster evolution[J]. Industrial and Corporate Change, 2009, 19(1): 205–238.

三、案例讨论：对南京大明路汽车销售与服务产业集群升级的构想

（一）集群背景

南京大明路汽车销售与服务产业集群位于南京市的东南部。自2000年以来，政府在初期汽车维修企业集聚的产业基础上引导汽车销售企业的集聚。地方政府的政策支持、地理位置的优越、汽车企业的集聚吸引了更多汽车企业的集聚。目前集群已经集聚了400多家汽车销售、服务、研发、电子商务相关的企业，是南京规模最大的汽车销售与服务产业集群，也是华东最具影响、国内最具特色的该类集群之一。但随着南京城市建设步伐的加快，大明路已经从当年的城郊变成了城南的中心地带。在南京秦淮区总体规划（2010-2030）中，大明路将被一批创意产业片、文化产业片、文化娱乐产业片所包围。在南京南部新城的打造计划中，大明路被规划为现代商贸集聚区，中小型的汽车销售与服务企业已经难与区域经济与社会发展相容，大明路汽车销售与服务产业集群中的众多企业面临产业转移的压力。

（二）汽车销售服务产业的价值链

汽车销售服务产业是大明路销售与服务产业集群的主导产业，它属于现代服务业。虽然前文的理论阐述是基于制造业产业集群的，但制造业与服务业之间显示出"融合"的趋势，主要表现为三个方面：其一，原来附属于制造业的很多服务活动现在已经成为独立于制造业的技术创新活动，同时服务业本身融入了更多制造业的要素；其二，制造业也正在逐渐增加"非实体"的服务成分并在许多方面开始模仿服务部门；其三，服务创新系统和制造业创新系统之间正在相互影响并逐渐融合。

汽车销售服务产业包括汽车销售业（整车及零部件销售、汽车租赁等）、汽车服务业（保养、维修、金融、保险、广告、司机培训、加油站、停车场等）、汽车文化业（展示、博览、体育、旅游等）三个主要部分。汽车销售是紧跟汽车制造环节之后的价值链链环节，是制造后端的重要服务产业。但汽车销售同样需要售前服务与售后服务环节的支撑。随着产业分工的深化，汽车销售服务产业有将汽车销售及其前后端的服务环节分离的可能。

（三）基于地方政府协同的大明路转型升级之路

结合大明路汽车销售与服务产业集群发展的现实，为了避免在大明路汽车销售与服务企业转移过程中导致旧集群的衰败和汽车销售这一现代城市服务功能的缺失，在

汽车销售与售后环节相剥离的基础上，地方政府可以立足于规划，通过两个园区的协同与合作，开始引导集群的异地转移和本地升级。一方面，在价值链分割的基础上，通过剥离和转移大明路汽车售后环节在江宁地区（离大明路半小时车程）形成新的车间级服务企业集聚区（这实际上是一种产业集群的选择性转移）。随着该地区产业集聚度的提高，更多同类型企业被吸引入驻。另外，江宁地区的地理位置与大明路最初萌芽期所处的地理位置相当，较充裕的土地供给和方便的交通有利于汽车售后企业的进一步集聚。另一方面，通过引导更多高端和前端汽车企业入驻，大明路升级为以汽车销售为主，向汽车商务、汽车销售总部等高端延伸的产业集群，形成了符合区域经济与社会发展的新集群发展模式。

转型升级之后的大明路产业集群分裂成为大明路和江宁的两个产业集群，即集群A与集群B。对于集群B而言，由于企业等组织是从大明路集群中整体转移出去的，在形成初期，集群主体之间的网络关系还是基于原有大明路时期的互动关系基础之上的。但随其自身的发展与演化，集群主体之间的互动关系和互动形式也将会因为区域竞争形式的改变、本地嵌入性的加强等多种原因发生改变。与此同时，当地的中介、金融、公共组织等辅助性的主体也将逐渐产生和增加，与企业之间的互动也将进一步带动集群B的发展与成熟。对于集群A而言，销售企业与销售环节的进一步集聚，加之汽车消费大环境的改变将会加剧集群内的竞争态势，促进新商业模式和销售方式的创新。同时这一转型过程必然带动新辅助性主体的进入与增加。加之集群发展空间受限程度的减缓，必然推动集群A的转型和突破性发展。

四、小结

产业集群转移是产业转移的重要模式之一，在我国经济发展转型升级的今天，集群转移的现象也越来越普遍。本文界定了产业集群转移的内涵，分析了两种集群转移形式，即复制性转移和选择性转移，探讨了两种集群转移过程，即基于主导企业迁移和基于地方政府协同的产业集群转移。其中，选择性的集群转移在现实中更为普遍，也为转出地的集群升级创造了条件和契机。

在过去的几年时间，大明路汽车销售与服务产业集群里成绩斐然，但随着区域经济与社会的发展，现有的发展模式已经不能保证集群的生存与发展。随着分工的不断深化，服务业价值链也逐渐拉长，通过将汽车销售服务业价值链上的销售环节与售后环节分离，实现汽车售后企业和部门的选择性转移以及汽车销售企业和部门的本地转型与升级，是保持大明路汽车销售与服务产业集群可持续发展的可行路径。

参考文献

[1] 丘兆逸.实施产业集群转移模式实现西部经济腾飞[J].探索,2006(1):164-150.
[2] 蒙丹.以集群转移的模式促进东部劳动密集型产业的转移[J].商场现代化,2007(18):268-259.
[3] 毛广雄.产业集群化转移:理论述评及启示[J].统计与决策,2010(6):154-158.
[4] Ortona G, Santagata W, Industrial mobility in the Turin metropolitan area 1961-1977[J]. Urban Studies, 1993(20):59-71.
[5] Belussi F, and Samarra A, Industrial Districes, Relocation and the Governance of the Global Value Chain[M], Padova :CLEUP, 2005.
[6] 刘友金,胡黎明,赵瑞霞.基于产品内分工的国际产业转移新趋势研究动态[J].经济学动态,2011(3):101-105.
[7] Kaplinsky R, Morris M A. Handbook for Value Chain Research[J]. Prepared for the IDRC, 2001.
[8] Menzel M P, Fornahl D. Cluster life cycles—dimensions and rationales of cluster evolution[J]. Industrial and Corporate Change, 2009, 19(1): 205-238.

5

R&D、FDI 知识溢出及其区域创新效果研究
——基于长三角地区实证分析

凡 莉 朱英明

（南京理工大学经济管理学院）

> **摘　要**：研发及FDI（Foreign Direct Investment，外商直接投资，以下简称FDI）知识溢出已经成为新经济增长理论、新经济地理学以及区域经济学等学科研究的主要课题，本文结合Griliches-Jaffe的知识生产函数和Romer的内生增长理论，建立工业企业知识生产函数，对企业研发投入、高校科研投入、政府财政科研投入和人力资本、外部知识溢出在提高长三角创新绩效中的作用进行实证分析。实证结果表明：企业研发对区域创新有显著的促进作用，高校科研机构和政府科研投入对区域创新的作用没有发挥出来，政府科研投入对区域创新甚至有抑制作用，国际知识溢出是促进长三角地区创新产出的重要途径。
>
> **关键词**：R&D（Research and Development，研究与开发，以下简称R&D）；知识溢出；知识生产函数；创新产出

一、引言

在知识经济时代，创新能力和竞争力密不可分。区域创新已成为区域经济发展的主动力，而区域创新能力正日益成为地区经济获取国际竞争优势的决定性因素（胡志坚、苏靖，1999）。区域创新能力的提升主要依靠知识溢出的作用，知识溢出是促进经济内生增长的关键因素，在经济全球化趋势日益明显的今天，一国的创新能力不仅受该国的R&D投入的影响，同时也受到其他国家知识溢出效应的影响。因此，知识溢出常常和R&D投入、FDI和国际贸易紧密相连，相应地在学术研究中，R&D投入与区域知识溢

出研究得到了很快发展,成为区域经济研究的焦点。

改革开放历经30多年来,中国经济发展取得了辉煌成就,然而在市场规律和地理等多因素作用下,我国区域经济发展与创新开始呈现出区域分化现象。长三角地区作为我国区域经济快速发展示范地区欲实现持续快速经济增长,就必须以最低廉的成本来获取先进的知识和技术以促进区域创新。而知识水平和技术的提高在很大程度上依赖于当地专有的科技活动数量,及其利用外部技术成就的能力,即依赖于研发能力(R&D)和对各种可能知识溢出的吸收,因此通过对自主研发投入和外商直接投资(FDI)产生的知识溢出的吸收和有效利用就显得尤为重要。本文认为提高区域创新能力主要通过区域R&D和知识溢出两条路径实现。因此,本文利用R&D、人力资本、FDI及与主要发达国家的国际贸易所产生的知识溢出来研究其对长三角地区区域创新能力的影响。

本文结构安排如下:第二部分对以往文献进行简要回顾,并阐释以往研究不足和本研究的创新之处;第三部分为计量模型实证检验及结果分析,最后是结论和启示。

二、国内外相关研究综述

长期以来,区域创新的影响因素一直是区域经济研究的重点。大多数学者认为知识溢出是创新产出的重要影响因素。知识溢出包括了区域间的溢出和区域内溢出两个方面,主要是基于R&D研发合作、贸易投资、人力资本等途径进行。

(一)基于R&D研发的知识溢出与区域创新研究

R&D投入是知识溢出的一个重要因素。内生经济增长理论将企业研发部门、高等院校和研发机构看做知识创造和溢出的重要源泉,企业、大学、科研机构之间的交流和研发合作为知识溢出创造了可能。

大量研究表明研发投入与创新行为之间存在相关关系,例如Jaffe(1989)运用知识生产函数,对美国洲际私人公司专利活动的研发溢出效应进行研究,发现如果所在行业的其他企业从事大量的研究活动,则平均而言,企业的每一美元研发投入都意味着未来能够申请更多的专利。Acs、Audretsch, Feldma(1996)运用知识生产函数研究了美国知识生产投入与创新产出之间的关系,发现尽管中小企业和大企业知识的主要来源渠道不同,但它们的创新产出都随着R&D投入数量的增加而提高。Cabrer-Borras, Serrano. Domingo(2007)以1989-2001年西班牙17个区域为研究对象,通过对研发和人力资本投入与专利申请数占总增加值比重的关系进行研究,表明区域自身研发投入是区域创新的主要途径,而其公共研发努力正向决定本土创新,制定激励研发的政策可以有效提高区域创新能力。Cassar, Nicolini(2008)对局域化技术溢出对增长的影响程度进行了研究,研究发现:由于技术溢出效应的存在,邻近区域彼此的研发投入对区域内其他研发主体的创新具有积极的影响,即存在溢出的正效应。Anselin(1988)使用美国43个州与125个大城市区域统计资料进行研究,发现高校研究与创新活动之间存在重要的正相关关系,直接或间接地影响私有部门的R&D活动。

国内也有一批学者对此进行研究,苏方林(2007,2010)运用地理加权回归模型(GWR)分别对1993—2000年我国省域R&D知识溢出和1997—2000年我国地级市R&D知识溢出进行实证研究,研究结果发现在对R&D知识生产进行参数估计时,R&D知识生产的不同要素存在空间变异。赵喜仓和徐朋辉(2010)运用空间自相关MoranI指数与空间计量经济学的空间误差模型(SEM)和空间滞后模型(SLM),结合Griliches & Jaffe知识生产函数(Knowledge Production Function,KPF),对我国省域制造业R&D知识溢出进行空间计量分析。分析结果发现,中国31个省域制造业创新的贡献主要是由企业研发投入实现,其他研发主体的研发活动对制造业创新没有明显的知识溢出效应。吴玉鸣(2006)运用空间计量经济学方法,对我国省域整体研发与创新状况进行了计量分析,发现31个省域创新能力的贡献主要由企业研究与开发投入实现的,大学研发对区域创新能力没有明显的贡献,大学研发与企业研发的结合对区域创新能力没有表现出显著作用。朱美光(2007)依托空间知识溢出修正模型,根据我国31个省级行政区面板数据的实证研究,揭示我国区域经济发展中的"知识溢出盆地"现象。

(二)基于投资和贸易的知识溢出与区域创新研究

跨区域投资,特别是外商直接投资FDI是知识溢出的重要渠道。跨国公司对东道国投资的过程中,通过与当地企业合资或者合作发生技术转移或知识溢出。以商品和服务为载体的国际贸易是知识溢出的主要渠道之一,贸易商品是物化型知识溢出的一种主要传递渠道,特别是机器设备或技术产品。先进技术的贸易商品给予技术落后企业模仿前沿技术的机会(Keller,1992),国际间的贸易能够有效的带来知识溢出。区域创新能力的提高不仅依赖于当地专有的科技活动数量,利用外部技术成就的能力也很重要,因此将FDI和国际贸易纳入模型分析其与创新能力的关系至关重要。

万坤扬(2011)运用基于面板数据的空间滞后计量模型,检验了FDI、高校和企业研发投入等因素对区域不同层次的技术创新的影响,结果表明FDI对区域不同层次技术创新均没有促进作用甚至对较高层次的技术创新存在抑制作用。沙文兵、李桂香(2011)研究了FDI知识溢出和自主R&D投入对内资企业创新能力的影响,研究发现FDI知识溢出效应主要发生在中等外资开放程度的行业中,对外资开放程度较低和过高的行业,并没有产生显著的FDI知识溢出效应。孙颖,赵静敏(2011)研究了政府研发投入、人力资本知识溢出、国际贸易知识溢出、FDI知识溢出以及产权制度改革对江苏省高新技术产业创新产出的影响。研究表明FDI和国际贸易对高新技术产业绩效有正面影响,是促进江苏省各区域高新技术产业发展的重要途径。李平等(2007)运用投入产出法,对国内外不同的研发资本、人力资本和知识产权保护对我国自主创新的影响进行了实证检验,结果表明我国自主创新能力的提升主要依靠国内自主研发投入,但国外研发对我国自主创新能力的贡献亦不容忽视。安源、钟韵(2013)通过知识生产函数模型和新经济增长理论模型创建区域创新生产函数,利用空间面板数据对广东省创新绩效进行了实证分析结果表明:区域自主研发能力对城市创新绩效有显著影响,而以FDI和国际贸易为渠道的知识溢出对城市创新绩效影响不显著。

另外,Cheung(2004)、王红领(2006)、侯润秀(2006)等分别从全国以及省域的角度证实了FDI对我国区域创新能力的促进作用。王飞、Huang、蒋殿春、冼国明(2006)等分别从FDI的技术转移、FDI与地方集群企业间关系、FDI与区域经济增长间关系3个角度进行研究,发现外商资本对我国区域创新能力或技术进步有着负面效应。

(三)基于人力资本的知识溢出与区域创新研究

人作为知识技术的载体,其流动会带动知识技术的流动,从而产生知识溢出。人力资本指的是凝聚在劳动者身上的知识、技能及其所表现出的能力,这种能力是经济增长和生产发展的主要因素,也是具有经济价值的一种资本(Szhultz,1990)。人力资本的流动是知识创造和溢出的主要途径之一,尤其是隐性知识溢出。

Mankiw和Romer(1992)首先将人力资本引入新古典经济学Solow模型,构建了MRW模型。Knowles和Owen(1995)则扩展了原有的新古典经济增长模型,把健康水平和受教育水平作为人力资本纳入模型。Lucas(1988)在人力资本溢出模型中强调全球范围内的外部性是由人力资本溢出造成的,外部性的大小可以由平均人力资本水平来进行衡量。人力资本所具有的知识和技术能够提高社会劳动生产率,促进区域创新。赖明勇(2005)研究发现人力资本投资对我国经济增长有着双重效应,一方面人力资本投资通过提高劳动者效率能够增加产出水平,另一方面人力资本投资通过增强本国技术吸收能力和研发水平而间接促进经济增长;许和连等(2006)在内生增长理论框架下,利用中国29个省区面板数据进行研究,其结果表明人力资本主要通过两种途径影响全要素生产率(TFP):一是通过决定一国技术创新能力来直接影响生产率;二是人力资本影响技术模仿和技术扩散速度。因此,人力资本与区域间知识溢出有着紧密的联系。徐朋辉(2011)运用知识生产函数框架,对江苏省城市研发投入、人力资本以及外部知识溢出对城市创新绩效的作用进行研究,结果发现研发投入对城市创新具有非常显著的促进作用,人力资本对城市创新的作用没有发挥出来,外部知识溢出对城市创新具有比较显著的促进作用,并且空间邻近溢出效应对江苏省城市创新产生了较为明显的促进作用。

从上述分析中可以看出,国内外学者对区域创新研究不足之处表现在以下几个方面(1)对影响创新绩效关键因素的研究,从Jaffe开创的崭新领域开始,主要涉及知识溢出、吸收能力等,同时考虑R&D,人力资本和国外知识溢出对区域创新产出的研究较少并且大多数使用专利申请量或全要素生产率来测算知识溢出,而使用新产品创新指标的研究则少之又少。(2)对高校研发及政府财政科研投入研发对创新产出绩效的作用研究还很少,实证研究几乎空白。(3)从样本数据来源和估计方法上看,大多数研究是以时间序列或截面数据研究为主,采用空间面板数据计量经济模型检验对研发创新绩效影响的文献比较缺乏。

相对于以往的研究,本文有3点创新:第一,是把新产品销售收入作为区域创新的度量指标,使用工业企业新产品研发支出的数据来衡量自主研发投入;第二,使用人力资本、对外贸易和外商直接投资来度量知识溢出,测度其对创新所产生的溢出效应;第三,是修正了知识生产函数模型,并加入了高校和政府指标来度量其对创新产出的影响。

三、R&D、FDI 知识溢出与区域创新的实证描述

区域创新体系中,研发及FDI知识溢出已经成为新经济增长理论、新经济地理学以及区域经济学等学科研究的主要课题。本文利用知识生产函数模型和新经济增长理论模型创建了区域创新生产函数,利用空间面板数据对长三角两省一市2004-2011年的创新绩效进行了实证分析。

(一)模型设计

Griliches(1979)提出的知识生产函数(KPT),成为知识生产与技术创新研究的重要理论工具,被国内外学者广泛应用于创新、研发以及知识(技术)溢出等方面的研究。知识生产函数将创新投入与创新产出联系起来,认为 R&D 经费与人力资源投入是知识生产(创新)过程中的主要投入,通过这种投入可以产生新知识。

Griliches 将创新过程的产出看作是 R&D 资本投入的函数,并将其表示为柯布·道格拉斯函数形式。Jaffe(1989)则认为,新的有经济价值的知识(new economic knowledge)是企业追求的重要目标,它是 R&D 经费投入和人力资源投入的结果。将 Griliches 知识生产函数修正为:

$$Q_i = AK_i^{\alpha}L_i^{\beta}\varepsilon_i$$

其中,Q 表示创新产出(新知识),K 和 L 分别表示 R&D 经费和人力资源的投入,ε 为随机误差项,A 为常数,α 和 β 分别为 K 和 L 的产出弹性系数。

本文将 FDI 和国际贸易引入模型中是由于:根据 Keller(2004)的研究,国际知识溢出的渠道包括 FDI、国际贸易、人口迁移以及信息交流等。其中,以 FDI 和国际贸易为主。在开放经济条件下,他国的 R&D 行为也会通过各种传递渠道直接或间接地影响本国的创新产出(沙文兵,李桂香,2011)。长三角地区是我国引进外资最多的地区,也

是对外开放程度较高的地区,因此研究长三角地区创新产出必须考虑 FDI 和国际贸易的影响。本文将 R&D 经费细分为企业研发投入,高校研发投入,政府研发投入主要是基于以下考虑:第一,以往研究并没有详细区分这三个不同主体的作用。第二,虽有部分学者区分不同主体对创新产出的作用,但是,所用变量数据存在疑问。比如将政府的财政科研投入额作为地区 R&D 投入额,这在很大程度上低估了地区 R&D 水平,造成估计存在偏差。第三,长三角地区长期以来一直享受政府科研支持力度的倾斜,且具有高等院校,科研机构云集等优越的区位条件,因此,本文从企业、高校、政府这三个主体来分析其对长三角创新产出影响具有现实意义。

根据长三角实际情况,结合基本知识生产函数和内生增长理论模型的一般结论,引进 FDI 和国际渠道的知识溢出变量,构建区域创新柯布·道格拉斯形式的知识生产函数计量模型,并根据本文研究的目的将自主 R&D 投入具体细分为三个不同的主体,用以分析不同主体的研究投入对长三角地区创新的影响:

$$Y = A \cdot ERD^{\alpha_1} URD^{\alpha_2} GRD^{\alpha_3} HR^{\beta_1} FDI^{\beta_2} IMP^{\beta_3}$$

Y 为工业企业的创新产出,ERD 为工业企业的研发投入,URD 高校的研发投入,GRD 政府的研发投入,HR 为人力资本,FDI 为外商投资,IMP 为国际贸易。

对上式取对数,得到:

$$\ln Y = C + \alpha_1 \ln ERD + \alpha_2 \ln URD + \alpha_3 \ln GRD + \beta_1 \ln HR + \beta_2 \ln FDI + \beta_3 \ln IMP + \varepsilon$$

结合生产函数法和方程式的特征,构建面板数据计量模型如下:

$$\ln Y_{it} = C + \alpha_1 \ln ERD_{it} + \alpha_2 \ln URD_{it} + \alpha_3 \ln GRD_{it} + \beta_1 \ln HR_{it} + \beta_2 \ln FDI_{it} + \beta_3 \ln IMP_{it} + \varepsilon_{it}$$

Y_{it} 表示地区 i 在时间 t 时的创新产出,ERD_{it} 为地区 i 在时间 t 时的企业研发投入,URD_{it} 为地区 i 在时间 t 时的高校研发投入,GRD_{it} 为地区 i 在时间 t 时的政府研发投入,HR_{it} 为地区 i 在时间 t 时的人力资本,FDI_{it} 为地区 i 在时间 t 时的外商投资,IMP_{it} 为地区 i 在时间 t 时的国际贸易,ε_{it} 是随机项,$\alpha_1, \alpha_2, \alpha_3, \beta_1, \beta_2, \beta_3$ 分别表示创新产出,企业研发投入,高校研发投入,政府研发投入,人力资本,外商投资和国际贸易的溢出弹性系数。

(二)变量选取及数据说明

本文的数据均来自于 2004—2011 年《中国统计年鉴》《上海统计年鉴》《江苏统计年鉴》和《浙江统计年鉴》中大中型工业企业统计数据,模型中的变量说明见表1。

1. 被解释变量

创新产出 Y,选择各地区的大中型工业企业新产品销售收入数据。Griliches 等众多学者将专利作为衡量区域创新的主要代理指标。本文选择新产品销售收入而没有选择专利申请量或授权量,是因为一项专利从申请、受理到最后获得授权要经过相当长一段时间,以及各类专利的技术含量和经济价值存在重大的差异,并且专利本身又可分为两类,即发明专利 IP 和非发明类专利 NIP(包括实用新型与外观设计专利两类)(刘斯敖、柴春来,2011)。因此,采用新产品销售收入作为衡量区域创新的代理变量,可以较好地反映出区域创新应用与转化的成果。

表1 估计模型中变量的定义及描述性统计说明

变量	单位	变量定义	数据来源	均值	方差
创新产出（Y）	亿元	工业企业新产品销售收入	2004-2011《中国统计年鉴》	5240.48	3019.9
企业研发投入（ERD）	亿元	工业企业新产品研发支出	2004-2011 各省统计年鉴	324.87	250.64
高校研发投入（URD）	人	高校科技人数	2004-2011 各省统计年鉴	35812.21	15594.6
政府研发投入（GRD）	亿元	政府财政科研支出	2004-2011《中国统计年鉴》	106.25	72.2
人力资本（HR）	人	每10万人口高校在校学生数	2004-2011《中国统计年鉴》	2893.21	927.72
外商投资（FDI）	亿美元	实际利用外资数额	2004-2011 各省统计年鉴	1139.97	587.52
国际贸易（IMP）	亿美元	实际进口总额	2004-2011《中国统计年鉴》	135.34	74.34

2. 解释变量

企业研发投入 ERD,选取 2004-2011 年三个地区大中型工业企业内部新产品研发支出。因为单纯用年度研发费用衡量创新投入会有较大波动性,加上创新和知识具有很强的积累性(吴延兵,2006),所以选取新产品经费总额作为衡量指标,并预计其与创新产出之间关系为正。

高校研发投入 URD,选择各地区高校科技活动人数作为指标,大多数研究采用高等院校科研机构的研发投入总量作为指标,但是,高等院校科研机构的研发经费往往来源于企业或政府资助,因此,容易造成数据之间存在相关性,所以采用高校科技活动人数作为指标。

政府研发投入 GRD,选取各地区政府财政科研经费支出作为指标,自胡锦涛在全国科学技术大会上提出建设创新型国家这一目标,党中央、国务院一直高度重视科技创新活动,不断加大对科技创新活动的支持力度,所以采用各地区政府财政科研经费支出作为指标,能够更好地反映这一政策。由于《中国统计年鉴》缺少 2004、2005 年度的政府财政科研经费支出数据,所以本文采用科技三项费用与科学事业费的加总数据代替。

人力资本HR，Lucas提出了人力资本溢出模型，认为全球范围内的外部性是由人力资本溢出造成的，而这种外部性的大小可以用全社会人力资本的平均水平来衡量，其决定一个国家或地区进行模仿创新还是自主创新。为此选择各地区每十万人口高校在校学生数作为人力资本指标。

外商投资FDI，外资活动对本土企业创新的作用一直具有争议。一方面，通过外资溢出或竞争效应可以提高本土企业的创新能力。另一方面，外资企业通过技术打压，不断强化其技术优势，削减本土企业的创新空间与获利机会，挤出本土企业的创新投入，削弱本土企业的创新能力（段会娟，2011）。本文采用实际利用外资数额作为指标来度量FDI对地区创新产出的影响。

国际贸易IMP，在开放的经济社会里，一个国家或地区的经济活动不仅受到本地市场的影响，而且受到国外的影响，使得地方的知识系统和全球的知识系统之间产生一定的关联性，这种关联性主要通过国际贸易的方式实现（安源、钟韵，2013）。因此，本文选取实际进口总额作为国际贸易知识溢出的指标。

（三）回归结果分析

从表2的估计结果中我们可以看出：

1. 就企业科研投入（ERD）对长三角创新产出的影响而言，影响比较显著，三个模型都通过了5%的显著性检验，其中模型通过了1%的显著检验，说明工业企业科研投入是促进长三角地区创新产出的重要因素。从表中可以看出，工业企业科研投入与创新产出之间呈现出正相关关系，在回归模型中系数为0.2456，即：工业企业科研投入每提高1%，就会引起长三角地区创新产出提高0.2456%。同时，相对于模型而言，模型加入高校科研投入后使得企业科研投入创新产出弹性系数从0.3626上升到0.4298，这一结果表明产学研合作可以提高企业创新产出。

2. 从高校科研投入（URD）对长三角创新产出的影响来看，模型、模型分别通过了5%和1%的显著性检验，表明高校研发投入对创新产出具有正溢出效应。从表中可以得到高等院校科研人员投入每增加一个百分点，则创新产出可增加0.029-0.0366个百分点。这一结果说明高等院校科研投入对工业创新产出的影响虽然显著但具体作用并不大。这也揭示出高校科研可能与社会的实际需要脱节，只注重研究的学术价值而忽视社会经济价值。其结果是，科研人员往往注重成果在技术上的先进性和原理上的合理性，却忽视了可行性，这使得研究成果不能有效地转化成产品，无法形成产业链乃至商业化，导致促进作用下降（孙颖、赵静敏，2011）。

3. 政府财政科研投入（GRD）对长三角工业创新产出的影响只通过了10%的显著性水平，说明影响并不非常显著。但是，政府财政科研投入在该地区呈现负相关关系，即：政府财政科研投入对该地区创新产出具有抑制作用。从表中可以看到，加入政府因素后FDI和国际贸易的产出弹性都有提升,但是企业自主投资的作用却有所下降,这可能与长三角地区创新政策有关,即:政府大力支持引进外资或进口先进机械设备,过分强调国外知识溢出的作用而忽视了国内企业的自主创新能力,从而使得企业科研投入的创新产出弹性系数从 0.4298 下降到 0.2456。

4. 在长三角地区,人力资本知识溢出(HR)对工业创新产出影响不显著,因此,要提高长三角地区的创新水平,就必须加大对人力资源的开发和培训力度,把人力资源的数量优势转化为人力资源的质量优势,依靠高素质的人力资本,构建强大的自主创新能力(赵喜仓、徐朋辉,2011)。

5. FDI 和国际贸易(IMP)所带来的知识溢出对长三角地区的工业创新产出影响显著,都呈现出正相关关系,说明 FDI 和国际贸易对长三角地区的创新产出具有促进作用。其中在这三个模型中国际贸易所带来的知识溢出对长三角创新产出的影响都显著,从模型可以看出国际贸易对该区域创新产出的贡献率为 79%,这一结果表明国际贸易是促进该地区工业创新发展的重要途径。FDI 对长三角地区的影响系数为 0.65 在 5% 的水平上显著,国际贸易对该地区的影响系数为 0.79 在 1% 水平上显著,这说明外商直接投资,进口贸易通过传导机制,刺激了该地区的创新活动。

(四)计量检验

1. 模型选择的 F 检验

实证模型的选择遵循以下步骤:第一步,对混合效应与固定效应进行检验。从是否建立固定效应模型的 F 检验来看,如果 F 检验显著,则拒绝 H0:应该建立混合效应模型的假设,那么选择固定效应模型更为可靠;反之,则应选择混合效应模型。第二步,对固定效应与随机效应进行 Hausman 检验。如果 Hausman 检验不显著,则接受 H0:应该建立随机效应模型的假设,那么选择随机效应模型更为可靠,反之则选择固定效应模型。检验结果如表 2 显示,在混合效应与固定效应的选择上,模型的 F 检验在 5% 的水平上显著,故选择固定效应模型;在固定效应与随机效应的选择上,由于变量个数比横截面变量(省份)个数多,因此只能选择固定效应模。

2. 单位根检验

为了检验回归结果的稳健性,需要对模型回归的残差进行面板单位根检验,如果残差不是面板单位根过程而是平稳过程,那么可以认为参数估计量不是伪回归结果。为此,本文选择相同根情形下的 LLC 单位根检验以及不同根情形下的 Fisher-PP 单位根检验。检验结果如表 2 显示,所有面板单位根检验结果在 1% 的显著性水平上都拒绝了残差存在单位根的原假设,表明面板残差是平稳的,模型的设定是合适的,估计结果具有稳健性。

3. 协整检验

根据面板数据的单位根检验结果,可以知道被解释变量与解释变量都不存在单位根的情况。可以进行面板协整检验来验证平稳序列之间是否存在协整关系。通过了协整检验,说明变量之间存在着长期稳定的均衡关系,从而可以有效避免伪回归问题。因此可以在此基础上直接对原方程进行回归,此时的回归结果是较精确的。面板协整检验的方法有三种:Pedroni 检验,Kao 检验和 Fisher 检验。本文利用 Eviews 7.0 软件进行 Kao 检验,Kao 检验 ADF 统计量及 p 值结果见表2。表2结果显示,Kao 检验结果均在5%的显著性水平上拒绝不存在协整关系的原假设,表明变量之间存在长期稳定的均衡关系。

表2 模型回归结果

解释变量		被解释变量	
C	−2.1536	1.1363	−1.8378
ERD	0.3626**	0.4298***	0.2456**
HR	0.5161**	−0.0804	0.0414
FDI	−0.2573	0.1086	0.6498**
IMP	0.8296***	0.6876***	0.7903***
URD		0.0290**	0.0366***
GRD			−0.0786*
$AdjR^2$	0.9709	0.9908	0.9412
DW	1.1323	1.4477	1.4954
F 统计量（H0:混合效应）	8.5126**	16.9436***	5.0104**
LLC 统计量	−4.8216***	−4.9504***	−3.1065***
Fisher−PP 统计量（H0:有单位根）	22.0320***	24.3016***	20.5824***
ADF 统计量	−2.0764**	−2.9769***	−2.7544***
ADF p 值（H0:不存在协整关系）	0.0189	0.0015	0.0029

注:***、**、*分别表示1%,5%,10%的统计水平上显著。

四、结论与启示

本文沿着 Griliches(1979)、Jaffe(1989)提出的知识生产函数及 Romer(1990)的内生增长理论,构建了一个包括企业研发投入、高校研发投入、政府财政科研投入、人力资本、外商直接投资和国际贸易在内的创新产出函数模型,对长三角两省一市的研发投入、

知识溢出对工业创新的作用进行计量经济分析,通过对计量结果的分析和比较,归纳概括得到以下重要的结论:

1. 工业企业研发投入对促进长三角地区工业创新发展具有重要作用,但当考虑政府科研投资对该地区影响时,工业企业研发投入的作用就会明显下降,而考虑高校科研投入时工业企业研发投入的作用得到提升,这表明该地区应该加强与高校科研联系,积极开展产学研合作,促进科技成果转化。大力促进产学研合作,发挥政府的主导作用,企业的主体作用,高校及科研院所的人才和科技资源优势、金融机构的资金支持,建立以政府部门为主导、协调和动员全社会的力量的产学研稳定长效的合作机制(李晓欢,2010)。

2. FDI和国际贸易知识溢出是长三角地区工业创新发展的重要途径。FDI和国际贸易知识溢出对该地区影响显著,其作用弹性分别达到0.6498、0.7903。作为中国对外开放最早的地区,该地区的对外开放政策需要进一步地调整,以适应新的形势和现实情况,迎接知识经济时代的新挑战。在引进外资时不能只看重外资的数量,还应该关注其对本土企业发展带来的正面的溢出效应。紧密结合该地区实际,在未来相当长的一段时期内,把主要精力放在形成自主创新能力上,突出引进消化吸收再创新,争取获得外资的知识溢出,从而提高自身的创新能力。

参考文献

[1] Jaffe,A. The real effects of academic research[J]. American Economic Review,1989(79):957-970.

[2] Lucas,R. On the mechanics of economic development[J].Journal of Monetary Economics,July, 1988,22:3-42.

[3] Acs,ZJ,Audretsch,DB,Feldman MP.Real effects of academic research[J].American Economic Review,1992,(82):363-367.

[4] Keller,W.International Technology Diffusion [J]. Journal of Economic Literture 2004,42(3):752-782.

[5] Audretsch,DB,Feldman,MP. R & D spillovers and the geography of innovation and production[J].American Economic Review,1996,86(3):630-640.

[6] Anselin,L. Spatial Econometrics: Methods and Models.1st ed[M].The Netherlands:Kluwer Academic Publishers,Dordrecht,1988.

[7] Anseilin Bera, and A.K.Florax R, etal. Simple diagnostic tests for spatial dependence[J]. Regional Science and Urban Economics, 1996(26):77-104.

[8] Huang, Y.S.Selling China: foreign direct investment during the reform era[M].New York: Cambridge University Press, 2003.

[9] Lucas Robert E.Jr.On the Mechanism of Economic Development[J].Journal of Monetary Economics, 1988(22):3-22.

[10] Cassar, A.and Nicolini.1L "Spillovers and Growth in a local Interaction Model"[J].Annual of Regional Science, 2008(42):291-306.

[11] Acs, Z.J., Audretsch D.B., Feldman M.P. R & D spillovers and recipient firm size[J].The Review of Economics and Statictics, 1994(81):363-367.

[12] Cabrer-Borras B., Serrano-Domingo G. Innovation and R & D spillover effects in spnish regions: a spatial approach[J].Research Policy, 2007(36):1357-1371.

[13] Cheung K, Lin P. Spillover effects of FDI on innovation in China: evidence from the probincial data[J].China Economic Review, 2004(15):25-44.

[14] Mankiw N.G.Romer D.Weil D.N.A contribution to the empirics of economic growth[J]. Quarterly Journal of Economics, 1992, 107(2):407-437.

[15] Knowles S.Owen D.Health capital and cross.country variation in income per capita in the Mankiw-Romer—Weil model[J].Economics Letters, 1995(48):99-106.

[16] 徐朋辉:中国制造业R&D知识溢出的空间计量经济研究[D].镇江:江苏大学, 2011.

[17] 王立平:知识溢出及其对我国区域经济增长作用的实证研究[D].成都:西南交通大学, 2006.

[18] 吴先华:知识溢出和知识吸收能力对内生型产业集群创新的影响研究——以江苏省三个产业集群为例[D].南京:东南大学, 2007.

[19] 王庆年:基于中国东部地区的知识溢出决定因素实证研究[D].广州:华南理工大学, 2006.

[20] 段红玲:我国区域间知识溢出的度量及影响全要素生产率的实证分[D].长沙:湖南大学, 2010.

[21] 李晓欢:知识溢出、人力资本对区域经济增长的实证研究[D].长沙:湖南大学, 2010.

[22] 祝丽芳:FDI、国际贸易知识溢出与区域创新——基于面板数据的实证分析[D].桂林:广西师范大学, 2008.

[23] 许和连, 亓朋, 祝树金:贸易开放度、人力资本与全要素生产率:基于中国省际面板数据的经验分析[J].世界经济, 2006(12):3-10.

[24] 王红领, 李稻葵, 冯俊新:FDI与自主研发:基于行业数据的经验研究[J].经济研究, 2006(2):44-56.

[25] 侯润秀, 官建成:外商直接投资对我国区域创新能力的影响[J].中国软科学, 2006(5):104-111.

[26] 王飞:外商直接投资促进了国内工业企业技术进步吗[J].世界经济研究,2003(4):39-44.

[27] 赖明勇等:我国外商直接投资吸收研究[J].南开经济研究,2003(3):18-22.

[28] 陈傲,柳卸林,程鹏:空间知识溢出影响因素的作用机制[J]科学学研究,2011(6):884-888.

[29] 吴玉鸣:空间计量经济模型在省域研发与创新中的应用研究[J].数量经济技术经济研究,2006,23(5):74-85.

[30] 邬滋:知识溢出的局域性与区域创新绩效:基于地理距离的知识溢出模型[J].科学进步与对策,2011(14):30-34.

[31] 赵喜仓,徐朋辉:R&D知识溢出对江苏城市创新绩效的空间计量经济分析[J].科学进步与对策,2011(20):29-32.

[32] 刘斯敖,柴春来:知识溢出效应分析——基于制造业集聚与R&D投入的视角研究[J].中国科技论坛,2011(7):33-37.

[33] 李真,盛昭瀚、孟庆峰:基于知识溢出效应的产业创新集聚演化[J].系统工程,2011(4):53-58.

[34] 万坤扬:FDI对区域不同层次技术创新的知识溢出效应——基于面板数据的空间计量经济学模型[J].技术经济,2011(3):7-12.

[35] 安源,钟韵:研发和知识溢出对城市创新绩效作用的实证研究——基于广东21个地级市的空间面板数据分析[J].科学进步与对策,2013(1):55-58.

[36] 李平,崔喜君、刘建:研发资本投入产出绩效分析兼论人力资本和知识产权保护的[J].中国社会科学,2007(2):32-42.

[37] 徐朋辉,赵喜仓:我国制造业合作研发知识溢出的实证研究[J].科技进步与对策,2011(4):50-52.

[38] 吴延兵:R&D与生产率—中国制造业的实证研究[J].经济研究.2006(11):70.

[39] 孙颖,赵静敏:R&D、知识溢出与高新技术产业的地区差异——基于江苏省13地市的面板数据分析[J].科技管理研究,2011(6):60-62.

[40] 段会娟:集聚、知识溢出类型与区域创新效率——基于省级动态面板数据的GMM方法[J].科学进步与对策,2011(19):141-143.

[41] 吴晓波,王莹:基于知识溢出视角的知识密集型创业企业产生机理研究[J].科技管理研究,2011(1):124-125.

[42] 沙文兵,李桂香:FDI知识溢出、自主R&D投入与内资高技术企业创新能力——基于中国高技术产业分行业动态面板数据模型的检验[J].世界经济研究,2011(1):51-55.

[43] 苏方林:中国省域R&D溢出的空间模式研究[J].科学学研究,2006(5):696-701.

[44] 苏方林:地级市R&D知识溢出的GER实证分析[J].数理统计与管理,2010(1):41-51.

[45] 胡志坚,苏靖:关于区域创新系统研究[N].科技日报,1999.

[46] 吴玉鸣:中国区域研发、知识溢出与创新的空间计量经济研究[M].北京:人民出版社,2007.

[47] 朱美光:空间知识溢出与中国区域经济协调发展[M].郑州:郑州大学出版社,2007.

6 后工业化家纺产业集群创新转型

顾庆良　曹利群
（东华大学管理学院　纺织经济与管理研究中心）

摘　要：纺织工业是第一次工业革命的启动者，是工业化和城镇化的跳板。纺织工业的发展过程就是产业不断集聚、转移、再集聚的过程，呈现出波次转移升级的轨迹。当前处于全面实现工业化和进入新产业革命的中国纺织产业集群，将经受从工业文明向生态文明转型的深刻蜕变。中国家纺产业集群是现代纺织产业集聚最早实践者，也是当前纺织产业集群创新升级的积极推动者。本文基于对中国家纺产业集群十三个典型案例调查，综述了中国家纺产业集群发展轨迹和特征，提出了后工业化的纺织产业集群生态文明的表述，即从集群的产业生态、市场生态、环境生态和社会生态的四个方面，分析了中国家纺产业集群从工业文明向生态文明转变的创新实践，讨论了中国纺织产业升级转型的目标战略及路径。

关键词：纺织集群；家纺；产业升级；生态文明

纺织工业是工业化和城镇化的跳板。第一次工业革命挟蒸汽机澎湃动力加上珍妮纺纱机，纺织摆脱了对水力和人畜力的依赖向城市集聚，催生了现代工业化城市[1]。第二次工业革命后，伴随着资本和市场的扩张，纺织工业向新工业国转移，进而向发展中国家和地区转移。在纺织产业转移历史上，可以找到现代纺织产业集群的轨迹，如日本的松山今冶（曾经的棉纺集群，现在仍是日本毛巾业的集群）。上海作为中国现代纺织业发源地，1929年有纺锭77.6万枚，占全国的三分之一强，而今纺织制造基本已从城市中心迁出。

在工业革命后很长时期内，纺织产业集群主要是劳动和资源依赖型（棉花、羊毛等）的纺纱和织布业，如美国的卡罗莱纳州和阿拉巴马州等，而上海不仅靠近棉花茧丝产地，

---

[1] 斯塔夫里·阿诺斯. 全球通史——1500年以后的世界[M]. 上海：上海社会科学院出版社，1992.

更是水陆交通贸易港,松江历史上还是"衣被天下"的棉布产地和贸易集散地。这时的产业集群主要以强调内部生产规模效应的纱、布半制品为主要产品的城市工业。服装和家纺等终端制成品业的集群的形成是在缝纫机械和成衣化市场形成后,如美国的新英格兰地区的纽约、费城和法国的巴黎等。服装与家纺业的产业集群开始也是在城市,与早期棉纺工业不一样,服装与家纺在城市集聚更因为中心城市是时尚市场。

二战以后,时尚业集群开始分化,从追求低劳动和商务成本和外部规模效应的原则,专业化生产制造向大城市外或高劳动密度国家与地区转移,而作为时尚品,家纺与服装的品牌营销、设计、研发和贸易展示向时尚中心城市(如纽约、巴黎、米兰)集聚。[②]

一、中国家纺产业集群的现状发展

由于历史的原因,中国纺织真正意义上工业化大发展是在改革开放三十年,对外开放、农村改革、民营化、市场经济等巨大社会与经济制度变革,破除了劳动、资本、土地等要素组合的戒律和市场流通的藩篱,使得要素在空间上的优化组合成为可能,集聚的外部规律效应在市场得以体现。纺织业是改革开放的得益者,更是改革开放的推动者,在每一波重大改革中,纺织业都是第一个吃螃蟹者,义乌小商品市场和叠石桥家纺市场的产生与成长,都记载着勇涉深水者的探索精神,纺织也成为中国工业化进程和产业集群中成长最快,变革最多,贡献最大的产业。

在30年的改革中,中国纺织业和集群发展浓缩了西方国家二百多年纺织转移集聚发展的进程,从农业产业到加工工业,从制造业到服务业,从手工到机械化、自动化,从信息化到网络化,从区域化到国际化,在技术管理水平和贸易规模获得巨大的进步。这30年也浓缩了中国纺织产业集群形态的演变,从散沙扎堆式同质化产品规模加工型集群向纵向一体化集群,从前店后厂的流通和集贸市场导向的集群,发展到初具雏形的都市型产业集群和国际化的时尚贸易中心。

中国的家纺产业集群发展呈现以下特点[③]:

(一)中国纺织产业集群发展阶段和形态差异大

由于中国地域广大,各地纺织业发展阶段不一,发展水平也不均衡。上海、北京等已渐次退出加工制造,都市化的时尚产业集群逐步形成,沿海发达地区已转向技术密集型和劳力密集型的高科技制造和终端产品的ODM和OBM,而中西部地区劳动密集型的加工基地和产业集群方兴未艾。

---

② Daniels P W, Lever W. The global economy in transition[M]. Prentice Hall, 1996.
③ 2011-2012年中国家用纺织品行业发展报告.

表 1 中国纺织产业集群升级发展轨迹

年代	背景	驱动力	集群典型
1980 年代	改革开放，国门打开 计划经济下的短缺经济 农村改革，乡镇企业	经港澳的外单驱动下的出口加工 短缺经济饥渴需求下拉动的服饰市场 南风北进，边缘经济抱团	出口加工—东莞、深圳 个体经济—石狮 原发型集群—义乌、叠石桥
1990 年代	市场经济、个体经济、民营经济、公有企业转制 纺织产能调整、产能转移、技术装备+资本转移 有限开放的国际零售和FDI进入	后计划释放的市场需求和被资本趋利冲动 易流动性要素的组合，边际收益增长 外贸驱动和内需上升	广东西樵家纺专业化的集群（localization） 前店后厂型集贸型集群 绍兴轻纺市场
2000 年代	2001年，中国入世，中国纺织全面融入世界 2005年，多纤维协定取消，中国在欧美主流市场上全面超越主导对手，世界纺织"中国制造"格局形成 2008年，金融危机	内需市场高速增长 后MFA贸易自由化，国际市场扩张 新兴市场 人口红利消失 集群转移	中国纺织布局和纺织产业集群体系基本形成 ODM、OBM—宁波服装、高密家纺 北京、广州、上海等时尚中心形成 向中西部产业转移

（二）作为终端产品的家纺集群、发展势头良好

作为终端产品，特别是1998年房改以后，随着中国人的居住条件和生活方式的巨大改变，与之紧密相关的家纺市场高速增长。

（三）家纺产业集群主要集中在东南沿海

珠三角呈外贸出口拉动型，江浙一带的家纺集群起步于内需市场而逐步国际化（如叠石桥、义乌），随着集聚规模和国际影响的扩大，两轮驱动效应明显。其中，国际新兴市场和国内二、三线市场潜力巨大，这为中西部家纺产业集聚发展提供新的机遇和空间。

（四）加工制造的区域专业化集群（localization cluster）和面向时尚家纺市场的都市化集群（urbanization）

由于家纺品类繁多，工艺流程、技术装备和原料供应大相径庭，专业化集群有利于

生产制造的集约化和外部产业链的集成(如地毯、帘幔),另一方面,由于家纺家居产品消费的特点(如卫浴、床品、帘幔、地毯等)和色彩风格的一致性,基于艺术设计和品牌系列的"大家纺"将是主流,凝聚不同品类、品牌、品位的时尚家纺产品的商贸导向的都市化家纺产业集群(家纺创意园、展示商贸区等)将是发展趋势。

(五)效率规模集约型、成本节约型的中低端家纺产品加工生产型

"追底杀低"仍是很多家纺企业的生存模式,"现货现场现金"交易仍是一些集群企业的交易方式,自主品牌和原创研发设计占比不高。企业的竞争能力和集群永续发展动力不强。中国家纺集群在全球价值链中有规模影响力但没有主导力。

二、后工业化中国家纺的生态型集群建设目标

中国要在2020年全面实现小康收入翻番和工业化,这是中国家纺产业发展的历史机遇和挑战:既要在不长的时间内完成尚未完成的工业化任务,又要直面新的产业革命和实践已经开始的转型和抛弃传统工业化模式;既有巨大的家纺需求和市场空间,又要正视传统国际市场的疲软,特别是金融和欧债危机尚未平息;既要看到生活水平提高后的购买力增长,也要应对劳动力成本对称地翻番;既有城市化过程中劳动力"农转工",又有人口红利渐失带来的问题,"招工难"日益严重;既有中国经济结构向上升级,又要应对来自低收入国家的竞争;既要实现工业化,又要应对上述后工业化的两难困境。

在这样的产业景框下,中国家纺产业集群需要突破工业化的传统思想、路径和方式,以新产业革命路线创新、转型、升级和可持续发展,实现从工业文明到生态文明的战略转变,即要在下一个集群发展期建设产业集群的产业链、市场生态、社会生态和环境生态。

(一)集群的产业生态

有特色的集群间的互补、互称、相辅相成的家纺产业区域布局和专门化产业构成,形成中国家纺产业大生态系统。集群内部产业结构均衡合理,上下游环节均衡,产业链协同合作,供应链无缝衔接,相关支持产业完备,以数字化技术连接,信息对称透明,充分发挥集群内知识溢出创新凝聚作用和技术扩散效应,良好的创新氛围对知识产权的尊重与保护,自主创新赋予永恒生命力,专精分工,协同合作,精益敏捷,柔性灵动,技术与管理的持续渐近式的创新,特别尊重自主创新和资本的独立与自由,使以资本(实物与知识)为纽带的要素在集群间和集群内的重组可以实现,使集群结构与内涵不断更新,以抵消集群边际效应的递减,产生新的生产力。

(二)集群的市场生态

多元化的市场,多样化的产品,共赢的合作博弈,创新的商业模式,完备的价值链,从设计、研发、创造、生产、流通、贸易、品牌营销,依靠整合的集群力量,主导全球家纺价值链,提高价值链治理能力。

对市场的快速反应,对需求的柔性应变,以适应短交期、快流行、小批量、多品种的需要;集群不断优化市场结构,集群内企业各自差别化,准确的目标市场定位,相辅相成,相得益彰。

不断拓展新的市场领域,不断发现创造新的需求,集群内产品的稳定但有活力的生命周期结构,既不保守,又不激进的时尚主导力。

(三)集群的社会生态

不是散沙和扎堆式的无序,而是充分的要素条件、有潜力的需求条件、完备的相关与支撑产业和先进的集群理念和价值观形成钻石型集群结构,物质资本(资金、装备)、人力资本(普通劳力和知识劳力)、社会资本(契约精神、信用体系)的完备和能适应外部环境快速变化的调整能力。

基于物理网络和IT技术的多层级、全方位社会网络关系,突破"供应、生产、销售"线型链式的产业关系,开拓更广阔的集群活动空间,摆脱单一的社会角色,承担更丰富的社会职能,产业集聚的根本动因是追求内部与外部规模的统一,产业集聚对中小企业意义更大。生态的产业集群应大中小企业利益均等,机会公平。

集群内"产学研"、"官企民","工商农"、"劳智资"、"大中小"包容协同,动态均衡,稳定有序,充满活力的集群社会。

(四)集群的环境生态

充分发挥产业集群空间集中和产业相关,采用集约化的环保措施,实施内部关联作业体系,以简约设计,清洁生产,减量排放,健康消费,再生回用,构建开放的循环经济。

家纺集群应充分协调生产、生活和通勤,工作环境优越,居住环境舒适,自然环境优美,商务环境优良,成为宜居宜商宜游宜创业的新型产业园区,化解工业与环境的对立矛盾,减小商务成本,从工业化初的自然破坏者到修复者、建设者和新型生态体的创造者。

三、中国家纺产业集群从工业文明到生态文明的转型

中国家纺产业集群经过30年的发展,特别是中国纺织产业集群的试点十年,从无

到有,从小到大,跨过了市场化、工业化的初级阶段而日臻成熟,出现了一批创新图强的企业,率先朝着后工业化产业集群转型,在实践中探索"生态产业、生态市场、生态环境、生态社会"新型产业集群的路径。

(一)从散沙型扎堆式集群到集约化集群

中国家纺产业集群发展初期扎堆有其历史原因,抱团式发展既可集聚民间力量,以外部性弥补个体组织创业期在资源能力方面的不足,又可规避制度风险,争取企业生存的空间。但是,散沙不能成塔。

中国家纺集群已摆脱初级成长期散沙扎堆式的集聚,向结构有序、集成协同、集约整合的集聚,表明家纺集群内涵式能级提升。

中国家纺整体上各家纺产业集群特色明显,如文登绣品、高密毛巾、西樵家居面料等,这些产业集群与其他产业链部门如棉纺、面料共生共荣,相互促进。

在集群内,许村镇从"家居作坊"转变为"大区域、大产业、大市场",优化市场和工业园区布局,避免同质市场空间布局过度拥挤和恶性竞争。引进"巾、麻、厨、帘、毯、帕、绒、袋、线"不断丰富和延伸产品线和产业链。

高阳扭转毛巾业"小、弱、散"的现状,创造"品牌+公司+织户"的模式,使中小微企业与规模企业联营联产,打造航母型企业,培育成长型企业,树立科技型企业,护助中小微企业,形成大中小包容共同发展、产业多元化、模式多样化的良好产业生态。

(二)从生产导向到顾客导向,从价格导向到价值导向

基于低劳动成本和市场短缺的"追底杀低"的规模扩张集群生存方式已到尽头。面对国际家纺市场的跌宕起伏和家纺消费的变化,家纺集群已彻底改变守株待兔的"加工—销售"的经营方式。孚日集团通过优化产品结构、市场结构和贸易营销方式,以精益管理、信息化技术提高对市场快速反应能力,以精准顾客分析和市场定位深耕市场,以品牌营销和产品开发提高附加值。家纺产业在不断降低出口依存度,不断提高内需市场的地位,这是产业进步、永续增长的重要标志,在内外市场规模更趋均衡的同时,内外市场的质量和深度也在提高。

(三)从价值链低端到价值链治理端

中国纺织产业集群多数还是加工生产型的,仍处于全球价值链低端,但家纺产业集群已开启价值链升级的进程。大多数家纺产业集群建设了创新中心、产品开发中心、技术研发中心和检测中心等,提高设计、创意、贸易、技术创新和标准制定能力,提升在全球价值链中的角色与治理能力。

叠石桥家纺集群的目标是集聚国内外高端家纺、国际一线品牌,成为世界家纺品牌集聚区、国际家纺研发中心、全球家纺产品展销平台。江苏"华侨村"林西村企业家开辟了"外店内厂、自产自销"式跨国直营和内外贸结合的道路。孚日集团更是以自主品牌在国际新兴市场开拓市场的新增长点。

(四)从成本领先到差异化,从规模优先到时尚领先

家纺产业在内外贸两轮均衡规模增长的前提下,增长内涵和质量也在提高。

中等收入困境和人口红利的衰减,使一味依靠低成本领先策略的集群遭到重创。

中国家纺产业集群走出同品同质化的传统成本导向竞争策略。

许村以"博、精、新",通州以开发新型纤维和功能性家纺,岳西则以可再生天然纤维为主的工艺家纺小产业开发了大市场。

家纺产业走出劳动力成本依赖,发挥先进装备、先进工艺流程、先进材质三大优势,整合技术、艺术、营销三大能力。

(五)从制造工业集群到生态集群

家纺产业集群是工业的集合体,更是一个大社会。后工业化的产业集群的生命力更体现在和谐、宽容和均衡。

滨州家纺集群规划集水利、交通、绿化、城建、生态、文化、旅游于一体,形成"秀水、绿脉、新城"的特色,描画家纺市场文化产业的发展愿景。叠石桥家纺产业园市场商务环境与国家4A级旅游景区创建相结合,建设财富宝地、绿色空间、旅游之城、宜居之城,促进家纺经济,提升区域形象,优化生存空间。规划中的南通家纺新城是一个以家纺主导的具有前瞻性"创新型集群",将成为经济社会繁荣,购物旅游发达,居住条件优越,生态环境优美,地域特色鲜明的现代化新型城市。

(六)从集市式市场到基于契约与网络的现代化市场

萌芽期的集群市场交易方式是信用缺失下的现金、现货和现场交易,效率低、交易费用与物流成本高、产品以低档大路货为主。

家纺市场一方面在不断提高实体流通商品渠道的常年展示中心和国际贸易展会的效率与水平,与国际贸易规则接轨,建设世界家纺的制造基地和贸易平台,另一方面在互联网、物联网和技术支持下,不断推进在线设计、网上交易、自动仓库、数字化配送、网络营销、流行发布等,从根本上改变了市场关系,提高了交易效率。以打包式服务,一站式采购和从"设计到商场"(D2S)为特征的家纺"供应城"(supply city)等新型产业集群初见端倪。

叠石桥家纺在电子商务平台,现代物流平台,研发设计平台,流行设计平台等,更有百余家企业创办境外公司和开设专业市场,实现了境内外贸易一体化。

(七)从做工业品到做时尚品/品牌

工业化最大贡献是以专业化、机械化的高效率技术将所有的产品都做成可复制的工业品,极大填补了短缺的供给和膨胀的物质需要。在工业化大潮中,中国家纺已成为世界最大的家纺生产国、出口国和消费国。后工业化中国家纺业要改变规模大但附加值低,有技术没艺术的"中国制造"形象。要将家纺还原成时尚品,从做单品贴牌加工(OEM)到以品牌为旗帜集合大家纺。中国家纺涌现出像罗莱、富安娜、梦洁等一大批知名品牌,亚光、孚日集团更以自主品牌行销国际新型市场。

在区域性家纺特色产业发展和品牌企业战略的基础上,区域品牌应运而生,"大麻家纺"、"叠石桥"、"海宁家纺"等区域品牌和集群商标成为行业旗帜,宣示着中国家纺产业集群发展新阶段。

(八)从零和博弈到包容性发展

优胜劣汰、适者生存是市场经济基本准则,但这条原则在工业化初期常被理解为弱肉强食、你死我活、胜者为王、败者为寇的零和博弈。家纺产业是一个多元化的产业,涉及不同规模和层次的专业部门。家纺市场是个多样化的市场,任何企业都不可能独霸一方,亦不可能独行其事。因此保持产业多样性和多元化,创造生产、贸易、设计不同环节的大中小企业,国际和国内各类品牌以及价值链不同层次的自由和包容性发展是家纺生态产业的重要基础。岳西以家纺产业为纽带,串联以"公司+基地+织户"将中小微企业和规模企业联营联产,共同发展。文登持"资源结合、产品相近、利益共享、风险共担"的原则,形成以骨干企业为核心的联合体,生产加工相互帮衬,资金、资源相互调剂,推动家纺产业从"铺天盖地的富民产业"向"顶天立地的支柱产业"升级。

(九)积极组建境外企业合作联盟,避免同行企业互相挤轧内部竞争

中国家纺业具有国际比较优势,许多家纺集群已成为一些产品门类中世界第一。家纺大国的崛起如何减少摩擦和冲突,实现包容型甚至共赢型增长,这是创新集群巧战略的重要内容。叠石桥引进国外名牌,让外商经营家纺商品,走出去共建市场。一些集群利用外商对国外市场的知识,将过去的国外竞争者转变为合作者,在海外投资联营,建设外销基地,推动当地就业,促进当地经济,实现了共同发展。

(十)从模仿创新到自主创新,从制造向创造

产业集群是资源和市场的集聚,是凝聚吸引知识力量并实现市场价值的创新盆地。中国家纺集群近十年的巨大进步使创新战略成为集群发展的核心力量。

创新是集群永续发展的动力,无论自主创新还是模仿创新。中国纺织迄今还是追赶者的角色,模仿创新可以发挥后发优势,实现跨越式发展。当中国家纺从追赶者变为超越者,则更需要自主式创新,特别是在技术创新的基础上改变市场和产业格局的颠覆性创新。

家纺集群都有公共创新平台、技术研发中心,如滨州纺织研究中心。而集群创新主体是企业,孚日集团拥有国家级、省级技术中心,实现从"制造向创造"转型,在国际市场颓势下仍逆势增长。许村通过产学研结合,促进产品工艺创造,保持旺盛的生命力;余杭以科工贸一体化的形式建设新纤维新面料研究基地;通州家纺致力于集群创新环境和氛围培育,南通家纺城是知识产权保护示范点,促进了自主创新能力持续增长。

(十一)从消耗经济到循环经济

前工业化的特点是效率优先下的消耗经济。后工业化更应强调基于全要素效率和生态效率下的循环经济。考量产业集群的指标不仅是产业,不仅是资本利润的目标,不仅是企业的成本效率,更应考虑社会、企业、员工的利益一致,同代人公平和代际公平下的效率,碳效率和全资源的投入产出效率。集群可以成为集约化的降碳减排,集成化的清洁生产,生态化产业社会。中国家纺集群升级的标志不仅是产业升级(industry upgrading)还要社会升级(social upgrading)。愉悦家纺是滨州市环境友好企业,高阳投资2.1亿建设河北省最大县级污水处理厂,实行污水处理、中水回用、污泥发电、灰渣制砖、蒸汽印染五位一体模式,让清洁生产和循环经济成为经济发展加速器。

参考文献

[1] Kuhn T S. The structure of scientific revolutions[M]. University of Chicago press, 2012.
[2] 德鲁克,余向华,张珺. 工业人的未来:The future of industrial man[M]. 北京:机械工业出版社,2006.
[3] 彼得·杜拉克. 创新与企业家精神[J]. 海口:海南大学出版社,2000:57-86.

7 基于产业集群的企业知识共享模式构建研究

管仕平 黄陈希

（广西科技大学管理学院 广西 柳州 545006）

> **摘 要**：随着科技的迅猛发展，世界经济步入了全球化时代。信息技术革命使知识成为企业最重要的生产要素，成为决定企业竞争力和经济成就的关键。竞争的加剧，产业集群内外经营环境发生了重大变化，丰富的知识资本以及知识创新能力为集群内企业获得独特的竞争优势。可以说，企业竞争的本质就是企业间知识体系与知识体系之间的对抗与竞争。本文通过产业集群和知识共享二者的关联性分析，构建了产业集群视角下企业知识共享模式，对集群内企业知识共享实践具有一定的参考意义。
>
> **关键词**：产业集群；知识共享；知识共享模式

一、引言

产业集群是指集中于特定区域内特定产业的众多具有分工合作关系的企业及相关支撑机构，通过复杂的关系网络紧密联系的空间积聚体，它是介于市场和等级制之间的中间性组织形式。产业集群具有内部生产要素自由移动，节约运输成本，专业化分工与合作提高生产效率等交互优势，已成为各地区经济发展的主流模式。甚至可以说，未来全球经济就是由若干个大规模的产业集群构成的：国家经济、区域经济、城镇经济[1]。

然而，产业集群的发展，却未能掩盖集群企业间缺乏交流与合作积极性的实际问题。目前，产业集群的研究热点是企业间如何主动、有意识地进行知识共享、互动、合作创新等[2]。知识在流动的过程中被转化为生产力，以此来提高企业核心竞争力。可以说，企业竞争的实质是企业间知识体系与知识体系的对抗和竞争[3]。因此有必要分析产业集群和企业知识管理的关联性，为集群企业的发展提供一定的帮助。

二、产业集群与知识共享的关联性分析

产业集群背景下,企业按照一定的目的和用途来归纳、分析现存、零散的知识,以便将其提升到运作层面上。知识在集群内传播、共享,最后扩散到集群外部,转化为企业乃至整个产业集群的核心竞争力。集群中固有的由企业、政府、高校、科研机构、中介服务机构等组织形成的生产网络、资源网络和社会关系网络对知识生产、获取、创新、扩散、共享,风险和成本的分担,客户市场和商业机会的利用等起到了无可替代的作用。因此在构建集群企业知识共享模式时,应当充分考虑到产业集群的特性对企业知识共享的影响(参见表1),使得知识能够在集群内各主体间,以及集群内部和外部之间顺利进行交互作用,充分发挥企业知识共享模式对提升集群企业核心竞争力的关键用。

表1 产业集群的特性对集群企业知识共享的影响
Table1 The influences of industrial cluster's traits on enterprise knowledge sharing

产业集群特性	对集群企业知识共享的影响
地理接近性	为企业知识共享创造了一个综合性强的环境,提供知识共享平台
专业化程度高	知识相似性程度高,企业对知识消化吸收能力增强
竞争与合作	正式合作形成合作创新战略联盟,非正式合作促进经验性知识和技能的传递,频繁交流增强彼此信任,而竞争压力带来企业的学习动力
适度根治性	共处同一文化背景,形成区域特色,隐性知识很难逃逸至集群外部

(一)产业集群地理接近性与知识共享

Manuela Presutti,Cristina Boari 等深入分析了产业集群的地理集中性对知识获取与知识创造的影响[4]。从产业集群的定义出发,即产业集群是相关的组织、机构在特定区域的集合体。正是这种空间积聚现象,为企业知识共享创造了一个综合性强的知识环境。集群企业知识共享不可避免地受集群环境的影响。而知识溢出效应使得集群中的知识具有一定的共享性,各企业和科研院所的知识可以通过集群这个平台进行交互使用。企业间的地理接近性有利于知识获取和社会资本的形成,科研院所可以顺利完成知识的创造过程,然后通过集群平台在各主体间迅速传播。

(二)产业集群知识专业性与知识共享

产业集群内存在多种跨行业企业,但还是有其主导产品,其他产业服务于核心产业,

产业集群具有专业化特征。这一特征,使得集群内企业和支撑机构紧密联系,共同对抗源自集群外部的竞争压力。大量的专业化企业聚集在一起,通过长期交流互动形成了相互信任并具地方特色的文化,从而降低了交易成本,使知识的产生、获取、转移与共享能够在一个相似程度高、专业性强的基础上进行。集群企业的相似性或关联性必然导致企业知识库的相似性或关联性,提高了知识的可接受性和企业的知识消化吸收能力,降低企业知识积累的盲目性,提高集群企业知识共享的效率。

(三)产业集群中企业的竞合关系与知识共享

产业集群内企业通过正式或非正式渠道进行合作,前者主要通过签约形成正式的法律关系,而后者主要通过非契约形式的、长期的交流互动中形成相对稳定的关系。集群中广泛地存在正式合作关系,例如战略联盟、技术联盟、资本合作等,最主要的是在市场开拓、打造品牌价值和提升竞争力等方面的合作。值得关注的是,非正式的合作关系对产业集群是十分重要的。集群内企业通过日常频繁的交流,使合作关系是建立在彼此信任的基础上,所以具有稳定性。非正式网络促进经验性知识和技能的传递,加快知识社会化进程,加速知识创新。

全球竞争使产业集群内企业面临来自集群内外部双重竞争压力。由于企业所处环境是瞬息变化的,企业管理层在做出决策时,需要考虑其他企业将会做出何种反应,与竞争对手进行重复博弈,这增强了企业学习知识的动机。

(四)产业集群的适度根植性与知识共享

产业集群内企业和支撑结构不仅仅在地理上接近,更重要的是他们之间很强的本地联系,包括经济、社会、政治及文化等方面。产业集群具有历史性,发展具有区域特色。正是通过集群成员间频繁的交流互动,形成充足的社会资本,即在信任基础上形成独特的产业文化。隐形知识更多在集群内部流动和分享,很难被集群外部企业获得,其根植性强,这种性质使得产业集群具有难以复制的竞争优势。总而言之,产业集群的根植性导致集群知识的根植性。在知识经济时代,产业集群需要强调集群内相互信任的产业文化传统,同时需要企业不断地进行知识创新。

(五)知识共享作为知识管理的核心部分提高产业集群的核心竞争力

产业集群的地理接近性、知识专业性、企业间的竞合关系以及适度根植性对知识共享和创新有很大的推动作用,加快知识创新的步伐,提高产业集群的知识竞争力。知识管理模式的形成对产业集群核心竞争力的保持与提高同样有不可忽视的影响,构建知识共享模式的最终目的是为了提升集群整体核心竞争力。

波特钻石理论阐述了集群竞争力源自六个关联因素：生产要素、需求情况、相关产业及支持产业的发展状况、战略、结构及竞争者、机会和政府的影响[6]。集群企业的竞合关系，形成一种类似组织结构的网络。企业核心竞争力归功于独特的资源以及对资源优化配置和利用的能力。因此，产业集群核心竞争力同样是其独特的资源及资源最优排列组合，尤其是集群隐性知识。因此，提高产业集群核心竞争力的关键是如何有效地管理、开发以及整合知识资源。有效的知识共享模式不仅能培育产业集群核心竞争力，而且能使其不断获得竞争优势。

知识管理过程包括知识的获取、共享、应用和创新，知识在知识流程中是不断变化的。根据Nonaka的研究，四种知识的转化过程分别是：群化、内化、外化及融合[7]。知识在显性知识和隐性知识之间不断地转变、更替，螺旋上升式的转变产生知识附加值，进而转变为生产力。知识获取使相似知识被放到一起，方便知识有效地集中在一起，成为刺激创新的知识库。知识共享作为知识管理的核心，它使静态知识被储存在知识库中并与知识携带者自动匹配，实现知识创新和应用，产生知识附加值，提升集群的核心竞争力。知识的应用和创新是一个复杂的组织过程和商业化过程，是知识管理的最终目标。创新知识的探索和应用为企业创造新的财富，实现知识的价值。知识的应用和创新能够带来企业技术优势和市场地位，直接影响产业集群核心竞争力的最终效果。如图1所示的是知识共享作为知识管理的核心部分对企业自身以及集群核心竞争力的影响。

知识管理的产生、分享、应用和创新过程分别是产业集群核心竞争力的基础、关键和决定部分，它们全面说明知识管理如何提高集群核心竞争力。

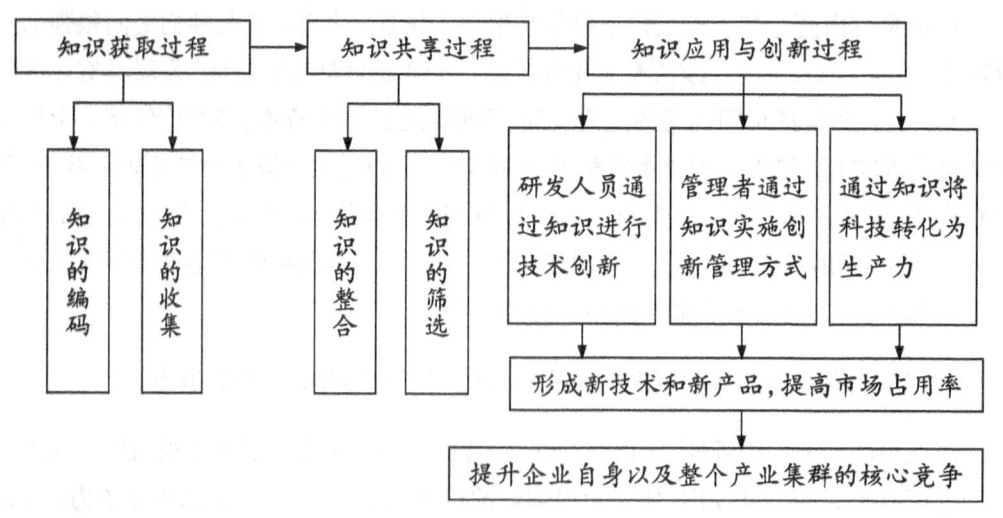

图1 知识管理(知识共享为核心)对企业自身以及产业集群核心竞争力的影响
Fig.1 The influences of knowledge management on enterprise and industrial cluster

三、构建集群视角下企业知识共享模式

鉴于产业集群对知识共享和创新的促进作用,集群内部具有较完整的知识共享和创新网络,将二者合二为一,建立产业集群的知识管理模式不仅是可行的,而且在理论上是推动集群内企业知识创新,提升核心能力,进而增强整个集群竞争力的有效手段。因此,笔者构建了如图2所示的产业集群视角下的企业知识共享模式。

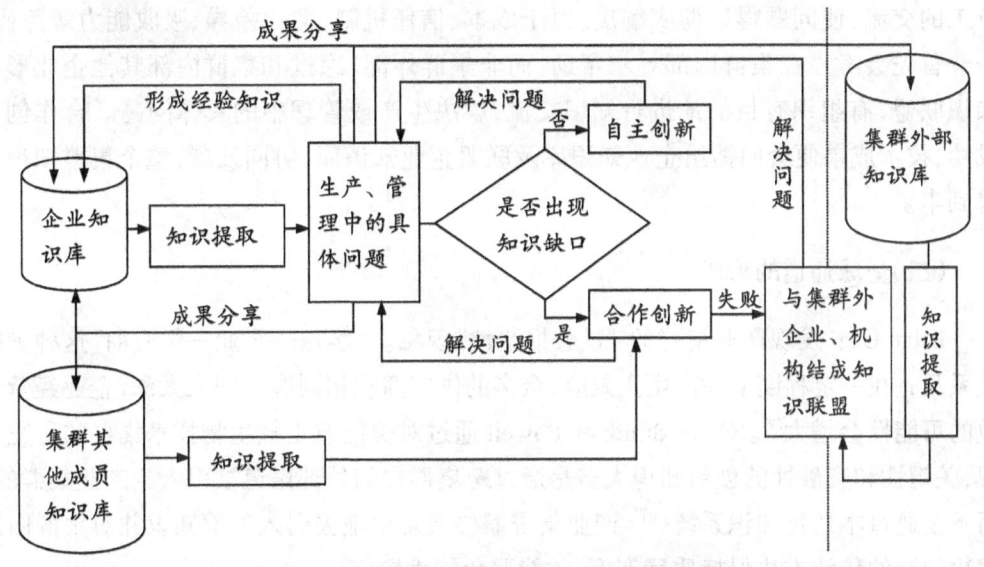

图2 产业集群视角下企业知识管理模式

Fig.2 Enterprise knowledge management model in the perspective of industrial cluster

(一)产业集群内部本地化互动

集群知识网络是一个动态、开放的系统,为集群企业提供广阔的学习界面[8]。集群企业间的本地化互动发生在集群内企业之间,企业与政府部门、科研院所、金融机构、中介机构之间。政府通过改善交通运输、通讯基础设施营造创新硬件环境,同时引导和鼓励企业的技术创新活动,比如为高新技术产业提供相关的政策优惠,吸引技术人才,促进高新技术产业的发展。科研院所为集群生产和传播知识,提供技术咨询和培训服务等。行业协会和中介机构则为集群企业提供各种中介服务、信息服务。集群的地理集中性使企业间密切关注竞争对手的产品和服务及营销策略等信息,争取主动权,提前实现产品和服务创新,占据市场主导地位。竞争并不能阻碍企业间在某些方面的合作创新,例如上下游企业之间的协作关系。集群企业与科研院所的互动更多的是人才培训、技术咨询以及项目合作等。集群内企业与客商、供应商的合作往往是长期的,"供应

商—集群企业—客户"的关系能够克服资源限制,形成供应链上的互动,知识交流也随之悄然而生。

制度条件、企业间的交流及区域学习的交互过程在集群本地化互动中发挥了重要作用。在产业集群企业知识共享模式中,知识需求主体可以是任何企业。企业认识到自身知识需求后,会采取行动,假如企业知识库能满足知识需求,就可以自主创新、独立研发,解决生产或管理中的问题。问题解决后便形成文档和记录,或由专人掌握解决问题的经验方法,反馈到企业知识库中。专人掌握的多是隐形知识,通过与企业其他员工的交流,使问题得以彻底解决。由于成本、信任机制、文化差异、吸收能力等障碍,企业首先会考虑在集群内部寻求帮助,而非集群外部。通过和集群内部其他企业形成知识联盟,有组织有目的地进行知识交流,解决生产或管理中的具体问题。合作创新成功,技术成果便会回馈给企业知识库及联盟企业知识库,协同发展,整个集群知识库得到丰富。

(二)全球通道的形成

Brian Uzzi 发现产业集群的"过分根治性"现象。"客户—企业—供应商"这种紧密关系只有在一定程度上才产生正效应,众多的供应商和相同客户嵌入太深,企业经营失败的可能性会增大[9]。Owen Smith 和 Powell 通过对美国波士顿生物技术集群的研究发现,关键性和突破性的创新知识大多是通过跨集群式的外部渠道被引入到产业集群的,而不是通过本地化知识系统[10]。产业集群需要有意识地去引入外部知识并对集群内部解决问题的传统方法保持质疑态度,才能避免技术锁定。

与集群外部优秀企业建立广泛而深远的战略联盟是获得竞争优势的重要途径,声誉效应驱使企业倾向与优秀的企业建立联系。当集群企业无法在集群内部满足知识需求时,便会尝试从外部获得更广阔的知识源以填补知识缺口。成本相对集群内部来说会增加,且隐性知识跨区域传播更加困难,所以,一般在集群联盟知识库仍无法弥补知识缺口时才发生。企业通过与集群外部企业建立知识联盟,合作创新解决生产或管理问题,形成双方共有的新知识、新技术,通过知识反馈路径,汇集到双方各自知识库。知识溢出效应使企业知识库的丰富必然带来集群联盟知识库的丰富,集群整体核心竞争力得到提升。一般全球管道是由资金、科研实力比较雄厚的大型企业完成,通过与集群外部企业正式或非正式的合作与交流,把复杂的知识转化为更加本地化的、易于本地企业理解、吸收的知识。

四、结束语

产业集群是适应知识经济的新的发展模式,知识共享是知识管理的核心,是提高产业集群竞争力的途径,是产业集群有效运作的保证。为了提高集群知识联盟的稳定性,在合作创新过程中需要注重知识产权的保护、处理好利益分配关系,充分发挥企业合作创新协同效应。知识共享网络的构建和完善需要政府和企业共同努力。本文所构模型未能深入讨论内部合作机制和集群网络的优化等,这将是以后可以进行研究的方向。

参考文献

[1] 陈荣仲.基于知识管理的产业集群发展理论研究[D].成都.西南交通大学.2007.

[2] 郁培丽.产业集群技术知识创新系统演化阶段与路径分析[J].管理学报,2007(4):483-487.

[3] 王昕,赵承.论面向创造动态竞争优势的管理[J].情报方法,2004(10):10-11.

[4] Manuela Presutti, Christina Boari, Antonio Majoccbi. The Importance of Proximity for the Start-ups' knowledge Acquisition and Exploitation [J].Journal of Small Business Management, 2011, 49(3):361-389.

[5] Michael E. Porter. Cluster and the New Economics of Competition[J]. Harvard Business Review, 1998(11):75-90.

[6] Michael E. Porter. The Competitive Advantage of Nations[J]. Harvard Business Review, 1990(3):72-91.

[7] Ikujiro Nonaka, Noboru Konno. The Concept of "Ba": Building a Foundation for Knowledge Creation [J]. California Management Review, 1998, 40(3):40-54.

[8] David Keeble, Frank Wilkinson. Collecting Learning and Knowledge Development in the Evolution of Regional Cluster of High Technology SMEs in Europe [J].Regional Studies, 1998, 33(4):295-303.

[9] Brian Uzzi. Social Structure and Competition in Inter-firm Networks: The Paradox of Embeddedness[J].1997,42(1):35-67.

[10] Jason Owen-Smith, Walter W. Powell. Knowledge Networks as Channels and Conduits: The Effects of Spillovers in the Boston Biotechnology Community[J].Organization Science, 2004, 15(1):5-21.

8

我国创新集群发展探析

韩言虎　罗福周　方永恒

（西安建筑科技大学　管理学院　陕西西安　710055）

> **摘　要**：创新集群作为一种有效的经济组织形式，在我国才刚刚起步。本文界定了创新集群的概念、内涵、特征，回顾我国创新集群建设的探索性做法，分析其制约因素，指出当前我国应该从政府集群策动、促进创新网络机制的形成、培育中小型创新企业和建立创新集群服务体系等方面率先发力进行创新集群建设，为政府决策制定、产业发展、学研机构和企业的发展提供参考。
>
> **关键词**：创新集群；制约因素；对策

一、引言

自1999年OECD(Organization for Economic Co-operation and Development,经济合作与发展组织,简称OECD)在其《集群—促进创新之动力》研究报告中提出"创新集群"(innovative cluster)的概念后[1]，创新集群的研究成为国际学界和各国政府决策层关注的热点问题。从产业发展来看，创新集群成为传统产业集群升级的目标；从区域经济发展来看，创新集群已经上升为地方政府建设区域创新系统和推动经济发展的战略和治理手段；从国家层面来看，创新集群成为建设创新型国家和利用创新驱动发展的载体和政策。我国中央政府2006年提出实施"提高自主创新能力，建设创新型国家"的发展战略，各地方政府也纷纷推出集群政策，尤其是在我国目前正面临低端产业升级和经济转型的巨大压力的背景下，对创新集群进行研究尤为迫切。本文在对创新集群的概念、内涵和特征界定的基础上，回顾我国创新集群建设的探索性做法，分析现阶段所面临的制约因素，指出当前对我国建设创新集群的着力点。

二、创新集群内涵与特征

OECD放弃了早期那种认为"创新仅是基础科学研究进步过程的结果"的直线式概念,认为"创新集群"是指由企业、研究机构、大学、风险投资机构、中介服务组织等构成,并强调不同机构之间的相互作用,实质上是将创新集群视为一种简化的国家创新体系。这个概念吸取了知识累积的收益递增、知识积累的路径依赖和非线性、组织创新、信任、制度和文化多样性等方面[2]。国内方面主要从互动链条[3]、创新系统[4]、区域创新网络[5]、知识经济系统[6]等不同视角对创新集群的含义进行了界定。关于创新集群概念的界定可以归纳为以下几个方面:①创新集群是基于网络创新范式的背景下提出的;②创新集群是创新在时间、空间分布上的融合;③强调不同机构之间的交流和相互作用;④以完善的知识、信息交流和共享机制为基础。

学者们对创新集群的理解各有所侧重,在借鉴目前研究成果的基础上,以系统的视角对创新集群的含义界定如下,基于有利于创新的环境,在不同类型机构在完善的知识和技术生产、交流扩散、共享和转化机制的作用下,由知识和技术网络、经济网络、社会网络相互耦合而成的创新网络系统。

本文界定的创新集群的概念可以从以下几个方面理解:①由于创新是一种社会化过程,创新环境的建立和优化对于创新集群至关重要,甚至就把创新集群视为一种环境网络[7]。这里的创新环境包括社会环境、政策环境、文化环境和市场环境。②不同类型的机构包括企业(具有研发能力和支持性的)、研究机构、大学、中介服务组织(科技型、金融型、商务型等),他们发展成熟,各自发挥不同的作用,并能够形成有机的创新协作体系。③本概念是以知识和技术的生产、交流、扩散、共享和转化为核心过程,这是创新集群的本质所在,也是创新集群与产业集群的一个重要区别,对产业集聚传统的认识,是企业通过本地的投入产出联系而获得外部经济效果,尤其是通过越来越精确的专业化分工而获得降低成本的效果,1980年代中后期以来,发达国家具有促进创新效果的产业集群概念,是重视企业的互动合作和知识交流,尤其是隐含经验类知识的交流[8]。 ④创新集群是一个由知识和技术网络、经济网络、社会网络相互耦合而成的创新网络系统,首先这三种网络分支是不同类型机构发生关联的纽带;其次他们彼此相互作用、相互影响,知识和技术网络在创新网络系统中占据主导地位,决定着经济网络和社会网络的运行,经济性是集群的基本优势之一,也是不同机构追求的重要目标,社会网络对于技术网络和经济网络具有正反馈作用。⑤创新网络系统的形成有利于不同主体的分工与协作,提高创新资源的组织效率和利用效率,降低创新成本,减少创新风险,产生边际递增效应。

国外学者Kongrae Lee[9]、Landry[10]、Meng[11]、Alderma[12]等,国内的钟书华[13]、龙开元[14]、

李北伟[15]等都从不同角度对创新集群特征进行了探讨,各有所侧重,不够全面。本文仍然基于系统的观点,结合上述学者的研究成果,以及笔者对创新集群概念和内涵的界定,认为创新集群具有如下几个特征,这些特征之间并不是完全割裂的,而是有所交叉,相互联系,相互影响。

(1)从创新集群的形成条件来看,具有系统集成性,包括时空的集成和硬件(基础设施、创新资源等)。创新集群可以理解为产业集群发展的高级阶段,必须经过长时间的积累和沉淀,具有独特的发展路径;在空间上集聚是集群的一个客观属性,众多研究表明创新具有空间分布的规律性。创新本身就是一个复杂的系统过程,需要投入完善的基础设施和丰富的创新资源,同时在集群政策的引导下,资源又会向集群聚拢,形成合力。

(2)从创新集群的作用机制来看,具有高度协同性,包括组织协同、知识协同、环境协同。构成创新集群的组织包括企业、大学、研究机构、政府及其他中介服务机构、专业市场等,不同类型的组织均在集群中各自扮演重要的角色,是创新链和知识链上不可或缺的节点,占据平等的地位,组织协同是集群协同创新的基础。知识协同是创新集群的核心,知识溢出与扩散机制的形成是推动创新集群发展的重要力量。环境协同是创新集群的保障,群外环境(社会、技术、文化、政策等)能够直接影响创新过程的顺利进行,信任、文化等环境因素基于一种软实力对组织协同产生间接影响,Schmitz基于"本地化网络(local network)"和"全球性管道(global pipe line)"对集群创新企业与群外环境的协同互动渠道进行了描述[16];集群协同创新是指集群创新企业与群外环境之间既相互竞争、制约,又相互协同、受益,通过复杂的非线性相互作用产生企业自身所无法实现的整体协同效应的过程[17]。

(3)从创新集群的功能来看,具有创新经济性和持续性,处于网络系统结构中的不同创新主体高度协同,交流与互动更加频繁,具有互补性的创新资源得到整合,有效实现创新主体之间创新风险的分担和资源的最优利用,尤其是在知识经济时代,知识是最重要的资源,知识资源的有效整合和利用能够带动其他资源更有效地发挥作用,决定着创新能否顺利实现,体现出巨大的创新经济性,具有边际效益递增效应。由于知识生产的基础性,必须具备一定的提前量,其次在文化、价值观等环境因素和创新集群作用机制的综合作用下,创新集群的功能发挥进入良性循环,创新行为持续进行,具有持续的创新产出。

(4)从创新集群的结果来看,具有外延性和扩散性,知识的外溢、技术的转移、产业规模的扩大、市场的扩张等因素的客观存在,创新集群将会在区域、国家,甚至世界范围内产生扩散效应。当前经济全球一体化的大背景下,信息技术不断向前发展,加速了创新集群功能的发挥和空间影响力的提高。美国、日本等国发展创新集群的成功经验也表明创新集群具有外延性和扩散性。

三、我国发展创新集群的探索

2006年我国提出建设"创新型国家"战略,2008年成立建设创新型国家战略推进委员会(以下简称"创推委"),2011年科技部启动创新型产业集群建设工程,教育部"高等学校创新能力提升计划"("2011计划")要建立一批"2011协同创新中心",中科院做出"创新2020"规划部署。促进创新的举措不断推出,可见我国对于创新发展更加关注。创推委是我国唯一从事创新型国家机制体系研究的权威机构,系统从事国家、地方、企业、社会经济发展战略研究,指导创新理论与实践,推动中国创新事业向前发展。

创新型产业集群建设工程是以国家高新区为重点,每年开展一批产业集群建设试点,经过3-5年的发展,在战略性新兴产业领域形成若干国际先进型和国内领先型产业集群,培育20个以上年销售过千亿的产业集群,30个以上年销售过500亿的产业集群,带动地方建设100个以上年销售过200亿的省级产业集群,成为区域支柱产业。1988年,创办高新技术产业开发区被列入国家火炬计划,各地纷纷进行高新区建设,高新区的建设涌现出一些在软件、生物环保、集成电路、网络通信等领域的先进产业集群,如中关村科技园、武汉光谷等。政府部门作为创新型产业集群建设工程的发起者,促进产业集群向创新集群升级转型,这可以视为我国政府策动创新集群的开始。

除了政府部门的主动出击,大学和科研机构也在根据自身的优势探索创新集群的建设,如"2011计划"和"创新2020"。"2011计划"于2012年5月启动,该计划以人才、学科、科研三位一体创新能力提升为核心任务,通过构建面向科学前沿、文化传承创新、行业产业以及区域发展重大需求的四类协同创新模式,旨在突破高校内外部机制体制壁垒,释放人才、资源等创新要素活力。此前由高校牵头,联合了科研院所、行业企业、地方政府等优势资源,全国共计培育了167个协同创新中心。2013年4月,首批14家通过"2011计划"国家协同创新中心的认定。高校牵头成立协同创新中心可以将内部资源与外部产业需求整合,盘活高校的人才、科研资源的生产力,解决科技与经济发展相脱离的问题。

"创新2020"于2010年试点启动,2011年全面实施,按照规划经过10年努力,有效解决事关全局的战略性科技问题,培养凝聚一支高水平科技创新队伍,形成一批高水平科技创新平台与成果转化基地,在我国科技事业发展中发挥服务全局、骨干引领和示范带动作用。"创新2020"分为三个阶段组织实施,第一阶段:2010年下半年至2011年底为试点启动阶段,将组织实施战略性先导科技专项、建设三类中心、建设区域创新集群、择优支持研究所启动实施"创新2020";第二阶段:2012年至2015年为重点跨越阶段,在事关我国发展全局的战略必争领域实现重点跨越;第三阶段:2016年至2020年为整体跨越阶段,将总体实现"创新2020"的战略目标和发展图景。

四、我国创新集群发展的制约分析

通过分析国外创新集群的生命周期,可以发现创新集群在发展过程中都经历过低端向高端升级的阶段,即面临发展危机的阶段,同时也要看到,这也是产业发展和调整以及经济方式转变的战略机遇期。当前我国同样面临经济转型和产业结构调整的任务,解决这个问题需要改变粗放式发展方式,通过科技创新驱动发展。尤其是我国高新区经过20多年的发展,虽然取得了较大的成绩,但大部分是企业的简单扎堆,并没有形成网络和互动,不具有协同性,企业自主创新能力不强,集群处于低水平、低成本的发展阶段。目前我国发展创新集群主要存在如下制约因素。

第一,创新集群理论发展不成熟,实践缺乏理论支撑。创新集群理论是创新理论、集群理论、产业经济学、知识管理等众多理论和学科的交叉和融合,具有复杂性和系统性。而创新集群引入我国仅有几年的时间,大多是基于对国外创新集群案例的分析,对创新集群的认识不足,这导致我国创新集群政策缺乏理论基础,严重制约了我国发展创新集群的实践。

第二,缺乏协同创新环境,尤其是制度环境的缺位。首先创新集群的建设需要不同级别政府的策动和引导,而这方面的政策仍然不够,在政策执行过程中没有科学性和连续性;其次由于我国科技与经济体制障碍,没有形成良性支撑与互动;然后法律法规不健全,产权制度缺失,信用环境差,导致创新权益不能得到有效保障。

第三,行业协会发育缓慢,金融、科技、法律等第三方中介组织不足,没有发挥应有的作用。高技术开发需要经过从前期的市场分析、研发立项、资金和人力资源的投入、各方的协作、中试、市场检验到推广销售、技术服务、物流配送等众多环节,多部门、多专业、多机构的合力配合是保证开发成功的必要条件,而这些服务业在我国发展严重不足,不能发挥应有的创新支撑作用。

第四,没有形成创新合作网络。创新合作网络是由基于产业链的纵向链和基于大学、研究机构、企业等机构形成的横向链交织而成。在我国很多区域产业发展中没有形成完整的产业链,上下游企业没有基于产品链、价值链形成稳定的协作关系,忽视了用户等产业链节点主体在创新中的作用。横向链指的是产学研合作,由于体制性障碍,我国科技与产业的发展长期脱节,阻碍了学研机构创新活力的发挥。由于远离市场和科技前沿,甚至造成学研机构知识生产和创新能力的下降以及国家科研资源的大量浪费。

五、当前我国发展创新集群的着力点

创新集群的工作思路是建立并充分运用先进的网络,促进区域内学官产合作,建立资源管理系统,整合智力创新资源,同时迅速地筹集资金,拓展销售渠道,促进科研成果产业化,打造世界级的产业化组织[18]。

(一)政府集群策动

政府集群策动需要以产业集群、创新系统、创新集群等作为理论基础,在借鉴其他国家政府集群策动经验的基础上,发展具有我国特色的创新集群理论,然后结合我国产业的具体情况和发展阶段,因地制宜地制定集群政策和集群战略规划。关于是采用"自上而下"还是"自下而上"的发展模式这一问题,当前似乎更加关注顶层设计,笔者认为应该采取二者相结合的混合发展模式,当前我国的创新集群发展正处于探索阶段,市场体制不健全,制度体系不完善,创新资源有限,首先应该采用"自上而下"的模式。但是政府的过度干预会造成职能越位,破坏其他主体的积极性主动性,还要进行"自下而上"的机制安排,调动其他主体的能动性,发挥市场和制度的活力,最终实现中央策动和地方自主的协调统一。由于创新集群的形成需要较长时间,因此集群策动要分期、分阶段进行,要具有连续性和继承性,并建立评价和监控体系,以便不断调整进行目标管理。

(二)促进创新网络机制的形成

创新网络机制包含两层含义,一是大学、公司的研究与开发部门、公共研究机构、核心企业、中小型创新企业、行业协会组织、中介服务组织等组织机构在空间位置上集聚。我国的大学和研究机构应该有意识地向产业集聚地靠拢,从地理位置上创造面对面交流的机会。而我国高校的新校区建设往往选址在城市郊区和偏远县区,因此应该鼓励大学和研究机构到产业集聚地开办分校和分支机构。二是创新主体的互动,只有频繁的知识、技术的交流与互动,才能发挥知识溢出效应。大学和研究机构利用自身的知识和技术优势服务于企业,企业进行研发,形成"你中有我、我中有你"的知识和技术互动局面,促进技术经济的一体化。为了促进创新主体的交流与互动,必须充分发挥行业协会的作用,或者建立专门的协调机构。可以通过组织研讨会、技术交流会等会议,搭建公共信息交流平台,开发行业共性技术和关键技术等具体方式,促进创新网络机制的形成及其顺利运转。创新网络机制的形成可以提升研发能力,有利于正式和非正式交流,提高信任度。

(三)培育中小型创新企业

在创新集群的发展的初级阶段,基于降低成本和专业化分工,核心企业或者大企业把一些业务外包给中小企业,中小企业不断演变成为配套体系的重要组成部分。这些中小企业可能是大型企业衍生出来的,也可能是学研机构产业化的结果,或者来自本地企业。随着分工协作、合同制造、模块化生产等形式的出现,不可避免会对中小企业进行技术培训和转移。随着中小企业的进一步发展,创新网络机制将满足中小企业的强烈技术创新需求。中小型创新企业对于企业网络的形成、正式和非正式交流、知识溢出和技术转移、本地联系、全球价值链嵌入等方面具有重要作用。我国中小型企业的创新能力较低,发展能力不足,解决这一问题除了需要对中小企业给予必要的政策、资源、税收等方面的扶持,更关键的是为中小企业的发展创造一个良好的发展环境,让创新网络的其他主体为中小企业提供源源不断的支持,进而激发中小企业的潜能,发挥其"造血"功能,而不是一味的"输血"。

(四)建立创新集群服务体系

技术创新除了需要知识技术基础,从研发前期到技术商业化均需要投入巨额资金,而技术创新本身就是一项高风险活动,还面临诸多外部不确定性,因此在政府投入资金一定的情况下(一般政府投资远远不足),风险投资是否活跃对创新集群的建设起决定性作用。同时风险投资还能够参与创新管理,贯穿技术创新整个生命周期,有助于技术创新的成功。创新集群的形成一定会伴随着技术转移,而技术转移机构正是大学、研究机构和企业之间进行技术转移的枢纽,科技中介服务机构在创新集群的运作中起到关键性作用。除此之外,创新集群服务还包括法律、市场研究、广告、公共关系、人力资源教育和培训等,因此要围绕相关产业建立创新集群服务体系。

六、结论与展望

国外已成功建立起一批创新集群,为产业转型、区域经济发展、创新系统建设和国家竞争力的提升起到了关键性作用。我国具有不同的国情,经济水平、产业基础和布局等方面也具有地区差异,因此当前应该结合我国创新集群的发展现状,在政府集群策动、促进创新网络机制的形成、培育中小型创新企业和建立创新集群服务体系四个方面率先发力进行创新集群建设。而我国的创新集群建设才刚刚起步,当前我国市场机制不健全,法律体系不完善,创新基础较差等问题的存在以及创新集群建设的复杂性,决定了我国创新集群实践只能"摸着石头过河"。

参考文献

[1] OECD. Innovative clusters: drivers of national innovation systems[R]. OECD Proceedings, 2001.

[2] OECD. Dynamising national innovation system[R]. Paris: OECD, 2002.

[3] 肖广岭. 创新集群及其政策意义[J]. 自然辩证法研究, 2003(10).

[4] 宋姣英. 区域集群创新系统的配套政策研究[D]. 哈尔滨: 哈尔滨工业大学, 2006.

[5] 解学梅. 创新集群跨区域协同创新网络研究述评[J]. 研究与发展管理, 2009(1).

[6] 宋琦, 韩伯棠, 李燕. 创新集群理论研究述评[J]. 科技进步与对策, 2010(18).

[7] 王缉慈. 创新集群, 高新区未来之愿景与目标[J]. 中国高新区, 2006(10).

[8] 王缉慈, 王敬甯. 中国产业集群研究中的概念性问题[J]. 世界地理研究, 2007(4).

[9] KONRAF LEE. Promoting Innovative Clusters through the Regional Research Centre (RRC) Policy Program in Korea[J]. Europe Planning Studies, 2003(1).

[10] KEROACK M, OUIMET T, LANDRY R. Networking and Innovation in the Quebec Optics/Photonics Cluster[A]. Wolfe D A, Lucas M. Clusters in a Cold Climate-Innovation Dynamics in a Diverse Economy [C]. Montreal: Queen's University School of Policy Studies, 2004.

[11] Hsien-Chun Meng. Innovation Cluster as the National Competitiveness Tool in the Innovation Driven Economy[J]. Foresight and Innovation Policy, 2005(1).

[12] MARZETTI G V, MONTRESOR S. Innovation Clusters in Technological Systems: A Network Analysis of 15 OECD Countries for Mid-1990s[J]. Industry and Innovation, 2008(3).

[13] 钟书华. 创新集群: 概念、特征及理论意义[J]. 科学学研究, 2008(1).

[14] 龙开元. 创新集群: 产业集群的发展方向[J]. 中国科技论坛, 2009(12).

[15] 李北伟, 董微微, 富金鑫. 中国情境下创新集群建设模式探析[J]. 中国软科学, 2012(11).

[16] Schmitz H. Global competition and local cooperation: Success and failure in the Sinos Valley [J]. Brazil World Development, 1999, 27(9).

[17] 胡恩华, 刘洪. 基于协同创新的集群创新企业与群外环境关系研究[J]. 科学管理研究, 2007(3).

[18] 倪外, 曾刚, 滕堂伟. 区域创新集群发展的关键要素及作用机制研究[J]. 地域研究与开发 2010(2).

9 江苏省制造业转移趋势的综合测度研究

胡绪华　权晓艳

（江苏大学　江苏镇江）

> **摘　要**：江苏省制造业经过改革开放后30年的快速发展，近年来正面临着与日俱增的资源、环境、成本压力，部分制造业开始谋求向其他区域转移。本文在国内外产业转移相关研究综述的基础上，选取江苏26家制造业为研究对象，从产业在生命周期中所处的发展阶段、产业竞争力和产业集聚效应三个维度对江苏制造业所属的26个产业转移趋势进行了测算，并按照测算结果将江苏产业划分为优先迁出产业、技术升级产业、自由发展产业和优先迁入产业四种类型。
>
> **关键词**：制造业；产业转移；产业发展阶段；产业竞争力；产业集聚

一、引言

产业转移是经济发展的必然规律与趋势。就区域经济而言，产业转移是促进区间产业协作和结构优化的重要手段。我国"十二五规划"提出"加快转变经济发展方式，发展现代产业体系，提高产业核心竞争能力，促进区域协调发展的发展战略"的要求。在这一背景下，江苏省委、省政府出台了"十二五"工业经济发展规划，提出了引导江苏省"工业转型升级，加快构建现代工业体系，实现由工业大省向工业强省转变的发展战略"。在此背景下，江苏省既要加快淘汰落后产能和过剩产能，将高污染、高消耗以及失去发展优势的边际产业转移出去；又要积极吸引技术含量高、资源消耗少和清洁安全的新兴产业转入进来。那么如何在现有发展基础上，判断江苏省内哪些产业已经失去竞争力

[项目基金]：国家自然科学基金项目：境内集群式产业转移驱动的国内价值链重构与产业集群升级研究(71203079)；江苏省高校哲学社会科学基金：基于产业集群链高效整合的长三角区域经济协调发展研究(2010SJB79005)。

[作者简介]：胡绪华(1978—)，男，江苏连云港人，江苏大学财经学院副教授、博士，研究方向：产业经济学。

权晓艳(1990—)，女，陕西西安人，江苏大学财经学院，硕士研究生，研究方向：产业经济学。

优势需要向外转移,哪些产业需要积极鼓励和引进,这成为促进江苏产业转型升级的重要研究课题。

关于产业转移的研究已经成为产业经济学的重要分支研究领域。与之相关的研究引起了国内外学者的广泛关注。关于产业转移趋势的代表性学者及其观点有:弗农的产品生命周期理论[1];小岛清的边际产业扩张理论[2];以缪尔达尔(Gunnar Myrdal)为代表的梯度发展理论;叶嘉国(2013)研究了我国珠三角产业的转移趋势[3],陈敏和陈淑梅(2013)研究了中国跨国产业转移[4];汪斌(2005)研究了网络型国际产业转移模式[5],杨洪涛和苟礼海(2013)研究了中国企业布局对产业转移趋势的影响[6]。关于产业转移定量测度方法的代表性学者与观点有:美国经济学家D.B.Fabricant于1941年提出的偏离—份额法(Shift-Share Method);克鲁格曼(1991)用空间基尼系数(spatial Gini coefficient)测算了美国3位数制造业行业的的产业集聚度;Ellison和Glaeser建立了地理集中指数(简称E-G指数)来测定产业的集聚程度;还有区位熵、赫芬达尔指数等等。而国内学者对有关产业转移的定量测度研究并不多见,比较有代表性的有:刘红光等(2011)基于区域间投入产出表对区域间产业转移进行了定量测度研究[7],朱珠用空间基尼系数测算了2007年江苏省制造业的集聚程度[8],李群等通过数据测算对2011年江苏制造业发展现状进行了实证分析[9]。

从国内外研究现状看,产业转移的研究内容大多集中在产业转移的概念、动因、模式、效应、战略与政策等几个方面,更多地是从定性角度研究产业转移的发生机制及其效果,而较少关注产业转移趋势的定量测度,尤其是缺少针对"十二五"期间江苏省制造业转移趋势的定量研究。本文将在产品生命周期理论、产业竞争力理论和产业集聚理论的支撑下,从产业发展阶段、产业竞争力和产业集聚效应等三个角度综合测算江苏省制造业转移趋势,尝试构建产业转移趋势综合测算的分析思路,以期能够为实践工作者提供理论指导。

二、江苏产业转移趋势定量分析思路与数据来源

本文从产业在生命周期中所处的发展阶段、产业竞争能力和产业集聚三个维度对江苏各制造业转移趋势分别进行定量测算,进而将各测算结果作综合分析,对江苏省制造业按照转移趋势的差异进行分类。之所以选择产业的生命周期、竞争能力和集聚效应作为分析产业转移趋势的三个维度,主要是因为根据边际产业转移理论,一国向外转移的应该是该国的边际产业,从产业生命周期的角度就是处于衰退期、已经失去比较优势或处于成熟期、即将失去比较优势的产业。因此,产业在生命周期中所处的阶段是其发生转移的重要条件之一。同时,根据波特的竞争优势理论,一个地区的某种产业即使丧失了比较优势,但只要还有竞争优势,那么产业转移就不会发生,产业竞争能力的强

弱是评价产业是否会向外转移的一个重要方面。对于产业集聚效应,马歇尔把产业集聚称为"地方性工业"(localized industry),认为集聚可以产生三大优势:临近同一行业从业人员所产生的外溢效应,大量生产同一产品所导致的生产成本加速折旧的规模经济,稳定的专门的人才市场。这些优势会对产业转移产生粘性,阻碍产业转移的发生。因此,本文将从产业在生命周期中所处的阶段、产业竞争能力的强弱以及产业集聚效应的好坏三个维度来分析产业转移的趋势是合理的,它综合了导致产业转移发生的多方面因素,具有全面性和系统性。其分析过程可用图1表示。

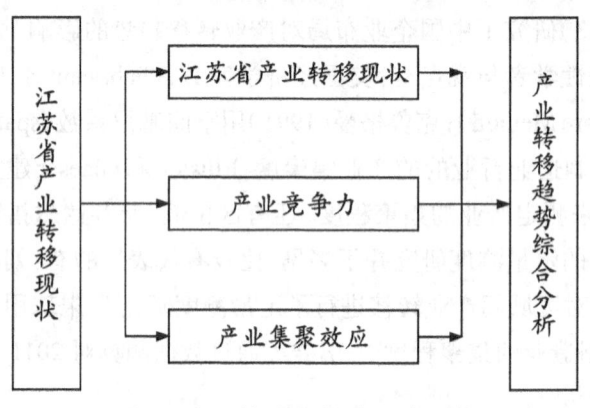

图1 产业转移趋势的三维测算

本文数据来源于《江苏省统计年鉴(2003-2012)》和《中国统计年鉴(2003-2012)》,考虑到数据的可获得性,所选用的数据来自规模以上工业企业。另外在《江苏省统计年鉴》中制造业包含30个产业部门,但其中烟草加工业因数量有限,且通常情况下不会发生迁移,被排除在外;废弃资源和废旧材料回收加工业不仅数量较少,而且仅仅作为其他制造业废弃物的回收与处理存在,也被排除在外;工艺品及其他制造业所涉及除工艺品外,还有其他一些不确定产业,因此也被排除在外;橡胶制造业和塑料制造业在部分统计项下是合并为橡胶和塑料制造业,因此本文将其合并为一个门类计算。由此,本文最终获得需要定量测算的26个产业门类。

三、制造业发展阶段的测算

在测算产业在生命周期中所处发展阶段时,本文依据江苏省各制造业产值的增长率和全国该制造业产值的增长率之间的差值将这些产业部门划分为成长产业、发展产业、成熟产业以及衰退产业。划分的原则是:将研究的时间跨度分为两个时期,前期和后期,根据各产业在时间维度上的变化情况,定位产业的发展阶段。前期和后期该产业产值的年均增长率均大于同期全国年均增长率的是发展产业,前期和后期的年均增长率均小于同期全国年均增长率的是衰退产业,前期增长率大于全国增长率而后期增长率小于同期全国年均增长率的是成熟产业,前期增长率小于全国年均增长率而后期增长率大于同期全国年均增长率的是成长产业[10],年均增长率的计算公式为:

$$R = \sqrt[n-1]{a_n/a_1} - 1$$

其中,a_n表示第n年的产值,a_1为第一年的产值。

本文在研究江苏产业的发展阶段时,所选择的时间区域为2002年－2011年的10年周期,并将其划分为前5年和后5年两个阶段,即前期(2002年－2006年)和后期(2007年－2011年)。利用江苏省和全国规模以上制造业所属的26个产业2002年－2011年工业总产值数据,采用年均增长率的计算公式测算出江苏和全国年均增长率,并计算江苏和全国年均增长率之差,据此作为产业成长阶段的判断依据。当前期增长率之差为负、后期为正时,产业处于成长阶段;当前期与后期增长率之差均为正值时,产业处于发展阶段;当前期为正、后期为负时,产业处于成熟期;当前期与后期均为负值时,产业处于衰退期。计算结果见表1。

表1 江苏产业发展阶段

发展阶段	产业名称	江苏和全国年均增长率之差 前期	江苏和全国年均增长率之差 后期
成长阶段	文教体育用品制造业	−0.02	0.02
成长阶段	专用设备制造业	−0.04	0.04
成长阶段	交通运输设备制造业	−0.01	0.09
发展阶段	印刷业和记录媒介的复制	0.001	0.04
发展阶段	石油加工、炼焦及核燃料加工业	0.02	0.004
发展阶段	医药制造业	0.01	0.06
发展阶段	化学纤维制造业	0.02	0.02
发展阶段	电气机械及器材制造业	0.02	0.09
发展阶段	通信设备、计算机及其他电子设备制造业	0.15	0.03
发展阶段	仪器仪表及文化、办公用机械制造业	0.11	0.16
成熟阶段	纺织服装、鞋、帽制造业	0.05	−0.02
成熟阶段	木材加工及木、竹、藤、棕、草制品业	0.02	−0.02
成熟阶段	化学原料及化学制品制造业	0.01	−0.0002
成熟阶段	黑色金属冶炼及压延加工业	0.10	−0.05
成熟阶段	有色金属冶炼及压延加工业	0.01	−0.07
成熟阶段	金属制品业	0.03	−0.02

续表

发展阶段	产业名称	江苏和全国年均增长率之差 前期	江苏和全国年均增长率之差 后期
衰退阶段	农副食品加工业	-0.12	-0.04
	食品制造业	-0.09	-0.05
	饮料制造业	-0.03	-0.02
	纺织业	-0.003	-0.06
	皮革、毛皮、羽毛(绒)及其制品业	-0.09	-0.11
	家具制造业	-0.08	-0.10
	造纸及纸制品业	-0.04	-0.05
	非金属矿物制品业	-0.07	-0.02
	通用设备制造业	-0.07	-0.04
	橡胶和塑料制品业	-0.01	-0.08

数据来自:2003—2012《江苏统计年鉴》,2003—2012《中国统计年鉴》。全国前期(2002—2006)和后期(2007—2011)的年均增长率见《中国统计年鉴》附录 A,江苏前期(2002—2006)和后期(2007—2011)的年均增长率见《江苏统计年鉴》附录 B。

从表 1 的结果可以看出,江苏有 10 个产业已经进入衰退阶段,6 个产业进入成熟阶段。根据小岛清边际产业转移理论,一国或地区向外转移的是在该国或地区失去比较优势产业,即边际产业。所谓的边际产业,按照产业生命周期理论,为处于成熟期、即将失去比较优势,或是处于衰退期、已经失去比较优势的产业。可见,根据产业发展阶段的测算结果,江苏省的 10 个衰退产业和 6 个成熟产业均应被列入可能发生产业转移的目录之列,以延长其生命周期,获取新的竞争优势和比较优势,缓解资源环境压力,优化产业结构。

四、制造业竞争力的测算

评价制造业竞争力常用的方法是偏离—份额法(Shift-Share Method),是美国经济学家 D.B.Fabricant 于 1941 年提出的,最初主要用来分析劳动力转移对生产力的效应。到 1980 年代经过 Dunn 的综合,该方法逐渐成为区域经济和产业结构分析中常用的方法。它把一个地区某产业发展状况归结为三个方面的原因,即全国增长倾向(Reference area share)、结构偏离(Proportionalshift)和地区偏离(Regional shift)[11]。其基本思想是:在特定的研究时段内,以一个区域代表性变量(一般为全国经济指标)的年增长率为基准,分别测算区域按该增长率可能形成的特定份额,进而将这一假定份额同区域实际增长额进行比较,分析区域改变量增长相对于全国平均水平的偏离状况,而这种偏离主要是由区域产业结构因素和区位因素形成的。用公式表示为:

$$G = NS + PS + DS$$

$$NS = e_{i0} \times \left(\frac{E_t}{E_0}\right) - 1$$

$$PS = e_{i0} \times \left[\left(\frac{E_{it}}{E_{i0}} - 1\right) - \left(\frac{E_t}{E_0} - 1\right)\right]$$

$$DS = e_{i0} \times \left[\left(\frac{e_{it}}{e_{i0}} - 1\right) - \left(\frac{E_{it}}{E_{i0}} - 1\right)\right]$$

其中,G 为各产业的实际增长量,NS 为各产业按全国比例应增长量,PS 为产业的结构偏离分量,DS 为各产业竞争力偏离分量。e_{i0} 和 e_{it} 分别代表区域 i 产业基期和末期的产值,E_{i0} 和 E_{it} 分别代表全国 i 产业基期和末期的产值,E_0 和 E_t 分别代表基期和末期全国的国内生产总值。同时引入产业竞争力偏离分量的相对值 h,用以测量区域产业竞争力偏离分量对产业实际增长的影响[12]。

$$h = \frac{DS}{|G|} \times 100$$

h 值越大,说明该产业的竞争能力越强,在竞争中的地位优势越明显;反之,h 值越小,说明该产业的竞争能力越弱。

表2 江苏省产业竞争力偏离分量测算一览表

阶段	产业名称	竞争力偏离分量相对值					
		第1周期 2002—2006	第2周期 2003—2007	第3周期 2004—2008	第4周期 2005—2009	第5周期 2006—2010	第6周期 2007—2011
成长阶段	文教体育用品制造业	−12.16	1.38	38.73	15.28	12.92	14.04
	专用设备制造业	−22.74	−5.12	30.17	2.77	12.56	16.40
	交通运输设备制造业	−6.31	6.07	40.35	32.87	35.33	37.06
发展阶段	印刷业和记录媒介的复制	0.45	1.74	59.45	6.42	13.09	23.92
	石油加工、炼焦及核燃料加工业	6.43	−10.26	−8.53	−17.98	0.91	2.40
	医药制造业	7.42	−9.93	1.30	11.36	21.49	25.76
	化学纤维制造业	7.34	4.17	6.36	27.54	20.23	17.84
	电气机械及器材制造业	10.01	21.83	42.38	32.68	29.59	39.83
	通信设备、计算机及其他电子设备制造业	44.91	31.58	33.50	33.65	35.34	22.97
	仪器仪表及文化、办公用机械制造业	34.71	43.71	60.31	54.73	51.77	61.53

续表

| 阶段 | 产业名称 | 竞争力偏离分量相对值 ||||||
		第1周期 2002—2006	第2周期 2003—2007	第3周期 2004—2008	第4周期 2005—2009	第5周期 2006—2010	第6周期 2007—2011
成熟阶段	纺织服装、鞋、帽制造业	26.39	31.22	48.90	7.68	−18.12	−22.34
	木材加工及木、竹、藤、棕、草制品业	10.52	9.31	60.08	−12.21	−18.49	−14.25
	化学原料及化学制品制造业	3.69	10.21	27.54	−0.25	−1.48	−0.10
	黑色金属冶炼及压延加工业	28.68	25.06	22.25	7.72	−19.63	−44.30
	有色金属冶炼及压延加工业	2.56	0.68	18.19	9.37	−10.38	−77.38
	金属制品业	13.19	−20.61	16.16	1.11	−2.73	−13.82
衰退阶段	农副食品加工业	−103.37	−36.29	0.65	−0.79	−2.69	−25.32
	食品制造业	−84.68	−161.42	−81.83	−101.74	−57.40	−37.57
	饮料制造业	−29.80	−25.67	−20.49	−27.93	−17.05	−10.61
	纺织业	48.05	31.41	−12.71	0.73	−31.87	−20.53
	皮革、毛皮、羽毛(绒)及其制品业	−78.61	−130.88	−236.93	−36.80	−50.08	−368.40
	家具制造业	−41.40	−40.91	22.88	−112.68	−104.95	−131.49
	造纸及纸制品业	−23.93	−0.14	40.95	3.45	−12.95	−55.08
	非金属矿物制品业	−47.93	−12.13	32.70	−20.90	−10.68	−13.20
	通用设备制造业	−38.21	−23.07	26.41	−8.21	−4.65	−27.89
	橡胶和塑料制品业	−6.39	−11.26	36.35	−20.48	−29.61	−87.43

数据来源:《江苏省统计年鉴》(2003—2012),《中国统计年鉴》(2003—2012)。

在产业发展阶段测算的基础上,本文进一步测算江苏产业的竞争力。测算时,采用2002年—2011年江苏和全国26个产业的工业总产值数据,并以每5年为一个计算周期,通过偏离—份额法计算得到江苏制造业各产业的竞争力偏离分量的相对值 h,结果如表2所示。

从表2的计算结果中可以明显看出,本文所选的26个产业中,处于成长阶段和发展阶段的产业的 h 值总体上来说普遍高于处于成熟期和衰退期的产业,且从第5周期开始,处于成长阶段和发展阶段的产业竞争力均为正,说明这两类产业具有较强的比较优势。而成熟阶段和衰退阶段的竞争能力偏离分量相对值在6个计算周期内均相对较弱，特别是从第5周期开始处于成长阶段和衰退阶段的产业的竞争力测算结果均为负值，说明这两类产业竞争力相对较弱，存在较强的向外迁移的必要性。

五、制造业集聚效应的测算

区域产业集聚的测度指标常见的有集中度、区位熵、赫芬达尔指数、空间基尼系数、EG指数等。考虑到数据的可得性和计算的简便，本文将采用区位熵来衡量某一区域要素的空间分布情况，反映某一产业部门的专业化程度，以及某一区域在高层次区域的地位和作用等方面。计算公式为：

$$LQ = \frac{E_{ij}/E_i}{E_{kj}/E_k}$$

其中LQ为区位熵，E_{ij}是指i地区j产业的就业人数，E_i是指i地区总的就业人数，E_{kj}指k国j产业的就业人数，E_k指k国总的就业人数。聚集经济的大小可用聚集经济指数来表示。LQ大于1表明该区域i行业具有产业集聚优势，并且越大，表明产业的集聚程度越高。

区位熵的优点在于能够较形象地反映区域的主导产业和产业集聚水平，故本文选取区位熵作为判断区域产业集聚水平的指标。

本文通过对2002年-2011年全国和江苏的26个产业的产值（本文数据均采用全国和江苏规模以上工业企业经济指标）进行比较和计算，研究全国各产业发展中江苏相应产业所处水平，得出历年江苏产业区位熵和区位熵的年均增长率，见表3。

表3 江苏各产业区位熵

阶段	产业名称	2002	2003	2004	2005	2006	2007	2008	2009	2010	2011	平均区位熵
成长阶段	文教体育用品制造业	1.93	1.12	1.08	1.00	0.98	0.96	1.01	0.94	0.88	1.24	1.11
	专用设备制造业	0.93	0.95	1.02	1.01	1.04	1.06	1.30	1.09	1.14	1.14	1.07
	交通运输设备制造业	0.65	0.83	0.79	0.79	0.81	0.81	1.06	0.91	0.97	0.99	0.86
发展阶段	印刷业和记录媒介的复制	0.47	0.58	0.57	0.61	0.61	0.62	0.70	0.60	0.62	0.69	0.61
	石油加工、炼焦及核燃料加工业	0.27	0.38	0.31	0.26	0.26	0.23	0.30	0.22	0.20	0.22	0.26
	医药制造业	0.62	0.67	0.65	0.66	0.68	0.65	0.79	0.69	0.71	0.72	0.68
	化学纤维制造业	1.93	2.26	2.14	2.00	2.04	1.99	2.43	2.29	2.27	2.58	2.19

续表

阶段	产业名称	2002	2003	2004	2005	2006	2007	2008	2009	2010	2011	平均区位熵
	电气机械及器材制造业	1.23	1.09	1.05	1.01	1.00	1.03	1.28	1.10	1.14	1.26	1.12
	通信设备、计算机及其他电子设备制造业	1.10	1.42	1.58	1.60	1.69	1.74	2.09	1.83	1.79	1.71	1.65
	仪器仪表及文化、办公用机械制造业	0.76	0.87	0.90	0.88	0.95	0.97	1.36	1.24	1.29	1.43	1.06
成熟阶段	纺织服装、鞋、帽制造业	1.82	1.33	1.33	1.42	1.45	1.41	1.68	1.42	1.38	1.54	1.48
	木材加工及木、竹、藤、棕、草制品业	1.60	1.17	1.02	1.15	1.19	1.13	1.50	1.15	1.12	1.15	1.22
	化学原料及化学制品制造业	1.01	1.09	1.07	1.03	1.03	1.05	1.16	1.01	1.03	1.11	1.06
	黑色金属冶炼及压延加工业	0.41	0.57	0.63	0.68	0.73	0.75	0.86	0.70	0.71	0.91	0.70
	有色金属冶炼及压延加工业	0.42	0.47	0.46	0.51	0.54	0.53	0.75	0.60	0.59	0.50	0.54
	金属制品业	1.52	1.32	1.27	1.16	1.18	1.11	1.36	1.16	1.14	1.20	1.24
衰退阶段	农副食品加工业	0.71	0.52	0.47	0.41	0.40	0.37	0.45	0.36	0.37	0.35	0.44
	食品制造业	0.49	0.49	0.48	0.40	0.37	0.35	0.41	0.33	0.30	0.31	0.39
	饮料制造业	0.50	0.57	0.54	0.65	0.63	0.57	0.63	0.44	0.40	0.38	0.53
	纺织业	1.78	1.67	1.65	1.61	1.59	1.57	1.74	1.48	1.44	1.24	1.58
	皮革、毛皮、羽毛（绒）及其制品业	0.99	0.72	0.69	0.47	0.46	0.47	0.48	0.42	0.38	0.46	0.55
	家具制造业	0.64	0.54	0.47	0.45	0.44	0.39	0.47	0.39	0.37	0.32	0.45
	造纸及纸制品业	0.77	0.64	0.63	0.61	0.62	0.63	0.74	0.60	0.62	0.60	0.65
	非金属矿物制品业	0.79	0.61	0.59	0.57	0.57	0.56	0.65	0.56	0.54	0.54	0.60
	通用设备制造业	1.37	1.46	1.44	1.37	1.35	1.33	1.51	1.28	1.26	1.04	1.34
	橡胶和塑料制品业	1.13	0.91	0.91	0.89	0.90	0.89	1.02	0.84	0.83	0.71	0.90

数据来自：2003—2012《江苏省统计年鉴》。

由表3可以看出，处于成长阶段和发展阶段的两类产业中，交通运输设备制造业、印刷业和记录媒介的复制、石油加工、炼焦及核燃料加工业、医药制造业等四个产业区位熵的值小于1,说明这四个行业集聚度较低。处于成长与衰退阶段的两类产业中,黑色金属冶炼及压延加工业、有色金属冶炼及压延加工业、农副食品加工业、食品制造业、饮料制造业、皮革毛皮羽毛(绒)及其制品业、家具制造业、造纸及纸制品业、非金属矿物制品业、橡胶和塑料制品业等10个产业区位熵的值小于1,说明这10个产业不仅从发展阶段和竞争力的角度看具有较强的外迁趋势,而且在江苏省内集聚度也相对较低;而纺织服装鞋帽制造业、木材加工及木竹藤棕草制品业、化学原料及化学制品制造业、金属制品业、纺织业、通用设备制造业等6个产业虽然竞争力较弱、发展阶段比较成熟,但这些产业的区位熵值均大于1,集聚程度较高。产业集聚能够带来规模经济和范围经济,具有降低生产成本、提高劳动生产率、提高人力资本存量、提高无形资产等优势,产生强大的极化效应,并带来新的后天优势,增强产业的区域粘性,阻碍产业向外迁移。

六、江苏制造业转移趋势的综合分析

通过对江苏制造业所属的26个产业的发展阶段、产业竞争力和集聚效应的分析,可以发现,按照产业发展阶段理论测算的江苏省成熟产业与衰退产业所包涵的具有较强外迁趋势的产业项目,与根据产业竞争力理论测算的竞争力小于0的产业项目完全重合,共计16个产业目录。说明无论从产业发展周期还是从产业竞争力角度来看,这些产业向外转移的趋势都比较明显,属于撤退性产业转移的范畴。

但就产业转移趋势判断时,除要考虑产业发展阶段和产业竞争力外,还要考虑产业的区域粘性,即产业的集聚效应。当产业在江苏省内集聚优势比较明显时,即便是该类产业处于产业生命周期的后半阶段,产业竞争力相对较弱,产业外迁的动力也较弱,而且这类产业通常是江苏省传统支柱产业或重要的民生产业,在繁荣市场、吸纳就业、扩大出口、增加居民收入等方面发挥重要作用,一旦此类产业大面积外迁,可能会导致区域内"产业空心化"问题,借助高新技术促进产业转型升级可能是该类产业发展的最优策略。由此,根据产业转移趋势的定量测算结果,可以将江苏省26个门类的产业划分为四种类型。第一类是优先外迁产业,该类产业处于产业发展周期的后半阶段,竞争力小于0,集聚效应小于1;第二类是技术升级产业,该类产业处于产业发展周期的后半阶段,竞争力小于0,但集聚效应大于1;第三类是自由发展产业,该类产业处于产业发展周期的前半阶段,竞争力大于0,集聚效应大于1,该类产业优势明显,构架了区域内的主导产业群;第四类是优先内迁产业,该类产业处于产业发展周期的前半阶段,竞争力大于0,集聚效应小于1,该类产业具有很强的成长性,但集聚效应不够,需加大引进力度。四类产业的具体分类情况见表4。

表4　四类产业的具体分类情况

产业类型	产业目录
优先外迁产业	黑色金属冶炼及压延加工业、有色金属冶炼及压延加工业、农副食品加工业、食品制造业、饮料制造业、皮革毛皮羽毛(绒)及其制品业、家具制造业、造纸及纸制品业、非金属矿物制品业、橡胶和塑料制品业
技术升级产业	纺织服装鞋帽制造业、木材加工及木竹藤棕草制品业、化学原料及化学制品制造业、金属制品业、纺织业、通用设备制造业
自由发展产业	文教体育用品制造业、专用设备制造业、化学纤维制造业、电气机械及器材制造业、通信设备计算机及其他电子设备制造业、仪器仪表及文化、办公用机械制造业
优先内迁产业	交通运输设备制造业、医药制造业、印刷业和记录媒介的复制、石油加工炼焦及核燃料加工业

七、研究结论

产业转移作为产业结构优化升级的一种有效途径，对于我国区域经济的协调发展具有重要的意义。结合国内外产业转移的研究成果以及江苏地区制造业发展的现状，本文从产业在生命周期中所处的阶段、产业竞争能力和集聚效应三个维度对江苏的产业转移趋势进行了定量测度，并将江苏省内产业划分为优先外迁产业、技术升级产业、自由发展产业和优先内迁产业四个等级。

针对江苏优先转出产业和技术升级产业，要做到协调发展合理引导，从"统一规划，合理定位，避免盲目转出"、"明确物质生产重要性，加快传统产业升级"和"比较劣势产业投资原则"等三个方面做好整体的政策调控。而针对江苏省优先转入产业，要从"政府应提供财政上的优惠政策以及优质的服务"、"地方政府应当发挥地方的比较优势引导产业转入"以及"江苏的各级地方政府应当发扬产业链优势来吸引产业转入"等方面做好产业转入的政策调整。

参考文献

[1] 王怡,顾耀欣.产品生命周期理论及其启示[J].现代管理科学,2002,(8):44-45.

[2] 小岛清.对外贸易论[M].天津:南开大学出版社,1991.

[3] 叶嘉国.珠三角产业转移趋势及承接地应对之策[J].宏观经济管理,2013(1):54-56.

[4] 陈敏,陈淑梅.多元化区域贸易协定背景下中国跨国产业转移——基于东亚经济一体化视角[J].国际经济合作,2013(4):23-29.

[5] 赵张耀,汪斌.络型国际产业转移模式研究[J].中国工业经济,2005(10).

[6] 杨洪涛,苟礼海.中国企业500强布局与产业转移的趋势及承接对策研究[J].经济问题探索,2013(1):186-190.

[7] 刘红光,刘卫东,刘志高.区域间产业转移定量测度研究——基于区域间投入产出表分析[J].中国工业经济,2011(6):79-87.

[8] 朱珠,江苏省制造业集聚程度变动的实证分析[J].经济问题,2007(5):65-67.

[9] 李群,蒋达华,原小能,周勤.江苏制造业发展现状的实证分析[J].南京社会科学,2011(11):80-85.

[10] Francesco Caselli. Cross-Country Technology Diffusion: The Case of Computers[J]. The American Economic Reviews. 2001, 2(9):328-335.

[11] Daniel C. Knudsen. Shift-share analysis: further examination of models for the description of economic change[J]. Socio-Economic Planning Sciences, 2000, (34):177-198.

[12] Calino. Manufacturing agglomeration economies as return to scale: A production function approach[J]. Papers of the Regional Science Association, 1982, (50):95-108.

10

集群式升级：传统产业升级与战略性新兴产业发展路径研究
——基于无锡惠山产业集群案例研究

吉 敏

（南京信息工程大学 经济管理学院 南京 210044）

摘 要：加快培育和发展战略性新兴产业已成为现阶段我国产业发展的重要任务，在分析我国产业发展现状的基础上，指出现阶段需寻求传统产业与战略性新兴产业协同发展的路径，促进传统产业推进新旧两类产业的良性互动。从产业升级实践出发，通过对无锡惠山产业集群的案例分析，探讨传统产业向战略性新兴产业升级的路径。

关键词：传统产业；战略性新兴产业；产业集群；升级

一、引言

我国正处在快速工业化和城市化进程中，改革开放以来的高增长是一种粗放型的增长模式，建立在高能耗、高水耗、高矿产消耗、高环境污染的基础之上，在全球气候变化和金融危机的双重作用下，为增强我国经济可持续发展能力，为能在新经济格局中占有一席之地，需转变经济的发展方式，加快产业结构的战略性调整，推进传统产业优化升级。

综观世界各国和地区的经济发展历程，及时选择和培育新的经济增长点，进行新旧产业之间的更新换代是所有国家和地区经济发展中的必然选择。当前，世界各国均意识到战略性新兴产业是经济长期发展的重要动力源泉，纷纷把发展重点转移到战略性新兴产业的培育上来。如，日本在工业化初期将纺织、食品、钢铁、电力等确定为重点产业；进入工业化中期以后，又及时地确定了造船、石油化工、汽车、家电、机械等作为重点扶持产业；石油危机后，日本减少了对能耗高、污染大的产业支持，转而发展计算机、电

10 集群式升级:传统产业升级与战略性新兴产业发展路径研究
——基于无锡惠山产业集群案例研究

子、新材料、新能源等产业;进入本世纪以后,日本加大了对一系列新兴产业的发展,信息通讯、现代物流、节能和新能源开发、环保、生物工程、宇宙航空、海洋开发等产业成为国家重点扶持的领域。2009年9月在第三次战略性新兴产业发展座谈会上,温家宝总理将新能源、节能环保、电动汽车、新材料、新医药、生物育种和信息产业确定为我国"七大战略性新兴产业",并强调发展战略性新兴产业既能对我国当前经济社会发展起到重要的支撑作用,更能引导我国未来经济社会可持续发展的战略方向。

值得指出的是,我国战略性新兴产业发展的背景与其他国家有所不同,是在传统产业发展不充分的背景下提出的;且我国传统产业面积大,对我国经济发展贡献大。因此,两类产业的承接、相互影响关系成为我们关注的重点。从当前局势看,传统产业升级和战略性新兴产业发展缺一不可。如何把握产业发展规律,寻求传统产业与战略性新兴产业协同发展的路径,促进传统产业推进新旧两类产业的良性互动,对我国调整产业结构、维护国家产业和经济安全有重大意义。本文从产业升级实践出发,通过对无锡惠山产业集群的案例分析,探讨传统产业向战略性新兴产业升级的路径。

二、传统产业与战略性新兴产业的关系研究

较多学者对传统产业与新兴产业之间的发展关系进行了研究。Osaka(2002)在分析我国台湾地区纺织产业时,认为传统产业与新兴产业相互交融、共同发展。Michael Porter(2002)认为,发展高新技术产业,传统产业是关键。Dallas 研究北京高技术产业发展时认为,中国政府应借助于传统产业,以传统产业为基础,以高技术产业为导向,促进经济发展。我国学者对传统产业与新兴产业的关系也进行了大量的研究。韩小明(2000)在分析了我国传统产业发展现状,在认识到我国产业发展与发达国家的差距的基础上,提出了从传统产业实现向高新技术产业的"跨越论";辜胜阻(2001)提出发展高新技术需要坚持高新技术产业化和传统产业高新化两大方向,认为工业化尚未完成的我国更需要把传统产业高新化放在首位。杨青(2003)认为高新技术产业与传统产业的协调发展是经济发展的重要课题。厉以宁(2005)从考察印度产业发展情况出发,认为我国在发展高新技术产业过程中,需要与传统产业向结合。

目前,针对战略性新兴产业与传统产业之间关系的研究相对较少。熊勇清、李世才(2011)针对我国产业发展现状,结合产业发展规律,分阶段地解读战略性新兴产业与传统产业的关系,并针对不同发展阶段提出两类产业的发展思路。熊勇清、李世才(2010,2011)针对我国传统产业升级和战略性新兴产业培育的现状,提出推进两类产业的耦合发展,并就两类产业耦合发展的主要阶段和作用机制进行了深入探讨。熊勇清、曾丹(2011)分析基于传统产业激发和培育战略性新兴产业的可行性,建立综合评价体系,分析不同类型的传统产业转型的使用路径及战略性新兴产业培育的差异。董树功(2013)

认为,战略性新兴产业与传统产业之间非单纯的竞争关系,而是相互融合的,通过资源转移和市场共享,战略性新兴产业与传统产业两者将最终实现良性互动和共同发展。

产业发展存在生命周期,无论是传统产业还是战略性新兴产业,其发展大致经历从萌芽、成长、成熟到衰落(或转移复兴、或升级)的过程。结合我国产业发展的实际及产业发展生命周期理论,本文认为,传统产业与战略性新兴产业在相互作用关系上是存在时间逻辑变化的,产业发展处于不同阶段,两者间的关系也有所不同(如图1)。

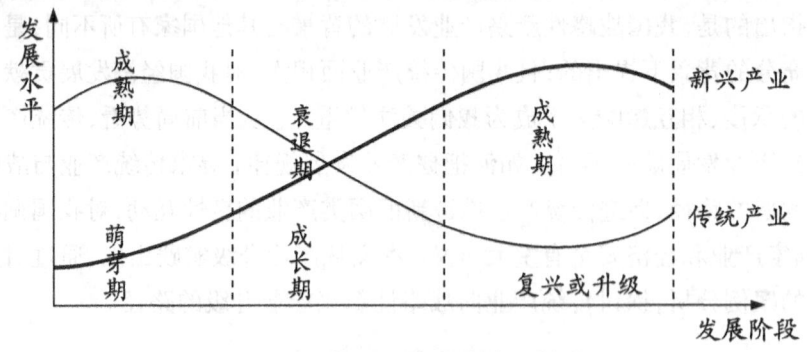

图1 不同发展阶段两类产业的关系

第一阶段,战略性新兴产业处于萌芽时期,传统产业处于成长期(或成熟期前期)。既要加快发展传统产业,又要大力发展战略性新兴产业。

随着战略性新兴产业的成长和传统产业的成熟,两大产业间逐步进入融合发展阶段。这一阶段战略性新兴产业逐步成型,增速减慢,部分产业成为主导产业或支柱产业;传统产业进入成熟期的中后期,基本停止增长,甚至开始出现萎缩。战略性新兴产业产品逐步替代传统产业产品,传统产业产品对战略性新兴产品提供基础支撑。在技术上,战略性新兴产业向传统产业进行技术扩散,传统产业为战略性新兴产业提供技术积累。在资金上,传统产业在战略性新兴产业培育过程中起到资本积累作用。

之后,战略性新兴产业已经发展壮大,进入成熟阶段,演变为新的传统产业;传统产业进入衰退期或转移复兴,完成技术改造,成长为新的产业,或转型升级,成为夕阳产业。

目前,我国正处于战略性新兴产业处于萌芽时期,而传统产业处于成长期(或成熟期前期)的阶段,既要加快发展传统产业,又要大力发展战略性新兴产业;推进传统产业转型升级的同时,培育战略性新兴产业,使之逐步成为推动经济发展的重要力量。

三、无锡惠山产业集群升级案例研究

(一)冶金材料产业发展历程

惠山区的冶金产业源于上世纪七八十年代发展起来的乡镇企业基础,惠山区所属

10 集群式升级：传统产业升级与战略性新兴产业发展路径研究
——基于无锡惠山产业集群案例研究

玉祁、钱桥、前洲、堰桥、洛社等乡镇是我国著名的乡镇企业发达地区及发祥地，全国最早出现的超亿元乡。近年来，在国家扩大内需政策拉动和产业政策指导下，惠山区的冶金产业又得到了迅猛发展，涌现出了锡兴、新大中、玉龙、苏嘉、中冶、舜特、新三洲、兴亚、锡厦等一大批达到国内地方冶金行业先进水平的骨干企业，以及与其配套的小企业群；形成了以管材、板材、带材为主打产品的冶金产业格局；并于2003年被批准为国家火炬计划特种冶金新材料产业基地。在生产装备、工艺技术、产品质量、市场占有率等方面居于国内地方冶金同行中的总体领先地位，是惠山区的支柱产业。

1. 起步阶段

原无锡县钢铁厂（现在锡兴集团有限公司）建于1964年，前身是农具厂，主要产品有镰刀等，是当时苏南地区农具行业的一面红旗。受市场需求驱动，1969年开始生产钢铁，到1986年，产值达到1亿，实现了"从1万到1亿"的飞跃式发展（此前国家几乎没有投资，地方政府投资1万元）。几十年来，锡兴钢厂一直是惠山冶金技术和人才的发源地，因而被当地人誉为惠山冶金企业的"黄埔军校"。1987年，无锡县钢铁厂建成国内第一条电炉小方坯连铸机生产线，1989年该生产线被列为国家"八五工业试验项目"。1990年代后期，受钢材市场供大于求的冲击，一度出现效益滑坡。2002年，锡兴钢铁公司实行改制，成立锡兴集团有限公司，由雪丰钢铁厂（民营企业）控股95%，地方集体股份5%。经过40多年的发展，锡兴集团有限公司已经成长为一个具有年产200万吨钢、50万吨管坯、35万吨带钢/年综合生产能力的钢铁联合企业。炼铁、炼钢、轧材、发电、制氧等门类齐全，工艺装备先进，共有员工4000余人。锡兴对惠山区的贡献不仅在于税收方面，更重要的是带动当地冶金产业的发展，如技术带动、市场带动、人才带动等。锡兴还为当地冶金产业的发展培养了大批技术工人。

2. 平稳发展阶段

改革开放以后，苏南的乡镇企业发展迅猛，冶金成为当时无锡县的支柱产业，上世纪80年代，在成立冶金行业管理部门之前，冶金类的骨干乡镇企业委托大企业锡兴代为管理。1992年无锡县成立冶金行业公司，管理50多家企业，当时冶金行业产值占无锡县工业总产值的12%左右。从1997年开始，锡山市国有集体企业全面实行改制，企业改制后，一批生产、技术、营销骨干分离出来，独资或者合伙创办了中小型冶金加工企业。

3. 加速成长阶段

2001年撤锡山市而分设惠山区，锡山市冶金工业基本上集中于惠山，由于分区后经济总量的变化，冶金行业的比重一下子由分区前的12%提升到分区后的25%。2001年新成立的惠山区政府，一方面加快企业改制进程，另一方面提出了实施"百亿投入"响亮口号。在国内钢材市场需求节节攀升市场大环境背景下，政府又以其"有形之手"进行强有力的推动,使得惠山区冶金产业"十一五"期间一直保持较高的投资规模与水平,其中2003年至2005年冶金行业的总投入达到100亿元。市场旺盛的需求使得这些新办企业得以生存和发展,就连1995、1996年间下马的企业也恢复生产。原有的企业也加强技术改造,扩大生产能力。还有不少人员从大企业跳槽出来自己创办实业,吸引了无锡市其他区的企业来此创办冶金厂。

至2005年底,冶金占全区工业的比重已达到47%。全区冶金企业近300家,企业资产总额达到214亿元,其中固定资产83亿元。规模以上冶金企业163家,其中亿元企业33家。涌现出一批如玉龙、新大中、苏嘉、锡兴等国内知名的地方冶金骨干企业。其中以玉龙为代表的钢管产品,在华东地区销售量第一,成为华东地区钢管市场定价的方向标;以新大中钢铁为代表的镀涂层薄板的市场占有率为全国第二;以苏嘉集团为代表的精密焊管技术代替无缝钢管在国内同行中处于领先水平。冶金产业发展集聚态势明显,冶金企业在钱桥镇和玉祁镇集中,管材类企业在钱桥相对集中;同时,周边配套的小企业和专业交易市场也逐步形成。

(二)冶金材料产业技术情况

冶金新材料企业的主要产品和技术装备直接决定了企业发展的方向和空间。全区拥有锡兴、新大中、舜特、玉龙、苏嘉、中冶、锡厦等一批地方冶金骨干企业,主要产品有板材类、带材类、管材类、型钢类、长材类、粗钢类和有色金属类等系列(如图2)。规模以上大企业的产品和技术装备情况代表了惠山地区企业发展的基本状况和方向(如表1)。

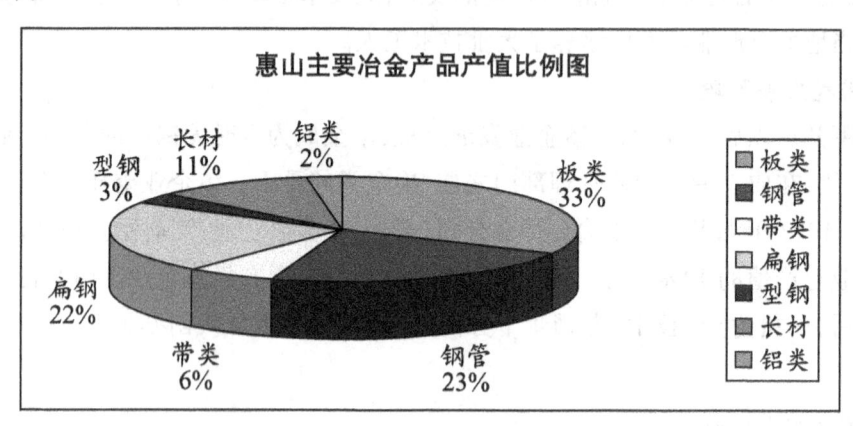

图2 惠山区主要冶金产品产值比例图

10 集群式升级：传统产业升级与战略性新兴产业发展路径研究
——基于无锡惠山产业集群案例研究

表1 惠山区内主要企业技术情况

行业细分	企业名称	主要产品	技术装备	应用领域或特点
板类	无锡长江薄板有限公司	冷轧薄板（卷）分为冷硬板（F/H）和冷轧板（CR），普冷、深冲、超深冲系列	电解清洗设备、高氢退火炉、2# 冷轧机组、重卷机、TM 机组、2#PPL、3#RM等先进设备	汽车、摩托车、空调、冰箱等轻工、家电、仪表、电子行业所需冷轧薄板
板类	无锡新大中薄板有限公司	冷轧板热镀锌产品、彩涂板、电镀铬产品、镀铝锌钢板、镀铝锌彩钢、光纤光缆专用钢带	整套从酸洗、冷轧到镀涂层加工的先进设备；900 冷轧、900 冷轧控制台、12辊冷轧；彩涂线彩涂线	钢结构、汽车行业、建筑、家电、彩涂板基材、运输、家电行业、运输业、光缆、印铁制罐等行业
板类	无锡华业钢铁有限公司	专业生产热轧冷轧带钢：普通钢、合金钢、硅钢、不锈钢。	各种冷轧机组；12条酸洗生产线；自动控制的纵横剪机、24组微机控制光亮退火设备；S7-400的PLC人工智能控制系统	出口热轧带钢、冷轧带钢，主要出口到美国、西班牙、韩国、越南、印度尼西亚、泰国、菲律宾等国家
钢管类	无锡市兴亚无缝钢管有限公司	专业生产无缝钢管：结构用、输送流体用、低中压锅炉用无缝钢管、热轧扁钢	具备力学性能测试，工艺性能测试，涡流探伤，腐蚀试验，高精度碳硫分析等一整套先进检测手段	摩托车、汽车用管、低中压锅炉管、流体管、结构管、电热器用管
钢管类	无锡腾跃特种钢管有限公司	专业生产无缝钢管、方管、矩形管：碳素钢无缝管、中低压锅炉无缝管，不锈钢	拥有不锈钢、碳钢无缝钢管两条生产线，有一整套国内先进的检测设备、测试手段齐全	产品通过了产品质量方圆标志认证，不锈钢无缝管荣获江苏省"免检产品、重点保护产品"
钢管类	无锡市前洲无缝钢管厂	专业生产和销售冷拔无缝钢管输送流体用	冷拔车间、冷拔退火车间、酸洗车间、拉力机	锅炉、石油、化工、化肥、制糖、机械、船舶、汽车等领域
钢管类	无锡苏南异型钢管有限公司	辊挤压、冷拔无缝、异型钢管和高精度冷拔无缝钢管及结构钢管	400T辊挤压机组、250T、150T 液压拔机，200T、100T、80T液压校直机，及多台链条拔机，煤气加热连续辊底炉退火，配套先进的理化测试设备	异型钢管市场占有率达40%左右，列国内同行之首。被国家技术监督协会评为"中国质量过硬服务放心信誉品牌"

111

续表

行业细分	企业名称	主要产品	技术装备	应用领域或特点
带类	无锡市顺通涂层钢铝带公司	镀锡钢带、镀铬钢带、钢塑复合带和铝塑复合带	专业生产线：酸洗、HC六辊可逆式轧机、脱脂、全氢光亮退火、拉矫平整、全自动电镀生产线	满足光电缆用复合钢（铝）带的各种厚度和3500m以下长度的各种规格要求
	无锡三洲冷轧硅钢有限公司	冷轧硅钢冷轧硅钢片	高等级标准工业厂房及其他配套设施：酸洗线、XGK-LD650型可逆式冷轧机组	2005年度江苏省重点工业项目，采用目前国际上最先进的生产工艺
	无锡华精钢带有限公司	专业生产精密冷轧钢带：为带锯、链条、锯片、刀片、弹簧、发条、纺机配件、五金装潢、小五金件等提供优质原材料	拥有从酸洗粗轧退火到精轧的可逆及不可逆轧机拉剪、精密分剪机、γ射线测厚仪、全数字直流电控、强循环罩式光亮退火炉	产品应用覆盖家电、轻工五金行业，制鞋业、鞋钉、腰铁、卷尺、文件柜、开关柜、洗衣机、冰箱、汽摩、自行车配件
	无锡舜特精密合金板带公司	专业生产精密冷轧钢带：为带锯、链条、锯片、刀片、弹簧、发条、纺机配件、五金装潢、小五金件等提供优质原材料	拥有四辊450三连轧机组、450可逆轧机、800连轧机、800可逆轧机、精整机、分剪机、矫平切断机、γ射线测厚仪自动控制厚度，全数子直流电控	产品应用覆盖家电、轻工五金行业，如电缆铠装带、光纤电缆钢带、超市货架底板、文件柜、开关柜、洗衣机、冰箱、汽摩、农用车、自行车配件
	无锡舜特金属制品有限公司	专业生产热镀锌钢带、普通钢材有色金属带材其他未分类锌合金	采用国内先进的镀锌工艺，对各种规格的钢带进行热镀锌加工	各种C型钢、Z型钢、焊管、高速公路护栏等，并可自行制造各种热镀锌钢结构件、冲压件
	无锡惠邦特种带钢有限公司	专营不锈钢带、不锈钢相关产品以及不锈钢产品加工	先进的生产设备、广泛密集的销售网络、完善的检测手段和基础设施、强劲的资金运作能力，为国内外客户生产、开发各种不锈钢产品	集生产、代理、经销为一体的精密不锈钢卷带供应商，可提供不同档次的产品，并与多家高精密不锈钢生产企业建立长期的代理合作关系

续表

行业细分	企业名称	主要产品	技术装备	应用领域或特点
型钢类	无锡市永凯型钢有限公司	各类热轧、冷轧扁钢、方钢、元钢、六角钢、无缝管、异型钢等金属型钢产品	生产设备先进、设备配套齐全、自动化程度高、生产能力强	钢结构、机械制造、建筑工程、造船及零部件加工等行业
长材类	无锡市新三洲钢业有限公司	生产普碳钢、低合金钢和合金钢	下设烧结、炼钢、炼铁、棒材、线材五个主体车间、氧气站、除尘系统等生产配套设施	集烧结、炼铁、炼钢、轧材,能生产普碳钢、低合金钢和合金钢的中型钢铁联合企业
铝、门窗类	江苏锦绣铝业有限公司	建筑铝型材,工业铝型材,铝合金汽车轮毂制造	公司拥有从日本、韩国、台湾、意大利、德国引进的具有国际领先水平的加工生产线21条,高精密检测设备5套,500吨挤压机	以系列化门窗、系列化幕墙为主的建筑型材、装饰民用型材、工业型材、特殊型材等,广泛应用于房地产、电子、交通等领域
	无锡市鳞龙铝业有限公司	铝合金锭,热镀用铝—锌锭	备有美国贝尔直读光谱仪、金相分析仪、针孔监测仪、拉力试验机、硬度机等先进检测设备	应用于汽车、摩托车、电梯、纺织、家用电器及电子等行业

资料来源:课题组对企业的调研。

(三)冶金产业的产业组织形式

1. 地理集中

全区有300余家冶金生产与加工企业,遍布区内的4个乡镇(如图3)。以高速公路与运河沿线分布较为集中,其中又以钱桥、玉祁两镇最为集中,有大大小小冶金企业270家左右,销售规模均占全区该行业总数的2/3左右。玉祁镇中聚集管、板、带龙头企业,如玉龙钢管、新大中钢铁等规模以上企业有27家,钱桥镇以焊管的中小企业为主,聚集企业243家(如图4)。

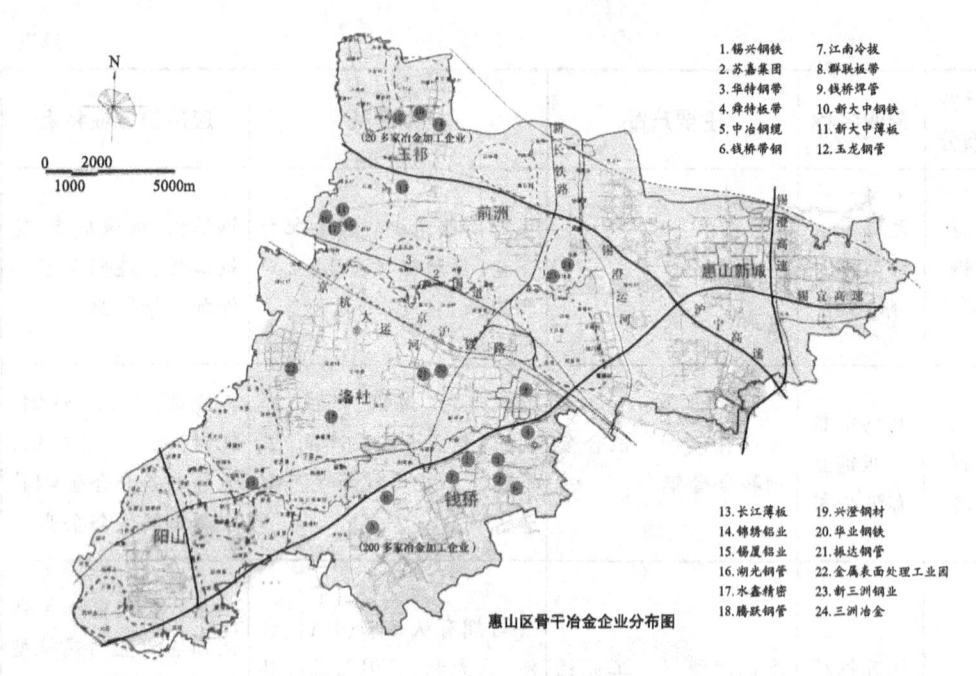

图3 惠山冶金企业分布情况

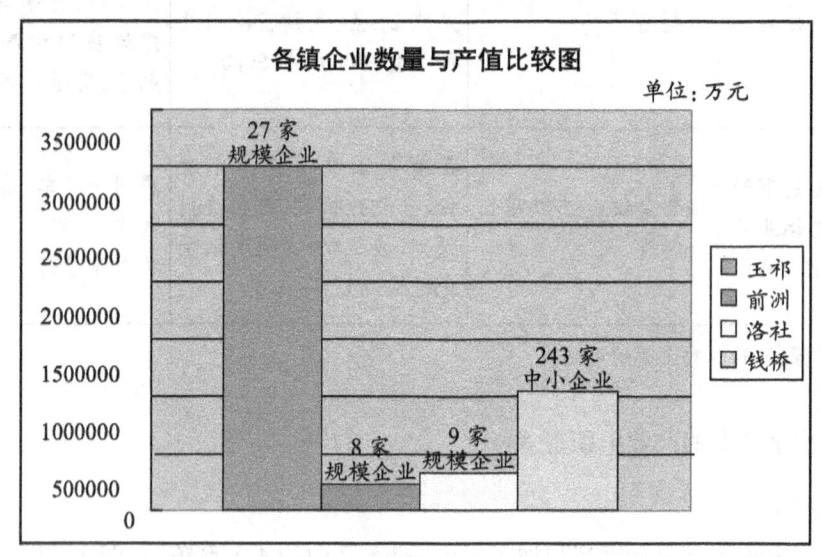

图4 各镇企业数量与产值比较图

2. 产业关联

惠山冶金产业集群发展态势明显。技术合作方面，区内较大的企业和北京科技大学、东南大学、宝钢、武钢等大学或研究机构建立了长期的技术合作关系，通过合作引进技术、培养人才，并建立了自己的研发中心。例如新大中与北京科技大学合作成立了研究所和技术开发中心，从事技术设计、新品开发服务，并成立了专业检测中心，做好检测产品服务。小企业多采用非正式渠道向大企业租赁技术人才,形成了特有的人才"共享"模式。

原料供应方面,与区域外企业,如宝钢以及天津、河北的钢铁企业建立了长期稳定的原料供应关系;区内钢铁企业与部分带材企业与钢管生产企业也建立了上下游合作关系。市场拓展方面,初步建立起以华东地区为主,覆盖全国大部分省区和二十多个国家和地区的营销网络,并建立了中国南方最大的焊管专业市场。

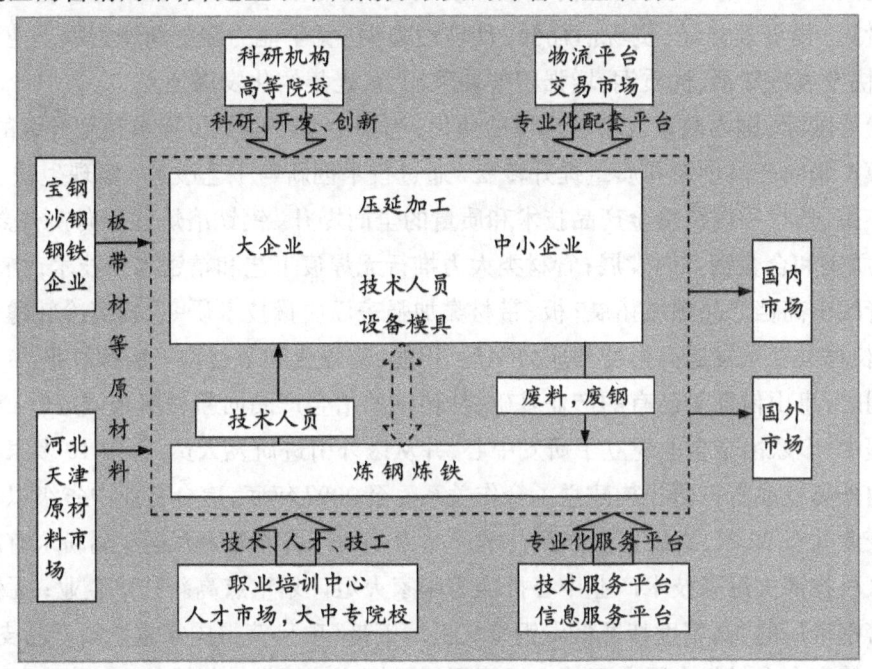

图5 惠山冶金产业集群内外关联网络图

此外,集群中出现了网络公司(如龙之杰纵剪),他们以市场化运营的方式构建"中国钱桥带钢"网站,将原料供应商与产品供应商的信息集成在网上,构建了网络交易平台。目前,冶金行业的产业链条正在逐步形成,产业集群、区域品牌的块状发展雏形已基本形成。

(四)冶金材料产业升级路径

1. 传统产业优化升级

1990年代,国际冶金产业在传统产品生产和市场趋于饱和后,发达国家主要冶金企业将发展重点转向高技术含量、高附加值的产品,在关闭和逐步淘汰技术落后企业的同时,投入大量资金对已有生产线进行技术改造,通过新材料的研发和对传统材料的挖掘及合理利用,实现产业向新材料产业拓展。

进入21世纪,我国钢铁工业发展迅猛,但是存在的问题也比较严重,资源、能源、环境、技术等问题的解决刻不容缓。2005年7月20日,国家发展和改革委员会正式颁布实施了《钢铁产业发展政策》,此后,国家发展和改革委员会等部门又出台了《关于钢铁工业控制总量淘汰落后加快结构调整的通知》(发改工业[2006]1084号)。江苏也出台了《江苏省钢铁行业结构调整总体思路》《江苏省"十一五"钢铁工业调整和发展专项规划》和《江苏省钢铁工业淘汰落后实施方案》。政策规定禁止采用落后工艺、技术、装备,生产淘汰产品,严格控制炼铁、炼钢能力的发展,同时指出冶金产业要逐步走出一条产品质量高、经济效益好、资源消耗低、环境污染少、竞争能力强的新型钢铁工业发展道路,加快发展特殊钢、优质钢,增强精整处理能力,走集约化发展道路。

随着国际、国内政策及市场环境的变化,惠山冶金产业积极寻求转型升级的空间,由规模扩张向产品创新和质量提升转变,通过技术创新与工艺改进,实现生铁、普钢、管、板、带、长材等传统冶金产品技术和质量的全面提升。钢铁冶炼逐步向铁合金、特殊钢、优质钢和合金钢方向发展;管材类大力推行无焊痕工艺和精密加工技术,向取代无缝钢管的中高档产品领域拓展;板、带材类加强表面质量技术研究,提高冷轧薄板带的精度;长材类着重发展高强度预应力钢丝、钢缆、高强度和节材型三级螺纹钢。

同时,惠山借助于已有的产业基础,从传统的冶金产品向新材料领域迈进。转型升级过程中,多家冶金企业建立了研发中心,并从区外引进研发人员,区内10多家大企业与省内外高校或者科研机构建立了合作关系。至2007年底,冶金行业中省级以上高新技术企业共有22家,省级以上高新技术产品为11项,其中无锡万达金属粉末有限公司被国家科技部火炬高技术产业中心批准为国家火炬计划重点高新技术企业;无锡市永鑫精密钢带厂的"高精度特宽低碳钢冷轧极薄钢带"项目获得国家重点新产品支持;无锡华生精密合金材料有限公司精密针管用不锈钢冷轧钢带被批准为省高新技术产品。这些企业与产品的出现,为惠山区冶金产业向新材料方向转型奠定了基础。至2007年底冶金新材料销售收入达到200亿元,占全区冶金总量的半壁江山。

但同时,惠山区冶金新材料产业是在乡镇企业基础上发展起来的民营企业群,在投资能力、生产规模、装备条件、技术力量等方面存在很大局限性,相当部分企业自主创新的动力不足,满足于现状,仿制仍然是企业(尤其是新成立的企业)产品发展的主要手段。规模较小企业的工艺装备处于较低水平,新产品的延伸开发能力不足,逐步被淘汰。

2. 战略性新兴产业的互动发展

(1)惠山风电产业发展现状

近二十年来,国际大型风电技术日趋成熟,风电产业成为前景看好的朝阳产业,具有巨大市场空间和良好发展前景。在不断降低风力发电成本和扩大可经济利用的风力资源量的目标驱动下,借助于惠山冶金新材料产业的基础,洛社镇、前洲镇的一批冶金、机电骨干企业,抓住风能产业发展的市场先机,在原有基础上,整合资源,投资发展风电设备业。惠山区风能设备制造产业呈迅速崛起之势,成为其区域经济中最具活力和发

10 集群式升级:传统产业升级与战略性新兴产业发展路径研究
——基于无锡惠山产业集群案例研究

展潜力的产业。到2008年为止,惠山全区已拥有风电设备生产企业29家,全区风电设备项目投资已将近10亿元,其中,风电设备制造、加工较为集中的洛社镇,业务订单已超过50亿元。

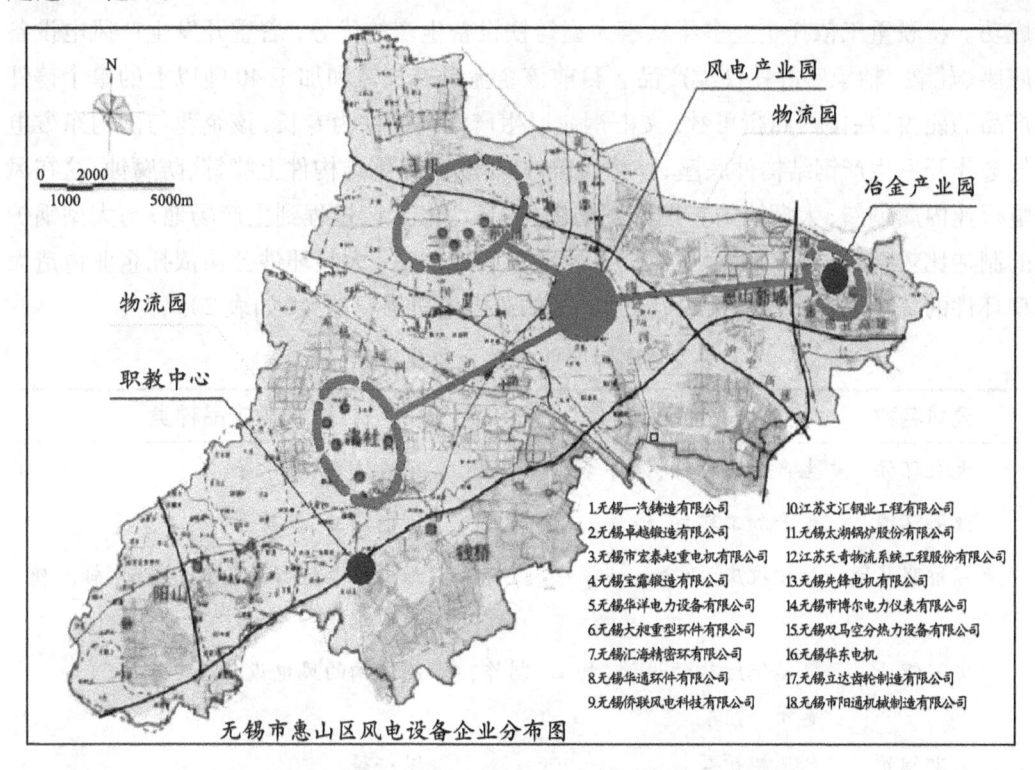

图6 惠山风电企业分布情况

(2)传统产业与战略性新兴产业联动升级

风电产业加工制造产业(包括冶金材料产业)利用生产要素层面、企业层面、政府层面和社会层面的互动与联系,在区域合作式发展、产业积聚式发展和企业联盟式发展等方面实现了模式创新性优化升级。在生产要素层面,惠山冶金材料、机械加工产业经过四十多年的发展,已具备相当的产业基础,为当地积累了大量的资金、设备,培育了大量的人才,积累了大量的技术知识和经验,为传统产业的升级奠定了良好的基础。在企业层面,依托传统产业集群式发展过程中企业间建立的信任机制,形成良好的合作关系。在政府层面,基于传统产业集群式发展过程中,政府的作为及参与集群发展过程中积累的管理经验,在促进风电产业发展的过程中起到关键作用,如,营造创新环境、推进企业创新等。在社会层面,传统产业集群发展过程中建立的社会资源为风电产业的发展提供良好的平台,如基础设施的建设、支撑体系的建设(生产服务体系、市场贸易体系、人才引进与培养体系等)、公共平台的建设(信息服务平台、产学研合作平台、投融资服务平台、知识产权服务平台及其他多种中介服务平台),在风电产业发展的过程中,实现了社会资源的共享。

目前，惠山区大多数风电设备企业在涉足风电设备产业时，充分利用自身的原有的加工技术和设备条件，规避涉足新的产业所遇到的风险，确保风电设备产业的开发获得成功。桥联重工依托企业多年从事大型铸铁设备生产的优势，着重开发生产风电设备底座、轮毂、轴承座等铸件类产品。目前该企业具有浇铸和加工40吨以上的单个铸件产品的能力，在国内屈指可数；文汇钢业以生产钢结构件为专长，该企业与国内东方电气合作开发生产钢结构件底座，以替代铸件底座，并在钢结构件上喷锌、防腐蚀，这在风电行业内属创新；太湖锅炉首期开发的塔杆，从生产工艺过程到生产场地，与大型锅炉的制造比较接近，由此，确保了首期开发项目的成功率。大昶环件公司依托企业铸造大型环件的优势，自主开发生产直径达6米的风电电机塔身法兰(如表2)。

表2 惠山产业集群企业及其产品

公司名称	产品种类	风电产品种类
大昶环件	生产加工环件、锻件等	风电法兰、轴承等
江海环锻	生产加工环件、锻件	风电法兰、塔筒等
无锡桥联集团	数控机床、冶金机械等	加工风电设备的轮毂、底座、轴承座等大型零部件
文汇钢业	各类钢结构的设计、加工、制作、安装等	钢结构的风电设备
太湖锅炉	各类锅炉等	塔杆等
阳通机械	自动化焊接切割，焊接机械人、生产线配套	风电塔杆生产线
……	……	……

基于加工制造业与风电产业的互动，仅花费了3~4年的时间，惠山有29家骨干企业中从事风能发电底座、塔杆、风叶、变频控制柜、调速电机制造的企业有16家，具备自主研发能力的企业8家。涌现出了天奇物流、桥联冶金、一汽铸件、大昶环件等一批风电设备制造龙头企业以及宝南公司、瑞尔竹风公司等以电机、电器控制、液压控制为核心技术的自主生产和研发企业。其中，瑞尔竹风公司自主设计研发的模具和翻转设备已达国际先进水平，开辟了我国风力发电机叶片制造技术新途径。宝南公司研发成功具有自主知识产业的2兆风力发电设备，填补了国内空白，突破了国外风能发电企业的严密"技术壁垒"，掌握了核心技术和风能变速变浆距技术、风机发电变频技术和风机整机控制技术等，国产化率达到78%。大昶环件自主生产出直径达6米的风力发电机塔身法兰，在我国独此一家。

四、结语

基于我国产业发展背景,本文认为传统产业升级和战略性新兴产业发展缺一不可。寻求传统产业与战略性新兴产业协同发展的路径,促进传统产业推进新旧两类产业的良性互动,对我国调整产业结构,维护国家产业和经济安全有重大意义。

产业集群是产业发展的重要组织形式。在区域范围内,战略性新兴产业与传统产业企业以集聚的形式形成产业集群,将生产要素、企业、政府和社会组织在地域上更紧密地联系起来,共享设备和资源,更好地发挥出区域战略性新兴产业与传统产业间的联动效应。这种产业布局的新模式具有以下特点:一是可以将内容上相互关联的产业集聚在一起,减少物流成本和议价成本;二是可以以园区的形式存在,可以减少政府的管理成本;三是园区内企业抱团发展,可以形成区域竞争力和产业品牌。

参考文献

[1] Isard, W., Schooler, E.W. Industrial complex analysis, agglomeration economies and regional development[J]. Journal of Regional Science, 1959, 1(2): 51-53.

[2] Osaka, T. Regional economic development: Comparative case studies in the US and Finland //2002 IEEE International Engineering Management Conference(IEMC-2002).Cambridge, UK: 2002: 635-642.

[3] Dallas. Competitive Strategies and performance in the European Union High-tech Industries: An Empirical Study[A].434-436

[4] 黄幸婷,杨煜.后危机时代战略性新兴产业发展研究——基于核心技术联盟知识创造过程的视角[J].中国科技论坛,2010,(8):36-42.

[5] 熊勇清,李世才.战略性新兴产业与传统产业发展的过程及作用机制探讨[J].科学学与科学技术管理,2010,(11):84-87.

[6] 熊勇清,李世才.战略性新兴产业与传统产业耦合发展研究[J].财经问题研究,2010,(10):38-44.

11

集体学习、集群性动态能力与竞争优势的关系研究

江青虎

(中国计量学院 经济与管理学院 浙江 杭州 310018)

摘 要：加强集体学习，将有利于提升集群企业的竞争优势。基于学术界多数认为的产业集群的资源观，本文以浙江典型产业集群中143家集群企业为样本的统计检查证实了动态能力对集群企业竞争优势的影响。研究结果表明：集体学习对集群企业的竞争优势有显著正向影响作用，但不同集体学习途径对集群企业的竞争优势影响程度是有差异的，集群性动态能力在两者之间发挥了完全中介作用。

关键词：集体学习；知识；竞争优势；集群性动态能力

一、问题提出

在某一特定领域内既竞争又合作而互相联系的、在地理位置上集中的公司、专业化供应商和服务商、相关产业的企业和有联系的机构的集合，便构成了富有竞争力的产业集群。产业集群之所以引起众多学者的关注，是因其能给集群所在区域及在内的企业带来竞争优势。尽管大部分学者将产业集群视为资源体系，认为产业集群的地域相邻性和业务相关性带来成本降低、外部经济等好处（Marshall,1920；Porter,1998；刘恒江,陈继详,2005），但产业集群的竞争优势却不是上述因素完全能解释的。产业集群因为

[基金项目]：浙江省高校人文社科重点研究基地"标准化与知识产权"研究项目赞助；教育部人文社科基金项目"外源性产业集群中跨国公司的本土嵌入失效及国内企业对策研究"（09YJC630214）赞助。
[作者简介]：江青虎（1974—），男，汉族，江西上饶人，管理学博士，中国计量学院经济与管理学院副教授；研究方向：产业集群、知识管理、区域品牌。

地域的相邻性和业务的相近性,为集群系统内的组织间学习提供了方便。欧洲"创新环境"学派(GREMI, Groupement de Recherche Eupopeen sur les Milieux Innovalieurs)习惯将集群的组织间学习可称之为集体学习(collective learning),并非常强调产业区的创新主体的协同行为和集体学习。实际上,产业集群也是能力体系(Lawson & Lorenz, 1999)。产业集群的能力主要不是来自于地理环境、交通、自然资源等直接经济要素,而是来自于动态能力,动态能力的形成需要知识的支撑(朱海就,2004;魏文斌,佘彩云,2010)。如果把产业集群认定为动态能力体系,则其是以微观主体——集群企业的动态能力为基础的。

本文将基于中国情景因素,深入到集群内部,以浙江143家集群企业为研究样本,从微观角度研究集体学习、集群性动态能力和竞争优势之间的内在影响机理,总结其中的规律。

二、重要概念界定和概念模型

(一)重要概念界定

由于产业集群的动态能力深深地带有产业集群的烙印,因而本文特称之为集群性动态能力。所谓集群性动态能力就是指产业集群中的行为主体之间基于集群系统不断进行互动,促使知识流动,从而能动态地适应变化的外部环境的能力。由于动态能力的本质为知识的获取、整合、运用和转化的能力(Teece, Piasno, & Shuen, 1997;Zollo & Winter, 2002),因而笔者将集群性动态能力分成三大部分:集群性知识创造能力、集群性整合能力、集群性创新能力。所谓集群性知识创造能力就是集群企业利用产业集群,通过集体学习,获取知识,转化为自己知识的能力。所谓集群性整合能力就是集群企业通过集体学习或合作交流,利用产业集群的资源为企业所用的能力。所谓集群性创新能力是指运用集群优势进行创新的能力,即以专业化分工和协作为基础,基于地理位置上的集中或接近,通过集体学习,获取知识,促进创新的能力。

(二)概念模型提出

在产业集群的环境中,上游供应商、下游客户或经销商、同行大部分分布在本地并形成网络,为知识交流创造便利,特别是基于know-how(怎么做)的隐性知识。众多集群企业高度专业化,通过高度合作,共同应付市场和未来的不确定性,从而形成业务的弹性专精化(Flexible Specialization)(Piore & Sabel, 1984;Morgan, 1997),提升单个企业的竞争优势。动态的产业集群环境培育了企业的创新能力(Bengtsson & Solve11, 2004)。在产业集群中,地域相近、文化相同、业务相关使整个集群形成高度互动的网络,集群机构间能进行频繁的交流与合作,业务之外的非正式交往也是无时无地不在。集群中激烈的竞争环境导致竞争压力感受,并转化为创新的动力与能力(Porter,1998)。

集群内的集体学习主要途径有:与上下游、同行及辅助机构的交往、人才流动、企业衍生、非正式交往(Capello,1999)。与供应商、销售商(消费者)之间的互动是知识转移的重要因素。另外,还存在大量的辅助机构:金融机构、商会、培训机构、地方政府、中介机构、创新中心等(Porter,1998)。产业集群中较短的生命周期将不可避免导致高素质的人才流动。企业衍生指原来在集群中的个人或机构创办新的企业,当地环境提供了社会和经济的便利性保证企业衍生的成功。地理的临近性将有利于企业通过非正式渠道分享集群,即分享知识溢出。由于集群企业和上下游、同行的交往更频繁,本文将集群企业与上下游、同行的交往称之为一级网络正式交往,与其他辅助机构的交往称之为二级网络正式交往。集群当地信任的历史文化是形成知识交换、创造的重要因素(Keeble & Wilkinson,1999;Koopmans & Rebers,2009),从而形成集群企业的集群性动态能力。

综上,提出集体学习、集群性动态能力和集群企业竞争关系的概念模型(图1)。

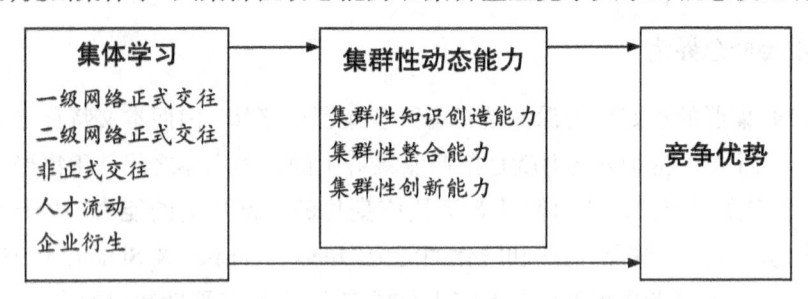

图1 集体学习影响集群企业竞争优势的概念模型

三、研究设计与结果

本研究将在选定样本的基础上,进行问卷发放和回收,其后是EFA(Exploratory Factor Analysis,探索性因子分析)和CFA(Confirmatory Factor Analysis,验证性因子分析),最后是模型检验和分析,以期对相关规律性的内容进行总结。

(一)调查方法与样本结构

根据总体模型和假设,笔者完成调查问卷初稿。测量维度及问项提法主要以国内外文献为主,有的根据笔者的调研有所调整。本人在5家典型集群企业发放20份问卷进行预调研,分析结果表明,问卷总体适应于统计分析。当然,对于提出的修改建议,问卷给予虚心采纳,并形成正式调查问卷(变量测量限于篇幅问题,删略)。

最终问卷确定后,笔者以浙江各地典型产业集群进行了问卷发放与回收。之所以选定以浙江省为发放对象,主要是出于以下两点考虑:(1)数据获取的方便性。因为在浙江省,个人人脉关系要广一些。(2)数据资源的丰富性。浙江经济是典型的以"块状经济"为特色的聚集性经济,拥有国内最多数量的产业集群。共发放 280 份问卷,每个企业发放 1 份,回收 188 份,回收率为 67.1%,其中有效问卷 143 份,有效率达 76.1%。调查的企业区域分布为:温州的乐清市(12.6%)、永嘉县(22.4%),杭州市萧山区(13.3%),宁波市下属的慈溪市(9.8%),金华市下属的永康市(25.9%)和义乌市(16%);对应的产业集群有:低压电器(13%)、皮鞋(5.6%)、泵阀(7.5%)、化工(5.6%)、纺织(4.9%)、服装(4.2%)、机电(3.2%)、汽摩配(4.9%)、小家电(9.8%)、五金(23.1%)、机电(3.1%)、小商品(14.1%)。

(二)EFA 与 CFA 分析

将 143 份样本数据随机分为两部分,选取 71 份数据进行 EFA,剩下的 73 份数据进行 CFA。

在 EFA 中,首先要进行信度检验。本文采用 Cronbach α 系数方法,要求变量系数大于 0.7,结果显示变量 α 系数均大于 0.7(结果限于篇幅问题,删略),表明变量的题项之间具有较好的内部一致性。在完成信度分析后,要进行效度分析。效度主要包括两种:内容效度(content validity)、建构效度(construct validity)。本研究主要通过下面方法来确保研究的内容效度的:①本研究问卷内容根据文献研究和访谈研究,将内容整理,经专家学者检验;②问卷调查之前的预检验。构建效度要求满足下列要求:①KMO 大于 0.7;②同一构面中,通常因子负荷值为 0.5 以上。数据检查的结果表明 KMO 值最小的为 0.799(限于篇幅问题,删略),而且负荷均大于 0.5。

CFA 结果表明,x^2/df 小于 3,p 值小于 0.05,RMR、RMSEA 值小于 0.1,TLI、CFI 大于 0.1,各问项的系数均大于 0.5,显示了较好的拟合度(结果限于篇幅问题,删略)。

(三)模型检验与分析

在前面 EFA 和 CFA 分析的基础上,将 143 份数据进入模型,利用结构方程软件——AMOS 7.0 软件对模型及假设检验分析,得到的拟合结构结果如表 4 所示(限于篇幅,只列出其中拟合效果较好的几种)。从结果看,基本模型的 RMR 为 0.146,大于 0.1,而 TLI、CFI 分别为 0.870、0.832,小于 0.9,模型拟合效果不佳;调整后的模型 1 的 RMR 大于 0.1、TLI 小于 0.9,拟合度不佳;部分中介模型 1 的 TLI 小于 0.9,RMSEA 大于 0.1,拟合效果不理想;部分中介模型 2 拟合效果还不如部分中介模型 1;调整后的模型 2 各项指标符合要求,拟合效果最好。说明集群性动态能力在集体学习和集群企业竞争优势之间发挥完全中介作用。

表 1　结构模型的拟合结果

序号	模型类型	x^2/df	P	RMR	TLI	CFI	RMSEA
1	基本模型	1.806	.000	.146	.870	.832	.075
2	调整后的模型 1	1.924	.000	.108	.840	.931	.078
3	调整后的模型 2	1.821	.000	.064	.930	.911	.076
4	部分中介模型 1	2.312	.004	.092	.826	.913	.110
5	部分中介模型 2	2.438	.011	.114	.820	.895	.127

注：模型设定如下：(1)COL→IDC→CPI；(2)ONE→KCC、INC、TNE→KCC、IVC、UFE、HRF、FDR→IDC→CPI；(3)UFE→KCC、INC、FDR→INC、IVC、ONE、TNE、HRF→CPI；(4)COL→IDC→CPI，ONE、UFE→CPI；(5)COL→IDC→CPI，TNE、HRF、FDR→CPI，含义如下：COL(集体学习)＝ONE(一级网络正式交往)、TNE(二级网络正式交往)、UFE(非正式交往)、HRF(人才流动)、FDR(企业衍生)，IDC(集群性动态能力)＝KCC(集群性知识创造能力)、INC(集群性整合能力)、IVC(集群性创新能力)，CPI 为竞争优势。

图 2 为调整后的模型 2 的对应结果，其中的数值为标准化路径系数。全部关系均为正值，表明前者对后者有显著正向影响，系数大小不同，表明影响的程度不同。

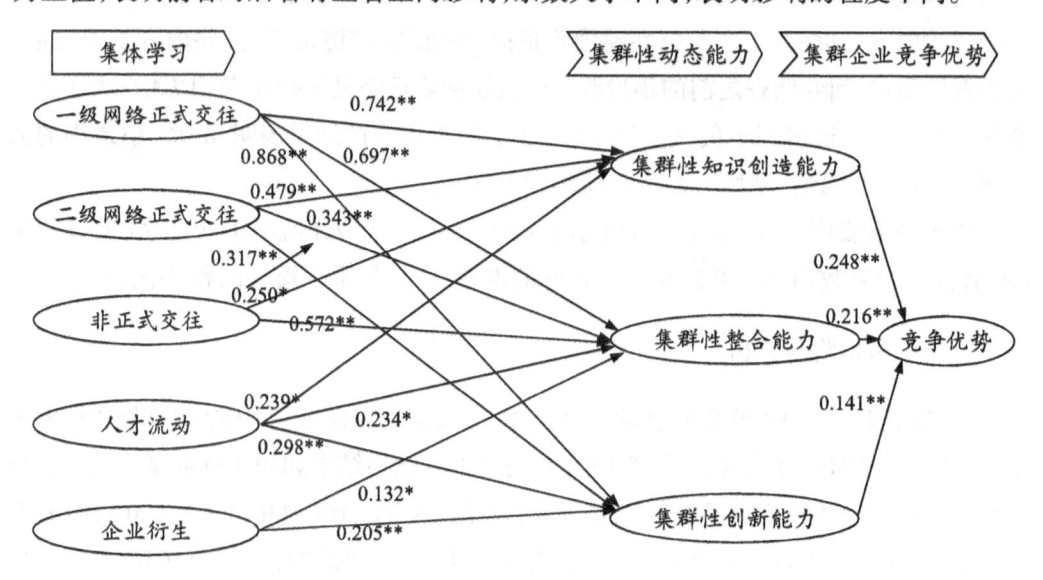

注：*表示 $p < 0.05$，**表示 $p < 0.01$，***表示 $p < 0.001$，以下同。

图 2　基于集群性动态能力的集体学习对集群企业竞争优势的模型

四、总结

(一)研究结论

从本文实证结果看,有以下结论:

1. 集体学习对集群企业竞争优势有显著正向作用。知识是维持集群企业竞争优势的根本,而集群知识的获取离不开集体学习。数据检验结果证明了集体学习对集群企业竞争优势的正面影响。究其原因,是因为我国以浙江产业集群为典型的传统业产业集群是建立在血缘、亲缘、地缘的网络关系基础之上的,从而使知识的溢出无时不在、无处不在,知识传播的速度更快,而且交易成本很低。

2. 集群性动态能力在集体学习影响集群企业竞争优势中发挥完全中介作用。根据竞争优势的知识基础观(knowledge-based theory),产品的重要投入和价值的主要来源是知识[2],知识是企业竞争优势的源泉。但是,知识不能直接作用于竞争优势,知识只有转化为能力,才能促进企业竞争优势的成长。在当前快速变化的环境背景下,企业需要的是整合、构建和重置公司内外部能力,即动态能力。因而构成知识→动态能力→竞争优势的逻辑关系。本文的数据验证了集群性动态能力的完全中介作用。

3. 不同方式的集体学习对集群企业竞争优势的影响程度是有差别的。尽管不同方式的集体学习对竞争优势均有正向作用,但其影响强度是有差别的。从实证数据来看,下面各种集体学习途径对竞争优势的影响基本顺应由强到弱的过程:一级网络正式交往、二级网络正式交往、非正式交往、人才流动和企业衍生。上述强弱结果总体和集群企业发生的业务、非业务交往的高低对应。

(二)本研究的不足

本研究的不足表现在:一是只分析了集群内学习,而没有集群外学习。如果一个企业只有集群内学习,而无集群外学习,将自我制造一个封闭的系统,出现竞争优势刚性。由于篇幅的限制和调研的困难,本文只以集群内学习为对象,而撇开了集群外学习。二是实证时以内生式的传统业为主的浙江集群企业为例,缺乏对高新技术集群企业及外生式集群企业的实证研究。基于取材方便,本文以内生式的传统业为主的浙江产业集群企业为实证材料,而没有为外资主导的外生式产业集群的材料。同样原因导致缺乏高新技术集群企业的数据。因而下一步研究将在更大范围的组织学习、不同集群企业类型等方面展开进一步研究。

参考文献

[1] Bengtsson, M & Solvell, Climate of competition, clusters and innovative performance[J]. Journal of management, , 2004,20(3): 225-244.

[2] Keeble, D., Lawson, C., Mooreb et al. Collective Learning Processes, Networking and 'Institutional Thickness' in the Cambridge[J]. Regional Studies, 1999,33(4): 319-332.

[3] Koopmans, R., Rebers, S., Collective action in culturally similar and dissimilar groups: an experiment on parochialism, conditional cooperation, and their linkages[J], Evolution and Human Behavior, 2009,30(3):201-211.

[4] Lawson, C., Lorenz, E., Collective Learning, Tacit Knowledge and Regional Innovative Capacity[J].Regional Studies. 1999,33(4):305-318.

[5] Marshall, A.,Industry and Trade[M], Macmillan, London,1920.

[6] Porter, M., Clusters and New Economics of Competition[J]. Harvard Business Review, 1998,76(6):77-90.

[7] Teece,D.J.,Piasno, G.,Shuen, A., Dynamic Capabilities and Strategic Management[J], Strategic Management Journal, 1997,18(7):509-533.

[8] Zollo, M., Winter, S.G., Deliberate Learning and the Evolution of Dynamic Capabilities[J], Organization Science ,2002,13(3): 339-351.

[9] 刘恒江,陈继详.要素、动力机制与竞争优势:产业集群的发展逻辑[J].中国软科学,2005,2:125-130.

[10] 魏文斌,佘彩云.组织学习、动态能力与集群式民营企业竞争优势的关系研究[J].科技管理研究,2010,22:146-150.

[11] 朱海就.从"能力"角度研究产业集群的综述[J].科技进步与对策,2004,5:161-163.

12 产业集群生命周期视角下的地理邻近对集群创新的动态影响
——对我国汽车产业集群的实证

李 琳　熊雪梅

（湖南大学经济与贸易学院　410079）

摘　要：目前国际学术界对地理邻近与创新论题的研究囿于静态分析视角。本文从产业集群生命周期视角出发分析地理邻近对集群演化不同阶段创新的动态影响机制，并据此提出理论假说；以我国六大汽车产业集群为研究对象，通过曲线拟合，对集群的动态演化过程进行实证分析，结果表明，目前我国六大汽车产业集群均处在快速成长期，均未到达成熟期；采用动态聚类分析法分别对六大汽车产业集群演化阶段进行划分，不同集群的划分界限不一；在此基础上，建立地理邻近与不同演化阶段集群创新绩效之间的计量模型并进行实证分析，得出以下重要结论：①地理邻近对集群演化初期和成长期创新的影响显著为正，成长期的影响效应大于初期；②同一演化阶段的不同集群地理邻近影响效应存在显著差异；进而提出针对性政策建议。

关键词：集群演化阶段；地理邻近；动态聚类；集群创新；动态影响

一、引言

地理邻近作为空间科学始终关注的核心，在上世纪80年代末知识经济蓬勃兴起的背景下，引起了新经济地理学、创新地理学等学科的热切关注，众多学者从不同视角对

[基金项目]：国家社科基金后期资助项目（11FJL012）；湖南省社科基金项目（2010YBA049）。
[作者简介]：李琳（1965－）女，湖南涟源市人，湖南大学教授，博导。主要从事产业集群与区域创新研究。E-mail：lilin963@vip.sina.com。
熊雪梅（1989－），女，湖南浏阳市人，硕士生，研究方向：产业集群与创新。E-mail：xiongxuemei@163.com。

地理邻近与知识溢出、交互学习等论题进行探讨[1-3],并得出一个基本的结论:地理邻近对创新产生重要影响。随着研究的深入,有学者对地理邻近在创新中的作用提出了异议[4-6],他们认为,地理邻近对企业(尤其是高技术企业)创新并没有显著的影响,而其他形式的邻近(如组织邻近等)更重要;地理邻近对创新具有负影响效应[7]。尽管对于地理邻近的创新促进效应存在异议,但关于其在区域(产业)创新中的作用在理论上已达成共识。在实证研究方面,不少西方学者作了有益探索。一些学者验证了地理邻近对创新产生正向影响[8,9],也有学者证明地理邻近对创新影响不显著[5,10]。在国内,少数学者对地理邻近对创新影响的论题进行了探讨,王缉慈[11]、李福刚[12]、汪涛[13]等人从理论上对地理邻近与创新的关系进行了分析,桂婕[14]、李琳[15-17]等对地理邻近对创新影响进行了实证探讨。

然而,以上研究均局限于静态分析视角,关于地理邻近对创新的动态影响的研究尚匮乏。尽管学术界关于产业集群生命周期的研究已有很多,集群演化的阶段划分以及各阶段的基本特征已大体达成共识[18-23],但从集群演化视角来探讨地理邻近对集群创新的动态影响的研究却少见。西方少数学者尝试着从理论上探析集群演化生命周期阶段创新中的地理邻近影响机制[24-26],但相关动态视角的实证研究极为缺乏;在国内,一些学者在探讨集群演化中技术创新优势形成机制时,将地理邻近作为众多的影响因素之一提及或简析了其对集群创新的动态影响[27-31],但尚未见专门探讨地理邻近对集群演化阶段创新的动态影响的文献,相关实证研究更是空白。

基于此,本文将从集群演化生命周期视角出发,对地理邻近对集群演化各阶段创新的动态影响效应进行探索性研究,以期为弥补学术界在相关研究领域的不足做些努力。具体章节安排如下:首先,对地理邻近对集群演化各阶段创新的影响机制进行理论分析,并据此提出理论假说;然后,借用种群理论中有关树木生长过程的分析方法(先通过曲线拟合分析树木生长过程,然后通过聚类分析判别树木生长阶段)[32],以我国汽车产业集群为研究对象,分析六大汽车产业集群的动态演化过程,判别六大汽车产业集群的演化阶段;接着,建立地理邻近对不同演化阶段的集群创新绩效的影响效应模型,对地理邻近对集群创新的动态影响效应进行实证研究;最后得出结论及政策启示。

二、地理邻近对集群演化不同阶段创新的动态影响机制

产业集群作为一种组织形态,就像生物体一样,也存在生命周期。本文在前人的基础上,借鉴相关研究成果[18,19],将集群演化周期分为形成阶段、成长阶段、成熟阶段和衰退阶段①。集群演化受诸多驱动因素的影响,地理邻近是其中的重要影响因素之一。这

---

① 需说明的是,虽然本文对集群的四个阶段进行了分析,但并不代表所有集群都会经历这四个阶段。因为不同的产业集群存续的生命周期长短是有差别的,有些集群能够保持"长盛不衰",而有些集群只是"昙花一现"。

12 产业集群生命周期视角下的地理邻近对集群创新的动态影响
——对我国汽车产业集群的实证

里的地理邻近是反映集群企业间空间距离的远近性,这种距离不单指以空间距离衡量,还需考虑运输或传播时间与成本因素[33,34]。学界已有大量文献从不同的角度验证了集群下的创新优势。地理邻近作为集群演化的重要因素是如何作用于集群创新的?以下从集群演化阶段特征入手,分析地理邻近对集群演化阶段创新的动态影响机制。[2]

1. 集群形成初期,是企业聚集的过程,还称不上真正意义上的集群。该阶段的创新主要来源于企业内部已有的知识积累[35],受集群影响较小。一方面,相对于非地理集聚的企业而言,地理邻近带来了交流成本、产品运输成本的降低,有利于企业近距离观察竞争对手技术和管理经验以实现模仿创新。不过这种模仿不利于知识产权的保护,可能会降低企业创新的积极性,对集群创新有一定的负效用。另一方面,该阶段,陆续有新的企业、新员工在同一区域聚集,相互间刚开始接触,对彼此的信息(知识状态、信誉等)还不了解,因此原本具有同学、亲戚等社会关系的职员交往会比较密切,而近距离的集群内从业人员交流不多。此外,集群内未形成信息流通的中介服务机构与固定场所,信息流通机制尚未产生。可见,形成阶段的地理邻近对创新影响效应受到了信任机制、信息流通机制缺失的制约,影响效应较小。

2. 集群成长阶段,新企业快速衍生,集群规模迅速扩张。该阶段,地理邻近对创新的影响效应大于形成阶段,且随着集群的发展呈不断增长的趋势。首先,企业数、从业人数增长迅速,地理邻近程度大幅上升,由此带来了运输、沟通成本降幅明显,引起了直接创新投入(研发资本、研发人员)的大幅增加。其次,经过了形成期的集群,行为主体间的资金实力、企业文化等已成为共享的知识,企业间信任程度逐渐增强,纵向与横向产业链不断完善,集群内形成许多新的非正式关系。地理上的集聚,不仅促生了非正式关系,更重要的是通过降低沟通费用,为维护新关系及加大沟通频率提供了有力保障,间接促进了集群创新的产生。再次,随着集群的发展,集群产业密集度不断增加,形成定期交流会,固定的信息沟通场所不仅是促进集群发展的可行性措施,也是集群发展必然的衍生物,是集群内信息得以迅速传播的有效途径,加速了新思想传播、新产品开发等创新发展的进程。

3. 集群成熟阶段,外部经济效应基本被竞争引致的集聚劣势抵消(包括土地等投入要素成本上升,商业用地稀缺,交通堵塞等),集群规模趋向稳定。相较于成长期而言,地理邻近在集群成熟阶段的重要性是下降的。首先,地理邻近引起的低成本多被过度地理邻近(拥挤)引起的负面影响抵消,集群外的资金、技术拥有者面对集群内昂贵的成本与激烈的竞争不得不望而却步,所以过度地理邻近将导致直接创新投入减少。其次,集群内行为主体已形成了较为稳定的关系网络。地理邻近性为知识交流的进行提供了便利,对创新的产生依旧产生着积极的促进作用,但影响程度逐渐下降。再次,由于集群创新已发展到了一定的水平,为突破现有的技术瓶颈实现持续创新,集群主体需要从集群外的企业、大学科研机构等吸收新鲜的元素,单一的地理邻近显然不能为这一需求提供便利,只能通过集群内主体与集群外主体的技术相似性、组织关系等途径实现新知识的有效获取。

4. 集群衰退是多因素影响的结果,如产业遭淘汰,创新遇瓶颈,社会关系僵化,原材料枯竭等。该阶段,地理邻近的负作用开始凸显。首先,过度地理邻近带来了交通拥堵、土地稀缺,增加了企业生产成本和员工生活成本,促使资金、人才流出集群,降低了直接创新投入。其次,地理空间上的邻近,在促进集群企业间组织学习的同时,也诱发了产业价值链上企业的战略趋同[21],不利于企业的相互学习。再次,在知识变化迅速和环境不确定性增强的情况下,其吸收能力和变革能力要求网络具有一定程度的开放性和柔性,而过度地理邻近下的面对面机制虽然有助于隐性知识的流动,但形成的知识往往因具有高度的隐性,不利于该网络与外界交流,即形成"知识孤岛",减少了集群吸收新知识、突破创新瓶颈的可能性。

根据以上分析,本文提出集群演化过程中地理邻近对集群创新影响效应的趋势性假说(见图1):随集群演化过程的推进,地理邻近对集群创新的动态影响效应大体呈倒"U"型曲线,即集群从形成初期至成长期,地理邻近对集群创新的影响效应趋于不断增强,直达到最大值;集群成熟期,地理邻近对集群创新的影响效应逐渐减弱;衰退期地理邻近对创新的影响效应为负。

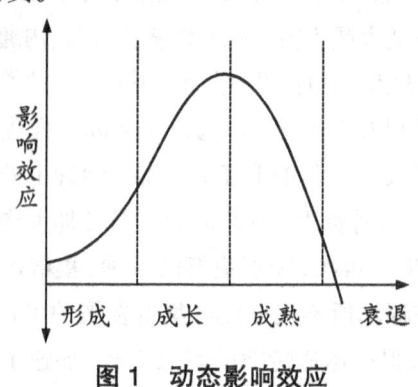

图 1 动态影响效应

三、我国汽车产业集群的动态演化过程的实证分析

以上理论假设的正确与否,有赖于相关实证研究的检验。为此,首先必须对产业集群演化阶段进行划分。本文以我国汽车产业集群为研究对象,结合曲线拟合与聚类分析法,对其演化过程与演化阶段进行分析,然后建立地理邻近对不同演化阶段的集群创新绩效的影响效应模型,实证研究地理邻近对集群创新的动态影响效应。之所以以我国汽车产业为研究对象,其一是因为官方公布的汽车产业数据较为全面且时间跨度较长,其二是因为我国汽车产业集群特征明显。迄今我国汽车企业多达三千多家,已形成

了六大典型汽车产业集群:以长春为代表的东北老工业集群区,以上海为代表的长三角集群区,以武汉为代表的中部集群区,以北京、天津为代表的京津集群区,以广东为代表的珠三角集群区,以重庆为代表的西南集群区[36]。

(一)指标选取与数据来源

分析集群演化的测度因子,一般分为两类[37]:一类是数量指标,如企业数、从业人数、企业出生率和死亡率、成长度等;另一类是质量指标,如网络连接度、产业配套度、创新能力、区位熵[20]等。结合产业演化的多个维度进行阶段定位,能更全面表现出集群演化特征。考虑到数据的可获得性,本文选择集群内企业数与集群创新绩效作为我国汽车产业集群演化的因子,以此作为分析集群演化阶段的依据。

集群创新绩效一般指新产品产值、专利数等,其中新产品产值是最佳测度指标,然数据无法获取,故选取专利数作为本文实证部分创新绩效的指标。在授权专利数与申请专利数之间选择申请专利数,因为授权专利数往往存在两到三年的时滞。此外,考虑到外观设计专利的技术含量相对于发明专利及实用新型专利而言低很多,所以剔除掉外观设计专利。

汽车产业集群企业数既包括了大型汽车制造企业也包括了小型汽车公司。集群内的企业数越多,表明集群越成熟。

由于没有直接关于汽车产业集群的数据,笔者参考《中国汽车工业年鉴》上的说明,通过加总相应省份的数据得到六大汽车产业集群的指标:东北汽车产业集群(吉林省、辽宁省、黑龙江省)、京津汽车产业集群(北京、天津)、中部汽车产业集群(湖南省、湖北省、安徽省)、长三角汽车产业集群(上海、江苏省、浙江省)、西部汽车产业集群(重庆、四川省)、珠三角汽车产业集群(广东省)。

专利数(1992-2011年)是通过中国国家知识产权局网站的专利检索获得。汽车企业数来自于《中国汽车工业年鉴(1992-1997年)》以及《中国汽车市场年鉴(1998-2011年)》。

(二)汽车产业集群演化过程的拟合分析

关于演化阶段的分析,经济学家一般认为许多经济现象的演化是一种Logistic过程,可以采用S曲线描述[38,39]。研究方式一般是先根据已有数据拟合出Logistic曲线模型,然后根据拟合曲线的特征划分演化阶段。本文虽然已从理论上证明产业集群的演化过程是S型的(排除衰退阶段),然因我国汽车产业集群发展时间较短,还未表现出成熟阶段的特征,故不适宜用Logistic阻滞增长模型对其演化过程进行分析。又因为集群的生命周期特征与生态学中的生命过程相似,且随着学科交叉研究的推进和生态学发展的深入,目前将生态种群理论引入产业集群研究正日益受到关注[40]。因此,本文借鉴生态学中关于树木生长过程分析[32]的研究方法,对我国六大汽车产业集群的演化过程进行分析。

以六大汽车产业集群为对象,对集群创新绩效、群内企业数增长过程进行分析、比较;利用 MATLAB 中的 cftool 工具箱,进行指数函数、二次函数、高斯函数、logistic 增长模型等多方程拟合,选择调整回归平方和(Adjusted R-square)最大,即拟合优度最高者作为最优拟合方程。然后通过拟合的方程得到各年预测值,并据此对演化过程进行分析。实证结果如下:

表1 基于创新绩效测度因子的演化曲线估计结果

汽车产业集群(调整 R^2)	最优拟合方模型类型
东北(0.9866)、京津(0.9724)、中部(0.9971)、长三角(0.9971)、西南(0.9877)	双加指数模型:$f(x) = a*exp(b*x) + c*exp(d*x)$
珠三角(0.985)	指数模型:$f(x) = a*exp(b*x)$

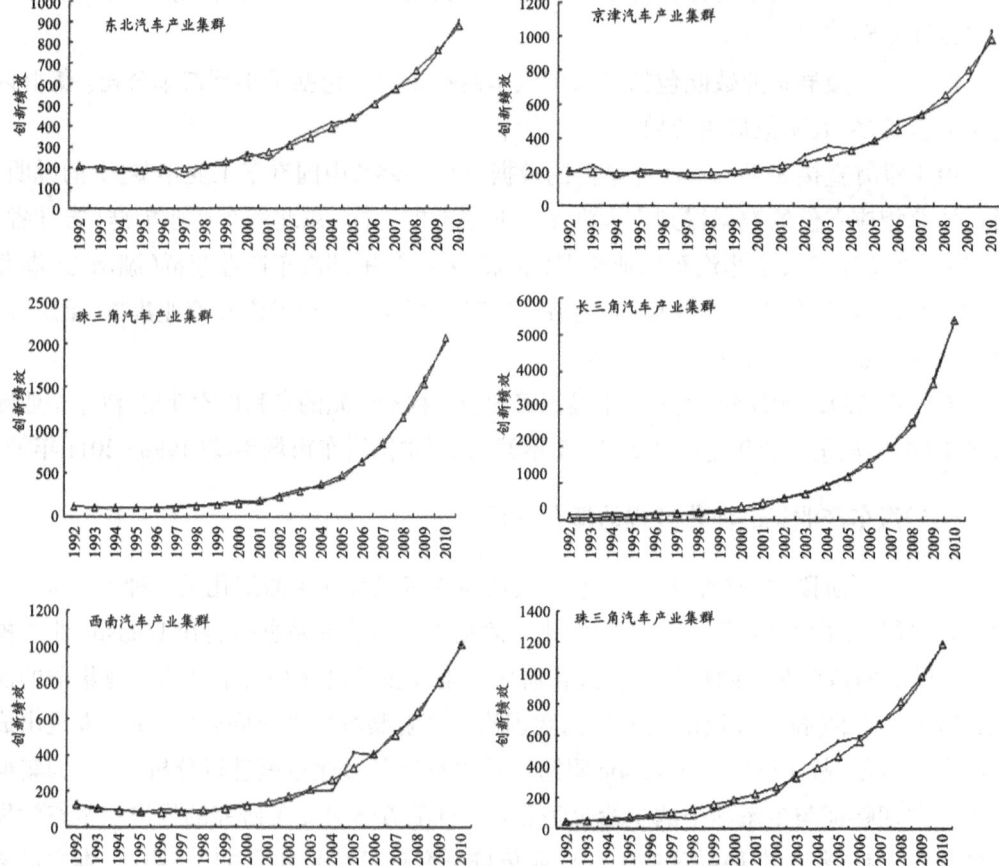

图2 基于创新绩效测度因子的演化曲线估计结果:预测值(-△-);实际值(-▲-)

12 产业集群生命周期视角下的地理邻近对集群创新的动态影响
——对我国汽车产业集群的实证

创新绩效表现出明显的指数型增长趋势,拟合优度均超过了90%。从创新绩效预测值的增长率($\frac{q_t - q_{t-1}}{q_{t-1}}$)看,东北、京津、中部、西南四个汽车产业集群均在开始的时候,增长率为较小的负数,集群创新绩效经过了短暂的调整,然后增长率不断上升。长三角汽车产业集群创新绩效预测值增长率呈缓慢上升的趋势。珠三角汽车产业集群创新绩效预测值增长率固定不变。

表2 基于企业数测度因子的演化曲线估计结果

汽车产业集群(调整 R^2)	最优拟合方模型类型
东北(0.9792)、中部(0.9933) 西南(0.9683)、珠三角(0.9676)	双加指数模型:$f(x) = a*exp(b*x) + c*exp(d*x)$
京津(0.9066)	指数模型:$f(x) = a*exp(b*x)$
长三角(0.9914)	高斯方程:$f(x) = a1*exp(-((x-b1)/c1)^2) + a2*exp(-((x-b2)/c2)^2)$

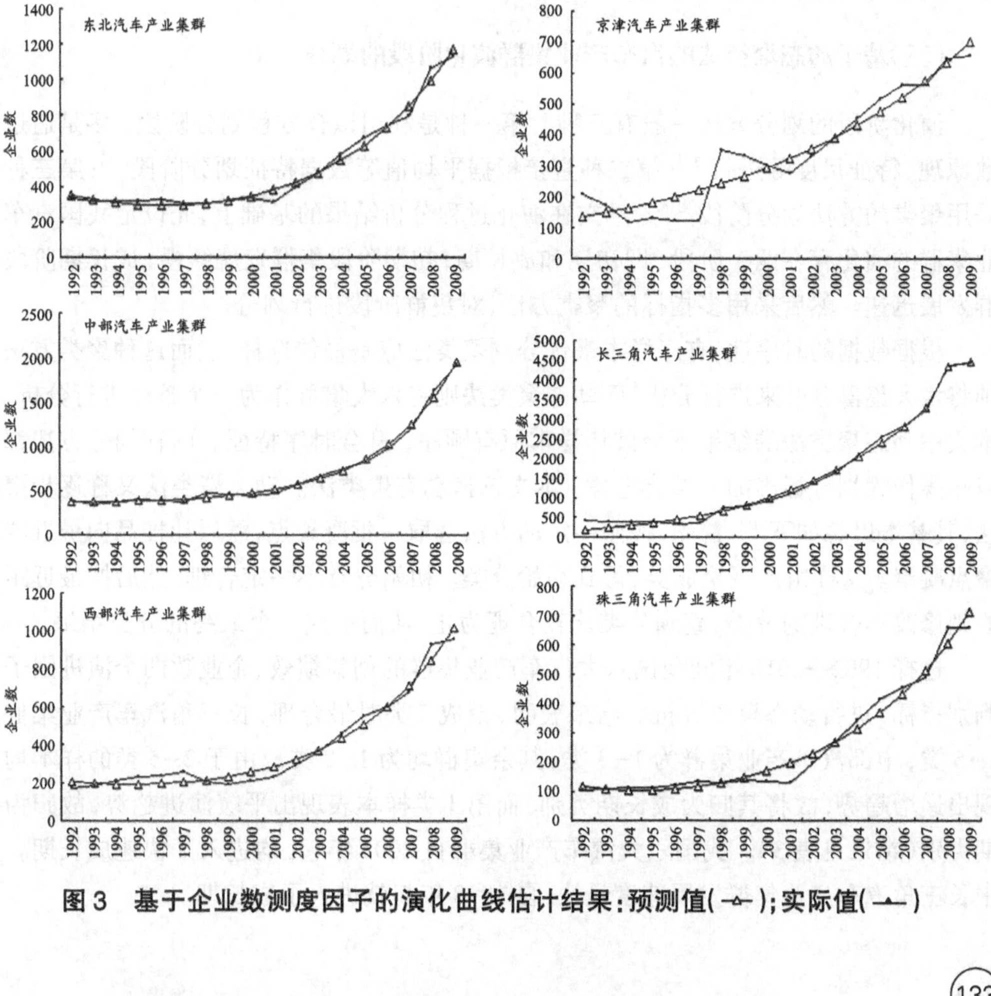

图3 基于企业数测度因子的演化曲线估计结果:预测值(-△-);实际值(—)

长三角汽车产业集群企业数符合高斯曲线的增长趋势，原因是该集群的企业数在2010年没有增长，达到了高斯正态分布曲线的峰值。其余集群的企业数增长趋势均表现出明显的指数型增长趋势，拟合优度均超过了90%。从企业数预测值的增长率($\frac{q_t - q_{t-1}}{q_{t-1}}$)看，东北、西南、珠三角这三大汽车产业集群均在开始的时候，增长率为较小的负数，集群企业数经过了短暂的调整，然后增长率不断上升。京津汽车产业集群企业数预测值的增长率固定不变。中部汽车产业集群企业数预测值增长率呈持续上升的趋势。长三角汽车产业集群企业数预测值的增长率基本在0.17—0.32之间波动，2009年增长率陡降为0.03，很可能是受到了金融危机带来的国际资本市场萎缩的影响，也有可能是因为长三角汽车产业集群的企业快速增长期结束，进入了稳定发展期，该时期进入与退出集群的企业数保持平衡。

由此得出结论：六大产业集群基于企业数和创新绩效测度因子的拟合增长模式相似，均为经过一段时间的萌芽后，迅速增长，均未到达稳定期。据此可以设定我国六大汽车产业集群的发展已经历了两个阶段，即发展初期和成长期，均未到达成熟期。接下来对各集群演化阶段进行划分。

（三）基于动态聚类法的汽车产业集群演化阶段的划分

演化阶段的划分方法一般有三种。第一种是利用拟合方程划分阶段，多是通过导数原理、特征尺度等进行[38]；第二种直接根据平均值等数据特征划分阶段[25]；第三种是采用聚类的方法划分阶段[41,42]。本文在演化过程分析结果的基础上，先设定我国汽车产业集群的演化存在两个阶段，即初期和成长期，初期阶段集群发展缓慢，成长期阶段集群发展迅速。然后采用多指标的聚类方法，对集群阶段进行划分。

根据数据的时序性，有序样本最优分割聚类法应是最佳选择，然而这种聚类方法必须将六大集群分开来进行分析，而动态聚类法则将六大集群作为一个整体进行分析，且本文中动态聚类法的结果不会破坏样本原有顺序，符合时序特征。两种划分方法都是以距离作为划分标准的。综合考虑，本文选择动态聚类法。动态聚类法又称逐步聚类法，其基本思想如下[43]：首先，按照一定的方法选取一批凝聚点，然后让样品向最近的凝聚点凝聚。这样由点凝聚成类，得到初始分类。初始分类不一定合理，然后按最近距离原则修改不合理的分类，直到分类比较合理为止，从而形成一个最终的分类结果。

选择1992—2010年间我国六大汽车产业集群的创新绩效、企业数两个演进因子为判别指标，进行动态聚类分析。结果表明，聚成5类时最合理，长三角汽车产业集群为1-5类，中部汽车产业集群为1-3类，其余集群均为1-2类。由于2-5类的样本均表现出递增趋势，故将其归为成长期类别，而第1类样本表现出平缓演进趋势，故归为初期类别（结果见表3）。我国六大汽车产业集群自2005年起，均进入了快速成长期。其中长三角汽车产业集群发展速度最快，自1998年起就进入了成长期。

表3 集群演化阶段的划分结果

动态聚类	初期	成长期
东北	1992–2003	2004–2010
京津	1992–2004	2005–2010
中部	1992–2002	2003–2010
长三角	1992–1997	1998–2010
西南	1992–2004	2005–2010
珠三角	1992–2004	2005–2010

注：动态聚类的过程是在DPS软件中实现的。

四、地理邻近对集群演化不同阶段创新的动态影响的实证研究

(一)假设检验及指标量化

本部分,以我国六大汽车产业集群为案例,研究集群不同演化阶段地理邻近对集群创新绩效的动态影响效应,主要目的是验证理论机制中相关假设的正确性,即地理邻近与集群创新之间的关系是否符合如下假设：

假设1:集群演化初期和成长期,地理邻近对集群创新的影响效应为正；

假设2:假设1成立时,成长期的影响效应大于初期；

假设3:不同集群演化中地理邻近对集群创新的影响效应不一样。

本实证分析包含三个变量,分别为因变量(集群创新绩效),自变量(地理邻近)及控制变量。指标量化如下：

1. 创新绩效 = 发明专利申请数 + 实用新型专利申请数
2. 地理邻近 = 企业数密度 × 交通通达度

集群区内企业数密度是作为一元层面地理邻近的常用指标之一,本文在考虑企业数密度的同时,将集群区内交通通达度指标即公路里程密度考虑进来。此时指标的含义为,企业数密度越高,交通通达度越好,则地理邻近水平越高。若将企业数密度视为企业间交流次数的基础,则交通通达度为企业间进行沟通的成本,这一成本对沟通次数的影响是成倍的。两者综合比单一指标会产生更优的结果。

3. 控制变量:汽车产业集群就业人数、汽车产业利润总额

为了全面衡量创新绩效的影响因素,使模型的设定更加准确,消除异方差、自相关性等错误,需加入控制标量。因缺乏研发投入、技术从业人员等直接影响因素,以就业

人数作为技术从业人员替代指标,以汽车产业利润总额作为研发投入替代指标。

公路里程、区域面积来自于《中国统计年鉴(1992-2011年)》;利润总额来自于《中国汽车工业年鉴》以及《中国汽车市场年鉴》,在实证分析过程中考虑了历年通货膨胀因素的影响,以1992年的价格指数为基期进行了调整。

(二)模型设定及实证过程

为了验证假设合理性,需设定两种模型。第一种是基于混合数据的普通最小二乘回归分析(A),目的是从总体上检验地理邻近对集群演化阶段创新影响的变化;第二种是基于面板数据的变截距回归分析(B),目的是检验不同集群演化中地理邻近对创新影响效应的变化。

1. 基于混合数据的普通最小二乘回归分析(A)

本回归包括两个方程,其中模型(A-1)对集群初期阶段的样本进行分析,得到初期阶段地理邻近对集群创新的影响。模型(A-2)以集群成长阶段的样本进行分析,得到成长期阶段地理邻近对集群创新的影响。式中 z_y 为标准化后集群初期的创新绩效, z_xdili、$z\_xemploy$、$z\_xprofit$ 分别为标准化后集群初期的地理邻近、就业人数、利润总额指标,OLS回归结果如表4。

表4 基于混合数据的普通最小二乘回归分析结果

	模型A-1(初期)	模型A-2(成长期)
$a(z\_xdili)$	0.1454***	0.2787***
$b(z\_xemploy)$	0.0119	0.6455***
$c(z\_xprofit)$	0.2139***	0.3204***
C	-0.2896**	\\
Adjusted R^2	0.5479	0.8344

注:"*"在90%水平上显著;"**"在95%水平上显著;"***"在99%水平上显著。

以上两个模型的F检验值均通过,模型具有意义。从估计结果看,在汽车产业集群演化初期和成长期,地理邻近对集群创新的影响效应均显著为正。数据标准化后的初期效应为0.1454,成长期效应为0.2787,成长期地理邻近对集群创新的影响效应是初期的1.9倍,成长期的效应远大于初期效应。验证了假设1、假设2。

2. 基于面板数据的回归及结果分析

以上是对总的样本进行分析的。虽然能够证明地理邻近在集群发展不同阶段对集群创新的影响效应是不同的,然模型没有解决自相关等问题。为了改进模型,以及了解

12 产业集群生命周期视角下的地理邻近对集群创新的动态影响
——对我国汽车产业集群的实证

不同的集群地理邻近的影响效应是否不同,需要借助面板数据的分析方法。当能观察到所讨论问题的每个个体的解释变量对被解释变量的影响只随个体变化,而不随时间变化时,可以采用斜率随个体变化的面板数据模型(即变截距系数模型)进行研究。

表5 基于面板数据的回归结果

变量	模型 $B-1$	模型 $B-2$	模型 $B-3$	模型 $B-4$
C	\\	\\	\\	−0.28479***
$z\_xemploy$	0.267358***	0.318091***	0.2522***	−0.01156
$z\_xprofit$	0.283344***	0.246905***	0.26985***	0.168986***
z_xdili_东北	0.559654***	0.755351***	0.626366***	0.016029
z_xdili_京津	0.11093***	0.145244***	0.096249***	0.042781**
z_xdili_中部	0.907049***	1.330947***	0.73192***	0.194555*
z_xdili_长三角	0.814554***	0.895592***	0.222056	0.058073
z_xdili_西南	0.333052***	0.520166***	0.369539***	0.281657***
z_xdili_珠三角	−0.13994	−0.16827**	−0.11254	0.244897***
$d*z\_xdili$_东北	\\	\\	−0.60876***	3.7644***
$d*z\_xdili$_京津	\\	\\	0.014839	0.222317***
$d*z\_xdili$_中部	\\	\\	0.41572	3.35459***
$d*z\_xdili$_长三角	\\	\\	0.598561	1.265124***
$d*z\_xdili$_西南	\\	\\	−0.72363***	4.442409***
$d*z\_xdili$_珠三角	\\	\\	−0.31606	1.168346***
d_东北	\\	0.33104***	\\	2.158147***
d_京津	\\	−0.0474	\\	−0.29982***
d_中部	\\	0.447984***	\\	1.518117***
d_长三角	\\	−0.44827***	\\	0.154373
d_西南	\\	0.472399***	\\	2.459626***
d_珠三角	\\	0.273228***	\\	0.653868***
Adjusted R^2	0.891978	0.911189	0.887223	0.962106
$D-W$	1.045377	1.363404	1.110352	1.747487***
通过检验否	×	×	×	√

注:"*"在90%水平上显著;"**"在95%水平上显著;"***"在99%水平上显著。

为了在模型中反应集群演化阶段这一因素,需要将其进行量化,故在模型中引入虚拟变量[44]。集群初期的变量取值为"0",集群成长期的变量取值为"1"。本文中的模型既包含一般变量也包含虚拟变量,有三种形式,为使模型更加准确,本文分别建立一个不包含虚拟变量的模型($B-1$)及三个虚拟变量模型,然后选取最优的模型进行分析。三个虚拟变量模型分别为①以加法形式引入虚拟变量($B-2$),包含的假设是集群创新的大小与集群演化阶段有关;②以乘法形式引入虚拟变量($B-3$),包含的假设是集群演化阶段通过影响地理邻近对创新的影响效应而作用于创新;③同时引入加法和乘法形式的虚拟变量($B-4$),包含的假设是集群创新大小受集群演化阶段的影响,此外地理邻近对集群创新的影响效应因集群演化阶段不同而不同。

为了同时对截面单元的异方差性和同期相关性(时期异方差和序列相关性)进行修正,采用广义最小二乘法中的截面似无相关(Cross-section Seemingly Unrelated Regressions, Cross-section SUR)估计法对模型进行估计。在同一时刻,不同个体的被解释变量受到共同不可观测或不可度量因素的影响时,如同一个国家不同商品的需求量、不同企业的投资和不同地区的消费水平等经济变量表现出显著的同期相关性,研究这些问题时,可将模型设定为似不相关回归模型[45]。

z_y_{it}、z_xdili_{it}、$z\_xemploy_{it}$、$z\_xprofit_{it}$ 分别为标准化后第 i 个汽车产业集群第 t 年的创新绩效、地理邻近、就业人数、利润总额,d 为集群演化阶段的虚拟变量。回归结果如表5。

从表5中可以发现四个模型的回归平方和均超过了0.85,F 检验均通过,然而 $D-W$ 检验只有模型 $B-4$ 通过,模型不存在自相关,是用于检验假设正确性的最佳模型。上表是标准化数据后的模型估计结果,为准确分析各系数代表的经济学含义,需要将系数进行还原。

模型 $B-4$ 中,虚拟变量的加项(d)影响的是模型的截距,就业人数($z\_xemploy$)、利润总额($z\_xprofit$)是作为控制变量引入模型的,这三个变量均不在本文分析范围之内,它们的存在是为了增强模型估计的准确性。本文要考察的是地理邻近对集群创新效应的变化,所以对结果的分析只需分析地理邻近系数和虚拟变量与地理邻近乘积项的系数。根据标准差的计算公式,系数还原只需将地理邻近、乘积项系数分别乘以因变量标准差再除以自变量标准差即可。这里将显著性水平小于90%的系数视为0,结果如表6。

表6　系数还原结果

		东北	京津	中部	长三角	西南	珠三角
初期效应	xdili	0	0.0039	0.0179	0	0.0259	0.0225
增幅	d*xdili	0.3463	0.0205	0.3086	0.1164	0.4087	0.1075
成长期效应	xdili + d*xdili	0.3463	0.0244	0.3265	0.1164	0.4346	0.1300

12 产业集群生命周期视角下的地理邻近对集群创新的动态影响
——对我国汽车产业集群的实证

根据虚拟变量回归模型的定义，xdili 变量系数代表的是初期地理邻近对创新的效应；d*xdili 变量系数与 xdili 变量系数之和代表了成长期地理邻近对创新的效应。为了更直观表现以上结果，以柱状图表示：

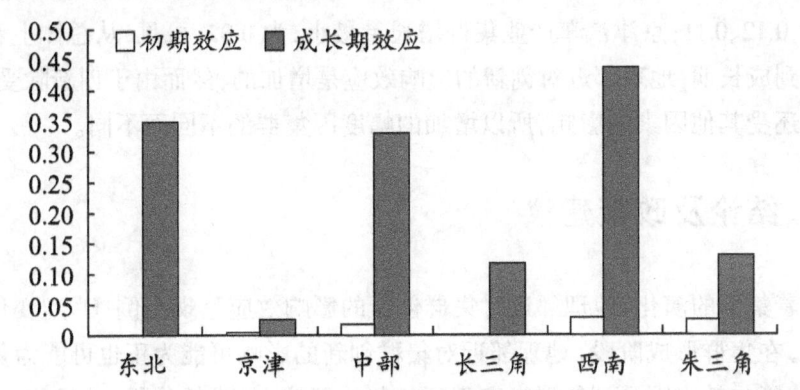

图4 汽车产业集群演化不同阶段地理邻近对集群创新影响效应的比较

(三)实证结果分析

根据表6和图4，对实证结果进行分析。

1. 集群演化初期，东北汽车产业集群和长三角汽车产业集群的地理邻近对创新的影响效应不显著，其余四大汽车产业集群的影响效应均显著为正；集群演化成长期，六大汽车产业集群的地理邻近对创新的影响效应均显著为正。再次验证了假设1，即地理邻近对集群创新存在正向影响效应。

2. 六大汽车产业集群成长期的地理邻近对集群创新的效应均远远大于初期，且增幅均超过了一倍。集群发展成长期，增加集群内的交通通达度与企业密度对创新绩效促进作用远大于初期。

3. 六大汽车产业集群的比较而言。①相同阶段不同集群的地理邻近系数差距较大。在初期阶段，西南汽车产业集群系数最大，为 0.026，即地理邻近每增加1个单位，集群创新绩效将增加 0.026 个单位，东北、长三角汽车产业集群系数为0，即增强地理邻近，创新绩效不会得到提升；在成长期阶段，西南汽车产业集群系数最大，为 0.435，即地理邻近每增加1个单位，创新绩效将提升 0.435 个单位，系数最小是京津汽车产业集群，为 0.024，次小的为长三角汽车产业集群，为 0.116。可见相同阶段不同集群的地理邻近对集群创新的影响效应大小差距很大，其中成长期最小的京津汽车产业集群的值与最大的西南汽车产业集群的值相比相差了一个数量级。究其原因，本文回归方程是普通的直线方程，表达的是地理邻近的绝对增加量对创新绩效的影响效应，而非弹性系数。京津地区交通通达度、企业数密度基数很大，地理邻近值相较于西南汽车产业集群而言要大很多，地理邻近对集群创新的边际效应相应的要小很多，这与理论机理相吻合：即地理邻近过度,对创新绩效的影响效应会下降,甚至为负。②不同集群,地理邻近系数的增幅不一样。从集群初期到成长期,西南汽车产业集群的增长幅度最大,增长量为 0.41;东北汽车产业集群次之,增长量为 0.35;中部、长三角和珠三角汽车产业集群增长量分别为 0.31、0.12、0.11;京津汽车产业集群增长量最小,为 0.02。可见,从总体上看,集群从初期演化到成长期,地理邻近对创新的影响效应是增加的,然而由于创新除受地理邻近的影响外还受其他因素的影响,所以增加的幅度因集群的不同而不同。

五、结论及政策建议

1. 随着集群的演化,地理邻近对集群创新的影响效应呈现出倒"U"型变化的趋势。一般来讲,在集群形成阶段,地理邻近对集群创新的影响可能为正也可能为负,视具体产业而定,影响效应因受到集群发育程度的制约而较小;成长阶段,地理邻近对创新的影响效应是正向的,且大于形成阶段;成熟阶段地理邻近的重要性下降。集群衰退阶段,创新能力和创新机制逐渐消失,过度的地理邻近而导致的"知识孤岛"效应削弱了集群对外部知识源的吸收,地理邻近对集群创新的负作用开始凸显。

2. 六大汽车产业集群发展水平、发展速度、阶段划分界都不一样,然而演化模式基本相似,即都表现为经历一段时期的萌芽后,迅速增长进入快速成长期。因我国汽车产业集群发展时间不长,还未出现完整的生命周期,现阶段均处在快速成长期,未到达成熟期。

3. 实证结果表明,在汽车产业集群演化的初期和成长期,地理邻近对集群创新的影响效应普遍为正,且成长期的效应均大于初期。据此,提出以下政策建议:①加强区域交通通讯等基础设施建设,通过建设完善的交通通讯网络,来提高区域的交通通达性,促进集群区内相关主体之间便捷低成本面对面的交流,促进知识尤其是隐性知识的溢出与扩散,从而促进集群创新活动的产生与创新绩效的提升。②提高企业的密集度和集群规模,促进集群创新。应根据集群区内汽车产业链的发育程度和节点的缺损状况,一方面通过引进关键性战略投资者(如关键性零部件企业或配套企业),同时,培育本地配套企业提高本地配套能力,来完善产业链提升集群规模,进而促进产业链上的相关企业之间的有效交流和知识扩散,促进集群创新。

4. 实证结果还表明,同一演化阶段的不同区域集群,地理邻近对创新的影响效应具有显著差异。据此,提出以下政策建议:①对于地理邻近程度较高的区域,即交通通达度高度发达、汽车企业高度密集的区域,用来提高地理邻近度的资源的利用效率较低,对集群创新的影响效应不大。因此,应寻求其他更加有效的途径来进一步提升集群创新绩效:政府应通过搭建交流合作平台(包括区域性合作平台和国际性合作平台),构建集群区内的"硅谷(风车轮)酒吧式"的俱乐部,以及扶持相关中介服务机构的发展等措

12 产业集群生命周期视角下的地理邻近对集群创新的动态影响
——对我国汽车产业集群的实证

施,来促进集群区内主体间以及集群与区外主体间的有效交互作用,促进集群内组织邻近和认知邻近的形成[34],进而提升集群获取外部知识源的能力以及外部知识源在集群内的扩散效率,促进集群创新。②对于地理邻近程度较低的区域,政府一方面应采取有效措施提高地理邻近度,同时,也应关注集群内组织邻近与认知邻近的培育及增强,促进集群创新。

参考文献

[1] Audretsch D.B, Feldman M, Spillovers and the geography of innovation and production, American Economic Review, 1996,(86):630−640.

[2] Storper, S. Thomadakis & L. Tsipouri (eds), Learning, Innovation and Industrial Policy: Some Lessons from Korea, Latecomers in the Global Economy (London: Routledge),1998: 203−223..

[3] Kevin Morgan, The Learning Region: Institutions, Innovation and Regional Renewal, Regional Studies, 1997,(31):491−503.

[4] Grotz, R. and Braun, B, Territorial or trans-territorial networking: spatial aspects of technology—oriented cooperation within the German mechanical engineering industry, Regional Studies, 1997,(31): 545−570.

[5] Tremblay D.G., Klein J.L., Fontan J.M., Rousseau S. Territorial proximity and innovation: A survey of the Montreal Region. Research Note no 2004−06A. Canada Research Chair on the Socio—Organizational Challenges of the Knowledge Economy,2004.

[6] Weterings A., Boschma R. Does spatial proximity to customers matter for innovative performance? Evidence from the Dutch software sector.Research Policy,2009,(38):746−755.

[7] Ponds R. Van Oort FG, Frenken K. The Geographical and Institutional Proximity of Scientific Collaboration Networks . Regional Studies,2007, (3): 79−91.

[8] Boufaden N.,Plunket A. Investigating technological and geographic proximity on forms' innovation in an immature cluster: the Paris area biotech cluster. DRUID Conference, Copenhagen. 2005.

[9] Silvestre B.D.S.,Dalcol P.R.T. Knowledge Linkages, Proximity and Innovation: Evidences from the Oil and Natural Gas Province in the Campos Basin, Rio de Janeiro Brazil, the DRUID 25th Celebration Conference, 2008.

[10] Ganesan S.,Malter A.L.,Rindfleisch A.Does distance still matter? Geographic proximity and new product development.Journal of Marketing,2005,(69): 44−60.

[11] 王缉慈.产业集群和工业园区发展中的企业邻近与集聚辨析[J].中国软科学,2005,(12):91-98.

[12] 李福刚,王学军.地理邻近性与区域创新关系探讨[J].中国人口.资源与环境,2007,17(3):35-39.

[13] 汪涛,曾刚.地理邻近与上海浦东高技术企业创新活动研究[J].世界地理研究,2008,17(1):47-53.

[14] 桂婕,乔晓东,张兆锋,等.基础研究与专利发明的地理邻近性测度研究[J].数字图书馆论坛,2008,(11):6-10.

[15] 韩宝龙,李琳.区域产业创新驱动力的实证研究——基于隐性知识和地理邻近视角[J].科学学研究,2011,(2):314-320.

[16] 李琳,杨田.地理邻近和组织邻近对产业集群创新影响效应——基于对我国汽车产业集群的实证研究[J].中国软科学,2011,(9):133-143.

[17] 李琳,韩宝龙.地理与认知邻近对高技术产业集群创新影响[J].地理研究,2011,30(9):1592-1605.

[18] Porter M. E, Clusters and the New Economics of competition, Harvard Business Review,1998,(12): 77-99.

[19] Tichy G. Clusters: Less Dispensable and More Risky than Ever and Regional Specialization.1998.

[20] 魏守华.产业群的动态研究以及实证分析[J].世界地理研究,2002,11(3):16-24.

[21] 王德鲁,宋学峰.基于粗糙集—神经网络的产业集群生命周期识别[J].中国矿业大学学报,2010,(2):284-289.

[22] 郭淑芬,高策.产业群:概念解释与发展阶段划分[J].经济问题探索,2005,(10):41-43.

[23] 池仁勇,郭元源,段姗,等.产业集群发展阶段理论研究[J].软科学,2005,19(5):1-3.

[24] BOSCHMA. Proximity and innovation: A critical assessment .Regional Studies, 2005,(39):61-74.

[25] Andreas Eisingerich, Oliver Falck, Stephan Heblich, Tobias Kretschmer, Cluster Innovation along the Industry Lifecycle (working paper), Jena Economic Research Papers, 2008,(12).

[26] Antonio Messeni Petruzzelli, Vito Albino and Nunzia Carbonara, External knowledge sources and proximity, Journal Of Knowledge Management, 2009,(13):301-318.

[27] 陈雪梅.技术集群创新的动态演化[J].经济管理,2003,24(20):12-18.

[28] 王雅芬.基于产业集群生命周期的技术创新研究[J].商业经济与管理,2007,(187):23-28.

[29] 张虹.基于耗散结构理论的集群创新系统形成及演化分析[J].经济研究导刊,2008,(33):33-35.

[30] 陈晓峰.基于集群生命周期的民营经济产业集群创新特征与持续竞争优势培育[J].生

产力研究,2009,(21):172-174.

[31] 张永安,付韬.焦点企业核型结构产业集群创新网络演进模型、问题及对策研究[J].软科学,2010,24(2):25-27.

[32] 张卓文.柳杉生长过程分析及生长阶段划分[J].中南林学院学报,2003,23(2):46-51.

[33] Bechman, M. Interurban knowledge networks, in Batlen, Det alceds, Learning, innovation and the urban evolution, London: Kluwer Academic, 2000.

[34] 李琳,韩宝龙.多维邻近性:西方文献回顾与思考[J].社会科学,2009,(7):108-112.

[35] 韩宝龙.地理邻近对高新技术产业集群创新的影响效应研究[D].长沙:湖南大学,2010.

[36] 中国汽车工业信息网 http://www.autoinfo.gov.cn/autoinfo_cn/index.htm.

[37] Max-Peter, Dirk Fornahl, Cluster life cycles, DIME-LIEE/NTUA Athens 2006 conference, 2006.

[38] Northam RM, Urban geography.New York:John Wiley & Sons,1979:5-66.

[39] 陈彦光,周一星.城市化Logistic过程的阶段划分及其空间解释——对Northam曲线的修正与发展[J].经济地理,2005,25(6):818-821.

[40] 黎丽.产业集群的生态种群演化研究[D].西安:电子科技大学,2010.

[41] 杨森,廖福霖.福州市经济发展阶段划分及其特征分析[J].亚热带资源与环境学报,2011,6(3):88-93.

[42] 李庆峰,肖成.我国期货市场发展特征与阶段划分的时间聚类研究[J].宏观经济研究,2007,(7):30-48.

[43] 唐启义,冯明光.DPS使用教程[M].北京:科学出版社,2007.

[44] 古扎拉蒂.计量经济学[M].北京:中国人民大学出版社,1996.

[45] 白仲林.面板数据计量经济学[M].天津:南开大学出版社,2008.

13

政府认知视角下的集群升级
——以广东专业镇为例

林 涛

广东省科学技术情报研究所 广东 广州 510033

华南师范大学经济与管理学院 广东 广州 510006

摘 要：产业集群升级问题日益成为理论研究与区域产业实践热点。在中国特色的发展条件下，集群升级中的政府作用发挥问题则是重点与难点。由于转型期间政府在产业引导、公共管理与创新服务等方面起到独特作用，因而需要进一步研究政府认知视角下的中国集群升级实践。广东专业镇是科技部门引导镇域专业化特色产业走创新驱动道路的区域经济发展模式，也是具有广东特色的产业集群升级模式。科技部门以独特的政府视角推动广东镇域特色产业实现集群升级，即实现专业镇转型升级。本文从各专业镇基层党政管理者的角度出发，以全省性的专业镇问卷调查为基础，研究分析政府认知视角下的专业镇转型升级实践，关注专业镇工作在区域经济中所起到的作用，基层所认同的开展专业镇工作的方式以及如何体现专业镇工作特色，了解专业镇相关主体获取知识的学习途径，分析基层对专业镇发展问题的思考，探讨公共创新平台建设以及企业创新引导的主要方向，以及专业镇政策诉求特征。研究显示，政府在提供企业公共服务、创造基层良好的创新环境，并保持政策的连续性与可操作性等方面起到积极作用，同时在转型升级认识、产业发展规划、公共服务能力等方面需要进一步提高。进而本文提出需要重点关注政府行为主体在公共服务、政绩展现、权力加强、资源匹配以及动态演变的能动特征，充分发挥政府在集群升级合作行动中的主体能动作用。

关键词：集群升级；合作行动；政府认知；主体能动作用；广东专业镇

[基金项目]：广东省科技计划项目《广东省专业镇集群式创新机制研究》（编号：2009B080502003）。

[作者简介]：林涛（1979－），男，广东揭阳人，博士，副研究员，研究方向为产业集群与区域创新，现为华南师范大学经济与管理学院教师，论文完成时任广东科技情报研究所产业与区域研究中心副主任。联系方式：lintao.gd@qq.com；weibo.com/gdcluster。

13 政府认知视角下的集群升级
——以广东专业镇为例

一、集群升级与政府作用

在区域产业升级研究中,企业升级、集群升级与区域发展共同构成了三个最重要的层次[1]。集群升级,是指区域产业发展在产业集聚、产业联系以及区域创新等维度出现的集体效率提升现象。这种集体效率的获得,具体体现为外在于企业却根源于本地产业网络与创新环境的各种正外部性的获得及负外部性的消除,同时又伴随着效率提升目标的涉及多主体协同的产业集群合作行动[2]。与全球价值链中的集群内企业升级或产业功能升级[3-4]不同,集群升级强调的是以集群特征为目标的区域产业升级现象,升级意味着对产业集聚、产业联系等集群特征的设定以及对整体的经济效率与创新效率等集群作用的追求。

在产业集群合作行动中,主体能动作用发挥是十分重要的概念[5]。也就是说,当集群中的利益相关者围绕着集体效率目标进行主动的有意识的持续的协同行动时,集群升级才有实现的基础。集体效率是在合作行动中获得的,即集群中企业的正外部性获得及负外部性治理都是更大范围内主体间协作及竞争在系统性影响下的结果。集群中的行为主体如政府、企业、协会、科研机构等对集群发展特点、任务及工作重点等的认知与把握,在一定程度上指明了集群升级的方向,奠定了集群升级在主体能动作用方面的基础。理解集群中行为主体对集群的认知,成为理解与判断集群发展的重要研究视角。

对集群政策的关注一直是集群研究的主要内容。在市场经济环境不成熟、民间组织协调能力弱的情况下,地方政府发挥直接促进企业集群成长的主导作用[6]。但应该看到,随着市场经济发展,在民间组织协调能力也显著发展的情况下,政府作用并没有如预测般地相对减弱,反而进一步得到增强[7]。重新理解集群发展中的政府作用,对于理解中国集群发展至关重要。而这种理解,需要从政府行为主体对集群升级的认知角度进行观察。本文正是依托广东专业镇开展的初步研究尝试。

二、政府认知视角下的专业镇转型升级

专业镇是科技部门引导广东特色产业在镇域专业化发展中的独特实践。专业镇在全国产业集群快速发展的背景下独树一帜,并且对推动产业集群理论的进一步成熟做出了重要贡献[8]。专业镇是广东省传统产业集聚以及中小微企业汇聚的区域,是广东产业转型升级的主战场。截止2011年末,经认定的326个省级专业镇实现地区生产总值(GDP)1.64万亿元,是2007年的2.14倍,占全省GDP的比重从2007年的24.9%提升到2011年的31.1%。专业镇已经成为广东省区县和乡镇经济发展的主力军和重要增长极,在全省经济社会发展中的战略地位日益突出。

专业镇是广东产业集群的主要形式，同时也成为政府工作成效的重要体现。从产业集群的产业集聚特征来看，专业镇从一开始的认定标准[9]中，就已经体现了在镇域行政边界内对产业集聚的具体定量要求——全镇工农业总产值达到20亿以上，其中特色产业产值占30%以上。专业镇从而纳入了政府统计领域，成为把握广东集群发展的具体工作对象。从产业集群的贸易联系与非贸易联系看，专业镇强调了围绕特色产业的企业群体及相关产业主体，即从定义上明确专业镇是产、供、销一条龙，科、工、贸一体化，营销网络覆盖面广的镇级经济实体。这就说明从政府角度已经将产业联系作为理解专业镇发展的重要维度。从产业集群对于促进区域创新的特征上看，广东专业镇的发展强调政府对科技创新的引导与促进，例如要求专业镇开展特色产业发展规划，提出技术创新工作方案，建设企业研发中心及公共创新平台等。政府在推动专业镇区域创新方面积极作为，因而，专业镇政策设计符合产业集群的理论特征，同时也体现了极为密切互动的产业集群合作行动。[2]

研究界普遍认为，专业镇是广东产业集群的主要组织形式。[10-12]专业镇是具有广东特色的产业集群发展实践。[13]这一广东特色体现得比较明显。广东专业镇发展，不仅包含了一般所讲的市场的力量，更包含了政府有意识地引导与带动的作用。从集群发展中政府各部门所发挥的作用看，科技部门在专业镇发展中发挥创新引导的积极作用。从集群发展与集群政策的互动关系来看，专业镇显示出集群发展与政策相互促进与演进的密切关系。从专业镇发展近10年历程来看，专业镇转型升级实践与各级政府的集群认知有着密切的互动提升关系。这种关系体现为对专业镇作用的认知与理解对专业镇实际发生的作用有着密切的关联；对专业镇转型升级工作手段的认知体现了实际工作开展的程度；对专业镇未来政策的需求与认知，预示着未来专业镇转型升级的方向。本文的问卷调查充分显示了这种密切的关系。

专业镇转型升级是产业集群升级的重大现实课题。在新条件下，专业镇面临着转型升级的要求，[14]而这正是产业集群研究必须进一步解答的理论问题——针对具体的集群如何促进其实现集群升级。专业镇在实践中总结出应以科技政策引导特色产业走创新驱动道路，并对此提供了一份独特的回答。在"十二五"期间，推进以面向中小微企业的公共服务平台建设来促进专业镇发展，成为广东新时期探索集群升级路径的有益尝试。[15-16]政府对专业镇未来发展方向的判断、规划、引导与实践，构成了政府认知对集群升级影响的主要形式。

为理解政府认知与集群升级的关系，本研究以专业镇转型升级为主题进行问卷调研。问卷针对的对象是各专业镇的党政负责人、经贸或者科技部门负责人或当地政府推动建设的创新平台负责人。他们具有政府工作背景，对本专业镇的发展有较为充分的认识，同时对促进专业镇发展负有一定的工作责任。每个专业镇限填写一份问卷。全省309个专业镇（2011年发放问卷时个数），共发放回收有效问卷125份（见表1）。所谓研专业镇基本涵盖各地市各产业,具有较好代表性。问卷围绕专业镇工作对专业镇在基层发展中的作用、专业镇工作方式与工作特色、基层专业镇知识学习途径、专业镇发展存在问题、专业镇平台功能发展情况、专业镇企业创新方向、专业镇政策需求等方面问题进行调研。

表1 专业镇转型升级问卷调查分类汇总表

	1 珠三角	2 粤东	3 粤西	4 粤北山区	总计
1 工业	32	25	2	16	75
2 服务业	3	1	0	2	6
3 农业	4	4	6	30	44
总计	39	30	8	48	125

三、专业镇转型升级实践的政府认知分析

政府视角下对专业镇转型升级,往往具有实用主义的倾向。这种倾向体现为对专业镇工作本身作用的理解,也就是对政府推动专业镇工作重要性的个性化认知,这是政府推动专业镇的出发点与动力源泉。政府对具体工作手段的重视,往往要超过对理论原理的关注,因而政府推动专业镇发展应关注其对各种工作方式的理解。出于工作成效的考虑,政府视角往往需要体现工作特色,这经常体现为各种结合地方实际的工作探索。政府对专业镇工作的相关知识的学习是动态的过程,这种学习的量与质,对专业镇转型升级有着深刻的影响。对专业镇工作的开展,政府人员往往有顾虑,这能从一个重要的维度观察集群升级所存在的问题。围绕着全省专业镇工作重点逐步转移向创新平台与企业,针对创新平台以及企业升级方向的思考成为政府推动专业镇转型升级的重要考虑。从政府角度出发,必然归结到对于政策需求的考虑,这种政策方向的思考对未来专业镇转型升级的政策环境有着前瞻性的影响。

(一)专业镇在区域产业发展中的作用

专业镇政府对区域发展的作用问题关系到对专业镇工作重要性的理解,也对专业镇工作方向有重要的启示作用。问卷调查显示,94.4%的受调查人员认为专业镇有助于特色产业的专业化规模化发展,80.0%的受调查人员认为专业镇有助于扩大镇的影响力与知名度,74.4%的受调查人员认为专业镇有助于加强产业联系与产业配套,增强竞争力。广东专业镇的快速发展充分体现了理论上产业集群所能体现的作用[17],其综合效果明显(见表2)。专业镇的理论涵义已经在实践应证的基础上获得了基层政府人员的

广泛认同。《集群创导绿皮书》所总结的产业集群在区域产业发展中所能发挥的作用，如提升产业集群竞争力、提升集群增长能力等[18]，在专业镇中均有直接体现。

表2 专业镇在区域产业发展中的作用分析表

从本镇工作实际来看，专业镇工作起到的作用是	选择该项的专业镇数(个)	占比(%)
A.有助于特色产业的专业化规模化发展	118	94.4
B.有助于扩大镇的影响力与知名度	100	80.0
C.有助于加强产业联系与产业配套,增强竞争力	93	74.4
D.有助于明确区域发展道路	84	67.2
E.有助于提高镇内科技服务能力建设,全民科技文化意识显著提高	82	65.6
F.有助于促进镇区内企业自主创新	80	64.0
G.有助于推动城镇化发展,城乡居民收入与生活水平明显提高	75	60.0
H.有助于节能减排与环境保护,发展低碳经济	46	36.8
I.其他(请具体填写)	3	2.4

(二)专业镇发展的主要工作方式

从具体推动专业镇发展的工作方式来看，专业镇建设是多层次的系统工程。问卷调查显示，各镇推动专业镇建设的主要工作方式有：(1)明确发展思路，将专业镇工作做为镇核心工作内容之一，占调查总数的84.8%；(2)进行特色产业规划，落实专业镇建设方案，占调查总数的84.8%；(3)搭建创新服务平台，提供产业共性技术服务，占调查总数的84.0%(见表3)。专业镇之所以能够获得较大发展，与10多年来省市镇各级一直推动的主要工作措施是密不可分的。专业镇的发展表明，对于产业集群来说，长期性的公共性的产业发展引导与服务提供[19]是保证其发展活力的基本手段。专业镇政府人员依然将强化政府的规划引导作用作为政府推动集群升级的重要经验，在战略重视、产业规划、平台建设等方面要求加强政府工作。另外，专业镇政府结合各镇发展实际，对产学研、企业研发、品牌、标准、园区、会展等也有深度关切。集群政策白皮书[20]中提出的中介服务组织、需求拉动政策、国际产业联系、教育等政策重点，其实并不完全适合广东的实际。对于具体产业集群来说，探索独特的集群发展模式与政策重点，是一项十分现实的工作。这一系列工作方式的形成，与政府部门工作方式、集群发展阶段以及政府对集群升级重点的认知有着紧密的关联。

13 政府认知视角下的集群升级
——以广东专业镇为例

表3 推动专业镇发展的主要工作方式分析表

本镇推动专业镇建设的主要工作方式	选择该项的专业镇数(个)	占比(共125份问卷)
A. 明确专业镇发展思路,将专业镇工作作为镇核心工作内容之一	106	84.8%
B. 进行特色产业规划,落实专业镇建设方案	106	84.8%
C. 搭建创新服务平台,提供产业共性技术服务	105	84.0%
D. 推动产学研合作,建立与国内外高校科研院所的密切联系	87	69.6%
E. 服务企业创新,引导企业加大创新投入、建立研发中心等	87	69.6%
F. 建设集体品牌,扩大知名度与影响力	71	56.8%
G. 规范产业技术标准,引导企业升级	66	52.8%
H. 建设集聚园区以及专业市场等基础设施	60	48.0%
I. 组织企业参加国内外相关展会活动等	52	41.6%
J. 其他(请具体填写)	4	3.2%

(三)专业镇的差异化发展思路

专业镇工作要具有特色,一方面要根据地方特色开展工作,一方面要形成独特的工作亮点。问卷调查显示,各镇根据地方特色开展专业镇工作的方式为:①形成专业镇特色与工作亮点,占调查总数的75.2%;②制定落实适合地方特点的专业镇政策措施,占调查总数的68.0%;③政府牵头形成解决发展问题的决策机制,占调查总数的64.0%(见表4)。专业镇在激烈的市场竞争与区域竞争中保持竞争力的重要手段,就是坚持走专业化与差异化[21]的发展道路。专业镇政府对实事求是基础上体现工作特色的工作需求是非常急切的,但在深入地企业调研以及外部研究团队支撑等方面还缺乏足够的认识。专业镇在形成差异化的集群发展战略方面尚处于探索阶段。

表4 专业镇差异化发展的主要思路分析表

本镇如何根据地方特色开展专业镇工作	选择该项的专业镇数(个)	占比(%)
A. 形成专业镇特色与工作亮点	94	75.2
B. 制定落实适合地方特点的专业镇政策措施	85	68.0
C. 政府牵头形成解决发展问题的决策机制	80	64.0
D. 重点解决本镇的突出困难与发展障碍	71	56.8
E. 开展系统性的企业调研,把握企业发展特殊诉求	49	39.2
F. 形成专业镇本地产业技术发展专家团队,并参与决策	35	28.0
G. 其他(请具体填写)	1	0.8

（四）专业镇相关主体的知识学习途径

地方创新主体参与专业镇建设需要有学习提升的过程。问卷调查显示，各镇政府官员及企业家等学习专业镇知识的主要途径有：(1)根据工作需要，主动找专业镇相关政策学习，占调查总数的81.6%；(2)组织参与专业镇相关产业技术规划，在研讨中学习，占调查总数的75.2%；(3)邀请专家及企业家等在本地举行相关讲座、论坛等交流活动，占调查总数的68.8%（见表5）。从演化的角度上看，产业集群内部的创新主体应在不断的学习中获得进一步发展所需的专业知识，并形成知识扩散的良好氛围。专业镇干群主动学习的积极性很高，学习主要是依托相关的行业规划、培训工作，各种学习支撑体系建设相对还不充分。

表5　专业镇创新主体学习途径分析表

本镇政府官员及企业家等学习专业镇知识的途径	选择该项的专业镇数（个）	占比（%）
A. 根据工作需要，主动找专业镇相关政策学习	102	81.6
B. 组织参与专业镇相关产业技术规划，在研讨中学习	94	75.2
C. 邀请专家及企业家等在本地举行相关讲座、论坛等交流活动	86	68.8
D. 外出参与各种类型的与专业镇建设发展有关的培训和学术交流等	80	64.0
E. 阅读专业镇及产业集群相关研究成果与理论书籍	80	64.0
F. 通过电视、报纸的阅读以及与熟人等的交流探讨	72	57.6
G. 通过网络提问、互动、学习来获取相关知识	51	40.8
H. 其他（请具体填写）	5	4.0

（五）专业镇发展的制约因素

专业镇建设发展过程中，会遇到种种的发展瓶颈与问题。各地政府人员根据各地方实际所发现的问题，综合反映了专业镇转型升级的限制因素。专业镇发展中反映最多的三个问题：一是产业类型比较传统，发展阶段较初级，民营企业"低散小"等问题，占调查总数的76.0%；二是土地、水电、劳动力、原材料供给不足或价格上涨问题，占调查总数的52.0%；三是高素质人才及产业专业技术人才匮乏问题，占调查总数的46.4%（见表6）。专业镇转型升级的结构性压力一直困扰着专业镇政府人员，产业类型传统、发展阶段相对初级、民营企业"低散小"等问题的认识判断依然存在。专业镇政府对土地、水电、劳动力、原材料供给不足或价格上涨等问题十分担忧，一些专业镇存在着低端恶性竞争的情况，导致利润空间缩减、升级乏力的问题，以及信息蔽塞、知识交流渠道不通畅等问题。同时各种发展瓶颈与障碍层出不穷,政府在认知与应对上未能全面跟上产业形势发展。在反思集群的基础上实现超越集群发展[8],已经是目前专业镇需要重点面对的发展问题。

表6 专业镇发展制约因素分析表

本镇目前在推动专业镇工作中遇到的困难是	选择该项的专业镇数(个)	占比(%)
A. 产业类型比较传统,发展阶段较初级,民营企业"低散小"问题突出	95	76.0
B. 面临土地、水电、劳动力、原材料供给不足或价格上涨的问题	65	52.0
C. 难以留住高素质人才,产业专业技术人才匮乏	58	46.4
D. 企业家创新创业精神不足,创新政策推动难度较大	54	43.2
E. 创新平台建设机制与运营模式存在困难	52	41.6
F. 融资等企业服务严重匮乏	49	39.2
G. 各级政府不够重视,财政投入力度非常少	42	33.6
H. 市场饱和、恶性竞争、利润微薄、升级乏力,产业面临衰退	32	25.6
I. 环境闭塞,信息交流少,科技创新的知识渠道不通畅	30	24.0
J. 面临国内外竞争者的冲击,遭遇上下游的盘剥压榨,出口面临各种壁垒	15	12.0
K. 遇到需各级政府协调或者跨镇区协调的问题难以解决	14	11.2
L. 缺乏明确建设发展思路,不知道该怎么办	14	11.2
M. 存在环境污染、治安恶化、劳动纠纷等难题	13	10.4
N. 其他(请具体填写)	9	7.2

(六)专业镇公共服务平台功能建设

专业镇发展10年多来,最为重要的发展经验之一是推进创新平台建设[22]。政府认知中,对公共服务平台建设一直给予相当程度的重视。问卷调查显示,各镇在创新平台建设中,已具有的服务功能主要有:(1)信息、资讯服务,占调查总数的72.0%;(2)技术创新服务,占调查总数的65.6%;(3)人才培训服务,占调查总数的43.2%(见表7)。专业镇政府在平台建设方面已经相对达成共识:首先,信息、资讯服务以及技术中介等是专业镇平台的最主要功能;其次,创新平台人才培训功能日益重要;三是质量检测与认证功能的重要性逐步得到确认;四是创新平台高端功能发展迟缓,在产品设计、电子商务、科技金融等方面相对发展缓慢。下一步专业镇转型升级,必须在平台功能建设上突破政府的认识瓶颈。

表7 专业镇公共服务平台功能分析表

本镇已具有创新平台服务功能是	选择该项的专业镇数（个）	占比（%）
A. 信息、资讯服务	90	72.0
B. 技术创新服务	82	65.6
C. 人才培训服务	54	43.2
D. 质量检测、认证服务	27	21.6
E. 产品设计服务	22	17.6
F. 电子商务和物流配送服务	21	16.8
G. 科技创业、资金担保服务	14	11.2
H. 其他（请具体填写）	4	3.2

（七）专业镇企业创新方向引导

企业创新是专业镇保持旺盛生命力的根本所在，专业镇政府对企业创新的认同度较高，但是对创新的理解依然只是集中在科技创新[23]方面。在国际产业竞合中占据全球价值链的高端环节并获得主导权等[3]尚未得到普遍认同。问卷调查显示，各镇引导企业创新的重要方向主要有：(1)科技创新，引导企业在关键技术、适用技术应用等方面积极开拓，占调查总数的82.4%；(2)管理创新，引导企业走信息化、标准化、自动化等，占调查总数的78.4%；(3)品牌创新，引导企业走特色化以及创意文化道路，占调查总数的75.2%（见表8）。企业创新引导是专业镇发展的大事，支撑着专业镇特色产业的可持续发展。[24]专业镇发展10年，实际上普及了一个观念，就是专业镇需要依靠企业科技创新去获得竞争力。这样的一种观念是未来专业镇转型升级的重要资源。

（八）专业镇对政府政策的需求

专业镇转型升级，需要全省范围内进一步优化专业镇政策环境，鼓励和引导专业镇加快发展。问卷调查显示，需从全省角度重点提出的专业镇政策主要有：政府项目资金引导；扶植企业发展；支持创新平台建设；专业镇培训；产学研合作等。从基层各专业镇诉求来看，目前我国区域产业集群政策仍主要依靠财政、税收等传统手段进行支持，这与我国的政治经济体制特点密切相关。政府在专业镇发展中的作用十分重要[25]，具体体现为资金项目等的需求（见表9）。企业引导与平台建设支持是产业集群发展的重要政策诉求，对于人才培训、产学研合作、集体品牌建设等的诉求也同样高涨。专业镇政府对镇级以上政府资金支持寄予较高期望,专业镇发展思路仍不同程度存在"等靠要"的思维模式。

表8 专业镇企业创新方向分析表

本镇引导企业创新的重要方向	选择该项的专业镇数(个)	占比(%)
A. 科技创新,引导企业在关键技术、适用技术应用等方面积极开拓	103	82.4%
B. 管理创新,引导企业走信息化、标准化、自动化等	98	78.4%
C. 品牌创新,引导企业走特色化以及创意文化道路	94	75.2%
D. 市场创新,引导企业开发新产品、创新销售模式等	90	72.0%
E. 可持续创新,引导企业走节能减排、绿色环保道路,注重劳资和谐与社会责任	74	59.2%
F. 优化产业链,引导企业与上下游合理竞争合作,提高价值空间	67	53.6%
G. 国际化战略,引导企业在国内国际两个市场具备应对全球竞争的能力	31	24.8%
H. 其他(请具体填写)	4	3.2%

表9 专业镇的政策诉求分析表

需从全省角度重点提出的专业镇政策有	选择该项的专业镇数(个)	占比(%)
A. 政府项目资金引导	88	70.4
B. 扶持企业发展	78	62.4
C. 支持创新平台建设	74	59.2
D. 专业镇培训	63	50.4
E. 产学研合作	60	48.0
F. 品牌支持	56	44.8
G. 税收政策	51	40.8
H. 专业镇区域产业联盟	22	17.6
I. 其他(请具体填写)	3	2.4

四、结论与讨论

整体而言,专业镇工作已经进入了一个崭新的阶段,成为支撑广东省"加快转型升级,建设幸福广东"的重要工作基础,专业镇转型升级也取得很好的成效。从镇级政府认知视角上看,经过10年的工作推动,专业镇走创新型产业集群的发展道路已经成为基层的共识。这种共识体现为认识到专业镇在产业集聚以及区域创新中的作用,认识到政府尤其是科技部门在推动特色产业发展方面有所作为,认识到政府在产业公共服务方面的行动可能性,认识到政府应在平台以及企业引导方面加大力度。政府认知视角下,具有广东特色的产业集群升级道路逐步明晰起来,并带有广东科技部门的深刻烙印。

未来专业镇转型升级需要依靠政府主体去协调以下关系,实现更进一步的转型升级。

第一,集群升级的普遍规律与具体集群发展特色的关系。专业镇在发展中,既要充分总结10多年来专业镇建设的丰富经验,也要注意服务特色产业发展实际,根据地方产业发展的产业特点、区域条件、发展阶段和主体—网络特点合理规划发展,体现"一镇一策"的发展要求。集群政策与集群发展的演化规律需要进一步地深化研究,政府在集群升级中的作用需要得到进一步深化研究。[26]

第二,正面推动集群建设发展与切实解决集群发展瓶颈与制约的关系。专业镇在培育新的增长点、占领新市场、获得新发展的同时,要注重对本地营商环境与创新环境的改善,更要进一步有针对性地消除或控制制约因素对产业发展的不利影响。政府对发展机会与发展问题的认知及解决方案的制定,在很大程度上影响了集群升级的方向。

第三,引导集群内企业创新升级与推动集群公共服务平台建设的关系。专业镇一方面要注重以企业为基础的创新引导,另一方面要进一步加强公共服务平台建设,为转型升级提供保障。政府在企业引导与公共服务提供方面的认知与实践程度,影响了广东集群升级的效果。

第四,本地集群升级与占据全球价值链主导权的关系。专业镇依托全省的政策氛围加快发展的同时,要关注到全球产业组织正在发生深刻变革。在国际经济危机冲击的情况下,[27]广东要依托专业镇的集群优势,在外向型的经济发展中逐步掌握特色产业在全球价值链中的主导权与控制权。政府在集群升级中加强开放创新与协同创新的认知,无疑具有极端重要的意义。

广东专业镇政府认知调研显示了在集群升级的合作行动中,政府行为主体具有独特影响。政府在广东改革开放进程中具有区域产业发展公共管理的职能,对社会资源

13 政府认知视角下的集群升级
——以广东专业镇为例

统筹有着独特的影响,同时担负着各种行政职能,因而主导了集群升级的进程,并带上了政府部门的烙印,特别是科技部门的烙印。这种认知特点与集群升级实践是密切相关的,对其他地方具体推动集群升级合作行动具有启示作用。特别应注意政府主体在集群升级的合作行动中所具有的能动特征:

一是公共服务特征。中国集群,特别是广东专业镇的发展,政府在促进集群发展的过程中担负了经济管理与社会服务等公共职能,具有一种发挥政府部门职能推动公共服务的责任。集群升级的一些具体工作内容,都涉及到职能部门工作,如科技管理工作等。政府部门在职权范围内就有一种推动公共管理与服务的倾向。在集群升级中发挥职能部门的工作职能,对于集群升级来说能够起到事半功倍的作用。

二是政绩展现特征。集群升级中的政府作用发挥,会率先展现主导执政方针下的工作内容,会着重展现主要工作部门自身的政绩。一般来讲集群升级目标与政府部门政绩展现需求是相互统一的。但在具体实践中,往往会因为过于强调主要工作意图及部门政绩,而对集群升级带来不平衡的影响,如由于对GDP过于强调而出现对中小微企业的忽视等。

三是权力加强特征。由于政府作用发挥往往是由具体职能部门来执行,在集群升级的过程中,具体职能部门往往会选择有助于加强本部门权力与资源控制能力的对策。这一能动特征虽说不是最明显的特征,却在很多合作行动中有充分的体现,如科技部门推动集群升级则千方百计吸引全省性的财政资金投入到科技管理工作中。[28]这一机制有助于激发部门积极性参与集群升级,但会使得资源的分配决定了工作的重心与导向,有可能偏离集群升级的实际需求。

四是资源匹配特征。集群中的政府作用发挥,需要跟相关部门资源能力条件相匹配。对于超出资源条件的行动,集群升级的设想往往难以落到实处。在一些大区域级别的政府文件中,常常列举大量理想型的集群发展目标。[29]但在跨部门或者跨行政层级的合作行动中,由于沟通成本相对较高,资源条件难以完全匹配,往往行动难度较大,最后目标落空或无限期延宕。

五是动态演变特征。集群升级中的政府作用发挥,受到政府工作人员学习方式与过程的动态影响,并且随着政府主要经济与科技管理重点变动、官员任命等而产生动态变化。例如,2007年以部门规范性文件的方式推动的创新示范专业镇建设工作[30]后来基本停止推进。因而,在推动集群升级过程中政府发挥积极作用,应注重行动时效性,并建立工作可持续推进机制。

参考文献

[1] 林涛,谭文柱.区域产业升级理论评价和升级目标层次论建构[J].地域研究与开发,2007,26(5):16-23.

[2] 林涛.产业集群合作行动[M].北京:科学出版社,2010.

[3] 张辉.全球价值链下地方产业集群升级模式研究[J].中国工业经济,2005,9(1):11-18

[4] 刘芹.产业集群升级研究述评[J].科研管理.2007,28(3):57-62

[5] 林涛.中国产业集群研究中的主体能动性与多方验证方法[J].人文地理,2008,23(4):69-74.

[6] 姚海琳.企业集群成长中的地方政府作用[J].当代财经,2003,(4):10-14.

[7] 蒋玉涛,&杨勇.广东专业镇发展过程中的政府行为演变分析[J].科技管理研究,2012,32(24):29-33.

[8] 王缉慈等.超越集群——中国产业集群的理论探索[M].北京:科学出版社,2010.

[9] 广东省科技厅.广东省技术创新专业镇管理办法(粤科计字[2008]29号)[R].2008.

[10] 路平,林萍,关春华.专业镇在广东的崛起和创新[M].广州:广东科技出版社,2008.

[11] 吴国林,马宪民,陶练敏.广东专业镇:中小企业集群的技术创新与生态化[M].北京:人民出版社,2006.

[12] 郑海涛,周海涛.走向高端——广东产业集群升级战略研究[M].北京:经济科学出版社,2006.

[13] 余国扬.人文地理学视角下的专业镇[J].热带地理,2008,(2):134-138.

[14] 曾祥效.基于创新集群构建的广东高新区和专业镇提升策略[J].科技管理研究,2010,30(14):41-44.

[15] 广东省人民政府.关于加快专业镇中小微企业服务平台建设的意见(粤发[2012]98号)[R].2012.

[16] 中共广东省委,广东省人民政府.关于依靠科技创新推进专业镇转型升级的决定(粤发[2012]11号)[R].2012.

[17] 王缉慈等.创新的空间——企业集群与区域发展[M].北京:北京大学出版社,2001.

[18] Sölvell, Ö., Lindqvist, G., & Ketels, C. The cluster initiative greenbook[R]. Stockholm:Ivory Tower. 2003.

[19] 岳芳敏,蔡进兵,梁莹.创新、升级之路——西樵纺织集群发展模式研究[M].广州:广东人民出版社,2008.

[20] Andersson, T., Serger, S. S., Sorvik, J., Hansson, E. W. The Cluster Policies Whitebook [R]. Malmo, Sweden: International Organization for Knowledge Economy and Enterprise Development. 2004.

[21] Porter M. Clusters and the new economics of competition[J]. Harvard Business Review, 1998, (11-12):77-90.

[22] 薛捷.广东专业镇科技创新平台的建设与发展研究[J].科学学与科学技术管理,2008, 29(9): 87-91.

[23] 马宪民,陶练敏.广东专业镇:中小企业集群的技术创新与生态化[M].北京:人民出版社.2006.

[24] 王珺.产业集群中的地方技术组织行为研究[J].中山大学学报(社会科学版),2005,45(4):110-117.

[25] 丘海雄,徐建牛.产业集群技术创新中的地方政府行为[J].管理世界,2004,(10):36-46.

[26] Martin R & Sunley P. Conceptualising Cluster Evolution: Beyond the Life-Cycle Model? [R]. Utrecht University: Papers in Evolutionary Economic Geography, 2011.

[27] 路平.在金融风暴背景下审视广东专业镇发展[J].南方经济,2009,(4): 72-74.

[28] 广东省财政厅.广东省专业镇中小微企业服务平台建设专项资金管理办法(粤财工〔2012〕499号)[R].2012

[29] 中共广东省委、广东省人民政府.关于加快发展专业镇的意见(粤发〔2006〕23号)[R].2006.

[30] 广东省科技厅.广东省创新示范专业镇建设实施办法(粤科计字〔2007〕181号)[R].2007.

14

全球价值链视角下的宁夏清真食品产业集群升级研究

刘建功

(北方民族大学商学院 宁夏回族自治区 750021)

摘 要：在经济全球化的背景下，由于交通和通讯技术的迅猛发展，劳动力和资本等生产要素跨国界流动更加显著。以产业的网络组织为特征之一的产业集群，成功演绎了区域经济发展的新模式。但是，如果单纯从产业集群角度研究区域产业的竞争优势，就很难把握区域间产业重塑的动态竞争过程，因而必须树立新的区域发展观，对产业集群嵌入全球价值链(GVC)进行研究。中国的产业集群在全球产业的背景下如何适应全球化的挑战，实现产业升级正是我们要研究的课题，而全球价值链理论的兴起为中国产业升级提供了一种分析工具。本文认为，全球价值链视角下的产业集群升级，需要根据集群嵌入GVC的阶段性和集群升级的动力来进行。对能力异质性的产业集群要进行集群的细分，采取差异化的升级策略，最终升级到高附加值的价值链环节。

本研究的内容包括：全球价值链视角下的宁夏清真食品产业集群升级研究的背景及意义。对全球价值链的理论进行回顾和评述。提出全球价值链与产业集群升级的动力联系以及升级过程。分析全球价值链的治理模式对产业集群升级的影响，产业集群嵌入全球价值链的发展阶段和升级路径。通过对宁夏回族自治区清真食品产业集群进行资料搜集和实地调研，从全球价值链的视角考察宁夏回族自治区清真食品产业集群的发展和升级情况。提出宁夏清真食品产业集群在全球价值链中的战略选择。最后得出相关结论。

关键词：全球价值链；宁夏清真食品产业集群；升级路径

[作者简介]：刘建功(1973－)，男，内蒙古托克托人，厦门大学管理学院MBA，北方民族大学商管理学院讲师。

14　全球价值链视角下的宁夏清真食品产业集群升级研究

随着经济全球化的不断深入，世界各国和区域间形成了紧密协作的全球生产网络，各自在全球价值链条上的分工日益深化，沿着全球价值链增值路径提升产业发展层次和竞争力已经成为不少新兴工业化国家的共同选择。我国产业集群现象存在普遍，面对日趋激烈的国际竞争，如何在全球价值链中与区域外的经济行为主体积极互动，不断调整融入产业全球价值链的方式，创造、保持、捕捉更高价值，促进集群升级和提高产业集群竞争力的研究都具有重要的现实意义。宁夏回族自治区的产业集群，在嵌入全球价值链的过程中，正愈来愈成为全球价值链片段。在与全球经济接轨过程中，宁夏的产业集群依托其丰富的劳动力资源和良好的开放环境，在创造财富和带动区域经济方面发挥了巨大的作用。然而，随着低成本竞争优势的逐渐丧失和国际竞争的加剧，宁夏的产业集群面临着严峻的挑战，产业创新乏力，在低端的价值链环节徘徊不前，价值创造能力与获取能力有限，宁夏产业集群急需升级。

当前，全球价值链作为一种分析产业集群升级的工具，为发展宁夏的产业集群升级提供了明确思路，全球产业的转移为发展宁夏的产业集群全球化提供了机会，发达国家的企业为了保持和创造自己的核心能力进行了全球化的产业重组，它们是全球价值链的驱动力，驱动者和发展宁夏的产业集群的治理关系决定了产业集群升级的方向和限度。宁夏清真食品产业的集群化发展以及日益深入的全球化，要求我们用全球价值链的工具对其进行深入分析，研究嵌入全球价值链的发展过程、现状以及所处全球价值链的位置，这对研究集群的升级过程和路径必不可少。

宁夏清真食品产业集群，作为地方化的传统产业集群，20多年来蓬勃发展，产业集群优势明显，在我国清真食品产业中曾经占据半壁江山。近年来随着政策对食品安全要求的逐渐提高，生产成本的上升很快。面对着国内其他清真食品产区的壮大和国际的激烈竞争，宁夏清真食品产量出现下降的趋势，宁夏清真食品产业集群不断面临着挑战。为了适应这种竞争环境的变化，宁夏清真食品产业只有不断升级才能达到。全球价值链理论为分析宁夏清真食品产业的升级提供了一种新的视角。

一、概述

（一）全球价值链

全球价值链（GVC，Global Valve Chain）的概念来源于全球商品链（GCC，Global Commodity Chain），全球价值链从商品链演化而来。波特提出的价值链理论主要用于分析公司的行为和竞争优势，他认为公司的价值创造过程主要由基本活动（包括内部后勤、生产作业、外部后勤、市场和销售、服务等）和辅助活动（包括采购、技术开发、人力资源管理和企业基础设施等）两部分完成。这些互不相同但又相互关联的生产经营活动，构成了一个创造价值的动态过程,即价值链。价值链在经济活动中无处不在,无时不有,上下游关联的企业与企业之间存在行业价值链,企业内部各业务单元的联系构成了企业的价值链,企业内部各业务单元之间也存在着价值链联结。价值链上的每一项价值活动都会对企业最终能够实现多大的价值造成影响。波特的价值链理论揭示,企业与企业的竞争,不只是某个环节的竞争,而是整个价值链的竞争,而整个价值链的综合竞争力决定企业的竞争力。正如波特所说:消费者心目中的价值由一连串企业内部物质与技术上的具体活动与利润所构成,当你和其他企业竞争时,其实是内部多项活动在进行竞争,而不是某一项活动的竞争。

随着世界生产和分配的全球垂直分离,一些学者为了解释这种现象,在价值链的基础上提出了全球商品链的理论。全球商品链将价值链的概念与全球产业组织直接联系起来。它是基于全球购买商(主要是零售商和品牌商,即没有工厂的制造商)作为全球分离的生产和分销体系中关键驱动者的地位不断上升的情况下提出来的。全球商品链理论揭示了被国际贸易统计数据所掩盖的全球产业组织的一次重大转换。因为国际贸易数据既不能区分企业间还是企业内部发生的交易,也不能区分全球生产体系是通过何种方式来组织的,因此,全球商品链理论不能反映全球产业组织的深刻变化。到2000年,该理论的研究者便以全球价值链代替全球商品链这一术语,以致全球价值链理论作为一个更加成熟的理论用以分析国际间产业体系的深刻变化。

(二)清真食品

清真食品,即符合伊斯兰教"HALAL"标准的食品。是指按照穆斯林的饮食习惯,屠宰、加工、制作的符合清真要求的饮食、副食品、食品。当前,清真食品迫切地需要一套完整有效的追踪体系来保障其安全可靠。以RFID技术为核心的物联网技术的诞生为此提供了可行的解决方案。基于物联网技术的清真食品追踪溯源系统是利用RFID技术并依托网络技术及数据库技术,实现信息融合、查询、监控,为每一个清真食品生产阶段及分销到最终消费领域的过程提供针对每件货品安全性、清真食品成分来源及库存控制的合理决策,实现食品安全预警机制。以保证向广大消费者提供优质放心的清真食品,并可确保供应链的高质量数据交流,让清真食品产业彻底实施源头追踪以及提高在清真食品供应链中提供完全透明度的能力。

二、宁夏清真食品产业集群现状

宁夏回族自治区位于中国西部的黄河上游,东邻陕西省,西部、北部邻内蒙古自治区,南部与甘肃省相连。自古以来宁夏就是各民族南来北往频繁的地区。在公元1038年,党项族首领元昊在银川建都,建立西夏王朝,独特的西夏文化也随之形成。宁夏是

14 全球价值链视角下的宁夏清真食品产业集群升级研究

中国面积最小省区之一,总面积为6.6万多平方千米,同时宁夏也是中国唯一的回族自治区,是回族最大的聚居地,回族人口约占宁夏总人口的1/3,占全国回族总人口的1/5。回族主要分布在宁夏的固原市和吴忠市,其回族人口占宁夏回族人口的80%以上。2005年以前,宁夏的清真食品发展规模较小,出口量不大。

从2005年开始宁夏自治区政府及其首府银川市将清真食品产业作为宁夏发展的突破口及宁夏经济发展的课题进行研究和重点培育,使得清真食品产业在宁夏的发展上了新的台阶。宁夏银川筹划举办中国(国际)清真食品展示展销会、中国名小吃认定会、中国(国际)清真食品产业营销高峰论坛暨投融资洽谈会、中国(国际)清真美食文化艺术节、枸杞节等。宁夏近年来积极发展清真食品产业,专门出台了《宁夏回族自治区清真食品管理条例》,并批准设立了"银川德胜清真食品工业园"和"吴忠清真食品穆斯林用品工业园"。现在德胜园区清真食品、饮料生产企业已达30多家,"安优卜"、"厚生记"和"伊斯兰草本药膳"等清真食品品牌企业纷纷入驻园区。吴忠市已培育起以板桥粮油加工区为中心的清真粮油加工业,以涝河桥清真牛羊肉市场和宁华清真食品基地为中心的清真牛羊肉产业,以奶牛养殖核心区为中心、以"夏进""红果"等为龙头企业的乳品业,以"民族食府"为中心,且以"民族饭庄""老毛"和"国强"等老店为支柱的清真餐饮业。据统计,宁夏从事清真食品经营的企业和个体工商户有1万多家,形成了300余件专利。2007年宁夏实现清真食品工业产值80多亿元,其中银川市清真食品、保健品和穆斯林用品产业实现营业收入29.83亿元,比上年增长28.9%。截至目前,宁夏已开发出清真、绿色、优质、安全的羔羊肉等清真食品50多个品种,销往北京、上海、重庆等10多个大城市,部分产品出口中东地区和东南亚国家。仅2007年宁夏出口阿拉伯国家的产品就达4990万美元。

据了解,宁夏已经获得了清真食品产业规模效应,同时宁夏积极与国际市场接轨,现在已经与马来西亚、泰国等国家的HALAL认证机构达成相互认证协议,为中外清真食品、穆斯林用品的交流合作创造了便利条件和无限商机。目前,宁夏清真产品国内市场主要是北京和上海及南方一些省市,销售的产品有羊肉臊子、速冻饺子、乡村豆腐、清真牛羊肉、枸杞系列营养保健品等多种产品,而且市场已经逐步由内地向沿海、向国外扩张,品牌效应逐渐形成。在上海、京、浙江等地,由贺兰山清真肉羊产业集团公司、伊布拉欣、伊品集团等企业生产的清真牛羊肉、手抓羊肉、羊肉臊子、羊棒骨等清真食品已进入这些城市的超市并设立了清真专柜。宁夏有越来越多的企业开始开拓马来西亚、约旦、泰国等东南亚和中东市场。清真牛羊肉、调味品已经出口到约旦、马来西亚、利比亚、香港、美国等国家和地区。宁夏的清真食品产业正在向品牌化、规模化、特色化的方向迈进。

三、宁夏清真食品产业集群存在的问题

(一)资源约束日益突出

清真食品产业是典型的资源消耗型产业。目前,宁夏清真食品的发展面临着燃料和原材料价格上涨、利润空间趋薄、土地资源枯竭、劳动力供给短缺等矛盾日益突出,发展后劲不足,国际竞争力不强。可以说,原有发展模式的空间迅速缩小,已到了升级转型发展的关键时期。

随着石油和原材料价格上升,加上技术工人短缺,人工费用增多,造成宁夏清真食品的生产成本较青海、新疆等地区高,来自国内这些地区的竞争压力增大。2008年,主要由于受成本上升的影响,宁夏已有10多家清真食品企业停产、关闭。

(二)行业自律比较薄弱

虽然2004年整合成立了统一的宁夏回族自治区清真食品行业协会,但由于种种原因,其在行业自律方面的作用未能得到充分的发挥。不少清真食品企业缺乏全局观念和行业意识、行业责任感,以不交会费、不出席会议、不参加活动等方式消极对待行业协会,也致使行业协会难以发挥作用。企业相互之间缺乏沟通,难以沟通,部份企业在竞争中尊重对手不够,不是希望在竞争中提高、发展自己并超越对手,而是希望对手垮台,新产品不是自己研发,形成自己的特色,而是一味跟进,造成同质竞争,打价格战,甚至把价格战打到国外。由于行业自律不够,造成市场秩序混乱,无序竞争,严重影响了行业的发展,难以形成区域性的竞争合力。

(三)自主创新能力不强

宁夏清真食品的技术装备国内领先,但与马来西亚相比还有较大差距。在技术创新和改造方面,大多数企业投入不足,缺乏研发能力,出现偷技术、产品同质化、技术纠纷多的不良现象,核心竞争力不强。清真食品行业高新技术企业占3.7%,但R&D经费与人员只占3%和2.9%,属于较差的类别。宁夏清真食品的自主知识产权问题已在国内和国际主要清真食品产区引起严重关注。在产品设计方面,宁夏清真食品企业虽然不断推出新产品,但总的来说数量不多,大部份企业缺乏自主开发能力,仿效性严重,产品开发没有走出经验型、引入型、模仿型和实用型之路。据统计,清真食品新产品产值率不足1%,在宁夏十大优势行业倒数第二。大部分产品仍处于大路货,产品同质化。出口价格只有国际市场产品价格的1/3,宁夏也缺乏具有国际知名度的品牌和企业,品牌战略与品牌经营水平与国内江浙地区相比也存在较大差距,从而导致宁夏清真食品在

市场上未有树立应有的品牌和价值。

（四）企业多而不大不强

宁夏清真食品企业多，但大而强的现代企业极少。2010年，产值超亿元的清真食品企业有5家，但超10亿元的一家也没有。在2010年纳税超1000万元的305家企业中，清真食品企业有9家，仅占2.95%，其中纳税超3000万元的只有1家，纳税超5000万元和纳税超1亿元的企业一家也没有。

（五）清真食品产业人才匮乏

宁夏清真食品企业大多数为民营企业，许多私人企业还没有走出家族化管理模式。具有现代化的企业结构甚少，精英级的管理人才、技术人才及营销人才比较缺乏，开拓国际市场的能力较弱，跨国经营、发展外向型经济方面的竞争力不强。资本运营能力也不够，除了鹰牌清真食品在新加坡上市外，没有其他清真食品企业上市，不少企业以不向银行借款为荣，不善于运用资本运营来做大做强企业，离现代企业资本运营有较大的距离。

（六）出口存在诸多障碍

随着宁夏清真食品出口迅速增长，对国外同类产业造成较大冲击，这些国家和地区纷纷通过技术壁垒、反倾销以及其他贸易壁垒来阻止我国清真食品进口，宁夏清真食品出口碰到的阻力越来越大。宁夏清真食品出口以贴牌为主，以代理出口为主，而自有品牌出口和自营出口很少，造成出口单价和利润不高。宁夏清真食品出口产品的质量和档次不高，放射性问题仍有待进一步克服。国际市场营销人才也十分缺乏。随着市场竞争的日趋激烈，冲出国门，开拓国外市场已成为业界的共识。但由于缺乏外贸专业人才，很少参加国际性的大型会展或大型采购活动，只有外商对宁夏清真食品产品压价收购，行业内少沟通，自律弱，不但使外商有机可乘，还带来反倾销隐患。

四、全球价值链视角下宁夏清真食品产业集群的升级路径

宁夏自古有发展清真食品产业的传统，在计划经济时期，宁夏的清真食品产业处在产业发展的低端。这一时期，宁夏清真食品产业没有进入全球价值链，属于封闭式的自产自销，生产技术较为落后，没有规模经济和创新能力。可以认为，此时宁夏的清真食品产业处在群组末端的位置上，从1993年起，宁夏敬义泰清真食品厂开始嵌入市场型的全球价值链，从国外引进第一条辊道窑生产线为开端，之后带动一大批清真食品生产企业实施大规模的设备引进和技术改造措施，这样通过技术和设备引进实现了技术升

级。得益于国内对清真食品产品的大量需求,宁夏清真食品企业得到了迅速发展,产业集群形态初步显现。这是1990年代宁夏清真食品产业通过嵌入市场型全球价值链使得技术升级,但在技术创新方面尚没有引起重视。

(一)宁夏清真食品产业集群的升级路径

到21世纪,清真食品业竞争进一步加剧,生产成本急剧飘升,单纯生产制造环节的企业利润急剧下跌,只有掌握价值链利润较高的研发设计和营销环节,企业才能较好地生存。部分企业开始走出国门,打入国际市场,但是依靠的是他国的销售网络,利润极低。为了打破这种局面,需要新的营销措施,2007年由宁夏清真食品协会宣告正式成立,将作为固定的中美清真食品贸易联合机构,协助国内清真食品产业打通阿拉伯商贸渠道,扭转在美销售劣势,它为中国的清真食品产品在寻求国际贸易发展合作的道路上,开辟出一条无国界的特色通道。

通过走出国门,和世界著名清真食品企业的合作将会促使国内企业走向世界。和国外清真食品经销商合作,是利用其完善的清真食品销售渠道网络的模块,合作双方较为平等,此时宁夏清真食品产业集群嵌入的是模块型全球价值链,该模式能迅速提高促进宁夏清真食品产业集群的品牌升级,拓展营销渠道,提高国际影响力。

为了更好地打入欧美等国际主流市场,宁夏清真食品产业集群作为一个区域品牌还和欧洲的世界顶级清真食品研究机构合作,研发适用于欧洲市场的清真食品技术和产品,宁夏清真食品产业集群和欧洲顶级研发机构的合作,是基于技术和设计的紧密互动,这时嵌入的是模块型全球价值链,该模式促进了宁夏清真食品产业集群技术能力的升级,对研发设计新产品,迈向国际化提高了动力基础。

从以上分析的来看,宁夏清真食品产业集群的的升级路径是:技术引进,消化吸收,技术和产品创新,创国内名牌,打造国际品牌。宁夏清真食品产业集群的升级遵循的是先技术能力升级再到营销渠道和品牌的升级的道路,而先有营销渠道的升级再到技术能力的升级表现尚不明显。

(二)全球价值链视角下宁夏清真食品产业集群的升级过程

宁夏清真食品产业集群的升级是在集群能力和嵌入全球价值链不断演进的实现最初从国外引进清真食品技术生产设备,嵌入市场型全球价值链,使得宁夏清真食品产业的生产能力得到了升级,这是工艺流程和产品升级的表现。但这种市场型的一次性服务并未满足集群根据市场需求持续创新的功能。引进设备后的消化吸收和学习效应使得集群能够不断地实行工艺和产品创新,当时得益于国内对清真食品大量的需求和集群效应,宁夏清真食品产业集群不断壮大,成就了一批国内名牌清真食品企业。之后,国内清真食品产区不断壮大,对宁夏清真食品产业集群展开了竞争,国内市场逐渐饱和,随着清真食品生产成本的飘升，清真食品企业利润降低，甚至部分企业倒闭，宁夏清真食品需要不断地升级来克服困境。部分走出国门的企业面临创造国际名牌的机遇和挑战，嵌入高级的全球价值链模式是实现升级的必要措施，同时，宁夏清真食品产业集群能力的增强是嵌入高级形式的全球价值链的基础。和国际研发机构的合作，开发适合欧美市场的产品；利用国外完备的清真食品销售渠道，甚至收购国外清真食品品牌，是嵌入高级形式的全球价值链的表现，这种嵌入模式表现在关系型和模块型。正是在这种嵌入模式下，宁夏清真食品产业集群得到了升级，从国内名牌走向国际名牌，从生产制造环节扩展到了研发设计环节，实现了清真食品产业集群的功能升级。通过技术引进，嵌入市场型全球价值链，实现了工艺流程和产品的升级。通过与国外的销售网络以及研发中心合作，嵌入模块型和关系型全球价值链，实现了功能升级。

五、全球价值链视角下宁夏清真食品产业集群的升级对策

（一）优化产业结构，促进产业升级

产业结构的优化升级和高度化是体现一个产业核心竞争力的重要因素。因此，清真食品产业必须跟上国际产业调整重组的步伐，推进产业结构的战略性重组，提升结构竞争力。一是优化行业结构。要继续巩固提升现有的清真食品，大力发展达标的清真食品、特种清真食品、清真食品装备制造，积极发展清真食品物流、清真食品会展、清真食品旅游、清真食品文化以及其他支援清真食品产业发展的市场中介组织，延伸产业链，完善产业配套，增强根植性。二是优化产品结构。在清真食品认证方面，要由目前主要以扩大规模以量取胜转变为以自主创新、质量、标准、品牌和服务取胜，把宁夏建设为全球清真食品新技术、新工艺、新产品的主要发源地和产业与信息的重要集散地。三是优化组织结构。通过联合、重组、兼并等方式推动企业做强做大，提高产业集中度。

对那些资源消耗高、环境污染重、技术工艺落后、产品质量低劣、安全生产薄弱的企业，坚决实施关闭或调整转移。建议建立市场准入制度，对一定规模和标准以下的企业，除为产业配套必须外，对其进行调整转移。

（二）强化自主创新，提升竞争能力

自主创新是一个产业获得持续发展和赢得竞争优势的动力源，是成为产业链分工的基础条件。当前，国际产业竞争已由加工、制造的生产阶段转移到包括研究开发和营销、品牌在内的自主创新阶段。目前，宁夏清真食品已达到一定的规模和水平，应推动其从跟踪模仿阶段向以技术、品牌、标准为主的自主创新阶段演进。要完善技术创新体系，要鼓励企业建立研发机构，使所有大中型企业建立起技术中心或工程技术研究开发

中心,提高对技术创新的投入和加大对创新人员的激励,开发更多的专利技术。同时,要加强对清真食品研究开发中心等公共创新平台的建设,广泛开展产学研合作,加紧研究开发一批共性基础技术、关键技术和核心技术,提高整个清真食品产业集群的创新能力和竞争力。

(三)积极实施品牌战略,完善营销渠道

要以企业为主体,加大对企业的鼓励和扶持力度,推动企业争创更多的中国驰名商标和中国名牌产品。同时,要特别注重对区域品牌的保护、开发和提升。积极实施标准化战略,全面推动企业采用国家标准和国际先进标准,开展标准认证,参与国家或国际标准的制定,通过运用标准化战略来强化素质,提高生产经营效率和国际市场通行能力。并且企业要实施差异化战略。宁夏清真食品内部的产品差异化不大,同质化较严重,造成内部竞争激烈。因此,宁夏清真食品必须从根本上摒弃抄袭模仿的设计理念和模式,注重设计人才的引进和培养,注重设计方式的改进和现代设计工具的运用,通过应用高新技术和现代化的科技手段,设计、开发出具有自主知识产权的新产品,以差异化取胜。

(四)积极应对挑战,拓展出口市场

随着国际贸易保护主义的抬头和国际贸易壁垒的增多,宁夏清真食品出口面临着严峻的形势,必须认清形势,正视现实,积极应对。积极应对国外技术壁垒。建议有关部门和检测机构全面、准确、及时收集整理出口市场国家或地区的准入标准,并向所有清真食品出口企业宣传,就如何针对不同国家或地区采取不同检测、获得不同认证进行指导和服务。同时,鼓励本地检测机构加强与国外权威检测机构的合作,获得国外权威检测机构的授权或资格互认,方便并推动企业进行取得相关认证。

六、结论

研究产业集群不仅仅关注于它的萌芽和兴起,更多的应关注集群如何保持并拥有持续的竞争力以及如何实现持续的升级和发展。GVC 理论将集群所处的产业抽象到一条从产品设计、开发、生产制造、营销、售后服务直至最后循环利用等各种增值活动的全球价值链,它清晰地揭示出产业集群的升级和发展轨迹及思路。通过强化集群核心能力的建设和外部的治理是集群的升级根本因素,集群升级具有阶段性,集群内部的能力具有异质性,能力异质性的产业集群要采取差异化的升级策略,最终升级到高附加值的价值链环节。

运用上述理论,分析我国具有代表性的宁夏清真食品产业集群,该集群的崛起得益于国内经济的蓬勃发展,包括地缘、市场、政策等,但是宁夏清真食品产业目前所面临的

困境只有用全球价值链的思路才能有较好的解决。那就是集群的升级和发展要沿着价值链向高附加值升级,因此加大对关键环节的投入,发挥企业自身、政府和行业协会的作用,促进产业集群的自增强作用尤为重要。

最后,在考察清真食品产业集群通过嵌入全球价值链进行升级的过程中,必须考虑到外部经济环境和内部相关影响因素的相互作用。既看到机遇,也必须明确所遇到的挑战,从而决定采取哪些战略选择。具体而言,企业自身战略可选择产品和技术战略、市场和品牌战略等等,同时必须重视政府和行业协会在集群功能升级中的重要作用。

参考文献

[1] 文娉,嵌入全球价值链的中国地方产业网络升级机制的理论与实践研究[D],华东师范大学,2005.
[2] 张辉,全球价值链理论与我国产业发展研究[J],中国工业经济,2004,(5).
[3] 梅丽霞,试论地方产业集群的升级[J],科研管理,2005,(5).
[4] 叶旋,全球价值链下的中国电子及通信产业集群发展研究[D],武汉理工大学,2005.
[5] 谢立钦,中国地方纺织产业集群嵌入全球价值链与升级研究——以绍兴纺织产业集群为例[D],浙江大学,2005.

15

FDI与产业集群的互动研究
——以浙江制造业为例

刘 梦 朱英明

（南京理工大学经济管理学院）

摘 要：产业在一个地方的相对集中和资本流动有很大关系，尤其是在我国改革开放和加入WTO以后，外商直接投资FDI的大规模持续性进入对我国经济造成了深远影响。主要表现在外商直接投资集聚的区域：一方面极大地促进了当地经济增长，另一方面也在当地形成了一个个颇具规模和竞争力的产业集群。本文为了研究FDI和产业集群的关系，以吸引FDI较多的东部沿海省份浙江为例并收集相关数据，对研究主体进行了实证分析，从实证层次验证了两者的相互关系，最后通过研究得出FDI和产业集群是相辅相成的关系，即：FDI对产业集群具有正向促进作用，同时，产业集群反过来对FDI又具有引致作用，并且这种互动关系在不同的集聚水平以及要素行业上表现出差异性，主要表现在高集聚水平的行业以及劳动密集型行业和资本密集型行业中，但是在低集群水平的行业以及技术密集型行业中并没有表现出明显的互动关系。

关键词：区位熵；FDI；产业集群；制造业

一、引言

近年来，外商直接投资大量流入我国，根据商务部统计，"十一五"期间，我国累计吸收外商直接投资达到4402.89亿美元，为"十五"期间的1.5倍左右；全球排名由"十五"期末的第四位上升至2009年的第二位。即便是2011年和2012年两年全国累计吸收外商直接投资也达到2277.27亿美元，已经超过了"十一五"期间的一半。而浙江一带作为我国东部沿海地区经济发达的重要省份，同时也是全国三大集群区域经济之一长江三角洲地区中重要的省份，这一地区的外商直接投资则扮演了非常重要的角色。自2000年以来，浙江实际利用外资快速上升，占全国的比重排名从2000年以前的全国第十位左右上升为近几年的第三位,其中2006至2011年这一比重一直保持在10%以上。同时,外商直接投资中很大一部分比例都投向了制造业。据统计2007年浙江流向制造业的FDI占全省FDI的比例达到75.5%,并且这一比例至今依然保持在50%以上。在高额的外商直接投资驱动下,浙江的块状经济特色日益突出。至"十一五"后期,全省年工业总产值或销售收入在亿元以上的制造业产业集群区块有601个,其中10亿元以上的285个,100亿元以上的37个,300亿元以上的7个,平均每个县拥有3个产业集群。在2008年中国百佳产业集群评比中,浙江省共有义乌小商品产业集群、永康五金产业集群、东阳木雕产业集群、绍兴轻纺产业集群等29个产业集群入选,以绝对的数量优势占据全国第一的位置。由此可以看出浙江制造业一直是利用外资的重点领域。那么对于浙江的制造业FDI集群来说,FDI的持续流入对产业集群的发展究竟有何影响,二者之间的互动机制究竟如何?本文将以此为研究对象,在阐述FDI与产业集群互动机制的理论基础上,对浙江制造业FDI集群进行实证分析,探讨如何实现FDI与产业集聚的良性互动关系,使之更好地服务于长三角一体化的发展。

二、文献综述

产业集群是当今世界经济生活中大量存在的事实。在产业国际化的过程中,由FDI流入所诱发的后发型产业集群日益发展为区域经济的竞争力所在。近几年来,众多学者都对FDI和产业集群之间的关系进行了理论和实证的分析,研究主要表现在三个方面:

(一)外商直接投资对产业集群的正向影响

Birkinshaw(2000)认为外资为集群提供了全球性的技术和观念,FDI提高了集群在世界范围内的知名度,从而促进了区域产业集群的发展。梁琦(2003)计算了中国工业中24个行业的基尼系数以及24个行业的产业集聚指数,并研究了1994至2000年各个行业的基尼系数变动和对应行业的FDI变动情况,发现FDI地理上的集中进一步导致了我国一些行业的集聚。吴丹丹、谢建国(2007)以江苏省制造业产业集群为例,采用实证的方法研究了FDI与产业集群之间的关系。结果表明:江苏省制造业产业集群具有较强的路径依赖效应,而FDI的进入强化了这种路径依赖。王会容(2010)对浙江省产业集群进行了实证研究,结果显示FDI流入通过人力资源、技术溢出、知识溢出和网络的进化对浙江省产业集群的升级产生了正向作用,并最终促进了浙江省经济的发展。

(二)产业集群对外商直接投资的区位影响

Luger和Shetty(1985)有关外国直接投资的研究发现,外国制造业企业偏爱具有相对高的制造业密集和低工资的区域,集聚经济对外国公司区位选择有重要影响。

Krug-man(1991)从规模收益递增的角度研究了产业集聚的生成动力,认为产业集聚对外资具有吸引力。Keith Head 等又根据 McFadden(1984)年的 Logit 模型,用极大似然法计算了厂商选择地区的概率。研究结果表明:集聚效应在外资地区选择中具有重要作用,集群存量每增加10%,该地区被未来投资者选中的可能性就增加5%~7%。朱云高(2004)在《FDI、产业集群和国际竞争力》一文中认为通过发展产业集群可以提高我国产业的国际竞争力和吸引更多的FDI。张廷海(2009)通过对跨国公司FDI的区位选择研究,表明跨国公司FDI的区位选择具有较明显的空间集聚特征,且地区分布不平衡。跨国公司对集群的投资是基于其对东道国产业集群市场结构判断基础之上的,其产量竞争优势源于其较低的边际成本、东道国产业集群较高的市场集中度以及缺乏需求弹性的市场结构。

(三)产业集群与外商直接投资之间的互动影响

Enright(2001)分析了集群的地方优势与全球竞争的关系后,指出跨国公司在集群中的独特作用,认为跨国公司与产业集群之间存在协同效应。Right(2002)的研究表明,美国纽约药业集群的顺利成长得益于法国和瑞典的外商直接投资,而美国的投资又在加拿大的电信服务业集聚中发挥了重要作用。赵鹏(2012)对外商直接投资与产业集聚的关系进行了系统研究,研究表明FDI和产业集聚是相辅相成的关系。FDI的流入可以解决地区发展中资金短缺的问题,贡献先进的技术和管理经验,创造大量的就业机会,促进该地区产业集聚的形成和发展。同时由于规模效益等因素的作用,产业集聚水平的提高会吸引更多的外商直接投资,从而形成一个良性循环。王江林(2012)研究认为产业集群拥有吸引外商直接投资流入的区位优势,产业集群的良好发展可以吸引外商直接投资的进入,同时外商直接投资也为产业集群提供了良好的外部环境和条件,合理有效地利用外商直接投资可以促进地方产业集群的发展。郭立伟、饶玉红(2007)从实证方面,探究了FDI与产业集群的关系。他们以制造业分行业实收资本的外商资本为FDI数据,以行业集中度、基尼系数、N指数为产业集群的测度指标,并对此进行了格兰杰因果关系检验,得出FDI是形成产业集群的原因,产业集群也是FDI涌入的原因,两者的互动关系成立。

(四)FDI对产业集群的负面影响

Grabber(1993)和Anderson(1997)认为产业集群中,外资增值活动少,其主要优势部分集中于母公司中,而对于进入集群的子公司往往技术含量低、自主性较差与本地企业的根植性较差,很难对本地集群产生正向的推动作用。Granovettze(1985)认为"Mobile Investment"即"移动性投资"的根植性和忠诚度不强,一旦东道国企业不能如跨国公司所愿或出现了更具有优势和吸引力的投资产业区,FDI就会转移,不仅没有促进本地企业的技术升级与发展,这种资金的撤离还易导致各个企业乃至整个集群的波动与衰弱。

何文兵(2008)研究认为FDI可以促进产业集群的形成,同时也可以促进产业集群的发展,但如果FDI没能产生牢固的根植性则可能会给产业集群带来负面影响。

已有的研究的不足之处:第一,目前,国内外文献多是从产业集群作为FDI区位决定因素之一所起的作用以及FDI对产业集群促进作用的角度来阐述的,而对于FDI和产业集群之间互动影响的研究文献并不是很多。第二,现今已有的对于FDI和产业集群互动的研究也主要出现在理论和案例的分析层面而针对实证研究的文献仍然缺乏。第三,国内对于外商直接投资和产业集群的互动研究大部分也是以某一行业的截面数据作为研究对象而对于整个行业的面板数据研究还比较少。为此本文的研究遵循这样的逻辑顺序:以产业集群和FDI之间的互动关系作为本文研究的逻辑起点,以2003至2011年几乎囊括浙江省所有制造行业的各项数据为基础对其进行实证分析,最后以简要的结论结束本文。

本文余下部分的结构安排如下:第三部分分别从理论和数理模型推导的角度简要分析了外商直接投资FDI和产业集群之间的互动关系;第四部分和第五部分则通过指标选取和模型构建对浙江27个制造行业的产业集群和FDI进行实证分析以及计量检验;最后得出结论和启示。

三、FDI与产业集群互动机制研究

(一)互动的机理分析

对FDI与产业集群的关系研究的文献很多,大多数国内外的学者都认为FDI到东道国发挥了技术外溢效用,从而促进了当地的产业集群。外商直接投资进入后,通过四个渠道:示范—模仿效应(demonstration/imitation effect)、关联效应(linkage effect)、培训效应(training effect)和竞争效应(competition effect)(Kokko,1994),使得集群区内产业能够比较容易获取外部性,从而促进整个区域产业集聚整体水平的提升。Krugman(1991)认为这种外部性包括:专业化经济、知识外溢、劳动力市场经济。跨国公司对新技术开发和创新的投入越多,技术溢出就会越多;而集群区内当地企业对学习的投入越多,其吸收外资企业技术溢出的能力就越强,从而使得区域内产业集群的整体技术水平可以得到提升(金军,2012)。

事实上,FDI不仅可以促进产业集群的形成和发展,产业集群也是吸引外资的重要原因。Enright(2001)、Right(2002)、赵鹏(2012)、郭立伟、饶玉红(2007)等等都证明了上述观点。产业集群形成以后,随着该集群竞争优势的提升和竞争力的增强,可以对外资的流入产生强大的吸引效果,并成为该区域吸引FDI不断流入的重要优势。具体来说,产业集群可降低区域交易成本,具有良好的竞争环境、创新优势以及区域竞争优势。

Clickman 和 Wood(1988)研究认为,成本最小化是外商投资区位选择的重要标准而产业集群区内恰好能够满足这一要求。Venables(1996)研究了具有前向关联的两个企业,然后根据利润最大化,分析了两个企业的成本和利润,结果认为:两个企业都由外资企业来进行投资,那么他们考虑的不仅仅是生产成本,还要考虑商务成本。Porter(1990)同样认为一个区域之所以对外商直接投资有吸引力,是因为它拥有发达的基础设施及服务设施与成熟的劳动力,具有良好的区域形象以及大量产业集中等。

所以最初的FDI流入所带来的先进技术通过技术外溢不仅可以促进整个产业集群形成和发展,也能不断地带动和吸引其他外资的跟随进入从而促使东道国潜在企业的区域集聚。同时产业集群的进一步发展成熟则反过来又会通过自身的各种优势,对FDI产生持续的吸引力。

(二)互动的数理分析

上面的理论主要分析了FDI流入促进产业集群形成的内部机制,以及产业集群对FDI的引致作用。下面通过一个简单的数理模型来支持上面的结论。

在这里借鉴P.Romer(1990)、Grossman(1992)、Lucas(1998)在研究经济增长理论时的构架模式。假设:①跨国公司利用资本K和劳动L向A地区的制造业进行投资,其中单位投资成本为r_1,单位劳动力成本为w。②对于A地区的本土企业而言他们为跨国公司进行产业配套提供各种中间产品,假定他们所提供的中间投入产品总量为$X = \sum_{i=1}^{M} X_i$,并且中间产品的单位成本为r_2。在这里我们认为,中间产品投入数量M的增加是由于跨国公司落户东道国而引起了当地产业集聚的上升,M越大表明围绕在跨国公司周围为其提供产业配套服务的企业越多。

于是我们可以得出A地具有代表性的跨国公司的生产函数为:$Y = AL^{\alpha}K^{\beta}\sum_{i=1}^{M}X_i^{\beta(m)}$,其中$A$为系数,$\alpha,\beta$分别为劳动和资本的产出弹性;$\beta(m)$为本土企业生产的配套产品对跨国公司的产出弹性,可以用来表示东道国的技术水平,其值越大则表明本土企业为跨国公司提供中间产品的关联效应的深度增加,即本土企业通过为跨国公司提供中间产品而使得其管理和技术水平获得了提升。

根据以上假定我们可以得到该跨国公司的利润函数为:

$$\pi = Y - wL - r_1K - r_2\sum_{i=1}^{M}X_i \quad (1)$$

则由利润最大化我们可以得到:$\max \pi = Y - wL - r_1K - r_2\sum_{i=1}^{M}X_i$。然后,把$L$看成外生变量分别对$K$和$X_i$求导可以得到以下两式:

$$\frac{\partial \pi}{\partial K} = r(n)AL^{\alpha}K^{r(n)-1}\sum_{i=1}^{M}X_i^{\beta(m)} - r_1 = 0 \qquad (2)$$

$$\frac{\partial \pi}{\partial X_i} = AL^{\alpha}K^{r(n)}\beta(m)X_i^{\beta(m)-1} - r_2 = 0 \qquad (3)$$

由此两式,通过整理我们可以得到跨国公司利润最大化条件为:

$$K = \frac{r_2}{r_1} \times \frac{r(n)\sum_{i=1}^{M}X_i^{\beta(m)}}{\beta(m)X_i^{\beta(m)-1}} \qquad (4)$$

在其他条件不变的情况下,我们假设本土企业为跨国公司提供产业配套的中间产品可以用共同的物质单位来衡量,即:$\sum_{i=1}^{M}X_i^{\beta(m)} = MX_i^{\beta(m)}$,则等式(4)可以重新改写成为:

$$M = K\frac{r_1}{r_2} \times \frac{\beta(m)}{r(n)X_j} \qquad (5)$$

从以上推导过程和最终表达式(5)可知,在 r_1、r_2、$r(n)$、$\beta(m)$ 保持不变的情形下,产业集群水平 M 和跨国公司投资 K 之间存在正比例的关系。首先,当 K 越大时,M 值就越大,这说明当跨国公司的投资规模越大时,本土企业的产业集群能力就越强;其次,当 M 越大时,K 值也就越大,这就说明产业集群水平越高,跨国公司对东道国的资本输出就越大。这在一定程度上充分论证和说明了前面所介绍的 FDI 和产业集聚的互动机理分析。当然,这里有很多前提假设条件,比如说:跨国公司的单位投资成本,单位中间产品成本以及本地企业的技术水平保持不变等等这些假定在现实中往往是不成立的。所以为了进一步研究 FDI 和产业集聚水平之间是否存在互动关系,下面将以浙江省制造业为例来进行实证分析和计量检验。

四、指标的选取

为了研究 FDI 对产业集群的影响,我们首先选择一个合适的指标来衡量产业集聚化程度,而在衡量集群指标方面,目前,关于产业集聚水平测度研究方法主要有基尼系数、赫芬达尔指数、区位熵和 E-G 指数等方法。由于受数据来源的限制,在这里我们采用了哈盖特(P. Haggett)提出的区位熵概念。区位熵又称专门化率,来反映某一产业部门的专业化程度,计算公式为:

$$\beta_{ij} = \frac{q_{ij}/q_j}{q_i/q}$$

其中,β_{ij} 表示 j 区域行业 i 的区位熵,q_{ij} 表示 j 区域行业 i 的总产值,$q_j = \sum_{i=1}^{n}q_{ij}$ 表示区域 j 的全部工业总产值,$q_i = \sum_{j=1}^{n}q_{ij}$ 表示全国行业 i 的总产值,$q = \sum_{i=1}^{n}\sum_{j=1}^{n}q_{ij}$ 表示全国的全部工业总产值,n 是行业数量。这个指标能够测度该地区的生产结构与全国平均水平之间的差异，借此可以评价这个地区的产业集群程度。如果β_{ij}大于1，则表示j区域行业i的集群程度大于全国的平均水平，β_{ij}越大，表明j区域行业i的集群程度越高。

我们选取的样本数据是2002-2011年浙江省两位数分类的27个制造行业的面板数据，并根据以上的区位熵公式分别计算出它们各自的区位熵值，结果见表1所示。从表1中我们可以看出，对于浙江省而言，2002年至2011年区位熵一直大于2的高集群度行业有纺织业，皮革、毛皮、羽毛及其制品业，化学纤维制造业占总制造行业的11.1%。其中化学纤维制造业区位熵从2002年的2.242上升到2011年的5.367，平均增长了13.94%；区位熵10年里至少有8年以上一直大于1的，即已经表现出集群特征的行业有14个，除了以上3个外，还包括纺织服装、鞋、帽制造业，家具制造业，造纸机及纸制品业，印刷业和记录媒介的复制，文教体育用品制造业，橡胶制品业，塑料制品业，金属制品业，通用设备制造业，电气机械及器材制造业，仪器仪表及文化办公用机械制造业共14个行业，几乎达到了制造业总数的一半以上。对于区位熵小于1还未形成集聚的行业，例如化学原料及化学制品制造业，石油加工、炼焦及核燃料加工业，黑色金属冶炼及压延加工业，交通运输设备制造业，仪器仪表及文化办公用机械制造业，饮料制造业，等行业，虽然它们现在不具备集群优势，但是动态过程中它们的集群程度却是在增加的。以上这些都说明，浙江制造业的总体集群水平还是比较不错的，并且发展态势良好。同时，进一步研究还可以发现，浙江省表现出产业集群特征的行业主要是集中在纺织业，纺织服装、鞋、帽制造业，皮革、毛皮、羽毛及其制品业，家具制造业等等劳动密集型行业。近几年随着浙江省对外引资规模的不断扩大同时产业结构的升级和调整，资本密集型的产业诸如化学纤维制造业，交通运输设备制造业，仪器仪表及文化办公用机械制造业等行业的集群程度的增速不断提高。

表1 浙江省2002-2011年制造业分行业的区位熵

行业/年份	2002	2003	2004	2005	2006	2007	2008	2009	2010	2011
农副食品加工业	0.466	0.437	0.643	0.393	0.360	0.329	0.312	0.298	0.284	0.271
食品制造业	0.476	0.513	0.466	0.453	0.420	0.428	0.454	0.477	0.443	0.449
饮料制造业	0.895	0.928	0.456	0.662	0.639	0.681	0.708	0.687	0.943	0.541
纺织业	2.217	2.344	2.489	2.389	2.331	2.377	2.455	2.600	2.504	2.512
纺织服装、鞋、帽制造业	2.141	2.215	2.230	1.979	1.846	1.842	1.796	1.698	1.716	1.532
皮革、毛皮、羽毛及其制品业	2.595	2.511	3.598	2.484	2.414	2.288	2.176	2.123	2.089	2.003
木材加工及木、竹、藤、棕、草制造业	1.107	1.253	1.516	1.213	1.051	0.988	0.908	0.843	0.780	0.682

续表

行业/年份	2002	2003	2004	2005	2006	2007	2008	2009	2010	2011
家具制造业	1.208	1.231	1.984	1.510	1.580	1.663	1.716	1.696	1.631	1.645
造纸及纸制品业	1.250	1.243	0.947	1.194	1.206	1.208	1.288	1.300	1.288	1.305
印刷业和记录媒介的复制	0.955	1.090	0.735	1.118	1.183	1.179	1.118	1.200	1.229	1.116
文教体育用品制造业	1.667	1.621	2.007	1.729	1.687	1.794	1.815	1.843	1.935	1.881
石油加工、炼焦及核燃料加工业	0.537	0.521	0.922	0.602	0.569	0.527	0.572	0.572	0.593	0.676
化学原料及化学制品制造业	0.792	0.754	0.749	0.782	0.789	0.850	0.913	0.933	0.938	1.065
医药制造业	0.943	0.994	0.547	1.025	0.994	0.962	0.916	0.897	0.839	0.809
化学纤维制造业	2.242	2.668	3.225	3.808	3.979	3.955	4.564	4.737	4.803	5.367
橡胶制品业	0.834	0.902	1.045	1.086	1.052	1.085	1.104	1.094	1.178	1.176
塑料制品业	1.540	1.642	1.772	1.857	1.812	1.809	1.775	1.793	1.803	1.774
非金属矿物制品业	0.691	0.726	0.557	0.710	0.662	0.622	0.629	0.603	0.583	0.627
黑色金属冶炼及压延加工业	0.262	0.269	0.313	0.299	0.326	0.365	0.431	0.445	0.471	0.494
有色金属冶炼及压延加工业	0.826	0.887	0.979	0.974	0.965	0.827	0.783	0.793	0.836	0.841
金属制品业	1.339	1.358	1.435	1.319	1.324	1.349	1.379	1.372	1.253	1.287
通用设备制造业	1.517	1.537	1.483	1.581	1.497	1.492	1.412	1.320	1.377	1.346
专用设备制造业	1.104	0.990	0.669	0.854	0.859	0.878	0.760	0.754	0.791	0.705
交通运输设备制造业	0.653	0.678	0.589	0.812	0.837	0.840	0.921	0.879	0.833	0.870
电气机械及器材制造业	1.434	1.437	1.482	1.330	1.320	1.361	1.413	1.406	1.388	1.388
通信设备、计算机及其他电子设备制造业	0.412	0.424	0.527	0.398	0.492	0.492	0.455	0.428	0.458	0.477
仪器仪表及文化、办公用机械制造业	0.870	1.121	1.015	1.121	1.176	1.227	1.207	1.395	1.466	1.304

注：数据来源：根据《中国统计年鉴》《浙江省统计年鉴》(2002—2011年)整理、计算。由于烟草加工业对外资开放有限，工艺品及其他制造业、废弃资源和废气材料回收加工业数据，年鉴(2002年)均为单独统计，所以，这里剔除以上三个行业的数据。行业工业总产值均为国有企业及规模以上非国有企业统计数据。

五、FDI 与浙江产业集群互动的实证分析

(一)模型的设定

基于以上的理论分析和数理证明,我们知道外商直接投资和产业集群之间存在相互促进的关系,所以为了重点考察 FDI 和产业集群之间的关系,本文提出两点基本假设:

假设 1:外商会倾向于选择表现出行业集群的地方进行投资。

假设 2:外商的进入又会强化该行业及相关行业的集群。

同时由于 FDI 示范效应,即:外资往往愿意进入外资相对集中的领域,因为这种"追随领导者"的投资策略,可以降低前期的市场考察的成本,同时也比较容易得到其他外商的认同(彭琳,2011)。其次,新经济地理学主张经济活动空间集聚的形成过程是动态变化的过程,所以为了描述地区工业集聚的这一特点,在估计模型中引入滞后因变量,即累积循环效应变量,可以控制各地区历史工业集聚作用的差异(朱英明,2011)。所以综合考虑以上因素之后,我们在这里分别引入因变量滞后一期到模型中使静态模型变为动态模型。并且对所有变量取对数,用以消除异方差以便将非线性转化为线性。模型的具体形式如下:

$$\ln\beta_{it} = \lambda + \theta_1 \ln FDI_{it} + \theta_2 \ln\beta_{it-1} + \varepsilon_{it} \tag{6.1}$$

$$\ln FDI_{it} = \delta + \alpha_1 \ln\beta_{it} + \alpha_2 \ln FDI_{it-1} + \mu_{it} \tag{6.2}$$

其中下标 i 表示行业,也就是文中选定的浙江省制造业 27 个细分行业的变量值,t 表示年份,λ、δ、α_1、α_2、θ_1、θ_2 均为回归参数,μ_{it}、ε_{it} 是随机项;$\ln FDI_{it}$、$\ln FDI_{it-1}$ 表示 i 行业在 t 和 $t-1$ 年份所吸收 FDI 的对数,$\ln\beta_{it}$、$\ln\beta_{it-1}$ 则表示 i 行业在 t 和 $t-1$ 年份区位熵值的对数。

(二)数据来源

本文所选取的是面板数据,数据来源为 2003—2011 年的《浙江省统计年鉴》,由于浙江省制造业分行业的外商直接投资很难全面得到。所以,浙江省分行业的 FDI 数据,我们就采用沈瑞、丁小艺(2009)的做法,用浙江省分行业的"三资"企业工业总产值占分行业全部工业总产值的比重来替代,这在一定程度上可以作为衡量浙江省制造业利用外资概况的指标。对于集聚程度的分类本文将 10 年里至少有 8 年区位熵大于 1 的行业称为高集聚度行业,反之则称为低集聚度行业。对于制造业不同要素密集度的分类,在这里我们参照张理(2007)对制造业 29 个行业的分类法,将制造业总共分为 4 大类型,依次是劳动密集型、劳动技术密集型、资本密集型、资本技术密集型以及技术密集型。因为劳动技术密集型和资本技术密集型都对技术有很高的要求,所以要本文将它们统归为技术密集型行业,其中劳动密集型制造业主要包括纺织业、家具制造业、金属制品

业等9个行业,资本密集型制造业主要包括石油加工、炼焦及核燃料加工业、化学纤维制造业等7个行业,技术密集型制造业则包括交通运输设备制造业、通信设备计算机及其他电子设备制造业、医药制造业、化学原料及化学制品制造业等11个行业。

(三)FDI与产业集群互动的回归分析

我们用eviews6.0对模型6.1和6.2分别采用跨截面加权回归法进行回归,这样做能消除不同截面数据之间存在的异方差现象。估计结果如表2和表3所示:

表2 模型6.1的回归结果

解释变量	总的制造业	低集聚行业	高集聚行业	劳动密集型	资本密集型	技术密集型
C	0.0930***	−0.2588**	0.4105***	0.4018***	0.3891**	−0.0433
$LNQUWEI(-1)$	0.3579***	0.3448***	0.3800***	0.4039***	0.1512	0.5015***
$LNFDI$	0.0493**	0.0294	0.0738**	0.1747**	0.3008***	0.0172
样本个数	243	117	126	81	63	99
$AD-R^2$	0.9881	0.9098	0.9701	0.9932	0.9796	0.9564
DW	1.8212	1.7376	1.8275	1.6836	1.8217	1.9778
hausman统计量(H0:随机效应)	102.6264***	34.6491***	61.2976***	26.1545***	45.7605***	33.9950***
F统计量(H0:混合效应)	6.5426***	4.2042***	6.6083***	6.0469***	10.1653***	2.9519***
LLC统计量 PP-Fisher统计量(H0:有单位根)	−4.8022*** 307.4950***	−1.9968** 145.7130***	−5.7325*** 163.0870***	−4.3019*** 112.9430***	−2.6372*** 87.0986***	−2.8220*** 86.8305***

注:***代表显著性水平为1%;**代表显著性水平为5%;*代表显著性水平为10%。

表2和表3的数据表明:

第一,总的来看,浙江外商直接投资与制造业产业集聚水平的实证检验在一定程度上支持了原假设1和原假设2,并且方程都符合预期,拟合度都比较好,模型变量系数的T统计量都通过了5%的显著性检验。具体表现在:系数0.049说明外商直接投资对产业集聚水平具有正向促进作用,即:外商直接投资每提高1个百分点,会促进产业集聚度提高0.049个百分点;系数0.14则说明产业集聚度和外商直接投资也呈现出正相关关系,即:产业集聚度对外商直接投资的贡献率是14%。由此可以看出,浙江省制造业

表3 模型6.2的回归结果

解释变量	总的制造业	低集聚行业	高集聚行业	劳动密集型	资本密集型	技术密集型
C	−0.9941***	−0.9692***	−1.2022***	−1.0086***	−1.1375***	−0.9777***
LNFDI(−1)	0.2307***	0.2584***	0.2332***	0.2044**	0.1621**	0.2915***
LNQUWEI	0.1407***	0.0399	0.4673***	0.2254**	0.2443**	−0.1449
样本个数	243	117	126	81	63	99
$AD-R^2$	0.9315	0.9308	0.9101	0.9162	0.9029	0.8520
DW	1.6155	1.5983	1.8035	1.5166	1.3786	1.9742
hausman 统计量（H0:随机效应）	145.6206***	103.4122***	55.6275***	90.3955***	47.9088***	36.6033***
F 统计量（H0:混合效应）	12.9530***	14.6685***	11.8733***	12.6585***	18.0011***	9.1125***
LLC 统计量	−9.69953***	−8.0486***	−7.1034***	−4.95319***	−3.86784***	−7.8245***
PP-Fisher 统计量(H0:有单位根)	208.038***	96.3571***	119.1970***	75.4489***	51.2355***	68.5566***

注：***代表显著性水平为1%；**代表显著性水平为5%；*代表显著性水平为10%。

的外商直接投资与该产业集聚水平之间存在互动因果关系。同时，进一步观察我们还能发现，前期 FDI 和产业集聚度对于当期 FDI 和产业集聚的影响，系数 0.23 则说明前期的外商直接投资对后期的外商直接投资有正向的示范效应，即前期 FDI 每增加一个百分点就会吸引后期 FDI 进入 0.23 个百分点；系数 0.358 说明产业集群具有良好的路径依赖效应，并且这种路径依赖效应要远大于 FDI 的影响，这个结果与现有的理论研究结果十分吻合：由于历史偶然性产生的产业集群形成了一定的外部性，包括当地熟练、高度分工的劳动力市场、企业协同创新的环境、专业化技术设备的发展等等。而这些集群形成产生的外部性又进一步强化了地区的产业集聚（吴丹丹、谢建国，2007）。

第二，具有高集聚特征的 14 个行业 FDI 与产业集群互动效果显著。外资每增加 1 个百分点或前期产业集聚度每上升 1 个百分点将分别带动行业区位熵指数增加 0.0738 和 0.38 个百分点，同时产业集聚度和前期 FDI 每提高 1%将分别带动外商直接投资提高 3.99%和 25.84%并且都通过 5%的显著性检验。这说明这些行业目前依然处在向心力占主导地位的迅速发展时期，无论是路径依赖效应、FDI 示范效应还是 FDI 与产业集群互动的循环效应都能够得到很好的体现。与高集聚度行业形成鲜明对照，对于低集聚度的 13 个行业而言，FDI 变量系数为 0.0399 并未通过显著性检验，说明这些行业可能目前不具有吸引 FDI 的各项优势，或者是有些行业目前对外资并没有完全开放，而使这些行业没有形成集群。

第三，进一步按要素密集程度分类来分析 FDI 与产业集聚的互动作用，对比表 2 和表 3 的数据，不难发现，FDI 与产业集群的正向促进作用受到行业的限制。尤其是在劳动密集型行业和资本密集型行业中这种互动得到明显证实，并且都通过 5% 的显著性检验。例如：系数 0.275，表明劳动密集型行业的外商直接投资每增加一个百分点，将带动该类别的产业集聚度增加 0.275；系数 0.289，表明产业集聚水平对 FDI 贡献率是 28.9%，这说明 FDI 进入劳动密集型行业不仅促进了这些行业产业集群的发展，同时产业集聚水平的提高又吸引了更多 FDI 的进入，从而形成良性循环，同样在资本密集型行业中也可以得到同样结论。但是，在技术密集型行业中，这种互动似乎并没有得到验证。导致这种互动关系不显著的一个可能原因是本土企业与跨国公司子公司之间存在着明显的技术差距，从而使得两类企业在生产的过程中不能建立明确的前后向联系，互补性弱而不利于集群的形成和发展。同时，对于跨国公司而言，发达国家的技术密集型行业的投资回报率要远远高于中国，所以与发达国家相比国内的技术密集型行业在吸引外资上并不具有明显优势。

（四）计量检验

1. 模型选择的 Hausman 和 F 检验

在静态面板数据模型设定时，是采用固定效应模型、随机效应还是混合模型模型，取决于 Hausman 统计量和 F 统计量的检验结果。由表 2 和表 3 可知，所有面板回归模型的 Hausman 统计量和 F 统计量均在 5% 的统计水平上显著，因此检验结果拒绝了随机效应模型和混合效应模型的原假设，应该建立个体固定效应模型。

2. 面板残差单位根检验

为了检验回归结果或检验滞后阶的稳健性，需要对模型回归的残差进行面板单位根检验，如果残差不是面板单位根过程而是平稳过程，那么可以认为参数估计量不是伪回归结果。为此，本文选择同根情形下的 LLC 单位根检验以及不同根情形下的 Fisher-PP 单位根检验。表 2 和表 3 结果显示，所有面板单位根检验结果在 1% 的显著性水平上拒绝了残差存在单位根的原假设，表明面板残差是平稳的，FDI 与浙江制造业产业集群模型设定是合适的，估计结果具有稳健性。

3. FDI 与产业集群的协整检验

当面板数据的单位根检验得出变量之间不存在单位根时，可以对其进行面板的协整检验，来验证这两个平稳的时间序列之间是不是存在协整关系。而面板数据的协整检验有两种检验方法：一个是 E-G 两步法，即基于残差的平稳性检验，二是 Johansen 和

Juselius 的似然比检验方法。后者相对前者的检验功效更大并且它能够估计和检验多重协整关系,还允许对协整关系和速度调整系数施加约束进行检验(钟志威、雷钦礼,2008),所以本文选择 Johansen 面板协整检验。表 4 结果显示,所有不同类型行业的 Johansen 检验结果在 5%的显著性水平上拒绝了不存在协整关系的原假设,表明外商直接投资和产业集群存在长期稳定的均衡关系。

表 4 Johansen 面板协整检验结果

Johansen Fisher Panel Cointegration Test

行业/统计量	Hypothesized NO. of CE(s)	Fisher Stat.* (from trace test)	Prob.	Fisher Stat.* (from max-eigen test)	Prob.
总的制造业	None	454.4	0.0000	428.5	0.0000
	At most 1	147	0.0000	147	0.0000
低集聚行业	None	203.7	0.0000	193.8	0.0000
	At most 1	62.10	0.0000	62.10	0.0000
高集聚行业	None	237.4	0.0000	222.9	0.0000
	At most 1	79.40	0.0000	79.40	0.0000
劳动密集型	None	167.4	0.0000	153.4	0.0000
	At most 1	61.34	0.0000	61.34	0.0000
资本密集型	None	120.6	0.0000	117.6	0.0000
	At most 1	36.26	0.001	36.26	0.001
技术密集型	None	153.1	0.0000	145.7	0.0000
	At most 1	43.90	0.0016	43.90	0.0016

六、结论与启示

本文通过第三部分的理论分析以及第四、五部分的证实分析和计量检验,最终表明外商直接投资和产业集群度之间存在正向互动关系。一方面,外商直接投资通过促进地区产业结构优化升级、技术扩散效应来提高地区产业集群水平;另外一方面,产业集群水平的提高又会因为存在产业竞争优势而反过来成为吸引外商直接投资的动力,从而形成良性循环。然后进一步再按集聚程度的高低以及要素密集程度对 FDI 与产业集群的相互作用进行分析,不难发现 FDI 与产业集聚水平的正向互动在高集聚度行业比较显著而在低集聚度行业不显著。同时这种互动也受到行业的限制,具体表现在,FDI 与产业集群的互动作用只在劳动密集型行业、资本密集型行业中得到证实,而在技术密集型行业中并未得到验证。

15 FDI 与产业集群的互动研究
——以浙江制造业为例

虽然,浙江省目前仍然是外商投资进入中国的一个主要选择,但是随着国际形势的变化以及国内不断上升的劳动力成本和土地价格,它已经不再是外商投资进入中国首选的地区之一。同时,同样作为沿海高利用外资的兄弟省份,江苏、广东等省份近几年外商直接投资持续几年都是浙江省的好几倍,很好地促进了这些地区经济的发展。所以,浙江省要想在利用外资方面有所突破同时更好地发挥FDI的功效,必须要做到以下几点:第一,政府应继续为外商以及区域内产业集群创造良好的条件,例如提供一系列的优惠政策,加强宏观环境和公共服务体系的建设,以实现浙江产业集群和外商直接投资的良性互动。第二,调整利用外资的战略,提高外商直接投资在产业集群中的质量和水平,为此政府应该有选择地引进外资以确保其转移技术的先进性,从而为更好地发挥技术溢出效应创造条件。第三,要注重本地产业集群自身的创新和升级,不断提高本地产业集群自身的竞争优势,因此在政策取向上,政府应该更加注重集群政策而非传统的产业政策,以便更好地发挥集群的整体效应。

参考文献

[1] 朱英明.产业集聚论[M].北京:经济科学出版社,2003.

[2] 罗默.高级宏观经济学[M].北京:商务印书馆,1999.

[3] 杰弗瑞·A.杰里,菲利普·J.瑞尼.高级微观经济理论[M].上海:上海财经大学出版社,2001.

[4] 江小涓.中国的外资经济:对增长、结构升级和竞争力的贡献[M]北京:中国人民大学出版社,2002.

[5] 梁琦.中国工业的区位基尼系数——兼论外商直接投资对制造业集聚的影响[J].统计研究,2003(9):24-32.

[6] 吴丹丹,谢建国.FDI对产业集群作用的实证研究——以江苏省制造业产业集群为例[J].世界经济研究 2006(6):54-61.

[7] 朱华晟.基于FDI的产业集群发展模式与动力机制——以浙江嘉善木业集群为例[J].中国工业经济,2004(3):106-112.

[8] 张理.应用SPSS软件进行要素密集型产业分类研究[J].华东经济管理,2007(8):55-58.

[9] 王会容.FDI流入对于浙江省产业集群升级影响的研究[D].杭州:浙江工商大学,2010.

[10] 赵鹏.重庆市FDI与产业集聚的关系研究[D].重庆:重庆工商大学,2012.

[11] 施敏颖.FDI与产业集群互动关系研究——以浙江为例[J].嘉兴学院学报,2007(9):48-51.

[12] 叶建亮.知识溢出与企业集群[J].经济科学,2001(3):23-30.

[13] 洪庆聪.FDI与产业集群互动关系研究等人时所构造的模型原理[D].厦门:厦门大学,2009.

[14] 祖强,孙军;跨国公司FDI对我国产业集聚和产业升级的影响[J].世界经济与政治论坛,2005(5):3-23.

[15] 何文兵.FDI对产业集群的影响[D].南昌:江西师范大学,2008.

[16] 李庆敏.基于Swarm仿真的外商直接投资与我国产业集群互动分析[D].杭州:浙江大学,2010.

[17] 郭立伟,饶宝红.基于FDI的产业集群的识别研究——以长三角地区为例[J].商场现代化,2007(521):269-270.

[18] 朱云高.FDI,产业集群和国际竞争力[J].吉林财税高等专科学校学报.2004(1):51-56.

[19] 徐康,陈奇.外商直接投资在产业集聚形成中的作用[J].现代经济探讨,2003(12):3-7.

[20] 范宗英.辽宁装备制造业FDI与产业集聚互动关系分析[D].沈阳:辽宁大学,2012.

[21] 王晓清,孙捷.江苏省FDI与产业集群互动关系的实证研究[J].黑龙江对外经贸,2008(8):131-133.

[22] 刘婷.基于跨国公司的FDI与产业集群互动机制研究[D].北京:首都经济贸易大学,2007.

[23] 陶凌云,赵增耀.FDI与产业集群互动机制的分析[J].开发研究,2009(4):63-69.

[24] 姚晓璠.FDI与产业集群互动关系研究——以山东省为例[D].济南:山东大学,2010.

[25] 陈刚明.FDI与产业集聚关系研究——以我国四个直辖市为例[D].重庆:重庆工商大学,2012.

[26] 徐寅志.FDI对山东省制造业集群影响的实证分析[J].产业集群研究,2009(2):146-148.

[27] 沈瑞,丁小义.FDI,产业集聚与技术溢出——基于浙江制造行业数据的实证检验[J].浙江工业大学学报,2009(4):373-378.

[28] 卢梦华.FDI诱导的产业集群研究——以江苏省制造业为例[D].南京:南京大学,2011.

[29] 潘峰华,贺灿飞.江苏和浙江制造业地理集聚对比研究[J].世界地理研究,2010,19(2):102-110.

[30] 彭琳.湖南制造业外商直接投资与产业集群相关性研究[D].长沙:中南大学,2011.

[31] 柳建蓉.FDI进入对我国汽车产业集群的影响研究[D].北京:北京交通大学,2012.

[32] 刘益诚.FDI主导的产业集群和地方产升级研究[D].苏州:苏州大学,2012.

[33] 吉丹俊.FDI溢出效应及其对本土企业技术能力提升的作用[D].苏州:苏州大学,2009.

[34] 李晗斌.FDI对中国工业集聚的影响研究[D].长春:吉林大学,2011.

[35] 饶紫卿.论产业集群对FDI的引致影响[D].北京:中央民族大学,2007.

[36] 许箫迪,王子龙,李晓雯.区域知识溢出的集群效应研究[J].财贸研究,2006(2):24-28.

[37] Angel D. High-technology Agglomeration and the Labor Market. the case of Silicon Valley[J]. Environment and Planning A,1999(23):57-59.

[38] Birkinshaw. Upgrading of Industry Clusters and Foreign Investment[J]. International Studies if Management and Organization,2000,2.

[39] Enright. Host Country Characteristics and Agglomeration in Foreign Direct Investment[J]. Applied Economics,2001(28):123-134.

[40] Kokko A. Technology, Market Characteristics, and Spillovers[J]. Journal of Development Economics.1994,43(2):279-293.

[41] Clickman, Norman J. and Douglas P. Wood, The Location of Foreign Direct Investment in the U.S. Patterns and Determinants [J]. International Regional Science Review, 1988(11): 16-19.

[42] Porter, M.E. The Competitive Advantage of Nations [M]. The Free Press. New York. 1990.

[43] Venables. Central place theory and the problem of aggregating individual location choice[J]. Journal of Regional Science, 1996,21(2):243-261.

[44] Luger, Shetty.Determinants of foreign plant startups in the United States. lessons for policy-makers in the southeast, Vanderbilt Journal of Transactional Law[J]. 1985(18): 223-245.

[45] C Keith Heada, John C Riesa, Deborah L. Swenson. Attracting Foreign Manufacturing. Investment Promotion and Agglomeration [J]. Regional Science and Urban Economics, 1999 (29):197-218.

[46] 中国统计年鉴[Z].2003-2012.

[47] 浙江省统计年鉴[Z].2004-2012.

[48] 中国国家统计局[Z]. http.//www.stats.gov.cn/.

16

环同济设计产业集群中的城市更新案例研究

刘 强

(同济大学经济与管理学院 上海 200092)

> **摘 要**：本文主要通过访谈调研的方式，全面总结了环同济设计产业集群中的城市更新过程以及其中政府、大学、开发商、社区等多主体发挥的作用，在此基础上对关于城市更新与大学周边产业集群互动关系、城市规划的"生成"观念、城市更新的参与机制、大学周边创意产业集群中城市更新需求的矛盾性等问题进行了讨论。
>
> **关键词**：环同济；产业集群；城市更新；案例研究

自上世纪90年代中期以来，在强大的市场需求拉动和大学优势学科人才与知识外溢的共同作用下，同济大学2.6平方公里的区域内逐渐形成了一个以建筑与城市规划设计、景观设计、工程软件设计、环保工程设计、汽车设计为主的设计产业集群。到2012年，这一集群已有1800家左右的相关企业，年产值198亿，成为了一个比较典型的依托大学发展起来的知识性创意型产业集群。在其发展过程中，大学起到了核心作用，但大学周边的城区空间环境也起着重要的承载作用，其更新演化直接影响着产业集群的发展。

一、产业集群发展对同济大学周边区域城市更新的推动

（一）城区功能的改变

首先在功能上发生变化的是同济大学南侧长860米的赤峰路杨浦区段。该路段近邻同济大学，交通方便，成为从学校外迁企业的首选地。上世纪90年代中期，大学教师

创办的公司和工作室陆续搬出了校园,在赤峰路两侧集聚,推动了同济周边地区的城市更新。目前,赤峰路上有同济大学国家级大学科技园、63号创意设计工厂、沪东科技园,加上赤峰路东段路口、四平路上的远洋广场,共有三个科技、创意产业园区。另外,还在沿街以及深入到街区内部的居民区中集聚了大量的企业,这些企业80%以上与建筑相关,涵盖了建筑、园林和城市环境的整体设计,以及建筑模型、三维电脑图文制作设计等。这里目前依然发挥着创业企业的孵化功能。

另一条紧邻同济大学北侧的国康路,改造前除了几家区属企业外,有大量的棚户区。由于同济设计产业发展的推动,现已成为一条几乎完全由科技、设计企业为主的区域。有上海市政工程研究设计院、上海邮电工程研究设计院、规划大厦、科技创业大楼、国康创业公寓、上海国际设计中心,已成为目前国内最密集的设计区域。

同济周边产业的发展不仅推动了紧邻街道的功能的提升,还以其强大的辐射力推动着周边地区的城市更新。现在,离同济校园步行约20分钟的杨浦区控江路、大连路上的商务楼宇,如杨浦商场、信息大厦、卫百辛大楼、和平创业公寓、和平大楼等也密布着与同济大学相关的知识服务型产业。最为典型的是在离同济校园约30分钟步行距离位于大连路飞虹路口的"海上海"4A级商务楼的建成。"海上海"的建设在很大程度上是着眼于吸引同济周边的设计企业。"海上海"作为杨浦区首个4A级商务办公楼宇,其建成改变了当时上海的"下只角"杨浦区的商务环境和城区形象。

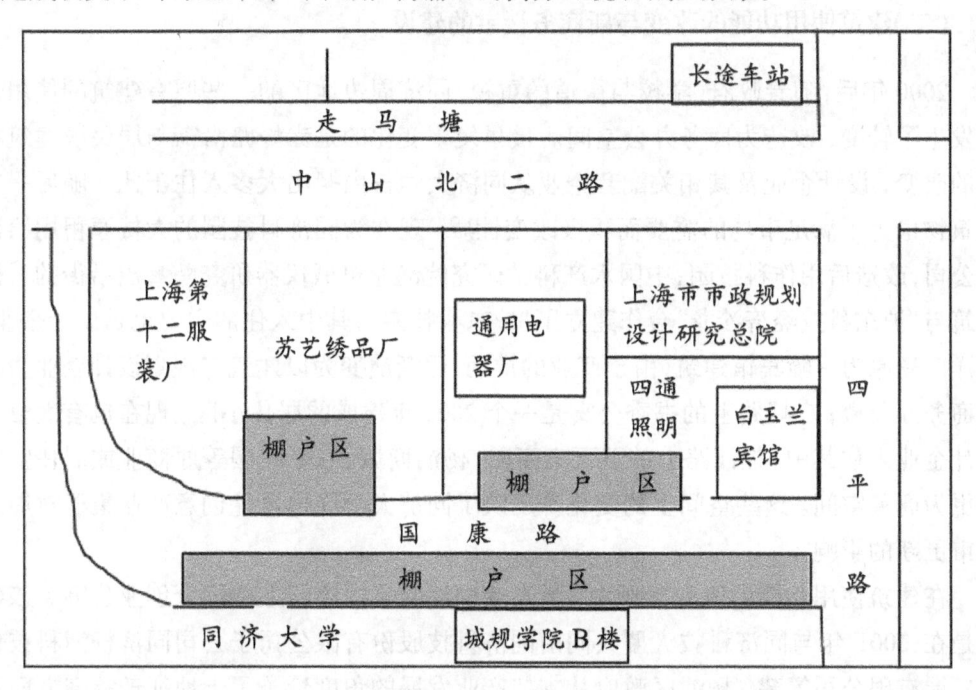

图1 国康路改造前两侧状况意图(本研究绘制)

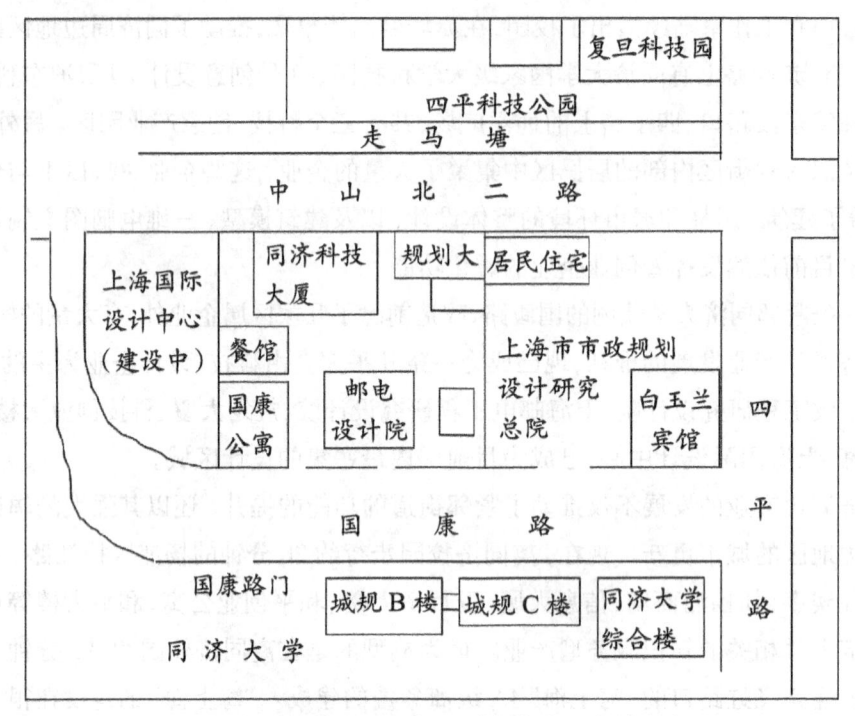

图2 国康路两侧现状示意图（本研究绘制）

（二）建筑使用功能的改变与新商务楼宇的建设

2000年后,随着政府、学校与街道的重视,同济周边地区的一些原有建筑的使用性质发生了转变,改造为商务办公空间。最早发生变化的是赤峰路沿街与居民区建筑功能的改变,设计企业及其相关配套企业从同济大学校内搬出大多入住于此。随后一些建筑物也为了满足市场的需要而积极改变性质。现在为同济科技园的大楼原租用给证券公司,改造后用作科技园;中国水产科学研究院渔业机械仪器研究院拿出沿街的一幢建筑与"沪东科技经济沙龙"合作建立了"沪东科技园",其中入住的主要也是设计企业;远洋广场原为一幢宾馆建筑,由于产业的推动,逐渐演变为以建筑与规划设计企业为主的商务办公楼;赤峰路上的书香公寓是一个2003年建成的居住小区,现在也有大量的设计企业入住其中;控江路上的卫百辛商厦、杨浦商城、和平花园等原商业或居住空间变更为商务空间。这些空间上的变化都反映了同济大学周边设计创意产业集群对周边城市更新的影响。

在建筑使用功能的改变案例中,最富戏剧性的是国康路上的国康创业公寓。该建筑是在2001年与同济科技大厦共同由同济科技股份有限公司子公司同济杨浦科技创业发展有限公司筹建。杨浦区政府从支持产业发展的角度给予了土地征迁等多方面的优惠与帮助,并希望建成商务楼。当时,上海住宅市场需求旺盛,出于获取更大市场利益的考虑,同济杨浦科技创业发展有限公司以科技配套公寓的名义坚持建设了商品住宅房。但是,市场的力量最终还是在该地块表现出来。国康公寓建成后有大量的同济教师购买作为自己的设计工作室,也有很多小公司购买作为办公室,居住者也因为可以获得较高的租金而将房子出租给设计公司或工作室。同时,杨浦区政府也突破住宅区中不许设立公司的规定,允许在该公寓注册公司。目前,国康公寓中已经有70%以上的面积转变为办公用房。由于国康公寓是作为居住用房设计建造的,其内部结构不适合大公司的要求,所以入住其中的均为中小设计企业,使国康公寓无形中成了一个创业设计企业的孵化器,在紧邻同济大学建筑与城市规划学院的地点为设计公司的创业提供了一个十分合适的栖息地。如果当时建造为商务楼,则会由于较高的租金或者开发运营商的选择而使中小企业无法入住。这一过程中,杨浦区政府虽然最初坚持建商务楼的总体方向正确,但却会使这一地域失去发挥孵化器功能的机会。而对于开发商,虽然最初开发方向错误,并且没有实现利益的最大化,但是无意中却为这一地域提供了一个设计企业孵化器,增强了整个集群的活力,为集群的发展做出了贡献。

随着同济周边设计产业进入爆发式的增长期,近年多个主体建设商务办公楼宇,先后建成了赤峰路63号设计创意工场设计大楼、同济联合广场(A楼、B楼)、上海国际设计中心等新增商务楼宇。这些商务楼宇都是着眼于同济周边产业对商务空间的需求,代表着整体商务环境的提升,代表着政府、大学、地产商对这一非传统商务区域发展前景的预期,也代表着同济周边产业集群对城市更新的巨大推动作用。

二、城市更新中的多主体发挥的作用

(一)杨浦区政府

同济大学所处的杨浦区政府根据发达国家的发展规律:"大学集中之地,往往是区域经济和社会事业最发达的地方",将杨浦区定位为"知识创新区",致力于营造"城市中的大学、大学中的城市"的环境氛围。

同济周边区域城市建设方面长期缺少公共资金的投入,到1999年时,赤峰路仍然是一条沿街都是违章建筑的小马路,人行道狭窄、机动车与非机动车混行,绿化与商业、人的行为模式冲突,景观层次低,呈现出脏、乱、差的局面。国康路更是一条两边有着大量拾荒人员居住的棚户区的泥泞小路。

随着产业的兴起,杨浦区政府树立了"把传统工业杨浦建设成为未来知识杨浦"的战略角度,意识到同济周边设计产业对于区域经济发展的意义,决定投入财政资金800余万元改善服务环境。2002年12月以创建"格调高雅、风格现代、环境优美、交通有序"的新赤峰路为目标的综合整治工作全面展开,拆除违章建筑,改变以前的乱拆现象,出资修建道路,拆墙透绿工程。政府还出面协助建立了同济科技园,由沪东科技经济信息沙龙、四平街道、渔机所联合创办沪东科技经济园,并协助教学仪器公司盘活空置房,联合沿街6大物业公司进行业态调整。在短短的2年时间,整条街的办公用房增加20000多平方米,很多图文制作公司和模型公司开始在赤峰路开张。经过改造的赤峰路变成了一条道路平整、绿意盎然、容貌整洁的知识产业街。2003年2月被上海市杨浦区正式命名为"同济现代建筑设计街"。

杨浦区委、区政府在支持大学及大学科技园发展的过程中,探索出了一条"三区融合、联动发展"的创新发展机制——以整合大学资源为主线,就地拓展、就近发展,实现大学校区、科技园区、公共社区融合联动。在"三区融合、联动发展"思想的指导下,杨浦区政府在同济周边城市更新中发挥的作用主要表现在以下几个方面:①主导城市更新,如在赤峰路的城市更新中,政府直接规划、出资并组织实施了其最初的更新改造过程。②为其他主体实施的城市更新提供公共服务,如在国康路的改造中,配合同济科技股份有限公司,负责了原有企业以及棚户区居民的搬迁,这都是需要政府投入大量人力、财力与物力才能完成的工作,其他主体很难实施。③推动其他主体配合城市更新,如同济大学赤峰路、四平路、国康路围墙的破墙透绿工程。④协调城市更新中各方的关系,帮助解决遇到的问题。

(二)房地产商

房地产开发商在同济周边城市更新过程中也发挥着积极而巨大的作用。2001年,在杨浦区提出的"依托大学、依托大企业发展杨浦"的号召下,同济杨浦科技创业发展有限公司开始投入同济周边的开发。一开始公司对这一区域的价值并没有清晰的认识,当时同济科技大厦这幢大楼为复旦联合基因公司投资建造,由于土地开发经验和资金的欠缺,而转手同济杨浦科技创业发展有限公司接手继续开发。根据他们在2001和2002年的市场调查,发现赤峰路的办公空间已严重不足,而同济周边创业气氛良好,新成立的小企业也是生生不息,他们开始对国康路充满信心。国康基地一期建成后,很多同济师生到此创办企业,而且因为靠近同济,相关企业也搬了过来,从而他们发觉在国康路建造办公楼非常有发展潜力,发展思路也逐渐清晰。

2002年末到2003年初,同济杨浦科技创业发展有限公司开始决定规划公司发展的时候,慢慢形成了关于国康路最初的规划。这一规划得到了杨浦区政府的高度认可与大力支持。后来,2003年开始酝酿出"中国设计中心"(后更名为上海国际设计中心)的概念,并从杨浦区买到周边地块。还与杨浦区政府通力合作引入了上海邮电设计院这一大型设计企业,以充实该地区的设计产业。同时,他们在没有任何收益、纯粹是公共效益与社会效益的情况下投资了900万改造国康路的环境。在这一过程中同济杨浦科技创业发展有限公司(是一个纯粹的房地产开发公司)也实现了转型,因为他们在发展国康基地中的成绩,杨浦区政府与同济大学批准该公司改名为"同济科技创业园有限公司",允许他们发挥一定的同济大学国家大学科技园的功能,并且享受一定的优惠政策。

除了同济杨浦科技创业发展有限公司发挥作用外,还吸引了多个投资者参与进来。如2004年上海交通大学所属的昂立科技股份有限公司购买了远洋广场,对其垂直交通及内部环境做了较大的改造,进行了统一标识,为企业提供了更完善的服务,远洋广场昂立设计创意园于2005年成为上海市首批创意产业园区之一,为在这里成长壮大的设计企业提供了发展空间,也留住了东方设计院这样1956年就成立的大型老设计公司。又如,星峰房地产开发有限公司开发的赤峰路上的书香公寓在为同济大学的教师提供居住空间的同时,还为小公司提供创业空间,对赤峰路改造落后面貌、提升区域创业活力、集聚高素质居民、完善赤峰路的功能做出了贡献。

(三)同济大学

同济大学的作用主要表现在以下几个方面:①同济大学的校园内部的更新改造本身就是区域城市更新的重要组成部份。近年来,特别是随着同济大学百年校庆的到来,内部进行了大量的更新改造,成为一个更有魅力、功能也更为齐全的优美校园。②参与到周边区域城市更新的决策与设计中。凡是涉及同济周边环境的改造,杨浦区政府都与同济大学进行密切的协商与合作。同济大学与杨浦区政府共同协商同济校门前地铁站建设的方案、国康路设计产业氛围的建设、彰武路与中山北二路交界桥梁建设等问题。另外,同济的规划专家大量参与了杨浦区的城市规划,特别是同济周边的城市规划研究。③为城市更新起到示范作用。如前面已经提到的同济大学"创建节约型校园"行动已经产生了广泛的影响,为城市更新中创建节约型城市做出了榜样。

(四)社区

在赤峰路的城市更新中,四平街道为了与建筑设计一条街相衬,由杨浦区进行了赤峰路改造工程,在改造资金中街道也投资了约五六十万用于街面整治。

居民区为从同济迁出的企业提供最初的栖息地,同时仍在不断孵化着新创立的企业。产业的繁荣带来了租赁市场的繁荣。由于曲阳地区相对于运光地区(同属于一个街道)离同济大学更近,同济大学的学生因为赶项目要经常熬夜,有在校外租房的需求,加之学生参与到项目中又比一般打工(例如家教等兼职)有更高的收入,所以曲阳街道居民房租收入比运光居民的要高,居住用房出租给公司也能够获得更多的收益。

(五)多主体合作案例——赤峰路63号创意设计工场

赤峰路63号建筑设计创意工场中设计大楼的建设是创意产业、政府、社区、社会单位、房地产商合作推动城市更新、实现多主体共赢的经典案例。通过一系列的运作,新建的赤峰路63号创意设计工场中的设计大楼,实现了最低的建造成本,为环同济设计产业的发展提供了优质、低成本的办公空间。

政府(区政府与街道)实现了推动城市更新、提升城市形象、发展产业、增加税收、发展经济、解决就业的目的;投资方获得了稳定、便利的投资收益;土地的原有业主既实现了改造办公环境的目的,也获得了稳定的经济收益,并能在20年后收回所有物业,其员工也因为参与集资而能获得长期稳定的收益;而设计企业有了一个靠近同济大学这一知识与人才中心、租金低廉的优越办公场所。其BOT的模式,也使得原来隶属于国家农业部中国水产科技院的渔机所的土地顺利进入到支持产业发展的土地供给中。这一模式,对于位于城市中心区的土地隶属关系复杂、利益关系复杂的地区,进行城市更新具有重要的启示意义。

三、讨论

在同济周边城区的城市更新中,区政府、开发商、同济大学、社区管理部门、居民、设计企业共同参与,演绎了一幕幕丰富、精彩的创意产业与城市更新互动发展的画卷。它是一个自然有机的城市更新过程,有别于美国1950年代的大规模城市改造,也有别于我们国家多数地区正在进行的城市建设与改造,形成了自身的特点。

(一)以城市的空间政策推动创新驱动的实现

杨浦区形成的"三区融合,联动发展"模式不同于过去强调的"官—产—学—研"合作的一个突出特点在于对大学周边城市空间环境的重视,三区中的"区"是一个空间的概念。在同济周边,大学—政府—产业—社区之间的互动为"人才——知识——创造力产业——空间"的循环培植着区域发展的基础条件,实现大学、创意产业集群、城区之间融合与共赢发展。大学校区主要为科技园区提供创新创业、人才、项目、手段,为整个城区的经济与社会发展提供智力支持和文化引领;科技园区是大学师生和城区居民创新创业以及就业的场所,是城区经济发展的一个重要的增长极;公共社区主要是为校区、园区和社区居民提供公共服务,以创造一个适宜人居住的休闲娱乐和交流的环境。

(二)顺应大学周边产业集群发展规律的城市更新模式

从城市更新的节奏上来说,1980年代初这里还有很多农田,处于规划中的几个商业中心区的边缘地带,是城市基础设施建设高峰时期的盲区,在国内通行的大规模拆建在这里没有出现,与之相应的城市功能分区使城市用地功能"纯净化"也没有实施。这就形成了同济周边产业集聚中物质设施的开发与更新更多以渐进式和灵活方式进行的特征。集群中产业发展所需要的空间更多是通过旧建筑的改造与利用、建筑的多用途使用、建筑的灵活分割与组合等方式得到满足。从某种意义上说,这是与其他产业高峰地区在物质形态上最大的区别(潘海啸,2005),为创业企业提供了丰富的低成本的空间,使产业的发展环境相对宽松,这为产业发展提供了一个自然的土壤。

从更新内容来说,初期以改善外部环境为始,然后随着企业的不断壮大与集群产业的整体发展,逐步过渡到以满足企业更多商务办公空间、提供商务楼宇为主的演变过程;进而转向全面的综合环境整治、区域品牌与形象建设的阶段。城市更新保持着顺应产业集群发展需求的节奏展开。

(三)城市规划应该以"生成"的观念进行"梯度规划,逐步实现"

从同济周边区域,特别是国康公寓的规划、建设及其功能的转变,使我们认识到,如果没有一个过于强势的主体,城市更新过程既是一个充满偶然又是一个有其内在必然性的过程。在没有强力干扰的环境下,在一个渐进的过程中,区域空间的最大价值才能被发现。对于城市规划来说,有人一直呼吁"一次规划、一次建成",这对于我们国家许多城市建设缺少系统安排来说是有价值的,但是并不应成为所有区域的规划建设思想。通过相关的研究,我们更赞成"梯度规划,逐步实现"的思想。

(四)多主体参与能够保证城市更新与产业集群的协调发展

同济周边区域的城市更新体现了多主体的充分参与。他们分别从自身的利益出发参与到城市更新的过程中来,是多种利益反复博弈又逐渐趋同(认识到满足产业发展是实现他们利益的最有效途径)的过程,都在有意或无意地服从着产业集群发展对城市空间的内在需求。博弈过程中多方利益的作用最有可能实现一种最佳的结果,而不能过于强调某一主体的利益(特别是集群中的强势主体),否则可能破坏城区的整体机能。例如,在前述企业对同济周边城市规划所提的建议中就有"清理一些与功能规划无关、冲突的小商店、小摊,可以减少闲杂人等,提高市面外观档次,营造和谐环境"。这一点并不应被认同,大学周边往往还有另外的一群更重要的消费群体——大学生,他们由于经济能力的限制需要低档次的小店甚至地摊。城市更新中我们要考虑集群企业的要求与利益,但也不能只关注他们的利益,还要关注区域中其他群体的利益与需求,只有这样才能保持区域的和谐与自然生长。

(五)大学周边创意产业集群对城市更新的需求具有矛盾性

随着集群中企业的壮大,大学周边地区需要提供更多的高档商务办公楼宇,提升区域的形象,为发展壮大的企业提供满足新需求的办公空间,但也存在着不利于小企业发展的现象。原有中小企业集聚的商务楼宇在改造后以留住和引进大企业为主,小企业被迫搬迁出去。作为投资的企业,这种行为无可厚非,也是市场规律的必然,但是从区域产业集群的发展来看,小企业是集群中的主体,是集群活力的来源与长期发展的保证。这种情况下就出现了"市场失灵"的情况,就需要政府发挥公共职能,从产业集群长远生存与发展的角度出发,解决创业型企业在大学周边的低成本办公空间的需求问题。这是一个世界性的问题,需要进行深入地讨论与研究。

参考文献

[1] 陈则明.城市更新理论的演变和我国城市更新的需求[J].城市问题,2000,(1):11-13.
[2] 程大林,张京祥.城市更新:超越物质规划的行动与思考[J].城市规划,2004,Vol.28(2):70-73.
[3] 戴学来.英国城市经济衰退与城市更新运动[J].人文地理,1997,(3):50-53.
[4] E.S.萨瓦斯.民营化与公私部门的伙伴关系[M].北京:中国人民大学出版社,2002.
[5] (美)亨利·埃茨科威茨.三螺旋——大学产业政府三元一体的创新战略[M].东方出版社,2005.
[6] 潘海啸,卢源.大学周边产业形成动因及结构的实证研究——以同济大学周边产业群落为例[J].城市规划学刊,2005,(5):44-50.
[7] 马军杰,刘霞,等.上海环同济现代建筑设计产业集群特征分析[J].建筑经济,2010(6):18-21.
[8] 王伟年,张平宇.创意产业与城市再生[J].城市规划学刊,2006(2):22-27.
[9] 诸大建,黄晓芬.创意城市与大学在城市中的作用[J].城市规划学刊,2006,Vol.1:27-30.
[10] 刘强.同济周边设计产业集群形成机制与价值研究[J].同济大学学报(社科版),2006(3):61-64.

17

动漫产业和玩具制造业的整合
——以喜羊羊和奥飞动漫为例

马铭波[1] 谢坤泽[2]

1. 中国科学院中国现代化研究中心　北京
2. 北京大学城市与环境学院　北京

摘　要：基于喜羊羊和奥飞动漫，讨论了动漫产业和玩具制造业的两种整合路径：以动漫企业为主向玩具等衍生品的整合，和以玩具制造企业为主向动漫产业的整合。国内外领先企业的发展实践证明，两种路径的整合不但是发展的必然趋势，同时也能促进企业自身的快速升级，以及带动相关产业环节和集群的升级。整合能力提高的关键在于企业围绕核心产品持续创新和知识积累，目前政策重点应集中在为企业整合能力的提高创造机会和环境。

关键词：动漫产业基地；动漫衍生品；喜羊羊；动漫玩具集群；文化创意产业

一、整合之路：与国外企业的差距和不同

动漫产业作为文化创意产业，一般而言，包括创作、动画制作、发行、设计和生产衍生品、销售等主要环节。具体来说，动漫产业可以指以"创意"为核心，以动画、漫画为表现形式，包含动漫图书、报刊、电影、电视、音像制品、舞台剧和基于现代信息传播技术手段的动漫新品种等动漫直接产品的开发、生产、出版、播出、演出和销售，以及与动漫形象有关的服装、玩具、电子游戏等衍生产品的生产和经营的产业[①]。之所以动漫产业特别强调衍生产品，是因为真正赚钱的部分并不是动漫产业本身，而是衍生品。比如《狮子王》投资约4500万美元，票房收入约7亿美元，而其衍生产品的收入达到20亿美元。迪斯尼的米老鼠、小熊维尼等形象的衍生品已经到了"无处不在"的程度。相比而言，国

---

① 国务院办公厅，《关于推动我国动漫产业发展的若干意见》[R].国办发〔2006〕32号.

内制作精良的动画片如《宝莲灯》的衍生品开发却很差。《蓝猫淘气三千问》中的"蓝猫"一度也十分受欢迎,衍生幅度很大,一年内在全国开了3000家店,据说光鞋店就有400多家,终因缺乏后继力而恢复平淡[②]。所以,动漫产业和衍生品(如动漫玩具制造)的整合,并不是想当然的。

国内正掀起动漫产业的热潮,国家部委推动的"动漫产业基地"的挂牌[1],各地"十二五"等规划中"打造中国的好莱坞、迪斯尼"、"整合产业链"口号此起彼伏,"文化产业"、"文化或旅游地产"驱动的动漫主题公园已进入开发热潮[③]。然而与之对立的现实是,国内上万家动漫企业,绝大多数规模小、缺乏竞争力。正如李扬所说,我国有16000家动漫公司,有数以千万计的人在从事这个行业,4年制大学中超过1300所设有动漫及相关专业,2011年的国产动画片制作达26万分钟,可是却很少创作出经典作品和形象[④],85%的动漫企业亏损[⑤]。尽管动漫产业是美国、日本、欧洲的重要支柱产业,但在国内目前动漫产业和玩具制造等传统制造业一样,虽然成为世界最大动画生产国[⑥]和最大玩具制造国,但基本上处于低端[1-5],处于相似的发展阶段和面临相似的升级问题——亟待升级却又难以升级,陷入"升级困境"[6-7]。

国内似乎在走一条与国外相反的动漫及衍生品的升级路径,如迪斯尼是在动漫制作非常强大之后才逐步整合玩具制造等衍生品,其至主题公园,其所积累的众多的经典形象是主题公园成功的保障;孩之宝、万代等是在制造出经典的玩具产品如变形金刚之后逐步整合动漫内容和形象。而国内在政府的驱动下,更多的投资集中在动漫产业基地上,缺乏对企业主体原创性和整合能力提高的有效支持,这样形成的基地或园区一样缺乏竞争力[8],同时,衍生品之一的玩具制造被认为属于传统制造业而被忽视。因而,动漫企业和玩具制造企业如何整合,政策如何给整合创造机会都是值得研究的问题。本文尝试通过喜羊羊[⑦]和奥飞动漫的整合路径,探讨国内动漫产业和玩具制造业整合的路径、过程和启示。

二、国内动漫产业和玩具制造业整合的两种路径

从国外领先企业的成功经验来看,动漫产业和玩具制造业整合主要有两种路径。第

---

② "喜羊羊"价值过10亿解密动漫衍生品生财之道,2009年4月29日,搜狐新闻,http://news.sohu.com/20090429/n263688231.shtml

③ 赵昂,"主题公园热"应休矣[N/OL].工人日报,2012年12月23日,http://comic.people.com.cn/n/2012/1223/c122366-19986144.html

④ 全国政协委员李扬谈动漫产业发展,2012年3月28日,人民政协网,http://www.dongman.gov.cn/cygc/2012-03/28/content_49045.htm

⑤ 《中国文化品牌发展报告》(2012).

⑥ 《中国动漫产业发展报告》(2011).

⑦ 喜羊羊是动漫形象,由于其比创作公司广东原创动力更知名,故此文多处均用之代替。

17 动漫产业和玩具制造业的整合
——以喜羊羊和奥飞动漫为例

一,动漫产业整合玩具制造业。该路径是以动漫企业为主,如美国迪斯尼,最初创作出经典动漫形象,进而授权包括玩具在内的衍生品开发。第二,玩具制造业整合动漫产业。该路径是以玩具制造企业为主,如玩具巨头企业美国的孩之宝和日本的万代,最初都是先有玩具产品,进而围绕玩具制作出动漫影视片,以动漫故事内容和形象提高了玩具产品的附加值,赋予了玩具新的文化内涵而促进玩具的销售。经过多年积累,这些企业已经实现了动漫产业和衍生品(不仅仅动漫玩具制造)的完美整合。在国内,一些企业已经开始了这两种不同路径的整合,并获得了一定的成功和积累,如动漫企业广东原创动力(动漫形象喜羊羊)和玩具制造企业广东奥飞。

(一)喜羊羊——整合之路的滞后与同步

2005年开播的国产原创动漫《喜羊羊与灰太狼》,打破了国产动漫近几十年来在形象和内容创作上的不足,一度使国人重塑对国产动漫的信心。然而,从2004年开始创作的1年里,重点基本集中在动漫制作上,根本无暇考虑衍生品,整合之路滞后。正如被称为"喜羊羊之父"的卢永强所说,创业初期,公司规模有限,制作一套动画片是挺吃力的事情;如果剧本不好看,再好的技术也是浪费,而能不能收回还是一个未知数;原来是定位给小朋友看的,后来成年人也喜欢,我们始料未及[8]。2006年在"喜羊羊"形象获得成功后,广东原创动力才成立了授权部门,开始衍生品的整合。对于初创企业,很难一开始就通过整合衍生品实现收入。

长期以来,国内动漫企业原创能力不足,导致下游动漫玩具制造企业因对动漫形象和内容信心不足,而很难在玩具产品产业化方面进行深入合作。另外,动漫企业自身往往因产业化运营经验不足,使得在动漫形象创作时因没有充分考虑市场因素以及产业化的效果,导致玩具开发效果不理想。这些都需要动漫企业逐步积累和形成整合产业链的能力。国内动漫产业的升级以及整合能力的形成是一个长期过程,因而,动漫产业整合玩具制造业也是一个长期过程。

2006年以前主导产业链的是动画创作人,他们都拥有"迪斯尼之梦",但他们普遍缺乏商业意识,缺乏产业链整合能力,甚至缺乏导演能力。能把动画片制作好已经不容易,但往往走不到发行就弹尽粮绝。动漫产业在中国如果指望"发行"买米下锅是不现实的,发行后所建立的品牌知名度所产生的衍生产品授权、销售才是王者之道。表面上看宏梦卡通失败在销售,原创动力的不足在授权,实际上它们共同之处都是产业链整合的缺失[9]。

---

[8] 喜羊羊,广州造何以成史上最贵的羊,2009年8月21日,广州日报,http://news.163.com/09/0821/12/5H86S2NA000120GR.html。

[9] 中国动漫产业玩具三国已经开始形成,2011年6月17日,中国礼品网,http://comic.people.com.cn/GB/122400/130238/14932636.html。

尽管动画片本身很难获得利润[1]，但随着在动画片制作、营销、衍生等方面的知识积累，喜羊羊2008年和2009年制作的两部电影不但获得了票房成功，而且在制作过程中已经有能力并主动同时进行衍生品的整合。由于其动画片形象的成功，也使得包括动漫玩具制造的衍生品生产企业愿意在其电影制作过程中积极与之整合。同步整合表现在：喜羊羊动漫电影制作从一开始即在原创作品创作初期，就开始了衍生产品的授权与开发，在第一时间利用动漫衍生品对市场进行了普及。衍生品开发均选择了与名牌企业合作。如玩具的授权商是日本Hello Kitty(凯蒂猫)和BANDAI(万代)的代理商[9]。

(二)奥飞动漫——玩具制造业整合动漫产业的升级之路和意义

国内外玩具企业的发展历程证明了玩具制造与动漫整合是玩具制造业发展到一定阶段的趋势，目前全球约四分之三的玩具与动漫相关，玩具制造整合动漫产业的升级路径是可行的。国内的奥飞动漫率先走出了从玩具制造到玩具整合动漫产业的升级路径，并获得了很大成功，使之成为国内最大的动漫玩具制造企业。

奥飞动漫和绝大多数玩具制造企业一样，经历过创业初期的模仿、OEM(Original Equipment Manufacturer，以下简称OEM，即代工生产，俗称代工)等。不同的是其在OEM的基础上逐步创建了自主品牌，并且通过授权开发、生产和销售国外领先企业的动漫玩具，逐步积累了动漫产业的相关知识。在这些知识积累的基础上，2006年围绕已有自主品牌悠悠球，自主创作并播出《火力少年王I》动漫影视片，销售额从2005年没有动漫影视片(只是传统玩具)时的1625万元增加为8397万元(动漫玩具)，而制作成本才几百万；2007年继续推出的《火力少年王II》，使得悠悠球的销售额达到18689万元。向动漫产业的整合使得奥飞动漫快速成为国内玩具制造领先企业，实现资金、整合能力、竞争力等的快速积累。

玩具产品的竞争已经是一个全球完全开放的市场，与国际玩具巨头企业相比，国内玩具制造企业基本处于劣势，即使目前的领先企业奥飞动漫也不得不两条腿走路：动漫自主品牌玩具和OEM授权开发。国内动漫影视片市场却是不完全开放的，如广电总局制定出台一系列诸如要求中央及地方电视台开播动画频道，以及播放国产优秀动画为主等优惠支持措施，这在一定程度上限制了国外动漫玩具影视片的进入。而国外动漫玩具企业经常以廉价甚至免费赠送动画片的手段进入中国市场，然后以推广衍生品及形象授权来获取高额利润。这个政策使得国外玩具缺少了可以通过其强大的动漫影视片而形成的购买意愿和玩具产品的形象溢价。奥飞动漫从玩具制造向动漫产业的整合，恰恰实现了"动漫+玩具"双轮驱动，弥补了单纯玩具产品竞争的劣势，依托动漫内容和形象的优势，形成可以与国际玩具巨头企业进行直接竞争的优势。同时，奥飞动漫在全国各地的一万三千多家百货商场、卖场和玩具销售店，以及与电视台建立起长年合作，经常组织与动漫文化影视片相关的电视大赛和活动等，都为整合的成功和竞争优势的保持提供了保障。

三、整合过程的分析

(一)整合的内涵——"所知多于所做"

尽管目前理论上对整合并没有严格意义上的定义和分析,但某种程度上,其类似于 Henderson 和 Clark(1990)提出的建构知识(architecture knowledge)[10],复杂产品的系统集成企业所具备的集成能力[11-12],以及全球价值链理论中主导价值链的跨国领先企业所具有的价值链治理能力[13]等。因而,整合至少要求企业"所知多于所做"(know more than make)[14],并具备掌控产业链的能力。

动漫产业整合衍生品,主导企业是动漫企业,其核心业务是动漫形象的制作。尽管可以简单通过授权由衍生品制造企业进行衍生品生产,但要想更好地实现整合衍生品、掌控衍生品环节,还必须具有衍生品开发设计制造营销等相关知识,即使自己不具体去做。美欧日等国家的领先动漫企业如迪斯尼等,其本身并不具体生产衍生品,而是外包,但其具有整合衍生品甚至主题公园等环节的能力。这种整合能力的获得表现在:动漫企业在动漫作品尚处于形象设计阶段时,就会邀请包括玩具商、服装商、渠道商等一切有利于衍生品研发的相关企业一起参与策划、开发。动漫企业要有动漫设计能力,了解衍生品可能的开发种类、开发过程和计划,确定合理的授权机制和模式。只有具备这样的整合能力和知识,才能研发出符合不同受众的衍生品。同样的,玩具制造业整合动漫产业的升级,主导企业是玩具制造企业,依托已有玩具或待开发玩具,通过设计、创作和制作与玩具相关的动漫内容和形象,使玩具产品故事化、内容化和赋予文化内涵。这种整合也不是简单的把动漫部分外包给动漫企业来做,玩具制造企业需要具有很强的玩具产品设计和动漫创作之间的整合能力。在动漫设计、制作过程中首先需考虑玩具产品的开发需求,根据动漫玩具的目标受众及后续玩具开发的需要,在动漫形象和剧情设计中植入玩具产品,将玩具产品故事化,最终通过动漫影视片的播出和动漫形象的市场推广以及玩具企业自有的销售渠道促进玩具的销售。总之,动漫产业和玩具制造之间的两种整合路径都需要各自企业形成和具备"所知多于所做"的整合能力。

(二)整合的过程——知识积累和创新的持续过程

动漫产业和玩具制造业之间的整合能力的形成都不是一蹴而就的,是知识互动积累和持续创新的过程[6-7]。如喜羊羊从 2004 年开始动画片制作,2005 年开始播放,2006 年开始授权,而直到 2009 年和 2010 年动漫电影播出,才在一定程度上具备了动漫产业整合玩具制造等衍生品的整合能力。奥飞动漫从 1998 年开始,授权开发、生产和销售日本任天堂、万代、迪斯尼等企业的动漫形象。在积累了丰富的动漫玩具开发经验后,

2004年成立奥飞文化,专门从事动漫影视作品的原创设计、制作和商品化运作,开始尝试根据现有玩具产品的需要,自主创作动漫影视片。整合的过程进行了一系列综合的持续创新和积累,包括企业的组织人才结构、知识管理能力、生产制作工艺、品牌营销体系等等。如创建了高水平的人才团队和培训中心,与广东商学院构建产学研合作,与国内外(国外如菲律宾、印度、韩国等)各大电视台建立起深度合作的关系。在2006到2008年期间,自主创作并播出三部动漫影视片,分别带动了悠悠球和陀螺的热销,进一步积累了玩具制造与动漫创作整合的知识和经验。

无论动漫产业整合玩具制造还是玩具企业整合动漫产业,只要相关企业能够逐步获得整合能力,就会促进企业自身升级,也可能带动国内与之相关的产业环节和相应的集群升级。例如,国内玩具制造的集群现象非常明显,主要集中在广东、江苏、浙江、山东、上海等地。广东省又是我国最大的玩具生产和出口地区,主要有澄海、东莞等依托"三来一补"起家的以代工为主的外向型集群。这些集群处于低端,依赖逐底竞争、缺乏持续创新[15-17]。集群理论强调了集群的外部性[18-20]以及知识溢出、学习和创新的本地环境等[21-23]。然而,从知识积累的视角,国内玩具制造集群内各行为主体自身知识积累都不足,那么彼此之间即使有合作和互动,互动转化的结果肯定也不足[6-7]。最终,集群的外部性和优势无法形成,集群只能被锁定在低端。通过玩具制造向动漫产业的整合,集群内一些国内领先企业已经具备一定的知识积累,如广东澄海集群中的奥飞、骅威、星辉、群兴等,其通过知识互动,必将对集群的升级形成一定的带动作用。但相比于国际几大玩具企业巨头,国内企业还存在很大差距。因此,依托集群的升级还是一个长期的知识积累和互动转化的过程。同样,打造集群和园区也不是一蹴而就的。

(三)整合能力——国内企业最缺乏的

整合能力提高的前提是企业围绕自己的核心产品进行持续创新,如迪斯尼始终在提高着其动漫原创水平,而万代、孩之宝始终未放弃其玩具产品的开发。从这个意义上说,整合不同于不相关多元化或资本运作(兼并、控股等),这些恰恰是国内很多企业所热衷的。如"2010年温州市百强企业"名录上,有40多家制造企业涉足房地产或矿产开发,其中不乏康奈、奥康、报喜鸟等知名制造企业⑩。尚德成为光伏老大,某种意义上并不是具备真正的整合能力⑪。整合能力的获得是企业持续创新和知识积累互动的过程。而Steinfeld(2007)在研究中国产业创新和技术升级时指出,中国大多数企业的创新都是

---

⑩ 浙江去年百强民企70%涉足房产 房价9年涨3.14倍[J/OL],中国新闻网,2010-11-24.http://biz.cn.yahoo.com/ypen/20101124/97970_1.html.

⑪ 尚德之殇与施正荣的前世今生:迷失了的光伏大佬[N].上海证券报,2013-3-21.http://finance.qq.com/a/20130321/000722.htm.

17 动漫产业和玩具制造业的整合
——以喜羊羊和奥飞动漫为例

为了降低成本,且这种创新很快就会被别人学会。另外,企业很少长期在单一部门建设竞争力,利润降低的企业不继续投资已有产业,而是跳向不相关的产业。例如现在低端电视生产无利可图,就转向低端手机制造。多样化战略部分缓解了资金流问题,但无法激励企业在专有产权和技能等方面的发展,企业仍然陷在进入门槛低的活动中。国内企业的创新只是和"投机性"和低成本相联系[24]。

整合不同于简单的授权和直接外包,后者不必然带动升级。例如喜羊羊2006年开始形象授权,其当时还不具备更多的关于衍生品生产的知识,甚至无法确定合理的授权价格,也无法和动画片同步开发衍生品。换句话说,其2006年只是简单授权和外包,还不具备整合能力。而之后的两部动漫电影,实现了与衍生品的同步创作、开发和营销,具备了一定的整合能力。通过这种整合过程,不但促进自身加快升级,也促进与之知识互动的衍生品企业的升级。尽管其计划像迪斯尼一样打造喜羊羊的主题公园,但这可能需要其更强的整合能力。同样的,奥飞动漫也没有直接外包动漫部分的制作,而是企业内部有专门的部门和人才负责二者之间的整合,之后才外包部分动漫制作,但在具体内容情节等方面又整合回来。

四、结论和启示

实现动漫产业和玩具制造业的整合,无论对国内动漫企业还是玩具制造企业的升级都意义重大。一方面,全球领先的动漫企业和玩具制造企业的发展经验已经证明,整合是彼此产业发展到一定阶段的必然趋势。另一方面,国内一些企业已经开始了这种整合的积累,整合不但促进了企业自身的快速升级,同时也会带动相关产业环节和集群的升级。在目前国内动漫产业和玩具制造业都处于低端、创新乏力的情况下,政策的重点应该集中在为彼此企业整合能力提高创造机会上,如国外动漫影视片的限播政策,使国内企业能够通过"动漫+玩具"的整合,实现与国外巨头企业竞争的优势,获得整合能力积累的机会。

另外,政府和地产商热衷和驱动的动漫基地、主题公园、玩具制造集群等,尽管不能简单地评价这种路径的好坏,但至少要明白最重要的还是这些基地、集群等内外的动漫企业和玩具制造企业的知识积累、持续创新和整合能力的获得,缺乏对企业主体原创性和整合能力提高的有效支持,这样形成的基地或园区一样缺乏竞争力从而不可持续。正如赵昂所说,迪士尼主题公园的成功,很大程度取决于迪士尼动画在近80年的时间跨度内层出不穷的动漫影片和家喻户晓的动漫角色,是在动漫产业成熟后才能上马运转的衍生产品,如果"走"还没学会,就惦记上大兴土木"跑步"奔向"主题公园",将来不摔跟头才怪⁴。因而,政策也应该集中在为动漫企业和玩具制造企业创造可持续创新和知识积累的环境上,如知识产权保护等。

参考文献

[1] 王缉慈, 梅丽霞, 谢坤泽. 企业互补性资产与深圳动漫产业集群的形成——基于深圳的经验和教训[J]. 经济地理, 2008, 28(1): 49-54.

[2] 黄淇等. 从《喜羊羊与灰太狼》的成功案例探究中国动漫的发展战略[J]. 东方企业文化, 2012, (7): 231-232.

[3] 王艳. 反思中国动漫产业 推动产业转型升级——"中国动漫产业八年：反思与奋进论坛"综述[J]. 当代电影, 2012, (6): 124-126.

[4] 蔡安宁, 曹蕾. 中国动漫产业发展思考[J]. 世界地理研究, 2009, 18(1): 129-135.

[5] 谢斌, 吕静怡. 谈动漫产业发展中的几个问题[J]. 商场现代化, 2007, (11): 245-246.

[6] 马铭波, 王缉慈. 知识深度视角下文化产品制造业的相似问题及根源探究——基于国内钢琴制造业的例证[J]. 中国软科学, 2012a, (3): 100-106.

[7] 马铭波, 王缉慈. 制造业知识通道的建立及地方政府的作用——以国内乐器制造业为例[J]. 经济地理, 2012b, (1): 85-89.

[8] 王缉慈等. 超越集群——中国产业集群的理论探索[M]. 北京：科学出版社, 2010.

[9] 刘钰䚺.《喜洋洋》动漫系列价值链分析[J]. 电影评介, 2012, (13): 81-83.

[10] Henderson R and Clark K. Architectural Innovation[J]. Administrative Science Quarterly, 1990, (35): 9-30.

[11] Brusoni S and Prencipe A. Unpacking the Black Box of Modularity: Technologies, Produces and Organizations[J]. Industrial and Corporate Change, 2001, 10(1): 179-205.

[12] Hobday M, Davies A and Prencipe A. System in Integration: a Core Capability of the Modern Corporations[J]. Industrial and Corporate Change, 2005, 14(6): 1109-1143.

[13] Gereffi G, Humphrey J and Sturgeon T. The governance of Global Value Chains[J]. Review of International Political Economy, 2005, 12(1): 78-104.

[14] Brusoni S, Prencipe A and Pavitt K. Knowledge Specialization, Organizational Coupling, and the Boundaries of the Firm: Why Do Firms Know More Than They Make?[J]. Administrative Science Quarterly, 2001.

[15] 李传志. 金融危机留给东莞玩具业的教训[J]. 财经纵横, 2010, (2): 22-25.

[16] 耿蕊. 中国动漫产业集群发展研究[D]. 武汉：武汉大学, 2010.

[17] 程乾, 陈华珍. 我国动漫产业集群嵌入价值链发展模式研究[J]. 经济研究导刊, 2012, (23): 39-41.

[18] Marshall A. The Principle of Economics[M]. 8th ed. London: MacMillan, 1920.
[19] Becattini G. The Marshallian Industrial District as a Socio-economic Notion[M]. In: F. Pyke, G. Becattini and W. Sengenberger (Eds.). Industrial Districts and Inter-firm Co-operation in Italy. Geneva: International Institute for Labour Studies (IILS), 1990, 31-57.
[20] Porter M E. The Competitive Advantage of Nations[M]. New York: The Free Press, 1990.
[21] Maskell P and Malmberg A. The Competitiveness of Firms and Regions: "Ubiquitification" and the Importance of Localised Learning[J]. European Urban and Regional Studies, 1999, (6): 9-26.
[22] Lundvall BA and Maskell P. Nation States and Economic Development-From National Systems of Production to National Systems of Knowledge Creation and Learning[M]. In: Clark, GL, Feldman, MP and Gertler, MS (Eds.). The Oxford Handbook of Economic Geography, Oxford: Oxford University Press, 2000, 353-372.
[23] Bahlmann M Dand Huysman M H. The Emergence of a Knowledge-Based View of Clusters and Its Implications for Cluster Governance[J]. The Information Society, 2008, (24): 304-318.
[24] Steinfeld E S. Innovation, Integration, and Technology Upgrading in Contemporary Chinese Industry[M]. In Karen R. Polenske (Eds.). The Economic Geography of Innovation, Cambridge University Press, 2007.

18

技术标准、知识产权与创新集群的成长路径
——以武汉东湖国家自主创新示范区为例

梅丽霞

(中南财经政法大学工商管理学院 武汉 430073)

> **摘 要**：自主创新已成为影响我国经济与社会发展的重大战略，在此政策背景下，国家自主创新示范区的设立从一开始就旨在探索适合我国当前国情的创新集群发展模式，培育全球领先的本土创新型企业。在全球化背景下，创新集群的内涵仍有待讨论，不可否认的是，创新集群离不开三个基本要件：创新型企业、创业型人才和创造型的政府，而技术标准将这三者有机联系起来。本文从技术标准出发，基于武汉东湖国家自主创新示范区的实例，探讨技术标准、知识产权和创新集群之间的相互关系，揭示未来的研究方向。
>
> **关键词**：自主创新；示范区；技术标准；外部性；演化机理

当"自主创新"上升为国家战略的时候，如何在开放的市场竞争条件下培育本土创新型企业，如何培养创新型人才，如何发展创新型产业，如何建设创新型城市和创新型国家，这些都是影响我国当前经济与社会发展的重大新命题。然而，自主创新不仅仅是一个企业或国家自身的问题，它还受到全球市场环境的变迁、组织变革和技术创新的深刻影响。当今世界复杂变化的国际政治和经济格局，使我国透过自主创新实现大国崛起的国家意志受到越来越多的挑战。如何以自主创新促进我国工业经济在全球价值链

[基金项目]：国家自然科学基金项目"创新集群的形成与演化机理研究：技术标准的视角"(71103202)。
[作者简介]：梅丽霞(1979—)，女，湖北新洲人，北京大学城市与环境学院博士，中南财经政法大学工商管理学院副教授、硕士生导师，研究方向：技术创新、产业集群和区域发展。

18 技术标准、知识产权与创新集群的成长路径
——以武汉东湖国家自主创新示范区为例

上的转型升级,如何将数量众多的投资驱动(capital-driven)的开发区转化为创新驱动(innovation-driven)的创新集群? 在上述现实问题的推动下,国家自主创新示范区的设立从一开始就旨在探索适合我国当前国情的创新集群发展模式及相应的政策支撑体系,培育全球领先的本土创新型企业。

一、自主创新和国家自主创新示范区的概念与内涵

(一)自主创新显示国家自强的勇气与决心

发达国家的经济发展历程表明,创新和技术进步是一国经济增长的根本源泉(Schumpeter,1942;Solow,1956)。而自主创新是一个企业或一个国家坚持技术学习主导权,并把发展技术能力作为竞争力或经济增长动力主要源泉的行为倾向、战略原则和政策方针。之所以在"创新"之前强调"自主",是为了表明后发国家或地区实现这个目标的意志、勇气和信心(路风,2006)。但是,进入新世纪以后,我国企业自主创新面临的最大挑战是直接面对跨国公司的竞争和发达国家的封锁(吴贵生,2006),自主创新战略面临诸多现实的挑战。

在各国不同的发展阶段和国情差异条件下,关于创新集群的定义与内涵存在较大差异和诸多争论。例如OECD(Organization for Economic Co-operation and Development,经济合作与发展组织,简称经合组织,OECD)2001年发布的研究报告《创新集群——国家创新体系的驱动力》中强调,创新集群核心动力是集群内部知识、资金和人才三者间的互动与交换,并强调良好的地理环境不但可以为集群内部的参与者提供良好的工作生活条件,同时也有利于集群间知识和信息的传递(OECD,2001)。丁魁礼和钟书华总结和反思了有关创新集群概念的地理空间维度和技术经济空间维度两条文献脉络,提出创新集群的本质是以新知识的生产、新产品大量涌现为本质含义的创新型组织(如创新型企业、各种知识中心和相关机构等)在地理空间上集中,或者技术经济空间中集聚,并且与外界形成有效互动结构的产业组织形态(丁魁礼,钟书华,2010)。王缉慈和王敬甯则根据产业集群的资源基础、生命周期、行为主体、产业联系、全球背景、依赖关系类型和外部性等特征,将创新集群分为高技术产业中的创新集群(innovation clusters)和创新性的传统产业集群(innovative clusters),前者如美国硅谷的IT产业集群和北卡三角的生物制药产业集群,后者如意大利克雷莫纳的小提琴产业集群、美国纽约的时装设计产业集群等(王缉慈,王敬甯,2007)。本文所指的创新集群,主要着眼于前一种类型,即高技术产业中创新型企业的空间集聚和产业联系。

(二)国家自主创新示范区是对有中国特色创新集群的探索

"国家自主创新示范区"是一个新概念,它体现了在后金融危机的背景下,我国政府为增强自主创新能力、抢占新一轮经济和技术竞争的战略制高点、推动经济结构调整和发展方式转型的重大决心,以及先行试验、不断完善、逐步推广的科学发展方法。目前国务院批准的"国家自主创新示范区"只有三个:北京中关村、武汉东湖高新区和上海张江高科技园区。

表1 三个自主创新示范区的主要经济指标对比(截至2010年底)

	北京中关村	武汉东湖高新区	上海张江高新区
地理区位	首都,环渤海经济圈	湖北省会,中部地区	直辖市,长三角
功能定位	全球新兴科技创新中心	世界一流高技术园区,国家战略性新兴产业集聚区,科技创新资源辐射区和自主创新机制示范区	国际一流创新科技园区的开发、服务、管理的承担者,科技创新、产业投资的引领者
组成	1区9园	1区6园	1区16园
企业数量	1.6万家	1.3万家	6495家
产值规模	5000亿元	2509亿元	577.51亿元
就业人数	115.8万人	18万人	17.3万人
主导产业	电子信息产业	光电子信息产业	集成电路产业
龙头企业	联想、百度、华为、爱国者等	烽火科技、正元光子、楚天激光、高德地图、长飞光纤等	晶晨半导体、华亚微电子、博通集成电路、卓胜微电子等
机制创新重点	股权激励试点;深化科技金融改革;重大科技专项经费列支间接费用;支持民营企业参与国家重点科技项目	"人才特区"、"3551人才计划";股权激励;科技金融改革	股权激励;科技金融;人才特区;财税改革;管理创新

资料来源:《中关村科技园区发展战略纲要(2008-2020年)》;《中关村示范区2011年发展报告》;武汉东湖新技术开发区政务网;张江在线等。

三个示范区先后成立的背景分是:2009年3月20日,《国务院关于同意支持中关村科技园区建设国家自主创新示范区的批复》正式公布,同意中关村科技园区建设国家自主创新示范区,努力培养和聚集优秀创新人才特别是产业领军人才,着力研发和转化国际领先的科技成果,做大做强一批具有全球影响力的创新型企业,培育一批国际知名品牌,全面提高中关村科技园区自主创新和辐射带动能力,同时为中国的自主创新战略探索原创性的经验。

2009年12月8日,武汉东湖新技术产业开发区也获国务院准建设国家自主创新示范区,国务院批复同意武汉东湖高新区适用北京中关村科技园区的有关政策措施,包括开展股权激励试点、深化科技金融改革创新试点、支持新型产业组织参与国家重点科技项目、吸引高层次人才、发展特色产业集群、组织编制发展规划等。两个示范区的设立,都是为我国高技术产业区转型为具有国际竞争力的创新集群探索多元的发展模式和相应的政策支撑体系。

2011年1月19日,国务院批复上海张江高科园区成为第三家国家自主创新示范区。上海建设张江国家自主创新示范区将开展自主创新体制机制试点、自主创新人才特区建设试点、股权激励和科技成果转化试点、财税政策改革试点、科技与金融结合的改革试点、支持新兴产业参与国家重大科技项目试点、推广应用自主创新产品试点、新型研发机构建设改革试点等一系列举措。

二、技术标准、创新型企业和创新集群之间的联系

(一)技术标准和创新型企业

所谓标准,根据WTO/TBT(技术性贸易壁垒协议),是指"被公认机构批准的、非强制性的、为了通用或反复使用的目的,为产品或其加工或生产方法提供规则、指南或特性的文件"(李春田,2005)。根据标准的形成机制及约束力差异,可将标准分为正式标准(de jure)和事实标准(de facto)(邓洲,2009),前者一般由政府或相关的标准化组织通过正式的程序制定并发布,而后者往往是由于一个或数个厂商垄断了市场,迫使其他厂商接受其专有技术,进而形成主导范式(dominant design),也就是事实标准,例如Windows和Intel的联盟形成了个人电脑行业操作系统和中央处理器捆绑销售"Wintel"的全球事实标准。

技术标准是标准在技术领域的应用,通常是指一组得到认可的关于产品、技术和工艺的特性及参数的规范,其目的是要保证产品和系统间的互联与互换,维护市场参与各方之间的正常交流和合理秩序。技术标准提供了关于产品和工艺的编码化信息和接口规则,有助于降低厂商之间、厂商和消费者之间的交易成本和信息成本。技术的标准化过程就是提高技术发展的规范程度,从而改进经济活动效率的过程(吕铁,2005)。高技术产业中的技术标准化过程,主要体现为掌握了核心技术的创新型企业通过技术标准战略逐步确立市场主导地位,并获得行业内领先的垄断利润。

创新型企业,一般是指拥有自主知识产权的核心技术、知名品牌,具有良好的创新管理和文化,整体技术水平在同行业居领先地位,在市场竞争中具有优势和持续发展能

力的企业。掌握了特定技术标准的企业往往是创新型企业中的领头羊,具有行业内主导性的话语权。

如前所述,本文所讨论的创新集群定位于高技术产业中的创新型企业集群,它体现为一批以本土企业为主的高技术企业在特定区位的地理集聚,这些企业掌握关键领域的知识产权,具有较强的技术创新能力和自主知识产权的技术标准。

(二)技术标准高度联结创新集群的关键要素

在开放的市场条件下建设创新型国家,培育高技术产业中的创新集群,离不开三个基本要件:创新型企业(innovative enterprises)、创业型人才(entrepreneurs)和开创型的政府(creative government)。从某种意义上而言,基于自主知识产权的技术标准已成为全球高新技术产业市场竞争的战略工具,它将企业、人才、政府三方行为主体有机联系起来。

对创新集群发展产生影响的"区位性因素"有很多,其中有两个因素被认为是集群成功发展的必不可少的条件。第一个是人力资源的"门槛规模"(Critical Masss),包括企业家、科学家、工程师、技术员和有技能的劳动力;第二个是地区的科学与技术设施,即知识资产。包括大学、公共和私人研究实验室、图书馆、技术孵化器、创新中心和科学园。这些机构的主要作用是促进技术转移和支持结网(李琳,2004)。

孙耀吾和曾德明(2005)认为在高技术产业集群中,可以通过技术标准合作来促进企业间的合作行动,提升创新效率。曾德明和彭盾(2005)讨论了技术标准引致的创新集群效应,主要是技术标准合作、标准扩散和技术外溢等正的外部性。但是上述研究对于集群内的技术标准合作机理缺乏探讨,因而对现实的解释力不够透彻。例如我国金山WPS软件在与美国微软的Windows标准竞争中失利、DVD行业向国外标准联盟支付巨额专利费、WAPI无线通信标准被搁置、AVS数字电视标准在推广过程中遭遇困境等案例,都说明技术标准与创新之间的关系十分复杂,并非简单的正相关。又如,我国家电产业的"闪联"标准虽然在国际标准竞争中取得了一定的突破,推动了标准的产业化进程(薛卫,雷家骕,2008),但在对"闪联"标准的生存基础、依托技术、成长机制、发展机会和协调方法,以及"闪联"作为行业标准的包容性、互补性与开放性等方面,仍存在诸多悬而未决的难题(吴曜圻,2004)。因此,关于技术标准、高技术产业和创新集群之间的关系,还需要更多深入具体的探讨和分析。

技术标准在创新集群中主要体现为由创新型企业所控制的主导技术范式,它通常以事实标准的方式参与市场竞争。在高技术产业的标准化过程中,由于正式标准和事实标准的技术路线、市场绩效和政策涵义有较大差异,因此高技术产业的技术标准对创新集群的形成与演化所产生的影响也是截然不同的。

经济发展的实质不是一个简单的提高资本积累率的过程,而是企业通过技术学习和技术开发获得技术能力,并在不断变化的条件下把这些能力转化为产品和工艺创新

18 技术标准、知识产权与创新集群的成长路径
——以武汉东湖国家自主创新示范区为例

的、渐进的、累积的过程(Bell & Pavitt, 1993; Kim & Nelson, 2000)。技术标准的实施过程就是专业知识和技术能力的普及化过程,在这个过程中又会有新经验和新技术。随着标准的修订,这些创新成果又被纳入新的技术标准,实现新技术的积累和再创新。技术标准的这种"制定—实施—修订"过程,恰好与经验知识和技术能力的"创新—扩散—再创新"过程相互耦合。

技术标准是技术创新成果实现产业化的重要支撑体系,它直接反映着一个国家的产业技术水平和自主创新能力。已有的研究表明,技术标准对于技术创新的影响是一把双刃剑,简而言之:一方面,技术标准通过兼容性、网络效应、知识产权和消费者预期为技术创新的发展提供基础性平台,推动技术创新的扩散(曾德明,彭盾,2008;王世明等,2009);但是另一方面,技术标准也可能助长行业垄断,容忍因循守旧,从而遏制人的创造性,降低企业的创新效率(丁昆,2006)。因此,技术标准与技术创新之间的关系是复杂、多元、异质、动态并且交互影响的,基于技术标准的创新政策必须充分考虑到这种复杂性。

三、技术标准的网络效应及其对创新集群的影响

(一)技术标准具有明显的网络效应

"技术专利化—专利标准化—标准市场化",这是近年来技术标准领域出现的新特征。发达国家和跨国公司纷纷将其核心技术专利化,然后采取各种措施将专利技术升格为行业标准或国际标准,以此控制全球市场格局并谋取巨大的经济利益,而这种标准战略对于技术相对落后的发展中国家而言,无疑是提高了门槛、设置了障碍,因而产生了诸多不利。在全球化的推动下,标准之间的国际竞争和国内竞争日益激烈,例如第三代移动通信技术标准CDMA、WCDMA和TD-SCDMA至今仍在争夺我国3G通信市场上的主导范式。最终哪种技术标准将占据主导地位,这取决于网络效应中消费者对市场的预期以及技术标准对用户安装基础的控制,同时还受到国家相关产业政策的影响。

这里讨论的网络效应,又称网络外部性(network externality)。这个概念最早出自Katz和Shapiro(1985)对网络型产业的互补性研究,他们并将这种互补性分为生产的外部性和消费的外部性。其中,生产的外部性是指生产某种产品的企业越多,该产品的生产成本就会越低,消费者的购买动机就会越强,例如我国液晶面板的彩电产品近年来因产能过剩而出现价格战,消费者的换购行为就十分显著;而消费的外部性是指使用某种产品的消费者越多,消费者获得的效用就会越大,最典型的例子莫过于电话网络、Email等。

Katz和Shapiro(1986)进一步将网络产业的外部性归纳为直接网络效应和间接网络效应。直接网络效应是指使用同种产品的消费者相互依赖,这导致消费者的效用是产

品消费规模的递增函数,如电话、internet 网等。而间接网络效应产生于基础产品和配套产品在技术上的互补性,如 DVD 播放器和 DVD 光盘、相机和胶卷、电脑与软件、手机与短信服务等。间接网络效应导致了产品需求的相互依赖和兼容,如果没有相互配套的互补性资产,那么单一产品对于消费者是没有价值的(钱春海,肖英奎,2003)。Farrell 和 Saloner(1986)将网络外部性的根源解释为用户安全基础(installed base)的存在,消费者在选择产品时要考虑已经使用这个产品的消费者数量,从而产生网络外部性。

技术标准的直接网络效应导致信息产品具有需求的规模经济,当消费者的规模超过用户安装基础数量的时候,消费与效用相互增强形成正反馈机制;与此同时,间接网络效应引致基本产品和配套产品之间的相互兼容,增加了产品多样性,进而提高了消费者剩余,刺激了消费者的购买欲望。技术标准实现网络型产业正外部性的途径具体又可分为两种途径:第一种,通过技术标准建立各个品牌、各个型号产品之间的统一接口,使得来自于不同厂商的产品能够相互兼容、互换通用,例如标准化的螺母和螺钉、通用的 USB 接口和电脑等。第二种,将技术标准转化为事实标准,通过主导厂商的战略引导和消费者的市场选择,满足消费需求的新产品最终会收敛到事实标准所制定的技术轨道上,这种技术标准就成为主导技术范式(邓洲,2009)。

在两种网络效应的作用下,消费者被锁定在主导技术范式所控制的市场范围内,形成较高的转换成本,不容易转换到其他技术范式。例如微软开发的 Windows 已成为全球计算机操作系统中的主导范式,消费者如果转到其他操作系统(如苹果的 Mac 操作系统)将会面临巨大的转换成本和学习成本,这也是作为主导范式的技术标准能够为创新型企业带来巨额垄断利润的根本原因。

(二)创新集群具有突出的网络外部性

大量研究表明,地理集聚和产业联系有利于集群内企业获取生产外部性,通过规模经济和范围经济来降低生产成本和交易成本(王缉慈,2001)。这种外部性特征在高技术产业集群中也不例外,它通常体现为技术外溢、知识共享和创新的扩散。例如,Delgado 等学者发现:美国区域创新集群与当地的就业、专利的增长都有着很大的相关性。与此相似,Spencer 也发现,在集群就业比例较高的城市地区,要比集群欠发达的地区有着更好的经济表现(主要表现在收入水平和就业增长上)。而技术标准的一个重要特征是网络效应,也称网络外部性(network externality)或消费外部性、用户规模经济,指用户随着消费该产品的用户数增加而获得更多效用(Katz & Shapiro, 1985, 1994;Shapiro & Varian, 1998),如电话的网络效应。但是,作为行业主导范式的技术标准往往具有极强的知识产权特征,即独占性和排他性,标准持有者透过技术垄断实现"赢家通吃(winner take all)",将与标准相异者排斥在市场之外。这与政府培育创新型集群的初衷是否背道而驰?是否会因为主导技术标准的独占性和垄断性,而抑制了其他企业的生存空间和中

18 技术标准、知识产权与创新集群的成长路径
——以武汉东湖国家自主创新示范区为例

小企业的创业机会窗口？目前这些问题尚未得到足够的验证。

技术标准的另一个重要特征是接口之间具有兼容性和互补性，例如DVD光盘与播放机之间通过标准形成互补性资产（Teece，1986；王缉慈，梅丽霞，2008）。技术标准的外部性和互补性特征与产业集群发生了微妙的联系，这种联系在高技术产业园区中正得到越来越多的突显，如北京亦庄的星网工业园就是在诺基亚"被动嵌入"（刘卫东，2003）本地生产网络的过程中逐渐演化为一个创新性的高技术产业集群，虽然诺基亚现在的日子也不太好过。

图1显示了基于技术标准的产业链垂直整合及产业内水平竞争的复杂关系（薛卫，雷家骕，2008），对于解释高技术产业中的创新集群形成与演化机理具有重要的启发。从纵向来看，该图体现了在技术标准的研发、制定、推广和实施过程中，集群内部企业之间从松散的市场关系，到合作开发标准、建立技术联盟，进而形成创新网络和创新集群的动态演进路线。从横向来看，集群内企业之间的标准竞争，从初始阶段的相互模仿，到不同技术路径的相互竞争，到主导范式确立以后，大部分企业遵循主导技术标准，同时少数企业继续在不同的技术轨道之间开展竞争的战略图景。

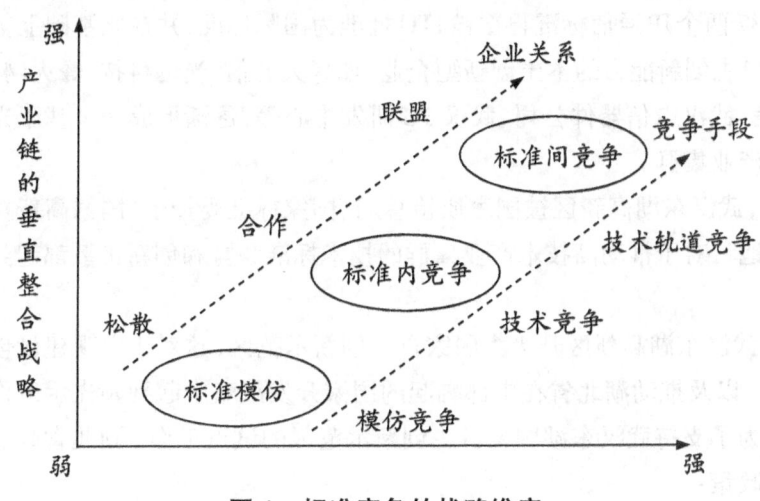

图1　标准竞争的战略维度

资料来源：薛卫，雷家骕（2008）。

图1从生产的外部性角度初步描述了基于技术标准的企业间关系演化路径。然而，网络型产业中消费外部性的存在，却要求企业抓住市场机遇，尽早通过推广事实标准来建立企业专属的用户安装基础，并在此基础上建立专利联盟（patent pool）、技术联盟和产业标准联盟，以保障本土领先企业快速成长。关于这一点，中国社科院工业经济研究所的吕铁先生（2005）早就提出：我国产业标准战略的核心问题是要建立起基于企业联盟的技术标准形成机制。当前的实际问题在于：怎样推动基于本土企业联盟的自主知识产权技术标准？如何通过技术标准的规划、研发、制定、实施和推广过程，来促进具有

中国特色创新集群的成长与升级？这些重大问题都有待于国家自主创新示范区在实践中的探索与积累。

四、案例分析：武汉东湖国家自主创新示范区

武汉东湖国家自主创新示范区是在原东湖高新区的基础上开展的试点之一。东湖高新区最初成立于1988年，1992年被国务院批准为国家级高新技术开发区。2001年，东湖高新区被原国家计委、科技部批准为国家光电子产业基地即"武汉·中国光谷"，正式确立了武汉在全国光电子产业中的战略主导地位，光通信、光存储、激光加工、半导体照明、太阳能光伏等新兴的高技术产业逐渐发展为东湖高新区的主导产业，一批具有自主知识产权的技术标准先后涌现，其中提交并被批准的国际标准有4项，国家和行业标准超过400项。特别值得一提的是，2000年，由武汉邮科院自主开发的中国第一个IP通信标准被国际电联（ITU）批准成为国际标准（ITU-TX.85），实现了我国在电信技术标准领域零的突破；此后在2001年和2003年，武汉邮科院先后向国际电联提交的ITU-TX.86和ITU-TX.87两个IP通信标准再次被ITU批准为国际标准，并在此基础上衍生出一大批具有较强自主创新能力的本土创新型企业，如烽火通信、光迅科技、烽火网络、虹信通信、中光通信、武汉电信器件公司、武汉3G研发中心等，逐渐形成一个基于光纤通信技术的高技术产业集群。

2007年，武汉东湖高新区被国家质检总局、国家标准委授予"国家高新技术产业标准化示范基地"，对于推动高技术产业集群的技术标准联盟和创新扩散都起到了关键性的作用。

2009年武汉东湖高新区升级为国家自主创新示范区，这对于实现建设创新型国家的战略目标，以及推动湖北省在中部崛起的国家开发战略中起到领先示范作用都具有重大意义。为了支持武汉东湖国家自主创新示范区的试点工作，湖北省政府迅速出台了六项试点政策：

- 开展股权激励试点。
- 深化科技金融改革创新试点。
- 支持新型产业组织参与国家重点科技项目。
- 政府采购试点。
- 加快、完善高层次人才引进和培养工作。
- 财政部、税务总局研究支持东湖新技术产业开发区的税收政策。

其中，在股权激励试点方面，除借鉴中关村已有的股权奖励、分红外，武汉东湖高新区还独创出绩效激励、增值权激励两种新方式，激发了核心人员和团队的积极性。目前，区域内已有30多家企业开展股权激励试点。

18 技术标准、知识产权与创新集群的成长路径
——以武汉东湖国家自主创新示范区为例

在科技金融改革创新方面，东湖高新区坚持"政府引导、政策扶持、企业主导、市场运作"原则，从加大政策引导、完善市场体系、集聚金融资源、推动金融创新、服务科技企业等方面做了大量工作，取得初步成效。不仅在园区内成功聚集了各类金融资源，有效推动了新三板及区域股权交易市场的建设，示范区信用体系建设、金融综合服务平台建设以及科技金融创新也取得进展。

在支持新型产业组织参与国家重点科技项目方面，围绕湖北重点推进发展的高新技术产业，积极组织和支持企业联合高等院校、科研院所，承担或参与国家科技重大专项，通过定向委托，强化产学研用结合，带动更多的中小企业参与科技重大专项实施和共享科技成果。

在政府采购方面，通过首购、订购、首台(套)重大技术装备试验和示范项目、推广应用等政府采购方式，支持东湖高新区企业自主创新。目前，已完成面向高新区的光电子信息企业采购光纤光缆、光电器件、网络设备、显示设备等拥有自主知识产权的自主创新产品等292个工程的政府采购项目，针对此类产品的采购合同总额已达3亿元。

在高层次人才引进和培养方面，东湖高新区紧扣"3551人才计划"总体目标，在"高度、广度、准度、力度"上下功夫，扎实推进海内外高层次人才引进工作，呈现出高度重视、措施有力、推进有序、成效初显的良好工作局面。目前园区企业支持了300多个人才项目，共引进和培养高层次人才1200多人，引进国家"千人计划"人才达65人，引进博士近4000人。这些高端人才在推动技术扩散、知识外溢和技术标准方面起到了重要作用。

在税收政策方面，除探索中小企业集合贷、信用贷款、知识产权、股权质押融资外，东湖高新区先行先试，对企业自然人股东未分配利润转增企业投资的，可延期缴纳个人所得税；企业获得省级财政资金奖励可不计入纳税额等。税收工作不断跨越新高度，每年保持20%-40%的增速，税收调控经济、鼓励企业发展的职能也得以充分发挥，高新技术企业所得税减免、加计扣除、出口退税、软件企业超税负返还等各项优惠政策得到有效落实。

东湖高新区在六项试点政策上取得了初步成效，但是也面临很多新问题，主要表现在：①过于追求规模和速度的发展导向，使东湖高新区的发展出现了一定程度的功能异化和偏离，作为国家自主创新示范区的引领和示范作用还不是十分突出；②政府服务能力提升与园区发展速度不匹配，政府在政策制定方面没有给予足够的空间，抑制了民营企业的发展，阻碍了富有创新能力和冒险意识的本土创业型企业的发展；③对外开放程度不高，经济交流合作不足，创业型人才留不住，阻碍了企业创新机制的形成，也减弱了园区对高新技术的引进和吸收。

上述问题，或许并非武汉东湖高新区特有的问题，而是我国经济转型过程中的普遍问题。但是作为国家自主创新示范区，武汉东湖高新区有责任、有义务，也必须有能力探索各种途径，创造性地解决好上述问题。

五、讨论

在全球化和知识经济的驱动下,发达国家和地区与后进国家和地区之间的差距不是取决于资本存量或资源禀赋,而是取决于各国在创造知识、整合知识、应用知识并获取价值方面的能力,尤其是在战略性新兴产业领域制定技术标准和掌控市场权力的创新能力。过去我们可以通过引进国外先进技术和管理经验,在"干中学"、"用中学",吸收和提高创新能力,但是,现在我国企业自主创新面临的最大挑战是直接面对跨国公司的竞争和发达国家的封锁,在技术标准的国际化方面落后并受制于人,有可能导致我国企业在国际竞争中"一步落后、步步落后"的被动挨打局面。

如何通过技术标准战略和自主创新政策来引导我国企业在全球价值链上的攀升,如何促进那些以投资为主要驱动力的科技园、工业园、产业区等转型升级为以自主创新为驱动力的创新集群,是新时期我国工业经济必须面对的问题与挑战。武汉东湖高新区依托率先建设国家自主创新示范区的契机,在推进具有自主知识产权的技术标准方面作出了有益的尝试,摸索出一条有中国特色的创新集群成长路径,但是在这个过程中也出现了不少新问题。因此,有必要进一步加强对于我国高新技术产业中的技术标准、知识产权和创新集群成长路径方面的理论研究和实证探索,大力促进我国企业创新、创业的力度,增强本土企业创新升级的理论自信、制度自信和市场自信。

参考文献

[1] Farrell, J and Salnoer, G. Installed Base and Compatibility: Innovation, Product Preannouncements, and Predation[J]. American Economic Review, 1986, 12:940-955.

[2] Katz, M and Shapiro, C. Network Externalities, Competition, and Compatibility[J]. American Economic Review, 1985, 75, 420-40.

[3] Katz, M and Shapiro, C. Technology Adoption in the Presence of Network Externalities[J]. Journal of Political Economy, 1986, 94:822-841.

[4] OECD. Innovative clusters: Drivers of national innovation systems[R]. OECD Proceedings, Paris: 2001.

[5] Schumpeter, Joseph. Capitalism, Socialism, and Democracy[M]. New York: Harper Brothers, 1942.

[6] Shapiro C., Varian H.R. Information rules: A strategic guide to network economy[M]. Harvard Business School Press, 1998.

[7] Solow, Robert M "A Contribution to the Theory of Economic Growth."[J]. Quarterly Journal of Economics 70(February 1956):65-94.

[8] Teece D.J., Profiting from technological innovation: Implications for integration, collaboration, licensing and public policy[J].Research Policy.1986,15(6):285-305.

[9] 丁昆.论标准化对自主创新的作用[J].国防技术基础,2006(10):4-6.

[10] 丁魁礼,钟书华.创新集群的本质涵义及其与产业集群的区分[J].科技进步与对策,2010,27(10):43-47.

[11] 刘卫东.论全球化与地区发展之间的辩证关系——被动嵌入[J].世界地理研究,2003,12(1):1-9.

[12] 吕铁.论技术标准化与产业标准战略[J].中国工业经济,2005,208(7):43-49.

[13] 吴曜圻.闪联之惑[J].软件工程师,2004(12):14-17.

[14] 吴贵生.发挥市场优势,争取自主创新的主动权[J].中国科技论坛,2006,2:7-7.

[15] 孙耀吾,曾德明.技术标准合作:高技术企业集群创新研究的新视角[J].财经理论与实践,2005,26(138):89-93.

[16] 曾德明,彭盾.技术标准引致的产业创新集群效应分析[J].科研管理,2008,29(2):97-102.

[17] 李春田.标准化概论(第四版)[M].中国人民大学出版社,2005.

[18] 李琳.创新集群、合作网络与地区竞争力[J].科学·经济·社会.2004,22(4):62-64.

[19] 王世明,吕渭济,梅晓仁.自主技术标准与技术创新的互动关系研究[J].科学学与科学技术管理,2009(2):40-44.

[20] 王缉慈,梅丽霞,谢坤泽.论企业互补性资产与深圳动漫产业集群的形成——基于深圳经验和教训分析[J].经济地理,2008(1):49-54.

[21] 王缉慈,王敬甯.中国产业集群研究中的概念性问题[J].世界地理研究,2007,(6):89-97.

[22] 王缉慈.创新的空间——企业集群与区域发展[M].北京:北京大学出版社,2001.

[23] 薛卫,雷家骕.标准竞争——闪联的案例研究[J].科学学研究,2008,26(6):1231-1237.

[24] 路风.走向自主创新:寻求中国力量的源泉.广西师范大学出版社,2006.

[25] 邓洲.国外技术标准研究综述[W].中国社科院工业经济研究所创新和发展研究小组工作论文,No. 2009001REV.

[26] 钱春海,肖英奎.网络外部性、市场"锁定"与标准选择[J].中国工业经济,2003,180(3):14-20.

19

集群企业网络动态能力、刻意学习与创新绩效的关系研究
——基于黑龙江六大产业集群的实证

王正沛 孙德梅 杨早立

(哈尔滨工程大学经济管理学院 黑龙江 哈尔滨 150001)

> **摘 要**：以黑龙江六大产业集群45家企业为调研对象，从刻意学习视角出发，并把刻意学习分为知识扩散和知识运用两个维度，运用SEM模型对网络动态能力、刻意学习与企业创新绩效三者关系进行实证研究，研究结果表明：刻意学习两个维度在网络动态能力与企业创新绩效关系间均起到中介调节作用；网络动态能力对企业创新绩效所产生的直接效应小于在刻意学习两个维度调节作用下所产生的间接效应。进一步揭示网络动态能力与企业创新绩效的内在机制，企业网络动态能力通过刻意学习中介作用能够显著地提升企业创新绩效。
>
> **关键词**：网络动态能力；刻意学习；创新绩效；产业集群

一、引言

自从Hakansson(1987)[1]提出网络能力概念后，学术界就掀起网络相关理论研究的浪潮，其中网络能力的动态性尤其受到关注。如Walter(2006)[2]等研究了网络能力与创

[基金项目]：黑龙江省科技功关项目"黑龙江省六大产业集群集群能力评价及发展研究"(编号：GZ11D211)；黑龙江省社科基金项目"黑龙江省工业产业集群发展模式及实证研究"(编号：11D091)；国家自然科学基金项目"基于知识管理的科技成果转化机理、模型及政策研究"(编号：70903015)；黑龙江省教育厅人文社科项目(12534031)；黑龙江省经济增长质量研究。

[作者简介]：孙德梅(1964—)，女，黑龙江绥化人，哈尔滨工程大学经济管理学院教授，硕士研究生导师，研究方向：产业集群与知识管理。 杨早立(1986—)，男，江西九江人，哈尔滨工程大学经济管理学院硕士研究生，研究方向：产业集群与知识管理。通讯地址：黑龙江省哈尔滨市南通区南通大街145号哈尔滨工程大学经济管理学院。邮编：150001. 邮箱：sundemei2005@163.com，电话：13069705862。

19 集群企业网络动态能力、刻意学习与创新绩效的关系研究
——基于黑龙江六大产业集群的实证

业导向在动态环境下对高校衍生效应的影响。Choi(2010)[3]等从社会网络的视角对创新扩散的影响因素进行了实证分析，发现网络结构及网络动态效应在创新扩散中扮演重要角色。与此类似，Perks 和 Moxey(2011)[4]阐述了创业网络企业在网络动态环境中如何进行任务分配、资源共享。无独有偶，张荣祥(2009)[5]基于143家创业企业调查问卷，运用层次回归模型构建出创业企业网络动态能力结构模型。对以上文献梳理后发现，目前对于企业网络动态能力的研究还仅限于社会网络或者单个创业企业的视角。显然，对于最具备集群网络性质的集群企业有别于区域经济中单个企业或整个社会网络中节点企业的一般特征，可以说通过对集群企业的网络动态能力实证研究更具有代表性和说服力。

此外，许多学者对企业网络动态能力与创新绩效的关系进行探析，如 Ritter(2003)[6]、Moller(2005)[7]、Hagedoorn(2006)[8]、Barreto(2010)[9]等学者分别把网络动态能力划分为不同的维度与企业创新绩效的直接关系进行研究，得出了企业网络动态能力正向影响企业创新绩效等富有价值的结论。然而他们却普遍地忽视了存在于二者关系间一些起着调节效应的重要中介变量，对横亘于二者之间的中介过程一直作为"黑箱"来处理。当然也有学者经验性地提到企业网络动态能力是企业创新绩效必要非充分条件，对创新绩效的影响主要通过其他因素的中介作用间接促动，如改变资源惯例约束和知识学习方式[10-13]。本质上这都是在集群网络中，企业通过增强动态能力加大自己刻意学习同行者的技术和经验。Zollo 和 Singh(2004)[14]也通过实证验证了刻意学习有助于企业提升创新绩效和获得持续竞争优势。然而，这种刻意学习是否能在网络动态能力与企业创新绩效关系中起到中介调节作用？网络动态能力推动企业创新绩效的内在机制和作用过程又如何通过刻意学习的中介调节效应实现？令人遗憾的是，在当前国内外相关研究中难以找到此类问题的答案。

综上所述，尽管已有不少学者基于社会网络节点或单个创业企业的视角对企业网络动态能力及与企业创新绩效进行研究，但鲜见对以产业集群为背景的集群网络企业网络动态能力、刻意学习与企业创新绩效三者间的关系进行实证分析，也并未就刻意学习在网络动态能力与创新绩效间所扮演的中介调节作用进行深入的探讨和验证。为此，本文在构建网络动态能力、刻意学习与创新绩效三者关系理论模型和提出研究假设基础上，从以下两方面来拓展有关企业网络动态能力的研究：(1)以黑龙江省装备、石化、能源、食品、医药、林木加工等六大产业集群为背景，收集相关数据并对所构建的理论模型与假设进行实证检验。(2)以网络动态能力为自变量、刻意学习为中介变量、企业创新绩效为因变量，探讨三者关联关系，检验刻意学习在网络动态能力对企业创新绩效影响过程中所扮演的中介调节角色。研究结果将有助于打开网络动态能力与企业创新绩效间"黑箱"，揭示二者间关系的内在机理，为企业进一步提升创新绩效提供科学的实现路径。

二、理论框架与研究假设

(一)企业网络动态能力与创新绩效

网络能力是企业依靠网络成员间密切联系的相互关系而获取竞争优势的能力[6]。其实质在于通过识别企业网络价值与机会、塑造合理的网络结构加强网络内部企业的沟通与合作,从而获取稀缺资源,增强企业核心能力[15]。动态能力理论产生于上个世纪90年代市场环境变幻莫测的背景下,其内涵更多地包含企业通过整合、重构内外部资源应对市场竞争环境变化的能力[16]。类似地,Wang和Ahmed(2007)[17]把动态能力界定为企业持续地整合、优化配置、再创造资源的能力,他们还强调对资源进行升级并重构企业的核心优势以应对日益变化的市场环境。对于网络动态能力及其维度的研究,主要有如下学者涉及:Perks和Moxey(2011)[4]认为企业网络动态能力主要在于网络企业进行知识学习和知识运用的能力;Walter(2006)[2]以动态能力为基础,提出网络能力思路,构造了网络能力动态发展模型,并指出网络的动态能力是由协调合作、关系能力、熟悉伙伴和内部交流四个因素构成;张荣祥和伍满桂(2009)[5]则认为网络动态能力是一个多维构思,包括了关系技能、协作安排、知识伙伴、网络规划与学习支持五个维度。基于以上国内外对网络动态能力维度的研究,并依据面向提升企业创绩效所进行的企业内部活动,本文把企业网络动态能力划分为网络关系能力、知识学习、协作安排、网络规划四个维度。

对于网络动态能力与企业创新绩效关系研究的梳理,分别从上述四个维度与创新绩效关系着手。Granovtter(1973)[18]认为网络关系是组织间由于沟能与合作而存在的一种纽带关系,在其后续研究中还指出网络关系有利于增进彼此间的信任,加速组织间的资源和知识共享。Hansen(1999)[19]也强调网络关系由于承担着信任,更能导致隐性知识的传播,进一步提升企业创新绩效。此外,Zollo和Winter(2002)[20]认为知识学习是企业的"高阶"能力,突出了企业网络动态能力的过程和规则特性,能够巩固企业优势。Ian(2011)[10]、Moxey(2011)[13]等学者甚至把企业的知识学习看作动态能力的来源。通过网络内部企业间的知识学习和经验共享,可以为企业知识库注入新的知识和信息,掌握企业内外部的最新动态,并在变化的外在环境中做出科学的决策,保持企业的核心竞争能力。协作安排是指企业内部或企业间进行沟通和合作而进行的系统协调安排。Dyer(2000)[21]指出良好的内部协调机制不仅促进企业知识和技术的吸收,也是企业应对外部环境变化的必要条件。与此一脉相承,Dhanaraj(2004)[22]认为企业间及与外部机构间的协作安排能够增进关系主体间了解,熟知企业同行的优势和特点,降低企业间合作程序的复杂程度。由此可见,企业彼此间进行很好的协作安排,能够实现企业合作效率,加速知识创新和技术更新的速度,提升企业创新绩效。网络规划更多地体现在基于企业宏观战略角度制定企业未来的发展走向和目标,网络规划作为网络动态能力的重要维度之一,对企业技术创新和创新绩效具有重要影响[23]。一个合理的企业网络规划能够使企业认清市场环境形势、规避风险,为企业向前发展提供科学的指导方针[24]。基于上述分析,可知网络关系、组织知识学习、协作安排、网络规划四个维度对创新绩效有着重要的正向影响。因此,本文提出如下假设:

H1:网络动态能力对企业创新绩效有显著的正向影响

H11:网络关系对企业创新绩效有显著的正向影响

H12:知识学习对企业创新绩效有显著的正向影响

H13:协作安排对企业创新绩效有显著的正向影响

H14:网络规划对企业创新绩效有显著的正向影响

(二)刻意学习及其中介调节角色

Zollo 和 Winter(1999)[19]在追溯动态能力来源时提出"刻意学习"这一概念,它是指企业为在市场竞争中取得相对优势和获得持续发展能力,而特意地在企业认知方面所进行大量的投入和努力,并把刻意学习分为累积经验、知识表达和知识编译三个维度。在后续对美国银行业资产并购绩效研究中,Zollo 和 Singh(2004)[14]再一次提出刻意学习的维度,认为刻意学习包含累积经验和知识编译两个方面。以此为基础,戴维奇(2012)[25]等把面向集群企业公司创业过程中的刻意学习划分为知识扩散和知识运用两个维度。由于本文研究视角与戴维奇的研究领域如出一辙,因此沿用知识扩散和知识运用作为刻意学习的两个维度。知识扩散是指集群企业在创业和市场竞争中获得有价值的信息和知识等资源,并通过系统性的总结和编码,将隐性知识显性化,从而更快捷、方便地扩散到企业内部的各个部门及员工。新知识注入企业知识库中,有利于企业对新旧知识进行整合,加强企业创新力度。知识运用是指企业为吸收先进的技术和经验,对在企业创业过程中获得的信息和知识进行一个内化的过程,对新知识进行不断的整合、创新,最终融入并完善公司固有的技术和知识创新体系中。如改变企业的知识结构、管理流程和服务水平等内容,进一步对企业现有的内部结构进行一个动态优化的升级。

近年来,一系列实证研究证明,网络动态能力对企业创新绩效的影响不具备显著的直接性。如 Eiesnhardt 和 Martin(2000)[26]指出企业的长期创新绩效的提升并非完全依赖于动态能力本身,主要由于企业在加大动态能力建设过程中对资源使用的优化重组和知识学习方式的调整。Zott(2003)[27]还认为企业通过动态能力改变资源约束惯例,加速企业内外部知识扩散和整合,从而间接对企业创新绩效产生作用,并进一步指出如每个企业的动态能力所产生资源约束不同,对企业绩效产生的影响也有较大差异。与此类似的观点还有 Ambrosini 和 Bowmna（2009）[28]、Zahra（2006）[29]等学者。此外，Helatf（2007）[30]等更是指出，动态能力能够为企业带来资源基础和知识学习方式的改变，但这种改变是否具有价值性还在于各企业文化和特点。综上分析，集群企业网络动态能力通过对网络内外资源进行重新组合与配置、对技术和知识进行内外化从而提高企业运行效率。实际上，这也是在企业动态能力的引导下，企业对获得的知识、经验等资源进行整合，并通过企业对知识的学习产生协同知识创新，经过再一次的企业动态持续更新能力对所创造的新知识做充分的扩散和运用，最终提升企业的创新绩效。为此，本文提出如下假设：

H2：知识扩散在网络动态能力与创新绩效之间起到了中介调节作用

H3：知识运用在网络动态能力与创新绩效之间起到了中介调节作用

依据上述相关理论与研究假设，本文构建网络动态能力、刻意学习、创新绩效三者关系理论模型如图1：

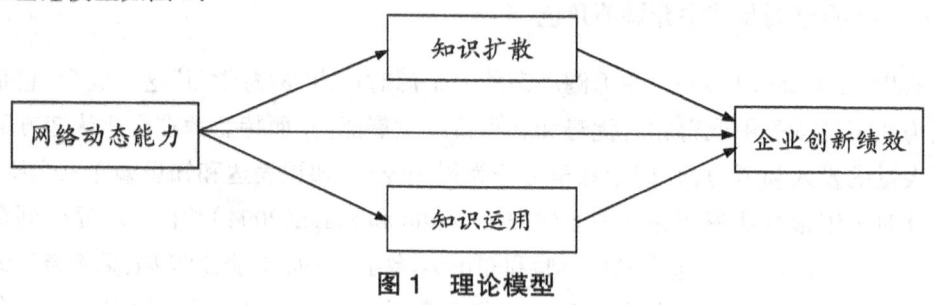

图 1　理论模型

三、实证研究设计

（一）量表设计

本研究调查量表的设计主要参照相关领域学者的成果，并通过向相关专家咨询进行合理的修改，以确保其科学性。问卷采用 Likert 七级量表打分法，1代表非常不同意，7代表非常同意。

网络动态能力中网络关系技能变量题项依据 Ritter（2003）[6]和 Levin（2004）[31]的研究，把题项设为：①企业目前和潜在合作伙伴逐渐增多；②企业间发生冲突时能够及时解决；③集群企业为应对环境变化而做出共同的调整。组织知识学习变量参考了 Coles（2003）[32]和 Choi（2010）[4]等人的量表设计，具体为：①企业能够从同行者那学习到大量有价值技术和市场信息；②企业能够从同行者那学习到先进的管理水平；③企业所获得的知识和管理技能能够快速地应用于实践。协作安排变量题项依据 Dyer（2000）[21]、Dhanaraj（2004）[22]、Walter（2006）[2]等的研究，本文把题项设计成以下几个题项：①企业高层定期

19 集群企业网络动态能力、刻意学习与创新绩效的关系研究
——基于黑龙江六大产业集群的实证

举行正式协商沟通;②企业内部员工间经常开展非正式沟通;③企业能够整合多方网络成员间的信息与知识;④当合作伙伴间发生冲突时,能够及时协调处理好矛盾。网络规划量表题项主要依据 Holmen(2005)[24]、Moller(2005)[7]、邢小强(2007)[23]等学者的研究设计,设计为:①企业有系统的网络管理方案、可能的演化和发展方向;②企业有明确的网络参与的原则、目标和行动准则;③企业可以根据自身需要对网络发展战略做适时的调整。

刻意学习中知识扩散和知识运用两个变量的题项都采用 Kale 和 Singh(2007)[12]、戴维奇(2012)[25]等学者的量表,知识扩散有 3 个题项:①企业定期举行信息和技术共享讨论会;②企业内部各职能部门间经常进行沟通与交流;③企业常引进专家开展经验交流会和技术知识的总结活动。知识运用有 4 个题项:①企业能够充分运用和吸收网络内部的知识与信息;②企业在吸收相关知识后能够应用于新产品的开发中;③企业根据新吸收管理经验做出企业营销策略而应对外在环境的变化;④企业根据经验和知识的总结修订企业内部运作流程。

企业创新绩效主要沿用 Nonaka 和 Takeuci(1995)[33]、Subramaniam 和 venkatraman(2001)[34]等学者的研究成果,分为企业产品创新、企业流程创新、企业组织创新和企业战略创新四个维度,共 12 个题项。

(二)数据分析

1. 样本特性

本次调查问卷从 2012 年 6 月至 2012 年 9 月,历时 3 个半月,发放问卷 400 份,回收 316 份,剔除无效问卷 79 份,最终有效问卷 237 份,问卷有效率 59%。此次研究调查涉及企业 45 个,访谈对象均为企业中高层管理者和技术专家,以确保访谈者对企业情况有充分的了解。访谈企业主要以黑龙江省装备、石化、能源、食品、医药、林木加工等 6 大产业集群的企业为背景。其中装备制造业企业占 18%,如哈尔滨东安发动机集团、齐齐哈尔一重;石化企业占 20%,如大庆龙油石油化工股份有限公司、黑龙江鑫泰石化有限公司等;能源企业占 12%,如黑龙江哈克森能源有限公司、黑龙江新世纪能源有限公司;食品和医药企业占 17%,林木加工企业占 16%,如黑龙江北大荒马铃薯有限公司、哈药集团、黑龙江省林业林木产品加工厂等企业。六大产业集群问卷发放量相对较均匀,数据来源更加全面。

2. 信度与效度检验

本研究根据 Cronbach's a 系数测量数据的信度,运用 SPSS17.0 软件计算可得出 11 变量的 Cronbach's a 值都超过 0.6。如表 1 所示,说明 11 个变量所隶属题项有很高的内部一致性,问卷信度较好。

表 1 各变量信度

变量	网络关系技能	组织知识学习	协作安排	网络规划	知识扩散	知识运用	产品创新绩效	流程创新绩效	组织创新绩效	战略创新绩效
题项	3	3	4	3	3	4	3	4	3	2
a 系数	0.779	0.766	0.831	0.839	0.648	0.859	0.844	0.855	0.847	0.805

在效度验方面,本文根据常用的收敛效度和判别效度来测评。根据 Fornell 和 Larck (1981)[35]的建议,如果各变量平均抽取方差(AVE)大于 0.5 水平,且各变量的 AVE 平方根大于该变量与其他变量的相关系数,则表明具有较好的收敛效度和判别效度。如表 2 所示。

表 2 变量间相关系数与平均抽取方差(AVE)

变量	均值	标准差	AVE	1	2	3	4
网络动态能力	4.6	.115	.846	.919			
知识扩散	4.4	.135	.610	.345**	.780		
知识运用	4.8	.006	.748	.293**	.609**	.864	
创新绩效	4.5	.018	.881	.422**	.353**	.587**	.939

注:**表示 $p < 0.05$,变量间相关系数在下三角,AVE 平方根在对角线上。

由表 2 所知,本文的四个主要变量的 AVE 值处于 0.6 ~ 0.88 区间,都超过 0.5 标准水平,且各变量的 AVE 平方均大于本变量与其他变量的相关系数。从而表明本研究的变量量表具有较高的收敛效度和判别效度。

3. 假设检验

由于本研究主要对刻意学习的中介作用假设进行检验,且同时需对网络动态能力与创新绩效关系假设进行检验。因此,参照 Baron 和 Kenny(1986)[36]的检验中介效应原理,中介效应的检验有三个步骤如表 3 所示。

表 3 中介变量检验步骤

步骤	变量	变量	路径系数β值	成立条件
步骤1	自变量	因变量	β1	β1 达到显著性水平
步骤2	自变量	中介变量	β2	β2 达到显著性水平
步骤3	自变量	因变量	β3	β4 达到显著性水平,且 β3 < β1
	中介变量	因变量	β4	如果 β3 显著,则部份中介作用成立
				如果 β3 不显著,则完全中介作用成立

19 集群企业网络动态能力、刻意学习与创新绩效的关系研究
——基于黑龙江六大产业集群的实证

根据上述表3的中介变量检验步骤,建立网络动态能力、刻意学习与创新绩效三者间的结构方程模型(SEM),并运用AMOS8.0软件对以网络动态能力为自变量、刻意学习为中介变量、创新绩效为因变量的三者关系量进行检验,检验刻意学习在网络动态能力与创新绩效关系中的中介作用,各步骤模型路径系数和模型拟和指标如表4。

表4 刻意学习中介作用检验结果

SEM模型	解释变量	被解释变量	路径	系数β值	路径显著结果与SEM模型检验指标
步骤1 SEM	自变量	因变量			自变量与因变量路径系数达到显著
					χ^2/df = 1.115, CFI = 0.931, AGFI = 0.917
	网络动态能力	企业创新绩效	β1	.112**	RMR = 0.025, RMSEA = 0.050
					NFI = 0.943, IFI = 0.925
步骤2 SEM	自变量	中介变量	β2		自变量与两个中介变量路径系数达到显著
	网络动态能力	知识扩散	β2-1	.619**	χ^2/df = 1.172, CFI = 0.967, AGFI = 0.953
					RMR = 0.040, RMSEA = 0.021
	网络动态能力	知识运用	β2-2	.537**	NFI = 0.952, IFI = 0.936
步骤3 SEM	自变量	因变量			β3路径显著,部份中介效应成立;且β4-1,β4-2显著
	网络动态能力	企业创新绩效	β3	.156**	
	中介变量		β4		χ^2/df = 1.118, CFI = 0.937, AGFI = 0.961
	知识扩散	企业创新绩效	β4-1	.433***	RMR = 0.016, RMSEA = 0.037
	知识运用		β4-2	.392**	NFI = 0.961, IFI = 0.977

注:**、***分别表示显著性水平,$p < 0.05$, $p < 0.01$。

表4表明,步骤1SEM模型和步骤2SEM模型中各路径系数均通过显著性检验,模型适配指标达到标准值,步骤3SEM模型中路径系数β3小于β1(0.156 < 0.578),满足Baron和Kenny中介效应检验要求。在步骤3SEM模型中,网络动态能力对企业创新绩效的直接效应为.156,并达到0.05显著性水平,即假设H1得到验证;此外,知识扩散与知识运用对企业创新绩效的路径系数也显著。因此,知识扩散、知识运用对网络动态能

力与企业创新绩效关系的中介效应成立,即 H2、H3 两条假设通过检验,最终的中介作用路径如图 2。

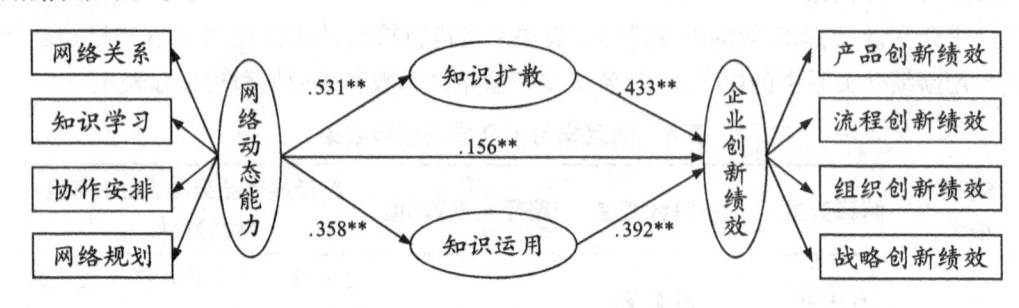

图 2 刻意学习中介作用路径图

图 2 显示了刻意学习两个维度在网络动态能力与企业创业绩效关系中的中介效应路径,即阶段 3SEM 模型的全部路径及其显著性水平。并根据 SEM 变量间接效应计算原理,可算出网络动态能力经知识扩散中介作用对企业创新绩效的间接效应值为 0.230(0.531*0.433),经知识运用中介作用所产生的间接效应值为 0.140(0.358*0.392)。表明刻意学习在网络动态能力与企业创新绩效关系中起到了中介作用,即网络动态能力通过刻意学习的中介调节效应对企业创新绩效产生间接效应,总间接效应达到 0.370 的较高水平。

四、研究结论与展望

如上所述,本文以黑龙江省六大产业集群为背景、集群企业刻意学习为视角,构建了网络动态能力、刻意学习与创新绩效关系的理论模型并提出了相关研究假设,其中对刻意学习中介作用的检验从知识扩散和知识运用二个维度着手。结合黑龙江 6 大产业集群内的 45 家企业调查数据,应用 SEM 模型对上述理论模型进行实证研究后得出如下结论:

以产业集群为背景的集群企业实证研究结果反映了网络动态能力与企业创新绩效的关系。根据实证研究结果表明,集群企业网络动态能力能够正向影响企业创新绩效。由于黑龙江 6 大产业集群在地理位置上主要集中于哈大齐工业走廊,各企业所属的行业类型明确,企业间联系紧密,因此企业间的集聚程度高,企业的网络特征也更明显。网络动态能力强调对网络企业内外部信息和资源重整,因此在集聚度高的网络企业间有利于动态能力的发展,能够更好地实现企业间的沟通与合作,从而能提升企业的创新绩效。当然,如表 4 和图 2 所示,网络动态能力虽然能够对创新绩效产生直接影响,但这种影响相对于有中介变量调节效应所产生的间接影响是较小的(在 SEM1 和 SEM2 模型中直接效应值分别为 0.112 和 0.156,间接效应总值为 0.370)。这是由于影响集群企

19 集群企业网络动态能力、刻意学习与创新绩效的关系研究
——基于黑龙江六大产业集群的实证

业创新绩效的因素多,大多数情况下需通过网络动态能力促动其他因素间接地作用于创新绩效,如通过增强集群企业网络动态能力改变企业资源惯性和学习方式的约束,或者推动知识在企业内部的扩散和运用,进一步完善企业的资源配置结构和创新体系。因此,集群企业在对网络动态能力大力投入和关注的同时,要充分考虑其他能够影响企业创新绩效的因素,可通过其他因素的调节,增强网络动态能力对企业创新绩效的影响。

刻意学习在网络动态能力与企业创新绩效关系间起到中介调节作用。以往的研究过多地专注于网络动态能力对企业创新绩效的直接作用,而忽视了二者间的"黑箱"[6-9],结合对集群企业实地调研,本研究从刻意学习这一全新视角剖析网络动态能力作用于企业创新绩效的内在机制。通过实证研究结果表明,刻意学习的二个维度均在网络动态能力与企业创新绩效间起到中介调节作用。网络动态能力的本质是对知识和技术等资源的优化配置,因此对知识扩散和知识运用起到一个助推效应,即动态能力通过刻意学习的中介调节作用对企业创新绩效产生间接影响(如图2)。知识扩散表示新知识、新经验在组织内部的存在与共享[25]不仅有利于加速企业知识库的更新,还为企业进行知识整合和知识创新提供前提,最终促进了新技术钳入到企业产品中,增强企业产品科技含量。知识运用意味着对获得的新知识做进一步加工,与企业固有知识进行融合,并在此基础上创造新的知识。因此,企业网络动态能力推动创新绩效的重要机制是刻意学习过程,这一过程涵盖了作为前提条件的知识扩散和起实质影响的知识运用。集群企业应增强建立刻意学习机制的意识,完善企业内部的知识库存和扩散系统,鼓励对新知识、新经验的运用,有效地提升企业创新绩效水平。

虽然本研究得到一些重要结论,但由于人力、物力等客观条件的限制,也存在不足之处:①本次调查问卷主要面向黑龙江省,因而所获得的调查数据外在效度需进一步检验,未来相关研究应尽可能地拓展到我国的其他省市产业集群,收集更为全面的数据进行实证研究。②本次研究以横截面数据为基础,为了更好验证变量间的影响关系,在后续研究中可以考虑收集不同来源的数据,采用纵向研究设计,进一步挖掘和丰富相应的研究结论。

参考文献

[1] Hakansson H. Industrial technological development: A network approach[M].London: Croom Helm,1987:11-12.

[2] Achim Walter,Michael Auer,Thomas Ritter.The impact of network capabilities and entrepreneurial orientation on university spin—off performance[J].Journal of Business Venturing, 2006, 21(4):541-567.

[3] Hanool Choi,Sang—Hoon Kim,Jeho Lee.Role of network structure and network effects in diffusion of innovations[J].Industrial Marketing Management,2010, 39(1):170-177.

[4] Helen Perks,Steven Moxey.Market—facing innovation networks: How lead firms partition tasks, share resources and develop capabilities[J].Industrial Marketing Management,2011, 40(8):1224-1237.

[5] 张荣祥,伍满桂.网络动态能力、创新网络质量及其创新绩效关系研究[J].兰州大学学报(社会科学版),2009,37(2):107-114.

[6] Ritter T.Gemunden H G. Network competence: Its impact on innovation success and its antecedents[J].Journal of Business Research,2003(56):745-755.

[7] Moller & Halinen. Business relationships and networks: managerial challenge of network era [J]. Industrial Marketing Management, 2005(28): 413-427.

[8] Hagedoorn, J., Roijakkers, N. & Kranenburg, V.H. Inter-firm R & D networks:the importance of strategic network capabilities for high-tech partnership formation[J]. British Journal of Management, 2006,17(4): 39-53.

[9] Barreto,I.Dynamic Capabilities: A Review of Past Research and an Agenda for the Future. Journal of management,2010,36(1):256-250.

[10] Ian M.T. Network structure and knowledge transfer in cluster evolution The transformation of the Napa Valley wine region[J]. International Journal of Organizational Analysis, 2011, 19(2): 127-145.

[11] Carlos, J. Social capital and dynamic capabilities in international performance of SME[J]. Journal of Strategy and Management, 2011,4(4): 404-421.

[12] Kale. P., & Singh, H. Learning and protection of proprietary assets in strategic alliances: Building relational capital[J]. Strategic Management Journal,2007,21(1): 217-237.

[13] Moxey, S. Market—facing innovation networks: How lead firms partition tasks, share resources and develop capabilities [J]. Industrial Marketing Management, 2011, 9 (27):

19 集群企业网络动态能力、刻意学习与创新绩效的关系研究
——基于黑龙江六大产业集群的实证

116–145.

[14] Zollo M, Singh H. Deliberate learning in corporate acquisitions: post—acquisition strategies and integration capability in US bank mergers[J].Strategic management journal,2004,25(13):1233–1256.

[15] 范钧,王进伟.网络能力、隐性知识获取与新创企业成长绩效[J].科学学研究,2011,29(9):1365–1373.

[16] Teece,D.J.,Pisano,G.,Shuen ,A. Dynamic capabilities and strategic management[J]. Strategic Management Journal,1997,18(7):509–533.

[17] Wang C.L., Ahmed P.K..Dynamic capabilities: A review and research agenda[J]. International journal of management reviews,2007,9(1):31–35.

[18] Granovetter M S. The strength of weak tie[J].American Journal of Sociology,1973,78(6):1360–1380.

[19] Hansen M T. The search—transfer problem: The role of weak ties in sharing knowledge across organization subunits[J].Administrative Science Quarterly,1999 ,44(1): 82–111.

[20] Zollo, M. & Winter, S.G. Deliberate learning and the evolution of dynamic Capabilities[J]. Organization Science, 2002,13(3): 339–346.

[21] Dyer, J.H., & Nobeoka, K.. Creating and Managing A High—Performance Knowledge—sharing Network: The Toyota Case[J]. Strategic Management Journal, 2000, 21(3): 345–367.

[22] Dhanaraj, C. Managing tacit and explicit knowledge transfer in I J Vs: The role of relational embed—ness and the impact on performance[J]. Journal of International Business Studies, 2004,35(3): 428–442.

[23] 邢小强,仝允恒.创新视角下的企业网络能力与技术能力关系研究[J].科学学与科学技术管理,2007,12(11): 182–186.

[24] Holmen, E., Pedersen, A.C. & Torvatn, T. Building relationships for techno—logical innovation[J]. Journal of Business Research, 2005,58(13): 1240–1250.

[25] 戴维奇,林巧,魏江.公司创业是如何推动集群企业升级的?——刻意学习的中介作用[J].科学学研究,2012,30(7):1071–1081.

[26] Eisenhardt,K.M',Martin,J.A.Dynamic Capabilities: What are they? [J].Strategic Management Journal,2000,21(10/11),1105–1121.

[27] Zott,C,Dynamic Capabilities and the Emergence of intraindustry differential Firm Performance: Insights from a Simulation Study[J].Strategic Management Journal,2003,24(2),97–125.

[28] Ambrosini.V,Bowman C.What are Dynamic Capabilities and are they a Useful Construction Strategic Management? [J].International Journal of Management Reviews,2009,11(1),29–49.

[29] Zhara, S., SPaienza.H., Davidsso.P. Entrepreneurship and Dynamic Capabilities: A Review, Model and Research Agenda[J].Journal of management Studies,2006,43(4):917−955.

[30] Helfat C E., Finkelstein S., Mitchell W., Peteraf M., Singh H., Teece D., Winter S.Dynamic Capabilities: Understanding Strategic Change in Organizations[M].Oxford:Blackwell,2007.

[31] Levin,D.Z. & Cross,R.The strength of weak ties you can trust: The mediating role of trust in effective knowledge transfer[J].Management Science,2004,50(11):1477−1490.

[32] Coles, A., Harris, L., & Dickson, K. Testing Goodwill: Conflict and Cooperation in New Product Development Networks [J]. International Journal of Technology Management, 2003,25(3): 51−64.

[33] Nonaka,I. & Takeuchi,H.The knowledge—creating company[M].New York:Oxford University Press,1995:70−85.

[34] Subramaniam,M. & Venkatraman,N.Determinants of transnational new Product development capability: Testing the influence of transferring and deploying tacit overseas knowledge [J].Strategic Management Journal,2001(22):359−378.

[35] Fornell, C., Larcker, D. F.. Evaluating Structural Equation Models with Unobservable Variables and Measurement Error[J]. Journal of Marketing Research, 1981, 18(1): 39−50.

[36] Baron R M, Kenny D A.The moderator mediator variable distinction in social psychological research:conceptual, strategic and statistical considerations[J].Journal of Personality and Social Psychology,1986,51(6):1173−1182.

20

基于产业集聚的高端装备制造业创新能力研究

吴 雷 孙莹莹

(哈尔滨工程大学经济管理学院 黑龙江 哈尔滨 150001)

> **摘 要**：世界各国历来重视高端装备制造业的发展，高端装备制造业的发展已成为各国经济增长的重要源泉，拥有发达的高端装备制造业，是增强国际竞争力的根本，高端装备制造业的创新也就成为我国取得长期竞争优势的决定性因素，而集聚是产业演化的一种优化路径，鉴于产业集群视角下创新能力研究对我国高端装备制造业发展的重要性，本文在对经典的知识生产函数进行改进的基础上，试图构建综合考虑研发资本和知识存储量的知识生产函数，并将高端装备制造业集聚下知识溢出因素和政府支持力度引入该函数，针对产业集聚的视角对高端装备制造业创新能力进行相关的理论研究。试图为后继更深入的实证研究做好准备。
>
> **关键词**：产业集聚；高端装备制造业；创新能力；知识生产函数

一、引言

装备制造业是工业发展的核心，是增强国际竞争力的根本[1]。高端装备制造业是装备制造业中技术密集度较高的产业，它既包括传统制造业的高端部分，也包括新兴产业的高端部分[2]，具有技术水平高、高附加值、处于价值链高端和产业链的核心部分的特

[基金项目]：黑龙江省哲学社会科学规划项目（11E109）；黑龙江省哲学社会科学规划项目（11D091）；黑龙江省科技攻关项目（GZ11D211）。

[作者简介]：孙莹莹(1987—)，女，硕士研究生，研究方向：技术创新与产业发展，教育经济管理。

吴雷(1980—)，男，黑龙江哈尔滨人，副研究员，硕士导师，管理学博士，研究方向：技术创新与产业发展，人力资源开发与管理。

征,是为国民经济各大行业提供先进技术设备的产业,是各项工业技术、信息技术及各类新兴技术的集成载体。世界各国历来重视高端装备制造业的发展,高端装备制造业的发展已成为各国经济增长的重要源泉,是各国际竞争力的核心,尤其是我国已于 2010 年把高端装备制造业列入战略性新兴产业,然而没有发达的高端装备制造业,也就没有较高的科技水平,也就很难实现中国的现代化建设。高端装备制造业的创新成为我国取得长期竞争优势的决定性因素,鉴于高端装备制造业创新的重要性,对其创新能力和创新能力的影响因素的研究具有重要的理论和现实意义,有助于我们进一步理解和阐明国家的大政方针。

各国学者对高端装备制造业创新能力进行了大量研究,通过对国内外研究进行分析发现,国内外学者在创新能力的形成机理及演进趋势等各个方面都已取得一定的成果,奠定了坚实的基础。技术和创新是高端装备制造业获取竞争优势的源泉,产业集聚是高端装备制造业发展的主要模式,回顾这些年来我国高端装备制造业发展的历程,其中一条重要经验就是走集聚式发展道路[3]。但是,迄今为止还鲜有人考虑产业集聚因素对高端装备制造业技术创新的贡献,创新能力的提高和创新产出的增加除了受一定的要素投入因素影响之外,还会受到例如来自其相关产业、地区和制度等多方面因素的影响。本文将在梳理有关研究成果的基础上,从产业集聚的视角来分析高端装备制造业技术创新能力。

二、理论综述

集聚是产业演化的一种优化路径,集聚形成的一个重要动因是为获得知识、技术溢出而在地理上的聚集[4]。在早期提出的经典知识生产函数为后来学者所研究的知识生产和技术创新问题提供了重要的理论工具。其中最具代表性的理论是 Griliches-Jaffe 的知识生产函数和 Romer 提出的基于内生增长模型的知识生产函数。Griliches 认为创新过程的产出是研发资本投入的函数,可用 Cobb-Douglas 生产函数的形式表述为:

$$R\&D_{outputa} = \alpha \cdot f(R\&D_{inputa})$$

而 Jaffe 认为新技术和知识是最重要的产出,投入变量包括用于研发资本投入和人力资本投入,其生产函数如下:

$$Q_t = AK_i^a L_i^b m_i$$

其中:Q 表示研发活动强度,K 和 L 分别表示研发资本投入和人力资本投入,α、β 分别为 K 和 L 的产出弹性。

但是仅仅考虑了研发资本投入和人力资本投入的知识生产函数很可能会忽略区域知识存储量对创新产出的影响。Romer 对知识生产函数的构建以及创新知识的流动是怎样完全依赖于现有知识的存储量进行了讨论:创新知识对现有知识储存量的依赖在于以后的研发人员从现有知识存储量中所得到的"基于时间序列"的知识溢出,过去所形成的知识为当前和以后的研究与开发提供了帮助。Romer 构造的基于内生增长模型的知识生产函数为：

$$g_A = \delta LA$$

其中：g_A 表示稳定状态下的知识存量增长率，δ 为常数，且 $\delta > 0$，L 为研发人员数，A 为知识存量。

许多学者利用上述知识生产函数对区域创新问题进行了经验探索。许亚静利用 Griliches-Jaffe 生产函数推导得出外商直接投资、自主研发和制度因素对我国技术创新能力的影响。结果显示，我们不能盲目地以为外资引进的越多越好，FDI 对国内企业的技术促进作用并非普遍认为的那样显著，其作用是有限的。更高水平的 FDI，并不一定会带来更强的创新能力和创新精神[5]。牛泽东等也利用 Griliches-Jaffe 生产函数分析 FDI 的技术溢出与我国高新技术产业技术创新能力之间的关系。研究结果表明：外资企业的研发活动对我国高新技术产业创新能力产生正的溢出效应，是以当地企业具备一定的吸收能力为前提条件的；我国高新技术产业存在"发展门槛"，这在一定程度上阻碍了 FDI 对我国高新技术产业技术创新能力的正溢出效应的发生[6]。

上述这两个知识生产函数模型的基本假设都是将创新产出看作是研发投入的函数：Griliches-Jaffe 模型认为新经济知识是最重要的产出，而投入变量则包括研发资本投入和人力资本投入，这就忽略了知识溢出对创新产出的影响；Romer 模型将任意给定时刻的新知识产出看作是现有的知识存储量和研发人员投入数量的函数，并没有考虑研发资本投入的影响[7]。因此有必要在深入分析创新过程多种投入和多种产出的特点及其相关性的基础上，将两个知识生产函数模型的特点结合起来，构建更全面、更贴近实际的知识生产函数模型形式，以便可以更好地揭示科学技术投入与产出之间的内在规律。

尽管 Varga 和 Fischer 等学者们对知识生产函数进行了不断改进和发展，但是都没有将 Grili-ches-Jaffe 模型和 Romer 模型有机结合。可以分析出，两个模型虽然变量选择不同，但基本的投入产出关系是一致的。Romer 知识生产函数认为现有知识存储量是生产知识的必要投入，不考虑其他要素投入，可以得到：

$$Y_t = f(Y_s), Y_s = \sum_{i=1}^{t}(Y_i - \Delta Y_i)$$

其中：Y_t 为第 t 期知识产出，Y_s 为第 t 期的知识存储量水平，ΔY_i 为各期知识的折旧量。

现有知识存储量是以往各期新知识产量的累积的结果，每期新知识的产生主要是 Griliches-Jaffe 知识生产函数认为的研发资本投入的结果，借助这种思想，R&D 的累积就导致了知识的累积。这样，第 t 期前的知识存量水平 Y 可以表示成第 t 期前各期 R&D 经费投入的累积和的函数：

$$Y_s = h(\sum_{i=1}^{t} R_i)$$

式中 R_i 表示 R&D,于是:

$$Y_t = f[h(\sum_{i=1}^{t} R_i)] = f(SR)$$

SR 表示研发资本投入的累积和,即研发资本。上式表明,新知识产生不仅与当期的 R&D 投入有关,还与过去的 R&D 投入相关,全部的 R&D 投入之和(扣除折旧)——研发资本,既反应了 R&D 投入对于新知识生产的作用,又反应了主要的一部分知识存量的作用,它是产生新知识的主要来源。

正如许多研究者发现,新知识产生的另一个重要来源就是知识的溢出因素,我们不能忽视来自一个主体之外的溢出的知识在主体的知识生产过程中的作用,溢出的知识也构成了知识存储量的一部分,特别是在高端装备制造业集聚内。产业集聚是技术创新的载体,能够加速知识、信息在集聚区内的快速传播,知识的溢出效应更强,产业集聚形成了企业技术创新所需的支持网络,产业集聚为企业技术创新从市场需求到技术和产品的研发、从产品化到商业化各阶段都能提供有力的支持,降低企业技术创新成本,增强企业技术创新动力[8]。因此,这一因素考虑进来就可以得到:

$$Y_t = F(SR, P)$$

式中 P 为知识溢出,该函数将 Griliches-Jaffe 知识生产函数和 Romer 知识生产函数的思想进行了统一,既考虑了研发资本投入,又考虑了知识存储量的影响,再将人力资本因素考虑进去,并假定知识生产函数符合 C-D 生产函数形式:

$$Y = \alpha R^a L^b P^g m$$

式中 R、L 和 P 都是存量指标,这种形式符合了 C-D 函数的最初假定。

新知识、新技术的生产或创造是一个复杂的系统过程,除了必要的要素投入因素外,诸多来自产业、地区和制度等方面的因素都会影响这一过程。把这些因素考虑进来以后,建立了如下知识生产函数:

$$Y = R^\alpha L^\beta P^\gamma \sum (c + \lambda_i X_i) + m, i = 1, 2, \cdots, m \tag{1}$$

其中 X_i 为影响新知识生产的非要素投入因素,诸如制度因素等。

三、评价方法

(一)模型的设定

由上一部分总结出的知识生产函数及研究视角,可以设计如下模型:

$$Y_{it} = R_{it}^\alpha L_{it}^\beta P_{it}^\gamma e^{c + \lambda S_{it} + \mu} \tag{2}$$

在此模型中,下标 i 和 t 分别代表第 i 个省份的第 t 年,Y 为创新产出,R 为研发资本投入存量,L 为人力资本投入,P 为产业集聚知识溢出因素,S 为政府支持力度。α、β、γ 为三要素的产出弹性,λ 为政府支持力度系数,μ 为随机扰动项。

对模型(2)两端取对数得到待估计的方程:

$$\ln Y_{it} = C + \alpha \ln R_{it} + \beta \ln L_{it} + g \ln P_{it} + \gamma S_{it} + \mu_{it} \tag{3}$$

(二)相关变量的说明

1. 创新产出

可以用专利和新产品所销售的收入这两个指标作为因变量来衡量知识生产函数中的新知识产出。创新产出显示了创新能力所产生的效果,是评价创新能力最现实、直观的指标。创新产出主要包括中间产出和最终产出,中间产出一般通过专利来反映,最终产出表现为收益性产出、技术性产出和竞争性产出三个方面。

并不是所有的创新都可以取得专利权的,也并不是所有的专利都可以授权的,专利只是衡量技术创新产出成果的常用指标,它反映了以技术为基础的创新。尽管用专利计量技术创新产出水平具有一定缺陷,不是最理想的指标。但是,专利是技术发明唯一可以观察的测度,而且目前学者们还没有找到比专利更好的替代指标。

2. 研发资本存量

作为最重要的知识生产投入要素变量,该指标对创新产出有着决定性的影响。但这一指标数据很难获取,所以经常采用 David 和 Helpman 等人的思想,通过永续盘存法来估算。

3. 人力资本投入

创新与当地的人力资本关联密切。借鉴简泽的做法,通常用表示劳动力素质的指标来刻画人力资本变量。

4. 高端装备制造业集聚下知识溢出因素

知识溢出效应是高端装备制造业集聚的一个重要的外部经济效应。知识溢出因素可以帮助企业降低研发成本,提高高端装备创新产出,知识溢出因素主要来自于创新能力的直接溢出和人才的溢出两个方面,高端装备制造业的集聚状况直接影响到知识溢出效应的水平。

5. 政府对创新能力的支持力度

政府的激励政策对企业的 R&D 活动有着重要的影响。虽然企业是创新能力的主体,但政府是高端装备制造业政策的制定者,在加强基础设施、组织基础研究、提供人力资本和政策支持等方面都影响着创新活动。政府的支持力度越大,企业创新活动进展就会越快,产出也会越多。通常将这一指标作为非要素投入因素引入模型(1),并用科技活动经费中政府资金所占比率来衡量。

(三)模型使用说明

近年来国内外学者们越来越注意经济变量之间的空间依赖性问题。空间计量经济学模型的发展为这一问题的解决提供了有力的实证检验工具。任何一个地区的经济都不可能独立存在，它总是与其他经济体存在着千丝万缕的关系。当外生冲击对一个地区的经济造成影响时，往往会波及到临近的地区甚至更远。知识、技术的产生除了受区域内的溢出效应影响外，来自区域外的溢出效应的影响同样重要。目前，研究者很少从两个维度考察区域知识溢出效应，如果采用El-horst有关空间面板计量模型的研究方法，力图从两个维度考察我国省区高端装备制造业的知识溢出问题。传统的面板数据模型并没有考虑到横截面相关的问题，但当样本是来自于空间单位(如省区)时，这个问题就必须特别处理。面板数据模型含有地区成分时，会产生在同一个时间点上观察值之间存在空间依赖性的问题。Elhorst在传统面板数据模型中引入空间滞后误差项和空间滞后解释变量，从而明确考虑了空间依赖性。将空间效应纳入固定效果模型，根据空间效应的表现方式不同，空间面板数据固定效果模型分为以下两种：

1. 固定效应空间滞后模型

$$Y_{it} = \alpha + Xb + rCY_{it} + m_i + q_t + \mu_{it}, C = IT \times W \tag{4}$$

其中，X表示Kronecker积，是一个$NT \times NT$的分块矩阵，IT是T维的单位矩阵，X是解释变量矩阵。μ_i为第i个地区的区域特定固定效果，表示在控制其他解释变量后，第i个区域因其本身所具有的区域特性而对区域内历年创新产出所造成的长期固定影响，是一个不随时间变动的区域特定常数项。θ_t为第t年的时间特定固定效果，代表在控制其他解释变量后，第t年因其本身具有的特性而对当年各区域的创新产出所造成的短期固定影响，因此是一个不随区域变动的时间特定常数项。

2. 固定效应空间误差模型

$$\varepsilon_{it} = \lambda C \varepsilon_{it} + \mu_{it}, \mu_{it} \sim N(0, \sigma^2) \tag{5}$$

空间面板固定效应模型不仅考虑了经济变量的空间和时间异质性，而且把空间依赖性明确引入了模型，这就在很大程度上纠正了可能的模型误设问题。

判断地区间的空间相关性是否存在，一般通过Moran's I检验、最大似然LM-error检验和最大似然LM-Lag检验等方法来进行。由于空间效应的存在，OLS估计空间误差模型不具有效性；估计空间滞后模型不仅有偏差，而且也不一致，不能用于空间计量模型的估计，因此需要使用极大似然方法来估计空间计量经济模型。

四、结论及展望

本模型拟在(1)式知识生产函数的基础上，利用装备制造业相关数据，实证检验我国高端装备制造业集聚对创新能力的作用,从产业集聚的研究视角来审视区域高端装备制造业创新产出的影响因素。然而本文的不足之处是没有把高端装备制造业创新动力和原始创新能力的影响因素考虑到模型中,并且理论模型只有通过实证检验才能得到确认,所以将来的研究将收集其相关数据,进行实证研究,可能会更具说服力。

集聚成为我国产业发展和区域发展的必由之路,因此,基于产业集群视角下创新能力研究对我国高端装备制造业的发展具有十分重要的意义。创新能力的研究是发展高端装备制造业的核心,要形成和增强其创新能力水平,关键是我国应该加强高端装备制造业科技人才的培养和引进,完善人才激励制度,增加对高端装备制造业的科技投入,尤其是中西部省区;完善专利保护制度的同时,要充分认识高端装备制造业集聚对创新能力的促进作用,加强集聚体企业之间、企业和科技中介服务机构之间的联系和协同,提高高端装备制造业集聚体内科技人员整体素质;充分利用省际间知识溢出、区位优势和空间依赖等地理因素,加强省际间的交流,扩大创新能力的范围和强度。

参考文献

[1] 吴雷.黑龙江省装备制造业持续创新能力对策研究[J].商业研究,2009(6).

[2] 娄岩,刘燕玲,黄鲁成.基于专利分析的北京高端装备制造业对策研究[J].科技管理研究 2012(9).

[3] 景侠,李振夺.黑龙江省高端装备制造业集群发展研究[J].商业经济,2011(9).

[4] 张文强.集群视角下产业技术创新模式研究[J].南阳师范学院学报,2013(1).

[5] 许亚静.外商直接投资影响技术创新的机理与经验研究[D].长沙:湖南大学,2011.

[6] 牛泽东,张倩肖;王文也.FDI对我国高新技术产业自主创新能力影响的实证分析[J].科技进步与对策,2011(18).

[7] 周明,李宗植.基于产业集聚的高技术产业创新能力研究[J].科技管理,2011(1).

[8] 陈凯华,寇明婷,官建成.中国区域创新系统的功能状态检验——基于省域2007-2011年的面板数据[J].中国软科学,2013(4).

21 武汉市高端装备制造业协同创新发展的路径研究

唐 寅 胥朝阳

(武汉纺织大学 湖北 武汉 430073)

> **摘 要**:高端装备制造产业在当今时期已成为带动整个装备制造产业升级的重要引擎,是战略新兴产业发展的重要支撑。尽管武汉市装备制造业的基础较好但在高端装备制造方面存在着"产业总量规模偏小、产业链不完整"等问题。文章概述了武汉市高端装备制造业的发展现状,多视角剖析了其竞争力弱的成因,依据协同创新发展理论,以竞争力提升为宗旨,探索了适合不同发展战略的武汉市高端装备制造业协同创新发展路径。
>
> **关键词**:协同创新;武汉市;高端装备制造业;竞争力

一、引言

高端装备制造业是以高新技术为引领,处于价值链高端和产业链核心环节,决定着整个产业链综合竞争力的战略性新兴产业。大力培育和发展高端装备制造业,是抢占未来经济和科技发展制高点的战略选择,对于加快转变经济发展方式、实现由制造业大国向强国转变具有重要战略意义[1]。作为我国的老工业基地之一,武汉近年来以装备制造业为着力点、以高新技术产业为主体,采用集约型和循环经济的方式快速发展。但在

[基金项目]:湖北省教育厅重点项目:湖北制造业竞争力提升的技术并购路径与对策研究(项目编号:D20111607);武汉市软科学项目:关于武汉加快打造全国重要的先进制造业中心的战略研究(项目编号:201240933338-1)。
[作者信息]:唐寅(1986-),男,武汉纺织大学管理学院硕士研究生,研究方向:企业并购与产业研究。
胥朝阳(1966-),男,河南平舆人,博士,武汉纺织大学会计学院院长,教授,华中科技大学兼职博士生导师,研究方向:企业并购与公司财务。
联系方式:武汉纺织大学,湖北省武汉市洪山区纺织路1号,430073;电话:13296688915;E-mail:wtuty1020@163.com。

快速发展的同时,武汉市装备制造业仍存在着"产业规模不大、产业链不完整、装备成套水平低"等问题。随着2012年5月7日工业和信息化部发布了《高端装备制造业"十二五"发展规划》和5月30日国务院会议通过了《"十二五"国家战略性新兴产业规划》,高端装备制造业将迎来黄金发展阶段。武汉应抓住这一历史契机,结合自身实际,发挥自身优势,开拓发展思路,高质量发展高端装备制造产业,使高端装备制造业成为武汉构筑成中部崛起战略支点城市的主导产业之一。

二、武汉市高端装备制造业的现状概述

(一)武汉市高端装备制造业的发展优势

1. 产业基础较好

100多年前,举世闻名的"汉阳造"成就了武汉工业重镇的美誉;1950年代国家布局的武船、武重、武锅,21世纪在武汉东湖国家高新区诞生成长的烽火通信、华工科技、华工数控等,成为特定历史时期武汉装备制造业发展的典范,凸显了武汉在全国装备制造业的地位。如今,借助在工程技术人才、区位交通等方面存在比较优势,武汉正向国家级装备制造业基地冲刺。2011年,武汉装备制造业工业总产值达到1080.66亿元[2]。目前,武汉综合实力在中部各大城市中处于领先地位,高档数控装备及系统、激光加工装备、海洋工程装备、电子及通信设备等高端装备制造行业在中部地区乃至全国具有一定比较优势和发展潜力。

2. 集聚度较高

在产业规划的引导下,高档数控装备及系统、激光加工装备、海洋工程装备、电子及通信设备等武汉高端装备制造产业形成了集聚度较高的产业园区。"中国光谷"是知名的高新技术产业园,众多的数控系统、激光加工装备和电子通信设备企业都落户这一产业园内,武重、武锅等老字号装备制造企业也已整体搬迁至东湖高新区;沿江相邻的武昌区和青山区是武汉的传统重工业基地,武船、青山造船厂、武钢重工等海洋工程装备、冶金设备等企业均处在这两个辖区内;武汉经济技术开发区内则有一批以专用设备和新能源装备为主的高端装备制造企业。此外,毗邻东湖高新区的江夏经济开发区也在逐步进驻一些高端装备制造企业。

(二)武汉市高端装备制造业存在的主要问题

1. 产业总量规模偏小

从横向视角看,2011年,武汉高端装备制造业规模以上企业完成工业总产值约103.4亿元,远低于南京(约1320亿元)、苏州(约1828亿元)、青岛(1300亿元左右)、大连(800

多亿元)等同类城市,产业规模偏小。从制造业构成看,2011年,武汉高端装备制造业仅占全市工业总产值的1.4%、装备制造业产值的9.5%,表明武汉市高端装备制造业在工业总量中的占比过小,发展潜力较大。

2.产业链不完整

武汉生产的许多高端装备产品在全国闻名,如武船造的深水工作船;武汉船机开发的海洋平台起重机;武桥重工造出的海上打桩机械;武重生产的数控机床和在地铁、隧道建设中大显身手的"地老虎"盾构机等。但这些优质产品的许多零部件均产自外地,需要依赖外购解决。表明武汉高端装备制造业的产业链存在部分脱节,装备成套水平低,需要完善或拓展。

三、武汉市高端装备制造业竞争力弱的成因分析

(一)企业单打独斗,协同发展意识不足

高端装备制造业的发展与设备、材料、人才、软件信息技术等多个方面息息相关,所以将不同的资源和个体有机地协调起来共同发展对整个行业产业链及外部环境的可持续发展具有重要的意义。协同发展不仅可以使资源得到优化的配置,让不同的个体之间产生互补效应,而且还可以带动科研和人才培养的积极性。但是,从目前来看,武汉市高端装备制造业甚至整个装备制造业中的企业单位还是更喜欢"单打独斗",通过协同谋求"双赢"的意识薄弱,一些企业仅仅为了一时的既得利益就放弃有前景的合作机会。

(二)产学研合作松散,科技资源利用率低

据统计,截止2011年末,武汉拥有普通高校68所,各类科研机构106所,国家实验室1个,国家重大科技基础设施1项,国家级重点实验室21个(8个直接与高端装备制造业有关),3个国防科技重点实验室,国家级工程技术研究中心21个(11个可直接为高端装备制造业服务),3个企业国家重点实验室(2个与高端装备制造业有直接关系),国家级企业技术中心19个(12个可为高端装备制造业提供技术支持),科教综合实力全国第三。尽管武汉有23家国家级高新技术产业化基地,国家级科技企业孵化器和大学科技园数量共达到15个,但成果转化尤其是在本地转化的屈指可数,未能有效地转化为现实的产业竞争力。首先,企业对产学研合作的认识不到位,创新意识不强。教育、科研、产业还是三条战线三张皮,各自为战,未能形成合力。其次,科技人才布局不合理,科技资源分布不均匀。武汉市75%以上的科技人才都在各类省部属科研院所和大专院校,真正在企业的不多。科研院所比较注重基础研究,应用性的、市场导向的科技成果

相对少,真正具备市场应用价值的科技成果更少,参与市场化研发的主动性不够。最后,科技资源整合共享力度不够强,缺乏具有创新能力的装备制造业龙头企业。

(三)对外开放度不高,民营装备业发展滞后

对国内外开放度不高,吸引跨国装备制造业巨头落地的思维、胆略及措施不给力,是武汉高端装备制造业落后于部分国内同类城市的重要原因。目前,全球新一轮产业转移中,跨国公司已开始向发展中国家转移资本密集型、技术密集型产业,为制造业基础较好的武汉市承接高端装备制造业带来了机会。政策落实不到位,民营企业发展环境欠佳,导致民营装备制造企业先天不足,难以做大做强,是武汉高端装备制造业落后部分国内同类城市的又一重要原因。

四、武汉市高端装备制造业竞争力提升的协同创新路径

协同创新是指通过突破创新主体间的壁垒,充分释放彼此间"人才、资本、信息、技术"等创新要素活力而实现深度合作。其本质是企业、知识生产机构(大学、研究机构)、中介机构和用户等为了实现重大科技创新而展开的大跨度整合的创新组织模式。协同创新是通过国家意志的引导和机制安排,促进企业、大学、研究机构发挥各自的能力优势、整合互补性资源,实现各方的优势互补,加速技术推广应用和产业化,协作开展产业技术创新和科技成果产业化的科技创新范式。胡锦涛主席在清华大学百年校庆的重要讲话中提出要积极推动协同创新,通过体制机制创新和政府项目引导,鼓励高校同科研机构、企业开展深度合作,建立协同创新的战略联盟,促进资源共享,联合开展重大项目攻关,在关键领域取得实质性成果,努力为建设创新型国家做出积极贡献[3]。

由于协同创新不同于原始创新的协调合作,也有别于集成创新、引进消化吸收再创新的产品技术要素整合,其本质属性是一种管理创新,亦即如何创新管理模式,打破部门、领域、行业、区域甚至国别的界限,实现地区性及全球性的协同创新,构建起庞大的创新网络,实现创新要素最大限度的整合。协同创新的实践,已在国外取得了重要的成功经验:美国硅谷成功的关键,在于区域内的企业、大学、研究机构、行业协会等形成了扁平化和自治型的"联合创新网络"。日本政府早在1961年就制定了《工矿业技术研究组合法》,推动企业协同创新。该法规定只要被认定为"技术研究组合",就可以被视作非营利性的特殊法人,并享受若干税制优惠。韩国在1980年代后期模仿日本的"技术研究组合"模式,成立了以国家电子通信研究所为牵头单位,由三星电子、LG半导体以及大学、政府机构等组成的共同研究开发组织,并建立若干个与此相关的大科学工程。在欧洲,随着欧洲一体化进程的加快,芬兰、爱尔兰、瑞典等协同创新网络蓬勃发展。在我国,两弹一星工程、载人航天工程、嫦娥工程等国家重大战略性技术攻关的成功,无疑

都是具有中国特色的协同创新的成果。武汉市制造业和装备制造业基础均较好,相关科研院所和高等院校力量较强,具备协同创新的良好条件。探索协同创新发展的路径,是推动武汉市高端装备制造业竞争力提升的一个重要切入点。

(一)制造业与高端装备制造业的协同创新

制造业直接体现了一个国家的生产力水平,装备制造业是制造业的核心组成部分,高端装备制造业又是整个装备制造业升级的重要引擎。高端装备制造业为制造业提供先进生产设备,制造业为高端装备制造业提供原材料或产品市场,彼此存在着产业和技术互动的机制。武钢、武汉塑料、际华3506等一批以钢铁、橡胶塑料、纺织品等生产为主的制造企业,其产品可作为高端装备制造企业生产所用的原料或配件,彼此间的交流合作与知识共享是开展协同创新的重要基础,有助于制造业和高端装备制造业的共同发展。例如,武钢和武船建立联合研发中心合作研究适合深海探测船、潜艇甚至航母的抗高压超高强度特种钢板的生产和焊接技术,为国防军工与民用技术的对接探路;三江航天与武汉塑料、际华3506等联合研发适合航天飞行的新型航天材料,助推航天业的发展。制造业和高端装备制造业联系紧密,可合作领域宽,有较强的可行性。

(二)高端装备制造企业间的协同创新

基于良好的装备制造业基础,近年来武汉市高端装备制造业稳步发展,武船、武重、武锅等老牌装备制造企业兼有传统装备制造业和高端装备制造业双重特征,处于由传统逐渐向高端转型的过程之中。新生的高端装备制造企业大多是中小企业,最具创新活力,但尚处在成长过程之中。将不同企业的技术、信息、人才等要素汇聚在一起,必能推动武汉高端装备制造业的技术创新,拉动武汉高端装备制造企业的发展,提升武汉高端装备制造业的综合竞争实力。例如烽火科技、长江通信、中原电子、滨湖电子等一批在通信设备领域内的企业合作,发挥出各自的比较优势,更好地扩散与吸收技术经验,做大通信装备产业,可以更好地服务于航天、军工、高铁等高端领域。例如武重、华中数控及一些中小激光企业之间的交流合作,不仅会加强国企与民营企业之间的技术互动,还有助于激光、数控系统、机床生等技术更好地融合,推动高档数控机床的研发与产业化。

(三)高端装备制造业领域的产学研协同创新

产学研合作是促进企业和地区创新的有效途径,是建设创新型国家的必由之路。温家宝总理在2012年全国科技创新大会的讲话中指出要以企业为主导深化产学研结合,产学研结合,要坚持"产"为主导,即企业为主导[4]。武汉科教实力位于全国前列,科研院所、高校数量居中部城市之首,其中不乏高端装备制造业研究领域的佼佼者,如武汉大学的卫星导航技术,华中科技大学的光电通信、激光技术和数字制造装备,武汉理工大学的船舶和港机装备，海军工程大学的电机设备和独立发供电系统等都处在国内先进水平甚至是国际领先地位。政府应当通过政策、资金等手段引导创建以骨干企业为主体，高校、科研单位共同加入的武汉市装备制造业产学研技术创新联盟，集聚装备制造业的技术、人才、资金、信息等创新要素，形成战略合作共同体，高效推进装备制造业的关键技术和重大产品创新，整体促进武汉市装备制造业发展（建立装备制造业产学研技术创新联盟而不是高端装备制造业产学研创新技术联盟，可以让传统装备制造企业加入进来，有助于带动这些企业由传统装备制造向高端装备制造的转型）。例如可以引导部分企业与华中科技大学合作，将华中科技大学研发的世界最大激光快速制造装备运用到企业生产中，推动动力装备、航空航天、武器装备等高端领域结构复杂零部件的快速研制；引导武船、华舟重工等船舶企业与武汉理工大学、海军工程大学的合作，在海洋工程装备、民用船舶、特种船舶甚至是军用舰艇方面进行共同研发；引导三江航天与武汉纺织大学联合研发适合航天飞行的新型航天纺织材料，助推航天业的发展。

（四）培育民营装备制造骨干企业的协同创新

民营企业是经济中活跃的细胞，具有产权明晰的天然优势。尽管中央、湖北省及武汉市制定了若干降低产业准入门槛、消除民资准入障碍的措施，但由于固有思维、发展惯性及实施细则不易操作等因素的影响，民营高端装备制造企业尚难与国有、外资高端装备制造企业一样享受国民待遇。政府应当进一步下大力气改进落实民营高端装备制造企业发展政策措施，改善发展环境，推进国有大型先进装备制造企业、各科研院所与民营装备制造企业的交流合作，为民营高端装备制造企业的可持续成长创造条件，培育若干有活力、有竞争力的民营高端装备制造龙头或骨干企业。

五、结语

总之，上述提升武汉高端装备制造业竞争力的协同创新路径，不能单纯靠政府推动，更不能由政府闭门造车，需要结合国内外高端装备制造业市场的发展变化，在政府的引导或支持下，以武汉高端装备制造业领域的骨干企业为主体，按照市场运作机制，选择合适的时机与方式，将相关企业、科研机构、高校等经济主体的利益恰当地联系在一起，才能有效发挥作用。

参考文献

[1] 工业和信息化部.高端装备制造业"十二五"发展规划[EB/OL].[2012-05-07]http://www.miit.gov.cn/n11293472/n11293832/n11293907/n11368223/14580681.htm.

[2] 2011年湖北省装备制造业发展情况报告[R].湖北省经济和信息化委员会,2012.

[3] 胡锦涛.胡锦涛在清华大学百年校庆大会上的重要讲话[EB/OL].http://www.bj.xinhuanet.com/bjpd_sdzx/2011-04-25/content_22604972.htm.

[4] 温家宝.温家宝在2012年全国科技创新大会上的讲话[EB/OL].http://www.gov.cn/ldhd/2012-07-07/content_2178574.htm.

22

从流动集群到组织化运营
——城市废弃电器电子产品回收体系的转型

陶栋艳 童昕

（北京大学城市与环境学院 北京 100871）

摘 要：随着电子与信息科技的发展，电器电子产品进入大规模消费和高频率更替的时代，大规模废弃也随之而来。高环境风险的废弃电气电子产品需要正规的回收和处理体系来应对。但是在中国的各个城市，这类产品的回收由正规部门所垄断，正规部门要参与回收并与之竞争，则需要构建合理的回收网络以控制物流成本。本研究基于对北京市非正规部门的调研，分析其回收体系结构并估算其回收成本，在此基础上，构建一个适应于现状的精简和多主体的正规回收体系，运用GIS和TransCAD软件模拟来分析其回收成本，认为正规回收体系能在价格上与非正规部门抗衡，但在建立初期，需要一系列保障机制。

关键词：废弃电器电子产品；回收体系；回收网络转型

一、背景

伴随着电子与信息科技的飞速发展和人类消费水平的日益提高，电器电子产品（Electrical & electronic equipment, EEE）的功能和面貌日新月异，更新速度不断加快，这带来了EEE的大规模生产和大规模消费，也带来了大规模的废弃。中国是电器电子产品的消费大国，更是电子电器产品的制造大国，近年来也达到了大规模废弃的高峰时期，在各个人口大市和经济发达大市这一情况尤其突出。基于保有量系数法的测算，在人口大市首都北京市，"四机一脑"（电视、空调、冰箱、洗衣机、电脑）城镇废弃量在2013年达到186万台，到2017年更将上升至277万台（见图1）。

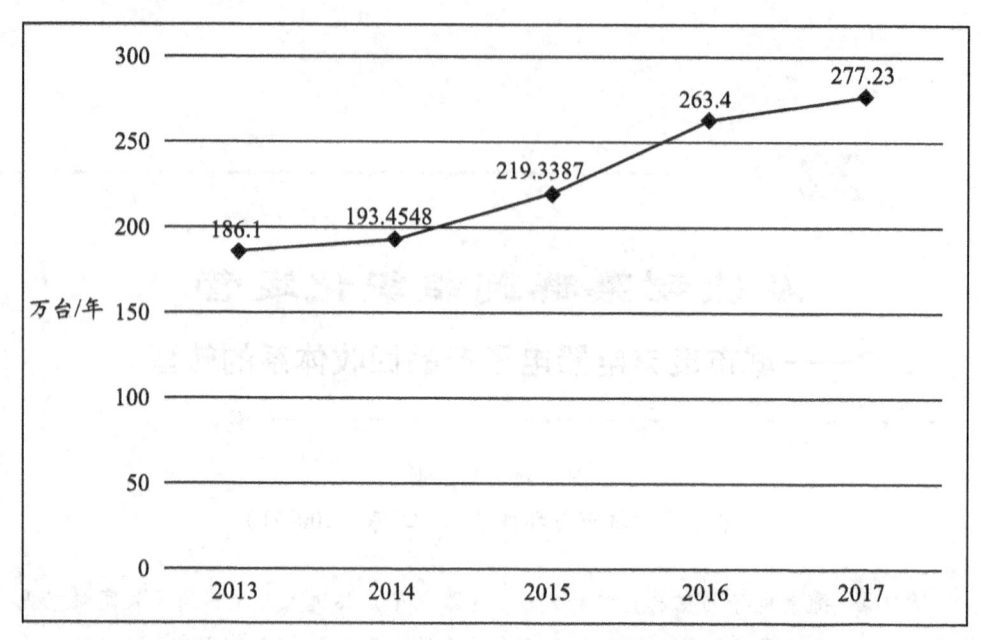

图 1　北京市 2013—2017 年四机一脑城镇废弃量

相比于其他废弃物品，废弃电器电子产品（Waste Electrical and Electronic Equipment，简称 WEEE）具有更高的污染性，威胁到环境质量和人类健康，同时也具有相当高的再生资源利用价值，因此，在大规模废弃的背景下，对于 WEEE 的回收和处置尤其需要重视。基于这一认识，欧洲较早进入了 WEEE 回收的法制化进程，2003 年欧盟出台了《报废电子电气设备指令》(Waste Electrical and Electronic Equipment (WEEE) Directive)，规定电子电器产品生产商具有 WEEE 的收集、处理和回收的义务。而在中国，2008 年出台《废弃电器电子产品回收处理管理条例》，2011 年开始实施，为 WEEE 规定了多渠道回收和集中处理的制度，并纳入生产者责任延伸制。

WEEE 的回收活动以城市为尺度，是一个从分散的家庭到集中的处理企业的物流过程。根据六普的人口数据和前述废弃量预测分析，2013 年北京市废弃"四机一脑"会在空间上形成极为分散的分布形态（见图 2）。这一与传统正向物流相反的逆向物流过程对回收系统提出了极高的要求。而在国内的各大城市，WEEE 的回收都是由非正规部门垄断的，与这一非正规体系竞争使得正规回收的任务更为艰巨。

因此，本文以废弃电子电器产品回收为对象，希望比较非正规与正规系统的回收模式与结构，考察不同回收系统的成本构成特征，为未来再生资源回收行业的正规化发展提供建议。

22 从流动集群到组织化运营
——城市废弃电器电子产品回收体系的转型

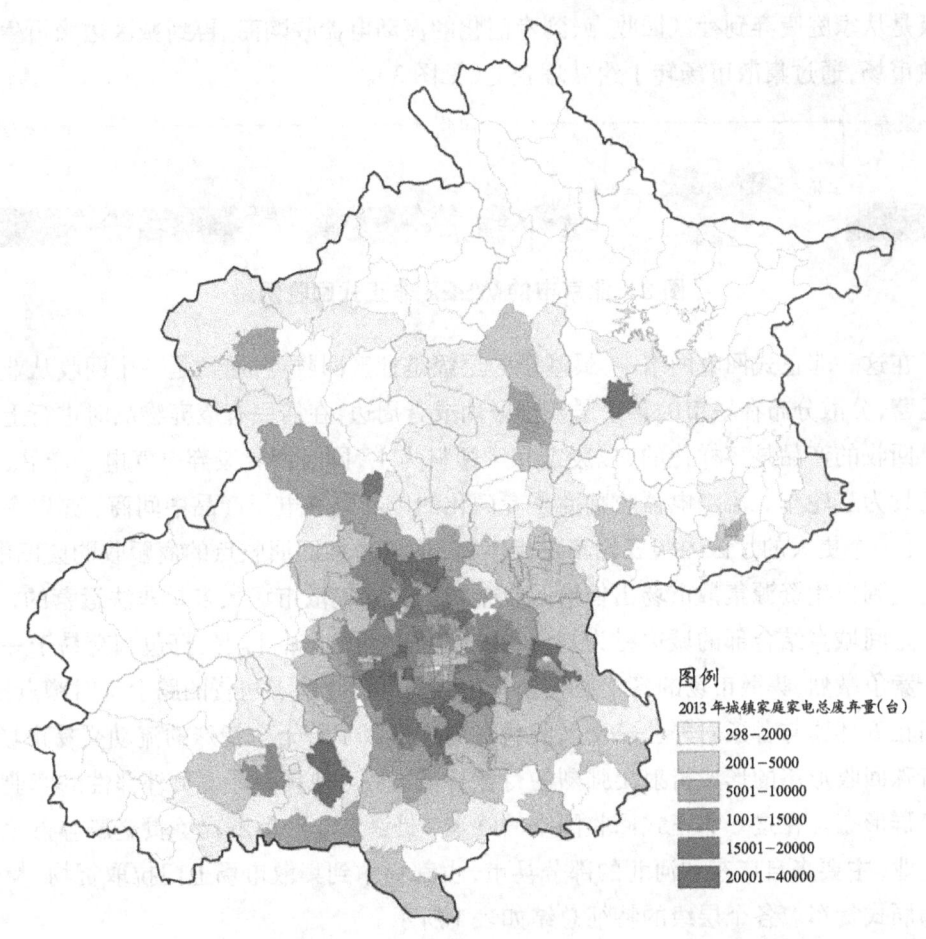

图2　2013年北京市各乡镇街道的"四机一脑"废弃情况

二、北京市WEEE回收体系现状

(一)非正式回收体系的层级结构

北京市目前的废弃电器电子产品的回收是由非正规部门垄断的。

计划经济时代,中国在改革开放以来,计划经济体制下由国有供销系统统筹的废旧物资回收系统瓦解,北京市的废品回收业经历了快速的市场化过程,大量的外来进城务工农民进入这一行业,形成了规模庞大的非正式回收系统。相对于废纸和废塑料等产品而言,废弃电子电器产品具有高资源性的特征,在非正规回收系统中形成了更具专门化的子系统。

这一非正规的WEEE回收系统是多层级的、劳动力密集的、完全竞争的。其回收的层级是从家庭废弃到社区回收点,到专门化的流动电器收购商,再到城区边缘再生资源集散市场,通过集散市场转手给处理企业(见图3)。

图3 北京市的WEEE非正式回收网络

在这一非正式回收网络中,最基层的层级是社区回收点,通常是一个回收从业者个体运营,分散分布在城市的各个居住小区内或者周边,在居民有废弃物品时进行上门回收。回收的产品是多样化的,以废纸和废塑料为主,同时回收废弃电气电子产品,其运输工具为三轮车。流动电器收购商是专门化的废弃电气电子产品中间商,亦以个体为主,在一个更大的片区内骑三轮车走街串巷,向各个社区回收点的商贩收购废旧电器,并运送到再生资源集散市场出售给回收公司。这些集散市场大多是非法运营的,以五六环之间城乡结合部的城边村为基地,集收集、仓储、分拣、拆解、打包和交易于一体。由于竞争激烈,集散市场的各个回收公司在流动电器收购者送货的路上定时蹲点抢货,逐渐在五环路与各条对外公路交叉的岔口周边形成了若干个特殊的流动交易市场。这一特殊回收形态的形成折射出强烈的行业特征,是一种具有环境负外部性的产业的特殊集群形态。在这一非正式回收网络的终端,是诸多非法拆解提炼贵金属等再生材料的企业,主要来自广东和河北的部分县市,也都集中到集散市场上门拉取货物,交通工具为厢式货车。各个层级的特征总结如表1所示。

表1 非正式回收体系各层级特征

回收层级	回收主体	回收物品类型	空间位置	功能	数量
社区回收点	个体回收人员	多样化	社区内、社区周边	收集、初步分类、仓储	数千个
流动收购商	个体回收人员	电器	城市内部流动	收集	上千个
交易市场	回收公司	电器	五、六环之间	交易、分拣	数十个
集散市场	回收公司	多样化	五环路口	仓储、分拣、拆解、打包	数十个
处理企业	处理公司	特定类型产品/零部件	分散(北京、河北、广东)	拆解、再利用、处理	多个

北京市电器电子产品的非正式回收网络正是在这诸多主体和层级的逐利性经营活动中自发形成并运转起来的,这个庞大的自雇佣劳动力群体通过增加劳动强度、压缩生

活质量和盈利空间来共享了这一市场，使得这个网络呈现出网点密集和多层级的特征，而市场则处于低水平无序竞争的状态。

（二）非正式回收体系的回收成本测算

非正式回收体系的回收成本为从家庭废弃到社区回收点、从社区回收点到流动收购商、从流动收购商到交易市场、从交易市场到集散市场这四个环节的物流成本。

因为交易市场到集散市场虽然是以面包车为交通工具，但其距离相当接近，并且是同一主体经营，并没有发生交易转手，因此对这部分物流成本忽略不计。而前三个环节又可以综合为社区回收点商贩和流动收购商两个回收主体的物流成本，由于这两者通常使用三轮车为交通工具，并不产生运输费用，因此其物流成本就是其劳动力成本，作为进城务工人员，其劳动力成本不能通过城市平均工资或者最低工资进行量算，因此以这两者的回收每件大家电的利润作为估算，即：

非正式回收体系的回收成本＝社区回收商回收每件电器的平均利润＋流动收购商回收每件电器的平均利润

基于对非正式回收市场的问卷与访谈调查可以综合估算得到，前者的利润约为20元/台，后者的利润约为30元/台。因此整个非正式回收体系的平均回收成本约为50元/台。

三、正式回收体系的网络设计

非正式的回收体系一方面为废旧物资产生量巨大的北京提供了宝贵的清理服务，另一方面却也造成了环境污染、市容景观和社会治安等诸多方面的问题。因此，近年来，北京市政府一直希望建立正规的回收和处理体系，促成再生资源回收行业转型。2006年，北京市发布《关于推进北京市再生资源回收体系产业化发展试点方案的实施意见》，计划5年内取消城区非法再生资源回收市场并建立专业化和产业化的回收体系，但时至今日，正规回收体系仍难以与非正规军抗衡。

在非正式回收体系存在的背景下，正式回收体系的建立一方面需要精简层级以降低回收成本，另一方面需要多元混合的回收主体的参与，以形成广泛的回收渠道。

因此，对于北京市城市层面的回收体系来说，其未来的网络结构将精简为从家庭废弃到正规回收网点再到处理企业的三级体系（见图4）。在这一体系中，其中从家庭废弃到正规回收网点为一级回收，由网点负责上门到家庭进行分散式的回收，以三轮车为运输工具，并将仓储和分拣功能整合在回收网点中；从正规回收网点到处理企业的仓库为二级回收，由处理企业负责安排线路和组织运输。

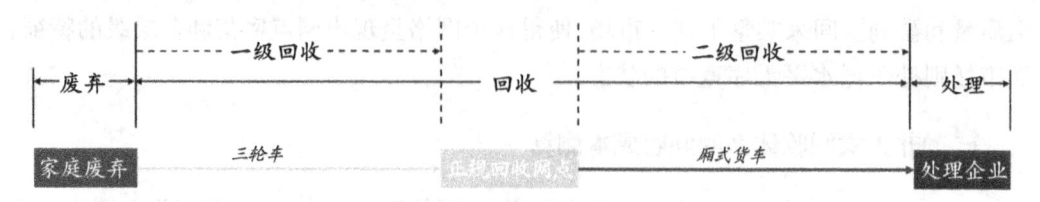

图4　北京市的WEEE正式回收网络设计

作为废弃电器电子产品的回收终端，北京市境内目前有2个具有资质的正规处理企业，一家是华新绿源环保产业发展有限公司，另一家是金隅红树林环保技术有限责任公司，前者位于东南六环外，后者位于西北六环外（见图5）。由于正规回收体系的缺失，目前这两家企业还较少能收到来自家庭的废旧电器，主要依靠政府机关的报废电子产品维持运营。在正规回收体系建立之后，回收到的废弃电器将由这两家企业进行处理。

图5　北京市废弃电气电子产品正规处理企业的空间分布

22 从流动集群到组织化运营
——城市废弃电器电子产品回收体系的转型

在回收网点的选择上,没有回收基础的网点建设会大大增加回收成本,因此宜与各类覆盖城市的网点合作。

(一)基于社区回收站的回收网络

在正式回收网络中,社区回收网点是由政府建立的社区回收站。

从2001年至今,北京市政府在城市地区的大部分社区建设了综合性的社区回收站点,以塑料纸张的回收为主,这些站点有专设的小亭子作为回收物资的暂存空间,并且有专门的回收人员,使用三轮车作为运输工具,具有适宜纳入废弃电器电子产品回收体系的良好回收基础。与这部分社区回收站合作,可以在不改变其本身的回收产品的基础上增加废弃家电的回收。

目前全北京市的正规社区回收站共有1421个,在城六区分布较为密集,外围郊区亦有所铺开(见图6)。

图6 北京市正规社区回收站分布

1. 一级回收：从家庭废弃到社区回收站

从家庭废弃到社区回收站的一级回收是由社区回收站的回收人员负责上门回收，考虑到运输工具为三轮车，设置1km半径的服务范围，使用GIS模拟得到整个一级回收网点的服务区范围（见图7），这一服务区所覆盖的来自城镇家庭的四机一脑废弃量共122万台/年，这一废弃规模意味着69%的全市废弃量。可以预期社区回收站网络在2013年中日均潜在回收量为3357台。

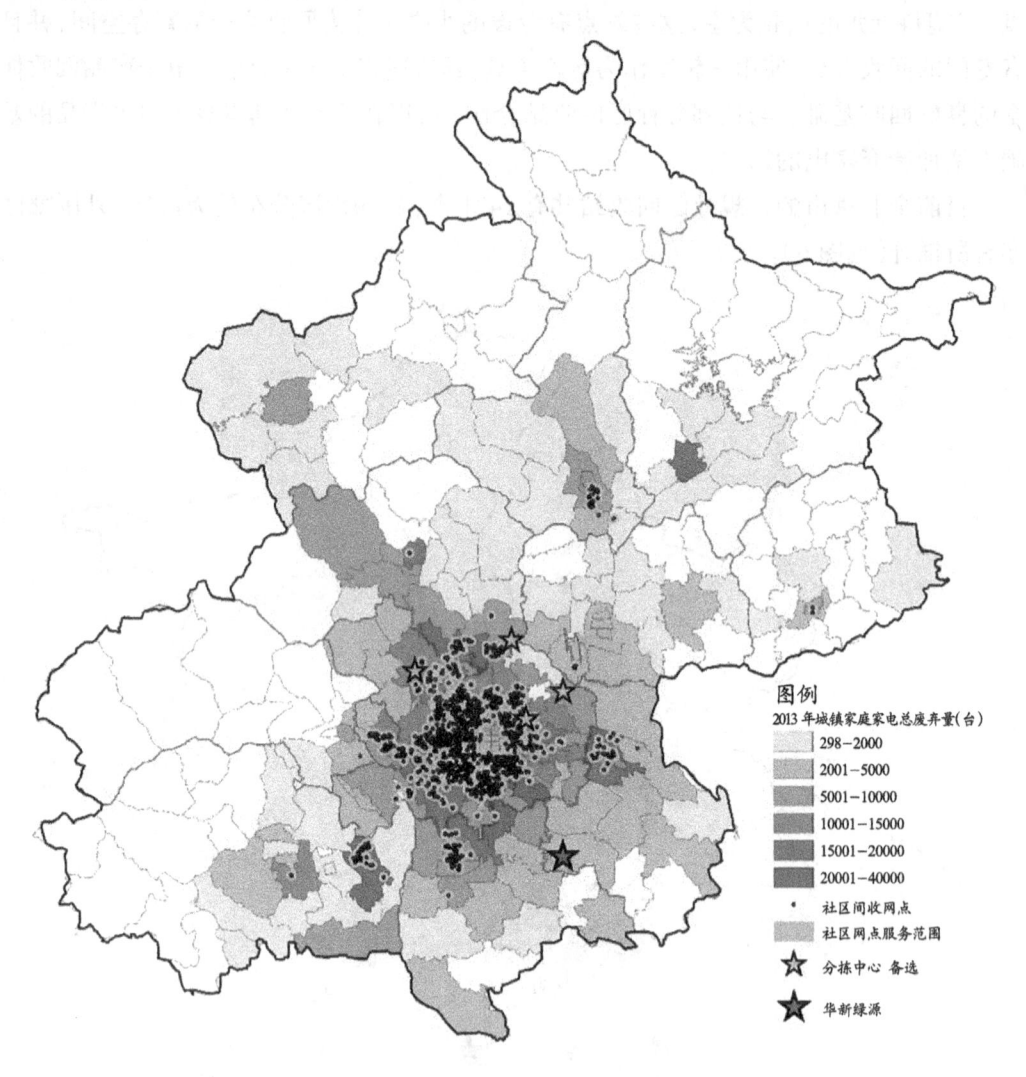

图7 社区回收站服务范围

基于这一服务区模拟，同时在1421个回收站点中筛选得到有效站点494个（见图8），即，以这494个站点形成的网络能以1km的服务半径满足同样的69%的废弃家电回收，因此经过优化的一级回收网点网络为现有社区回收站中的1/3。

22 从流动集群到组织化运营
——城市废弃电器电子产品回收体系的转型

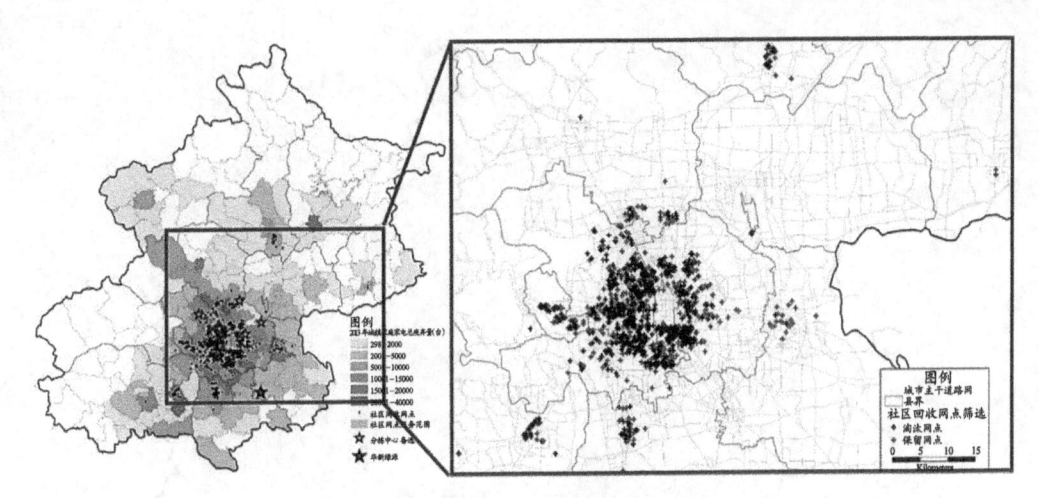

图8 社区回收站中的有效回收网点

2. 二级回收:从社区回收站到处理企业

从社区回收站到处理企业的二级回收需要由两个处理企业派出货车进行运输回收。

(1)物流模拟

由于大件货物的分散式运输的成本高昂,线路的优化尤为重要。采用TransCAD交通规划模拟软件,基于城市道路及公路网对这部分的运输进行模拟。模拟的最优条件为运输距离的最小化。

模拟需要用到的参数包括时间限制和容量限制两部分。在时间限制方面,为运输设置每天9小时的工作时间上限,假设车速为40km/h,在每个回收站点进行回收需要10分钟的固定时间和每件电器3分钟的装卸时间。在容量限制方面,对于北京市来说,考虑到市区内禁止大型货车进出,因此假设运输使用的货车为5吨小货车,容量约为20m³,按照四机一脑的平均体积0.25m³,并考虑一定的弹性空间,则每辆货车可以容纳60台废弃电器。

(2)模拟结果

基于这一模拟,将494个有效社区回收站分配到两个处理企业(见图9)。其中华新绿源需要回收来自369个社区回收站的2522台废弃电器,金隅红树林则需要回收来自125个回收站的835台废弃电器(见表2)。

表2 两家处理企业的服务回收网点数量和回收量

处理企业	服务回收网点数(个)	回收量(件/天)
华新绿源	369	2522
金隅红树林	125	835

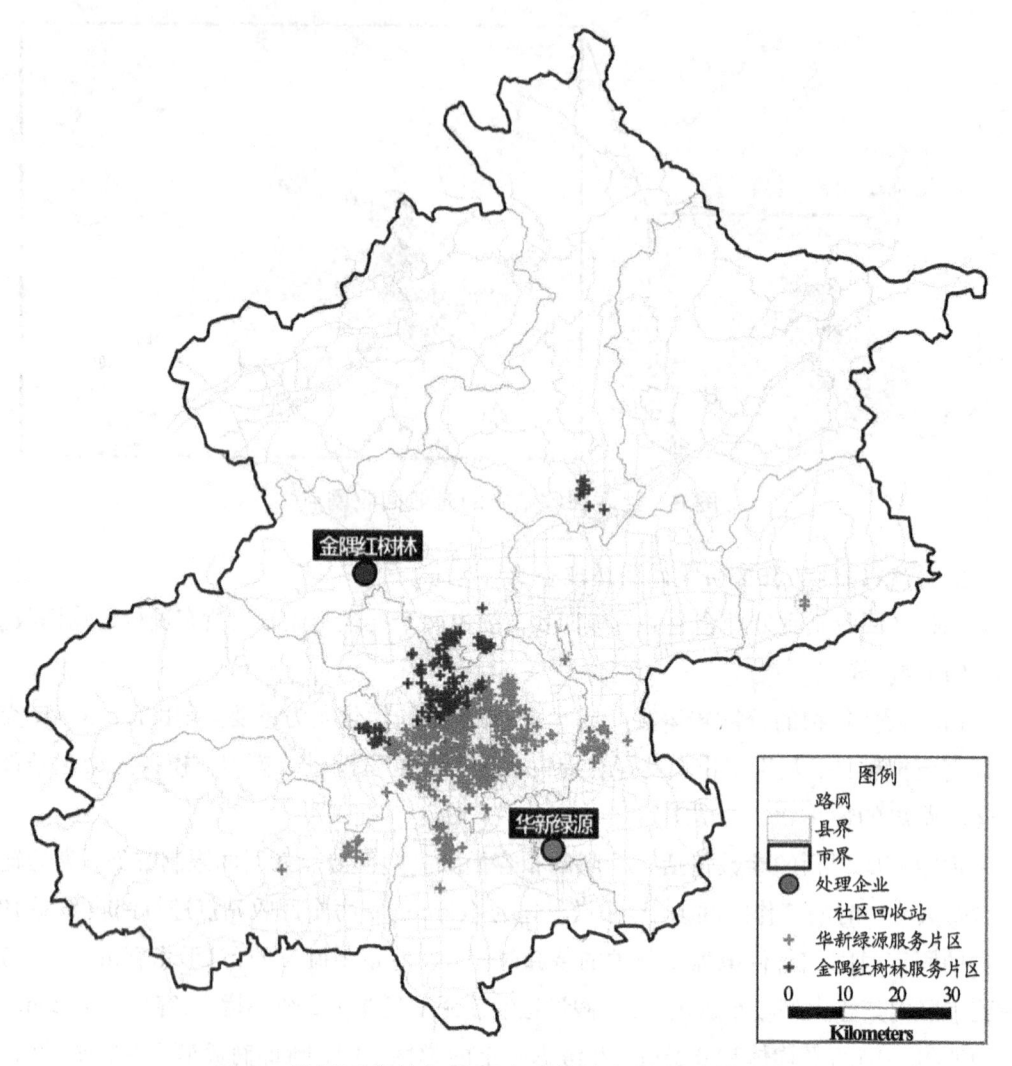

图9 社区回收站与处理企业的二级回收网络匹配

汇总这一模拟结果可知,基于社区回收站的二级回收体系为完成一级网点的3357台废弃电器,需要每天出车56辆,运输4373公里(见表3),其回收线路与网络如图10所示。

表3 基于社区回收站的二级回收网络模拟结果

社区回收站二级回收体系	回收量 (台/天)	出车数量 (辆/天)	运输距离 (km/天)
总计	3357	56	4373

22 从流动集群到组织化运营
——城市废弃电器电子产品回收体系的转型

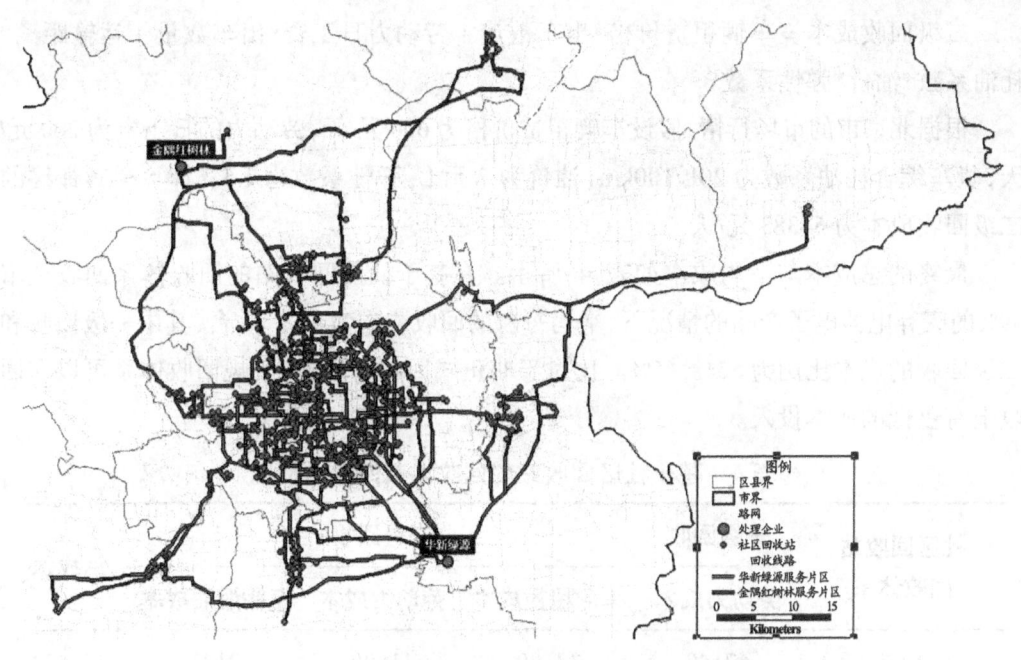

图10　基于社区回收站的二级回收网络

3. 回收成本测算

对于一级回收来说,其回收成本就是劳动力的上门搬运成本(见图11左)。根据目前的非正规市场状况,在1km范围内的上门取货和存储对于多样化运营的社区回收网点来说其劳务成本约为20元/台,因此:

$$一级回收成本 = 搬运劳务成本 * 回收量$$

对于回收量为3357台/天的一级回收网络,其运营所需的回收成本为67140元/天。

二级回收的成本来自于车辆的租赁(折旧)成本、司机劳动力成本以及运输的燃油成本(见图11右)。因此:

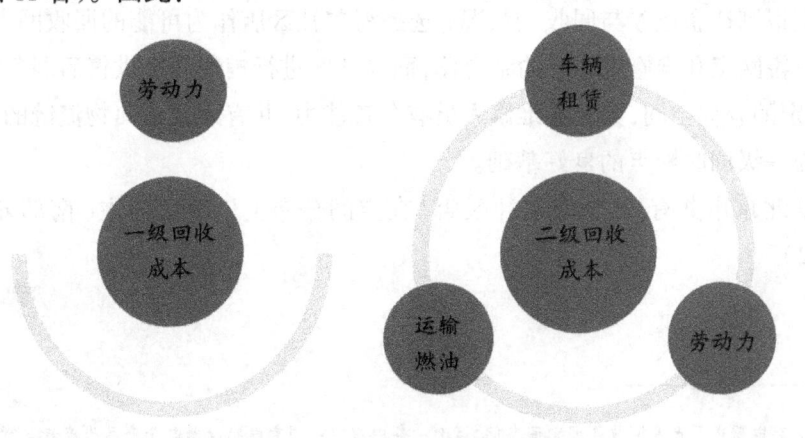

图11　回收体系的成本结构

251

二级回收成本 = 车辆租赁价格*出车数量 + 劳动力日工资*出车数量 + 运输距离*耗油系数*油价*弹性系数

根据北京市的市场行情,假设车辆租赁价格为 600 元/天,劳动力的日工资为 200 元/天,货车综合耗油系数为 20L/100km,油价为 7 元/L,弹性系数为 1.5。计算得其最终的二级回收成本为 54383 元/天。

最终的总成本与平均成本如表 4 所示。在基于社区回收站的回收体系回收全市 69%的废弃电器电子产品的情况下,平均每台的回收成本为 36.2 元/台,其中一级回收和二级回收的成本比例为 55%:45%。比对于非正式回收的成本,正规回收体系可以在回收上有更低的成本投入。

表 4 基于社区回收站的回收体系的成本情况

社区回收站回收体系	一级回收		二级回收		总成本
	劳动力成本	车辆租赁成本	劳动力成本	运输燃油成本	
总成本(元/天)	67140	33600	11600	9183	121523
成本结构(%)	55.2%	27.6%	9.5%	7.6%	100%
平均成本(元/件)	20	10.01	3.46	2.74	36.20

(二)基于品牌制造企业销售与维修网点的回收网络

《废弃电器电子产品回收处理管理条例》所提出的多元化回收渠道包括了销售者、维修机构、售后服务机构、废弃电器电子产品回收经营者等[①]。因此,制造企业参与回收,一方面是对条例的响应,另一方面也符合电子废弃物回收的生产者责任延伸制。

为模拟制造企业参与回收的状况,选择海尔社区店作为可能的回收网点。海尔社区店是销售网点和维修服务店的结合体,面向社区进行销售并提供售后服务,靠近居住区,有一定的仓储空间,其专业维修人员有分拣能力,并有既有正向物流链的优势,因此具备成为一级回收网点的良好基础。

目前北京市共有 34 个海尔社区店,在空间分布上以城区为主,南部郊区亦较多(见图 12)。

[①] 《废弃电器电子产品回收处理管理条例》第十一条中规定:"国家鼓励电器电子产品生产者自行或者委托销售者、维修机构、售后服务机构、废弃电器电子产品回收经营者回收废弃电器电子产品。"

22 从流动集群到组织化运营
——城市废弃电器电子产品回收体系的转型

图12 北京市海尔社区店的空间分布情况

1. 一级回收：从家庭废弃到海尔社区店

从家庭废弃到海尔社区店是由海尔社区店的工作人员上门回收，由于海尔社区店的规模相比社区回收站较大，工作人员更多，因此其服务的范围也相应更大。假设其服务半径为3km，使用GIS模拟得到整个一级回收网点的服务区范围（见图13）。这一服务区所覆盖的来自城镇家庭的"四机一脑"废弃量共43.7万台/年，这一废弃规模意味着24%的全市废弃量。可以预期社区回收站网络在2013年中日均潜在回收量为1197台。

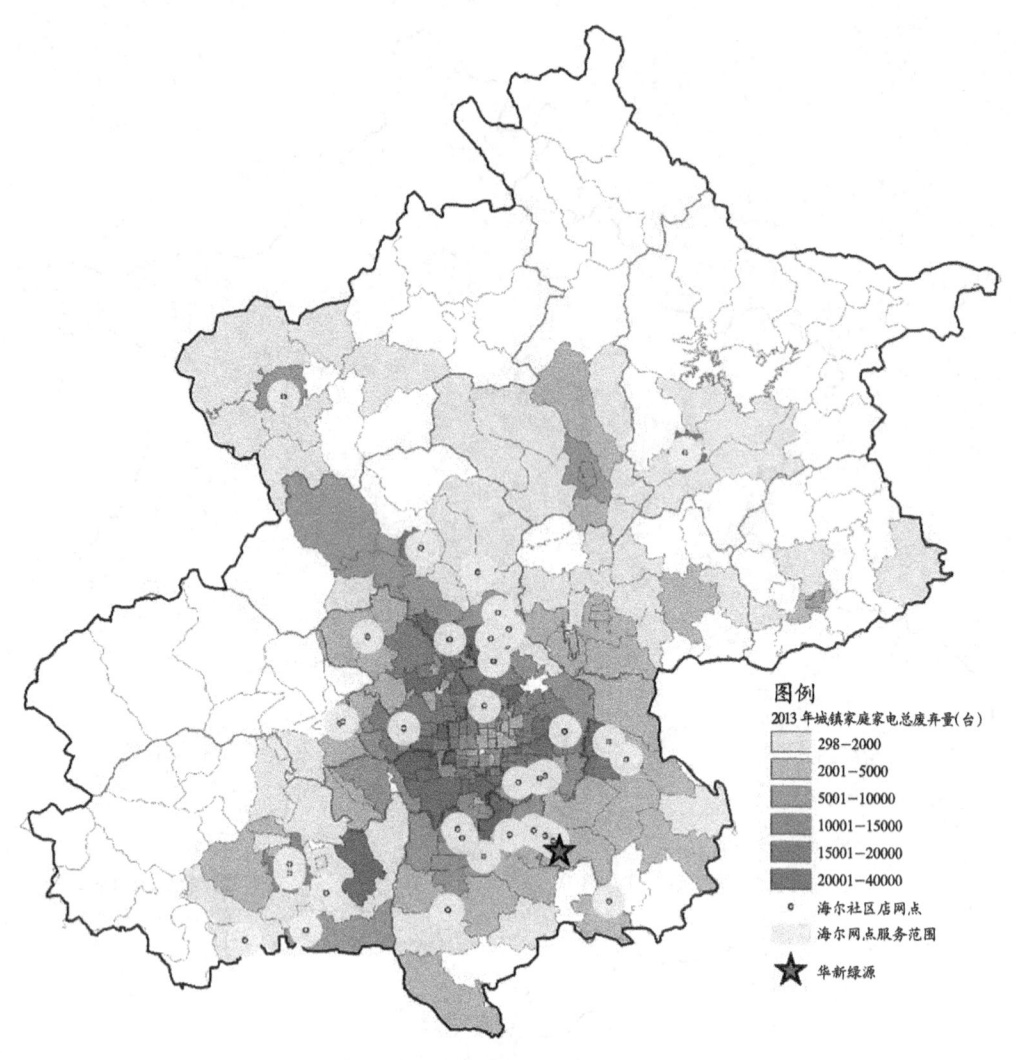

图 13　海尔社区店服务范围

2. 二级回收：从海尔社区店到处理企业

从社区回收站到处理企业的二级回收需要由两个处理企业派出货车进行运输回收。

基于 TransCAD 模拟，34 个海尔社区店分配到两个处理企业（见图 14）。其中华新绿源需要回收来自 22 个海尔社区店的 917 台废弃电器，金隅红树林则需要回收来自 12 个回收站的 280 台废弃电器（见表 5）。

表 5　两家处理企业的服务回收网点数量和回收量

处理企业	服务回收网点数（个）	回收量（台/日）
华新绿源	22	917
金隅红树林	12	280

22 从流动集群到组织化运营
——城市废弃电器电子产品回收体系的转型

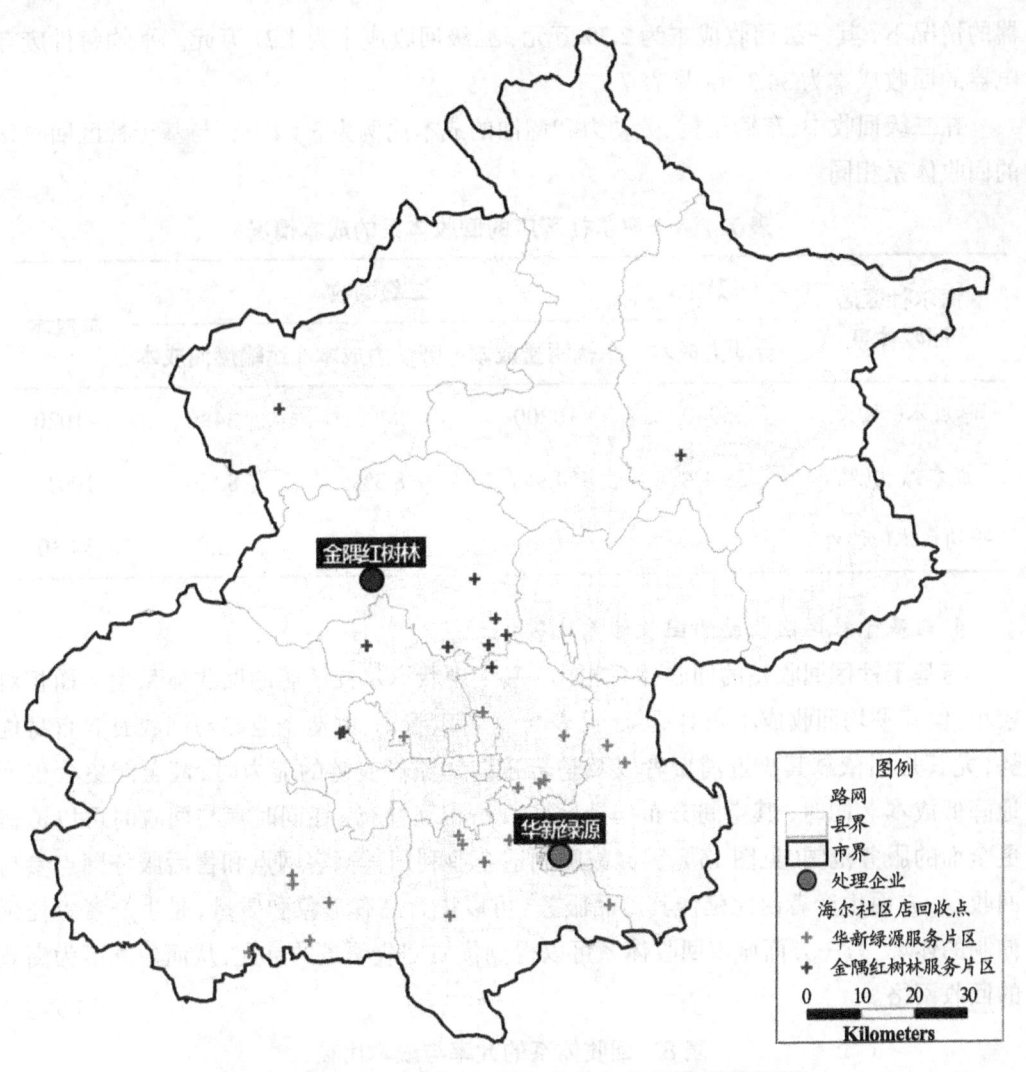

图 14　海尔社区店与处理企业的二级回收网络匹配

汇总这一模拟结果可知，基于社区回收站的二级回收网络为完成一级网点的 1197 台废弃电器，需要每天出车 17 辆，运输 1657 公里（见表 6）。

表 6　基于社区回收站的二级回收体系模拟结果

海尔社区店二级回收体系	回收量（台）	出车数量（辆）	运输距离（km）
总计	1197	17	1657

3. 回收成本测算

基于同样的成本计算方法，基于海尔社区店的回收体系在回收全市 24% 的废弃电器的情况下,其一级回收成本为2.39万元,二级回收成本为1.71万元。平均每件废弃电器的回收成本为34.3元(见表7)。

在二级回收中,车辆租赁、劳动力和燃油的成本比例为3:1:1,与基于社区回收站的回收体系相同。

表7 基于海尔社区店的回收体系的成本情况

海尔社区店回收体系	一级回收	二级回收			总成本
	劳动力成本	车辆租赁成本	劳动力成本	运输燃油成本	
总成本(元/天)	23940	10200	3400	3480	41020
成本结构(%)	58.4%	24.9%	8.3%	8.5%	100%
平均成本(元/件)	20	8.1	2.8	2.9	34.30

4. 与基于社区回收站的回收体系比较

与基于社区回收站的回收体系相比,基于现状海尔社区店的回收体系覆盖面相对较小,但其平均回收成本相对更低(见表8)。可以看到,制造企业参与回收有其自身优势,尤其是当依靠其靠近消费者以及整合正向物流供应链的能力时,甚至能更大程度地降低成本。同时,其空间分布与社区回收站相互补充,在同时参与回收时可以覆盖更全面的服务范围(见图15)。因此鼓励制造企业利用其销售网点和售后服务网点参与回收,一方面生产者由此延伸其产品服务,可以提升品牌形象和质量,是生产者责任延伸制的体现,另一方面城市回收体系可以得到优质回收渠道的补充,从而建立更为高效的回收网络。

表8 回收体系的效率与成本比较

回收体系类型	网点数量(个)	回收率	回收成本(元/件)
社区回收站	1421	69%	36.2
海尔社区店	34	24%	34.3

(三)多元回收主体的回收体系

在社区回收站和制造企业售后服务处之外,还有其他类型的网点可以作为补充的回收渠道,如电器零售连锁店、便利店和居委会等(见表9),多方参与形成的多元回收主体的回收体系,一方面可以形成更全面的覆盖范围,另一方面也可以降低回收成本。

22 从流动集群到组织化运营
——城市废弃电器电子产品回收体系的转型

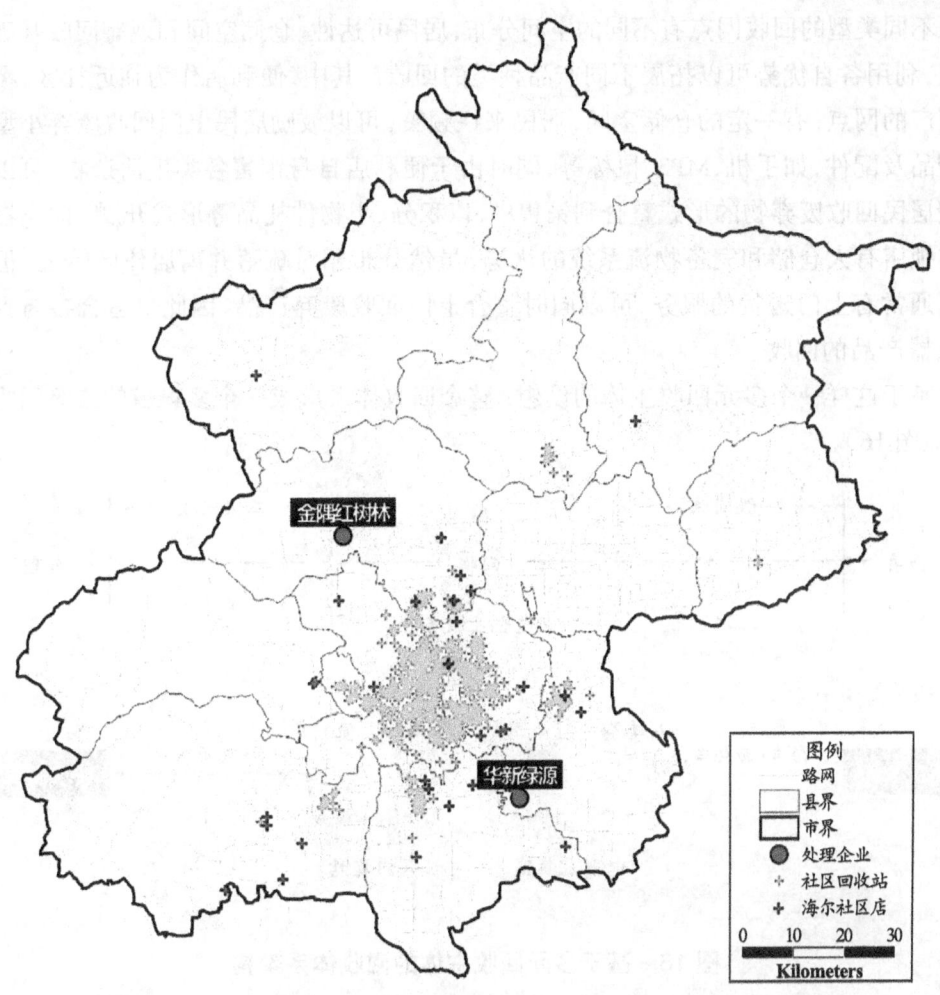

图15 社区回收站与海尔社区店的空间分布形成相互补充的格局

表9 不同类型的潜在回收网点的特征情况

网点类型	空间分布	可达性	仓储空间	现有回收基础
社区回收站	密集,与小区一一对应	近、便利	有	现有WEEE回收,政府支持
制造企业售后服务处	较疏落,均衡,较临近居住区	较远、较不便利	有,较大	现有WEEE检测
电器零售连锁店	较疏落,较均衡,临近商业中心	远,不便利	有,大	现有EEE仓储&物流
便利店	密集,均衡,临近居住区	较近、较便利	有	现有非EEE产品仓储&物流
居委会	密集,均衡,与小区一一对应	近、便利	无	无

257

不同类型的回收网点有不同的空间分布,居民可达性、仓储空间和现有回收基础等特征,利用各自优势可以拓展不同产品种类的回收。其中,便利店作为临近社区、覆盖范围广的网点,有一定的仓储空间,居民来往频繁,可以鼓励居民上门回收废弃小型电子产品及配件,如手机、MP3、鼠标等,同时由于便利店自身销售各类生活杂物,可以将回馈居民回收废弃物的形式整合到销售中,以积分、小物件礼品等形式开展。而电器零售连锁店有大仓储和完备物流系统的优势,虽然分布相对疏落并离居住区较远,但由于其通常有上门送货的服务,可以同时整合上门回收废弃产品,因此也适合参与到大件电器产品的回收。

基于这样一个多元回收主体的设想,整个回收体系形成一个多渠道的二级回收系统(见图16)。

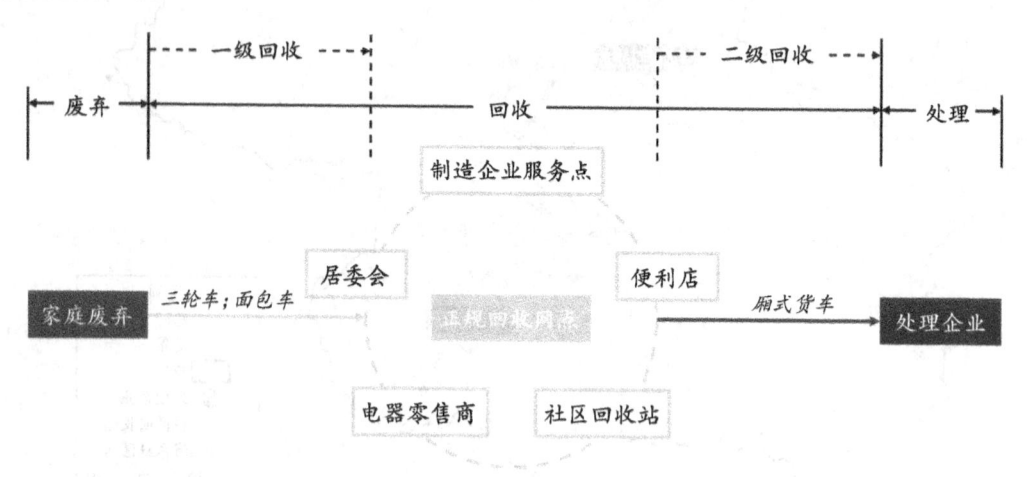

图16 基于多元回收主体的回收体系架构

四、结论

北京市目前的废弃电器电子产品回收主要由非正式回收部门垄断,这一自组织的部门形成了从家庭废弃到社区回收商,转手给流动收购商再给再生资源集散市场,最终流入非正规处理企业的复杂回收体系。在这个非正式的回收体系中,废弃电器的平均回收成本约为50元/台。

非正式回收体系在环境与安全方面的隐患促使政府希望建立正规的回收体系,但是在既有非正式部门的情况下,正规体系的建立需要渐进式的发展。一方面要精简环节以降低成本,另一方面要纳入多元的回收主体,形成多渠道和广覆盖的回收网络。在结构设计上,形成从家庭废弃到社区回收网点再到正规处理企业的两级体系,在渠道设计上,以社区回收站为基本渠道,广泛纳入制造企业销售与售后服务网点、社区便利店

22 从流动集群到组织化运营
——城市废弃电器电子产品回收体系的转型

等不同的回收主体,充分发挥其各自回收优势,从而形成多元的、成本更低、更有竞争力的回收体系。以精简环节和多元主体构建的正规回收体系有望使得回收成本下降到35元/台。

但是在正规回收体系建立的初期,成本往往高于正常运营,因此初期的正规体系是相对脆弱的,需要多方面的保障机制:首先需要保障运输和处理设备等的固定资产投入;其次在末端回收方面需要做充足的宣传工作以教育和引导居民改变废弃习惯;与各个回收渠道间的合作机制也需要进行协调。在这方面,应充分利用2009–2011年的以旧换新活动所搭建的回收链条的潜在联系网络。

参考文献

[1] Recycling Used Electronics: Report on Minnesota's Demonstration Project[R]. 2001.
[2] Hai-Yong Kang, Julie M. Schoenung. Electronic Waste Recycling: A Review of U.S. Infrastructure and Technology Options[J]. Resources, Conservation and Recycling, 2005(45).
[3] 秦小辉. 废旧电子产品逆向物流网络优化设计研究[D]. 成都:西南交通大学,2008.
[4] 梁晓辉等. 上海市电子废弃物产生量预测与回收网络建立[J]. 环境科学学报,2010(5).
[5] 王喜. 基于GIS的上海市电子废弃物回收网络体系研究[D]. 上海:华东师范大学,2007.
[6] 北京市第六次全国人口普查领导小组办公室,北京市统计局,国家统计局背景调查总队. 北京市2010年人口普查统计资料(乡、镇、街道卷)[M]. 北京:中国统计出版社,2012.

23

产业集群对区域发展影响研究
——以浙江省纺织业产业集群为例

汪 晨 朱英明

(南京理工大学经济管理学院)

摘 要:产业集群是一些产业链上相互联系的企业和机构在特定地域形成的产业空间集聚,它对促进区域经济的发展和提升区域竞争力有着重要的作用。本文以浙江省纺织业为例,采用统计学分析方法对产业集群和区域经济发展关系进行实证研究。研究结果表明产业集群与区域经济发展之间存在显著的相关性,产业集群对区域经济发展有明显的促进作用。合理有效的区域经济政策可以推动产业集群的发展,从而提高区域经济的竞争力。

关键词:产业集群;区域经济发展;浙江省

一、引言

产业集群(industrial cluster),也称产业群、产业群簇、产业簇群,是指在某一特定产业中,大量产业联系密切的企业以及相关支撑机构在空间上集聚,并形成强劲、持续竞争优势的现象。产业集群是提升区域竞争力、打造区域竞争优势的重要动力源泉,如依赖于高新技术产业成长起来的美国"硅谷",形成强劲的地区和国际竞争优势,并有力地促进了区域经济的发展。我国的产业集群诞生于改革开放后的1990年代初。20多年来,产业集群发展已经成为带动我国区域经济发展的一个新的重要力量,在一些地区,比如东南部沿海地区,产业集群发展已经取得很好的效果,产业集群水平的提高,有力地促进了我国经济的快速发展。在当前及今后相当长时间内,产业集群与区域经济发展之间关系的研究,对区域经济发展都具有重要的理论与实践意义。

本文在文献回顾的基础上,首先对我国浙江省纺织业产业集群概况进行描述;其次,简要分析浙江省纺织业产业集群的特点;然后,构建理论经济模型,选取相关样本,对浙江省的纺织产业集群进行量化,采用统计学中相关方法对浙江省纺织业产业集群对区域经济发展的作用进行实证分析;最后是结论和启示。

二、文献回顾

近年来,国内外很多学者都对关于产业集群与区域经济发展的理论进行了探讨与研究。但是,在区域经济发展的研究领域,大多数学者是对外部经济、集群式创新等因素进行分析,而对于产业集群所形成的竞争优势促进区域经济发展的机制研究不是很多。

一个国家或地区在国际上具有竞争优势的关键是产业的竞争优势,而产业竞争优势来源于彼此相关的企业集群。英国经济学家马歇尔(Marshall A)是第一个比较系统地研究产业集群的,他通过对产业组织的研究,总结了企业为追求外部规模经济而集聚的规律。后来的学者主要沿着地区竞争优势和区域创新环境来概括企业集群的竞争优势以及对区域发展的促进作用,突出知识经济背景下知识和技术要素对区域经济的意义。美国迈克尔·波特(Michel·E·Porter)从经济全球化背景下的国际竞争和战略管理角度提出了"产业集群"概念和分析产业集群竞争力的"钻石模型",并用产业集群的方法分析一个国家或地区的竞争优势。克鲁格曼(Krugman)认为技术创新和制度创新是影响产业特征和地方环境之间互动关系的关键,技术创新改变产业的特征,从而提高该产业的适应能力,而制度创新则解决瓶颈,减少约束。他在融合传统经济地理学理论的基础上建立垄断竞争模型,综合考虑多种影响因素,如收益递增、自组织理论、向心力和离心力的作用,证明了低的运输成本、高制造业比例和规模有利于区域集聚的形成。Philippe Martin 和 Gianmarco I. P. Ottaviano(2001)综合了新经济地理理论和内生增长理论,建立了经济增长和经济活动的空间集聚间自我强化的模型;证明了区域经济活动的空间集聚由于降低了创新成本,从而刺激了经济增长。韦伯(Alfred Weber)提出聚集经济的概念,他在分析单个产业的区位分布时,首次使用聚集因素(agglomerative factors)。Nicholas Craft 和 Anthony J. Venables(2001)利用新经济地理学理论,探讨地理集聚对经济绩效、规模和区位的重要作用,从地理角度回顾了欧洲的衰落和美国的兴起以及未来亚洲的复兴,认为尽管缺乏高质量制度是落后的重要原因,但是不能忽视地理集聚在经济发展方面的重要作用。

国内对产业集群的研究始于1990年代末期。他们主要立足于国内各地区产业集群发展的实践,阐述了产业集群是促进区域经济发展的有效途径。仇保兴(1999)详细剖析了以浙江省乡镇企业为代表的小企业集群的形成机理、演进过程及趋势,提出了小企业集群的发展方向以及在区域发展中承担的角色和应发挥的作用。王缉慈(2001)拓展了产业集群的内涵，并对我国产业集群和区域发展提出了一系列中肯的建议。盖文启（2002）利用创新网络理论探讨产业集群的形成与发展的机制，解析了产业集群如何实现外部经济性、交易成本降低、竞争优势的获得，并提出了集群今后发展的趋势和区域政策。朱英明（2006）利用一系列经济指标，对中国产业集群规模分布、功能类型、技术经济结构关联和技术经济效益进行了研究，指出产业集群从整体出发挖掘特定区域的竞争优势。王晓清（2008）揭示了企业的区位选择与产业集群的关系。黄速建（2011）认为，传统产业集群的升级和转型以及战略性新兴产业集群的培育和发展是中国产业集群发展过程中最紧迫而重要的问题，而解决上述问题的唯一出路就是构筑产业集群的创新能力，有效实现区域竞争优势。

从现有文献来看，大多数学者从不同方面对产业集群与区域经济发展之间的关系进行了研究。本文在已有理论研究的基础上，结合中国东南沿海产业集群和区域经济发展都比较典型的浙江省纺织产业的实际情况，对产业集群和区域经济发展进行了实证研究。

三、浙江省纺织业产业集群概况

浙江省自古就有"丝绸之府"的美誉。新中国成立以后特别是改革开放以来，浙江纺织业得到迅猛发展，由于浙江省改革开放走在全国前列，推动了浙江省的服装纺织工业一直持续高速增长。根据国家数据统计显示，浙江省服装纺织工业产值由1980年的27亿元提高到2008年的7021亿元。自2004年起，浙江省的服装纺织品销售连续五年位列全国第一，一跃成为我国服装纺织行业第一大省；2005年浙江省纺织业实现的销售收入和利润总额均占全国纺织业产品销售收入和利润收入的第二位，比重分别达到23.19和26.19。2000年至2010年间，浙江纺织服装业工业总产值增长了5.33倍，年均增长率为20.27%，纺织服装业总产值占全省工业总产值的比例始终保持在20%左右。2010年，浙江纺织服装业产值增加了1626.1亿元，占全省工业产值增加值的15.27%，对工业经济增长有重要贡献。

据统计，近些年来，浙江省纺织行业企业数、从业人员、纺织行业总产值等经济指标均呈现增加趋势。2002年，浙江省纺织生产企业共2237家，到2010年，企业数目增加至9215家。8年的时间，纺织企业数达到了4.12倍的增长（见表1）。纺织产业集群的生产要素集聚程度逐步加强，有利地促进了区域特色经济的形成，具有明显的比较优势。这其中由于浙江省纺织行业具有自然资源及生产要素优势，不断地进行技术改造与创新，引进新技术、新工艺、新方法，提高生产效益与生产效率，降低成本，提高利润等措施。

表1 1998-2011年浙江省纺织业基本情况

年份	浙江省纺织业工业总产值（亿元）	浙江省纺织业从业人数（万人）	全国纺织业工业总产值（亿元）	全国纺织业从业人数（万人）	从业人数占全国比重（%）	纺织业总产值占全国比重（%）
1997	577.45	29.79	4760.28	596.00	5.00	12.13
1998	685.890	23.71	4376.27	393.00	6.03	15.67
1999	744.580	19.70	4529.82	353.00	5.58	16.44
2000	873.640	15.96	5149.30	327.00	4.88	16.97
2001	1072.870	13.12	5621.56	301.00	4.36	19.08
2002	1348.170	10.77	6370.79	280.00	3.85	21.16
2003	1750.420	12.37	7725.20	499.16	2.48	22.66
2004	2470.110	14.95	10355.52	519.16	2.88	23.85
2005	2938.850	23.34	12671.65	590.96	3.79	23.19
2006	3473.570	27.06	15315.50	615.43	4.39	22.68
2007	4190.080	31.91	18733.31	626.26	5.10	22.36
2008	4482.060	40.31	21393.12	652.06	6.19	20.95
2009	4691.540	41.11	22971.38	617.04	6.66	20.42
2010	5574.660	41.26	28507.92	647.32	6.37	19.55
2011	5805.650	47.39	32652.99	588.83	8.05	17.25

注：根据1998-2012年《中国统计年鉴》和《浙江省统计年鉴》整理计算所得。

四、浙江省纺织业产业集群的特点

浙江省纺织业产业规模和产值在全国位列前茅，其产业集群具有较强的优势。

一是区位条件优越。浙江省纺织业分布在东南部沿海地区，交通便利，在铁路、公路、水路和航空交通运输方面形成了比较完善的体系，有利于纺织产业集群的形成与发展，而且浙江纺织产业特色经济有着明显的地理集中特点。如，宁波服装企业主要集中在鄞州；诸暨大塘袜业生产主要是以大唐镇为中心的11个乡镇；嘉兴市化纤织物产业集群主要位于以江泾镇为中心的北片乡镇，区域面积达200多平方公里。

二是专业化分工与集体的行动。浙江纺织产业的特色经济与该产业集群内中小企业间密切的分工协作有很大关系。区域内化纤织物产业，从原料生产、设备供应、织造、印染、切染、植绒到产品销售都有较为严密的分工，基本形成一条相互协作的产业链。

而集体行动是指不同主体之间为了一些共同的目标,有意识地合作和行动,促成区域特色经济整体协调的优势。如慈溪市服装协会通过注册"古雷特"商标,把分散在一家一户的生产企业集中起来,统一使用"古雷特"商标,以加强出口产品的竞争力。

三是市场前景好。随着生产水平的提高,人民生活质量的上升,消费者对纺织品的需求更加旺盛,纺织产品也日趋多元化。2007年底中欧纺织品设限到期、2008年底中美纺织品配额设限结束,中国纺织品无配额时代即将来临,约占全球纺织品市场60%以上份额的地区全面开放,将会给中国纺织品贸易带来巨大机遇。而未来几年世界经济仍将处于上升区间,必将增加国际市场对纺织品的需求,这将给中国纺织品带来有利的国际市场保障。

四是产业集聚度高。高度的产业集聚为浙江带来了巨大的块状经济,纺织业产业链长、产品种类繁多,"一乡一品"、"一县一品"的特色尤为明显。例如,绍兴的化纤布,宁波、温州的服装,嵊州的领带,诸暨的袜子,海宁的皮革和装饰布,余杭的真丝绸,温岭的羊毛衫。密集的产业聚集使企业集群不断壮大,形成强劲的市场竞争力。

五、浙江省纺织业产业集群的实证分析

(一)样本及数据说明

1. 研究时段选择

浙江省是我国纺织业产业集群发展得较好的省份,其纺织业发展速度明显快于全国平均水平。由表1可知,自1990年代末期开始,浙江省纺织业发展呈现出不断扩大之势。2001年中国加入世贸组织之后,纺织业加入全球价值产业链,融入国际经济循环大系统中,国际市场对纺织业的需求呈现出加速增长的态势。因此,本文的研究时段选择在1997—2011年。

2. 数据说明

被解释变量:区域经济发展水平指标,一般用于衡量经济增长水平的指标有多种,比如国民生产总值(GDP)、人均可支配收入、工业总产值、地方固定资产投资等,由于这些指标间存在很大的相关性,为避免指标的重复,本文采用GDP指标。变量样本取1997—2011年浙江省地区生产总值(GDP)相关数据,为消除价格的影响,价值量按1997年不变价格计算,将各年GDP折算成1997年的可比价。

解释变量:要弄清楚产业集群对区域经济发展的影响,首先需要确定一个恰当科学的变量指标以测度产业集群发展水平。目前,许多文献用区位熵指标来刻画和分析产业集群的发展程度。但是,若某个地区某个产业部门只存在几家大型企业,也可能会使得该产业部门在该地区存在较高的区位熵。可是事实上该地区的这个产业部门并不存

在显著的产业集群现象。为了克服这一缺陷，本文采用集聚程度系数指标来衡量浙江省纺织业集群发展程度，其函数表达式为：

$$AS_{ij} = Q_{ij} \times M_{ij} \quad (1.1)$$

其中 AS_{ij} 为 i 地区 j 产业的集聚程度系数，Q_{ij} 为 i 地区 j 产业的区位熵，M_{ij} 为 i 地区 j 产业的企业数量。由于该指标充分考虑了 i 地区 j 产业的企业数量，因此与区位熵指标相比，更能科学地刻画和反映在某一地区的某个产业部门的集群发展的水平和规模。

区位熵，是指某产业在研究区域的产值所占百分比与同一产业在全国的产值所占百分比的比值。区位熵的计算公式为：

$$Q_{ij} = \frac{e_{ij}}{e_{it}} \bigg/ \frac{E_{nj}}{E_{nt}} \quad (1.2)$$

其中，Q_{ij} 是 i 地区 j 部门的区位熵；e_{ij} 是 i 地区 j 产业的工业产值（企业单位数、工业增加值、工业总产值、资产总计、产品销售收入、利润总额）；e_{it} 是 i 地区的工业总产值（企业单位数、工业增加值、工业总产值、资产总计、产品销售收入、利润总额）；E_{nj} 是全国 j 产业的工业产值（企业单位数、工业增加值、工业总产值、资产总计、产品销售收入、利润总额）；E_{nt} 是全国工业总产值（企业单位数、工业增加值、工业总产值、资产总计、产品销售收入、利润总额）。

一般而言，当 $Q_{ij} > 1$ 时，意味着该区域这一产业产品供给能力大于本地区的需求能力，数值越大，该产业产品输出区外的份额就越大，其专门化水平就越高，生产较集中，比较有优势，说明 j 产业在 i 地区存在着集聚状况，j 产业向 i 地区的集聚程度越强；当 $Q_{ij} = 1$ 时，意味着该地区的行业供给力恰好能够满足本区需求，说明 j 产业在 i 地区的分布程度与全国水平持平；当 $Q_{ij} < 1$ 时，意味着该地区这一部门的发展水平低于全国平均水平，生产只能自给自足。

所用数据来源于《浙江省统计年鉴》和《中国统计年鉴》(1998-2012 年)，并根据统计年鉴计算及整理得到以 1997-2011 年为研究区间的时间序列数据。下面是根据全国和浙江省 1997-2011 年纺织业企业的统计数据来计算的行业区位熵(见表 2)。

(二)模型建立

本模型将浙江省国民生产总值(GDP)作为被解释变量，以集聚程度系数 AS_{ij} 作为解释变量进行回归分析。模型设定如下：

$$\ln AS = \beta_0 + \beta_1 \ln GDP + \varepsilon \quad (1.3)$$

式中，β_0 为截距项，β_1 为待估参数，ε 为随机扰动项。运用 Eviews 软件，采用普通最小二乘法(OLS)对所设定的模型进行计量估计，则估计结果如下：

$$\ln AS = -0.210459 + 1.009531 \ln GDP \quad (1.4)$$
$$\quad\quad (-0.189216)\ (8.508684)$$

$$R^2 = 0.847771;\ \bar{R}^2 = 0.836061;\ F = 72.39770;\ DW = 0.806275$$

从模型回归的结果看,可决系数 $R^2 = 0.847771$,表明模型整体拟合得较好。当 $\ln GDP$ 变动一个单位时,$\ln AS$ 平均变动 1.009531 个单位,即浙江省产业集群集聚程度系数的对数值每增加 1 个百分点,浙江省生产总值的对数值增加 1.009531 个百分点,即解释变量"浙江省纺织业产业集群集聚程度系数"对被解释变量"浙江省区域经济发展水平 GDP 指标"的绝大部分离差做出了解释。

表2 1998-2011浙江省纺织行业区位熵

年份	企业单位数	工业总产值（亿元）	工业增加值（亿元）	资产总计（亿元）	产品销售收入（亿元）	利润总额（亿元）
1997	1.89749	2.04304	2.21862	2.23539	2.09971	−4.60065
1998	1.92193	2.25764	2.39591	2.19889	2.37965	−3.37452
1999	1.92032	2.30202	2.36580	2.37125	2.38736	5.82041
2000	1.82389	2.20114	2.25383	2.34645	2.29695	3.20755
2001	1.77335	2.31100	2.31501	1.33224	2.41013	3.72305
2002	1.51799	2.39719	2.37391	2.66432	2.43125	3.29591
2003	1.72072	2.50591	2.46607	2.84862	2.52766	3.42244
2004	1.83679	2.28264	2.79447	2.98811	2.5991	3.91390
2005	1.86493	2.52551	2.63453	2.97588	2.54432	3.43146
2006	1.88075	2.46491	2.63899	2.97512	2.49043	3.32316
2007	1.83338	2.51223	2.61695	3.06613	2.55140	3.25456
2008	1.88332	2.60288	—	3.22293	3.00001	3.39750
2009	1.95374	2.72897	—	3.83054	2.76174	2.73266
2010	2.43231	2.65804	—	3.43077	2.68793	4.14334
2011	2.17656	2.66123	—	3.48071	3.1703	2.64883

注:根据 1998-2012 年《中国统计年鉴》和《浙江省统计年鉴》整理计算所得。

(三)计量检验

1. 变量显著性检验

针对原假设 $H_0: \beta_1 = 0$、备择假设 $H_1: \beta_1 \neq 0$ 进行检验的 t 值为 8.508684。给定 $\alpha = 0.05$,得出 $(15-1-1) = (13) = 2.16$,所以拒绝原假设 $H_0: \beta_1 = 0$,接受备择假设 $H_1: \beta_1 \neq 0$。这表明浙江省纺织业产业集群对浙江省区域经济发展水平有显著性的影响。

2. 单位根检验

普通时间序列数据一般都是非平稳的,在得到一组随机的时间序列数据后,进行经济分析之前,必须对其进行平稳性分析。时间序列平稳性检验方法有多种,这里采用单位根检验来检验样本数据的平稳性,即检验是否存在单位根。

表3 单位根情况

变量	检验类型	ADF值	ADF临界值		平稳性
$\ln AS$	(c,t,0)	−0.706231	−3.791172**	0.9505	N
$\Delta\ln AS$	(c,t,0)	−5.033686	−3.875302**	0.0094	Y
$\ln GDP$	(c,t,1)	−3.607111	−3.828975**	0.1536	N
$\Delta\ln GDP$	(c,t,1)	−4.522891	−3.933364**	0.0224	Y

注:**表示5%显著水平;表中Δ的表示二阶差分;检验类型(c,t,n)中的c,t,n分别表示单位根检验方程中的常数项、时间趋势项(trend)和滞后阶数;Y(yes)表示平稳,N(no)表示非平稳;其中滞后阶数根据AIC、SC准则确定。

表3分别给出了各变量的水平值和差分的ADF的单位根检验结果。由表3可知,在5%的显著性水平下,时间序列$\ln AS$、$\ln GDP$均不能拒绝含有一个单位根的假设,所以这些变量的水平值是非平稳的。而二阶差分变量在5%的显著性水平下,上述检验的统计量均大于所对应的的临界值(5%显著水平),表明二阶差分变量是平稳的。两个变量均为二阶单整变量,可对这两个变量做协整分析。

3. 协整检验

两个变量为二阶单整,通过AIC准则确定最佳滞后阶数,然后进行残差的ADF检验,判断变量之间的协整关系。

结果显示,$\ln AS$与$\ln GDP$的协整方程残差的ADF值大于临界值(5%显著水平),即残差序列是平稳的,两个变量之间具有协整关系(见表4)。因此,浙江省纺织业产业集群对区域经济的发展起到显著的促进作用。

表4 残差的ADF单位根检验

变量	检验类型	ADF值	ADF临界值		平稳性
	(c,t,2)	−4.008438	−3.212696**	0.0153	Y

注:**表示5%显著水平;检验类型(c,t,n)中的c,t,n分别表示单位根检验方程中的常数项、时间趋势项(trend)和滞后阶数;Y(yes)表示平稳;其中滞后阶数根据AIC、SC准则确定。

六、结论与启示

本文利用1997年至2011年浙江省纺织行业数据,利用回归分析产业集群对区域发展的影响,发现从全行业来看,浙江省纺织业依赖其行业集聚特点,能够有效地促进区域发展。在采取产业集群集聚效应系数和全省生产总值(GDP)两个连续变量度量集群效应以及区域发展时,发现产业集群集聚程度越高,区域发展速度就越快。本文的实证结论说明,产业集群是促进区域发展的一个重要途径,充分利用产业集群优势,能够大力促进其区域经济发展。并由此说明:

第一,产业集群是区域竞争力提升的有效捷径。产业集群对区域经济发展有着显著的促进作用,利用这种作用可以有效地推动区域发展。即产业集群的发展,能为区域发展集聚生产要素、产业和人口数量,促进区域发展水平的提高。这一结论虽然是从浙江省纺织业选取的典型样本得出的,但对我国其他地区也有重要启示。我国正在加快推进城市化和产业集群化,因此,可以利用两者之间客观存在的关系,促进区域经济发展。尤其是对我国中西部欠发达地区来说,一些地区城市化进展缓慢,城市化水平较低,这些地区可以通过培育和发展当地具有比较优势的特色产业集群,促进当地经济发展,从而加快推进城市化进程,最终逐步缩小与东部沿海发达地区的差距。

第二,产业集群有利于形成区域品牌优势。产业区位是品牌的象征,浙江省纺织业经过多年发展壮大,拥有了众多国际品牌,比如西装就有雅戈尔、步森、罗蒙、杉杉、庄吉和报喜鸟等六大品牌。区域品牌反映区域的产业优势和经济特色。正如品牌影响力大的产品能得到更多消费者的青睐,形成差别化的产品一样,品牌影响力大的区域能成为更多的经销商、供应商、投资者以及各类人才青睐的地区,形成特色化区域经济。

第三,产业集群促进区域创新能力的提高。浙江纺织产业集群随着贸易自由化,从以低价格、廉价材料、大量劳动力柔性和较低劳动力价格为基础,向创新、高质量、功能柔性模式不断转变。区域产业持续的竞争力与产业集群带来的区域产业创新能力密切相关,集群能有力地促进技术进步和扩散,这也非常有利于地区经济发展。

本研究的启发意义在于:要充分发挥产业集群在区域经济发展中的作用,加强区域竞争优势。政府需要进一步发挥其调控与服务职能,明确其在产业集群发展中的作用。政府对区域产业集群的发展尤为重要。地方政府的引导和调控可为产业集群的发展提供更有利的制度环境,可建立起可靠的融资制度,可通过政策、项目、财税等手段,加强企业与企业之间的联系,加强企业与教育研发机构之间的联系,加强技术创新中介机构建设等,同时,应强化区域间政府相互沟通与交流,促使区域之间资源的自由活动与合理配置,促进产业升级和区域经济发展。

23 产业集群对区域发展影响研究
——以浙江省纺织业产业集群为例

参考文献

[1] 朱英明. 产业集群论[M]. 经济科学出版社, 2003.

[2] 仇保兴. 小企业集群研究[M]. 复旦大学出版社, 1999.

[3] 王缉慈. 创新的空间——企业集群与区域发展[M]. 北京大学出版社, 2001.

[4] 盖文启. 创新网络——区域经济发展新思维[M]. 北京大学出版社, 2002.

[5] 朱英明. 产业集聚、资源环境与区域发展研究[M]. 经济管理出版社, 2012.

[6] 黄速建. 中国产业集群创新发展报告[M]. 经济管理出版社, 2011.

[7] 赵强、孟越. 产业集群竞争力的理论与评价方法研究[M]. 经济管理出版社, 2009.

[8] 吴德进. 产业集群论[M]. 社会科学文献出版社, 2006.

[9] 罗国勋. 小企业集群发展模式及其绩效研究[J]. 数量经济技术经济研究, 2000(6).

[10] 沈正平, 刘海军. 产业集群与区域经济发展探究[J]. 中国软科学, 2004(2).

[11] 张辉. 产业集群竞争力的内在机理分析[J]. 中国软科学, 2003(1).

[12] 朱英明. 产业集群与特色经济发展研究——以江苏扬州杭集牙刷产业集群为例[J]. 工业技术经济, 2005(6).

[13] 曹休宁, 李冬. 产业集群与区域经济发展——对浏阳花炮的个案分析[J]. 经济地理, 2006(11).

[14] 张弛, 尚婷. 黑龙江省煤炭产业集群与区域经济发展的实证研究[J]. 经济视角, 2011(9).

[15] 王晓清. 江苏省FDI与产业集群互动关系的实证研究[J]. 黑龙江对外经贸, 2008(8).

[16] 吴义杰, 何健. 产业集群的演化过程及形成机制[J]. 甘肃社会科学, 2010(5).

[17] 叶华光. 全球价值链与产业集群间内源机制研究[J]. 商业研究, 2009(7).

[18] 李焱, 黄庆波. FDI对产业集群影响的实证分析——以辽宁装备制造业为例[J]. 科技管理研究, 2013(5).

[19] 王珺, 郭惠武. 产业集群对企业成长的影响——基于中国制造业企业数据的实证研究[J]. 中山大学学报, 2012(1).

[20] M.Poter. Competitive advantage, agglomeration economics, and regionaL policy[J]. International Regional Science Review, 1996, 19:85-91.

[21] Alfred Marshall. The Principles of Economics[M]. London:MacMillan, 1890.

[22] Krugman P. Space:the final frontier[J]. Journal of Economic Perspective, 1998, 12(2):161-174.

[23] Alfred Weber.Theory of the Location of Industries [M]. Friedrich C, Trans. Chicago: University of Chicago Press, 1929.

[24] Henry G Overman, Stephen Redding, and Anthony J.Venabtes. The Economic Geography of Trade, Production and Income: A Survey of Empiries[R]. NBER, Working Paper, 2001.

[25] Anthony J.Venables. Cities and Trade: External Trade and Internal Geography in Developing Economies[J]. NBER; Working Paper, 2000.

[26] Catherine Beaudry and Peter Swarm. Growth in Industrial Cluster: a Bird's Eye View of the United Kingdom[R]. SIEPR Dicussion Paper. 2001.

24

推拉理论视角下外来人力资本与产业集群的本土相融性研究
——以浙商与江苏产业集群融合为例

王芳芳[1]　金刚[2]
1. 东南大学经济管理学院　南京　211100
2. 东南大学经济管理学院　南京　211100

> **摘　要**：人力资本尤其是企业家资本在产业集群的发展过程中起着重要作用。笔者在本文中基于推拉理论，将浙商与江苏产业集群的本土相融性量化为本地集群和外来地集群的四个"力"的互动耦合效应，并基于生命周期理论分析产业集群发展的不同阶段，四个"力"耦合所形成的浙商与江苏产业集群的融合性状态。最后以浙商与常州邹区灯具产业集群的本土相融性为例，进一步探讨了四个"力"的来源及内在运作机制，为加强浙商与江苏产业集群的融合性提出了政策建议。
>
> **关键词**：产业集群；人力资本；生命周期；推拉理论；本土相融性

一、前言

　　产业集群是指在某一特定领域，大量产业联系紧密的企业以及相关机构在空间上集聚，并形成强劲、持续竞争优势的现象。产业集群主要有以下六方面的特征：第一，每个地理区域的大部分企业基本围绕统一产业，或机密相关产业，或有限的几个产业从事产品开发、生产和销售等经营活动。第二，产业内部企业之间具有某个或某几个显著的产业特征作为联接，产业内部企业之间实行专业分工。第三，通过集群成员之间供需关系的连结，实现采购本地化，形成整个集群的成本优势。第四，产业内部的单个企业绝大部分属于中小企业，规模不大，但是整个集群却具有显著的规模优势和很高的市场占有率。第五，集群产品销售具有极强的市场渗透力，部分集群在发展过程中形成了产业集群和地区专业市场互动发展的局面。第六,考察中小企业集群发展,基本从自发起步,依靠当地一批精英带动,逐渐形成某一种产业雏形,政府部门再给予适当政策扶持,不断培育和发展其成为具有当地规模的中小企业集群。

二、理论基础:文献回顾

著名经济学家马歇尔(Marshan,1890)从规模经济和外部经济的角度研究了产业集群现象,提出劳动市场共享、专业化投入品和技术服务、知识溢出是导致产业集聚的主要原因,而产业区内集聚了许多潜在的劳动力需求和潜在的劳动力供应,形成一个供需畅通的共享性专用劳动力市场,使企业节约了劳动力要素成本,搜寻成本和培训时间及搜寻时间,形成企业集聚活动。产业集聚导致专业人才集聚,人才集聚又吸引产业集聚,形成一个良性循环[1]。

产业集群产生及发展需要人才的投入与支持,与此存在密切关系的人才资源包括三种类型:企业家资源、高技能人力资源和普遍劳动力资源,企业家作为最关键的人才资源得到了众多学者的特别关注。李新春(2002)认为,中小企业集群的形成就是企业家的集聚过程,是个体企业家精神引发群体企业家模仿的过程,他以珠江三角洲专业镇企业集聚为例,分析了企业家在产业集群形成与发展中的作用,并指出在一定意义上,企业集群是以企业家个人的关系网络为基础的地区性企业群体[2]。

产业集群的发展过程同时也是人才吸引和集聚的过程,产业集群的形成与发展必然伴随着人才的吸引与集聚现象的出现,产业集群中的人才集聚现象,很早就被马歇尔(1890)、波特(1990)、克鲁格曼(1991)等关注到了,而且都对人才吸引现象进行了部分的定性描述。人才资源的集聚,特别是企业家的集聚,与产业集群的形成发展相辅相成,互相影响,这已经广泛地被国内外专家学者所接受,理论界所公认,Bresnahan、Gambardella和Saxenian(2001)[3],Feldman(2005)[4]还曾对其进行了研究。张洪潮、牛冲槐(2006)认为人才的集聚与人才的吸引是紧密相关的,产业集群具有较强的资源吸引力,能够吸引人才流入产业集群,人才流入量与其具备的人才吸引力强弱成正比,人才吸引是人才集聚的前提,产业集群的人才集聚是人才吸引流入后产生的必然结果[5]。

中国的产业集群主要分为三大类:一类是浙江的乡镇经济,一类是江苏的集体经济,一类是珠三角的"三来一补"型经济。可以说浙江的产业集群执内生型产业集群的牛耳,浙江产业集群的成功很大程度上要归结于人的成功,即浙商的成功。浙江产业群发展有三个重要因素:即社会网络、地方企业家和地方政府,企业家和产业集群是相伴相生、共同成长的,企业家既是推动产业集群形成并不断发展的重要因素,又是产业集群发展的结果,而且他们通常也在日益健全的经济社会环境中获得持续发展的动力。很多学者已经对浙商进行过研究,杨铁清(2011)认为产业集群的本质就是人的集而群之,浙商之所以能够称雄海内外,是由他们之间环环相扣的社会网络和产业网络决定的[6]。章剑鸣(2007)则从文化的角度来剖析浙商的特点,认为浙商的成功取决于文化上的成功,表现在除了善于经营市场之外,还善于经营政府关系[7]。浙商介入某个产业集群之后往往会带来整个产业集群的成功,但是纵观现有的文献,对于浙商与产业集群相互融合内在机理的研究几乎没有,更多的是单方向的剖析浙商的特质,从而对产业集群的发展进行解释。

推拉理论起源于英国经济学家和社会学家拉文斯坦[8]在1880年代提出迁移法则,后来在此基础上,1950-1960年代,美国学者唐纳德·博格和英国学者李(Lee)明确提出了系统的人口转移的推拉理论,其中李(Lee)建立了一个关于推拉理论的完整分析框架,考虑到迁出地的影响因素、迁入地的影响因素、迁移过程的障碍和个体特征等四方面的内容,只有迁移动力强,能克服迁移阻力的人才能最终完成迁移过程。虽然推拉理论最早是研究人口转移的时候提出来的,但是近年来,很多学者扩展了推拉理论的应用。Fujita和Krugman[9]认为,经济地理学的任何有趣模型都反映了两种力量之间的较量,对推拉理论应用于经济学相关问题的研究给出了思路的拓展。于斌斌(2012)[10]基于推拉理论的视角,分析了高端人才集聚与产业集群的关系,对产业集群如何更好地形成于高端人才的互动效应给出了建议。纵观现有的关于推拉理论的文献,关于主流经济学问题的应用还比较少。

在江苏产业集群的发展过程中,浙商群体起到了很大的作用,目前的文献并没有具体研究浙商与江苏产业集群发展的内在机理,笔者试图以推拉理论的视角,在提出本土相融性概念的基础上,分析浙商与江苏产业集群的融合机理,找出其中的规律,对其他江苏集群的发展给出建议。

三、本土相融性分析:基于推拉理论的本土相融性演化解释

浙商这一带有地域特征的商人文化,不仅带动了浙江产业的快速发展,在全国范围内都有着重要影响。浙商不仅在浙江产业集群发展中有着举足轻重的地位,对其他地区的产业集群也有着重要影响,尤其是在长三角一带。浙商走南闯北,常常介入其他省市的产业集群,推动当地的经济增长,带动当地的产业发展。浙商介入一个产业集群,形成人才集聚,带动当地产业发展,这意味着浙商与当地集群是相融的,当地的经济条件、政府政策、配套设施、人文环境等与浙商聚集形成互动的正效应,本文将这一互动效应定义为浙商与当地产业集群的本土相融性(LB:Local Blending),本土相融性越高,即浙商与当地产业集群的互动效应越大,当地产业集群对浙商就越有吸引力,浙商的介入就越能促进当地产业集群的发展。反之,如果本土相融性很低,说明当地产业集群无法吸引浙商,或者浙商介入集群也无法有效地推动产业的发展。

我国东南沿海以及长三角一带，尤其是江苏，产业集群往往和浙商集聚相互促进共同发展。江苏许多产业集群都与浙商密不可分。江苏已有的产业集群是浙商集聚的基础，而浙商集聚又为江苏的产业集群服务。浙商与产业集聚形成互动效应，推动当地的经济发展，是当地产业集群发展的内生机制（如图1所示）。

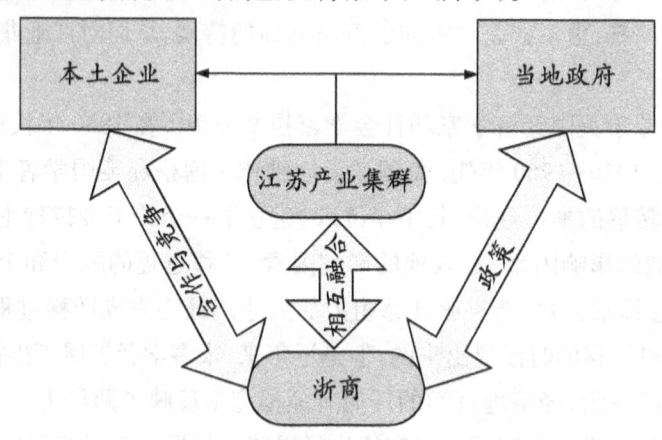

图1　江苏产业集群与浙商集聚的互动模型

（一）本土相融性正效应

地理集聚效应。产业集群的地理集中性可以吸引浙商的集聚，引进相关的产业项目和产品项目，同时能够培育人才团队，改善当地人才素质，进而推动产业集群的产业结构优化和产品结构调整。与此同时，产业集群的发展能够吸纳、承载更多的浙商人才，进一步推动浙商在产业进群的集聚。如果没有产业集群为基础，浙商这一人力资本就无法与物质资本相结合，难以形成人才集聚，当有一定的产业集群基础为依托时，便为浙商的集聚提供了环境和条件。

集体创新效应。浙商集聚有利于提高产业集群的创新和集体学习能力，增强了技术创新的能力和竞争力。通过群体内部的整合机制可以实现知识和技能的互补和替代，激发积极性和创造力，创新知识根植于产业集群，大大降低了开发新技术和新成果的成本，获取了竞争优势。

分工合作效应。嵌入江苏产业集群的浙商的社会背景和价值观念趋同，成为协调集群分工的润滑剂，避免了企业间由于信息不对称、契约不完全而可能采取的策略性行为，降低了合作的交易成本，合作交流更灵活。浙商在地理上的空间集中促进了集群分工深化，随着高端人才集聚规模的扩大，分工和交易水平不断提高，规模报酬水平不断提高。

区域协同效应。随着浙商嵌入产业集群，促进产业的发展，生产服务社会化程度的不断提高，推动服务性职能逐渐由企业内部转移到企业外部，随之一批专业化的服务性企业将会出现，这些企业将会提供产前、产中、产后服务。产业集群发展所积聚的人流、物流、资金流以及信息流,还会带动运输、仓储、电信、餐饮、中介、金融、保险、房地产等行业的发展。相关人才的集聚,为这些行业的社会化协作提供了有效保障。

(二)本土相融性负效应

环境副作用。浙商集聚与产业集群相融的效应是由内外部因素共同作用的结果,受到当地环境的影响。如果政治、经济环境不理想,即使吸引浙商嵌入,也无法创造出正向的影响,浙商聚集反而产生负效应。

缺乏内在联系。如果人才集聚仅仅是数量增多,缺乏内在联系,那么集群内部缺乏合作交流,没有利用分工合作协同发展,就不能减少交易成本,获得专业化分工的产业效率。如果还存在恶性竞争,则会增加社会无谓损失,相融性为负,集聚不经济。

(三)基于一般推拉理论的相融性解释

本土相融性是浙商这样的外来人力资本与本土产业集群各方面融合状况的描述,这些方面主要有:市场空间、成长空间、政策环境、区域品牌、生活成本、人文环境等等。从这些具体细分方面综合衡量本土相融性的概念是一项浩大的系统工程,具体的指标也难以量化,因此基于一般推拉理论给出本土相融性的概念既具有可行性又具有现实价值。

外来人力资本与产业集群的本土相融性不仅受本地产业集群的影响,还受到集群外(人力资本来源地的产业集群)的影响。本文引入推拉理论,旨在说明本土相融性受到四个力的耦合影响,分别是本土集群的拉力、本土集群的推力、外来集群的拉力、外来集群的推力。最终的本土相融性是这四个力量互相博弈、共同耦合的结果。

本土产业集群对浙商的作用力可以用公式表示如下:

$$LIC = pl_{lic} - th_{lic}$$

其中,LIC代表本土产业集群对浙商的作用力,pl_{lic}代表本土产业集群对浙商的拉力,th_{lic}代表本土产业集群对浙商的推力。

同时,外来产业集群对浙商的作用力可以用公式表示如下:

$$FIC = pl_{fic} - th_{fic}$$

其中,FIC表示外来地产业集群对浙商的作用力,pl_{fic}表示外来地产业集群对浙商的拉力,th_{fic}表示外来产业集群对浙商的推力。

基于本土产业集群与外来产业集群的两种作用力,本土相融性可以用两种作用力的差值征来表示。事实上确实如此,当本土的产业集群对浙商的拉力远远超过推力时,浙商与本地产业集群的本土相融性高,两者能协同发展。良好的经济环境、市场环境、财政环境,这些拉力都会促进浙商更好地融入到本土的产业集群,反不正当的竞争,等等这些都会形成对浙商融入产业集群的推力,使得浙商不能很好地融入到本土产业集群中来,当然可以理解本土相融性会变得差了。

因此，用公式表示本土相融性（LB：local blending）为：

$$LB = LIC - FIC = (pl_{lic} - th_{lic}) - (pl_{fic} - th_{fic}) = (pl_{lic} + th_{fic}) - (th_{lic} + pl_{fic}) = F^+ - F^-$$

其中，LB 表示浙商与本土产业集群的本土相融性，这个公式表示本土产业集群与外来地产业集群作用力的综合效果，F^+ 表示有利于提高本土相融性的作用力，F^- 表示不利于提高本土相融性的作用力。

当 LB 大于 0 的时候，$F^+ > F^-$，即有利于提高本土相融性的作用力大于不利于提高本土相融性的作用力，二者作用的结果就是本土相融性得到提升趋于增加。这时候本土相融性主要表现为对产业集群发展的正向效应；当 LB 小于 0 的时候，$F^+ < F^-$，即使得本土相融性变差的作用力大于有利于提高本土相融性的作用力，二者作用的结果必然是本土相融性进一步恶化，这时候本土相融性主要表现为对产业集群发展的负向效应。当 LB 等于 0 的时候，即 $F^+ = F^-$，出现这种情况一般是在产业集群的成熟期，处于均衡的拉力阶段，本土相融性短时间不会发生大幅波动，这个时候政府不需要采取过多的措施对本土相融性进行调整。

（四）浙商与江苏产业集群本土相融性的演化过程

笔者认为本土相融性是一个动态的概念，并非一成不变的，随着外界环境及各方面因素的变化，本土相融性处在一个时刻波动的状态。Tichy[11]提出了产业集群的生命周期理论，认为产业集群的发展同样有四个生命周期：集群产生期、集群发展期、集群成熟期、集群衰退期。基于产业集群的生命周期理论，因此有两个问题：一个是处于不同阶段的产业集群由于自身内涵的不同导致与浙商的本土相融性不同，决策者首先要判断产业集群处于生命周期的哪个阶段，从而针对性地进行措施的调整以提高本土相融性。另外一个就是，处于某个阶段的产业集群在向下一个阶段演化的过程中会出现一些与当前保持的本土相融性不同的特征，需要决策者及时察觉作出相应的改变，从而适时地调整本土相融性，甚至在产业集群的衰退期维持本土相融性的水平，使得浙商不离开这个集群，在本地帮助集群进行再分化或者再发展。

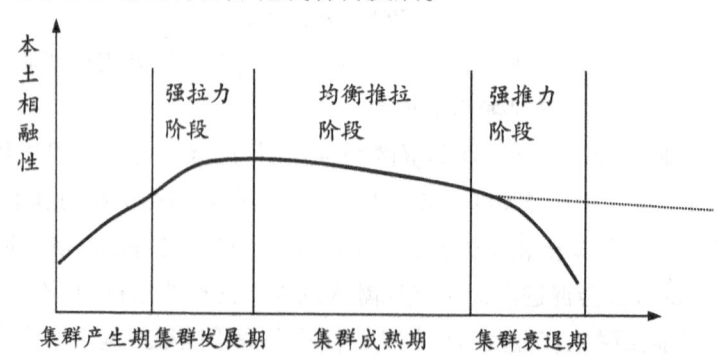

图2 浙商与产业集群的本土相融性的演化过程

1. 集群产生期

在集群形成的初期,由于配套设施、关联产业、服务业发展等几乎没有形成优势,处于这个阶段的产业集群与浙商的本土相融性较差,集群内的拉力剩余几乎为零。但如果这个时候,集群外有某种推力对浙商的作用较大的话,就会提高本土相融性,浙商与本土产集群融合所获得的利益大于在集群之外,客观上提升了促进本土相融性的激励作用。

2. 集群发展期

在产业集群发展的阶段,新的企业迅速成长,首先形成了集聚效应,规模化生产的优势日趋明显,生产网络与社会网络快速发展,正逐步形成集群效应。一方面,产业的迅速发展对浙商的进入有更大的期待;另一方面,迅速发展的配套设施、配套企业等也降低了浙商嵌入江苏产业集群的的壁垒,两方面耦合形成了提高本土相融性的动力,主要表现为集群的拉力大于集群的推力,集群外的拉力偏小,推力表现不明显,视为一般。

3. 集群成熟期

产业集群经过一段高速的发展阶段之后,形成了稳定的、牢固的本地生产网络和社会网络,在这个阶段,由于进入壁垒的提升,本地产业集群的拉力对本土相融性的拉动趋弱,浙商在这个阶段进入产业集群,本土相融性一般,为零;另外一方面本地的企业会对浙商形成一定的推力,由于竞争合作的机制,拉力基本上等于推力。

4. 集群衰退期

产业集群经过稳定的成熟期之后由于路径依赖以及技术锁定等因素开始衰退,这时候产业集群对浙商的拉力剩余几乎为0。推力剩余由于各方面状况的恶化越来越大,形成强推力形势,这个时候浙商与产业集群的本土相融性很差,集聚恶化。这也使得浙商开始寻找下一个处于前三个阶段的产业集群,但是往往决策部门不会看着产业集群状况恶化而袖手旁观,尤其在我国,政府对于集群的发展起着至关重要的作用。政府往往在这个时候会积极调整拉力与推力的因素,最终改善本土相融性的状况,使得本土相融性维持在一个稳定的水平。

四、案例分析:浙商与常州邹区灯具产业集群的本土相融性演化历程

常州市邹区镇建于1993年6月,是全国著名的灯具基地,拥有全国第二大灯具市场。邹区灯具产业现代服务业集聚区被江苏省发改委列为省级现代服务业集聚区,目前是中国最大灯具集散基地,在行业有着举足轻重的地位和作用。该镇已入选"全省重点

产业集群"。近几年生产无极灯、LED类的企业较多,均处于快速发展阶段。2006年6月16日上报的"邹区灯具生产基地项目",被省发改委批准同意实施。2006年创建邹区灯具产业集群,规划总面积5000亩,总投资56亿元,被列为省重点建设项目。

起步阶段。邹区灯具产业的兴起与浙江温州矮凳桥灯具市场的衰落有着密切联系。邹区最初是由农机站建立灯具企业的,当时只有几家小规模灯具企业,市场处于起步阶段,产业未形成规模,农机站站长通过成本最低的写信方式进行招商引资,但效果不是非常理想。适逢浙江温州灯具产业出现危机,温州由于"三无"产品事件,企业及产品信誉深受影响,加之当地政府忽略产品质量,一味抓税收,以至于去温州进货的采购商面临一道道税收关卡,一批货物运出温州一路面临高额罚款,缺乏税收制度的保障。短期内政府税收大幅增加,长此以往温州灯具市场逐渐垮台,采购商不敢再来温州购货,一部分人转向政策优惠的广东,一部分人来到地理位置较近的邹区。温州灯具市场已然衰落,这为常州邹区灯具产业的发展带来了黄金时机。

用本土相融性公式解释,在邹区灯具市场的起步阶段,市场条件尚不成熟,邹区本地正在招商引资,主导力量是拉力,但拉力 pl_{lic} 不是很大,而温州矮凳桥以推力为主,拉力近乎为0,而且一系列推力 th_{flc} 作用力较大,因而相融性的正效应 $F^+ = pl_{lic} + th_{flc}$ 值很大,而邹区的推力 th_{lic} 以及温州矮凳桥的拉力 pl_{flc} 之和 F^- 很小甚至可以忽略。由此可见,在起步阶段,邹区虽也有招商的优惠政策,但鉴于当地产业配套能力较弱,市场不成熟,产品结构不完善,吸引浙商嵌入当地产业集群的主要原因是温州矮凳灯具产业集群的巨大推力。

发展阶段。一批浙商转移到邹区后,浙商的集聚带动了灯具产业的发展。温州人抱团打天下的商业文化也起到了一定的作用,一家企业在邹区运营成功后,往往能带动一批家人朋友共同进入这个市场,合作开拓市场,发挥协同效应。经过几年发展,邹区的灯具市场已具有一定规模,开始进一步建设灯具产业集群。2006年,邹区正式建立灯具产业集群,规划总面积5000亩,总投资56亿元。2007年5月灯具城建成并投入使用,并开始建筑设计及基础设施建设。在交通方面邹区有着得天独厚的优势条件,312国道从市场门前横贯而过,321省道、沪宁高速公路、常州机场、京杭大运河、常州港都近在咫尺,从而增强了邹区的核心影响力和辐射力。2008年建设物流市场,占地300亩,投资1.0亿元人民币。灯具托运部30多家,线路200多条,主要辐射到大部分华东地区及全国各地。使用邹区灯具的集散领域不断细分,让上、下线商家真正体会到快速便捷的物流优势。灯具配件市场占地340亩,投入1.4亿元人民币以及餐饮服务配套四星级酒店项目。

在邹区灯具市场的快速发展阶段,当地产业能力迅速提升,基础设施逐步完善、灯具市场规模兴起,交通物流等产业配套能力快速跟进。此时邹区产业集群的拉力 pl_{lic} 很大,邹区已经形成了全国第二大灯具集散市场,强劲的物流跟进支撑邹区灯具市场的辐

24 推拉理论视角下外来人力资本与产业集群的本土相融性研究
——以浙商与江苏产业集群融合为例

射范围进一步扩大，华东地区的其他灯具集群已无法与之相比，虽然其他集群的推力很小，但相融性的正效应 $F^+ = pl_{lic} + th_{fic}$ 高，起主导作用的是本地集群的拉力。人才集聚和产业集群产生联动效应，集群的发展进一步吸纳浙商嵌入，承载更多浙商，进一步推动浙商在产业进群的集聚。

成熟阶段。随着常州邹区灯具产业集群的进一步发展开始步入成熟期，浙商与常州邹区灯具产业集群的本土相融性趋于平稳，形成均衡的推拉阶段。以常州邹区灯具产业集群三大专业市场之一的发得商场为例，兼任邹区灯具协会会长的吴总2000年左右从湖南邵阳来到邹区创业，经过十几年的打拼，在发得商场已经拥有三百多平方米的门面，作为温州人的吴总不仅自己的事业取得成功，同时也将整个家族都带到常州经营灯具，整个家族几乎占据了发得商场二楼的全部门面。虽然2006年之后，发得商场开始实际上征收租金，一定程度上对浙商与邹区灯具产业集群的本土相融性形成了推力，但是浙商经过多年的经营，有的甚至在当地已经买了几套房，可以说与当地形成了较深的根植性，这就使得推力可以被这些拉力均衡掉，本土相融性仍然保持在原先的水平。当然，随着产业集群走向成熟阶段的后期，由于技术锁定、路径依赖等因素，推力在与拉力的博弈中逐步占据优势，使得本土相融性有降低的趋势。

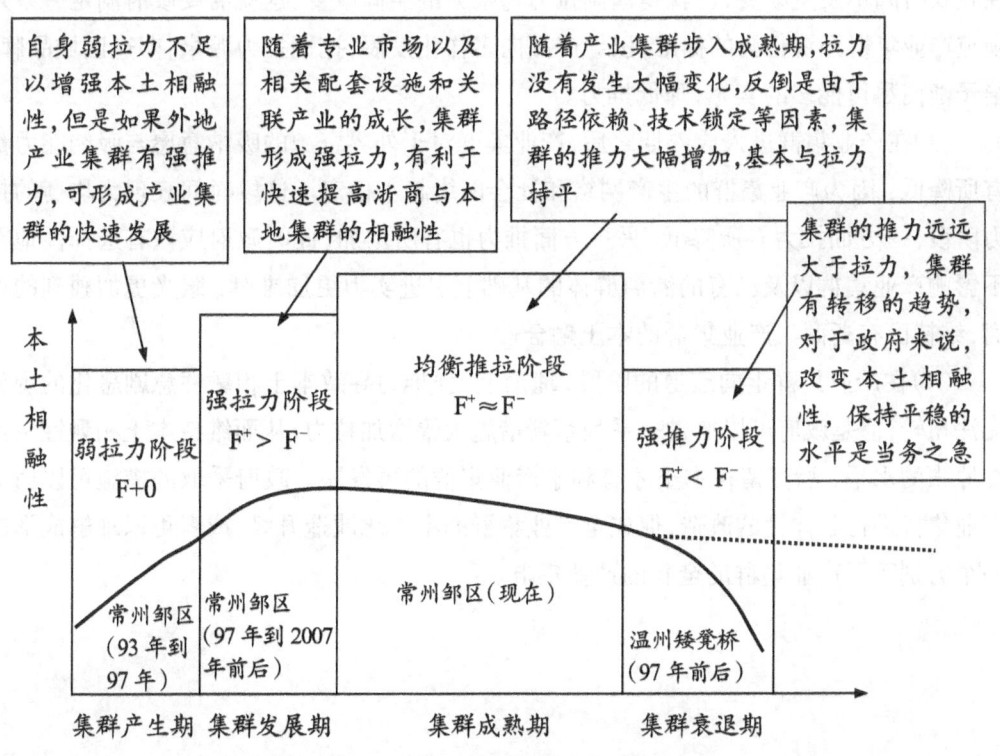

图3 浙商与常州邹区灯具产业集群的本土相融性演化图

五、结论及建议

浙商与产业集群的本土相融性会对产业集群本身的发展造成正向或负向的影响，决策者也就是地方政府在产业集群的发展过程中应该有所作为。在产业集群生命周期发展的理论基础上，适时调整相应的政策，时刻保持浙商与产业集群本土相融性维持在一个合理的水平，最大限度地发挥本土相融性对集群发展的正向效应。相应的，也要尽量避免本土相容性差带来的负面效应。

因此，在产业集群发展的不同阶段，地方政府要采取不同的措施：

(1)在产业集群形成的初期，地方政府要全力提高自身产业集群的拉力，主要表现在建设健全的财政支持政策、创造良好的投资创业环境、树立典型的人才创业实例、优化地方税收政策。

(2)在产业集群高速发展的阶段，产业集群的拉力与推力分别增大和减小，导致本土相融性状况越来越好。在这个阶段，政府要采取一些措施维持这个本土相融性水平在较长时间不发生改变，也就是遏制拉力与推力的逆向改变，这就需要政府制定一系列规范产业集群经济行为的标准，引导产品向多样化发展，挖掘拉力源泉，塑造区域品牌，给予浙商尽可能多的实惠，降低推力。

(3)在产业集群进入成熟期之后，产业集群对于外界资源的吸纳意愿与吸纳能力都有所降低，因为产业集群的生产网络和社会网络趋于稳定。这段时间表现为均衡的拉力阶段，一方面拉力有所降低，另一方面推力也有所增加，此时政府应该有选择性地在不影响产业集群以及已有的浙商群体的基础上引进实力更加雄厚，眼光更加独到的浙商，维持已有浙商与产业集群的本土融合性。

(4)在产业集群走向衰退的阶段，理论上，强推力导致本土相融性急剧恶化的现象无法扭转，但是政府可以通过一系列革新措施大幅增加拉力，从而维持本土相融性保持在原来的水平，浙商留在本土才有利于产业集群的再发展。政府采取的措施可以由对产业集群进行整体性的改造，促成全产业集群的本土化改造升级，或者可以理解成形成一个有别于原产业集群的全新的产业集群。

参考文献

[1] Marshall A. Principles of economics[M]. Wirtschaft und Finanzen,1890.

[2] 李新春.企业家协调与企业集群——对珠江三角洲专业镇企业集群化成长的分析[J].南开管理评论,2002,(3).

[3] Bresnahan T, Gambardella A, Saxenian A L. 'Old economy' inputs for 'new economy' outcomes: cluster formation in the new Silicon Valleys[J]. Industrial and corporate change, 2001, 10(4): 835-860.

[4] Feldman M, Francis J, Bercovitz J. Creating a cluster while building a firm: Entrepreneurs and the formation of industrial clusters[J]. Regional Studies, 2005, 39(1): 129-141.

[5] 张洪潮,牛冲槐.人才聚集现象与聚集效应质量互变系统研究[J].中国流通经济,2006,11.

[6] 杨轶清.浙商的"群现象"[J].金融博览,2011,5:037.

[7] 章剑鸣.刍议浙商文化的内涵特征[J].商业时代,2007,3(56):110.

[8] Ravenstein E G. The laws of migration[J]. Journal of the Statistical Society of London, 1885, 48(2):167-235.

[9] Fujita M, Krugman P. The new economic geography: Past, present and the future[J]. Papers in regional science, 2003, ,83(1):139-164.

[10] 于斌斌.区域一体化,集群效应与高端人才集聚——基于推拉理论扩展的视角[J].经济体制改革,2012(6):16-20.

[11] Tichy, G. Clusters, Less Dispensable and More Risky than Ever[M]. Steiner M Clusters and Regional Specialization. London: Pion Limited, 1998: 226-236.

25

产业园区模式创新与区域经济发展研究
——以大连生态科技创新城为例

王秀山　张　鹤

（大连工业大学管理学院　辽宁 大连　116034）

摘　要：本文以产业理论、区域经济理论为基础，分析了产业园区和产业集群在区域经济发展中的概念与功能的演变，指出传统产业园区发展过程中存在的不足，并以大连生态科技创新城的构建为例，提出了适应我国沿海发达城市未来产业园区的发展模式。

关键词：产业园区；产业集群；区域经济发展；大连生态科技创新城

随着经济与社会的快速发展，产业园区的发展模式也在发生转变。传统的产业园区中存在诸如产业结构趋同化、园区功能较为单一等问题，伴随产业结构的不断调整及经济增长方式的转变，积极探索带动区域经济发展的产业园区发展方向与模式，并赋予产业园区更新和更加全面的功能，为区域生态经济的发展注入新的活力，是当前我们国家经济社会发展面临的迫切问题。

一、产业园区、产业集群与区域经济发展

（一）概念的厘清：产业园区与产业集群

产业园区是指由政府或企业为实现产业发展目标而创立的特殊区位环境。联合国环境规划署（UNEP）认为，产业园区是在一大片的土地上聚集若干企业的区域。[1]从产

[基金项目]：大连市科技计划项目，大连生态科技创新城市的产业选择研究，2011D12ZC139。
[作者简介]：王秀山（1962—），男，大连工业大学副校长，教授，研究方向为企业技术创新与知识管理、信息技术与管理创新、企业战略管理。E-mail:wangxs@dlpu.edu.cn。
张鹤（1988—），女，大连工业大学管理学院。在读硕士研究生，研究方向为企业战略管理。E-mail:hztea01@163.com。

业集群角度出发,可将园区视为通过产业集群的方式,各关联产业以地区为单位所形成的区域产业组织。[2]企业进入园区,有利于发挥集体效益,共享基础设施及服务,促进企业自身的繁衍。[3]我国产业园区发展迅速,类型多样,其名称不仅限于科技园、高新区、开发区等"园"与"区",还包括产业基地及近年来提出的产业城、科技新城等。产业园区作为一种重要的经济空间形式,在特定区域内集聚了科技、资源、人才和知识优势,对于推动区域经济发展、优化产业结构、提升城市建设具有重要意义。

产业集群作为一种古老的经济现象,其发展一直广受关注。迈克尔·波特将其定义为在特定领域中,一群在地理上集中,且具有相互关联的企业、专业化供应商、服务供应商、相关产业的厂商以及相关的机构(如大学、标准的制定机构、产业协会等)构成的产业空间组织。[4,5]在空间特性方面,产业集群表现为由大量根植性的企业或机构在地域空间范围内密集结网;在集聚特性方面,则表现为具有同质性需求或相关联的企业和机构相聚集,企业间以专业化分工与协作为基础,存在协同竞争关系;在创新特性方面,则表现为企业间的竞合关系促进了隐形知识的传播及知识的共享,加强了企业间的相互学习和信息、生产要素的交流,使集群具备了持续的创新能力和竞争优势。[6]

(二)产业价值链的空间:产业园区与产业集群

产业园区与产业集群作为区域经济发展的不同方式,均在区域经济发展中起重要作用。但产业园区并不等同于产业集群,二者间既存在区别又相互联系。

二者间的区别主要表现为以下三个方面:一从产业关联度来看。产业园区的特征之一就是大量产业在园区内的集聚,但地理上的简单集聚并不一定产生集群效应。而产业集群内的企业通常具有产业关联性,相关产业的集聚能够构成产业价值链体系,便于集群效应的发挥。[7]二从社会网络的根植性来看。产业园区内的企业来源于不同区域,空间流动性较强,大多数企业"扎堆"于产业园区内,企业间并不一定形成信任合作的良好关系。产业集群内的企业则根据产业链的分工、相同或相近的社会文化及非正式的人际信任、信用等,自愿默契结网,"扎根"于某一区域,有助于区域凝聚力的增强和组织效率的提高。[8]三从政府介入角度来看。产业园区作为政府在基础设施方面进行投资的特定区域,是政府吸引外资和创造就业的一种政策手段,因此大多是政府主导的产物。而产业集群的发展虽离不开政府的扶持与引导,但大多数产业集群具有自组织的特性,能够依靠内部企业间的交流、合作与创新实现持续发展。[9]

产业园区和产业集群虽在概念、特性及发展方式上有所不同,但二者在空间形态上均表现为产业价值链上延伸的大量同行或关联产业的集聚,企业间可以共享公共服务、基础设施等资源。

(三)区域经济发展的新引擎:基于产业集群的产业园区

将产业集群的集群效应、竞争优势与产业园区的政策、区域优势相结合,以产业集群为导向发展产业园区,代表了未来产业园区发展的新方向,也将为区域经济发展带来良好的经济效益和社会效益。

首先,产业集群的形成能有效提高产业园区的竞争力。[10]产业集群本身所具有的竞争优势是产业园区保持持续竞争优势的关键所在。从企业创新能力的培育来看,单个企业很难完成企业的关键性创新,而需要产业集群内的企业共同合作完成,产业集群内拥有稳定的促进学习、交流和进步的共生机制,因而,产业集群能够为园区内企业技术创新能力的提高提供可靠保障。[11]同时,产业集群内企业间良好信任关系的存在,能够促使信息、技术、知识等要素在集群内更加快速的传播、引进、消化、吸收,一方面提高了资源的利用效率,使得分工更加专业化,有助于园区内产业结构的调整和优化升级;另一方面,集群内的良好文化氛围为企业间的协同创新提供了条件,有助于提高园区的持续创新能力。

其次,产业园区为地方产业集群的发展提供载体和平台。[12]产业集群的形成和产业集群效应的发挥需以产业在地理上的集聚为前提。产业园区作为政府规划的特定经济区域,具有得天独厚的政策优势和发展经济的良好环境,能够吸引大批企业进驻,这为产业集群的形成准备了条件。另外,产业园区本身特有的地域性也有利于规模经济和专业化分工的形成。园区产业间在原材料、人力、技术、市场、信息基础设施等方面联系密切,易于形成规模效应,园区规模效应的形成则畅通了信息流通渠道,降低了企业的交易风险和交易成本,加强了企业间的分工与协作,更易发挥集群的竞争优势和创新优势。

第三,基于产业集群的产业园区发展将对区域经济增长产生极大的促进作用。当产业集群的集聚优势在产业园区内逐渐凸显时,基于产业集群的产业园区与区域经济发展间便可形成良性循环。一方面,产业园区内各企业间的关联性、集中性、专业性能够促使技术创新在企业间相互传播和转化,从而形成较强的创新体系,推动区域创新的发展。另一方面,产业园区所具有的集聚优势既能优化区域资源配置,充分发挥生产要素的作用,还可加强企业间信息与知识的交流共享,提高产业关联度,延长产业链,促进区域产业结构的调整。另外,具有集群优势的产业园区更易嵌入区域社会文化、制度背景和人际关系网络中,不仅促使园区内的企业根植于区域社会网络,还可充分依托区域社会资本、物质资本及经济运行所需的条件实现企业的高效运作,提升区域竞争力。[8]反之,区域经济、制度、社会、文化环境的不断完善,也为产业园区的发展营造出更加良好的氛围和支撑平台,可进一步带动产业园区的发展。

二、传统产业园区发展中存在的不足

从上世纪80年代开始,以大连经济技术开发区为代表,我国产业园区相继建立。随后,产业园区数量剧增并分布全国各地。[13]这些产业园区作为经济发展的重要空间形式,对区域经济及周边经济发展起到了一定的促进作用,但随着经济社会发展形态的不断改进,传统产业园区在自身发展过程中存在一定的问题与不足,主要表现为以下三个方面。

首先,产业园区存在产业结构趋同化现象,园区功能较为单一。[14]有些产业园区为了追求片面的高增长高收益,并未结合自身的资源政策优势来合理布局区内产业,导致产业结构存在同化现象。产业结构的不合理使得信息流通渠道不畅,进而影响园区良好信任合作关系的建立和比较优势的发挥。另外,园区功能较为单一。传统的产业园区更注重强调产业功能而忽视了园区的生活功能。园区内的主导产业区与生活区相分离,产业间的配套发展也不完善,缺乏城市归属感。[15]现今,随着生态、经济、社会的统一和谐发展,产业园区的生活功能应得以加强,产业园区应由单一的经济功能产业区逐步向功能完善、具有高品质绿色生活的生态城转变。

其次,产业园区的研发创新能力不足,集聚效应不明显。一方面,产业园区与研发机构和高校联系不紧密,互动机制和产学研机制均有待改进。另一方面,园区内产业布局分散,产业关联度不高,各产业间并未形成相互协作、互动发展的良好空间网络关系,而仅停留在地理上的集中,导致产业链无法延长,园区的集聚效应也难以发挥。[15]园区"集而不群"现象的产生则又导致区内资源利用效率不高,园区的创新能力和竞争能力不足,影响了园区的持续发展,也限制了园区作为区域经济增长极对区域经济的拉动作用。

第三,政府政策规划不完善,信息化管理水平较低。有些园区的政策规划缺乏长期性,在实际开发建设过程中,以高资源消耗产业为主导,发展方式较为粗放。生产中的环境污染和资源浪费现象将会对区域的生态平衡发展产生不良影响。[16]另外,园区的信息化管理水平较低。以大连金州区产业园的发展为例,园区的信息化管理不足,园区网站的信息化管理多为初级化管理,缺少面向对象化服务和动态化服务,没有将产业与企业真正联系起来。[17]

三、大连生态科技创新城的构建与发展模式分析

大连生态科技创新城是大连市委、市政府落实中央政府和省委、省政府关于加快经济发展方式转变、建设创新型城市、推进全域城市化战略部署的重要举措。[18]于2009年

下半年在原大东沟服务外包基地基础上进一步进行了区域规划扩展,旨在建立一座以生产性服务业、科技研发、文化创意等创新型产业为引领,融汇国际水准的城市基础设施,具备现代生态宜居生活要素的新城区。[18]它位于大连市甘井子区西北部,规划面积约65平方公里,拥有良好的内外交通及生态条件。重点项目建设包括核心起步区、生活配套区、国际商务城及北方慧谷项目等。[18]

大连生态科技创新城坚持体制机制创新,以生态、科技、创新为主线,突出生态为特色、科技为核心、创新为动力,着力发展生产性服务业、信息技术与工业设计、文化创意等产业,进一步推动国际间产业合作,并努力成为国际水准的高新技术研发基地、高端人才高端产业的集聚区、创新创意产业聚集区、生态智能技术试验区和绿色生活示范区。[18]

大连生态科技创新城作为大连转变经济发展方式,推进全域城市化,建设创新型、生态型和智能型城市的引领区和示范区,其发展模式值得分析和借鉴。[18]

(一)从产业角度分析

大连生态科技创新城中的核心起步区以形成工业研发设计产业和生产性服务业聚集区为产业方向,体现了其代表未来高端产业发展的方向,贯彻了逐步转变经济发展方式与优化产业结构的理念。[18]从产业链角度来看,工业研发设计产业与生产性服务业可分别视作产业链的上下游产业。大连生态科技创新城以这两个产业为导向,一方面,可以拉伸延长产业链,使得产业链各环节上的产业发展衔接更加紧密,从而较好地发挥园区内产业集群的竞争优势;另一方面,生态城主导产业的发展可以和大连的支柱产业相配合,如可着重发展与汽车产业、装备制造业、软件产业等相配套的工业研发设计与生产性服务业。这种产业发展模式不仅可以很好地规避产业结构趋同化现象,还能够充分利用园区资源发展有特色的产业集群,同时,传统产业与高新技术产业的衔接又将单个的产业发展辐射扩大为整个区域的发展,更好地带动了区域经济腾飞。另外,无论是工业研发设计产业还是生产性服务业,均可视作资源能源消耗低的绿色产业,有助于区域生态、经济、环境的平衡发展。

(二)从政府角度分析

传统产业园区存在的政府规划不完善、招商引资力度不够等现象影响了园区的进一步发展。从大连生态科技创新城的产业规划及招商引资等方面来看,政府规划较为长远,优先考虑了生态与环境发展,并未盲目引进产业,并且政府招商引资的力度也很大。有了良好的政策条件与引导,生态城内关联性产业的集聚发展就有了依托,更易发挥产业集群的竞争优势。若仅仅依靠园区内政府的优惠政策,则园区的发展并未根植于园区本身。[19]生态城内的产业发展不仅充分利用政府的优惠政策,还更加注重科技研发与创新,突出以创新来推动自身发展。产业的创新发展更有利于集群效应的发挥,使得生态城逐步向产业集群方向靠拢,区别于产业仅在园区内简单集聚的发展方式。这种以政府长远规划为导向,以创新与研发为驱动力的发展模式为生态城的长远展提供了良好平台。

(三)从社会角度分析

大连生态科技创新城不仅注重产业发展,更着力打造成为生态宜居城市和绿色生活示范区,坚持产业要素与城市要素并进,丰富拓展了传统产业园区的功能。[18]生态城还注重信息化管理,如设立动态的实时智能交通管理系统,方便公共出行;构建"数字卫生"统一支撑平台,为相关机构及人员服务;构建以数字校园、RFID数字图书馆、RFID数字展览馆等为主的智慧教育,为生态城内的师生提供便捷的知识服务等。[18]将单一静态的信息管理提升为全面动态的信息化服务,使得城内生活更加舒适、便捷。这种智慧型生活园区跳出了传统的以产业和经济为重心的园区发展模式,旨在将经济、生态、生活融于一体,它不仅是高科技产业园区,还是唯美的自然生态区和高品位的宜居城市,全面提升了区域经济社会发展水平。

四、小结

如何使经济效益、生态效益和社会效益和谐统一并达到最佳状态一直是区域经济发展不断追求的目标之一。大连生态科技创新城以科研和创新为动力,依托自身区位优势,注重科学规划和产业结构合理布局,并强调生态、社会与经济发展并重,努力打造成为高端产业聚集区和生态智慧型城市,代表了未来产业园区发展的新方向。这种全新的发展模式弥补了传统产业园区发展中存在的不足,丰富并完善了园区的功能与价值,将为区域经济全面协调发展再创生机。

参考文献

[1] 李翔翔等.基于产业集聚导向的贵州产业园区发展研究[J].理论与代,2011,(12):21-23.
[2] 李秉祥,丁宁,吕铮.产业集群理论下产业园区内企业特点和发展策略[J].大连海事大学学报:社会科学版,2010,9,(01):42-44.
[3] 王缉慈.中国产业园区现象的观察与思考[J].规划师,2011,27(09):5-8.

[4] Porter.M.E. Clusters and New Economics of Competition[J]. Harvard Business Review, 1998,(11):77-90.

[5] 吴德进.产业集群论[M].北京:社会科学文献出版社,2006:78-86.

[6] 吴翔阳.产业自组织集群化及集群经济研究[M].北京:中共中央党校出版社,2006.

[7] 吴海东,李庆.论在产业集群构建基础上的产业园区发展——兼论重庆特色产业园区的发展[J].重庆行政,2007,(04):24-26.

[8] 周石生.产业集群、工业园区与区域经济发展关联机理研究综述[J].湖北社会学,2009,(01):86-90.

[9] 喻春光,刘友金.产业集聚、产业集群与工业园区发展战略[J.经济社会体制比较(双月刊),2008,(06):128-131.

[10] 吴海东,王红阳.论基于产业集群的特色产业园区发展[J].生产力研究,2010,(02):182-183,241.

[11] 姜义平.基于产业集群的产业园区发展研究[J].中国国情国力,2010,(02):62-64.

[12] 许倬恺.产业园区与区域经济发展的联动性研究——以泰州市海陵工业园区为例[J].经济发展研究,2012,(08):111-113.

[13] 余淑萍,刘进波.浅析我国科技园区发展现状与对策——第四代产业园与产业集群[J].武汉勘察设计,2012,(03):31-34.

[14] 胡珑瑛,聂军.我国高技术园区产业群形成机制及其对策研究[J].中国科技论文,2002,(04):49-52.

[15] 赵延东,张文霞.集群还是堆积——对地方工业园区建设的反思[J].中国工济,2008,(01):131-138.

[16] 胡卫东,吴碧波.基于产业集群的工业园区理论研究述评[J].湖北社会科学,2009,(03):92-94.

[17] 王欣.大连市金州区产业园的生态化发展模式[D].大连:辽宁师范大学,2010.

[18] 王修鹏,刘春霞,谢淑娟,孙玉亭.区域经济背景下特色产业园区建设标准化研究[J].标准科学,2012,(10):65-67.

26

区域内知识的三重结构
——从企业创新行为、集群创新网络到区域创新体系

王旭辉[1]　胡汉辉[2]
1. 南京审计学院　江苏　南京　211815
2. 东南大学　江苏　南京　210096

> **摘　要**：本文认为企业知识、集群知识与区域知识是一个区域内知识的"点、面、体"三重结构，与之相对应的企业的创新行为、集群创新网络以及区域创新体系使从知识静态的"点、面、体"成为具有创新能力的动态的"点、面、体"。企业创新行为影响"点"上的知识累积，促进"点"间的知识互动，形成集群创新网络的"知识面"；集群创新网络的"知识面"在形成过程中，不断推进区域创新体系各子系统的发展与完善、多个集群创新网络"知识面"间的知识互动，促进区域创新体系"知识体"的形成。
>
> **关键词**：知识；"点、面、体"三重结构；案例研究

一、引言

对产业集群的研究，以往主要是从区域层面进行的，而对产业集群中创新和学习的主体——企业的创新行为考察较少。笔者认为对企业创新行为是如何影响集群创新网络演化的问题进行系统、深入的实证研究，从企业创新活动的微观层面入手，针对发展中国家产业集群的实证研究十分重要。

在经济全球化背景下，产业集群成为区域国际竞争力的重要来源。知识经济时代产业集群竞争力的来源正在从基于规模经济和范围经济的传统聚集经济转向基于知识创造的新型聚集经济。从产业集群最新研究动态来看，产业集群中的知识问题已经成

[基金项目]：本论文是国家自然科学基金项目（71201086）阶段性成果。
[作者简介]：王旭辉（1972－），女，江苏淮阴人，江苏省审计信息工程重点实验室（南京审计学院），副研究员、博士。

为研究的热点,这也标志着产业集群的研究从最初的成本依赖假设,转向知识依赖假设。以往对产业集群的研究主要是从区域层面进行的,对区域中创新和学习的主体——企业的创新行为考察较少。本文从企业创新行为的微观层面分析入手,以知识结构与层次演变为研究线索,知识累积的角度分析企业创新行为、集群创新网络与区域创新体系间的关系,提出区域内知识的"点、面、体"三重结构研究思路。

二、理论综述

企业创新对产业集群的影响研究源于熊彼特(1912)的创新集群(innovation in groups or swarms)概念的提出,他指出创新集群是指创新的成果具有在时间或空间上成群出现的特征。1977年,产业经济学家Ellinger在进行企业选址行为的研究时,对主流经济学家韦伯等提出的产业集聚形成的前提假设提出了质疑。他指出主流经济学认为,企业的选址与集聚是为了降低成本、实现收益最大化,这里面其实暗含了两点假设:企业能够知道每一个生产要素的精确成本;企业的地点一旦被选定,就将成为沉没成本,只有通过长期使用这个地点才能收回,创新对于最优选址是没有影响的,而这些假设与现实存在着明显的差异。他认为导致产业集聚形成的关键因素就在于企业创新,他指出一项原始创新发生后,会通过扩散过程将这种新发明扩散到整个区域,而如果这项发明需要一些特定的技术或材料,那么很明显,它将不会扩散到没有这些技术和材料的区域,所以地理位置临近的企业盈利性更强,因此更多的企业会在这一区域内形成集聚效应。

1996年,DeBresson在十几位创新学家研究成果的基础上,通过大量关于创新活动数据的统计分析,证明了不同类型的创新组织之间存在着交互作用,这种交互作用影响着创新活动,并且具有很强的相关性,他将这种相关性称为"簇式创新",并验证了"创新依赖"的假说[①]。Giuliani及其团队是国际致力于从微观层面研究企业创新行为对产业集群知识、网络结构影响的先导者。自2002年以来,他们对意大利和智利的三个葡萄酒产业集群进行长期跟踪研究,通过企业访谈与问卷调研方式获取数据。他们认为集群的动态发展取决于集群的知识吸收能力,即集群吸收外部知识的能力以及将外部知识扩散到集群内部知识系统的能力(Giuliani,2002);企业创新导致知识流动、促进产业集群知识累积,企业知识基础的异质分布会影响集群中的知识网络结构(2005),创新性知识在集群中的扩散具有高度选择性和不均匀性,这主要是因为集群内部企业的知识能力具有异质性和非对称性(Giuliani,2007)。Maskell和Malmberg(2007)从企业创新行

---

① 转引自:李逢渌,孙胜祥.企业技术创新网络及其治理研究[J].科技进步与对策 2003(2):37-39.

为的微观层面上分析集群知识创新和获取的动力、机制和障碍；知识创新和获取在时间序列和当地制度的空间背景下的发展以及知识创新和获取的其他一些要素。作者指出演化理论能够提高对集群产生增长和衰落的理解力度，演化的方法在集群研究中应该具有广泛的应用前景。

作为区域创新体系研究的代表人物，Cooke 和 Feldman 都认为产业集群是区域创新的最佳载体，他们认为区域创新体系从某种程度上可以说就是为了分析研究区域集群而提出的新的理论（Cooke，2002；Feldman，1994，1999）。Cooke 和 Schienstock（2000）认为产业集群是区域创新体系的一部分，是地理概念的区域创新体系，由具有明确地理界定和行政安排的创新网络与机构组成，这些创新网络和机构以正式和非正式的方式相互作用从而不断提高区域内部企业的创新产出。该创新体系内部的机构包括研究机构、大学、技术转移机构、商会或行业协会、银行、投资者、政府部门、个体企业以及企业网络和产业集群等。Rosefield（1997）认为，区域创新体系可以首先通过区域集群定义来界定，也就是地理上相对集中，相互独立的企业群。Asheim 和 Isaksen（2002）认为产业集群不等同于区域创新体系，集群要发展成为区域创新体系必须具备以下几个条件：更为正式化的集群内企业间合作；需要有更多的知识提供者（无论是区域层面还是国家层面）介入到创新合作中去；提升区域内集群产业的专业化程度。Padmore（1998）等人在《构造创新系统模型：一个分析区域产业聚集的框架》中的分析认为，区域的产业集群发展初期仅仅表现为相互依赖的商业型地理集聚，发展到一定阶段后，集群中的企业不但进行企业间合作，而且也与研发机构协作，为建立区域创新体系提供了条件。

三、区域内知识的"点、面、体"三重结构的定义

知识的拥有者不仅可以是个人，也可以是一个组织，如我们把一个组织类比为人这样的生命体，它不仅拥有知识，还具备一定的学习能力（Chua 2002）。例如，就单个企业而言，其知识来源于企业学习、内部研发、合作研发和外部吸收等；对于那些具有互补性资源和能力且在地理上集中的产业集群而言，其知识来源不仅包括集群内单个企业知识，还包括企业与企业间、企业与研究机构间的互动所产生的知识以及集群外部的知识；对于一个区域而言，知识活动的核心就是把科学技术知识内化为区域经济增长的自变量、促进区域内产业升级和经济高质量增长。

为了清晰描述区域内"点、面、体"三重知识结构，笔者将区域内知识分别定义如下。

企业知识：是企业内部的员工知识以及在此基础上形成的各类知识资源的总称，由企业制度、技术、流程、数据库、共同愿景、品牌、商标、专利、管理模式、企业运营、优化手段及经验规则等组成。从区域范围来看，企业知识是区域内的一个知识"点"，企业创新行为使这个静态的知识"点"成为具有创新能力的动态的知识"点"。

集群知识：是集群内部成员企业知识以及在此基础上形成的、被群体共同认可的知识资源的总称，由集群的规则、程序、惯例和文化组成。它存在于集群的个人、成员企业与企业之间，它可以以显性化形式出现，也可以隐匿于群体之中，对所有集群成员带有准私有性，并在集群成员之间建立关联。它是集群成员间知识整合的结果，属于集体知识，具有无体性与默会性。从区域范围来看，集群知识是区域内的一个知识"面"，集群创新网络的演化发展使知识"面"成为具有创新能力的动态演化的知识"面"。

区域知识：是指在地理边界之内（如行政区划），经过历史的发展与沉淀形成的促进区域经济可持续发展的各类知识资源的总称，表现为区域内特有的制度与文化。它是跨组织知识资源整合的结果，存在于区域内地方政府、企业、科研机构、大学、中介机构之间，它是由区域内"知识面"、众多知识"点"及在其基础上有序互动形成的多层次、立体化的"知识体"，区域创新体系的演化与发展，使"知识体"成为具有创新能力的、结构不断优化的"知识体"。

无论企业知识、集群知识还是区域知识，从知识与创新的角度来看，得到如下命题：

知识的特性：所有知识都具备外部性与动态增长性，即知识一旦进入公共领域，就难以排除被其他人使用，通过创新与发展，不断地产生新知识。集群知识特性，除了具备一般知识普遍特征外，还表现为无体性与默会性。区域知识在集群知识特性的基础上，表为出空间的粘滞性与架构的立体性。

知识与创新间的关系：知识是创新的基础，创新促进新知识的产生，知识的累积存在路径依赖有时也会束缚创新行为。创新可以促进知识"点、面、体"的动态演化，也能实现三者间的知识传递。

如果把企业创新行为、集群创新网络和区域创新体系从知识角度进行定义的话，笔者认为他们是一个区域内知识的"点、面、体"三重结构。

"点"分布：企业创新行为的知识基础。随着市场竞争的加剧，企业对知识的需求日益复杂化，企业经营与运作模式呈现知识化趋向。企业需要充分挖掘、创新和利用知识，才能获得持续的竞争优势。从区域范围来看，企业知识是区域内的一个知识"点"，企业创新行为使这个静态的知识"点"成为具有创新能力的动态的知识"点"。企业创新行为随着企业的成长呈现出阶段性特征。企业创新行为在企业生命周期的各个阶段呈现出不同的特点，在形成期以技术创新为主，创新模式主要是模仿创新；在成长期以管理创新为主，创新模式主要是自主创新；在成熟期以技术创新为主，创新模式主要是合作创新。

"面"分布：集群创新网络的知识基础。创新是经济发展的主要发动机已成为大家的共识。以 Nelson 和 Winter（1982）为代表的演化经济学派注重对企业创新过程的研究，认为企业的创新还要考虑市场、组织本身的因素，企业的能力是源于异质性的组织惯例，并有一定的路径依赖，对企业创新模式的研究也从熊彼特的"线性范式"——"发明—开发—设计—中试—生产—销售"，发展到了"网络范式"，这是企业创新在理论与实践上的一个飞跃。企业创新网络范式理论的出现，为产业集群演化与发展建立了微观解释通道。从区域范围来看，集群知识是区域内的一个知识"面"，集群创新网络的演化发展使知识"面"成为具有创新能力的动态演化的知识"面"。产业集群的创新网络演化是企业创新活动在地理上集中的结果。通常通过集群内企业创新活动的开展、企业的衍生（spin-off）和企业家之间的交流与联系得以发展，它的形成多属于"自底向上"。集群创新网络提高区域内企业与产业的生产力，强化、促进企业与产业的创新能力，鼓励新企业的形成，通过扩大并增强集群本身的规模来影响竞争。集群创新网络成熟的标志是产业集群实现自我强化、自我成长，具有持久的竞争力。

"体"分布：区域创新体系的知识基础。区域创新体系理论（Regional Innovation System RIS）是借鉴国家创新系统的理论和方法研究一个国家内特定区域的创新活动，区域创新体系理论既是对国家创新系统理论的深化，又是对区域经济理论的拓展。区域创新体系是以知识创新为基础的综合经济系统，在知识经济形态下，知识已成为影响区域发展的根本因素，创新成为区域经济发展的强力"推进器"。作为区域创新主体的企业"知识点"与作为区域创新体系最佳载体的集群创新网络的"知识面"，都包含在区域创新体系之中，区域创新体系是由众多的"知识点"以及一些"知识面"共同构成的一个"知识体"，它代表一个区域的创新水平与能力，是区域经济获取竞争优势的决定性因素。区域创新体系的形成与演化，除了技术开发体系依赖于区域企业自身的创新能力，其他知识创造体系、科技服务体系和教育培训体系的发展更多地依赖区域政府政策导向与投资状况，因此区域创新体系的形成与发展更具有计划性和系统性的特点（Isaksen,2001），它的形成多属于"自上向下"。

四、由"点"到"面"、由"面"到"体"知识的传导机制

企业创新行为、集群创新网络与区域创新体系间存在着知识传导的动力机制，集群内企业的创新活动形成了产业集群的网络基础，产业集群网络扩张促进了区域创新体系的发展。具体表现为企业知识决定了企业的创新能力；集群企业的创新活动提升了集群的学习能力与吸收能力，促进集群知识的累积，促进知识在集群网络内流动。集群内知识累积与流量增加，使产业集群网络得以发展与扩张，并对当地的区域创新体系的发展起到推动作用。

（一）由"点"到"面"知识的传导机制

在产业集群内，由于单个企业的创新行为会引发企业间的技术模仿、技术合作，促进企业的衍生、企业间的人员流动、企业间的非正式合作等，从而促进集群创新网络沿着结点数量增加→关键结点形成→结点间联系更紧密的路径演化升级。集群的学习能

力与知识吸收能力是促进知识由"点"到"面"演化的最为主要的动力机制。集群创新网络完善也为集群内企业创新提供了创新所需的知识,进一步促进集群内企业的创新行为(如图1所示)。

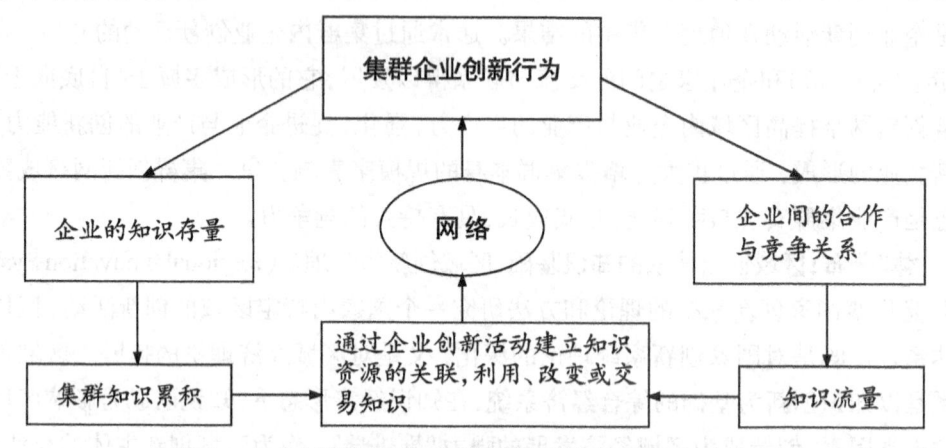

图 1　企业创新行为与集群创新网络关系研究结构图

集群内的企业一方面通过企业自身的技术与管理创新,加速企业知识的累积,促进形成本集群所特有的知识,另一方面由于创新活动的开展,改变了与集群中其他企业间的竞合关系,提升了集群创新网络中的知识流量,建立了集群企业间新的知识联系,进而促进集群创新网络的成长与完善。同时企业又通过集群创新网络取得企业创新所需的新资源,引发并提升了与集群内其他企业间的网络互动和集体学习,通过企业的动态网络学习,孕育创新的产生。

同时,集群创新网络在发展的各个阶段都也对集群内企业的创新行为产生影响,在形成期对企业创新影响较弱,主要体现为降低企业创新所需的人才搜寻成本;在发展期促进企业与集群内其他企业的横向合作创新与纵向合作创新;在成熟期集群创新网络所形成的竞争压力与对企业投入资产的"锁定"效应促使企业创新。

(二)由"面"到"体"知识的传导机制

从国内外现有的研究来看,区域创新体系和集群创新网络的研究边界是模糊的,往往将集群创新网络与区域创新体系混为一谈。但是,本文认为从集群创新网络与区域创新体系演化的过程及其特征来看,两者并不是很多学者所说的两途归一的问题。它们的行为主体不同,集群创新网络发展是市场机制作用下的企业行为,而区域创新体系往往是产学研机构和政府多方共同努力的结果。它们的形成方式不同,集群创新网络的形成与发展是由于集群内企业创新活动的开展、企业的衍生和企业家之间的交流与联系,它的形成多属于"自底向上",区域创新体系的形成与发展更多依赖区域政府政策导向与投资状况,因此更具有计划性和系统性的特点,它的形成多属于"自上向下"。两

26 区域内知识的三重结构
——从企业创新行为、集群创新网络到区域创新体系

者间关系以及其知识传导机制如下图2所示。

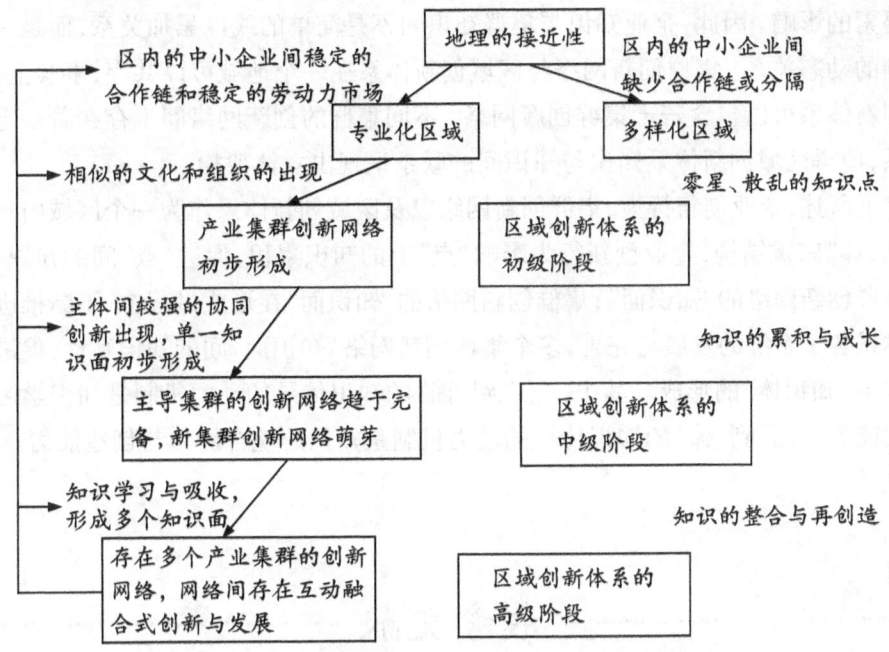

图2 集群创新网络与区域创新体系关系研究结构图

集群创新网络的发展促进区域创新体系的发展与完善。在集群创新网络到区域创新体系的"知识面"到"知识体"研究中,本文认为在区域创新体系发展的三个阶段,集群创新网络的促进作用各不相同。初级阶段对于区域创新体系的促进更多体现在促进区域软、硬件环境进一步改善;中级阶段对于区域创新体系的各个子系统的发展都有促进,区域创新体系中"点"间的联系加强,知识"面"逐步形成,"面"与"面"知识整合与创新还少有发生;高级阶段最为显著的特征是区域创新体系中集群与集群间的"面面"知识整合与创新发生。

区域创新体系的发展对集群创新网络的影响也呈现阶段性特征。在区域创新体系发展的初级阶段,对集群创新网络的影响主要体现为增加网络结点的密度,使结点与结点间的知识联系更为紧密;在中级阶段,主要体现为促进集群创新网络结点的创新活动更活跃;在高级阶段,主要体现为促进区域内不同集群创新网络间的融合式发展,形成生态型集群创新网络。

五、结论

企业的创新行为在影响企业的知识累积的同时,也受到知识的影响,企业的知识通过集群的学习能力与知识吸收能力在集群内流动,并形成集群知识的累积。集群内知

识活动过程还会受到集群"知识守门人"、集群知识共享平台建设情况及集群内信任机制等要素的影响。因此,企业知识与集群知识间不是简单的线性累加关系,而是一个相互影响的动态关系。集群创新网络与区域创新体系在一个地域可以共存,事实上,一个区域创新体系可以包含若干集群创新网络,不同集群的创新网络间也存在着一定的互动关系,使得区域创新体系知识与知识间的联系呈现出立体架构。

综上所述,企业创新行为、集群创新网络以及区域创新体系作为一个区域内知识的"点、面、体"三重结构,企业创新行为影响"点"上的知识累积,促进"点"间的知识互动,形成集群创新网络的"知识面";集群创新网络的"知识面"在形成过程中,不断推进区域创新体系各子系统的发展与完善,多个集群创新网络"知识面"间的知识互动,促进区域创新体系"知识体"的形成。其中,"点"到"面"的知识传导的动力机制是知识学习能力与吸收能力;"面"到"体"的知识传导的动力机制是知识的整合能力与创造能力。

参考文献

[1] Asheim BT, Isaksen A. Regional innovation systems: the integration of local 'sticky' and global 'ubiquitous' knowledge[J]. Journal of Technology Transfer, 2002(27):77-86.

[2] Chua, A. Taxonomy of organisational knowledge[J]. Singapore Management Review, 2002 24(2):69-76.

[3] Cooke P. Knowledge Economies: Clusters, Learning and Cooperative Advantage[M]. London: Routledge, 2002.

[4] Cooke P, Schienstock G. Structural Competitiveness and Learning Regions[J]. Enterprise and Innovation Management Studies, 2000,1(3):265-280.

[5] Ellinger R, Industrial Location Behavior and Spatial Evolution[J]. The Journal of Industrial Economics, 1977,25(4): 295-312.

[6] Feldman M. The Geography of Innovation Kluwer [M]. Academic Publishers, Dordrecht. 1994.

[7] Feldman, M.. The New economics of innovation, spillovers and agglomeration: a review of empirical studies[J]., Economics of Innovation and New Technology, 1999(8):5-25.

[8] Giuliani E Cluster Absorptive Capability: An Evolutionary Approach for Industrial Clusters in Developing Countries [EB/OL]. Paper to be presented at the DRUID Summer Conference on "Industrial Dynamics of the New and Old Economy-who is embracing whom?" Copenhagen/Elsinore,2002(6):6-8.

[9] Giuliani E How clusters learn: Evidence from a Chilean wine cluster[EB/OL], Paper to be presented at: Clusters and Global Value Chains in the North and the Third World, 2003(10): 30−31.

[10] Giuliani E. The Structure of Cluster Knowledge Networks: Uneven and Selective, not Pervasive and Collective [EB/OL], Danish research Unit for Industrial Dynamics Working Paper, 2005.

[11] Giuliani E. The selective nature of knowledge networks in clusters: evidence from the wine industry [J]. Journal of Economic Geography 2007, 7(2): 139−168.

[12] Isaksen A. Building Regional Innovation Systems Is Endogenous Industrial Development Possible in the Global Economy? [J]. Canadian Journal of Regional Science, 2001, 24(1): 101−120.

[13] Maskell P, Malmberg A Myopia, knowledge development and cluster evolution [J]. Journal of Economic Geography 2007, 7(5): 603−618.

[14] Nelson RR, Winter SG. An Evolutionary Theory of Economic Change [M]. Harvard University Press, 1982.

[15] Padmore, T., Gibson, H. Modelling systems of innovation: II. A framework for industrial cluster analysis in regions[J], Research Policy, 1998(26): 625−641.

[16] Rosenfeld, A. Bringing business clusters into the mainstream of economic development[J]. European Planning Studies, 1997, 5(1): 3−23.

27

产业集群视角下资源型城市产业转型问题研究
——以辽宁省为例

王英凯

> **摘　要**：资源型城市作为一种重要的城市类型,对区域经济发展起着辐射和带动作用。产业转型是资源型城市实现经济和社会可持续发展的必由之路,也是中国经济发展和社会稳定的关键。西方工业化国家的资源型城市产业转型经历了几十年的时间,其中既有美国休斯顿这样的转型成功的典范,也有前苏联巴库的失败案例。时至今日,世界上很多资源型城市或地区还处于艰难的产业转型之中。
>
> 在区域经济增长中,集群化发展是一种比较成功的产业发展模式。将产业集聚纳入城市发展的总体框架,依托优势资源,构建资源产业集群,不仅是实现资源型城市经济持续增长的一种有效途径,更是一种符合可持续发展要求的地区经济与地区环境协调发展之路。本文以辽宁省为例,就资源型城市如何在城市转型过程中进行接续产业选择以及如何在接续产业中进行集群式发展进行研究,提出了产业集群—集群式产业链—区域产业经济带—资源型城市续接产业与产业带的共生发展四个层次的发展模式,以期对我国资源型城市的可持续发展有所启发。
>
> **关键词**：产业集群;资源城市;产业转型

我国的资源型城市大多数是依托资源型产业而兴起的。对于这些依托耗竭性和不可再生性资源的城市来说,资源的禀赋程度决定了相关产业的规模和存续年限以及城

[作者简介]王英凯(1979—),男,汉族,讲师,硕士研究生。研究方向:中美贸易,产业集群。单位:辽宁科技大学。电话:13842215015,邮编:114000,电子邮件:wyk945@126.com。通讯地址:辽宁省鞍山市高新区千山中路辽宁科技大学经济与法律学院国际经济与贸易系。

市以该种产业为主导功能的时间长短。伴随着资源产业逐步进入生命周期的后段,转型问题已成为资源型城市未来可持续发展而面临的严峻挑战。

一、产业集群视角下资源型城市转型的模式选择

(一)产业集群模式

产业集群自身的区位特征、资源共享特征可以使集群内部的企业获得市场优势和创新优势,从而形成产业集群特色的竞争优势(见图1)。

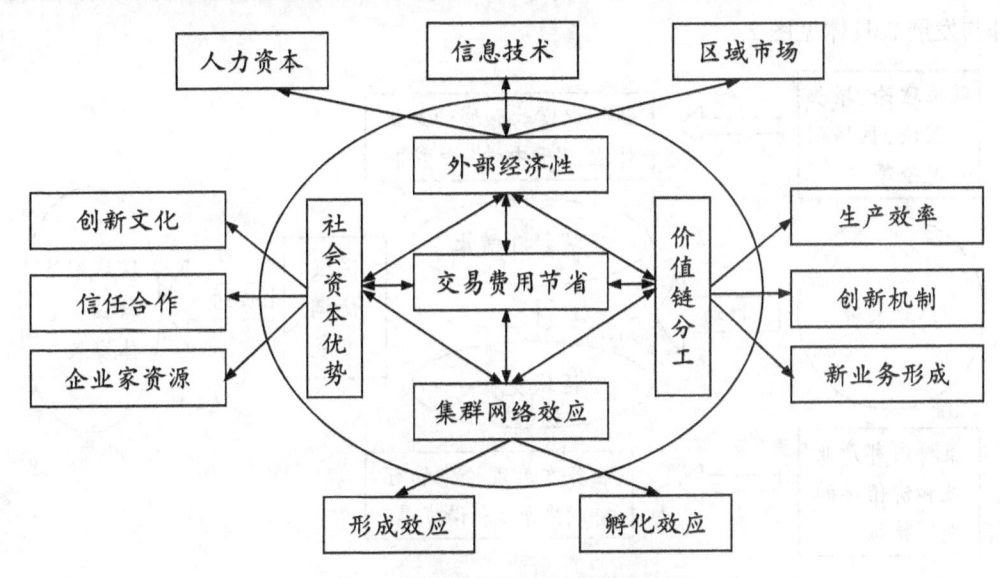

图1 产业集群形式要素系统图

根据资源型城市的自身特色和市场选择积极进行产业及资本结构的调整,在优势产业基础上推动资源型产业集群的发展,构建具有柔性网络结构特性的资源型产业集群,可以为资源型城市的可持续发展提供持久的推动力。

(二)集群式产业链模式

在全球经济一体化的时代,产业集群不仅要挖掘内部资源打造其竞争优势,还要积极获取外部资源,从而在竞争中生存下来并获得新的发展。集群式产业链是集群与产业链的两种中间组织有机耦合而成的新式复合组织,它通过产品链、知识链与价值链互动机制提升其竞争力,通过在产业链上的跨越式发展,实现产业集群的升级。

资源型城市地区竞争优势各有不同,要在产业链中寻求优势环节形成产业集群并通过延长产业链条将资源型城市与资源产品消费型城市紧密联合起来,促进资源与资

本的组合,促进城市自身的发展。对于资源型城市,要围绕核心资源型企业群,吸附其他企业在核心企业下从事核心企业分工结构中的某一项任务活动,共同为其进行产品加工或副产品处理,从而形成共生链网。

(三)区域产业经济带模式

区域产业经济带发展模式以转变经济发展方式为主线,以产业空间有序聚集、生态环境有效保护为目标,实现产业带在区域产业发展中的优化布局,具有空间集聚性强,经济发展带动力大的特点。通过集群产业链上下游产业的关联效应,可以在区域产业经济产业带中构建特色产业集群,带动区域产业结构转型升级,促进区域创新体系的提升与发展。具体见图2。

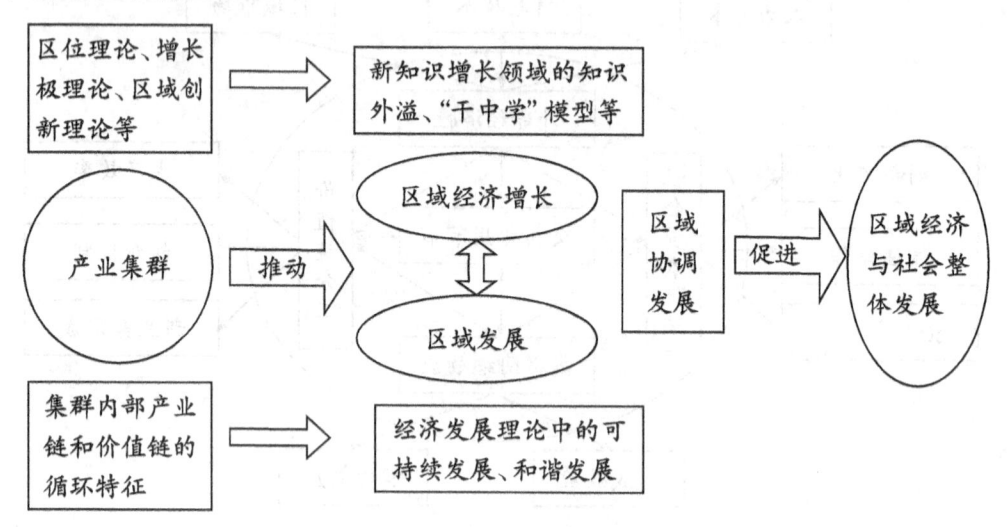

图2 产业集群与区域经济关系概念示意图

资源型城市应结合自身现有产业的特点,充分发挥区位和资源优势,选择好主导产业,注重邻近区域协调发展,形成产业关联度高、规模化的产业集群,通过产业和区域"共振"布局来拉动经济发展、调整经济结构,形成新经济增长点并带动城市转型发展。

(四)资源型城市续接产业与区域产业经济带共生发展模式

发展续接产业是资源型城市经济结构的战略性调整,涉及城市功能和经济发展的重新定位。续接产业的发展概括起来主要有四种模式,即"政府完全主导型"发展模式、"市场完全主导型"发展模式、"大企业主导型"发展模式和"政府引导,市场主导型"发展模式。不同类型的资源型城市可以根据自身的特点着力引入与续接产业集群及产业链相关的承接产业,使之与区域产业经济带融合共生,良性互动,逐步形成分工合理、特色鲜明、优势互补的现代产业体系,不断增强资源型城市的自我发展能力。

二、辽宁省资源型城市的产业转型现状

(一)辽宁省资源型城市的基本情况

辽宁省是我国的矿产资源和矿业生成大省。长期的矿产资源开发建设,使辽宁省形成了一批以资源开采为主,或以矿产品为基本原料进行生产的城市和地区。很多城市"依矿建城""以矿兴城""钢都""煤都""镁都"等誉称闻名全国。得益于资源开采的同时,生态环境也遭到了严重的破坏。随着资源的日益枯竭,资源开采企业陆续破产倒闭,社保群体日趋庞大,资源型城市面临严峻的生存与发展挑战。在这种情况下,经济转型已成为辽宁省资源型城市发展的必然选择。

辽宁省现有9座典型的以资源开采为主的城市,即鞍山市、抚顺市、本溪市、阜新市、盘锦市、北票市、大石桥市、调兵山市和南票区,即五个地级市、四个县级市(区),简称"五大四小"(见表1)。9个城市及其地区总人口约1200多万人,占辽宁省总人口的30%,土地面积占34%,国内生产总值占31%。

表1 辽宁省典型的资源城市

城市名称	行政级别	主要资源类型	资源开采阶段
鞍山市	地级市	冶金	中期
抚顺市	地级市	煤炭	末期
本溪市	地级市	冶金	中期
阜新市	地级市	煤炭	末期
盘锦市	地级市	油气	中期
北票市	县级市	煤炭	末期
大石桥市	县级市	非金属	中期
调兵山市	县级市	煤炭	中期
南票区	县级	煤炭	末期

(二)辽宁省资源型城市转型的战略方向

自《中共中央、国务院关于实施东北地区等老工业基地振兴战略的决定》颁布起,辽宁省就结合省内各资源型城市经、济社会发展现状及各自特点,制定了全省资源型城市经济转型的总体规划(见表2)。

表2 辽宁省资源型城市转型战略对比表

城 市	主导资源	战略转型的发展目标
阜新市	煤炭	重点发展现代农业和现代服务业，调整优化第二产业，大力培育替代产业。
抚顺市	煤炭	建成以精深加工产业为特色的中国北方石化城，大发展煤炭生产、油母页岩综合利用、煤层气开发、机械加工制造和新型建材等五大产业为主体的新的接续替代产业。
鞍山市	冶金	建成全国重点精品钢材基地，做大先进装备制造、轻纺、矿产加工产业，形成"一个基地、三大产业"的格局。
本溪市	冶金和煤炭	做大做强冶金支柱产业和建材、化工传统优势产业，建成新型原材料基地，大力培育旅游、现代中药和钢铁深加工制品业，形成具有较强竞争力的三大接续产业。
盘锦市	油气	实施"结构调整，外向牵动、油地融合"的发展战略，以壮大石化、塑料加工与新型建材、绿色与有机食品、现代服务业和培育发展汽车零配件产业为重点，加快发展接续产业。
大石桥市	镁矿	主动承接沈阳、大连的辐射，通过大项目牵动，尽快形成支柱产业。
调兵山市	煤炭	改变以煤炭生产为主导的经济结构，加强资源的综合利用和精深加工，拉长产业链条。
北票市	煤炭	借鉴阜新市经济转型试点的初步经验，推动自身经济转型，密切结合省里出台的加快辽西北经济发展规划、相关政策以及扶贫帮困措施，整合资源，形成合力，为接续产业发展创造良好条件。
南票区	煤炭	

（三）产业集群模式下辽宁省资源型城市的发展现状

在推进资源型城市转型的过程中，辽宁省各资源型城市都结合自身发展特点，在优势产业基础上，推动资源型产业集群的发展。如调兵山市的矿山机械产业集群、北票市的除尘器产业集群、阜新市的绿色食品加工产业集群、抚顺市的石化产业集群等等。

根据各自竞争优势的不同，辽宁省各资源型城市在产业链中寻求优势环节形成产业集群的同时并通过延长产业链条加快产业集群的升级速度，加强与区域外的联系获取外部资源，通过在产业链上的跨越式发展，实现产业集群的升级。如沈阳重点发展精细化工，鞍山和本溪利用焦化副产资源，铁岭利用煤炭资源重点发展煤化工产业；钢铁工业产业集群主要以鞍钢、本钢为核心企业，营口新鞍钢、抚顺特钢等为辅助支撑，建设钢铁产业及钢铁产品精深加工产业集群。

27 产业集群视角下资源型城市产业转型问题研究
——以辽宁省为例

在区域经济发展上，辽宁省通过加速沿海六市的经济带建设，推进沈阳经济区一体化进程和布局突破辽西北战略，使得相关产业产业集群得到迅速成长（见表3）。

表3 辽宁省资源城市产业集群—区域经济发展模式

资源城市	经济带	发展方向	续接产业与区域产业经济带共生发展
鞍山	辽宁中部城市群	以装备制造业为主导产业集群，相继发展石油化工、钢铁工业、新材料、高新技术和制药六大优势产业集群。同时，明确城市间主导产业的具体分工，延伸产业链，形成城市群有机体。	利用焦化副产资源发展煤化工产业；建设钢铁产品精深加工产业集群；新型钢铁材料。
抚顺			石油化工、精细化工及其深加工相互衔接，建设北方炼化一体化基地。
本溪			利用焦化副产资源发展煤化工产业；建设钢铁产品精深加工产业集群；现代中药产业集群。
铁岭			利用煤炭资源重点发展煤化工产业。
盘锦	辽宁沿海经济带	建设先进装备制造业基地、造船及海洋工程基地、大型石化产业基地、电子信息及软件和服务外包基地，大力发展集成电路、海洋与生物工程等高技术产业集群。	打造以船舶制造、石油化工为主导、港区一体化的沿海产业基地。重点打造世界级石油装备制造基地。
大石桥			重点承接产业转型，积极培育有色金属、专用车制造、新材料等新兴产业。
南票区			完善冶金工业、轻纺服装、有机食品和除尘装备4个园区基础设施。
阜新	"突破辽西北"	积极发展为沈阳经济区和沿海经济带的协作配套产业，建设工业配套协作园区，形成互动发展的产业链条。	强化对区域的服务功能和地位，未来产业发展重点强化与沈阳等城市的联系和分工，积极承接沈阳等城市的产业转移，提升城市的区域功能。
调兵山			
北票			

经过近几年的发展，鞍山、抚顺、本溪、盘锦等资源型城市经济转型已顺利完成，基本实现全面建设小康社会的主要目标；阜新、北票、南票等资源型城市经济转型基本完成，接续产业优势显现，下岗失业人数显著下降；所有资源型城市经济实力、综合竞争力进一步增强，从根本上解决资源型城市经济转型和可持续发展问题。

三、需要注意的几个问题

（一）因地制宜，一市一策

不同的资源型城市在产业基础、资源属性、禀赋状况和区位条件等方面都存在差异，其自身的发展能力和面临的压力也不尽相同。在推进转型发展过程中，要根据各资源型城市所处的不同阶段和自身特色制定并实施有针对性的转型策略，扬长避短地进行产业及资本结构的调整，构建符合其可持续发展产业集群，实现资源优化配置和城市集群化发展。

（二）加快生态环境和基础设施建设

推进资源型城市转型发展，要注重整治环境、保护生态，从而彻底改变过去以牺牲环境为代价的发展模式。良好的生态环境、完善的基础设施是改善居民生活质量、优化投资环境、推动接续产业发展的基础性条件。资源型城市在转型过程中，要加大对水利工程、交通道路、能源设施、信息设施和其他公用设施的改造和建设以及破产矿区基础设施改造、新能源开发和固体废弃物综合利用等项目建设的支持，实现经济发展、生态建设与环境保护的有机结合，不断改善区域生态环境，建设新型宜居城市。

（三）明确政府职能

一方面，地方政府要为产业集群的发展提供必需的公共产品，如建立产业带、产业园区和基地，改善道路交通等基础设施，发展畅通无阻的物流体系和良好的生态环境等。

另一方面，地方政府要创造一个开放有序、公平竞争的市场环境，避免行政干预企业的市场化正常运行，在技术创新、土地管理、决策咨询、融资担保、人才培养、国际市场开拓等方面给予政策支持。

（四）推动群内企业协同创新

创新是集群竞争力的重要来源。集群的创新动力是团队学习，群内大企业的技术创新与知识积累主要在其内部完成，而小企业的信息收集与知识积累主要是在企业外部通过群内劳动力的流动、与供应商及客户的联系等社会化的过程进行的。因此，群内企业间应增进交往，通过业务往来形成内部网络关系。同时，群内企业还应与本企业群外企业、机构联系，了解外部环境的变化及其他企业的信息，提高其对环境变化的应变能力并获得更多创新源泉。

（五）积极承接产业转移

当前，国际国内产业分工深刻调整，我国东部沿海地区产业转移步伐加快。各资源型城市应结合自身特点，发挥资源丰富、要素成本低、市场潜力大的优势，积极承接国内外产业转移。对于以能源矿产开发和加工业为主的资源型城市，可以积极吸引国内外有实力的企业，大力发展能源矿产资源开发和精深加工产业，加快淘汰落后产能，促进产业集中布局，提升配套服务水平，在承接中发展，提高自主创新能力，促进产业优化升级。

27 产业集群视角下资源型城市产业转型问题研究
——以辽宁省为例

参考文献

[1] 吴利学,魏后凯.产业集群研究的最新进展及理论前沿[J].上海行政学院学报,2004,(3).

[2] 黄建康.产业集群论[M].南京:东南大学出版社,2005.

[3] 徐康宁.产业聚集形成的原因和影响的研究[D].中国知网中国优秀博硕士学位论文全文数据库,2003.

[4] 高斌.东北地区产业集群及其发展研究[D].中国知网中国优秀博硕士学位论文全文数据库,2005.

[5] 辽宁省发改委.辽宁省资源型城市经济转型专项规划[Z].2007.

[6] 冉庆国.产业集群与产业链的关系研究[J].学习与探索,2009,(3).

[7] 严北战.集群式产业链形成与演化内在机理研究[J].经济学,2011,(1).

[8] 曹群.基于产业链整合的产业集群[D].中国知网中国优秀博硕士学位论文全文数据库,2009.

[9] 李世杰,李凯.产业集群发展和老工业区整形——以辽宁省为例[M].中国经济出版社,2010.

28

基于熵指数、行业集中度和HHI指数高技术产业集聚度研究

吴 雷[1] 孙莹莹[2]

1. 哈尔滨工程大学经济管理学院 黑龙江 哈尔滨 150001
2. 哈尔滨工程大学人力资源处 黑龙江 哈尔滨 150001

摘 要：高技术产业集聚与经济发展有较强的相关性，但由于高技术产业集聚梯次发展的特点，也加剧了区域经济发展的不均衡。本文对国内外较成熟的产业集聚度测算方法进行梳理，基于测算方法的科学性、实用性、便利性，选取1995-2011年我国高技术产业中具有代表性的五大行业为实证研究对象，运用熵指数、行业集中度和赫芬达尔指数三种方法分析我国高技术产业集聚度，实证研究表明电子计算机及办公设备制造业集聚程度最高，专业化水平也最高；医药制造业集中程度最低；医疗设备及仪器仪表制造业集聚度显著增强。我国高科技产业分布从东南沿海向西部地区逐渐递减。高科技产业集聚度与各地区经济发展程度有着密切联系。

关键词：高科技产业；集聚度；熵指数；赫芬达尔指数

一、引言

高技术产业是运用当代尖端技术（主要指信息技术、生物工程和新材料等领域）生产高技术产品的产业群。是研究开发投入高、研究开发人员比重大的产业。我国高技

[基金项目]：黑龙江省哲学社会科学规划项目（11E109）；黑龙江省哲学社会科学规划项目（11D091）；黑龙江省科技攻关项目（GZ11D211）。

[作者简介]：吴雷（1980-），男，黑龙江哈尔滨人，副研究员，硕士导师，管理学博士。研究方向：技术创新与产业发展，人力资源开发与管理。

孙莹莹（1987-），女，硕士研究生。研究方向：技术创新与产业发展，教育经济管理。

术产业的行业有电子及微电子、航空航天、光机电一体化、生物工程、新材料、新能源、环保技术、海洋工程、医药及医学工程、精细化工等。高技术产业是制造业中发展最活跃的产业,集聚是其重要的区位特征[2]。由于高技术产业集聚的成功实践和对区域经济发展的重要意义,高技术产业集聚发展已成为一种普遍现象,如美国硅谷、日本大阪等[3]。而我国高技术产业四大密集区分别是:以北京中关村科技园区为中心的环渤海高新技术产业密集区,以上海高新区为中心的沿长江高新技术产业区,以深圳高新区为中心的东南沿海高技术产业密集区,以西安—杨凌高新区为中心的沿亚欧大陆桥高新技术产业密集区。

1980年代以来,高技术产业发展成为各国经济增长的重要源泉,高技术产业技术创新能力已成为各国国际竞争力的核心。高技术产业作为知识密集和技术密集型产业,以其注重创新和不断创新的发展观念、产业空间集聚使得产业间的扩散效果的增强,及创新所产生的外部化效果,来提升创新的效益[4]。默化的知识理念和互动的学习方式共同构建了创新的氛围,逐步强化区域创新能力,增强产业集聚优势[5]。从这个意义上说,产业集聚是发展高技术产业的有效途径。我国对高科技产业的研究主要集中于创新模式和创新网络结构形式,而只有形成紧密的高科技产业空间集聚,才能有效实现知识转移和技术扩散的效益[6]。

本文以产业集聚度为研究视角,收集1995—2011年我国高科技产业相关指标时间序列数据为实证研究对象,运用熵指数、行业集聚度和赫芬达尔指数三种研究方法,分析我国高科技产业空间集聚状况,揭示我国高科技产业空间布局分布规律,为我国高科技产业整体政策的制定提供科学依据。

二、研究方法和数据来源

(一)研究方法

1. 熵指数

熵指数(Entropy index)简称E指数,也有人称为因托比指数。借用了信息理论中熵的概念,被定义为是一种对不确定性的度量。信息量越大,不确定性就越小,熵也越小;信息量越小,不确定性越大,熵也越大。根据熵的特性,可以通过计算熵值来判断一个事件的随机性及无序程度,也可以用熵值来判断某个指标的离散程度。根据行业专业化的含义,专业化越高,某行业部门在各地区的发展越不均衡;反之,越均衡。[7]这与Shannon的信息熵原理不谋而合。因此,我们将信息熵引用到高技术产业集聚研究中来,构造测度集聚度的熵指数。

假设A为某高技术产业部门的总产值(也可以使用其他经济指标),A_i为第i个地区相应高技术产业部门的产值,全国共有 N 个地区,则有:$\sum_{i=1}^{N} A_i = A$。这里有 $P_i = A_i/A$,显然 $\sum_{i=1}^{N} P_i = 1$。根据以上假设,定义测度高技术产业集聚度的熵指数 $H = -\sum_{i=1}^{N} P_i \log P_i$($H \geq 0$)。当 $A_1 = A_2 = \cdots = A_N$ 时,$P_1 = P_2 = \cdots = P_N$,此时高技术产业地区分布均衡,专业化水平最低,H 达到最大值 $\log N$。

理论上可以证明,熵值越大,各地区高技术产业所占百分比相差越小,产业分布越均衡;反之,各地区高技术产业相差越大,产业越趋向区域专业化。

与其他多元化测度方法相比,多元化熵指数法完美地分解了行业间和行业内的多元化水平,避免了其他多元化测度方法无法避免的多重共线性问题的优点。当然,熵指数法也有它的不足之处,相对其他方法而言,熵值的计算所需信息量较大,因而数据处理的工作量也较大,与其他方法一样,熵值的有效性极大地依赖于行业分类的合理性。

2. 行业集聚度指数

行业集聚度也叫市场集中度,是指市场上的某种行业内少许企业的生产量、销售量、资产总额等方面对某一行业的支配程度。行业集中度指数能够细致具体地呈现中国高技术产业各个行业的空间分布现状,并能从另外一个角度来检验产业空间集聚水平的准确性。选用这个指标可以同时从区域和行业角度探讨我国高技术产业的集聚特征。行业集中度指数 CR_n 可以通过某产业规模最大的前 n 个地区的比重来衡量产业集聚程度,计算公式为:

$$CR_n = \sum_{i=1}^{n} x_i \bigg/ \sum_{i=1}^{N} x_i$$

式中:CR_n 为产业中规模最大的前 n 个地区所占的比重;x_i 为某产业第 i 个地区的相关数值(如产值、销售额、从业人数等);N 为地区总数,n 为要考察的前 n 个地区数目。按照惯例,本文中 n 选为 4。

行业集聚度指数优点很明显,它计算方法简单,采用最常用的指标就能够形象地反应产业的集聚水平。但也存在一些不足:首先,集聚度的测算季节容易受到 n 值选取的影响;其次,忽略了规模最大地区之外其他地区的规模分布情况;最后,不能反应规模最大地区内部之间产业结构与分布的差别。

3. 赫芬达尔指数

赫芬达尔指数最初在 1950 年代只冠以经济学家奥里斯·C·赫芬达尔(Orrls. C.Herfilldalll)的名字,是赫芬达尔在其论文《钢铁业的集中》中提出的,但较早使用该指数评估外贸格局的却是艾伯特·O·赫希曼(Albert.O.Hirschn-lan),因此该指数也称为赫西曼·赫芬达尔指数,即 HHI 指数。

赫芬达尔指数 HHI 作为衡量产业空间集聚水平的指标时,是指各地区某产业相关

数值(如产值、销售额、从业人数等)比重的平方和,计算公式为:

$$HHI = \sum_{i=1}^{N} S_i^2$$

式中,S_i为某产业在第i个地区的比重。HHI值的大小既取决于地区数N,又取决于地区产业规模变化程度。该指数在1/N到1间变动。HHI值越大,表明产业的空间分布越不均衡;反之则表明产业的空间分布越均衡。HHI指数采用"平方和"计算,是反映市场集中度的一个优良指标,兼有绝对集中度和相对集中度指标的优点,且计算简便,不受企业数量和规模分布的影响,较好地测量市场集中度的变化,对地区产业规模份额的变化反应敏感,能够较准确地体现地区间产业规模的差距程度[8]。但其不足之处是它对数据的要求较高,而且含义不直观。没有考虑其他产业的空间分布,因此难以在不同产业之间进行比较。此外,它没有考虑不同地区的地域面积差异,因此难以反映产业分布的实际情况。

产业集聚度测算还有其他方法,例如:EG指数、DO指数、空间基尼系数等。但这三种方法存在可集聚性差、可操作性不强、有些因素没有合理解释等缺陷,不适合本研究。所以本文中选用熵指数、行业集中度和HHI指数三种方法对高技术产业集聚度进行测度。

(二)数据来源

由于总产值可以反映各地区高技术产业的发展水平和规模。因此,本研究选取总产值为度量指标。鉴于数据可获得性和数据口径的一致性,计算产业集中度CR_4的数据都是当年价总产值;本文所采用的高技术产业数据均来源于国家统计局编辑出版的《中国高技术产业统计年鉴》(1996-2012)。由于部分偏远省份统计数据缺失较多,在实际计算中剔除了部分省份,主要有:西藏、新疆、内蒙古、青海和海南等省区。

三、实证分析

(一)高科技产业的熵指数分析

我国高科技产业1995-2011年各行业熵指数变化值如图1所示。

从单个行业分析图1,高科技产业中医药制造业熵值在1995-1998年整体趋于下降,1999年略有上升,2000-2011年缓慢下降。医药制造业熵指数从1995年的1.3486下降为2011年的1.3064。这表明医药制造业在全国整体分布趋于不均衡,专业化水平逐渐增强,产业集聚较为明显,但是从具体的数值变化来说,熵指数变化较小,表明医药制造业产业集聚速度较为缓慢,我国各地区医药制造业都有发展,区域专业化程度有一定程度的增强。

我国高科技产业各行业熵指数变化

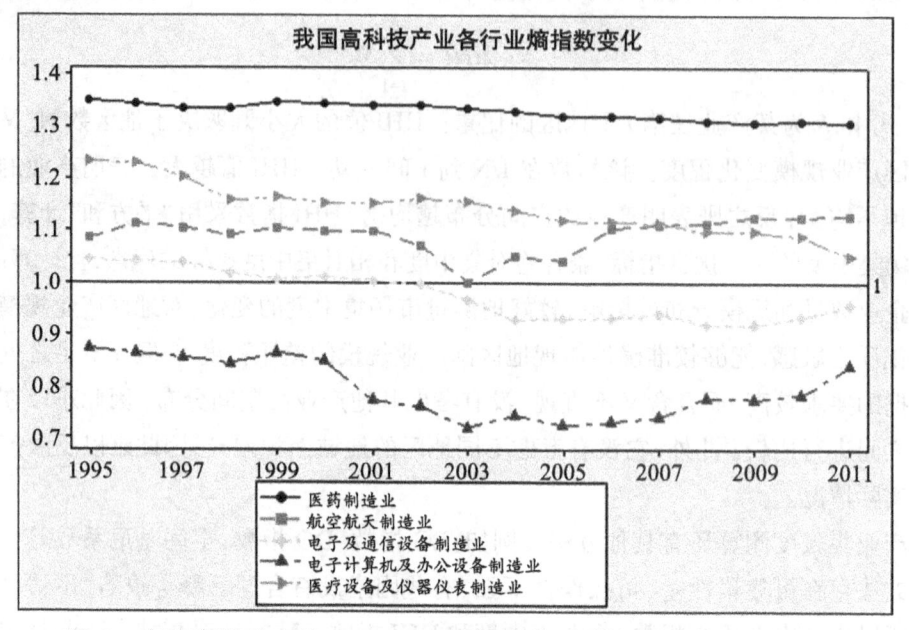

图1 我国高科技产业1995-2011年五大行业熵指数时间序列变化

医疗设备及仪器仪表制造业整体趋势走向与医药制造业相同,熵指数呈现出平缓的波浪式下降趋势,医疗设备与仪器仪表制造业熵指数从1995年的1.2320下降到2011年的1.0488,整体下降幅度较大,这表明我国医疗设备及仪器仪表制造业在17年间空间布局集聚明显,专业化程度明显增强,一部分区域该行业的吸引力和凝聚力逐渐增强。

航空航天制造业、电子计算机及办公设备制造业两个行业熵指数整体趋势走向相似,从整体来看,两个行业都呈现先下降后上升的趋势,并且两个行业熵指数上升的拐点都是2003年,这表明,2003年以后,我国大部分地区都注重这两个行业的发展,两大行业的产值在全国开始逐步分散,两大行业在全国布局趋向于均衡。出现这种分布的主要原因在于2003年以来,我国航天事业加速发展,同时,国家开始实施西部大开发战略,西部地区航天事业和经济发展得到国家大力支持,平衡了东西部发展差距。同时,电子计算机及办公设备制造业的产品是现代经济发展的必需品,我国各地区经济的发展,客观上要求该行业在各地区发展。

电子及通信设备制造业熵指数变化趋势是:1995-2004年呈现明显的下降趋势,2004-2009年下降趋势明显减缓,2009年以后开始上升。熵指数2004年为0.9245,2011年为0.9550,变化较小,这表明电子及通信设备制造业熵指数走向不明朗,但是纵观行业熵指数发展趋势,该行业空间布局总体趋于集聚化,专业化程度加强。

对比五个高科技行业,从产业集聚度角度来看,五大行业集聚度由大到小依次是:电子计算机及办公设备制造业、电子及通信设备制造业、医疗设备及仪器仪表制造业

（2007年以后）、航空航天制造业、医药制造业。在五大行业中，电子计算机及办公设备制造业专业化程度最高，而医药制造业分布相对均衡。

(二)高科技产业行业集聚度分析

1.高科技产业集聚度(CR_4)分析

我国高技术产业分布相对较为集中，从图2可以看出，自1995-2004年，我国高科技产业总产值中排名前四位的省市占总产值比重不断攀升，从1995年的0.506上升到了2004年的0.672，从2007年开始，前四位省市产业产值所占比重呈现出波浪式下降趋势，并且下降幅度较大，到2011年下降到0.636。

图2　1995-2011年我国高技术产业集聚度

2.高科技产业各行业集中度

表1为高科技产业各行业1995-2011年行业集中度(CR_4)，分析表1可以看出，五大行业中，从集中度角度来看，五大行业集中度排名由大到小依次是：电子计算机及办公设备制造业、电子及通信设备制造业、医疗设备及仪器仪表制造业、航空航天制造业、医药制造业。

从表1也可以看出，医疗设备及仪器仪表制造业行业集中度在17年间变化明显，该行业专业化程度得到有效加强。医药制造业行业集中程度最低，并且变化较为缓慢。电子计算机及办公设备制造业集中程度最高，同时其有进一步集中发展的趋势。

表 1　1995-2011 年高技术产业五大行业集中度(CR_4)

年份	医药制造业	航空航天制造业	电子及通信设备制造业	电子计算机及办公设备制造业	医疗设备及仪器仪表制造业
1995	0.354	0.508	0.629	0.739	0.494
1996	0.365	0.507	0.624	0.753	0.495
1997	0.357	0.492	0.610	0.772	0.504
1998	0.354	0.550	0.622	0.797	0.559
1999	0.334	0.528	0.636	0.761	0.543
2000	0.349	0.548	0.642	0.772	0.559
2001	0.349	0.545	0.651	0.814	0.558
2002	0.349	0.590	0.648	0.812	0.548
2003	0.366	0.632	0.673	0.874	0.543
2004	0.385	0.620	0.712	0.876	0.568
2005	0.402	0.654	0.699	0.884	0.577
2006	0.401	0.540	0.693	0.883	0.568
2007	0.397	0.532	0.691	0.877	0.581
2008	0.395	0.532	0.723	0.840	0.582
2009	0.399	0.528	0.709	0.856	0.669
2010	0.392	0.542	0.699	0.855	0.597
2011	0.391	0.509	0.682	0.816	0.618

3. 高科技产业地区空间分布

为分析高科技产业在全国空间分布状况，选取我国各省市 2000-2011 年高科技产业占全国比重平均值作为分析对象。图 3 显示了我国各省市高科技产业产值占全国总产值比重平均值，从图中可以看出，我国高科技产业主要集中于东南沿海地区，其中广东、江苏、上海三地高科技产业产值占全国比重都超过 10%，广东占全国总产值更达到 29%以上。

从地域来看，我国高科技产业第一梯队主要分布于东南沿海地区，第三梯队则主要分布于我国西部地区，东北的吉林、黑龙江以及中部的安徽、山西和湖南等地。第二梯队主要分布于中部地区和西部部分省份。从地域分布来看，高科技产业地域分布与各地区经济发展程度存在着密切的联系，一般情况下，经济发展程度较高的地区，高科技产业集聚度和专业化程度也较高，发展较成熟。

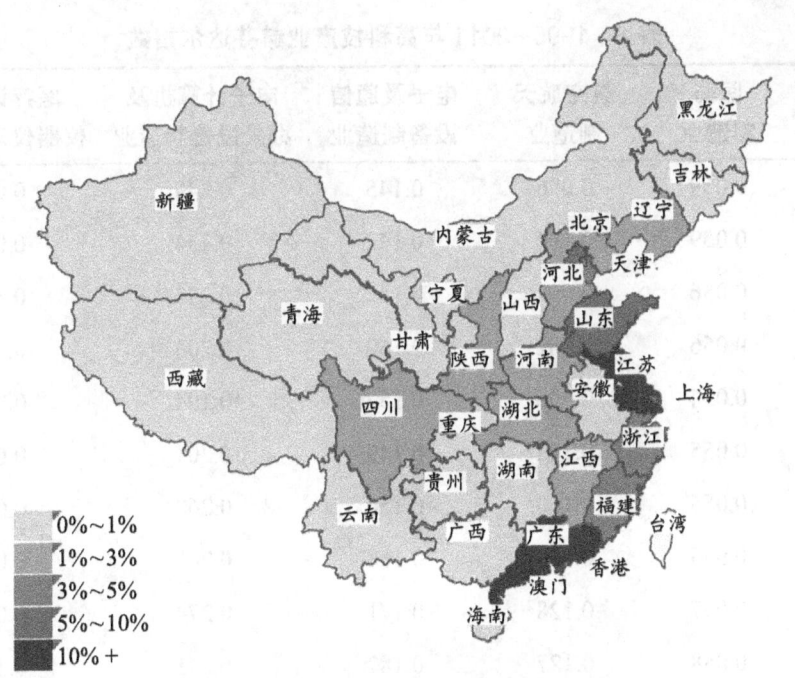

图3 我国高科技产业空间分布状况

（三）高科技产业赫芬达尔指数分析

根据上述赫芬达尔指数HHI的计算公式，计算出我国高科技产业5个行业1995-2011年的HHI指数（见表2），并依据此计算结果分析我国高科技产业的行业集聚特征。

从表2可以看出，电子计算机及办公设备制造业集中程度最高，其次是电子及通信设备制造业，而医药制造业集中程度在五大行业中集中程度最低。这些结论与行业集中度和熵指数分析结论相同。

四、结论与建议

通过运用熵指数、行业集中度和赫芬达尔指数三种方法对1995-2011年我国高科技产业集聚度进行分析，得出如下结论与建议：

1. 横向比较五大高技术产业，我国高技术产业的集聚度不断加强，其地方专业化程度也逐渐增高。无论熵指数、行业集中度还是赫芬达尔指数的计算结果均表明，电子计算机及办公设备制造业和电子及通信设备制造业的集聚度最高，是高技术产业集聚的典型代表，属于高度集聚型行业。其次医疗设备及仪器仪表制造业和航空航天制造业，均属于中度集聚型产业。而医药制造业的集聚度相对较低，属于低度集聚型产业。因此，大力推广建设医药制造业集聚区，将成为我国高技术产业发展新的增长点。

表2 1995-2011年高科技产业赫芬达尔指数

年份	医药制造业	航空航天制造业	电子及通信设备制造业	电子计算机及办公设备制造业	医疗设备及仪器仪表制造业
1995	0.059	0.096	0.145	0.249	0.089
1996	0.059	0.104	0.142	0.234	0.089
1997	0.056	0.094	0.142	0.223	0.087
1998	0.056	0.102	0.150	0.206	0.096
1999	0.054	0.096	0.157	0.194	0.096
2000	0.055	0.102	0.149	0.201	0.099
2001	0.055	0.100	0.150	0.268	0.099
2002	0.055	0.110	0.158	0.267	0.095
2003	0.057	0.128	0.171	0.274	0.096
2004	0.058	0.127	0.187	0.241	0.101
2005	0.061	0.124	0.179	0.256	0.106
2006	0.061	0.105	0.178	0.252	0.105
2007	0.062	0.102	0.175	0.243	0.108
2008	0.064	0.101	0.195	0.225	0.122
2009	0.065	0.098	0.205	0.223	0.119
2010	0.064	0.098	0.198	0.223	0.135
2011	0.064	0.095	0.190	0.202	0.160
平均值	0.059	0.105	0.169	0.234	0.108
标准差	0.004	0.011	0.021	0.024	0.018

2. 纵向比较各个高技术产业1995-2011年集聚度变化趋势：医药制造业产业集聚速度较为缓慢，我国各地区医药制造业都有发展，区域专业化程度有一定程度的增强。医疗设备及仪器仪表制造业整体趋势走向与医药制造业相同，熵指数呈现出平缓的波浪式下降趋势，我国医疗设备及仪器仪表制造业在17年间空间布局集聚明显，专业化程度明显增强，一部分区域该行业的吸引力和凝聚力逐渐增强。航空航天制造业、电子计算机及办公设备制造业两个行业熵指数整体趋势走向相似，从整体来看，两个行业都呈现先下降后上升的趋势，并且两个行业熵指数上升的拐点都是2003年，这表明，2003年以后，我国大部分地区都注重这两个行业的发展，两大行业的产值在全国开始逐步分

散,两大行业在全国布局趋向于均衡。

3. 从高科技产业空间区域分布来看,我国高科技产业第一梯队主要分布于东南沿海地区,第二梯队主要分布于中部地区和西部部分省份,第三梯队则主要分布于我国西部地区。从地域分布来看,经济发展程度较高的地区,高技术产业集聚度和专业化程度也较高,发展较成熟。高技术产业集聚的这种梯次发展特点,与我国区域经济发展的差异是完全一致的。高技术产业集聚的区域分布差异,有利于各地区发挥各自的比较优势。因此,在高技术产业集聚度提高的同时,更要注重高技术产业的创新扩散和梯度转移,逐步缩小地区差距。

参考文献

[1] Claude,E.Shannon. A mathematical Theory Of Communication[J]. Bell System Technical Journal,1948,27(3,4):379-423.

[2] 蒋金荷. 我国高技术产业同构性与集聚的实证分析[J]. 数量经济技术经济研究,2005(12):91-97.

[3] 路江涌,陶志刚. 中国制造业区域聚集及国际比较[J]. 经济研究,2006(3):103-114.

[4] 赵玉林,魏芳. 基于熵指数和行业集中度的我国高技术产业集聚度研究[J]. 科学学与科学技术管理,2008(11):122-126.

[5] 王子龙,谭清美,许箫迪. 高技术产业集聚水平测度方法及实证研究[J]. 科学学究,2006(5):706-714.

[6] 梁晓艳,李志刚,汤书昆,赵林捷. 我国高技术产业的空间聚集现象研究——基于省际高技术产业产值的空间计量分析[J]. 科学学研究,2007(3):453-460.

[7] 李强. 国家高新区产业集聚实证研究——生产要素集中的规模收益分析[J]. 科学学研究,2007(6):1112-1121.

[8] 袁海. 中国省域文化产业集聚影响因素实证分析[J]. 经济经纬,2010(3):65-67.

29

我国纺织产业集聚的定量测度及其影响因素实证分析

吴 颖 李 廷

(东华大学纺织经济与管理研究中心 上海 200051)

摘 要:产业集群作为一种新型的区域发展模式,已经成为许多国家和地区的发展战略。产业集聚是产业集群发展的必经之路,也越来越多地受到人们的重视。本文以我国纺织产业为研究对象,首先简要地阐述了国内外产业集聚研究的现状。接着,本文根据中国统计年鉴和纺织工业年报数据,计算出区位熵指数,以定量测度2004-2011年间我国31个省、直辖市、自治区纺织产业的集聚程度。最后,本文重点分析了影响我国纺织产业集聚的主要因素,并且以区位熵指数作为因变量,选取区位因素、人力资源、市场需求、产业发展潜力、产业环境以及运输成本作为自变量,建立回归模型,利用面板数据,对我国纺织产业集聚程度的影响因素进行实证分析。结果表明,区位因素、人力资源、国际市场需求对我国纺织产业集聚发挥着积极的作用;产业环境和运输成本对我国纺织产业集聚有显著地负影响;国内市场需求以及产业发展潜力对我国纺织产业集聚的作用并不明显。

关键词:产业集聚;影响因素;纺织产业;区位熵

一、引言

纺织产业是我国重要的民生产业,被称为工业化和城市化的跳板。1990年代,我国

[作者简介]:吴颖(1991-),女,江苏人,东华大学管理学院在读硕士研究生。通讯地址:上海市延安西路1882号。邮政编码:200051。联系电话:15121028841。电子信箱:wying91@hotmail.com。
李廷(1958-),女,上海人,硕士,东华大学管理学院副教授,研究方向:纺织产业经济。通讯地址:上海市延安西路1882号。邮政编码:200051。联系电话:021-62373986。电子信箱:liting@dhu.edu.cn。

纺织产业主要集中在东部沿海城市。近十年来，我国纺织产业逐步由东部地区向中西部转移，这一过程伴随着大量的现有的产业集群升级和新的产业集聚。本文的目的在于定量地分析我国各个省市纺织产业的集聚程度，并深入研究影响纺织产业集聚的主要因素。

产业集聚是产业空间选择和动态组合的过程，指某一核心产业或几种产业领域内相关联的企业及其支撑体系在一个适当大的区域范围内高密度地集聚在一起，从而形成产业优势的发展过程（骆火明，2008）。

对于产业集聚的研究可以追溯到19世纪末马歇尔（Marshall）的"产业空间集聚"理论，随后，学术界对于产业集聚的研究不断深入。1970-1980年代，"第三意大利"的研究者提出了"新产业区的概念"；1990年，以波特（Michael Porter）为首的西方经济学家创立了"新经济地理学"，从原来单纯注重经济要素转向研究社会文化要素和经济要素的综合作用（张凤涛，2011）。

国内学者对于产业集群的研究较为深入，涉及产业集群与经济增长的关系、产业集群的发展模式与创新以及产业集群升级的原因等其他方面。而产业集聚作为产业集群的初级阶段，国内学者对此研究主要集中于产业集聚水平的测度、特定因素对于产业集聚的影响和产业集聚趋势。

对于产业集聚的影响因素的研究，学者们对制造业、石油天然气、高新技术、物流等产业进行研究，发现产业集聚的影响因素主要可以分为自然及资源因素、人力资源、外部性、空间成本、规模经济、市场因素、政府政策和其他经济因素（王雪青、张克，2012）。

本文以2004-2011年为观测期，利用区位熵定量分析我国31个省市自治区纺织产业集聚程度，并在此基础上选取区位因素、人力资源、市场需求、发展潜力、产业环境和运输成本六个因素，构建纺织产业集聚影响因素分析框架，进而建立计量模型，并进行假设检验，以期发现我国纺织产业集聚的特点与影响因素，为纺织企业的区位选择提供科学依据，为纺织业的合理布局提供理论支持。

二、产业集聚的测度方法

在对于产业集聚的研究中，主要有以下几种方法运用于产业集聚的识别，分别为：波特案例分析法、投入产出分析法、主成分分析法、多元聚类分析法、图论分析法、空间基尼系数、产业集聚指数、哈莱·科依指数和区位熵指数（孙华平，2011）。本文采用区位熵指数来度量我国纺织产业的集聚程度。

计算区位熵的指标有两种：一种是利用职工人数进行计算，也即LQ系数；另一种是用工业总产值的方法进行计算。用职工人数计算的区位熵，是用职工的集中度来反应产业集中度，如果大量的职工集中于某区域，则认为该区域是该产业的集群地。考虑到纺织产业是劳动密集型产业,本文采用职工人数计算区位熵,其计算公式为:$LQ = (e_i/e_t)/(E_i/E_t)$。其中,e_i表示某区域产业i的职工数,e_t表示某区域所有的职工数,E_i表示整个国家产业i的职工数,E_t表示整个国家所有产业的职工数。LQ值越小,说明该产业在该区域的产业集聚程度越低,反之,则越高。本文根据中国国家统计局统计年鉴以及中国纺织工业年报的数据,计算出我国各地区纺织产业的区位熵值,如表1所示。

从表1可以看出,2004-2011年LQ均大于1的地区分别有江苏、浙江、福建、山东、湖北,这说明我国纺织产业在这些东部沿海城市的集聚程度一直很高。2002年上海的LQ值为1.06,但是到了2011年上海的LQ值为0.73,这说明上海的纺织业已明显呈现出减速发展迹象,纺织产业的重心逐步转移到江浙两省,这符合长三角的经济发展格局。广东省的LQ值也一直徘徊在1左右,这主要是由于其长期从事加工贸易,产业结构固定。中部的安徽、江西,西部的新疆等地的LQ值在这几年间有所增加,这主要是由于2003年以后,安徽、江西等地成为纺织产业转移的主要承接地,而新疆、内蒙古等天然纤维丰富的地区发展势头良好。表1的数据和我国纺织产业的实际发展情况相符,反映出了我国纺织产业区域发展特征。

三、我国纺织产业集聚影响因素的实证分析

产业集聚取决于诸多相互矛盾的因素,其作用也难以估量,并且可能在产业集聚的不同阶段发挥不同的作用。因而,本文主要从自然资源、人力资源、市场需求、发展潜力、产业环境和运输成本这六个方面分析我国纺织产业集聚的影响因素。

(一)指标的选取与假设

产业集聚程度作为模型的因变量,用LQ指数来表示。

区位因素。不同地理位置的要素禀赋不同,会对纺织产业集聚产生影响。本文设计东部虚拟变量X_1和中部虚拟变量X_2。X_1东部地区赋值为1,其他省市赋值为0;X_2中部地区赋值为1,其他省市赋值为0。

人力资源X_3。纺织业是劳动密集型产业,对劳动力的依赖程度较高,因而人力资源的多寡会影响纺织产业集聚。本文选取各地区纺织产业职工人数来表示人力资源。

市场需求X_4。市场需求是企业进行区位选择时必须考虑的重要因素,市场需求越大的地区,越容易吸引企业投资,即越容易产生产业集聚。在考虑市场需求因素时,本文将本地市场需求和国际市场需求分别定为两个不同的变量。本地市场需求用X_4表示,用该地区人均GDP衡量;国际市场需求用X_5表示,用该地区的出口额除以人口数量衡量。

表1 各地区纺织产业区位熵(LQ)值

	2004	2005	2006	2007	2008	2009	2010	2011
北京	0.77	0.66	0.65	0.62	0.62	0.60	0.61	0.55
天津	0.81	0.69	0.70	0.58	0.62	0.68	0.70	0.70
河北	0.75	0.76	0.69	0.70	0.70	0.70	0.71	0.73
山西	0.22	0.20	0.13	0.11	0.12	0.13	0.12	0.11
内蒙古	0.53	0.51	0.44	0.42	0.41	0.40	0.39	0.34
辽宁	0.56	0.60	0.61	0.59	0.56	0.54	0.53	0.48
吉林	0.29	0.32	0.31	0.30	0.31	0.30	0.30	0.29
黑龙江	0.23	0.21	0.17	0.15	0.15	0.14	0.13	0.15
上海	1.06	0.99	0.96	0.89	0.88	0.86	0.87	0.73
江苏	1.77	1.80	1.77	1.88	1.70	1.65	1.61	1.60
浙江	1.89	1.86	1.84	1.72	1.80	1.88	1.91	2.00
安徽	0.71	0.77	0.85	0.89	0.90	0.92	0.93	1.03
福建	1.35	1.34	1.30	1.24	1.28	1.37	1.41	1.52
江西	0.94	0.91	0.93	0.94	0.95	0.97	0.96	1.01
山东	1.23	1.27	1.28	1.25	1.21	1.23	1.25	1.31
河南	0.66	0.66	0.68	0.67	0.68	0.70	0.74	0.82
湖北	1.04	1.18	1.22	1.29	1.23	1.25	1.20	1.32
湖南	0.55	0.53	0.51	0.50	0.51	0.50	0.49	0.53
广东	1.10	0.96	0.92	0.95	0.96	0.99	1.00	0.99
广西	0.35	0.36	0.40	0.41	0.38	0.36	0.35	0.37
海南	0.53	0.45	0.43	0.44	0.41	0.42	0.44	0.39
重庆	0.33	0.33	0.36	0.37	0.35	0.33	0.31	0.31
四川	0.42	0.45	0.46	0.48	0.45	0.44	0.44	0.47
贵州	0.09	0.08	0.07	0.07	0.07	0.08	0.08	0.06
云南	0.16	0.14	0.14	0.12	0.10	0.09	0.10	0.09
西藏	0.08	0.00	0.02	0.09	0.00	0.08	0.16	0.00
陕西	0.49	0.51	0.50	0.43	0.45	0.41	0.42	0.43
甘肃	0.25	0.32	0.28	0.30	0.31	0.30	0.32	0.17
青海	0.29	0.35	0.36	0.37	0.38	0.39	0.39	0.29
宁夏	0.21	0.21	0.23	0.22	0.26	0.29	0.30	0.35
新疆	0.96	0.79	1.22	0.69	0.70	0.72	0.74	0.73

数据来源:2005-2012中国统计年鉴和2005-2012纺织工业发展报告。

产业发展潜力 X_6。地区的产业发展潜力越大,企业投资的可能性越大,产业集聚发生的可能性也越大。本文选取各地区产业增加值来衡量该地纺织产业的发展潜力。

产业环境 X_7。激烈的竞争环境会对产业集聚产生负面影响,本文选取各地纺织企业的数量来衡量产业环境。

运输成本 X_8。运输成本越大,产业集聚带来的运输成本的节约越显著,因而越利于产业集聚,即运输成本和产业集聚程度正相关。本文选取各地区公路的密度来衡量运输成本,公路密度越大,运输成本越低。

(二)模型构建及实证分析

通过以上指标分析,建立如下回归方程:

$Y = \alpha + \beta_1 X_{1it} + \beta_2 X_{2it} + \beta_3 X_{3it} + \beta_4 X_{4it} + \beta_5 X_{5it} + \beta_6 X_{6it} + \beta_7 X_{7it} + \beta_8 X_{8it} + \varepsilon_{it}$,其中 i 表示省份,t 表示年份。

基于中国统计年鉴和纺织工业年报,本文选取了2004—2011年我国31个省、直辖市、自治区的面板数据,并将所有的数据标准化,利用 Eviews 软件进行回归处理。由于 Hausman 检验拒绝随机效应,故采用个体固定效应模型。

表2为面板数据回归结果,从整体上看,固定效应效果较好,调整的 R^2 大于0.85,说明模型较好地解释了纺织产业集聚的影响因素。大部分变量在5%的显著性水平上显著,说明选取的解释变量较为理想。

表2 模型计量分析结果

Variable	X_{1it}	X_{2it}	X_{3it}	X_{4it}	X_{5it}	X_{6it}	X_{7it}	X_{8it}
Coefficient	0.4671	0.6846	2.3827	0.1849	0.5113	0.7134	−1.4584	−0.7228
t−Statistic	2.7426	3.3489	4.0051	1.1720	2.8634	1.0799	−2.7463	−3.5685
p	0.0042	0.0028*	0.0006*	0.0989	0.0088*	0.2919	0.0115*	0.0016*

R−squared	0.8797	Adjusted R−squared	0.8530
F−statistic	24.0152	Prob(F−statistic)	0.0000

注:*表示通过显著水平位95%的检验。

回归结果表明,区位因素、人力资源、国际市场需求、产业环境以及运输成本对我国纺织产业的集聚程度有显著的影响。其中,区位因素、人力资源和国际市场需求与我国纺织产业的集聚程度正相关,而产业环境和公路密集度与纺织产业的集聚程度负相关。

比较各影响因素的系数,可以得到如下结论:(1)区位因素对产业集聚有显著影响,并且东部和中部地区区位优势比较明显,这主要是由于东部和中部地区有相对丰富的原材料以及适宜纺织产业发展的气候、土壤、水源等;(2)人力资源因素对产业集聚程度的影响最大,这主要是由于纺织产业是劳动密集型产业,而且人力资源用当地纺织劳动力的丰富程度来衡量,劳动力越丰富,越利于产业集聚;(3)国际市场需求对集聚程度有显著影响,表明我国纺织产业的集聚多是出口导向型;(4)产业环境对我国纺织产业集聚有显著的负影响,表明竞争越激烈越不利于纺织产业集聚;(5)运输成本对产业集聚有显著的影响,公路的密度越高,运输成本越低,越难形成产业集聚,这是由于发达的公路交通会减弱产业集聚带来的运输成本降低的优势;(6)本地市场需求以及产业发展潜力对产业集聚没有显著影响。

四、结论

纺织业是我国重要的民生产业,也是工业部门较为重要的传统支柱产业。从区域分布上讲,我国纺织产业主要集聚于江苏、浙江、福建、山东、湖北、新疆等地。近年来,随着纺织产业的大量转移,上海、北京、天津等地的集聚程度明显下降,而安徽、江西等地的集聚程度有所上升。总体而言,我国纺织产业仍大多集聚在东部沿海地区,产业转移并没有改变这些地区"纺织大省"的地位。

产业集聚的发展是自然资源、人力资源、市场需求、产业环境、交通运输等因素综合作用的结果。理论分析和实证研究表明以下结果:

第一,区位因素对纺织产业集聚有显著影响,我国东部地区和中部地区以其特有的区位优势促进了纺织产业的集聚。

第二,人力资源是影响我国纺织产业集聚程度最为重要的因素,这主要是由于我国纺织业处于世界纺织服装业价值链的低端,主要是劳动密集型产业。

第三,国内市场需求对纺织产业集聚没有显著影响,而国际市场需求却对我国纺织产业集聚发挥了积极的促进作用。我国一直是纺织服装出口大国,纺织服装业的出口依存度一直较高。这从侧面反映出国内市场已接近饱和,国外市场是我国纺织产业最重要的需求来源,我国纺织产业集群大多是出口导向型。

第四,激烈的竞争环境和较低的运输成本会对我国纺织产业集聚产生负面影响,主要是由于这两项因素会削弱产业集聚带来的优势。产业集聚带来的规模经济可以在很大程度上降低成本,降低产品价格,而激烈的竞争必然会导致产品价格的下降,从而削弱了产业集聚的优势。便捷的交通同样也会削弱产业集聚在节约运输成本方面的优势。

参考文献

[1] 红光,刘卫东,刘志高.区域间产业转移定量研究——基于区域间投入产出表[J].中国工业经济,2011(6):80-88.

[2] 骆火明.产业集聚的影响因素——基于我国电子信息制造业的实证分析[D].广州:暨南大学,2008.

[3] 庞丽,李显君.汽车产业集聚影响因素的实证研究[J].统计观察,2012:130-132.

[4] 孙华平.产业转移背景下产业集群升级问题研究[D].杭州:浙江大学,2011.

[5] 王雪青,张克.建筑产业集聚影响因素的实证分析[J].山东建筑大学学报,2012.

[6] 张凤涛.我国纺织产业集群的识别研究[J].经济纵横,2011.

30

产业集聚对高技术产业全要素生产率变化的影响研究

徐 敏

(河海大学商学院 江苏 南京 211000)

> **摘 要**：论文首先构建全要素生产率测算模型,在此基础上分析高技术产业全要素生产率变动的主要影响因素。基于DEA的Malmquist指数法,对分省份及分行业的高技术产业全要素生产率变动情况进行实证分析。本文研究结论为：(1)从分行业的结果来看,航空航天制造业平均全要素生产率增长最多,全要素生产率的增长主要来自于技术进步。(2)从分省份的结果来看,各省份普遍处于全要素生产率的增长中,技术效率和技术进步的贡献各省份各有差异。(3)回归检验高技术产业全要素生产率变动的影响因素,发现研发投入和产业集聚对全要素生产率的增长有正向影响,政府行为对全要素生产率增长有负向影响,高端人才和国际竞争力对目前我国的高技术产业全要素生产率的增长影响还不显著。
>
> **关键词**：高技术产业;全要素生产率;产业集群;影响因素

一、问题的提出

全要素生产率是在二战后由单要素生产率发展而来的,而全要素生产率的定量测算是在1957年美国经济学家RSolow在其文章《技术进步与总量生产函数》一书中提出的,他第一次将技术进步加入到经济增长模型。与此同时,Michael Farrell开始研究基于生产前沿面的生产率测算,采用线性规划模型求解。这两位经济学家就是全要素生产

[作者简介]：徐敏(1975—),女,江苏扬州人,河海大学商学院,讲师,博士。研究方向：产业竞争与规制,网络型产业组织等。联系地址：江苏省南京市雨花台区软件大道翠岛花城荷田苑5幢706室。邮编：210012。联系电话：18651895048。电子邮箱：larkxumin@126.com。

率的两种测算方法——参数法和非参数法的开创者。国外全要素生产率的研究较多集中于某一产业,并分析全要素生产率变动的原因。研究中主要集中于工业领域,Leung(1999)计算了新加坡制造业全要素生产率的增长。Chmabarawgala 等(2000)采用 Cobb-Douglas 生产函数考察了包括香港、新加坡、朝鲜、马来西亚、印尼、菲律宾和印度在内的亚洲七国(地区)国外和国内机器装配对制造业生产率的相对贡献。Timmer(2000)研究了在解释亚洲四国制造业部门 1963-1993 年间总量生产率增长中,结构变化起了重要的作用。

而近年来国外研究的重点则已偏向于某些因素对 TFP 变动的影响程度研究,其中尤以 R&D 与 TFP 变动的关系研究最为多见。Madden(2001)则以亚洲和 OECD 国际 R&D 溢出为研究对象,建立一个将 TFP 与国内外 R&D 活动联系起来的经验模型。Atella(2001)通过研究意大利的相关经济数据,提出 R&D 对 TFP 的作用取决于 3 个方面:生产函数的定义、用于估计索洛余值的假设数目以及经验分析中所用数据的整合水平。同时,TFP 的收敛分析在国外受到了一些学者的关注。Miller 和 Upadhyay(2002)进行了国家间收入和 TFP 收敛的对比研究,研究结果表明,收入的收敛和 TFP 的收敛既有相似的地方,也有不同之处。

Higon(2007)认为 R&D 投入获得的好处之一是外溢效应。Bloch 和 Tang(2007)阐述了一种新的方法:在结构模型中加入出口需求的影响,形成供需的动态相互作用。McMorrow 等(2010)探讨了欧盟美国几个国家的全要素生产率增长的决定因素。结果显示全要素生产率的增长被追赶现象驱动,这和新技术的采用有一定关系。

国内关于高技术产业全要素生产率的研究在最近几年刚刚起步,大多数学者注重于对其影响因素、产业间比较的研究。例如:邵一华、马庆国(2001)利用索洛增长方程,研究中国高技术产业、传统产业生产要素投入点、要素投入对产出增长的贡献、要素生产率的变化,并分析高技术产业与传统产业之间的要素重配置效应。李明智、王娅莉(2005)对高技术产业的全要素生产率及其影响因素进行了分析和定量测算,在分析影响因素时,考虑了与高技术产业发展密切相关的研究与发展投入、政策、开放、国外技术扩散等因素。刘志迎、叶蓁(2006)采用非参数方法,分析了高技术产业发展过程中技术效率和总量增长的情况。刘建翠(2007)运用 C-D 生产函数,通过对高技术产业大中型企业全要素生产率的测算,讨论了影响 TFP 的主要因素。赵伟、李淑贞(2008)提出了出口促进产业生产率提高的三个机理:规模经济效应、出口学习效应和要素重新配置效应,实证研究结果表明,高技术产品出口对高技术产业全要素生产率的增长具有一定的促进作用,但并不十分明显。

张宇、蒋殿春(2008)构建产业集聚的 HHI 指数,在面板数据模型中分析了外商直接投资与我国产业集聚的关系;再利用 DEA 分析方法和面板数据模型检验了产业集聚对我国相关产业全要素生产率的影响以及 FDI 在其中的作用。检验结果显示,FDI 有力地促进了我国产业的地理集聚,并由此推进了相关行业的技术进步;这一效应在高技术行业中得到了最明显的体现。

李邃等(2010)应用超越对数随机前沿模型,测评了各地区高技术产业研发创新的相对效率与全要素生产率增长情况。研究显示,各地区高技术产业研发创新技术效率存在差异,且东部地区高于中、西部地区;研发创新的全要素生产率与技术进步均有所增长,多数地区高技术产业技术进步率高于全要素生产率增长率;技术进步是全要素生产率增长的主要动力,而技术效率在考察期内并未发生明显变化。

从国内外对高技术产业全要素生产率变动的相关研究现状分析,总的来看,我国全要素生产率的研究领域主要集中于整体或某个地区的经济发展方式的实证考察,对产业层面的考察以制造业、银行业、农业的研究较为普遍,而具体到制造业中的高技术产业的研究则较少。目前的重点集中于高技术产业的创新、产业集聚等方面,这几方面与高技术产业全要素生产率的关系,有一些学者进行了研究,但研究还有待进一步深化。在研究方法方面从最初的索罗余值法,一直发展到后来随机前沿分析法、数据包括分析法、Malmquist 指数法,研究方法已相当丰富,学者们也对各种方法的适用性进行了分析比较。

本文将应用 1999-2008 年十年间高技术产业的相关数据,包括各省市自治区以及五大主要行业的数据,利用基于 DEA 的 Malqmuist 指数法计算分行业及分省份的高技术产业全要素生产率的变化情况,并将其分解为技术进步变化和技术效率变化,分析其变化原因,并在此基础上对造成区域生产率变动差异性的原因进行深入分析,为了动态全面地反映中国高技术产业区域发展的演进轨迹以及趋势特征,接着通过回归分析检验高技术产业全要素生产率变动的主要影响因素有哪些及其影响程度,最后得出结论。

二、全要素生产率变动测算的模型构建

1990 年 Fare 提出了基于 DEA 的 Malmquist 生产率指数法来分析生产率的变化。该方法适合于研究跨期的全要素生产率变动,结合本文的研究,就是研究全国高技术产业所有省份和五大行业的全要素生产率在样本区间内的跨期的变化趋势,从而反映高技术产业分省份和分行业的发展特点。实证中要使用两次该模型,第一次是以各省份高技术产业相关数据作为 DEA 方法的决策单元(DMU),第二次是以高技术产业的五个行业作为决策单元(DMU)。模型的构建中首先利用距离函数。

距离函数是 Malmquist 指数构造的基础, Malmquist 指数是通过两个不同时期的距离函数的比率表示的。投入距离函数可以看作是生产点(x,y)向理想最小投入点压缩的比例。在时期 t 基于投入的距离函数为:

$$D^t(x^t,y^t) = \max\{\theta : (x^t/\theta, y^t) \in S^t\} \quad (1)$$

其中，x^t 表示投入向量，且 $x^t \in R^m$；y^t 表示产出向量，且 $y^t \in R^s$；S^t 表示前沿面技术；θ 表示当 DMU 达到前沿面技术时投入要素降低的最大比例。因此，当 y^t 一定时，距离函数与投入向量 x^t 最大缩减比例的倒数相等。可以表示为：

$$TE(x,y) = 1/D(x,y) \quad (2)$$

根据 Fare(1997) 等的研究，设 (X^t, Y^t) 和 (X^{t+1}, Y^{t+1}) 分别为 t 期和 $t+1$ 期的投入产出关系，投入产出关系从 (X^t, Y^t) 向 (X^{t+1}, Y^{t+1}) 变化就是生产率变化，生产率变化不仅来自技术进步变化，还来自技术效率变化。$D_c^t(x^t, y^t)$、$D_c^{t+1}(x^{t+1}, y^{t+1})$ 为距离函数，基于 t 和 $t+1$ 期参照技术的 Malmquist 生产率指数分别为：

$$M_t(x^t, y^t, x^{t+1}, y^{t+1}) = \frac{D_c^t(x^{t+1}, y^{t+1})}{D_c^t(x^t, y^t)}$$
$$M_{t+1}(x^t, y^t, x^{t+1}, y^{t+1}) = \frac{D_c^{t+1}(x^{t+1}, y^{t+1})}{D_c^{t+1}(x^t, y^t)} \quad (3)$$

上述指数具有对偶性，按照 Fisher(1922) 理想指数思想，定义它们的几何平均为全要素生产率指数：

$$M(x^t, y^t, x^{t+1}, y^{t+1}) = (M_t \times M_{t+1})^{1/2} = \left[\frac{D_c^t(x^{t+1}, y^{t+1})}{D_c^t(x^t, y^t)} \frac{D_c^{t+1}(x^{t+1}, y^{t+1})}{D_c^{t+1}(x^t, y^t)}\right]^{1/2} \quad (4)$$

本文采用 Ray 和 Desli 的研究，将 TFP 变化分解为技术效率变化 (Effch) 和技术进步变化 (Techch)，而技术效率变化又可以分解为纯技术效率变化 (Pech) 和规模技术效率变化 (Sech)，得到 RD 模型：

$$M(x^t, y^t, x^{t+1}, y^{t+1}) = \frac{D_v^{t+1}(x^{t+1}, y^{t+1})}{D_v^t(x^t, y^t)} \times \left[\frac{D_v^t(x^t, y^t)}{D_v^{t+1}(x^t, y^t)} \frac{D_v^t(x^{t+1}, y^{t+1})}{D_v^{t+1}(x^{t+1}, y^{t+1})}\right]^{1/2} \times$$
$$\left[\frac{D_c^t(x^{t+1}, y^{t+1})/D_v^t(x^{t+1}, y^{t+1})}{D_c^t(x^t, y^t)/D_v^t(x^t, y^t)} \frac{D_c^{t+1}(x^{t+1}, y^{t+1})/D_v^{t+1}(x^{t+1}, y^{t+1})}{D_c^{t+1}(x^t, y^t)/D_v^{t+1}(x^t, y^t)}\right]^{1/2}$$
$$= \text{Pech} \times \text{Techch} \times \text{Sech} \quad (5)$$

纯技术效率变化是在变动规模报酬假定下的技术效率变化。规模效率变化表明规模经济对生产率的影响。技术进步变化反映生产前沿面的移动对生产率变化的贡献程度。如果 TFP 指数大于 1，表明全要素生产率水平提高；若小于 1，则表明生产率恶化。构成 TFP 指数的某一变化比率大于 1 时，表明其是生产率水平提高的根源；反之，则导致了生产率水平的降低。

三、影响因素检验的回归模型的构建

（一）影响变量的选择

在具体影响变量的选择上论文并没有选择所有制结构和金融支持这两个影响因素，

主要原因是由于这方面的相关数据不好收集,对实证部分的顺利进行有一定的影响,因而将这两个影响因素忽略。

1. 高端人才水平(SE)

本文选择科学家和工程师的数量占从业人员年末平均人数的比重作为衡量人力资源的指标。科学家及工程师的数量比重影响着高技术产业的自主创新能力,从而有利于高技术产业全要素生产率的提高。内生经济增长理论认为人力资本存量、知识存量等对经济增长起着决定性作用。受教育程度越高的人有更多的知识应用于工作中,并提高人的"干中学"能力,从而提高整个产业的研发能力,提高产业效率水平。

2. R&D投入(RD)

本文选择R&D研发内部支出占高技术产业总产值的比重作为衡量高技术产业研发投入的指标。从前面章节对高技术产业的界定,就可以看出R&D经费的投入强度是衡量高技术产业的重要标准,那么以常理推测研发的投入应该对高技术产业全要素生产率的增长呈明显的正相关关系,因为高技术产业是一个对研发投入要求较高的产业。内生经济增长理论把技术进步看作是长期经济增长的真正动因,全要素生产率增长的一个重要根源是技术进步的推动,而R&D投入及其成果——产业中的技术创新在技术进步的过程中起到极其重要的作用。在高技术产业发展中,通过大量的研发投入,产生新技术,并在企业生产经营中予以运用,从而达到提高产业效率的目的。

3. 政府行为(GF)

本文选择科技活动中政府资金的比重占整个产业科技经费筹集总额的比重作为政府行为指标来衡量政府行为对高技术产业全要素生产率变动的影响程度。政府行为在经济发展中扮演着重要的角色。同样,在高技术产业的发展过程中,这只"有形的手"也必然影响其发展的速度,进而影响其效率。适当的政府行为有利于高技术产业的发展,过度的政府干预也许会阻碍高技术产业的效率的提高。目前的情况如何只有通过实证进行检验。

4. 产业集聚水平(IC)

本文采用一些论文中经常用到的计算产业集聚水平的区位熵方法,计算出产业集聚的值作为衡量高技术产业产业集聚水平的指标。区位熵LQ(Location Quotient)用来判别产业集聚存在的可能性。区位熵又称地区专业化指数,它能够测度一个地区生产结构中某个产业与全国水平相比所具有的相对优势。区位熵方法具体的计算公式如下:

$$LQ = \frac{X_{ij}/\sum_i X_{ij}}{\sum_j X_{ij}/\sum_j \sum_i X_{ij}} \tag{6}$$

在该公式中,i为第i个产业,j为第j个地区,X_{ij}表示第j个地区的第i个产业的产出指标,指数指标可以是以工业总产值、企业单位数、工业增加值、总资产、产品销售收入为依据。LQ 大于 1,表明该产业在该地区的专业化水平比较高,超过区域水平,也意味着该产业在该地区相对集中,具有相对规模优势,发展较快;如果区位熵小于 1,表明 j 地区 i 产业的集中度低于全国平均水平,处于相对劣势;等于 1 则处于均势。

5. 国际竞争力(EG)

本文选择高技术产业出口交货值占总产值的比重作为衡量高技术产业国际竞争力的指标。国际竞争力的提高也应该是影响高技术产业全要素生产率增长的主要因素。因为,高技术产业的国际竞争力越强,其产品的国际认可度越高,出口数量越高,国际市场的市场占有率越高,那么其产出就越高,产业效率必然也很高。

(二)回归模型的设计

本文根据学者们在对全要素生产率变动研究时对于影响因素检验的常用方法进行总结,参考蔡昉、都阳(2000)的做法,采用回归检验的方法将模型设定如下:

$$TFP_{it} = \alpha_1 + \alpha_2 \ln TFP_{i,t-1} + \alpha_3 SE_{i,t} + \alpha_4 RD_{i,t} + \alpha_5 GF_{i,t} + \alpha_6 IC_{i,t} + \alpha_7 EG_{i,t} \qquad (7)$$

其中,被解释变量 TEP_{it} 是中国高技术产业全要素生产率的增长率,$TFP_{i,t-1}$ 为前一期的全要素生产率的变化,为了消除异方差性将其取自然对数,$SE_{i,t}$、$RD_{i,t}$、$GF_{i,t}$、$IC_{i,t}$、$EG_{i,t}$ 分别为表示高技术产业的高端人才水平、研发投入水平、政府行为、产业集聚水平、国际竞争力水平,在实际的计算中以后一年减去前一年数值再除以前一年的数值作为指标结果,这样做主要是为了与被解释变量全要素生产率的变化保持一致。每个解释变量前面的系数为其对高技术产业全要素生产率变动的影响程度。

四、高技术产业全要素生产率变动结果分析

(一)指标选择及数据处理

论文测算高技术产业 TFP 变动、趋同检验及回归分析的样本数据均来自于《中国高技术产业统计年鉴》和《中国统计年鉴》1999-2008 年的全国、分地区(不包括港澳台地区)、分行业的数据。其中分地区的数据中由于西藏地区存在较为严重的数据缺失的问题,将该省份剔除,以全国和其余 30 个省、市、自治区的面板数据为样本。具体的投入产出指标的选择和处理如下:

1. 产出指标

本文选择高技术产业总产值作为产出指标。由于统计年鉴上的数据为当年价总产值,所以要根据公式:不变价总产值 = 当年价总产值 / 定基价格指数,计算出不变价总产值。其中基期选择 1998 年,价格指数采用国内生产总值价格指数代替。

2. 投入指标

投入指标的选择应包括劳动力和资本两部分。

劳动投入量包括就业人数、劳动时间、劳动强度和劳动质量等方面的内容。在市场经济条件下,劳动者的工资报酬能够比较合理地反映劳动投入的变化。在我国,由于分配体制不合理和缺乏市场机制的调节,使得劳动收入难以准确地反映劳动投入的变化。从较长的时间看,由于社会的发展、科技水平的进步、劳动者教育水平的提高,劳动质量是有所提高的;由于社会文明的进步,劳动时间和劳动强度一般又会减少,两者相抵,用劳动者人数代替劳动投入量的变动,误差估计不会很大。因此,在度量时本文采用高技术产业年末平均从业人数作为衡量劳动力的指标。

资本投入部分,经过查阅统计年鉴,本文选择固定资产原价,以1998年为基年,按照固定资产价格指数进行平减后的值作为资本投入指标。

(二) 分行业高技术产业全要素生产率变动分析

采用基于DEA的Malmquist指数法,使用DEAP 2.1分析软件,从分行业、分省份、中国总体三个方面分析高技术产业全要素生产率变动结果进行分析,并将其分解,探讨影响高技术产业全要素生产率变动的主要原因。得到如下结果:

1. TFP变化结果分析

表1 分行业高技术产业TFP变化指数

	医药制造业	航空航天器制造业	电子及通信设备制造业	电子计算机及办公设备制造业	医疗设备及仪器仪表制造业
1999—2000	0.96	0.798	0.968	1.381	0.898
2000—2001	1.018	1.049	1.224	1.27	1.062
2001—2002	1.135	1.192	1.487	0.942	1.142
2002—2003	1.035	1.731	1.382	1.14	0.892
2003—2004	1.284	0.667	1.043	0.989	1.174
2004—2005	1.198	1.656	1.323	1.049	0.8
2005—2006	0.781	1.424	1.246	1.039	1.234
2006—2007	1.05	1.203	1.217	0.925	1.164
2007—2008	1.08	1.17	0.911	1.06	1.198
整体水平	1.06	1.21	1.20	1.09	1.06

表1所示为高技术产业五大行业TFP变化结果表。从高技术产业五大行业十年的TFP变化情况来分析,基本上都处于稳步提高的状况,除了某些年份有小幅下降外,整体是增长趋势。尤其航空航天器制造业最近几年生产率提高很快,2003年TFP增长最大达到1.731,2005年为1.656,和其他行业相比具有明显优势,但目前航空航天器制造业在我国高技术产业中的比重还相对较少,最近几年由于国家对航天事业的大力扶持政策,使该行业的全要素生产率明显提高,在今后该行业必将有巨大的发展提升空间。在我国高技术产业中占比重最大的电子及通信设备制造业在2008年之前一直处于TFP快速提高阶段,但在2008年出现了下降的趋势。其余三个行业都处在平稳增长状态,TFP变化并不是很明显,但仍以缓慢上升为主。这一结果也基本符合目前我国高技术产业行业发展的现实状况。

2. TFP变化的分解:技术效率变化和技术进步变化结果分析

将TFP变化分解为技术效率变化(表2)和技术进步变化(表3)两部分。五大产业基本上都有相对一致性的规律:TFP的增长主要来自技术进步的提高,因为从数值上来看,技术进步变化的指数大于技术效率变化。分行业来看,电子及通信设备制造业的技术进步最快,平均水平达到1.17。除航空航天器制造业以外,其余四个行业都是技术进步增长快于技术效率增长,但航空航天器制造业整体的技术进步增长也仅仅低于技术效率增长 0.036(1.136−1.1 = 0.036)。

表2 分行业高技术产业技术效率变化指数

	医药制造业	航空航天器制造业	电子及通信设备制造业	电子计算机及办公设备制造业	医疗设备及仪器仪表制造业
1999—2000	0.942	0.561	0.824	1.000	1.000
2000—2001	0.733	0.799	0.801	1.000	1.000
2001—2002	1.184	1.212	1.277	1.000	1.000
2002—2003	0.977	2.061	1.499	1.000	1.000
2003—2004	1.185	0.783	1.000	1.000	1.000
2004—2005	1.055	1.372	1.000	1.000	1.000
2005—2006	0.747	1.134	1.000	1.000	1.000
2006—2007	0.956	1.090	1.000	1.000	1.000
2007—2008	0.931	1.208	1.000	1.000	1.000
整体水平	0.968	1.136	1.045	1.000	1.000

表3　分行业高技术产业技术进步变化指数

	医药制造业	航空航天器制造业	电子及通信设备制造业	电子计算机及办公设备制造业	医疗设备及仪器仪表制造业
1999—2000	1.019	1.422	1.175	1.381	0.898
2000—2001	1.389	1.313	1.527	1.27	1.062
2001—2002	0.959	0.983	1.165	0.942	1.142
2002—2003	1.059	0.84	0.922	1.14	0.892
2003—2004	1.083	0.851	1.043	0.989	1.174
2004—2005	1.135	1.207	1.323	1.049	0.8
2005—2006	1.046	1.256	1.246	1.039	1.234
2006—2007	1.098	1.104	1.217	0.925	1.164
2007—2008	1.161	0.968	0.911	1.06	1.198
整体水平	1.11	1.10	1.17	1.09	1.06

将技术效率变化进一步分解为纯技术效率变化和规模效率变化，如表4从规模效率的情况来看，目前除了航空航天器制造业还处于规模效率增长阶段外，其余四个行业规模效率基本处于不变水平，医药制造业2008年出现规模效率降低的情况，也就是说依靠规模的扩大已经很难换来效率的提高。

表4　分行业高技术产业规模效率变化指数

	医药制造业	航空航天器制造业	电子及通信设备制造业	电子计算机及办公设备制造业	医疗设备及仪器仪表制造业
1999—2000	0.942	0.577	0.824	1.000	1.000
2000—2001	0.733	0.726	0.801	1.000	1.000
2001—2002	1.184	0.903	1.277	1.000	1.000
2002—2003	0.977	2.061	1.499	1.000	1.000
2003—2004	1.185	0.783	1.000	1.000	1.000
2004—2005	1.055	1.372	1.000	1.000	1.000
2005—2006	0.977	1.134	1.000	1.000	1.000
2006—2007	1.022	1.090	1.000	1.000	1.000
2007—2008	0.960	1.208	1.000	1.000	1.000

(三)分省份高技术产业全要素生产率变动分析

对 30 个省份的数据进行实证后的结果如下表所示。

表5　各地区高技术产业平均 TFP 变化及其分解（1999 年–2008 年）

省份	技术效率变化	技术进步变化	纯技术效率变化	规模效率变化	TFP 变化
北京	1.000	1.073	1.000	1.000	1.073
天津	1.008	1.092	1.007	1.000	1.101
河北	1.040	1.054	1.036	1.004	1.096
山西	1.039	0.988	1.005	1.033	1.026
内蒙古	1.183	0.993	1.115	1.062	1.175
辽宁	1.088	1.040	1.086	1.002	1.132
吉林	1.122	1.026	1.113	1.008	1.151
黑龙江	1.021	1.053	1.017	1.003	1.074
上海	1.013	1.113	1.006	1.007	1.127
江苏	1.012	1.02	1.042	0.971	1.032
浙江	1.040	0.978	1.044	0.996	1.018
安徽	1.068	0.990	1.055	1.013	1.057
福建	1.000	0.989	1.000	1.000	0.989
江西	1.076	1.008	1.068	1.007	1.084
山东	1.083	1.012	1.088	0.996	1.096
河南	1.110	1.025	1.104	1.006	1.138
湖北	1.017	1.010	1.014	1.002	1.027
湖南	1.096	1.039	1.087	1.009	1.139
广东	1.020	1.004	1.000	1.020	1.024
广西	1.148	0.994	1.122	1.023	1.141
海南	1.009	1.032	0.989	1.020	1.042
重庆	1.086	1.028	1.076	1.009	1.116
四川	1.083	1.029	1.082	1.001	1.115
贵州	1.119	1.014	1.108	1.010	1.135
云南	1.068	0.968	1.043	1.024	1.034
陕西	1.048	1.034	1.047	1.001	1.084
甘肃	1.086	1.019	1.063	1.021	1.106
青海	1.173	0.979	1.000	1.173	1.148
宁夏	1.074	1.035	1.054	1.019	1.112
新疆	1.009	1.047	1.013	0.996	1.057

从表5的结果分析看,各地区十年来高技术产业的平均全要素生产率变化基本上都处于TFP增长状态,除了福建省的结果稍稍小于1,等于0.898,有小幅下降外,其余省份TFP均大于1。增长幅度排在前列的省份为:内蒙古、吉林、青海、广西、湖南、贵州。这些省份基本都出自中西部地区,说明近年来中西部地区越来越重视高技术产业的发展,TFP增长较快。将TFP分解为技术效率变化和技术进步变化,其中以技术进步拉动TFP增长的省份主要有北京、天津、河北、上海、江苏、黑龙江、海南、新疆、河南、吉林。其余省份是以技术效率的提高拉动TFP增长的。技术效率进一步分解为纯技术效率和规模效率,发现除了海南、青海两省是由规模效率带动技术效率增长的,其余省份都是由纯技术效率带动技术效率增长的。

表6 各区域高技术产业平均TFP变化及其分解(1999年-2008年)

区域	技术效率变化	技术进步变化	纯技术效率变化	规模效率变化	TFP变化
东部平均	1.031	1.032	1.029	1.002	1.063
中部平均	1.069	1.017	1.058	1.010	1.087
西部平均	1.098	1.013	1.066	1.031	1.111

将30个省份的数据按照东中西三大区域划分,分别取平均值,得到表6的结果。TFP的变化结果显示西部地区大于中部地区,大于东部地区,说明近几年来中西部地区的高技术产业的投入产出结构越来越合理,有向东部地区追赶的趋势。但东部地区在技术进步上仍然具有相当大的优势,东部地区已经进入了依靠技术进步提升全要素生产率的阶段,而中西部地区还是以技术效率的提升带动TFP的增长。从中西部地区的比较来看,西部地区的技术效率高于中部地区,而中部地区的技术进步高于西部地区,这主要得益于中部地区整体经济发展水平上的优势。总的来看,落后地区已经开始向东部发达地区发起追赶。

(四)中国整体高技术产业全要素生产率变动分析

将各省份的数据结果进行平均得到中国高技术产业总体的全要素生产率变动结果及其分解如表7所示。

表7所列为1999年到2008年中国高技术产业全要素生产率的变化及其分解结果。此表由各省份汇总TFP变化及分解结果取平均值而得到。纵观1999年到2008年的十年间中国高技术产业全要素生产率的变化,可以看出中国高技术产业全要素生产率在1999年到2008年间年平均增长10.9%。从1999年到2007年一直处于增长趋势中,尽管增长的幅度有一定的不稳定性,在2008年生产率出现了明显的下滑,这主要是由于2008年受到国际金融危机的牵连,使我国高技术产业的生产率受到了很大的影响。高

技术产业是一个易受到宏观经济形势和国家政策影响的主要部门,当国家宏观经济形势有利于其发展时,高技术产业生产率就表现出相当强劲或稳定的增长;当国家宏观形势处于调整或不利于高技术产业发展时,高技术产业生产率就会表现出剧烈的震荡。

表7 中国高技术产业TFP变化及其分解(1999年-2008年)

年份	技术效率变化	技术进步变化	纯技术效率变化	规模效率变化	TFP变化
1999-2000	1.078	1.147	1.010	1.067	1.237
2000-2001	1.260	0.798	1.199	1.051	1.006
2001-2002	1.034	1.036	1.018	1.016	1.071
2002-2003	1.035	1.13	1.017	1.018	1.17
2003-2004	0.884	1.134	0.935	0.945	1.003
2004-2005	1.108	0.996	1.080	1.026	1.103
2005-2006	1.054	1.046	1.081	0.975	1.102
2006-2007	1.154	0.979	1.085	1.064	1.129
2007-2008	1.004	0.986	1.033	0.972	0.990
平均	1.063	1.022	1.049	1.014	1.087

将全要素生产率的变化进一步分解为技术效率变化和技术进步变化,以找出全要素生产率变化的深层影响。从表7的结果来看,技术进步和技术效率的变化都对全要素生产率的增长有一定的贡献,但是相对来说技术效率的贡献更大,十年平均增长6.3%,技术进步增长2.2%。说明我国高技术产业的全要素生产率的增长是由技术效率增长和技术进步增长共同推动的,但技术效率的推动作用更大。将技术效率变化进一步分解为纯技术效率变化和规模效率变化,发现纯技术效率和规模效率都是推动技术效率变化的因素,其中纯技术效率平均增长4.9%,规模效率平均增长1.4%,可见纯技术效率对技术效率的贡献更大。

五、中国高技术产业全要素生产率变动的影响因素结果分析

使用SPSS软件进行回归分析,所得结果如表8-表10。

表8 模型的总体参数表(Model Summary)

Model	复相关系数	决定系数	调整后的决定系数	标准误差
1	0.676(a)	0.441	0.422	0.21798

a Predictors:(Constant), EG, IC, GF, SE, TF, RD

30 产业集聚对高技术产业全要素生产率变化的影响研究

表9 模型的回归方差分析表(ANOVA(b))

Model		平方和	自由度	均方	F值	p值
1	回归项	2.059	6	0.343	7.223	0.000(a)
	残差项	12.497	263	0.048		
	总数	14.556	269			

a Predictors: (Constant), EG, IC, GF, SE, TF, RD
b Dependent Variable: TFP

表10 回归系数及显著性检验表(Coefficients(a))

Model	变量	未标准化系数		标准化系数	T值	p值
		系数B	系数标准差	Beta		
1	常数	1.400	0.069		20.306	0.000
	TF	−0.248	0.059	−0.243	−4.190	0.000
	SE	−0.004	0.006	−0.039	−0.674	0.501
	RD	0.022	0.007	0.193	3.269	0.001
	GF	−0.027	0.011	−0.144	−2.646	0.011
	IC	0.300	0.091	0.191	3.294	0.001
	EG	−0.002	0.014	−0.006	−0.411	0.710

a Dependent Variable: TFP

回归结果如上表所示,被解释变量主要正向影响因素包括:研发投入(RD)和产业集聚(IC),影响的程度分别为0.193和0.191,数值偏小,说明影响还不是很大。而对全要素生产率有负向影响的因素主要包括上一年的全要素生产率的变化(TF)和政府行为(GF),这两个因素的影响程度分别为−0.242和−0.144。而另外两个影响因素没有通过显著性检验,说明这两个因素——高端人才(SE)和国际竞争力(EG)还没有成为我国高技术产业全要素生产率变动的主要影响因素。

通过以上的结果,本文对所得结果进行深入分析。

1.研发投入确实会对我国高技术产业的全要素生产率的提高有一定的正向作用,通过加大研发的投入,可以提高技术进步速度,提高自主创新能力,生产出更多的优质产品,具有自主知识产权的产品,在市场竞争中能够占据有利的地位,这样一来,必然对高技术产业的全要素生产率的提高有拉动作用,毕竟高技术产业是一个需要高研发投入的产业,研发是高技术产业得以生存的生命线,只有通过不断地研发创新才能提高高技术产业的整体水平,从而促进产业的提升。但从实证的结果来看,拉动作用还不大,只有0.193,说明今后我国还要进一步加大研发的投入力度,并将研发的投入转化为真正意义的成果,来提高高技术产业的效率。

2.产业集聚能够对产业发展起到一定的带动作用,这点在大量的文献中已经得到证明,本文的结果也与此一致,认为高技术产业的产业集聚水平对全要素生产率的提升有一定的带动作用。产业集聚作为一种区域组织形式,在经济增长中具有重要作用,同时产业集聚的发展是产业发展适应全球化及竞争日益激烈的新趋势,是应对新的竞争压力所提出的有效的区域经济发展模式,对经济发展有重要的意义。本文的结果显示,产业集聚对高技术产业的经济增长影响系数为0.191,影响程度并不是很大,这主要可能是由于我们采用的是区域数据,可能由于地区的差异性导致产业集聚的影响结果偏低,说明我国还要进一步加强产业集聚效应,明确各地区的主要产业优势,逐步形成高技术产业的集聚效应,形成产业链的发展模式,从而提高我国高技术产业的整体竞争力,提高高技术产业的生产率。

3.上一年的全要素生产率变动会对当年的变动有一定的负向影响,主要是由于前一年如果增长较快,必然使下一年的提升空间减小;反之,如果前一年退步较多,后一年提升的空间就会较大,因此出现一定的负向影响也是可以理解的,本文实证的影响程度是-0.242,说明上一年的结果对本年度的负向影响还是较大的。

4.政府行为对高技术产业全要素生产率增长的影响是负向的,本文考虑这主要是因为一些企业过分依赖于政府的资金支持,反而使其丧失进取心,效率下降,从而阻碍企业的进一步发展。所以从这个角度来看,政府行为确实对高技术产业的全要素生产率有一定的负向影响,本文实证结果显示影响系数为-0.144,说明政府行为的负向作用还不是太大,因此政府也应该注意到这种趋势,及时采取响应的政策措施,调整政府的市场进入力度,充分发挥"有形的手"与"无形的手"的双重优势,使政府行为能发挥积极的导向作用,对高技术产业生产率起正向的影响,这才是政府的真正作用所在。

5.高端人才对高技术产业全要素生产率增长显著性影响不大,这似乎有失常理,但仔细想来也是可以解释的,这与本文所选的指标有一定的关系。本文选择的是科学家和工程师的数量占从业人员的比重,是以高素质人才作为影响因素的,但从我国高技术产业的实际情况来看,首先高端人才的比重确实还很少,有些省份几乎为零,而且高端人才的流动性较大,数据的统计结果往往不能反映实际的情况。另外,我国的高技术产业生产率的提升很大一部分还是依靠低端的技术、资本的堆积和对国外产品的简单加工改造,这些都导致了高端人才对高技术产业的生产率影响不显著。因此,尽管在现在的条件下,高端人才还不足以影响高技术产业的效率增长,但从长远发展来看,高端人才的比例仍然对我国高技术产业的发展有重要意义。

6.国际竞争力水平对高技术产业的全要素生产率增长也存在着不显著的影响,这主要是由于我国的高技术产业当前主要是以制造业加工为主,真正能够拥有国际竞争力的产品还不多,自主创新这方面和发达国家相比还有很大的差距,导致高技术产业的出口比重很小,不足以对产业生产率的增长构成影响。所以我国高技术产业还是要首先提高自主创新能力,掌握具有自主知识产权的产品,才能不断提高国际竞争力。

六、结论

论文首先对高技术产业全要素生产率的变动进行研究。从分行业的结果来看,航空航天制造业平均TFP增长最多达到1.21,电子及通信设备制造业为1.20,其他行业的TFP也都在1以上。说明我国高技术产业各行业全要素生产率增长率都处于平稳上升趋势。TFP的增长主要来自于技术进步。从分省份的结果来看,各省份普遍处于TFP增长中,技术效率和技术进步的贡献各省份各有差异,没有形成统一格局。从三大地区的比较来看,东部地区的技术进步变化相对中西部地区有一定优势,中西部地区的技术效率则进步明显。而中国整体的全要素生产率十年来处于小幅增长中,主要是由技术效率增长带动的。最后,回归检验了高技术产业全要素生产率变动的影响因素,发现研发投入和产业集聚对TFP的增长有正向影响,政府行为对TFP增长有负向影响,高端人才和国际竞争力对目前我国的高技术产业TFP增长的影响还不显著。

参考文献

[1] Dolores Anon Higon. The impact of R & D spillovers on UK manufacturing TFP: A dynamic panel approach[J] Research Policy,2007(36):964-979.

[2] Farrell. M. J. The Measurement of Productive Efficiency[J]. Journal of the Royal Statistic society,1957,120:252-259.

[3] Gary Madden, Scott J.savage. Telecommunications produetivity catch-up and innovation[J]. Telecommunications Policy,1999,23:65-81.

[4] Harry Bloch, Sam Hak Kan Tang. The effects of exports, technical change and markup on total factor productivity growth: Evidence from Singapore, selectronics industry[J]. Economics Letters,2007,96:58-63.

[5] Kieran Mc Morrow, Werner R ger, Alessandro Turrini. Determinants of TFP growth: A close look at industries driving the EU-US TFP gap[J]. Structural Change and Economic Dynamics,2010(21):165-180.

[6] Leung, J. patent production and innovation over 150 years[M]. NBER Working Paper 8977, 2002.

[7] Marcel P. Timmer. Industrial Research and Technological Innovation[M]. New York: Norton. 1968.

[8] Miller, S.M, Clauretie, T.M., and Springer, T.M. Economics of scale and cost efficiency: A panel-data stochastic frontier analysis of real estate investment trusts[J]. The ManchesterSchool, 2006, 74, 4, 483－499.

[9] Solow Robert M. Technical: Change and aggregate production[J]. Review of Economics and Statistics, 1956, (37).

[10] Ubinna Chmabarawgala. A Dynamic Model of Process and Product Innovation[J]. Omega, 1975, 33: 639－656.

[11] Vincezo Atella, University Research and Regional Innovation[M]. Boston, MA: Kluwer Academic Publishers. 1998.

[12] 李明智, 王娅莉. 我国高技术产业全要素生产率及其影响因素的定量分析[J]. 科技管理研究. 2005(6): 34－38.

[13] 李邃, 江可申, 郑兵云, 白俊红. 高技术产业研发创新效率与全要素生产率增长[J]. 科学学与科学技术管理, 2010, 31(11): 169－175.

[14] 刘建翠. R&D对我国高技术产业全要素生产率影响的定量分析. 工业技术经济, 2007, 26(5): 51－54.

[15] 刘志迎, 叶蓁. 中国高技术产业各行业技术效率的实证分析[J]. 科学学与科学技术管理, 2006(9): 22－27.

[16] 邵一华, 马庆国. 中国高技术产业与传统产业要素重配置效应分析[J]. 科研管理, 2001(3): 40－45.

[17] 张宇, 蒋殿春. FDI、产业集聚与产业技术进步——基于中国制造行业数据的实证检验[J]. 财经研究, 2008(1): 32－39.

[18] 赵伟, 李淑贞. 出口与产业生产率: 基于中国高技术产业的检验[J]. 技术经济, 2008(5): 34－40.

31

社会资本：一个基于多元视角的理论综述

梅丽霞　许泽想

（中南财经政法大学工商管理学院　湖北 武汉　430073）

> **摘　要**：1980年代兴起的社会资本理论经历近30年的发展，集聚了一批来自社会学、经济学及管理学界庞大的研究队伍，形成了广泛的研究流派，他们以各自学科为背景对社会资本进行了系统的阐述并取得了丰硕的理论成果。但是，尚存在包括专业背景的局限、理论视角的个性及研究水平的差异在内的种种缘由，使得社会资本学说在理论运用方面逐步走向泛化，时至今日仍未形成高度一致的学科定义。本文立足于社会资本理论的研究背景，通过对现存比较经典的理论进行梳理，给读者一个清晰的社会资本理论沿革框架，进而对现存理论的模糊或不足之处进行有益探讨。
>
> **关键词**：社会资本；社会网络；结构；关系

一、引言

1980年代中后期，随着经济社会的不断发展，面对新生的经济现象或社会问题，已有的经济学、管理学及政治学经典理论都无法表现出更强的解释力，"社会资本"一词便应运而生了。由此，兴起了学界热议近三十年的跨学科话题——社会资本理论。虽然它是一门新兴的社会科学理论，但其发展之迅猛吸引了众多学者争相追逐。近十年，国内外与之相关的社会科学文献数量呈现飙涨态势，这一百家争鸣的繁荣景象无疑意味着社会资本理论被全面引入经济、政治及管理学领域的步伐愈走愈快，显著地增强了相关学科的理论解释力，同时，也促使自身理论不断发展和完善。尽管几十年的发展使得

[基金项目]：国家自然科学基金项目"创新集群的形成与演化机理研究：技术标准的视角"（批准号71103202）。
[作者简介]：梅丽霞（1979-），女，湖北新洲人。北京大学城市与环境学院博士，中南财经政法大学工商管理学院副教授、硕士生导师。研究方向：产业集群、技术创新与区域发展。
许泽想（1987-），男，湖北仙桃人。中南财经政法大学工商管理学院硕士研究生。研究方向：社会资本与产业集群。

现存的文献成果斐然,但跨学科研究的视野不可避免具有分散性,需要进行比较系统的整理归纳。本文通过对现有研究成果进行梳理,以期呈现出一幅相对清晰完整的逻辑架构图,尝试性地提出社会资本理论亟待深入探讨的领域,进而为其深入的可持续研究添砖加瓦。

二、一般资本与社会资本

狭义的资本,一般指的是用于生产的基本生产要素,如资金、厂房、设备、材料等物质资源;广义的资本,指人类创造物质财富和精神财富的各种社会经济资源的总称。特别是在金融和会计领域,资本更是金融财富的代名词,指用于经商、兴办企业的金融资产。

商品经济的产生使经济学作为一门学科诞生以来,资本一直就充当着核心概念的角色,从亚当斯密、大卫李嘉图到凯恩斯,他们无一不重视资本的重要意义。其中最精髓的是马克思《资本论》的观点:"资本是以机器、设备等实物形态和以货币形态表现的生产性资源,是一种可以带来剩余价值的价值,它在资本主义生产关系中是一个特定的政治经济范畴,体现了资本家对工人的剥削关系。"林南(Lin,2005)认为马克思的资本概念是"阶级资本",其资本理论是"古典资本理论"。

而上世纪60年代,随着生产力的发展和社会的进步,生产过程中劳动者的能动性开始受到经济学者的广泛关注,贝克尔(1987)提出了人力资本概念。与物质资本不同,人力资本是劳动者由于获得知识、技能和其他在生产和交换过程中对雇主或公司有用的品质而增加的价值,劳动者不再被动地任人宰割,而能够在自我动机的指引下通过增加自身的人力资本价值对自身进行投资,例如教育技能的提高。这一理论是马克思的阶级资本理论范畴的升华,是"新资本理论"。

上文提到的"阶级资本"代表着一般意义下的广义资本概念,而"人力资本"则阐明了一般意义下关于资本的特类范畴,它们对社会资本的表述具有理论指导意义。就目前而言,在一般意义上,社会资本的概念界定存在着几点共识:其一,社会关系犹如"皮",社会资本正如"毛",二者相依共存;其二,社会资本不仅包含货币、财产等物质资本,也包含声望、信任、规范等文化资本以及蕴含在个体之中的知识与技术等人力资本,具备一般资本的特性,即增值性;其三,社会资本不仅静态地嵌入在社会关系中,而且也是人们维持和获取各种权益的动态系统过程。

事实上,阶级资本、人力资本及社会资本仅是资本的不同表现形式,它们的共同本质是可以带来回报的资源投资。各方学者只是从不同层面或不同角度描述了可以带来回报的资本,下文将会详述。已有有关社会资本的理论,不仅有其对资本问题认识的经济学和社会学的逻辑根据,而且也有其资本在商品经济或市场经济中发展或展开的现实基础。尤其应当看到,社会资本理论是在阶级资本、人力资本等资本理论基础上的进一步发展,它承续了200年来经济学和社会学对资本问题的丰富思考(刘少杰,2004)。

三、社会资本理论研究成果的述与评

(一)社会资本理论

"社会资本"一词最早由汉尼芬(Hanifan)在1916年提出,他认为社会资本是社会群体或家庭中具有的亲切感、同胞情及能够获取资源、满足需求的社会关系。个人或家庭通过适度合理地利用这些资本,可以在一定程度上实现其利益,对维持正常有序的生活有重大意义。他主要从社会学角度界定了社会资本,强调社会资本是个人或家庭构成的连带关系,社会成员是关系网络中的参与者或受众。对于社会资本的认识,不同学者有着不同的理解,具有代表性的观点大致可以分为三种:

1. 社会资源观

布迪厄(Bourdieu,1985)认为"社会资本是实际或潜在资源的集合体,那些资源是同某种持久性的网络的占有密不可分的,这一网络是大家共同熟悉的、得到公认的,而且是一种体制化关系的网络"。在这篇文章中,社会资本得到了比较正式的界定。他是第一个把社会资本与社会关系网络联系起来的社会学家。在他看来,社会资本是一种资源的集合体,而且这个集合体和社会关系网络紧密地联系在一起,强调了社会成员构成的关系网络,这种关系网络为成员提供可以利用的资源。可见,他理解的社会资本重点在于拥有某种资源的成员嵌入的链接,这种链接以一定的资源为基础,由成员在频繁交流过程中逐步形成的内部信任关系来维持,使人们能够从这种稳定的网络关系中获得利益。在此基础上,布迪厄创造性地把资本按照形式划分为经济资本、文化资本以及社会资本。

科尔曼(Coleman,1988)认为"社会资本是根据其功能定义的。它不是某种单独的实体,而是具有各种形式的不同实体。其共同特征有两个:它们由构成社会结构的各个要素所组成,它们为结构内部的个人行动提供便利"。他强调人们对资源控制的权威关系为社会资本的表现形式,这种权威关系在长期的信任和资源的交换过程中形成。因此,将社会资本的考察与"关系"相连是科尔曼所要强调的关键。他将社会资本分为四种形式:义务与期望、存在于社会关系内部的信息网络、规范和有效惩罚、权威关系。笔者认为,科尔曼考察的社会资本与"关系"的关联关系即社会资本的存在依附于一定的网络关系载体,这一载体不是个人而是某一群体。科尔曼的社会资本理论在研究内容上比较全面,对社会资本的内涵进行了全面的界定与分析,但他主要是从功能角度进行的界定。而用社会资本的功能为社会资本下定义容易引起同义反复,导致社会资本理论的概念模糊不清。

布朗(Brown)从系统的角度来看待社会资本,认为社会资本是按照构成社会网络的个体自我间的关系类型在社会网络中分配资源的过程系统。社会资本系统可以按照"要素、结构和环境"的三维概念,划分为微观、中观和宏观三个层面。在微观层面,指个体自我通过社会网络(包括自我在内)调动资源的潜力,主要是个人形成的价值观念和规范等。在中观层面,指社会资本特定网络的结构化、该网络中的自我之间联系的定型以及资源因其特殊结构而通过该网络流动的方式,包括集团间所形成的信任、互惠、义务及期望等。在宏观层面,关注的是"外在"文化、政治和宏观经济随网络中的社会联系的性质对网络结构的影响以及对网络构建、变化和转移动力的影响,例如国家制度、法律框架、公民权利以及社会凝聚力。布朗的这个定义比较宽泛,涵盖面较广。

博特(Burt,1992)这样定义社会资本:"社会资本指的是朋友、同事和更普遍的联系,通过他们,你得到了使用(其他形式)资本的机会,企业内部和企业间的关系是社会资本,它是成功的最后决定者。"正如博特所说的,这里所使用的社会资本概念与解决群体内部的集体行动问题没有什么太紧密的关系,而只不过是群体成员可以用来达到这个群体的目标的所有网络联系的总和。他从网络分析的角度对社会资本和人力资本之间进行比较。在这个意义上使用的社会资本概念,其中最为著名的有"结构洞与桥"理论。他指出,一个人占据了交换资源的良好位置则越有利于资源的拥有,即"洞效果",占据了"桥"位置的人,他们拥有更多交换的机会,并很容易得到信息及中介的利益,掌控较多的组织资源,而这些组织资源即是社会资本带来的效果。总而言之,他在格兰诺维特的理论基础上,进一步强调了社会网络在社会资本理论中的重大意义。

林南(Lin)是社会资源理论的发起者,有关"资源"方面,林南(2005)认为"社会资本是行动者在目的性行动中获取和使用的嵌入在社会结构中的资源"。资源可分为作为人力资本的个人资源与作为社会资本的社会资源两种,个人资源可以通过他人转让、自我努力或双方交换三种方式获得,社会资源既包括他人的永久性资源,也包括他们通过等级制结构中的位置控制的资源。对"结构"的认识,林南重点强调社会结构主要由位置、权威、规则和代理人四要素组成。关于"行动",林南指出行动趋向与位置具有关联性。在社会行动中,对于处于任何位置上的代理人,行动者受维持和获取资源的目的驱动,需要通过互动维持或获取社会资本。而这里所指的互动可分为同质、异质性互动两种。低位行动者可以通过异质性行动获取社会资本,而高位行动者则可收获声望之类的资本利益。

2. 社会规范观

普特南(Putnam)将社会资本系统地引入经济学、政治学等领域,引起了学界尤其是社会科学界的广泛关注,因此,被公认为社会资本理论研究史上继布迪厄和科尔曼之后的第三个里程碑级人物。普特南(Putnam,2001)认为社会资本是"由一系列的信任、网络和规范构成的,这种具有组织性质的网络可以促进集体合作意愿的达成"。他重点强调了信任的重要性,指出公民间的信任与合作行为达成与否成正相关。在其代表作《使民主运转起来》一书中,普特南提出社会信任是社会资本的最关键因素,互惠规范和公民参与网络能产生社会信任。他认为东亚的网络常常是以家族或者像海外华人这样的联系密切的种族社群为基础的,它们培养了信任,降低了交易的成本,加速了信息的流动和创新,进而带动了经济发展。在普特南关于意大利南北社会的研究中,社会信任与合作为社会发展的资本得到了凸显。可以认为,他把社会资本等同于市镇、都市甚至整个国家这样的社区中的"公民精神"的水平,并认为社会资本与政治参与之间存在正向关联。

福山(Fukuyama)从社区角度出发,扩展了普特南的界定,认为社会资本是根据社区的传统建立起来的群体成员之间共享的非正式的价值观念和规范,因其趋同性可以产生对成员的信任,从而促进合作行为。归根结底,社会资本体现为一种网络成员中的信任,这种信任突破了个体的限制,可以拓展到社区范围,而且成员间的信任致使他们之间更容易发生合作行为。进而,福山认为信任的程度可以决定社会资本的多少。

3. 摄取能力观

波茨(Ports)对社会资本概念的理解也是从社会网络的功能开始的,基于以自我中心的定义,他在已有定义的基础上继续扩大社会资本内涵,融会贯通了社会网络的特征,布朗(2000)对社会资本的起源和性质提出了更具精准性的定义阐述:"社会资本指处于网络或更广泛的社会结构中的个人动员稀有资源的能力。"但是,获取社会资本的能力不是个人固有的,而是个人与他人关系中包含着的一种资产,社会资本是嵌入的结果,由此区分了"理性嵌入"和"结构嵌入"。社会网现存的结构提供给行动者"互惠的预期"和"可强制推行的信任"这两种约束因素,使行动者能够通过"理性的嵌入"或者"结构的嵌入"来具有某种成员资格,从而得到获取稀缺资源的潜力。

(二)社会资本的测量

1. 普特南(Putnam)

普特南使用社团或第二类、第三类社团——如红十字会、工会、宗教群体、互助及嗜好俱乐部的参与率来测量社会资本。这种测量社会资本的方法遭到质疑。林南(2005)指出,社会资本应通过嵌入在社会网络中的资源来测量,如果将适用于集体的原理套在个体身上,就会出现生态谬误。

2. 格兰诺维特(Granovetter)

在对社会资本的测量方面,格兰诺维特对网络关系强弱方面的测量一定程度上为社会资本的测量提供了很好的思路。格兰诺维特(Granovetter,1973)提出了衡量连带强弱的四个构面:互动频率、认识久暂、亲密程度及互惠内容。这样一种测量是采取调查问卷的方式进行的。互动频率指的是平均而言,受访者与关系人每天(周/月/年)的聊天次数越多,说明互动的频率越高,连带关系越强;认识久暂的衡量比较机械,只需要考察受访者与关系人相识的时间长短,一般来讲,相识的时间越长,双方连带关系越强;亲密程度主要是考虑受访者与关系人交流的内容(话题亲密)或交往的方式(行为亲密);互惠内容指的是受访者基于某种需求动机而表现出与关系人"你来我往"的互动行为。笔者认为,格兰诺维特这种测量方式在实际操作中存在一些不足之处,比如前三项指标均需考虑不同的文化背景及不同关系下的不同情境,倘若一概而论会有失偏颇,特别是在中西文化上的差异会直接影响测量的效度。

3. 林南(Lin)

林南(1986)直接采用关系主体的财富、权力和地位特征测量社会资本,并把社会网络的规模、密度、同质性和异质性、内聚性和封闭性作为测量社会资本的候选指标。但这种以数据表示人的行为动机的研究方法令笔者感到有些质疑,而且在实际操作中会有困难。

4. 边燕杰、丘海雄

本土社会学者边燕杰、丘海雄(2000)比较早地提出了社会资本测量方法的独到见解。他们使用了三个指标测量企业的社会资本:一是企业法人代表是否在上级领导机关任过职,其隐含的假设为企业法人代表的行政级别越高,他所拥有的社会资本量可能越大,企业在该方面的联系上就占优势;二是企业法人代表是否在跨行业的其他任何企业工作过及出任过管理、经营等领导职务,其隐含假设是在跨行业的其他任何企业工作过并担任领导,他所拥有的社会资本量可能较大,企业在横向联系方面就占优势;三是企业法人代表的社会交往和联系是否广泛,这是一个定序的主观评价指标,社会交往越广泛,企业法人所拥有的社会资本量越大,企业则在社会联系上占优势。这一套测量标准虽然包含的内容还不尽完善,但是使用起来比较方便,而且在现有测量方法中已经是比较完善的了,得到了国内众多学者的肯定和应用。

四、结束语

综上所述,社会资本理论超越了包括物质资本和人力资本在内的一般资本范畴,强调了社会资源、社会规范和摄取能力的重要性,提出了社会关系中嵌入资源的观点,开阔了我们解释各种社会现象和经济行为的视野,为激发新的观点提供了可能。同时也应看到,社会资本理论作为一门发展中的新学说,未能形成关于社会资本的共识性定义,缺乏大家一致认同的分析思想和测量方法,尚有很多需要进一步完善的地方。但无可否认的是,这一理论一旦成为一门真正的学科,必将有力地推动社会科学发展迈上新的更高的台阶。

31 社会资本：一个基于多元视角的理论综述

笔者认为，社会资本理论要想成为一门真正的学科，必须具备学科相关原理的系统性。首先，必须弄清社会资本的孕育与维持、形成与发展的轨迹，特别是影响社会资本形成的因素或促成社会资本转化为资源的条件，进而抽象出社会资本的核心要素，比如社会网络与连带关系、结构与地位及文化氛围与制度场域等。紧接着，在此基础上尽快形成社会资本富有普适性的定义，而这一定义的形成，就目前看来难度颇大，学术界普遍认为其原因在于研究者的主攻方向参差不齐，他们大多将社会资本的解释力作为工具性辅助理论，倾力服务于主攻的研究方向而对其理解有失全面性，例如社会学学者基于社会网络、结构、关系及信任等，经济学学者则偏重于资源、价值嵌入及利益交换等，而政治学学者更是从制度约束、社区、价值观及规则等着手。但在笔者看来，这一现象作为无法形成权威定义的原因的措辞并不充分，不同层面不同角度的分散研究并非百弊而无一益，利与弊之间就像真理与谬误一般，关键在于转化的方法。目前的学术界缺乏一位将现存的各方学者有关社会资本研究的成果汇集整理并抽象归纳的集大成者，这才是无法形成社会资本普适性定义的"罪魁祸首"。因而，要想社会资本理论作为一门真正的学科得以延续并发展，首要解决的就是定义问题，在此过程中，深入研究任重道远。

参考文献

[1] Bourdieu. The Forms of Capital, in Handbook of Theory and Researchfor the Sociology of Education[M]. New York：Greenwood，1985.

[2] Burt. tructural Holes：The Structure of Competition[M. Harvard University Press，1992.

[3] Granovetter. Economic Action and Social Structure：The Problem of Embeddedness [J]. American Journal ofSociology，1985，(9).

[4] Lin nan. Access to Occupations Through Social Ties[M]. New York：Social Networks，1986，(8).

[5] Putnam. Bowling Alone，The Collapse and Revival of American Community[J].Simon & Schuster，1993，(7).

[6] 贝克尔.人力资本[M].北京大学出版社,1987.

[7] 边燕杰,丘海雄.企业的社会资本及其功效[J].中国社会科学,2000(1).

[8] 弗朗西斯·福山.公民社会与发展[M].上海：三联书店,2003.

[9] 林南.社会资本：关于社会结构与行动的理论[M].上海人民出版社,2005.

[10] 刘少杰.以行动与结构互动为基础的社会资本研究——评林南社会资本理论的方法原则和理论视野[J].国外社会科学,2004,(2).
[11] 罗家德.社会网分析讲义[J].社会科学文献出版社(第二版),2010.
[12] 普特南.使民主运转起来[M].江西人民出版社,2001.
[13] [美]托马斯·福特·布朗.社会资本理论综述[J].马克思主义与现实,2000,(2).
[14] 王婷菲.社会资本理论综述[J].经济视角下,2011(5).
[15] 张文宏.社会资本:理论争辩与经验研究[J].社会学研究,2003,(4).
[16] 詹姆斯·科尔曼.社会理论的基础(上)[M].北京:社会科学文献出版社,1999.
[17] 邹宜斌.社会资本:理论与实证研究文献综述[M].经济评论,2005.

32

制度、组织与知识研究：基于演化和空间

严 岭

（扬州大学商学院）

> **摘　要**：全球化与IT推动制度变革和组织更新，促进知识生产与分享，加速全球经济空间重构，推动集群兴起和演化。本文基于制度视角和演化逻辑，剖析多维的组织层次：企业、产业与市场，解构制度、组织与知识演进，探讨经济空间演化动因，分析制度、组织、知识变革与集群演化的内在关联，并寻求制度革新、组织演进和知识创造的合宜策略。
>
> **关键词**：制度；组织；知识；创新集群；演化

一、引言

伴随全球化和信息技术革命进程，制度与组织创新活跃，知识生产与分享加速，经济空间格局重塑。1980年代以来，中国凭借改革开放红利，借力市场组织，融入全球分工网络，产业群落崛起，城市体系发育，经济景观面貌一新。然而，面对全球激烈竞争，本土产业提升不顺，集群升级困难，知识创造不足，增长转型遭遇瓶颈。因此，有必要深入剖解制度变革动因，探寻组织和知识创造机制，促进创新集群成长，实现经济均衡持久发展。

二、相关概念与研究进展

（一）制度研究

制度在人类社会行为关系中普遍存在，特定的制度结构体系和共同的价值信仰构建稳定有序的社会关系，是资源配置的前提条件。随着制度研究深化，经济学研究从新

古典经济学对"特定过程和均衡结果的考察"转向"对普遍、抽象的规则和制度型构过程的考察"。依据研究路径的不同,新制度经济学形成以罗纳德·科斯为代表的芝加哥学派、威廉姆森代表的卡纳基—梅隆学派和道格拉斯·诺思注重制度变迁的经济史学派。

新制度经济学认为,制度是"一个社会的博弈规则",是"一些人为设计的、型塑人们互动关系的约束"(韦森,2009)。制度由三个基本部分构成,"正式的规则、非正式的约束(行为规范、惯例和自我限定的行事准则)以及它们的实施特征(enforce-ment characteristics)"(诺斯,1990)。

"交易费用"是制度分析的核心概念,最初由科斯提出。阿罗认为"交易活动是构成经济制度的基本单位",将交易费用定义为"经济系统的运行费用",威廉姆森则重新界定交易费用分析方法并用于经济组织等领域。威廉姆森以资产专用性、不确定性和交易发生的频率描述交易的性质,使交易分析方法真正成为组织现象的一种分析工具。

纳尔逊和温特(1982)基于有限理性和知识的分散性,提出"惯例"一段时间内将保持一定稳定性,制度变迁中存在着报酬递增和自我强化的机制即路径依赖,制度变迁存在历时性特征。同时,由于存在状态和结构依存,制度变迁又具有共时性特征(孙涛、黄少安,2009)。

演化博弈论将制度视为博弈规则,用博弈模型展示制度生成机制,是制度研究的前沿。肖特(1881)"认为社会制度最好是被描述为由某种特定成分博弈反复进行,形成的超博弈非合作均衡,而不是一次性博弈的特征","制度是通过人类行动而不是人类的设计而有机孽生地出现的,因而是个人行为的结果,而不是人类集体行为的结果(韦森,2003)。

(二)组织研究

现代组织理论视组织为现存事物的存在,是事物内部(及其与外部)按照一定结构与功能关系构成的方式和体系。而后现代组织理论则认为,组织是指过程性的演化体系,它是指事物朝着空间、时间或功能上的有序结构方向演化的过程体系(罗珉,2004)。

组织具有分层性、结构性、过程性、复杂性、反馈、有序等特点(罗珉,2006),组织内部存在组织,任何组织又都面对内部和外部交互作用,个体之间的竞争、组织之间的竞争使组织处于变迁之中。组织的层次与结构复杂,组织间交往规则亦具有复杂性。复杂的组织中,不同组织遵照不同性质的组织交往规则,各自特有规则常常交融,具有反馈、有序、多方关联等特点(杨虎涛,2007)。

彼得·M.圣吉(1990)认为,知识经济时代组织边界将被重新界定,新型的组织结构已从多重等级制向网络化转变。阿什肯纳斯(1995)等认为,新型组织即"无边界组织"(The boundaryless organization),像一个有生命的机体,其边界既具有渗透性又具有紧凑性。另外,随着IT应用,组织与环境的界限越来越模糊,组织的核心生产活动具有虚拟性,网络打破组织中时间序列和空间组合的绝对化、静止化,使组织定格于全新的时空范围———网络空间域和网络时间态(罗珉,2004)。

组织化即组织的演化过程(Evolution),意味着组织从无序、混沌到有序结构方向演化,或从低有序结构向高有序结构方向演化。其演化方式包括:开放系统,自组织过程得以产生;系统内部子系统的非线性相互作用,通过竞争、合作系统产生新的模式和功能;通过循环耦合、突变、渐变途径,系统自组织发展演化多样性,将系统的演化推进到最大的复杂性可能空间(罗珉,2006)。

(三)知识研究

作为认知的产物,知识是人类社会生存和文明发展的基础。知识定义的角度各异,Nonaka(1994)把知识定义为一种被确认的信念,通过知识持有者和接受者的信念模式和约束模式来创造、组织和传递,Yang(2003)则认为知识是人们通过心智反映、个人经验以及情感影响而形成的对外部现实世界的理解。Lane & Lubatkin(1998)、Zahra & George(2002)认为,组织积累的知识在数量和质量上超过个人的知识(屠兴勇,2012)。

Polanyi(1960)将知识分为隐性知识与编码知识。隐性知识来源于个体对外部世界的感知和判断,基于主观的直觉、预感和洞见,是经验性的。群体隐性知识(Nelson & Winter),存在于组织惯例之中,不能为某一个体所完全理解和掌握,而组织唯有通过隐性知识才能保持其结构性和一致性。编码知识是客观的、理性的知识,一般以语言、文字、符号、图像表达。编码知识需要转化为隐性知识,并与相关的隐性知识相融合才能被理解和应用(吕卫文,2007)。

动态企业理论认为,知识构成企业的资源基础与核心能力(Kogut & Zader,1992;Grant,1996)。知识生产突破组织边界,组织间建构知识共同体(王雎等,2007),实现知识创造与分享。基于组织间知识流动形成的知识链,建构知识网络(肖冬平等,2009),是以实现知识共享和知识创造为目的的。

(四)空间研究

物理学范畴中,空间有四种角度:亚里斯多德式的,认为空间是"静止的、层次分明的、固定的";牛顿式的,认为空间"像是一种固定好的方格,将所有客体置于此方格内,所有的事件也发生于其中";莱布尼兹式的,认为空间"基本上是关系式的,全然依靠空间物体之间的关系来定义";康德式的,认为空间是"由人类强加于世界之上的一种形式"(沈丽珍,2010)。

传统地理学依据牛顿观念,研究人类面对的地理空间问题。当代地理学家更加看重制度、文化、关系和地方,实现人文转向。列斐伏尔认为空间具有复杂的特质:包括社会中的生产与再生产及其空间区位与配置组合的"空间实践(space practice)","空间的表征(representation of space)"即某种空间的呈现方式以及"表征的空间(the space of representation)",透过意象与象征而被直接生活(lived)出来,是人们生活和感知的空间(石崧,2005)。

IT重塑空间结构,米切尔(Mitchell)认为,网络将空间的尺度无限缩小,无论身处地球的何处,信息技术使彼此成为空间上的零距离,而哈维(Harvey)把电子通信网络作为后福特制生产体系的支撑部分,认为其造就大规模的全球"时空压缩",重组社会关系结构和日常生活节奏(沈丽珍,2010)。

经济学一向"空间缺失",1990年代以来克鲁格曼等经济学家对空间产生浓厚兴趣,研究区位、集聚等空间现象,被称为"空间经济学"(梁琦,2005)。空间研究具有跨学科特点,融合经济学、地理学、社会学等学科,深入研究制度、组织及知识的空间演化,具有很强的挑战性。

(五)演化研究

演化科学起源于生物进化论,具有跨学科特点。达尔文生物进化论的核心在于变异、遗传和自然选择。拉马克认为生物对环境的适应产生了变异,这种变异可以遗传给后代。新达尔文主义认为,表型指有机体外部特征和形态结构,基因型是由遗传组织所构成的,植根于DNA结构中;基因决定一个物种的个体或物种间的差异,是代际间遗传连续性的根源;表型生活的环境对基因突变进行选择。

物理学的耗散结构理论对演化科学影响深远。普利高津等认为,耗散结构是指在远离均衡态之下,热力学系统可能出现的一种稳定的有序结构。如果系统处于外界各种因素的强制作用之下,具有非线性动力机制,系统行为就处在多重稳定态(分叉)之间进行选择的相变过程,这种新分叉的增加代表着系统演进的多样性和组织结构趋于复杂(贾根良,1999)。

演化经济学立足新奇创生、群体思考和历史重要性(纳尔逊和温特,1982),其分析框架为:第一,遗传机制,正如生物基因一样,制度、习惯、惯例和组织结构等是历史的载体。第二,变异或新奇创生机制,即个体认知模式的不同和社会制度是否鼓励创新,而知识就是惯例的核心要素(纳尔逊和温特,1982)。第三,选择机制,制度选择过程中个体决策影响群体中全部行为的相对频率,竞争过程将对其进行选择,报酬递增(正反馈或自增强)将作为"频率依赖效应"使之放大。如果系统是开放和远离均衡的,创新就会通过系统的涨落被放大,从而使之越过某个不稳定的阈值而进入一种新的组织结构,实现思维和行为习惯的惯例化过程(贾根良,2004)。

作为地理学、经济学、演化科学的交叉学科,演化经济地理学(刘志高、尹贻梅,2006)具有丰富的研究内容。企业组织及空间选择,产业演进、组织间学习及知识外溢的空间涵义、产业集群、区域创新系统演进、空间体系演化、经济增长和区域发展的空间解读以及知识、创新、制度和历史如何影响区域发展等等，运用演化和空间逻辑剖解现实问题极具挑战性。

三、制度、组织与知识：基于演化视角

（一）制度演化

新制度经济学对制度演化的研究有两条路径：从交易成本范畴出发，研究制度即治理交易活动的结构，包括市场、组织和组织间的契约关系，分析交易费用降低和制度演化的关联；认为制度是一系列被制定出来的规则、守法程序和行为的道德伦理规范，包括正式规则及习俗、惯例等非正式规则约束。

诺斯制度变迁理论认为，制度变迁是一个复杂的过程，是渐进的、连续的，其演化路径由以下两个因素决定：第一，由制度和组织的共生关系所引起的固定特性，将随着这些制度所提供的激励结构而演进；第二，由人类对机会集合变化的认识与反应所作出的反馈过程。经济行为主体由于受不完全信息的约束只具备有限理性，而个人决策所面临的复杂环境，由于知识的不完备和信息不对称则充满了不确定性。当事人对不完全世界的认知通过两种知识完成，一种是可辨别的知识，另一种是默会的知识，前者可以通过正式规则来扩散，而后者则只能通过"边干边学"的机制来积累和传播并逐步显性化。诺斯认为制度变迁的评价效率只能是适应性的，其优劣取决于当事人通过各种正式规则或非正式规则来发现知识的能力（韦森，2009）。

诺斯（North，1990）认为，人们通过某些先存的心智构念（preexisting mental constructs）来处理信息和辨识环境，这些现存的心智构念对制度的形成、维系和变迁有着重要影响；人类的社会互动过程中，每个人所拥有的有关他人行为的信息均是不完全的，这种心智能力上的局限与辨识环境时的不确定性结合在一起，便演化出了旨在简化处理过程的规则和程序，由此而形成的制度框架，则通过结构化（structuring）人们的互动，限制行为人的选择集合，人类历史的发展长河中便形成了各种不同的制度，并产生人类社会变迁中的路径依赖（path dependence）和锁入（lock-in）效应等（韦森，2009）。

（二）制度变迁与组织演进

人类社会演化进程中，制度和组织是文明的结晶。个体由组织连接，分工基于组织展开，权力分配也基于组织博弈。组织不仅是制度的载体，还构成制度演化的动力。现代经济中的企业组织，即是市场制度的基石，构成制度演进的推动力量。

诺斯（1990）对组织（organization）与制度（institutions）关系的剖解是，"组织及其企业

家(entrepreneurs)……是制度变迁的主角(agent),他们型塑了制度变迁的方向","制度是社会博弈的规则,是人所创造的用以限制人们相互交往的行为的框架。如果说制度是社会博弈的规则,那组织就是社会博弈的玩家"(North,1995)。"(政治的或经济的)企业家,运用他们的才能或默会知识(tacitknowledge)来搜寻获利的机会,估计成功的概率,用组织的资源来冒险,以获取潜在收益"。经济组织最大化行为型塑制度变迁方向的三个具体途径是:"(1)派生出了投资于各种知识的需求;(2)有组织的经济活动、知识存量与制度框架之间的持续互动;(3)作为组织的最大化行为的副产品,非正式约束也会有渐进性的改变"(韦森,2009)。

组织演进是制度变迁的推动力,作为"过程性的演化体系"(罗珉,2004),组织自身处于变革之中,其变革的源泉在于知识演进。组织竞争基于知识发现与应用能力,组织之间的博弈活动所导致的均衡规则变化,对组织决策者和组织成员的知识产生影响,构成个体所处的动态外部制度环境。

外部环境变化引致组织内部变化,而当内部制度发生变化的时候,组织知识创造的机制改变,外部环境也必然将随着发生变化,从而交互作用使整个社会的制度处于一种不断变迁的过程中。个体之间的竞争、组织之间的竞争汇集成为对共同认知不断冲击的洪流,个体的知识不断更新,激励和引导其进一步探寻新的制度知识交集,化解自己面临的不确定性,这就是组织和知识推动下的制度变迁的复杂图景(杨虎涛,2007)。

(三)组织与知识:动态视角

早在1890年,马歇尔就写道,资本的大部分是由知识和组织构成的,知识是生产最强大的发动机,组织则有助于知识的形成。索尔特(Salter,1960)强调企业内外的交互学习,形成企业专有知识积累形态,构成了企业能力特别是核心能力(王晓蓉等,2002)。

作为不断与外部环境发生作用的自组织过程,组织本身就是一个知识共同体(knowledge community),经历不断生成和演化的过程。从组织内部看,个体是创造和积累知识的结(knit),网络是组织创造和积累知识的社会结构,组织创造和积累知识的能力深深地根植于组织社会网络中(罗珉,2004)。

组织的动态性和作为组织核心能力的知识动态性相一致。创新速度的提高,使组织知识处于不断变动之中,所对应的组织能力也就不是事先给定的、稳定的能力,而是一种变化的、临时的能力,形成于组织成员持续的创新活动。所以"有必要重新思考需要什么来创造知识和核心能力"(Cook,Brown,1999)。

知识的不断创新改变着组织的知识边界,知识共享使组织难以捍卫自己的边界以及维持明显的内外区隔。这种动态的能力与边界在组织的战略地形图上建立了一个移动的坐标,使组织的竞争地位不断变化,不确定性由此增加。这就产生了动态性与稳定性的矛盾,即创新组织必须在动态的组织能力与知识边界上保持持续、稳定的竞争优势,降低不确定性带来的冲击(王雎、罗珉,2007)。

个人内嵌于组织,组织之间呈现开放和交互性,个人及组织之间是不断博弈竞争的过程(杨虎涛,2007)。确认制度的知识属性,展示了作为共同知识变动的制度变迁过程,显示了知识、组织和制度之间的内在关联。

四、全球化与IT:制度演进、组织变革和知识创造

(一)制度、组织与知识视角下的全球化

全球化是全球经济、社会、政治、文化的一体化,是人类文明演化的历史必然。全球化可以追溯至15世纪地理大发现——地理意义的全球化,第一次工业革命推进了资本和市场的全球化——资本主义制度全球化。随着19世纪下半叶至20世纪初第二次科技革命兴起,资本和市场的全球化进一步深化,这一进程伴生欧洲文明影响力的全球化。

20世纪中期开始的第三次科技革命,推动新的全球化进程,尤其1980年代以来,信息技术革命带来经济、政治、文化、社会等领域的深刻变化。这一阶段全球化显著特征是:规则一体、文化变迁、组织开放、知识分享和空间融合。

1. 规则一体

全球化对制度的重塑,体现在全球经济、政治、社会规则的一体化。全球市场一体化是全球化的经济基础,贸易、投资、金融等领域全球市场规则的建构,是全球规则一体化的重要内容。这一进程中,国家主体面对经济主权让渡,欧洲一体化即为规则一体化的先行案例。全球政治和社会领域面对同样的挑战,全球化冲击原有霸权地位,全球社会力量崛起,非政府组织势力增长,要求改革不合理国际秩序,实现规则重构的全球治理。

2. 文化变迁

在全球化冲击下,传统惯例、价值体系、思维方式等发生了潜移默化的变化,历史积淀的传统文化与准则经受考验,外来文化渗透加剧,社会文化心理面临转换,构成长期视角下的制度演化动力。文化变迁构成更深层次的制度融合,对社会主体的行为方式、价值判断、评价体系而言,不确定性和可选择性增加,个体自我塑造的空间扩大,惯例重塑的可能性也随之增加。

3. 组织开放

全球化给各个层次组织都带来了巨大冲击,国家组织、本土市场、产业、企业等,开放的组织形态成为组织生存竞争之必需。开放构成全球化下国家发展战略,要素跨国流动成为经济增长的巨大动力。本土市场开放,企业面对来自全球的竞争,生存压力增

大,创新意识增强。融入全球体系,以规模和比较优势取胜,成为产业发展必由路径。企业边界打破,组织结构开放,资源和知识流动性加大。

4. 知识分享

全球化消除制度与组织边界促进知识流动,与IT潮流相结合,促成知识的大众化和民主化。一方面,知识的中心地位得以确认,鼓励知识创新,知识产权保护更加完善;另一方面,知识更新加快,知识传递渠道多元化,知识获得的壁垒被打破,知识分享更为充分。知识创新主体呈现多元、虚拟、跨组织等特征,知识创造过程更为开放。全球化和知识化结合,构成未来社会的基本图式。

5. 空间融合

全球化引致空间融合,便捷的运输、瞬间抵达的信息传递、多媒体通讯等让全球空间没有边界,距离不再阻隔,世界变化同步。对于组织而言意义尤为凸显,企业跨地域整合资源成为合理选择,要素配置超越时空限制,为企业发展提供更丰富的机会和可能;国家间边界越来越失去原有涵义,国家间一体化重构经济空间格局,欧盟即为先导性示例。空间融合还将体现在文明融合,儒教文明与西方文明的制度、组织等深度融合,造就成功的经济社会发展,复兴东亚文明,重塑文明景观。

(二)IT革命:知识、组织和制度的演进逻辑

IT是知识组织创造的产物,却具渗透性与革命性,其应用重塑组织,激发知识创造,引致制度变革。

1. 信息传递迅速,交易费用降低,组织与制度演进加速

IT使信息传递迅速,沟通渠道多元,交易费用降低。组织内和组织间互动更为密切,知识创造加速,组织演进加快。知识的创造和分享,激发组织竞争,推动规则演进。

知识是惯例的核心因素,当知识革命发生时,惯例变迁一定相随。个体心智构念(North,1990)重构,心智能力局限的某种打破,会在根本上影响制度即规则和程序建构。

组织开放性和复杂化形成多维度的群体隐性知识,在另一层面推进制度演化。IT对制度的深刻影响刚刚显示端倪,其进程将通过循环耦合、突变和渐变,使社会系统的演化推进到最大的复杂性可能(罗珉,2006)。

2. 重构组织形态,模糊组织边界,组织交往规则复杂化

IT更新组织内涵,"过程性演化体系"成为组织的内在属性和本质特征。IT环境下,组织开放性、动态性、复杂性等特征显著。组织内关系、组织间关联维度丰富,交往规则复杂,并处于动态演进过程之中。IT使组织结构向多中心、网络化转变,边界模糊。虚拟化打破组织中的时间序列和空间组合,推动网络时空下的组织重构。

3. 知识核心地位确立,知识分享大众化,知识创造过程开放多元

IT时代,组织的创造知识功能极大强化。一方面,知识生产主体多元化,更具创造

力的个体、更具弹性的组织及组织间合作形成的开放性知识生产网络,使知识生产加速。另一方面,IT极大地降低知识传递成本,知识可获得性大大提高,知识大众化成为现实。不仅显性知识存量极大地增加,隐性知识尤其是群体隐性知识的丰富,也使社会源源不断地提供新知识。知识处于社会的核心地位,成为组织的核心资源。

4. 空间内涵拓展,空间结构重塑,全球时空压缩

IT拓展空间内涵,更强调组织间关联意义上的空间,而不仅仅是地理意义上的空间。IT环境下,原有组织间关联的解构和重构,意味着空间结构重构。

一方面IT造成全球时空压缩,使"空间消失",另一方面,特定空间内,组织内及组织间关联的维度与频度增加,组织密度放大。IT环境下,"距离消失",似乎空间均质化,然而,组织演化和组织间关联复杂,又显示出空间强烈的非均质特征。

五、制度嵌入、组织演进和知识创造视角下的创新集群

(一)创新集群涵义

对于创新集群涵义,国外学者布鲁尔斯玛(LourensBroersma)认为,创新集群是一种关系或联系,界定创新集群的关键是理解产业之间和创新过程之间的创新联系。斯皮尔凯普和沃普尔(Alfred Spielkamp & Katrin Vopel)认为,创新集群是一种多元构成的创新系统,能对企业的创新行为和创新战略提供有效的背景信息。孔瑞里(KongraeLee)认为,创新集群正成为发展国家经济或区域经济的关注的重要问题,是不同功能企业在垂直、水平和地理的集聚,以分享知识和使新产品增值(钟书华,2008)。

国内学者王缉慈(2010)认为,创新集群是当地企业和机构在近距离协同作用基础上,发展起来的行为主体合作网络和促进创新的产业社区,是大学、科研院所、企业、地方政府等机构及其个人之间,在长期正式或非正式的合作与交流基础上形成的相对稳定系统,其核心在于知识学习的过程和企业之间以及产、学、研之间关系的质量、强度及其网络的结构。

依据制度、组织与知识分析框架,本文认为创新集群指以知识创造为中心的企业群落,集群所在有限空间内,组织密集,知识分享丰富,创新频繁。集群中组织主体多元,层次复杂,演化特征显著,并具有鲜明的本地制度、文化嵌入以及全球组织、知识嵌入的特点。

(二)创新集群发展:以硅谷和"第三意大利"为例

1. 硅谷案例[1]

1912年硅谷诞生第一家电子技术公司,到1970年代硅谷已成为美国最主要的半导

体工业制造基地。1980年代以来,伴随IT领域强劲的技术和组织创新,硅谷成为世界IT电子研发和服务创新的源头,全球信息经济繁荣的发动机(盖文启、王缉慈1999)。

(1)创新资源密集,知识合作密切

硅谷地区有著名的斯坦福、加州大学伯克利分校等大学,一流知识机构和高端智力资源集中。据报道,世界上的诺贝尔奖获得者有近1/4在这里工作,该地区有6000多名博士,占加州博士总数的1/6。硅谷在发展过程中,大学与企业密切合作,为企业提供技术成果和高科技人才,特别是大学、科研人员直接投资办企业,据统计,硅谷一半的销售收入来自斯坦福大学的附属公司。

(2)创新文化独到,制度环境优越

硅谷具有勇于冒险、不断进取的独特创新文化。每个人都努力创办新公司,成为亿万富翁,否则就被视为异类。员工频繁流动,一个公司平均工作时间是2年,超过3年则被视作保守者或者是无能。硅谷创业者对失败十分冷静,丝毫没有羞辱感,人们不会冷嘲热讽,而是给予积极的帮助和支持。独特的思维方式和创业文化为新公司衍生提供了的土壤,为硅谷提供了持久创新的动力。

(3)信任合作充分,创意空间丰富

硅谷创新主体之间具有令人吃惊的合作文化和精神。合作文化渗透在区域内的各个角落,包括老企业给予新企业鼓励甚至金融支持,工程师之间、公司各层次人员之间非正式的交流与合作。合作过程中,人与人之间的相互信任超出想象,假如某企业的原料供应短缺时,同行企业可随时提供,而不需要任何商业上的协议。硅谷日常生活、工作中,除了通过现代化通讯手段联系之外,似乎更重视通过非正式的会餐、集会甚至是闲聊来联系。面对面地交流,孕育了丰富的创意,分享了知识前沿,成为新技术、新企业诞生的肥沃土壤。

(4)风险投资活跃,催生组织演进

作为硅谷发展卓有成效的制度安排,风险投资是企业发展的"金融发动机"。硅谷内衍生新技术企业的强大能力,来源于成功的风险投资创造了崭新的金融制度环境。据统计,美国拥有的600家风险资本公司,大约一半在硅谷。硅谷还培养出一批高素质的、有丰富管理经验的风险投资家队伍,他们往往处于区域组织网络的核心位置,经常参与公司的计划和策略,帮助寻找合作投资者、招聘关键管理者等等。硅谷各类组织密集,地理上的集聚使风险投资家之间可以经常见面交流,促成各种合作机缘。这一过程放大了组织演进,成为硅谷发展的独特风景。

(5)组织边界模糊,知识网络开放

嵌入本地制度与组织的知识创造网络,呈现分散化与开放特征。知识创造网络呈松散连接的团队结构,鼓励公司部门之间以及与外部的供应商、客商之间的水平交流。这种分散化的知识创造网络,使公司之间、公司和本地公共机构(如商会、大学)、管理者和员工之间的边界模糊,而公司内部的功能性边界,也是多孔状的。这种非中心化结构鼓励了技术、劳动技能、资金等生产要素自发组合,加速了技术合作学习的进程,减少了大小企业之间、产业部门之间的鸿沟,提供了更丰富的技术创新机会。在开放的知识网络中,团队互动合作,共同面对技术竞争,服务于全球市场。

2. "第三意大利"案例[2]

在全球竞争背景下,意大利经济最具活力的区域,不是发达的北部核心地区和得到政府资助较多的南部地区,而是以地域同业专业化为特色、创意型中小企业占据着主导地位的"第三意大利",其纺织、制鞋、瓷砖、家具制造等产业庞大的中小企业群体为意大利制造业提供了70%以上的增加值、80%以上的就业容量、50%以上的出口总额,创造了意大利经济奇迹(赵龙文、冯小宁,2010)。

(1)中小企业分工协作,组织间合作密切

中小企业是"第三意大利"的主体,凭借中小企业集群模式,其不同色彩、大小、款式、档次等差异化产品,在世界上极具竞争力。集群内企业间密切分工,上下游企业共存,分享知识与服务。另外,集群内机构如设计研究所和设计咨询公司以及法律、会计、市场调查、职工培训等,合作紧密高效。意大利公共部门通过建立"真实服务中心",例如 CITER(提供毛织类产业相关信息)、FIC(保护生产环境,降低污染处理成本)以及 San Daniele(保护火腿生产的最低质量标准)等,为中小企业开辟新市场或产品升级提供有效的支持。

(2)创意文化传统鲜明,信任拓展创造机会

基于文化与惯例,意大利创意集群具有强烈的本土色彩。一方面,意大利历史悠久,文化积淀丰富,集群以地域文化为创意传统渊源;另一方面,中小企业集群以家族式文化传统来划分,业主与职工的工作、生活空间基本在同一地域内,共同构成地域社区,工作业务和日常交往非常密切,由此建立纯朴的信赖关系,丰富拓展了创造机会。

(3)设计独到加工精致,品牌核心竞争力显著

知识创造构成企业核心资源和竞争力源泉,确立意大利创新集群的全球地位。以引领全球时尚潮流的意大利纺织服装为例,其完美的设计、精巧的制作和技术高超的后处理,使其世界知名品牌林立,顶级名牌产品有如 VERSACE、GUCCI、ZEG-NA、PRADA等,这些知名品牌甚至成为身份和地位的象征。

(三)本土创新集群发展:以 IT 制造为例

1. 全球 IT 分工格局与本土 IT 制造发展

作为知识型产业,IT 产业组织演进迅速,全球分工网络拓展,分离的模块化环节在合宜地点集聚,形成 IT 制造和服务集群。其中,IT 制造以人口众多、劳动力低廉的东亚为基地,并因成本竞争而转移至中国大陆,形成全球产量最大的 PC、手机等 IT 制造集群。

跨国公司依靠核心知识资源与关键技术占据全球分工网络主导角色，在知识更新和产业组织演进中始终居于优势地位。中国 IT 制造集群定位于全球分工网络底层，以低廉要素支撑低价竞争，利润微薄。宏基、华硕等台湾 IT 代工企业依托大陆市场和成熟的加工链试图完成从 OEM、ODM 到 OBM 的跨越，但面对跨国公司技术与渠道的"战略隔绝机制"，新兴品牌成长充满挑战。联想、华为等企业以本土市场为背景、以国际化战略提升全球地位，但核心部件与技术依然依赖进口，虽试图整合全球知识资产以突破制约，但核心技术无从并购，尤其基于隐性知识的知识能力并非并购所能拥有，核心知识缺失与知识能力薄弱的本土 IT 企业难以真正确立全球竞争优势地位。

2. IT 制造创新集群发展：基于制度、组织与知识

IT 是先导性的新兴产业，应从国家竞争的高度实行战略重构，超越核心知识缺失的 IT 制造外包发展战略，实施面向知识创造的企业战略和基于知识创新与分享的集群发展战略，在 IT 领域知识创造和产业发展方面真正实现大国角色。

本土 IT 创新集群发展路径为：改革制度环境，促进组织演进，以知识竞争战略建立领军企业的旗舰地位；开放企业组织边界，依托本土市场建构分工网络，促进知识创新与分享；以产业模块化和集群知识化为动力，实现创新集群升级。

首先，旗舰企业实现知识化和归核化，超越制造集成与集成创新，实施以原始创新为核心的知识竞争战略。企业的核心能力在于知识创造，只有突破定位关键技术，介入前沿研发层面，才能捕捉 IT 产业知识更新的战略性机会。而拥有核心知识和技术，才能真正建构全球竞争优势。

其次，打破组织边界，建立面向原始知识创新的战略联盟，实施竞合战略。IT 领域核心技术制胜市场，跨国公司凭借知识强势地位，展开从中心到外围、高中低端并行的全方位攻略。以华为、联想为首的本土 IT 制造企业，应建立面向原始知识创新的战略联盟，突围跨国公司的战略封锁，分享资源，协同作战，超越制造的低利润陷阱，开辟发展战略空间。

第三，以知识生产网络建构战略性知识储备。确立知识旗舰企业地位、实施原始创新战略，需要更大范围的组织间协同。企业、大学与研究机构、区域和国家建构知识生产网络，以前沿性及面向未来的战略性研究为目标，整合发掘知识资源，为 IT 企业战略超越提供知识和组织支持。

第四，知识化引领产业组织演化，塑造本土模块化分工网络。本土 IT 制造外包集群虽嵌入全球分工网络，但服务于跨国公司战略意图，在全球处于外围和依附角色。本土市场具有丰富的层次和巨大的空间，是企业成长和产业演化的战略资源。以知识旗舰企业为核心，建构本土模块化分工网络，激励创新和分享知识资源，引领集群成长，实现本土 IT 制造的超越。

第五，改革制度环境，催生组织演进，促进知识创造。塑造知识生产网络，培育创新

集群，需要制度创新匹配。政府角色转型，赋予市场充分的主体地位；为民间资本提供充足的空间，消除融资环境等产业演进的制度障碍，释放社会创造潜力；强化知识产权制度，激发全社会创造动力；张扬个性，鼓励冒险，重构教育评价机制，塑造创新文化氛围。

六、结语

制度包括规则和惯例，其变迁可以追溯至组织和知识层面。知识创造、组织演进与制度变革存在内在关联，制度形塑组织，组织构成知识创造的载体；知识是组织演化的本质动因，基于知识的组织变革构成制度变迁的推动力量。全球化和IT革命引致的制度变革、组织更新和知识创造，是创新集群发展的本质力量，也构成产业转型发展的内在动力。应该深化制度改革，激发组织演进，培育创新集群，推动产业升级和增长转型，以实现中国经济均衡持续的发展。

注：【1】【2】材料采自：盖文启、王缉慈（1999）和赵龙文、冯小宁（2010）。

参考文献

[1] 黄少安.关于制度变迁的三个假说及其验证[J].中国社会科学,200,4.
[2] 汪丁丁.制度分析的特征及方法论基础[J].社会科学战线,2004,6.
[3] 汪丁丁.从"交易费用"到博弈均衡[J].经济研究,1995,9.
[4] 王洪涛.威廉姆森交易费用理论述评[J].经济经纬,2004,4.
[5] 韦森.再评诺斯的制度变迁理论[J].经济学(季刊),2009,1.
[6] 贾根良.复杂性科学革命与演化经济学的发展[J].学术月刊,2006,2.
[7] 黄少安.制度经济学中六个基本理论问题新解[J].学术月刊,2007,1.
[8] 贾根良.制度变迁理论：凡勃仑传统与诺思[J].经济学家,1999,5.
[9] 贾根良.进化经济学：开创新的研究程序[J].经济社会体制比较,1999,3.
[10] 陈祖华.演化经济学的制度演化观：一个比较的视角[J].学术交流.2006,9.
[11] 杨虎涛.动态知识、组织竞争对制度选择和变迁的影响[J].学习与实践,2007,1.
[12] 王晓蓉,贾根良."新熊彼特"技术变迁理论评述[J].南开经济研究,2002,1.
[13] 屠兴勇,杨百寅.基于知识视角的组织研究文献综述[J].科学学与科学技术管理,2013,4.

[14] 李卫东.企业组织结构知识:决定因素的一个理论追述[J].经济评论,2002,5.
[15] 倪沪平.分工演化过程中知识分工网络:形成机制的研究[J].上海经济研究,2010,7.
[16] 李金华.知识流动对创新网络结构的影响——基于复杂网络理论的探讨[J].科技进步与对策,2007,11.
[17] 罗珉.论后现代组织的概念和边界[J].外国经济与管理,2004,6.
[18] 冯涛,邓俊荣.从劳动分工到知识分工的组织间合作关系演进[J].学术月刊,2010,8.
[19] 王雎,罗珉.知识共同体的构建:基于规则与结构的探讨[J].中国工业经济,2007,4.
[20] 罗珉,王雎.组织间关系的拓展与演进:基于组织间知识互动的研究[J].2008,1.
[21] 屠兴勇.知识视角的组织:概念、边界及研究主题[J].科学学研究,2012,9.
[22] 刘霞,陈建军.产业集群成长的组织间学习效应研究[J].科研管理,2012,4.
[23] 任浩,甄杰.管理学百年演进与创新:组织间关系的视角[J].中国工业经济,2012,12.
[24] 何志星,叶航,汪丁丁.报酬递增、互补性与经济组织[J].财经研究,2011,1.
[25] 罗珉.论组织理论的新范式[J].科研管理,2006,3.
[26] 刘刚,李国俊.组织决策的知识问题和企业的内生成长[J].经济评论,2002,5.
[27] 张玉新.知识分工与经济组织的研究视域[J].求索,2008,4.
[28] 丛海涛,唐元虎.隐性知识转移、共享的激励机制研究[J].科研管理,2007,1.
[29] 芮明杰,陈晓静.公司隐性知识共享的经济学分析[J].管理学报,2007,5.
[30] 倪沪平.分工演化过程中知识分工网络形成机制的研究[J].上海经济研究,2010,7.
[31] 邓少军,芮明杰.组织动态能力演化微观认知机制研究前沿探析与未来展望[J].外国经济与管理,2010,11.
[32] 芮明杰,刘明宇.模块化网络状产业链的知识分工与创新[J].当代财经,2006,4.
[33] 肖冬平,顾新.知识网络形成的理论基础——一个经济学的视角[J].情情报,2009,11.
[34] 梁琦.知识溢出的空间局限性与集聚[J].科学学研究,2004,2.
[35] 徐忠爱.企业边界决定:演化经济学视角的分析[J].现代管理科学,2005,12.
[36] 黄凯南.现代企业演化理论:方法论、核心概念及其解释逻辑[J].江海学刊,2006,5.
[37] 罗珉.论后现代组织的概念和边界[J].外国经济与管理,2004,6.
[38] 李永刚.企业衍生与经济演化[J].经济社会体制比较,2006,4.
[39] 刘辉锋.演化经济学中的企业理论述评[J].国外社会科学,2005,5.
[40] 甄峰,顾朝林.信息时代空间结构研究新进展[J].地理研究,2002,3.
[41] 曾菊新,罗静.经济全球化的空间效应——论基于企业网络的地域空间结构重组[J].2002,5.
[42] 石崧,宁越敏.人文地理学"空间"内涵的演进[J].地理科学,2005,6.
[43] 沈丽珍.新空间观研究的进展[J].城市问题,2010,11.
[44] 汪明峰,李健.互联网产业集群与全球生产网络——新的信息和通信技术对产业空间组织的影响[J].人文地理,2009,2.
[45] 胡志丁等.空间与经济地理学理论构建[J].地理科学进展,2012,6.

[46] 盖文启,王缉慈.从硅谷的成功看中国高新区的发展[J].中国工业经济,1999,12.
[47] 吴德进.产业集群的组织性质属性与内涵[J].中国工业经济,2004,7.
[48] 张炎兴,赵秀芳.地方企业集群制度变迁的演化论解释——以浙江模式为例[J].学术月刊,2005.6.
[49] 龙开元.创新集群:产业集群的发展方向[J].经济地理,2009,12.
[50] 钟书华.创新集群:概念、特征及理论意义[J].科学学研究,2008,2.
[51] 丁魁礼,钟书华.国外创新集群中的组织研究述评[J].研究与发展管理,2009,12.
[52] 宋琦,韩伯棠,李燕.创新集群理论研究述评[J].科技进步与对策,2010,9.
[53] 杨连盛等.从创新集群理念到创新集群实践——国外创新集群研究动态[J].南京理工大学学报,2013,2.
[54] 龙开元.创新集群:产业集群的发展方向[J].中国科技论坛,2009,12.
[55] 赵龙文,冯小宁.基于"第三意大利"的广东服装产业集群发展模式研究[J].科技管理研究,2010,9.

33

集群化协同技术创新多维复杂性特征研究

杨艳平

(西安建筑科技大学管理学院 陕西 西安 727000)

> **摘 要**：21世纪是复杂性的世纪。本文从多维复杂性内涵入手，在介绍国内外关于复杂性研究的基础上，总结和讨论了产业集群协同技术创新的多维复杂性的产生原因，指出集群协同技术创新是一个复杂性系统。进而从协同技术创新系统的主体子系统、项目子系统、支撑子系统三方面挖掘其多维复杂性特征，在突出每个子系统复杂性特征的同时，关注协同技术创新的整体性、复杂性。
>
> **关键词**：产业集群；协同技术创新；多维复杂性特征

一、引言

当前，产业集群已经成为区域经济乃至国家和世界经济持续健康发展的重要组织形式。产业集群表现出来的规模化的竞争优势，使得集群内的企业快速成长并保持强劲的发展势头。在经济全球化和科技作用日益重要的前提下，面对科技性资源缺乏、利用不足的情况，产业集群保持竞争优势的切实可行的做法就是大力发展集群化协同技术创新。协同技术创新能够促进集群产业结构优化，提高集群劳动生产率，降低集群企业生产、交易成本等。Michael E Porter 在 *Clusters and the New Economics of Competition*（1998年）中指出，如果在一段时间内某个产业集群不能在主要新技术领域或需要扶持的公司、机构方面构建其创新能力，这个产业集群将会失去竞争力而导致溃败[1]。

产业集群化协同技术创新机制的构建，是一个多维复杂性的研究问题。其多维复杂性特征问题的研究会促使人类对集群本质的认识更加清晰、更加全面，以此更好地改进产业集群的结构构成，推动集群向更理想的方向演化，进一步促进区域经济和国家经济的快速发展。

二、多维复杂性的内涵

"多维"的英语表达是"many dimensions","dimension"一词在维基词典中的中文释义有:①尺寸,度量;②方面,部分;③规模,程度。结合本文研究内容,我们取"dimension"的第②种释义,即方面、部分。"多维"就是研究对象的多个方面、多个部分,这里指产业集群协同技术创新过程中表现出来的多方面、多指标的本质特性。这些方面、指标的特征不是相互孤立的,而是在相互促进的演化过程中构建出整体大于部分之和的集合效应。

在汉语中,"复杂"一词由"复"和"杂"两个字组合而成。"复"的主要含义指多样、重复、反复,形成某种层次嵌套的自相似结构。"杂"的主要含义指多样、破碎、纷乱,形成某种不规则的、无序的结构。但是"复而不杂"和"杂而不复"还不是真正的完全的复杂性,只有"既复且杂"才是真正的完全的复杂性,它把层次嵌套的自相似性与无规则性、破碎性、混乱性有机地结合起来[2]。史蒂芬·霍金说:"我相信,21世纪将是复杂性的世纪。"复杂性研究涉及工程技术科学、管理科学、社会科学等众多学科领域。当前,复杂性因研究领域、研究对象、研究方法的不同而有不同的释义。1995年,S.劳埃德(S.Lloyd)统计了西方学者45种关于复杂性的定义[3]。综观国外提出的复杂性概念,其中绝大多数是建立在科尔莫哥洛夫(Kolmogorov)的复杂性概念的基础上,与是否能够构造一个对象的算法,以及其算法的计算量的大小有关[4]。法国思想家莫兰认为是无序和有序的辩证法构成了复杂性。美国匹兹堡大学教授雷谢尔(N.Rescher)给出了一个复杂性概念的分类,他利用认识论意义的复杂性概念,探讨了获得知识科学的极限问题。1980年代,我国著名科学家钱学森提出:如果巨系统里子系统太多了,子系统的相互作用花样繁多,各式各样,这巨系统就成了开放的复杂巨系统(简称复杂系统)。其中对"复杂性"就有了一个明确的说明,即子系统种类众多,子系统相互作用繁多。张焘把复杂性归纳为:系统的多层次性、多因素性、多变性、各因素或子系统之间的及系统与环境之间的相互作用、随之而有的整体行为和演化。周守仁提出的复杂性定义是:复杂性是事物的能体现其演化创新、内在随机、自生自主、广域关联、丰富行为、柔性策略、多层纹理、隐蔽机制的整体综合的属性和关系。

三、集群化协同技术创新多维复杂性特征产生的根源

1. 从协同技术创新的空间主体看,产业集群是一个复杂性系统。复杂系统是相对牛顿时代以来构成科学研究重点的简单系统而言的。1999年4月美国Science杂志出

版了《复杂系统》的专辑,在其以"超越还原论"为标题的导言中,对其所指的"复杂系统"作了简单描述:通过对一个系统的分量部分(子系统)性能的了解,不能对系统的性能作出完全的解释,这样的系统称为"复杂系统"[2]。产业集群是一定区域内存在产业联系的企业、中介机构和科研院所等组织为了集群和自身的利益而形成的一种经济组织形式。集群主体是差别显著的许多组织相互连接而成的,是具有能动性的智能体,同时又与集群外的环境进行着物质、能量、信息的交换,这些都会对集群内的协同技术创新造成巨大影响,使集群化协同技术创新具有多维的复杂性。

2. 从协同活动本身看,技术创新的协同过程也是一个复杂性系统。根据哈肯的协同学理论,协同是指开放系统中大量子系统相互作用而产生的整体效应或集体效应[5]。集群化协同技术创新就是知识、技能等通过正式、非正式的方式在集群内外各子系统间创造、存储、传递、应用、反馈的各种活动及其相互关系的总和,它是各子系统共同作用、调整之间连接关系的结果,同时反过来也影响着各子系统,是典型的复杂性系统。

3. 从影响协同技术创新的要素看,项目负责人、团队人员、合作、市场、用户、资源、企业文化、政府政策、环境等都是影响协同技术创新成败的因素。这些因素非线性、非均衡地影响技术创新过程,有时几种因素纠结起来共同对创新活动发生作用,造成技术创新活动结果具有极大的风险性,使协同技术创新过程更加复杂化。

4. 从技术创新的过程来看,技术创新是创新者借助于技术上的发明与发现,通过对生产要素和生产条件进行新变革,并使变革成果取得商业上成功的一系列活动[6]。随着创新主体、创新要素、创新环境等都参与进来,新产品、新工艺不断地被开发、转移、推广、扩散、应用、转化,并且会不时反复、中断,甚至有时技术创新过程中断后再无法继续,这种技术创新过程的不确定性势必会导致技术创新的复杂性。

5. 从协同技术创新的组织管理角度看,参与主体是多组织相互连接而成的智能体,创新环境不断地发生变化并影响着集群协同技术创新过程,创新活动本身的不确定性,集群化创新目标的适宜性的改变,协同技术创新成果在集群内的商业性转化的协调等,都给集群化协同技术创新组织管理带来一定的困难,增加了集群化协同技术创新活动的复杂性。

四、集群化协同技术创新多维复杂性特征分析

本文把产业集群化协同技术创新复杂系统分为主体子系统、项目子系统、支撑子系统三个部分。通过对这些子系统进行多维复杂性特征的挖掘,进一步深化产业集群协同技术创新机制的研究,为产业集群的快速升级奠定研究基础。

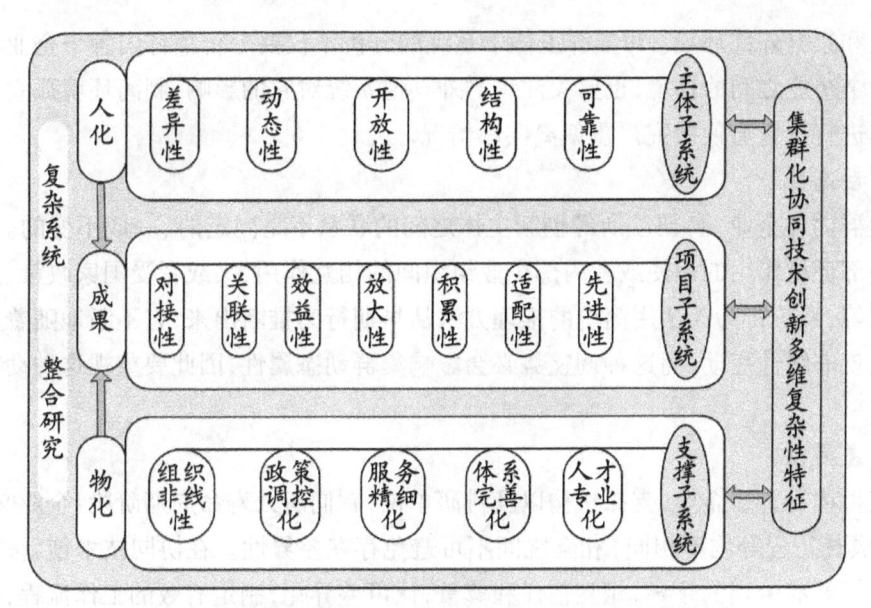

图 1 集群化协同技术创新多维复杂性特征分析框架

(一)主体子系统复杂性特征

产业集群的研究离不开对集群主体的研究,制定和实施产业集群发展战略、促进和提高产业集群经济水平首先要明确产业集群的主体子系统,对主体子系统特征的把握有利于对集群结构、发展规律等的研究。

1. 可靠性。

所谓系统的可靠度是指系统在某一段时间区间内正常工作的概率,可以借助"可靠度"这一指标分析。通过对主体子系统进行可靠性分析,可能达到改良系统结构,从而提高系统正常进行协同技术创新工作的可靠性。主体子系统是由许多企业、高校、科研院所等单元按照一定的连接方式连接而成的,因此,主体子系统的可靠度依赖单元的可靠度和单元之间的连接方式。

2. 结构性。

集群化协同技术创新主体子系统是许多个单元的集合体,他们之间存在一定的组合方式,也就是说这些企业之间有一定的层次结构,处于不同层次的企业分别对应于主体系统中不同的功能单元(凝聚者、监督者、协调者、实干者、信息者等等),同时又因一个共同的创新目标构成一个有机整体,这些不同的功能单元要为共同的协同创新目标服务。

3. 开放性。

在自然界和人类关系中,个体总是和周围的环境紧密联系的,无论是否情愿,个体总是或多或少地被环境所影响,也不停地影响着环境[2]。产业集群所处的环境分集群内部环境和集群外部环境。对集群主体子系统的分析不仅要分析集群内各个企业自身特性及各个企业之间的环境,也要关注集群外其他系统对它的影响,剥离环境孤立地对集群主体进行分析会使研究严重偏离实际情况。

4. 动态性。

集群内各企业、科研院所等创新主体之间的联系不是固定的、一成不变的。相反,因为外部环境作用的驱使或者内部企业组织间的相互作用,又或者受国家政策、规范规则演化等,系统行为无法用简单的推理方法从早期行为推断出来,它不断地随着某种变化而呈现非线性变动,而这种调整势必会影响集群动态属性,因此要重视这种动态性的研究。

5. 差异性。

集群内有许多企业、支撑机构以及科研单位,它们所处寿命周期阶段、企业文化、价值观、成长历程等均不相同,相互之间不可避免存在差异性。在协同技术创新过程中,组织之间要有恰当的领导,相互信任和尊重,认可差异化,制定有效的工作流程,进行充分的沟通,善于互相学习并首先做到约束自己等,其中角色认知是关键,不能越位。严格遵守团队工作的要求,相互配合完成的一致的集群创新目标。

(二)项目子系统复杂性特征

20世纪初,美籍奥地利经济学家熊彼特(J. A. Schumpeter)以其对时代变革动向特有的洞察力,提出了技术创新的思想。具体地说,熊彼特的"创新"概念包含五个方面的内容:①产品创新;②工艺创新;③市场创新;④资源开发利用创新;⑤管理制度创新。本文提出的集群化协同技术创新的项目子系统引用熊彼特创新思想的主要内容,主要是关注开发新产品和采用新技术。

1. 先进性。

协同技术创新要引领集群成长、促进区域经济的发展,就必须具有一定的先进性,改变集群内传统产业的设计和促进新产品的开发,促进集群中新兴产业部门的产生和发展,在邻近区域甚至国际上形成明显的技术优势,大力提高集群的竞争力。因此,集群技术创新要注意构建技术壁垒,制定产业准入门槛和限制性产业名录,从技术层面堵截看好此项创新的外部企业纷至沓来。

2. 适配性。

协同技术创新的成果最终要运用回到集群企业的生产销售过程中,并取得商业上的成功。因此,技术创新要考虑集群企业的生产条件、经济状况、组织制度、战略文化等现实因素,新产品的开发、新工艺的应用条件要高于已有的生产要素组合,做到"努力跳一跳能摘到桃子",使创新成果能为集群所用。切忌创新成果与集群实际状况脱离太远,造成创新成果的"海市蜃楼"现象。另外,协同技术创新成果的实践主要放于集群中的领袖企业，其他企业作为辅助性单位。当新技术比较成熟时，依据各企业的现状进行推广。

3. 积累性。

协同技术创新都具有一定程度的创造性，或是创造出全新的功能价值，或是对原有功能、价值的增加或革新。所有的技术创新活动必须在人类已有的成果基础上进行，新一轮创新并不是全盘否定原有的产品和生产要素组合，而是在已有的知识累积到一定程度时对旧有产品和工艺的一种扬弃和技术突破[6]。许多成功的创新是循序渐进的，是在一段时间内一点点地累积而成的，现在的技术创新以已有的研究成果为基础，现有的研究成果又是下一轮技术创新基础。这些阶段不是完全平行隔离的，在技术创新过程中，常会关注下一轮技术创新的结合点，使集群技术创新能够分阶段地持续开展，保持集群经济向前发展的生命力。

4. 放大性。

Baptista 和 Swann(1998)指出，技术创新通过产业集群网络具有放大效应，企业的技术创新主要基于其内部资源，而创新绩效在很大程度上是由公司与其环境相互作用方式决定的，本地化创新网络，似乎比跨国技术联盟更能持久，原因是地理邻近带来了可以维持并强化创新网络的支撑因素。集群的真正实力即是一种自上而下的垂直整合能力，也就是以掌控核心技术为关键，进而打通整个产业链的能力。垂直整合应该是产业创新的源泉，实行这种发展战略，要求企业把更多的资源投入到技术创新上，引进、跟踪、发展产业核心技术，构建起支撑全产业链的技术创新体系。

5. 效益性。

追求利润是企业存在的根本宗旨，获取利益也是集群进行协同技术创新的根本动力。一般来讲，集群不会进行没有效益性的协同技术创新活动。一次成功的创新使企业从中获得大额利润和竞争优势，利益的获取驱动企业创新活动的持续进行。集群追求经济利润的内在要求，成为促进集群自主创新的根本动力。从更高的角度讲，技术创新的效益性不仅表现为企业的经济效益，还会有一定程度的社会效益以及宏观的经济效益[6]。

6. 关联性。

集群中的所有要素都具有互动关系，其中，协同技术创新要与非技术因素结合起来才能取得成功。创新过程中，不可避免地涉及到组织、制度、文化、战略等非技术要素，它们联合起来和协同技术创新彼此联系和相互影响。脱离这些非技术因素，技术创新就没有开展的动力。同时，这些因素要与协同技术创新相匹配，围绕技术创新作相应的调整、组合、甚至开展非技术创新。郑刚提出的创新过程中各创新要素"全面协同"的概念，其涵义是：各创新要素(如战略、组织、文化、制度、技术、市场等)在全员参与和全时空域的框架下，进行全方位的协同匹配，以实现各自单独所无法实现的"2 + 2 > 5"的协同效应，从而促进创新绩效的提高[7]。

7. 对接性。

产业集群协同技术创新不同于单个企业进行的技术创新,它以集群企业为主,联合高校、科研院所、中介组织等机构共同进行,整个协同技术创新的过程往往要经历几个组织的研发活动,一个成功的协同技术创新更是多个机构的研究对接成果。例如,集群设立高校技术创新成果转化中心,邀请高校和研发机构在园区内设立研发中心或实验室,有时会采取相应的协商措施直接利用高校内部的科研成果,把这些科研成果通过集群企业转化成新型产品,吸引和鼓励他们以转让专利、参股合作等形式,与企业结为紧密的利益共同体,大大缩短产业升级在一些技术难题上的研发周期,以科技创新服务共享机制推进集群工业高端化、集约化和特色化发展。

(三)支撑子系统复杂性特征

产业集群协同技术创新影响着产业集群的成熟度和产业的发展状况,但是能否充分发挥技术创新的推动作用还取决于产业集群协同技术创新的支撑配套建设。因此,支撑子系统的特征研究必不可缺。

1. 人才专业化。

相对于非集群技术创新而言,集群协同技术创新联合了较多的来自不同企业、院校等组织的专业科技人才,他们为了协同技术创新这一共同的活动组成创新团队,科研人员的专业化程度更高,有的代表了区域或国家,甚至是国际上的最高科研水平。为了进一步提高科研效率,集群会建立一套能发挥各类人员创新积极性的人才招聘、培训和激励机制,吸引更多更优秀的科研人员加盟进来,壮大集群科研队伍,促进创新效率的提高。

2. 体系完善化。

集群实行垂直整合发展战略,要求企业把更多的资源投入到技术创新上,引进、跟踪、发展产业核心技术,完善以企业为主体、市场为导向、政产学研用相结合的技术创新体系,构建起支撑集群全产业链的技术创新体系,这样不仅节约成本,更能带来效率提升、品质改善。

3. 服务精细化。

围绕提高科技资源的综合利用效率、降低企业创新成本,集群必然建立产业科技创新公共服务支撑体系,为众多企业在技术创新中的信息需求、产品检验、技术交易、成果转化、人才培养等提供有效服务。例如,搭建公用检测检验服务平台、企业与高校大型实验设备共用平台、产业链自主创新平台、行业协会服务平台、产业技术创新信息服务平台、期货交易电子商务平台等等,努力做到为集群协同技术创新服务全面化、精细化、高效化。

4. 政策调控化。

产业集群创新是区域和国家创新体系的有机组成部分。为推动区域和国家经济的发展,政府对产业集群的发展给予了高度重视,近几年陆续推出了一系列措施加以指导、调控。政府部门在产业集群创新系统中主要起到政策制定、协调监督的作用,包括基础设施建设、政策制定与实施、保护市场交易各方的正当权益、减少协同合作过程中的摩擦、降低创新主体的创新风险等等。此外,政府通过减税、减息、补贴、提供公共产品等利益诱导方式鼓励企业创新,推动并调控集群创新发展。

5. 组织非线性。

协同技术创新是一个复杂系统,它又由主体子系统、项目子系统、支撑子系统等组成。主体子系统是由相关或相近产业的企业为主体,正式或非正式地联合其他科技创新组织而形成的智能体;项目子系统是将一种从来没有的生产要素和生产条件的新组合引入现有的生产体系,从而使生产体系及相应的经济关系发生变化与发展的过程;支撑子系统更是由多个方面多个层次的功能单元组成的,围绕着项目子系统,参与到主体子系统的功能活动中,促进创新目标的实现。这些不同方面、不同层次的组成之间相互制约、相互促进,同一状况往往会引出几种不同的结果,有时几种不同的状况又会引出相同的结果,发生着复杂的非线性变化,而这种非线性变化又进一步促成系统的复杂性。

五、结论与展望

产业集群获取竞争力的关键在于持续开展协同技术创新。集群化协同技术创新是一个复杂系统,对这个复杂系统进行深入研究,挖掘系统内部的本质特性,总结系统特有的运行规律,可以使集群化协同技术创新这一复杂系统的研究日趋精深化。但是,集群化协同技术创新系统本身的复杂性、动态性、非均衡性以及外部更大系统对它的多重影响决定了研究的难度,不同性质集群的差异性也增加了系统本质属性的复杂程度。

对于未来集群化协同技术创新多维复杂性特征的研究,可从下面两个方面深化。第一,继续探讨多维复杂性特征的演化问题,研究多维复杂性的组织管理与创新绩效之间的协同关系。第二,探讨多维复杂性特征之间的相互影响、相互作用以及与协同技术创新的关系,认识它们与内外环境的相互作用并由此产生的整体构成特征(结构、功能和行为等),揭示整体的协同创新活动机理,以便于掌握、调节或控制。

参考文献

[1] Michael. E. Porter. Clusters and the New Economics of Competition[J]. Harvard Business Review,1998,76(6):77-90.
[2] 郭世泽,陆哲明.复杂网络基础理论[M].科学出版社,2012.
[3] 董湧.基本复杂性的产业集群研究[D].上海:上海交通大学,2008.
[4] 吴彤.复杂性概念研究及其意义[J].中国人民大学学报,2004.
[5] 刘炜,徐升华.协同知识创新研究综述[J].情报杂志,2009(9):134.
[6] 王应洛.系统工程(第三版)[M].机械工业出版社,2005.
[7] 郑刚.基于TIM视角的技术创新过程中各创新要素全面协同机制研究[D].杭州:浙江大学,2004.

34

产业集群地方实践的困境与建议：
一个政府的视角

俞国军　朱国平

（浙江省工业经济研究所　浙江 杭州　310012）

> **摘　要**：我国产业集群的理论探索与实践已有十多年的历史。围绕产业集群这种独特的产业组织形式，已发展成多种研究视角与理论成果，丰富的集群理论也已成为政府推动经济发展的重要参考依据。然而，各地在产业集群实践过程中，也暴露出诸多问题，集群理论指导下的集群地方实践陷入了种种困境。基于对已有产业集群理论、实践研究的梳理，本文提炼了诸多产业集群实践成功的共同要素和个性特征，并从政府的视角对这些要素进行了解读。其次，本文列举了以园区为载体的产业集群实践中存在的问题，进而提出政府视角下的集群理论运用于实践的多重困境，包括时间困境、政策困境、体制困境等。再次，本文对国外产业集群中的政府作用进行了梳理借鉴，最后提出集群实践的相关建议。
>
> **关键词**：产业集群；实践；困境；政府

自2001年标志着产业集群理论正式引入我国的《创新的空间》一书出版以来，我国对产业集群的广泛研究和实践已经有十几个年头。产业集群的研究队伍日益庞大，研究论题日臻丰富，大力培育产业集群已上升为国家战略体现在多种产业经济发展政府决策中。已有的产业集群理论研究文献，大致可分为两种：一是通过已有理论的检验、演绎，发展新的理论观点，并用有限材料实证；二是通过研究成功集群的运行机制、演化

[作者简介]：俞国军(1986—)，男，浙江杭州人，硕士，浙江省工业经济研究所，从事产业发展、区域开发、技术创新研究。Emial:yugj@zjjxw.gov.cn。
朱国平(1981—)，男，浙江绍兴人，硕士，浙江省工业经济研究所，技术创新服务部副主任，从事产业发展、区域开发、技术创新研究。

机制等,总结归纳较成功集群的发展经验。尽管集群研究理论成果颇丰,但地方政府在培育集群的过程中仍遇到各种问题。集群研究的理论理想与集群实践的现实困境的矛盾,常见于学者们的非正式交流中,然而,现有文献对于这种存在于理论与实践之间巨大鸿沟的研究却鲜有涉及亦缺乏较深入的研究。我们不禁要问:究竟是理论设计存在缺陷,还是实践过程偏离了理论指引的方向,抑或有其他的原因,才造成了集群理论与实践之间的巨大差距?众所周知,政府是当下推动产业集群形成、发展的重要力量,本文以园区集群的培育为研究背景,通过重新梳理已有的产业集群重要理论[①],从政府视角对这些理论进行了解读,并从政府推动下的产业集群实践存在的问题出发,对政府推动产业集群实践的现实困境进行了分析。进而通过借鉴国外政府推动产业集群实践的经验,在现行体制框架下对我国政府如何推动产业集群实践给出了建议。

一、集群理论梳理

(一)理论回顾

按发展的时序,产业集群理论大致可分为萌芽和整合发展两个时期。1980年代以前,亚当·斯密、马歇尔、阿尔弗雷德·韦伯、阿林·杨(Allyn Young)、埃德加·胡佛等人的文献著作中均已涉及产业集群思想。基于当时的实践经验,研究者认为,分工与专业化、企业地理集中和相互联系、交易成本的降低等有利于产业的发展(李士忠,2009)。自1980年代开始,产业集群的理论研究进入了社会整合时期(王海平、杨强,2008)。这期间涌现出的理论有以波特为代表人物的竞争优势理论,以贝卡蒂尼(Becattini)等为代表的新产业区理论,以弗里曼(Chris Freeman)等为代表的创新系统理论,以克鲁格曼等为代表的新经济地理学理论,以格兰诺维特(Granovetter M)等为代表的新经济社会学研究视角,以斯多波(Storpor)等为代表的新的产业空间理论等。

回顾已有理论的研究维度或内涵,不难发现,已有集群理论大多围绕对成功集群的结果论述,而缺乏对集群达成成功的过程研究。即使已有演化经济地理学的相关研究文献对集群发展的路径进行了研究,但这类研究仍较为中观和宏观,缺乏具体操作层面的微观研究。整合时期,诸多集群相关理论均认为集群应是相关机构在地理上集聚,并且分工明确,具有相互间合作联系,而各种理论也均有不同的侧重(见表1)。

---

① 产业集群重要理论,是指广泛见于各类已有的产业集群相关文献中的理论。

34 产业集群地方实践的困境与建议：一个政府的视角

表1 产业集群理论整合发展时期相关理论对比分析

	竞争优势论	新产业区	创新系统	新经济地理	新的产业空间	新经济
代表人物	波特	贝卡蒂尼	弗里曼	克鲁格曼等	斯多波、沃克等	格兰诺维特等
理论研究维度或内涵	地理上临近且处于同一产业领域相互关联的组织机构	本地劳动分工基础上实现的经济外部性以及当地社会文化背景支持下企业之间的相互协同作用	强调企业间相互活动和非正式的学习和交流，强调以信任为基础的企业合作以及区域的一种氛围	报酬递增：运输成本的减少会引发聚集经济、外部性、规模经济等问题	集聚本身就是一种源泉，集聚一旦出现，就会形成新的产业区，知识和技术交流就随之而来	嵌入性、社会资本、社会网络
相同之处			集聚；相互联系；分工			
理论差异	相互联系	社会文化背景	信任、非正式交流	规模报酬递增	强调集聚	社会网络

资料来源：作者自作。

(二)理论解读：政府视角

已有研究表明，产业集群具有多种类型，如轮轴型、马歇尔式、卫星平台型、政府主导型等，各种不同类型的产业集群有不同的形成机制。而近年来，政府在产业集群中所起的作用逐渐显现，且已逐渐成为以工业园区为载体的产业集群的主要推动者。虽然政府主导下的产业集群发展暴露了种种问题，但可以说，没有政府在产业集群培育中的积极推动作用，产业集群在我国不可能具有如此迅猛的发展势头。不难理解，政府培育产业集群的行为是在结合其自身逻辑的基础上依据产业集群相关理论而发出的。因此，有必要从政府视角对产业集群相关理论进行解读。

1. 政府的职能。

政府干预是对经济运行过程中市场机制的补充，是调节经济良性发展不可或缺的部分。了解政府职能有助于理解政府培育产业集群的具体方法。一般来讲，政府的职能主要可分为政治职能、经济职能、文化职能、社会职能和运行职能。实现政府职能的主要手段为行政手段、经济手段和法律手段。在推动地方产业集群实践过程中，政府职能的发挥主要通过政策工具作用于相关对象(见图1)。

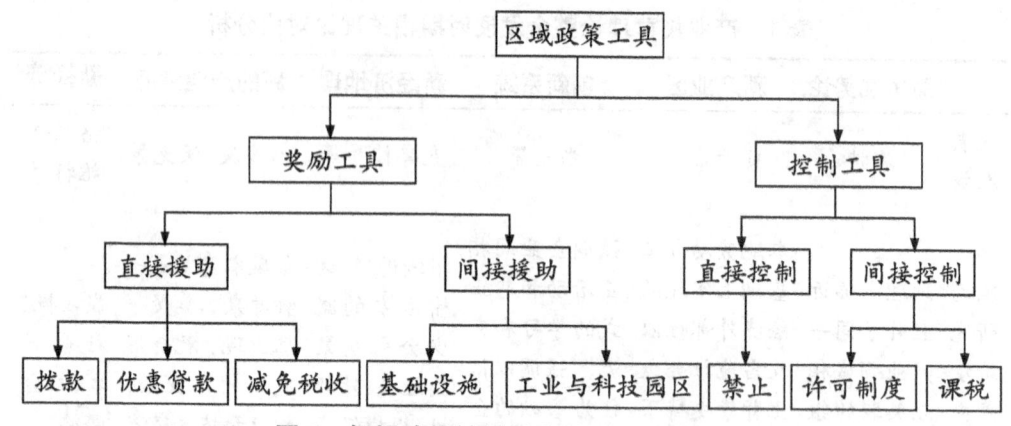

创新集群的成长与演化——第十二届产业集群与区域发展学术会议论文集

图1 根据功能性质划分的区域政策工具

资料来源:张可云《区域经济政策》(2007)。

2. 政府对集群理论的理解。

政府通过政策工具干预产业集群的实践,结合产业集群的理论特点,可将政府对于集群的理解分析如下:

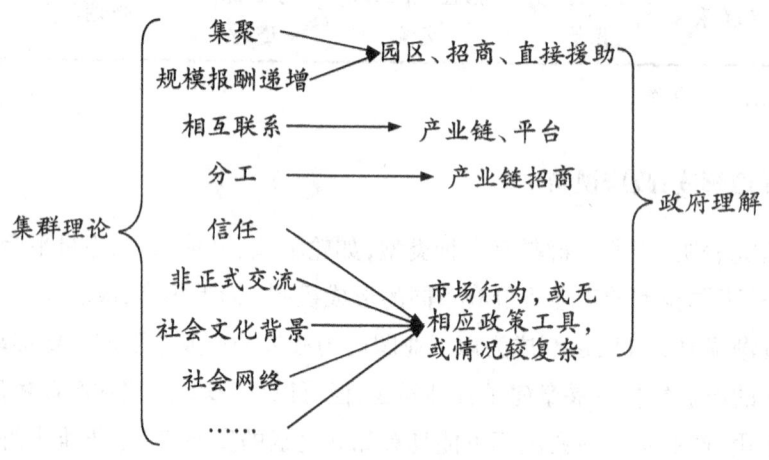

图2 政府对集群理论的理解

产业集群的发展,有其内生和外在两种力量驱动,如集群内的信任、非正式交流、集群主体的共同的社会文化背景等都属于内生力量,集聚、产业分工等偏向属于外在力量。由上述分析可知,政府基于自身职能运用政策工具推动集群发展属于集群的外在驱动力量,而集群发展的内生力量则很难由政府直接推动。近年来,政府以培育产业集群的名义打造各种园区,广受学者们的质疑。学者们认为政府不断规划新的园区的行为,具有以培育产业集群的名义开发产业地产、商业地产的嫌疑(王缉慈,2011)。虽然一般来说,园区开发是和产业地产、商业地产共同存在的,且政府推动产业集群也可以理解为是一种寻租行为,但是近年来某些地方实行的"只要项目号,土地可白送"的政策可以证明政府推动产业集群的发展是具有实际意义的,而所谓的产业地产、商业地产等只是政府在推动产业集群发展过程中的一种伴生物。

二、集群实践存在的问题

(一)企业、机构等难以集聚

集聚是集群形成的初级阶段和必要条件,表现为大量同属某领域的企业、机构在空间上地理集中。自发形成的集聚,往往是由制度变迁、历史路径依赖、资源禀赋、市场需求等因素驱动的(俞国军等,2011),产业链中利润高、回报快的环节集中的组织机构数量比例高,企业规模大小不一,有规模以上企业、上市企业,也有小公司、个体户、小作坊,如德清洛舍钢琴乐器产业区就是这一情况。政府主导下的产业集群培育,试图把握制度的最新变化和已有的比较优势,同时又尝试避免出现"公地悲剧",虽然企图存在积极意义,但由于各种原因,导致政府主导下的集群在初级阶段发育往往不够完善。

1. 企业集聚效应不明显。

以各种园区为载体的产业集群培育,往往需要在几年之内集聚大量的企业,而事实上企业的集聚缓慢往往成为集群发展的绊脚石。这些园区中的企业,通常不是本地自发成长起来的,政府往往通过招商引资的形式引进企业,且对企业的投资总额、投资强度、投资密度、年均税收、环保标准、产业领域等具有较高的要求。一方面,符合此类高标准的企业是其入园前所在地政策优待的对象,且可能在当地已构筑自己的产业关系网,若园区的各种环境不远远优于其之前所在地,则企业搬迁的概率较小。另一方面,此类大、优、强的企业数量本来就少,已成为各地产业园区招商引资竞相争夺的香饽饽。因此,在短期内,想要集聚符合"高标准"的企业十分困难。

2. 中间机构集聚效应不明显。

中间机构包括金融机构、技术咨询机构、物流机构等,属于生产性服务业企业,对支撑产业集群体系的正常运转、企业的高效运营具有重要意义。中间机构的服务对象主要为生产性企业,当园区内集聚的企业数量达不到中间机构的市场门槛时,中间机构通常不会入驻园区。反过来讲,当园区内中间机构的数量和服务质量达不到一定标准时,意味着园区或集群的支撑能力较弱,生产性企业通常情况下也不会入驻园区,这是一个恶性循环。

(二)相互联系难以建立

企业间相互联系,是产业集群的重要特征,包括产业联系和非产业联系。产业联系可分为企业间基于产业链的垂直联系和类似企业间为攻克共性技术、设备共用等的水平联系。非产业联系是一种广义上的联系，包括非正式交谈、圆桌会议等。就产业联系来讲，可能仅仅由于园区有基础设施和优惠政策，企业才有地理邻近的特征，但企业之间可能由于文化背景、经营理念、所有制、所属国及语言等存在障碍而联系甚少，甚至相关行业的企业也可能由于技术标准、行业细分等差异而不相往来(王缉慈，2011)。通常情况下，通过招商引资进来的企业，由于其在入驻前就具有固有产业关系网，除非是产业链上的原有企业同时引进，在短时间内企业间的产业链上的联系也很难达成。已有研究表明，诸如隐含经验类交谈的非产业联系是促进产业集群创新的重要因素。但这种非正式交流往往建立在熟人圈的基础上。对于可能属于不同国家、存在文化差异的园区内的企业来说，在相互间的产业联系、信任感等尚未建立之前，这种非正式交流的机会较少。[②]因此，在短时间内企业间的非产业联系也难以快速建立。

(三)区域合作鲜有发生

区域合作，通常情况下是一种基于产业链的合作。按照全球价值链理论，由于不同的国家和地区的比较优势，通过全球贸易，产业链的不同环节片段化地分布在全球不同的国家和地区。以此类推，在一个国家、省或市内，不同地区也具有不同的比较优势，如我国东部地区的人力资源是一种比较优势，而中西部地区的自然资源也是一种比较优势。充分发挥一国、省或市内的比较优势，将产业链上的不同环节片段式地分布于不同的地区，有助于提高一国、省或市的综合竞争力。当前，产业集群的核心特征之一的产业联系，常常被政府部门认为产业链务必本地化，即产业链上的所有企业都集聚于同一省、市甚至是一个园区内，并应当配套服务于整条产业链环节的所有中间机构。因此，目前各种园区正在朝地域生产综合体的模式发展，却不利于本地优势的发挥。在这种情况下，区域间的合作意向十分微弱，且已有的区域间联系正在向本地联系转向。

三、集群实践的政府困境

从政府的职能来看，政府对于产业集群概念的理解是正确的，推动产业集群发展的做法也是容易让人理解的，但是尽管如此，政府主导下的产业集群发展存在各种问题。这与在推动集群实践过程中政府的某些困境有关，主要可分为政府任期的时间困境、政策工具的效能困境、政府绩效的博弈困境等。

[②] 自发形成的集群，由于企业家通常属于同一地方，他们拥有共同的社会文化背景，因此他们之间的信任较容易建立。而以园区为载体的企业，企业家之间的社会文化背景极有可能不同，因此他们之间的信任感的建立较难。

(一)政府任期的时间困境

政府任期的时间困境,是导致产业集群实践过程中产生各种问题的主要原因之一。实践经验表明,产业集群从形成到成熟通常需要十几年甚至数十年的时间。按照现在的行政体制,地方政府每届任期为五年,其中有一部分的政府官员不到五年就转调到其他岗位了。在我国现行的行政体制下,一个地方的产业发展方向与政府官员的意志关联度较高。为了与政府任期相配套,现行的相关产业规划的周期一般为五年,但由上任政府官员主导下做的产业规划,可能在几个月后由于官员的变动,相关内容也可能发生改动。即使是同一官员执行同一套规划,可能由于形势的变化,之前的规划也将作出新的调整。由于宏观环境频繁变化和政府官员的频繁变动,导致推动产业集群政策的不稳定。以政绩为导向,在短暂的任期内,政府官员热衷于基础设施建设、园区建设、招商引资等以快速推动GDP,而对于促进集群内信任、非正式交流等的集群内在力量的发挥则极少关注。

(二)政策工具的效能困境

政策工具的效能困境,是指政府通过其自身职能在推动产业集群实践所发挥的作用是有限的。产业集群的发展需有内力和外力"双轮"驱动,相较而言,内力对于产业集群的发展具有更加重要的意义。政策工具属于推动产业集群的外力,在政府任期时间困境存在的情况下,外力改变内力十分有限。同时,内力的发挥实际上属于一种市场行为。政府运用政策工具,就抑制市场行为的负面效应来说,引导市场行为的正向发展更难,如阻止一群企业违规生产比较容易,而鼓励企业间相互交流则较难。因此,即使是政府想要促进集群的内生因素的良性发展,就政府现掌握的政策工具来看,其效果也将是微乎其微的。

(三)政府集团间的博弈困境

政府集团由于受政绩、升迁等因素的驱动,他们的行为往往是理性的,可以将某一政府集团假设为"理性人"。一般来讲,某地的政府集团往往着眼于当地社会经济的发展来行使政府职能,如对财政资金的争取、对优质项目的争夺等等。在这种情况下,使得不同园区(地区),特别是在市(县、区)级层面的基于产业链不同环节的合作可能性大大降低。以产业链为例说明。众所周知,产业链上不同环节的附加值遵循"微笑曲线",占据产业链两头的研发、设计和销售、售后服务等附加值较高,位于中间环节的制造、组装环节的附加值低,而且往往伴随着资源的消耗和环境的污染。在政府推动园区的招商过程中,高投入、高消耗、高污染、低效益的企业往往被拒之门外,而高技术含量、高附加值、高端产品、低碳化的企业则广受欢迎。由于在早期我们承接了发达国家大量的高投入、高消耗、高污染、低效益的产业转移,因此,位于产业链中间环节的附加值低的产业广泛分布于各个地区。随着我国和某些地方形势的变化,原先低端的产业均面临着转型升级,其途径之一便是由产业链的中间环节向产业链的两端延伸,造成了目前各个地区纷纷在本地打造全产业链、不愿与国内其他地区合作的怪相。

四、国外集群实践中政府举措的两个案例

与国内产业集群的研究不同,国外关于产业集群的研究更加注重理论对实践的指导意义。研究者认为,产业集群理论的实践指导意义是通过合作行动实现集体效率的(林涛,2010),国外产业集群的实践活动中,政府往往是促进产业集群合作行动的重要力量。

(一)促进集群企业间网络关系的形成

John Humphrey 和 Hubert Schmitz(John Humphrey,Hubert Schmitz,1996)通过研究发现,智利政府在推动中小企业集群内的相互联系上有独到的方法。智利政府为了推进企业间的合作,制订了一个PROFO计划,作了详细的计划并将之付出实践。

1. 准备阶段。

政府成立了一个称为"SERCOTEC"的机构,对集群内的企业进行一一调研,并诊断每个企业存在的问题,以确立企业和SERCOTEC之间的信任关系。再是通过组织10~30家企业加入PROFO计划,确保这些企业之间有可以相互合作的可能性,并设立一个清晰的可实现的中长期合作目标。

2. 巩固阶段。

首先任命一个SERCOTEC的管理者,以促进PROFO成员们对政策、市场环境的感知。第一步是拉近PROFO成员们和培训机构、银行、供应商和当地、区域机构的关系,使这些支撑机构更愿意和这些PROFO成员进行合作。第二步是通过组织这些成员企业的管理者相互参观对方的企业、布置小组任务、组织共同履行等,拉近PROFO成员之间的关系。与此同时,SERCOTE机构加快提高本地工业设计、人力资源管理的能力,以实现对PROFO成员企业的支撑。

3. 独立阶段。

在这一阶段就是SERCOTEC机构逐渐淡出PROFO计划,让企业成员们自我持续相互合作。

(二)因时而变的集群政策

Mark Wickham(Wickham M,2005)通过对澳大利亚的创新能力极强并在享有国际

盛名的造船产业集群研究发现，政府在产业集群发展的不同阶段采用了不同的方法来推进产业集群的发展。

1. 产业集群形成时期。

在造船产业集群的形成时期，也即产业集群未来发展形势不明朗的时候，政府主要采取了三种关键举措：一是不对某种特定的产业进行阻止发展或鼓励发展，而且任由其发展；二是增强国内市场中开展以打造声誉为中心的海洋研究；三是当某个公司成为区域经济重要的经济增长点的时候，政府开始支持这个企业的发展。

2. 产业集群发展时期。

在这一时期，当地政府依然从三方面开展对集群的支持：一是设法继续扩大本地集群的影响力；二是直接参与龙头企业的销售活动，帮助它们与国际买家进行协商；三是通过政策创新使龙头企业和其供应商企业之间的协同合作最大化。

3. 产业集群成熟时期。

在这一时期，政府的工作从三方面展开：一是继续扩大产业集群的影响力，使之成为世界级杰出的海事制造基地；二是促进本地造船业和海事制造业之间的关系固化；三是稀释龙头企业在本地集群中的重要性和影响力，使龙头企业带来的收益造福于集群内的所有企业。

五、我国集群地方实践的建议

（一）建立区域产业规划体系

首先，从国家高度对国内各省的产业发展进行布局规划，确定各省份产业发展的重点领域、重点任务。其次，从全省高度对省内各市的产业发展进行布局规划，确定各市产业发展的重点领域、重点任务。市、县、镇等以此类推，确保规划执行的可持续性。建立国家、省、市、县、镇等多级联席会议制度，确保规划体系的落实。若经济形势确实发生较大变化需变更相关规划内容的，需由联系会议协商通过。

（二）加强产业经济专题研究

各级政府，在由规划确定的产业发展领域基础上，加强对产业经济的专题研究，包括基础性研究和应用性研究，提高本区域产业经济研究的专业化能力，以吸引相关企业入驻。在研究的基础上，在园区配套相关的硬件设施。如高新技术产业园要求周边的自然环境条件好、人才高度集聚等，因此政府需在前期加大对园区自然环境的建设，积极吸引大学、科研机构入驻园区。

(三)对企业入园要求应灵活变动

在产业集群培育(园区建设)初期,应降低对入园企业的投资强度、投资规模、投资密度等要求,加快实现企业的集聚。在中期,建立合理的企业淘汰机制,淘汰产能落后、规模小、产出小等低等级企业,实现局部"腾笼换鸟"。在后期,继续提高企业淘汰的标准,以进一步提高产业集群的质量。当然,每一种淘汰标准的出台,应当有几年的缓冲期。

(四)前期承担中间机构角色

在产业集群培育的初期,由于中间机构进驻比较少,政府应当牵头成立或委托相关机构充当中间机构的角色,如咨询机构、培训机构等。等企业集聚到一定程度后,以政策优惠吸引相关中间机构进驻。

(五)开展试点,重塑政府绩效考评机制

重塑政府绩效考评机制,有助于改变政府对于产业集群培育的认知。在小范围内开展试点,按照产业集群初期求集聚、中期求大企业效益、后期求整体效益的总体思路,开展政府绩效考核,避免用GDP增长率"一刀切"的方式考评政府绩效。

六、结论

现有的产业集群研究大多属于理论性质,缺乏对实际操作层面的研究。在我国现有的行政体制下,产业集群理论往往被政府解读为园区建设、招商引资、直接援助、产业联系等,而这些条件只是推动产业集群发展的外力。由于产业集群理论的高度概括性、政府的曲解,导致产业集群实践产生了种种问题。文章研究表明,政府对于产业集群理论的曲解,是受各种原因驱使的,如政府任期的时间限制、政策工具的效能有限、政府集团之间的博弈等。而通过对国外两个案例的分析,发现国外成功的产业集群中,政府通常按照产业集群发展的不同时期推出不同的政策举措,且重视产业集群内企业间的信任和互动联系。本文在最终提出了六大建议:(1)建立区域产业规划体系;(2)加强产业经济专题研究;(3)对企业入园要求应灵活变动;(4)前期承担中间机构角色;(5)开展试点,重塑政府绩效考评机制。

参考文献

[1] John Humphrey, Hubert Schmitz. The Triple C Approach to Local Industrial Policy[J]. World Development, 1996, 24(12):1859-1877.
[2] Wickham M. Reconceptualising Porter's Diamond for the Australian Context. Journal of New Business Ideas and Trends, 2005, 3, (2):40-48.
[3] 李士忠.工业化进程中的产业集群研究[M].保定:河北大学出版社,2009.
[4] 王海平,杨强.国外产业集群理论综述[J].农村经济与科技,2008,19(11):37-38.
[5] 张可云.域经济政策[M].北京:商务印书馆,2007.
[6] 王缉慈.中国产业园区现象的观察与思考[J].规划师,2011,27:5-8.
[7] 林涛.产业集群合作行动[M].北京:科学出版社,2010.

35

从产业集群到区域创新系统：
基于产业组织视角的集群升级方向与路径

岳芳敏

> **摘 要**：基于产业组织视角的产业集群转型升级的目标和路径是什么？本文通过梳理相关理论发现，产业集群升级理论主要是基于产业视角；通过观察广东专业镇转型升级实践，基于产业组织视角，提出产业集群升级目标和方向是区域创新系统。这需要分三个阶段完成，首先是建设与完善集群创新网络，通过嵌入技术服务组织，加强集群网络各节点的互动合作创新，提升集群创新能力，推动集群升级为创新型集群；再在引入风险投资等融资渠道的基础上，使创新型集群具备区域创新系统的特征；同时，还要加强产城互动转型，加快新型城市化进程，构建分工完善的大中小城市体系，促进区域创新系统功能的发挥。
>
> **关键词**：产业集群；转型升级；技术服务组织；创新型集群；区域创新系统

一、问题的提出

当技术创新理论由线性模式转为网络范式时（Kline & Rosenberg, 1986），区域创新系统受到关注（Freeman, 1987; Nelson, 1992; Lundvall, 1992; C. Edquist, ed., 1997），进而聚焦到产业集群创新网络。基于马歇尔外部性理论中的技术外溢，学者们认为产业集群作为一种本地网络化的生产组织方式，最使中小企业受益的是企业之间、企业与区域内外的非企业组织（比如，大学、科研机构、标准制定机构、金融组织、政府部门、政策制定

[题注]：本文的文献和实证部分参见笔者的博士论文：基于交易的集群创新机制，中山大学 2009 年，该论文经过修改即将由广东人民出版社出版。本文原稿曾收录于由王珺等撰写的课题成果《珠三角产业集群发展模式与转型升级》(第七章)，本文已做了较大修改。

[作者简介]：岳芳敏，博士，广东行政学院经济学系教授。

部门等)之间的互动联系(Edquist, 2000),在此互动联系和学习过程中可以促进知识(尤其是缄默知识)、信息的获取、转移扩散和利用,创新由此而产生(Storper, 1992;Grabher, 1993;Nonaka et al,1994; Saxenian, 1994; Cooke et al, 1997;Audretsch, Feldman,1996; Eriksson, 2000)。地域集中的关联产业形成的知识临近性、地缘优势形成的关系临近性有利于集体学习的发生(Camagni, 1991)。

那么,产业集群是区域创新系统吗?相关文献基于不同的观察对象,呈现两种观点:一是基于对较为成熟的技术、知识密集型产业集群的观察,认为产业集群就是区域创新系统(Asheim & Isaksen, 2001;王珺,2002a;Philip Cooke,2004),区域创新网络(Camagni,1991;朱华晟,2003;魏江,2003;李青等,2004;盖文启,2004)和创新空间(王缉慈,2001;Lawson & Lorenz, 1999)。显然,这是一种集群创新理论的静态观,忽略了集群创新网络的形成和发展演化过程。另一种观点基于对由中小企业集聚形成的传统产业集群的观察,认为产业集群的创新机制并不是自发启动的,需要外部创新资源的引发和扶持。一些学者认识到产业集群只是具备了创新网络的特性,集群的存在并不一定使创新活动必然发生。相反,基于中小企业集聚形成的传统产业集群面临着创新能力不足等内生困难(Bellandi,1994;格拉斯莫尔,2005)。在中小企业缺乏创新动机与能力条件下,引入一个扶持性的技术组织是中小企业突破自身困境所必须的(Brusco,1990;Bianchi,1996;Asheim & Isaksen,2001)。比如,意大利产业区中的"真实服务中心"(M.Clara,1995)。欧洲许多国家的政府都对产业集群实行了创新性扶持,诸如制定补贴性的优惠政策、设立产业创新基金以及建立创新服务组织等(Asheim, et al., 2003)。王珺、岳芳敏(2009)对广东传统产业集群的研究发现,缺乏创新动力和创新能力的产业集群中嵌入一个技术服务组织,作为中小企业的外部创新资源,该技术组织需要适应性演化才能满足企业不断变化的创新需求。

在广东,截止2011年,在326个专业镇式产业集群中建有209个公共创新服务平台,但其中很多还只是刚刚成立,有些对其职能及如何发挥作用处于迷茫之中。并非所有的技术服务组织都能够有效发挥作用(王珺,岳芳敏,2009)。为加快专业镇转型升级,2012年广东颁布了《中共广东省委广东省人民政府关于依靠科技创新推进专业镇转型升级的决定》(粤发〔2012〕11号)(一下简称《决定》)、《广东省人民政府关于加快专业镇中小微企业服务平台建设的意见》(粤府〔2012〕98号),《决定》提出了专业镇转型升级的指导思想和发展目标,即以提高自主创新能力为核心,以企业为主体,坚持"市场引领、创新支撑、平台提升、品牌带动、园区承载、集群发展"的原则,加快推进专业镇转型升级,促进创新型产业集群发展壮大,使专业镇发展尽快走上内生增长、创新驱动的轨道,成为推动全省产业转型升级的重要力量,并据此提出了一些具体指标。比如,5年后,全省专业镇GDP总量突破2.5万亿元,占全省GDP的1/3以上;组建专业镇公共技术创新服务平台300个以上,每万人R&D人员数量达到60人以上,专利授权量达到3.5万件以上,全社会研发投入占 GDP 比重达到 2.5% 以上。

然而,这些只是专业镇/产业集群创新能力发展目标。产业集群升级目标应是一个具有理论指导和实践意义的目标,是集群作为地方网络化生产组织的发展目标。这需要我们从理论和实践中总结提炼。而且,该《决定》指出要加快建设以生产知识或技术密集型产品为主的创新型产业集群。国家科技部关于建设创新型产业集群也与此类似(参见文中第 2 部分)。这一政策导向有可能误导产业集群的发展,是对技术创新理论认识不足的结果。

当前,由于集群升级的目标缺乏明确的理论指南,各地政府在引导、促进集群转型升级中缺乏指导,缺乏明确的目标。集群企业,尤其是传统产业集群中的企业失去了发展和努力方向,一些企业由于担心本地政府鼓励产业转移,因产业政策不明确而不敢或不愿加大技术改造升级投入,一些企业因为成本上升、利润率降低,在近年来股市、房地产市场高额利润回报下,转而投入虚拟市场,实体产业投入大减,加上"腾笼换鸟"政策下的产业转移,一些产业集群出现了弱化、空心化迹象。这不能不引起重视。广东促进专业镇转型升级政策可谓及时,虽然它在集群升级目标导向存在不足。那么,我国产业集群升级目标应是怎样的? 该如何实现?

对此,本文基于现有理论的梳理和现实观察,探寻答案。第二部分是从理论上分析区域创新系统及其成为集群升级目标的机理,第三部分提出一个"三阶段"集群升级发展路径,第四部分以广东发展实践为例进行一个动态的验证,第五部分是结论和政策建议。

二、区域创新系统作为产业集群升级目标的机理分析

(一)几个关键概念

1. 创新

依照熊彼特创新学派理论,创新包括技术创新和组织创新。前者是指产品、工艺、市场、原材料的创新,后者指引入新的管理方式,包括组织形态创新、管理创新、商业模式创新等等。弗里曼(C. Freeman,1973)认为,"技术创新是一个技术的、工艺的和商业化的全过程,其导致新产品的市场实现和新技术工艺与装备的商业化应用"。后来他又在《工业创新经济学》一书中指出,技术创新就是指新产品、新工艺、新系统和新服务的首次商业性转化。由此可知,创新不同于研究开发、技术发明,重在其初次商业性应用。

根据不同的研究视角,技术创新可以分为两大类:一是工艺创新和产品创新。二是渐进创新和激进创新。渐进创新(Incremental innovation)是在主导设计、产品构造或现

有需求背景下,对现有的产品、工艺或服务进行的改进。弗里曼认为它主要依靠需求压力和技术机会推动,普遍地存在于每一个企业。它可以是研究与发展项目的应用,但更多的是来自直接从事生产的工程技术人员和工人或用户的建议。虽然单个项目所带来的变化不大,但其累积效果和持续改进常常使企业获得很大优势。而激进创新(Radical innovation,也译为"根本性创新")是指企业首次引入的、能对经济发展产生重大影响的创新。是一种非连续性事件,与科学技术上的重大发现、发明相联系,其过程往往要经历较长时间。弗里曼认为激进创新一旦成功后,将开拓新的市场或者使原有产品的质量得到巨大改善或降低成本;还会引发出许多相关的创新,并引起产业结构的深刻变化,将带来技术和经济范式的变革,经济效益非常显著,因此也称为技术革命。上述理论表明,渐进型创新也是创新的范畴。渐进创新会产生工艺和产品或服务的创新。这在传统产业集群中最为常见。

2. 创新型产业集群(innovative industrial cluster)

引用波特的概念,产业集群是指在某一特定领域内相互联系的、在地理位置上集中的公司和机构的集合。

关于创新型产业集群(innovative cluster),有时也称为创新集群。OECD(2001)认为它是国家创新系统的驱动者。创新集群作为国家高新区二次创业和传统产业集群升级的目标已取得高度共识(王辑慈,2004,2005;丁魁礼等,2010)。王辑慈(2004)认为创新性集群或创新集群(innovative clusters)是区别于低成本的产业集群(或低端道路的产业集群)而言的,是指创新性的产业集群或基于创新的产业集群。王福涛,钟书华(2009)认为创新集群是当代科技、经济一体化的新形式。Liyanage(1995)认为它可通过协作研究网络培育而成。

国家科技部在2011年7月印发的"《创新型产业集群建设工程实施方案》并组织开展集群建设试点工作的通知"中指出,"创新型产业集群是指围绕战略性新兴产业,通过制度建设和机制创新,以科技资源带动各种生产要素和创新资源集聚,形成以科技型中小企业、高新技术企业和创新人才为主体,以知识或技术密集型产品为主要内容,以创新组织网络、商业模式和创新文化为依托的产业集群。建设创新型产业集群能够有效整合区域创新主体和要素,是推进区域创新的重要途径"。但这一定义将创新型集群限定在战略性新兴产业、高新技术产业,忽略了传统产业集群的创新性,传统产业集群通过技术创新以及管理创新、组织创新等也可以提升其整体附加值及竞争力。

丁魁礼、钟叔华(2010)基于现有文献,认为新知识和新产品大量生成是凸显创新集群本质涵义的指标。并从分析焦点、创新过程、学习过程、产出特征及必要条件等多方面研究了创新集群与传统产业集群的区别。认为创新集群具有三个判断基准:从组织形态上分析是否表现为发达的组织间合作关系(质和量两方面);从创新过程上分析是否表现为研发经费的大量投入、是否具有知识技能的密集交换、是否符合生成性学习和探索逻辑;从结果上分析是否表现为新产品、新技术和新专利的不断涌现。这一论述较全面地阐述了创新型集群的本质含义。

基于上述理论,笔者认为,不能以产业集群的主导产业是技术、知识密集型产业还是劳动密集型传统产业来判断该产业集群是否是创新型的;凡是能不断进行产品和工艺创新的产业集群,无论它是渐进还是激进创新导致的,都属于创新型产业集群;并非只有知识和技术密集型的产业集群才是创新型集群,信息技术产业集群也可能只是劳动密集型的加工环节,比如在东莞、成都的信息技术集群。当前我国在强力推进的战略性新兴产业集群又因为不重视、不具备核心技术、自主创新能力的培育而成为新兴产业的加工制造集群,比如 LED 产业。具有创新能力、竞争力的传统产业集群也可以是创新型产业集群。在市场竞争激烈的环境下,有竞争力的企业一定是具有创新力的创新型企业。这已经是不争的事实。

3. 区域创新系统

区域创新系统(Regional Innovation System,RIS)主要是由在地理上相互分工与关联的生产企业、研究机构和高等教育机构等构成的区域性的、支持并产生创新的组织体系(Cook,et al.,1996)。RIS 主要有以下几种功能:增加组织间的协调性和专有性,增加组织管理的灵活性,增强适应能力、吸收能力以及组织间的学习能力和效率。但在区域发展的不同阶段,RIS 的功能和结构都有所不同,会发生演化(Lundvall,1992)。

其特征有三个(岳芳敏,2009b):一是特有的创新主体特征。比如,不同区域的劳动力、教育、研究机构、知识的外部性或溢出以及产业组织结构是不同的。二是不同的 RIS,其产业组织结构和产业创新环境不同。比如,萨克森宁(Saxsenian,1994)发现的美国的两个高科技产业区——硅谷和波士顿 128 公路区域的不同。区域内创新环境和技术创新的发展更多依赖于区域内部企业和各种机构组织之间的相互学习和知识溢出(Cook,et al., 1996)。三是区域规模不同,RIS 结构和功能不同。在较大区域中,产业多样化,RIS 中参与互动的主体也呈现多样化,比如存在完整的高校、科研院所、技术转移机构等知识中心组成的区域学习系统,存在风险投资基础设施等等,各主体的功能也较完善。这类区域可以在曼弗雷德·费希尔等人(2002)所阐释的"大都市创新体系"中观察到。而中小型区域中的 RIS 产业数量有限,高校和研究机构可能不像在大区域中是创新系统中的战略性主角,因而,创新政策应视区域大小而有差异(Andersson M. et al,2004)。

Eriksson(2000)认为一个完整的 RIS 由三个层次的行动主体构成。一是核心层由区域集群中的企业组成,这些企业进行专业化生产并集中在产业集群中心。二是围绕着核心层企业的互补性企业和支持服务性企业。三是最外围的由制度、基础设施和激励、扶持构成的制度环境和创新环境。比如,知识、技术性基础设施和公用性基础设施,国家和本地层面的正式规则,媒体宣传、本地习惯、社会资本,公共金融支持、风险投资等激励性组织。这里的制度是作为正式结构和游戏规则的制定者,这些机构的存在旨在促进主体的合作和知识溢出及转移。但现实中,一个区域创新系统不可能如此配套完整。

依据知识的产生方式、产生的知识类型、互动的组织方式、RIS的边界以及技术创新的类型,Asheim & Isaksen(2001)认为RIS主要可分为三类:地域嵌入的区域创新网络、区域网络化的创新系统和区域化的国家创新系统。其主要特征参见表1。第一种类型中,企业多为产业区中的小型企业,竞争优势构建于本地化的互动学习过程。但由于与知识组织缺乏互动,技术创新有路径依赖造成的技术锁定风险,故该类创新系统应注意发展与外部的联系。第二种类型是理想的RIS,是一个围绕制度基础设施的创新型产业集群。第三种的实例包括与本地产业相联的研发机构和科技园。其研究合作具有使命性,旨在开发一个更激进的创新(Asheim & Isaksen,1996,2001)。

表1　三种区域创新系统的一些特征

RIS的类型	知识组织的位置	知识及其流动的方式和机制	刺激合作的重要因素	主要的技术创新类型
地域嵌入的区域创新网络	本地。但相关的知识组织较少	非正式的、实践的、隐性知识;非正式互动。干中学、用中学	地理、社会和文化临近性	产品和工艺、渐进创新
区域网络化的创新系统	本地。与知识提供者的合作加强	显性、隐性知识;互动、合作	规划了的、系统化的网络	更多的激进创新可能出现
区域化的国家创新系统	主要在区域以外	正式知识;更多社会线性的,专项项目合作	具有共同教育背景和经历的个人	更激进的创新

来源:基于Asheim & Isaksen(1996,2001)的文章内容编制。引自(岳芳敏,2009)。

(二)区域创新系统(RIS)是产业集群发展的高级阶段

首先,区域创新系统中至少包括一个产业集群。

帕特莫和吉博森(Padmore & Gibson,1998)提出了以产业集群为基础的RIS的GEM模型,即RIS由基础环境(Groundings)、企业(Enterprises)和市场(Markets)三个要素组成。其中基础环境要素包括要素资源和基础设施结构;企业要素包括供应商及相关产业、企业结构、战略和竞争;而市场要素分为外部市场和内部市场。

从RIS的边界来看,其具体的范围可以通过产业集群的边界来界定。阿歇姆(Asheim,1996)也认为RIS就是由支撑机构环绕的区域产业集群。相对来说,RIS比较分散,而产业集群则比较集中。构成RIS的必要条件是地方临近性、关系临近性、机构之间的互动以及必须要有一个专业化的生产结构,而这些条件都可以在产业集群中获取。

产业集群具有 RIS 的组织特征。作为一个既竞争又合作的网络型中间生产组织形式，产业集群内大量企业相互集中在一起，既展开激烈的市场竞争，又进行各类合作，如联合开发新产品、开拓新市场、建立生产供给链、共享市场营销网络、共建区域品牌等，由此形成一种既竞争又合作的集体竞争力。由于地理临近性、企业之间及其与高校科研机构的合作等产生的知识、技术外溢等外部性，产业集群有利于企业技术创新，因而被看作是区域创新系统、创新空间、创新网络、集群创新系统、区域创新环境。

其次，并非所有的产业集群都是区域创新系统。

然而动态观察发现，并非所有的产业集群都是 RIS。产业集群在形成初期，只是同类企业的扎堆，企业之间缺乏纵向或横向联系。Asheim B.T. 和 Coenen L.(2005)认为，一个学习型经济集群与 RIS 是既有区别又有内在联系的两个概念。产业集群概念中因为有很强的产业、部门内涵，所以要比 RIS 概念内涵窄些，因为一个 RIS 中可以包括多个产业部门。

只有当产业集群的机构（即网络节点）之间互动加强时，区域创新系统才能够发挥作用。产业集群不是 RIS 存在的充分条件。Asheim & Isaksen(2001)强调一个 RIS 要具有比集群更明显的合作性。机构之间的互动是 RIS 存在的必要条件；这种互动通过产业集群可以取得。所以 RIS 中要有一个专业化生产系统是个重要条件；知识提供者是否存在不是 RIS 的前提条件；一个必要但不是充要的条件是 RIS 中的行动主体彼此间要互动以产生和扩散知识。之所以不是一个充要条件是因为所产生和扩散的知识的度是一个相对问题。

Cooker 等(1998)给出了 RIS 要具备的条件：一是一个创新性的产业集群，即，其中的上下游企业要与顾客、供应商或合作伙伴在一个正式或非正式网络中运作；要有高校、科研机构、技术商业化促进机构；私营企业协会、商会和公共经济发展机构、培训机构和政府部门等。这些组织在一个区域都存在，而且关键要有联合性（Cooker & Morgan,1998）。这意味着对企业创新和竞争力至关重要的常规的双向性内部交流、发展的系统性存在了。该系统可以被看作是区域学习系统。二是在创新型产业集群的基础上，加上一个能投入必要资本而使创新内生的风险投资基础设施。这时一个区域创新系统就出现了。

由此，我们提出，当一个产业集群，无论它是否是高新技术产业集群，集群中行动者之间、企业与外部知识机构之间具有有组织的密切合作互动关系，创新主体有大量研发、创新投入，新产品、新技术和新专利不断涌现时，该产业集群就发展成为了创新型产业集群或创新集群。当该创新产业集群中存在能够有效推动创新的风险投资机构时，该创新型集群就可能发展成为区域创新系统。

第三，区域创新系统是产业集群发展的高级阶段。

网络范式下的创新理论认为创新来自于网络中各节点的互动，创新网络的特征就在于各行动者之间的相互联系、合作、协同与相互作用。产业集群可以通过创新网络的演化发展而成为区域创新系统。表1表明三种形态的RIS具有螺旋上升态势。第一种"地域嵌入的区域创新网络"是产业集群起步和形成的初期发展阶段,其创新机制主要是基于不可交易的相互依赖性的干中学、用中学机制,技术创新路径是模仿和模仿创新;第二种"区域网络化的创新系统"是集群升级发展到成熟阶段的组织形态,集群企业与本地知识提供者的合作通过规划了的、系统化的创新网络,通过网络节点的互动、合作而加强,这使得更多的激进创新可能出现。技术创新以大企业与高校、研发机构合作形成的自主创新为主,而众多的中小企业则借助于集群中的技术服务组织形成创新能力。这类产业集群就像广东当前一些升级发展较好的专业镇一样,政府的创新扶持战略在实施中,技术服务组织加入,集群创新网络发生了演化,官产学研银合作加强,企业创新能力不断增强;第三种"区域化的国家创新系统"是国家级的高新技术产业集群,比如,上海张江高科技产业集群、美国的硅谷等。而当前我国很多国家级高新产业园并非都是产业集群,也不具备相应的RIS特征。

当一个产业集群转型升级为一个区域创新系统时,其网络节点(即,集群创新网络中的各机构主体或行动者)之间有意识的互动加强,这种互动网络是经过规划、系统化的,互动效率得以提升。其结果是集群企业自主创新能力大大提升,集群中可能产生很多激进创新,甚至会出现技术革命。而一旦集群进入到区域化的国家创新系统发展阶段,国家级的各类专项项目合作,意味着创新投入的加大。更多激进创新成果可能出现,从而带动当地一个或多个主导产业,推动新兴产业集群的形成和发展。

三、"三阶段"的产业集群升级发展路径

(一)集群形成后向创新型集群发展的机理

基于现有的集群创新理论和对广东形成于1980年代的产业集群发展的观察,我们发现,集群创新机制也经历了一个演化过程,在此过程中集群向创新型集群转型升级。在集群形成过程中,基于不可交易的相互依赖性——地理临近、知识临近产生的技术外溢、干中学等集群创新机制发挥主要作用。集群企业以模仿或模仿创新为主要技术路径。该阶段中,集群低质量扩张迅速形成一定规模,企业多为同质化的中小型企业,在改革开放之初的商品短缺时代,卖方市场下,企业生产什么都能卖出去,企业无创新压力和动力,普遍存在的模仿行为也抑制了企业的创新动力。

但进入1990年代以后,国内外市场竞争变得日益激烈,消费者偏好转向差异化的服务和产品,依靠仿制的中小企业难以为继,企业有了创新动力和压力,但缺乏资金、人才等创新能力,集群中创新市场失灵,一些集群出现了衰落甚至衰亡。而那些能够走

出困境的产业集群是由于政府的及时介入,比如西樵纺织面料专业镇。1995年开始,针对产业的衰退,镇政府制定了"科技兴纺"战略,其中一项措施是投入400多万元购买了电脑辅助设计(CAD)和制造(CAM)设备,1998年组建了面料制版公司,设立了素织物、大提花和印花三个产品设计和研制部门,以低于市场价的成本价出售研制的新品样版,带动了集群企业加大技术创新投入。2000年,广东省科技厅引导市县政府共同出资设立公共技术创新服务平台,培育省级技术创新专业镇试点。

王珺、岳芳敏(2009)将这类公共创新服务平台概括为"技术服务组织",并分析了技术服务组织嵌入集群创新网络后,其组织性质和运作机制。作为准公共性组织的技术服务组织,提供有偿服务,为满足企业不断变化的创新服务需求,适应性地在运作机制和功能方面发生演化。岳芳敏(2009)进一步分析了技术服务组织与企业互动创新的机理、过程和作用,指出集群在形成后,为了巩固发展摆脱衰落的困局,依托于嵌入的技术服务组织,逐步形成创新能力,并不断升级发展的机制;分析了集群创新网络演化后,集群创新机制也因此从基于不可交易的相互依赖性为主转向基于交易的集群创新机制为主;指出在此过程中集群向创新型产业集群转变,并在不断升级发展中。当产业集群创新网络的结点——集群企业与技术服务组织发生创新互动合作关系、使企业形成创新能力并不断提升时,该集群就成为了创新性集群。

观察广东产业集群的转型发展实践,可以发现集群通过集合利用内外部资源,提升产业集群创新能力并向创新型集群发展的路径有以下四种:一是集合利用内部资源,各级政府联动、与企业或行业协会共建创新公共服务平台。二是集合利用外部创新资源,加强产学研合作,帮助企业形成创新能力。三是促进银企合作,帮助企业融资进行工艺设备升级。四是加强知识产权保护,激励企业主动进行创新和转型升级(岳芳敏,2010,2012)。

(二)从创新型集群向区域创新系统的升级

相关文献从产业的视角探讨了产业集群升级的概念与路径,认为集群升级是指通过创新增加产品附加值(C. Pietrobelli & R. Rabellotti, 2004),是指集群企业生产更好的产品、生产效率更高,或者进入技能性更强的领域,以获得销售增长、提高收益(H. Schmitz, 2003)。产业集群升级的出发点和落脚点是产业集群整体附加值的提高以及市场竞争力的增强。其本质特征在于创新,通过创新获取更多附加值,通过创新提升集群在全球价值链上的位势和竞争力(岳芳敏,2009)。

由此可知,产业集群升级目的是通过创新提高集群产品的附加值和竞争力,而创新型产业集群、区域创新系统都是能够促使产业集群达成这些目的的区域性产业组织形态,而且区域创新系统具有内生的创新力、自我增强等功能。因此从产业组织视角来看,区域创新系统是产业集群的高级阶段,集群升级的目标和方向就是成为区域创新系统。

通过使低创新力的产业集群转型为创新型产业集群,再加入一个支持创新的风险投资基础设施,就能具备区域创新系统的特征。但这并不能说区域创新系统功能就能得以发挥,还需要一个完备的区域产业创新发展的互动环境。

(三)产城互动转型为集群升级为区域创新系统提供环境

区域创新系统是一个有着空间、产业、企业、知识组织及其他非企业型制度组织、市场等在内的复杂性系统,该组织一方面具有自组织的适应性机制,另一方面又具有他组织性。该区域所在的城镇、市(县)的制度环境、政府行政服务效能和城市功能也对区域创新系统功能的发挥起着关键作用。我国的产业集群多位于一个市县、镇域,在产业集群形成过程中——也是工业化过程中,这些地区的城镇化也同步进行。当前在产业集群转型升级过程中城市化滞后、市政建设服务和管理落后、科技服务体制不完善等城市功能不完备问题已经阻碍着企业的升级发展。当前已到了产城互动转型升级的紧迫时刻。

在城市化(城镇化)发展过程中,农民向城市市民的转变为城市工业制造业、服务业的发展提供了大量的劳动力。当产业转型升级,需要高素质劳动力、需要稳定的、宜居宜业的城市、和谐的社会环境时,城市社会、经济功能也需要转型,城市要从工业化功能转向一般服务业、高端(生产性)服务业以及创新导向的功能,大城市成为多样化的创新服务中心,中小城市(城镇)成为专业化产业集聚中心,大中小城市在城市体系中各有其分工,并互动、协同发展,从而推动产业集群完成向区域创新系统的升级。

四、对广东产业集群转型升级发展的实证分析

(一)政府主导设立技术服务组织促进集群创新、升级发展

在广东300多个省级专业镇式产业集群中,珠三角地区和粤东地区的产业集群大多形成于1980年代,而且位于珠江西岸的50多个产业集群,都是在体制转轨过程中,依赖当地的资源禀赋、原有的工业基础、国内外市场、企业家创新精神逐步形成的。企业大多是中小型私营企业,大多属于纺织产业、陶瓷业、玩具、家具、家电、金属制品业、建材等传统的劳动密集型产业。很多企业主是洗脚上田的农民,企业技术层次低,产品附加值低,处于全球价值链末端,发展的最大问题就是创新能力不足。

为提升产业集群创新能力,自2000年起,广东省科技厅组开始实施《专业镇技术创新试点实施方案》,其中技术创新平台建设成为一个重要抓手。由此,政府开始介入专业镇的产业创新活动,扶持企业创新。近12年来,广东已经建设了209个公共创新服务平台,拥有创新服务平台的省级专业镇占66.2%。

这些创新服务平台主要为企业提供产品创新、检测、教育培训、技术咨询、产业共性技术、信息服务、电子商务等多元化技术创新服务，不断提高专业镇技术创新能力和电子商务等信息化水平。比如，建立信息化的管理和营销体系，近几年顺德区乐从镇建成首个"国家级电子商务试点镇"，中国塑料网、家家易、中国国际家具网、中国家具之都网等迅速发展起来，近八成企业都加入行业电子商务平台，引发了乐从钢铁、塑料、家具三大专业市场经营模式的重大变革。

还有一些专业镇依托公共创新服务平台，帮助中小企业提升创新能力，提高产品附加值，以实现产业就地转型升级。比如中山古镇灯饰、大涌红木家具、南庄陶瓷产业集群等。此外，政府对集群创新服务平台的建设还起到了集聚企业不断进入集群的作用，企业对产业政策明了、有信心，愿意加大投入改造升级。可以说，技术服务组织对于集群升级发挥了重要的带动和扶持作用。

（二）以专业镇公共创新平台建设为抓手，着力培育创新型集群

当前，大多数产业集群已经进入创新、升级发展阶段，新认定的省级专业镇还在不断出现，成为广东区域经济的重要支柱，为广东转变经济发展方式发挥着重要作用。截至2011年底，326个省级专业镇有6万多家企业，500多万就业人数，规模以上企业达2.5万家，形成了"小企业、大产业、小产品、大市场"局面。专业镇综合经济实力明显增强，GDP总量超1.64万亿，比上年增长了27%，是2007年的2.14倍，占全省GDP的31.1%；镇均GDP达136.7亿元，工业总产值超千亿元的专业镇已达到6个、超百亿元的达到103个。专业镇对地市经济的平均贡献率达39%，其中，佛山、云浮市分别达到94.7%、67%，中山、江门等8个地区也均超过50%。

广东专业镇技术创新能力明显提升，一批创新型集群正在逐步形成。2011年，全省专业镇科技投入达148.6亿元，比2007年增加了48%。其中，各级政府科技投入22亿元，是2007年的2.1倍。研发人员共20.2万人，占全省总数的49.3%。专利申请量为81361件，占全省的41.4%；专利授权量达62180件，占全省的48.4%，是2007年的2.6倍；其中，发明专利授权量达2403件，是2007年的2.7倍。全省专业镇名牌名标总数2905个；其中省级以上著名驰名商标数1609个，是2007年的2.64倍，专业镇成为广东专利的重要产出地。

通过打造、优化公共服务平台加快创新型产业集群发展。自2008年金融危机爆发以来，部分企业经营进入"寒冬"期，企业科技投入的能力和积极性受到抑制。地方政府以创新平台为载体推动创新型专业镇的建设发展，政府加大科技投入凸显了对专业镇创新发展的引领作用。政府的强大扶持大大提高了专业镇应对金融危机的能力，2008~2009年两年中，广东产业集群中新增了68个技术服务组织，诸如华南陶瓷研究院、广东工业设计城这样的具有跨地区、全行业服务性质的技术服务组织建立起来，推动着产业集群

35 从产业集群到区域创新系统：基于产业组织视角的集群升级方向与路径

的转型升级发展。

为落实《中共广东省委、广东省人民政府关于依靠科技创新进专业镇转型升级的决定》和《广东省人民政府关于加快专业镇中小微企业服务平台建设的意见》精神，2012年11月，广东省展开专业镇九大服务平台专项项目建设，以加快公共创新服务平台建设，提高中小企业技术服务组织的创新能力，完善技术服务组织的职能。

当前，各级政府着力培育创新型产业集群。广东专业镇已呈现官产学研银合作局面，官产之间、产学研之间、银企之间互动加强，正积极向创新型产业集群转型。截至2012年上半年，90%以上的专业镇制定了"一镇一策"特色产业生态与科技创新规划，围绕陶瓷、家电、模具、机械、制鞋、纺织服装等产业的共性技术需求，制定了专业镇产业技术路线图；近200家专业镇技术创新中心为广大中小微企业提供了多层次、全方位的支持。通过创新服务平台建设，形成纵横相连、资源共享、协同服务的专业镇创新公共服务体系，有效支撑专业镇的转型升级；通过标准质量强省战略提升特色优势产业竞争力，通过品牌建设提升产业集群影响力，鼓励行业协会等申请注册集体商标，专业镇已拥有集体商标数和原产地商标数141个，美的、格兰仕、以纯等著名企业品牌和西樵面料、古镇灯饰、小榄五金、大沥铝型材、陈村花卉、澄海玩具等区域品牌得到了广泛认可。

（三）积极优化产业集群转型升级环境，构建区域创新体系

当前，广东已形成了加快转型升级的共识。除了政府的大力推动外，企业已经在成本上升、利润降低和外需市场疲软、竞争激烈等倒逼机制下，积极主动加大创新投入，延伸产业链，向价值链高端发展，寻求创新升级；主动加强产学研合作力度，以全球资源配置的视野，积极开展市场、产品及关联领域的研发创新。

2012年7月，广东召开了全省科技工作会议，提出力争在2015年建成广东特色的区域创新体系。主要措施手段是：通过促进科技产业与金融紧密融合，构建科学的人才引进培养和使用机制，完善科技服务体系，完善合作创新和开放共享机制，让创新成为全社会的共识和实践。在全社会形成尊重知识、尊重人才、崇尚创新、支持创新、宽容失败的良好氛围。通过建设公共创新服务平台，将专业镇逐步打造成为全省创新网络交互中心的分节点和触角，积极构建广东特色的区域创新系统。

一些地区已在加快产城互动转型促进产业集群转型升级。比如，着力优化产业发展环境，推进重点产业与园区建设。在开展行政体制改革，加快转变政府职能的背景下，佛山国家高新产业园积极探索园区与所在镇的行政体制改革，园区管委会只负责经济转型升级发展，镇政府负责园区的社会建设和管理，责、权、利明确的行政格局提高了行政服务管理效能，促进了产业园区经济的顺畅发展。同时，拥有37个专业镇的佛山各市、区、镇都在实施产城互动转型的发展战略，以产业转型带动城市转型，以城市转型促进产业升级。各专业镇都在积极完善产业配套环境，加快人才引进和培养，加快新型城

市化/城镇化发展,深化"三旧"改造,为产业转型升级创造良好环境和条件。

五、结论和政策建议

本文从产业组织发展视角,分析了产业集群转型升级发展的目标和路径,并以广东专业镇转型升级发展加以验证。从中得出以下结论:

(1)传统产业集群也能升级为创新型集群。其路径是整合集群内、外部创新资源,提升集群创新能力。(2)作为地方网络化生产组织的产业集群的升级目标和方向是区域创新系统。其特征是集群创新网络各节点互动性强;集群是创新型、学习型集群,而且有基于创新的风险投资机构嵌入于集群创新网络中;具有区域性自我创新增强功能。(3)区域创新系统具有复杂性,既有自组织的适应性,又有他组织的互动性,其功能的发挥依赖于该系统自身和产业集群所处的制度环境、空间和地域公共基础设施的完备。

政策建议:(1)继续加快集群创新网络中技术服务组织的建设与完善。(2)加大财政投入的杠杆效应,促进社会创新投入,推进财政专项资金支出绩效管理,提高政府资金绩效。(3)吸引基于创新的风险投资机构进入产业集群,使创新型集群具备区域创新系统的特征。(4)具备了区域创新系统特征的产业集群,还需要加快所在市县、镇的新型城市化进程,加强产城转型互动,加快新型城市化建设,优化和完善市政基础设施建设,推动城市功能的完备和转型升级,构建分工完善的大中小城市体系,促进区域创新系统的功能具备和发挥。同时,全面推行行政体制改革、加快政府职能转变,为产业集群升级提供宜居宜业的城市空间和发展环境。

参考文献

[1] Kline, S.& Rosenberg, N. An Overview of Innovation, in Landau et al (eds)[J]. The Positive Sum Strategy. Washington: National Academy Press, 1986.

[2] Nelson. R. R. National System of Innovation: A Comparative Study[J]. Oxford: Oxford University Press, 1992.

[3] Lundvall. National System of Innovation [M]. London: Pinter Publishers. 1992.

[4] Storper M. The Limits to Globalization: Technology Districts and International Trade[J]. Economic Geography, 1992 (24): 60-93.

[5] Grabher G. The Embedded Firms: On the Social-Economics of Industrial Network[J]. London EC4P 4EE, 1993.

[6] Nonaka, Ikujiro. A dynamic theory of organizational knowledge creation Organization Science[J]. Linthicum: Feb 1994. Vol. 5, Iss. 1:14.

[7] Saxenian A. Regional Advantage: Culture Competition in Silicon Valley and Route 128[J]. Harvard University Press, 1994.

[8] Cooke, P. et al. Regional innovation systems: Institutional and organizational dimensions[J]. Research Policy, 1997, 26: 475-491.

[9] Audretsch, D. & Feldman, M. Innovative Clusters and the industry life cycle[J]. Review of the Industrial Organization, 11:253-273.

[10] 王珺. 企业簇群的创新过程研究[J]. 管理世界, 2002, (10).

[11] 朱华晟. 浙江产业集群——产业网络、成长轨迹与动力发展[J]. 杭州:浙江大学出版社, 2003.

[12] 魏江. 产业集群——创新系统与技术学习[M]. 北京:科学出版社, 2003.

[13] 李青等. 区域创新视角下的产业发展:理论与案例研究[J]. 北京:商务印书馆, 2004.

[14] 盖文启. 创新网络——区域经济发展新思维[J]. 北京:北京大学出版社, 2002.

[15] 王缉慈. 创新的空间:企业集群与区域发展[J]. 北京:北京大学出版社. 2001.

[16] Lawson C. & Lorenz E. Collective Learning, Tacit Knowledge and Regional Innovative Capacity[J]. Regional Studies, 1999, 33(4): 305-317.

[17] Bianchi. New approaches to industrial policy at the local leve[J]. In Cossentino et al 1996: 195-206.

[18] 王珺, 岳芳敏. 技术服务组织与集群企业技术创新能力的形成[J]. 管理世界, 2009(6).

[19] 王缉慈. 关于创新性产业集群的培育问题[J]. 中国科技产业, 2005, (12).

[20] 丁魁礼, 钟叔华. 创新集群的本质涵义及其与产业集群的区分[J]. 科技进步与政策, 2011.

[21] 王福涛, 钟书华. 创新集群:当代科技、经济一体化的新形式[J]. 生产力研究, 2009(03).

[22] Liyanage S. Breeding innovation clusters through collaborative research networks[J]. Technovation, 1995, (9):553-567.

36

产业规划视角下的广州市人口变动研究

张 帆 林隽宇

(广州市人口与计划生育局 人口与计划生育科学研究所 人口发展研究部)

> **摘 要**:广州市人口变动的可能性主要来自两方面因素:一是资源约束的变化;二是人力资源供给状况的变化。而广州人口变动的必要性也受以下几个因素制约:产业转移的变化和城市规划蓝图;人力资源需求状况的变化。人口变动的可能性和必要性同时满足,才会导致人口变动的必然发生。所以,未来广州市人口(分布和结构)的变化范围必然是在上述必要性和可能性的交集之中,即人口变动的必然趋势既要符合人口变动的可能性条件,又要符合人口变动的必要性条件。本文通过上述分析试图找到产业资源变动视角下的广州人力资源区间变动的现有规律和必然趋势。
>
> **关键词**:三规合一;聚集—扩散理论;人口的资源承载力

广州市人口变动的可能性主要来自两方面因素:一是资源约束的变化(从中心区—人口超载区向人口承载富余区,如花都区、萝岗区、天河区、黄埔区、白云区、番禺区、南沙区转移);二是人力资源供给状况的变化(户籍人口比重相对外来人口比重持续下降,外来人口流动性较强,离开中心区奔赴富余区的可能性较大)。而广州人口变动的必要性也受以下几个因素制约:产业转移的变化(聚集扩散规律)和城市规划蓝图("南拓"拓出了南沙重化工业新区,"北优"优出了现代汽车生态工业城,"东进"进出了新兴的工业开发区,"西联"联出了市场广阔的广佛都市圈);人力资源需求状况的变化(继续实施

[作者简介]:张帆,1976年生,女,经济学副教授,人力资源管理经济师,经济学博士。现任广州市人口与计划生育局、人口与计划生育科学研究所、人口发展研究部部长。邮箱:459869829@qq.com,电话:13602805330。

林隽宇,1983年生,男,劳动经济学研究生。现任广州市人口与计划生育局、人口与计划生育科学研究所、人口发展研究部研究员。

"南拓、北优、东进、西联、中调"的十字方针,促进城市空间发展从拓展增长走向优化提升,形成"一个都会区—中心三区,两个新城区—南沙、萝岗,三个副中心—花都、从化、增城"的多中心网络型城市空间结构)。

可能性和必要性的同时满足,会导致事件的必然发生。所以,未来广州市人口(分布和结构)的变化范围必然是在上述必要性和可能性的交集之中,即人口变动的必然趋势既要符合人口变动的可能性条件,又要符合人口变动的必要性条件。

一、广州市人口变动的可能性分析

(一)资源约束的变化:广州市人口适度规模的自然资源承载力分析

1. 测算方法

采用系统工程中的可能—满意度方法,根据广州市当前及未来经济、社会、科技、资源环境等因素的分析和测算,以及在广州建设成带动全省、辐射华南、影响东南亚的现代化大都市所需要的经济、社会、科技发展水平和生活质量等条件下,通过定性分析与定量计算相结合的方法,分析广州市在实现城市发展战略目标前提下所能承载的最大人口规模。

2. 影响因素分析

经济因素:经济是人口发展的基础,经济规模的变化、产业结构层次的高低以及劳动生产率的高低等因素制约着人口规模的大小及其增长速度。

社会因素:地区的就业、交通、居住、粮食供给、医疗等因素决定着某一地区人民的生活水平,这些因素的变化对地区人口规模及增长速度起着促进或者阻碍的作用。

资源环境因素:资源环境不仅是人类赖以生存的基础,也是支撑社会发展的重要支柱,采用水资源供给量、耕地面积以及能源供给和利用情况来反映广州市的资源环境状况。

3. 人口适度规模测算过程

数据主要来源于历年的《广州统计年鉴》,在分析大量历史数据的基础上,利用计量软件对广州市 1978 年以后的各历史数据进行回归分析,均达到了较好的拟合度,并在回归的基础上对广州市 2020 年的各项指标进行测算。根据广州市实际情况,参考广州市的"十一五"规划目标和广州市城市总体规划的城市发展目标,对测算结果进行相应调整,并根据以往增减趋势分别将其作为广州市 2020 年各项指标的最低值和最高值,同时参照各项指标最高值和最低值的可能区间,根据广州市经济、社会生活以及资源环境状况确定各项指标的权重。最后测算出满意度为 0.6 时适度人口规模所能达到的区间。

4. 结果讨论

第一，综合经济因素、社会因素、资源环境因素，并设定相同的权重，利用可能—满意度方法算出广州市适度人口规模如下：

表1 广州市适度人口规模

单位：万人

	低方案	中方案	高方案
2012年	1133	1261	1388
2013年	1166	1298	1430
2014年	1199	1335	1471
2015年	1232	1373	1512
2016年	1265	1410	1553
2017年	1298	1447	1594
2018年	1331	1484	1636
2019年	1364	1521	1677
2020年	1397	1558	1718
2021年	1430	1595	1759
2022年	1463	1632	1800
2023年	1496	1669	1842
2024年	1529	1706	1883
2025年	1562	1744	1924
2026年	1595	1781	1965
2027年	1628	1818	2006
2028年	1661	1855	2048
2029年	1694	1892	2089
2030年	1727	1929	2130

第二，2020年人口规模的中位值与《广州市生态城市规划纲要（2001年—2020年）》提出的到2020年末常住人口控制在1500万以内的目标比较接近，最高值与上述规划纲要中提到的广州最大人口规模为1700万比较接近。

第三，随着经济和社会的发展以及人民生活水平的提高，居住面积、交通、就业等限制因素虽然在低方案中对适度人口规模仍具有一定限制作用，但是在高方案中除了居住面积，其他因素的限制作用已经大大减弱。长远来看，发展经济、调整产业结构以及加入对基础设施的投资，可以提高广州市的人口承载力。

第四,资源环境因素是制约适度人口规模增长的瓶颈,尤其以水资源和耕地面积最为突出。广州市能源主要依赖国内外市场,能源安全存在隐患;水资源面临均衡性和水质性缺水的危机等,供电设施相对滞后,供水设施基本充足,能源设施基本满足需求但是储备不足。高方案测算结果显示,通过加强资源环境保护、加大投资力度和技术创新等措施虽然可以减少这些因素的限制作用,但对水资源和耕地面积限制力度的影响却不大。

5. 分城区人口适度规模

(1)测算方法和过程

广州市平原区合理的人口密度应该是介于1903人/平方公里至12325人/平方公里之间。鉴于属于低丘陵地区的天河区合理的人口密度可以达到12000人/平方公里左右,广州市平原区合理的人口密度也可以确定为12000人/平方公里。白云区、番禺区和南沙区并非完整意义上的城区,包括不同的生态功能区,实际可建设面积按25%计算,因此这3个区的合理人口密度按3000人/平方公里计算。

综合基于地形起伏度的高丘陵和低山区的人口承载力评价和基于归一化植被指数的低丘陵和平原区人口承载力评价结果,得到广州市基于人居环境适宜性的人口承载力评价结果,并根据人口密度超载情况分为超载、临界和富余三类(人口密度超载界于±100人/平方公里之间计为临界状态)。如下面的图表所示:

表2 基于人居环境适宜性的广州各城区(市)人口承载力评估表

区(市)	常住人口密度(人/平方公里)	地形区	国土总面积/平方公里	合理人口密度(人/平方公里)	人口密度超载现状(人/平方公里)	超载人数(万人)	超载情况
越秀区	30364	平原	33.80	12000	18364	62.0700	超载
海珠区	14619	平原	90.40	12000	2619	23.6800	
荔湾区	12325	平原	59.10	12000	325	1.9200	
从化市	258	低山	1974.53	250	8	1.4868	临界
增城市	489	高丘陵	1616.47	500	−11	−1.8234	
花都区	751	低丘陵	970.04	867	−116	−11.2428	富余
萝岗区	540	低丘陵	393.22	774	−234	−9.1852	
天河区	11611	低丘陵	96.33	12000	−389	−3.7460	
白云区	2039	低丘陵	795.79	3000	−961	−76.4467	
番禺区	1903	平原	786.15	3000	−1097	−86.2650	
南沙区	365	平原	527.64	3000	−2635	−139.0531	
黄埔区	3302	低丘陵	90.95	12000	−8698	−79.1101	

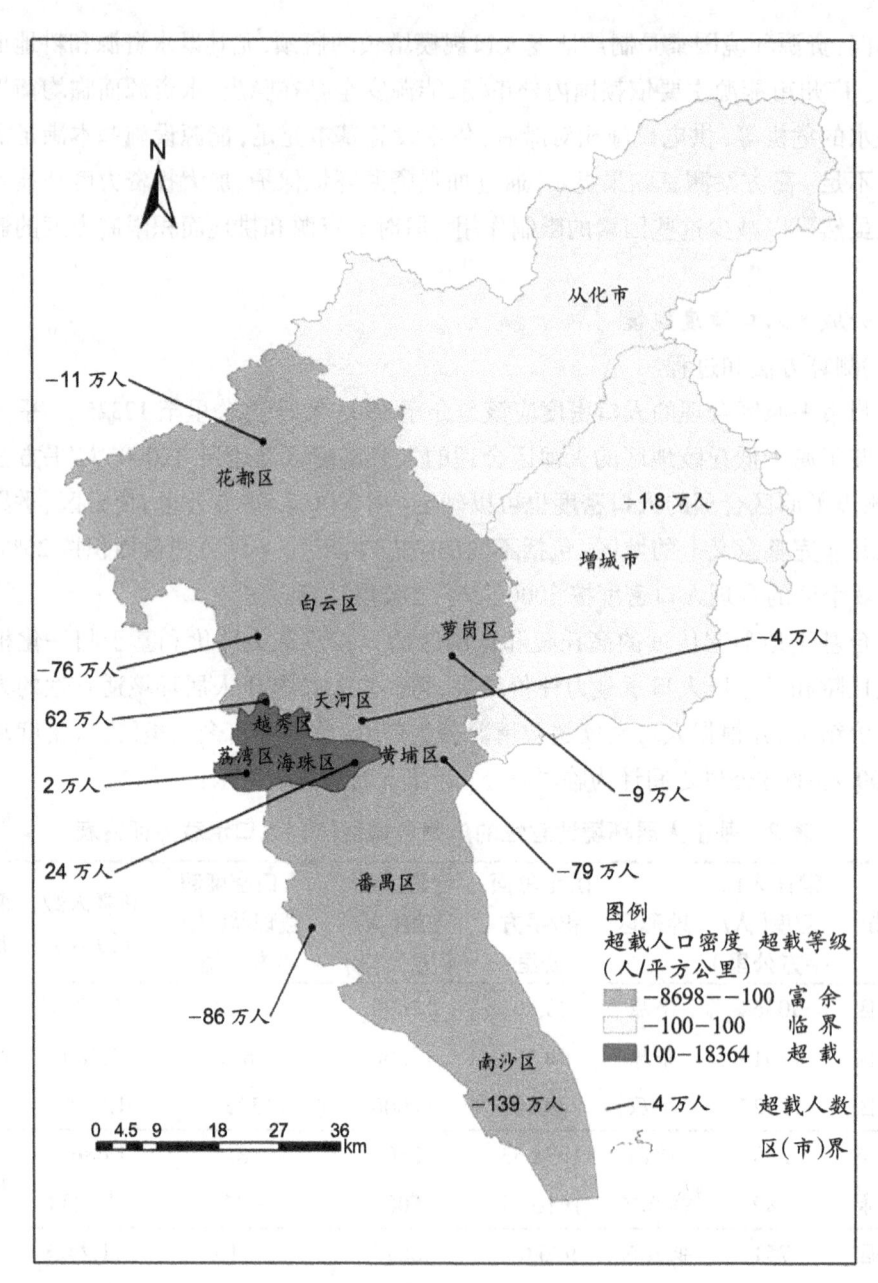

图1 基于人居环境适宜性的广州各区(市)人口承载力评价图

(2)各区人口承载力分析

越秀区、海珠区、荔湾区属于人口超载区,超载人口分别为62万、23万、2万;从化市、增城市处于临界状态区,从化市超载1.5万人,增城市富余1.8万人;花都区、萝岗区、天河区、黄埔区、白云区、番禺区、南沙区的人口承载力目前尚有富余。

关于人口超载区。从地形分布上看,超载区主要集中在平原区的老城区,山区和高丘陵区人口密度已处于临界状态,低丘陵区和沿海平原区是新开发的城区,目前人口承载力尚有富余。从空间分布来看,中心城区人口压力非常大。3个人口密度超载区均处于广州市的中心地带,这说明提升广州市中心城区的人居环境水平和合理地控制人口数量已刻不容缓。

关于临界状态区。从化市是低山区,是广州地形起伏度最大的地方,是广州市的生态屏障区,人口承载力有限,且已经处于临界超载状态。增城市是高丘陵区,地形起伏度也达到1.94,虽然目前尚未超载,但人口密度已进入临界状态,人口增长的空间非常有限。对这两个区应该注重生态环境保护,提升其人居环境质量。

关于人口富余区。从地形分布上看,富余区主要是低丘陵区和沿海平原。之所以认为它们在目前的人口承载力尚有富余,是假定它们的开发能够实现资源合理配置和集约利用水平。

(二)人力资源供给状况的变化

1. 常住人口规模持续扩张,户籍人口规模增长平缓。

常住人口规模持续扩张。1982年以后,广州市常住人口加速增长,2000年后稍有减缓,2010年再破规划目标。在2010年第六次人口普查时点广州市的常住人口达到1270.08万人,突破了"十一五"期间1090万人的规划目标。广州市占全省人口的12.2%,是其近邻香港人口的1.8倍左右。在全国五大中心城市中排在第五位。2010年广州市的常住人口规模与1953年第一次人口普查时的284.93万人相比较,57年间增加了近3.5倍。

2. 来穗流动人口数量庞大,是广州市常住人口增长的主要原因。

广州市2005年、2006年、2007年三年的流动人口数分别为364万、399万、466万。2007年起,在册流动人口数量开始迅猛增长。2008年6月,突破500万人。至2009年6月,突破600万人。2010年10月,突破700万人,是1991年62.67万的11倍多。根据"六普"数据,目前广州市登记流动人口数量为726万,与794万户籍人口的数量接近。

随着流动人口规模的扩大,外来常住流动人口在常住人口中的比重也不断提高。2010年"六普"时广州市的1270万常住人口中,常住的户籍人口有794万人,常住的非广州户籍人口有476万人。在常住人口中的比重已经由2000年的33.29%提高到37.48%。

广州市流动人口的迅速增长不仅与当地经济的快速发展、产业结构的调整、地理区位的优势等因素密不可分,同时,广州市对流动人口服务管理措施的升级,也会吸引越来越多的流动人口。

3. 户籍人口增长较为平缓。

1953-2010年期间,户籍人口总量从284.93万人增加到794万人,57年间仅增长了1.79倍。

总体上看,目前广州市已经步入了现代化后的人口转变阶段,即低出生率、低死亡率、低自然增长率的"三低"模式。人口自然增长对户籍总人口的影响力在逐步弱化。

4. 城镇化水平大幅提升，人口加速向城区聚集。

自改革开放以来，广州市的城镇化水平迅速提升，城镇化率从1978年的48.07%上升到2010年的85%，城镇化水平将近翻一番，达到"十一五"规划的目标，明显快于全国的城镇化水平。"六普"数据显示，广东省的城镇化水平达66.18%，同年全国平均水平为49.68%，广州市的城镇化水平位居全国前茅。人口城镇化水平与地区的经济发展水平有较强的正相关，广州市的经济发展水平排在全国前列，人口城镇化水平自然较高。

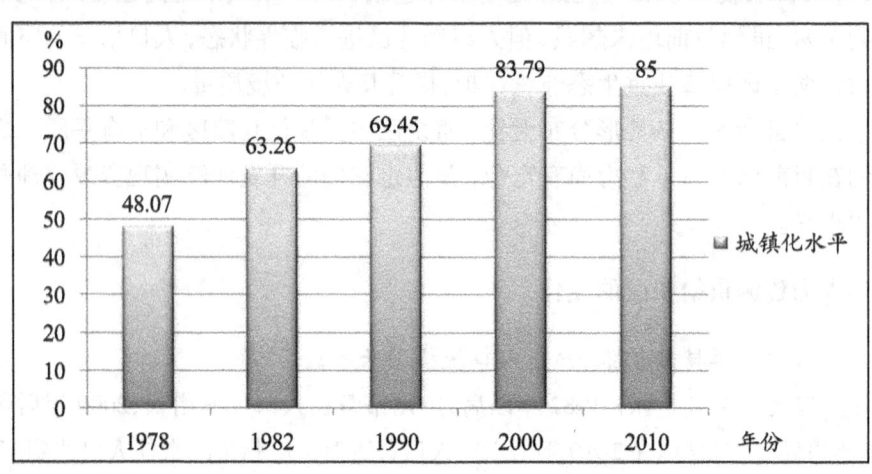

图2 广州市城镇化水平变动图

广州市的城镇化水平变化可以分为两个阶段：第一阶段是稳步上升阶段（1978—2000年）。此间，城镇化率以年均0.67个百分点的速度稳步攀升，1993年开始达到60%以上，并在2000年达到阶段性高点83.79%。

第二阶段是起伏攀升阶段（2000年至今）。此间，城镇化率以年均0.25%的速度缓慢攀升，其上升速度不到第一阶段的一半，从2000年的83.79%上升到2010年的85%，10年间仅上升了1.21个百分点。这与将远郊的番禺、花都划入广州市区等统计原因有关，但仍超过发达国家的水平，在全国处于领先位置。

5. 近年的人口分布郊区化特征日趋明显。

广州市是我国人口密集的城市之一，随着人口总量规模的不断扩张，全市人口密度不断升高。"六普"数据显示，2010年广州市全市人口密度为每平方公里1708.38人，低于上海（3631人），高于北京（1166.84人）。与2005年（1277.41人/平方公里）相比，每平方公里增加了430.97人；与2000年（1338.10人/平方公里）相比，每平方公里增加了370.28人。广州市各城区人口密度层次分明，中心老城区、新兴城区和郊区（市）分别按每平方公里万人、千人和百人分布。中心城区的越秀区常住人口分布密度最高（30363.91人/平方公里），从化市最低（257.53人/平方公里）。

（经查，以上数据无误。2000年数据来自于第五次全国人口普查，2005年数据来自于广东省2005年1%人口抽查。）

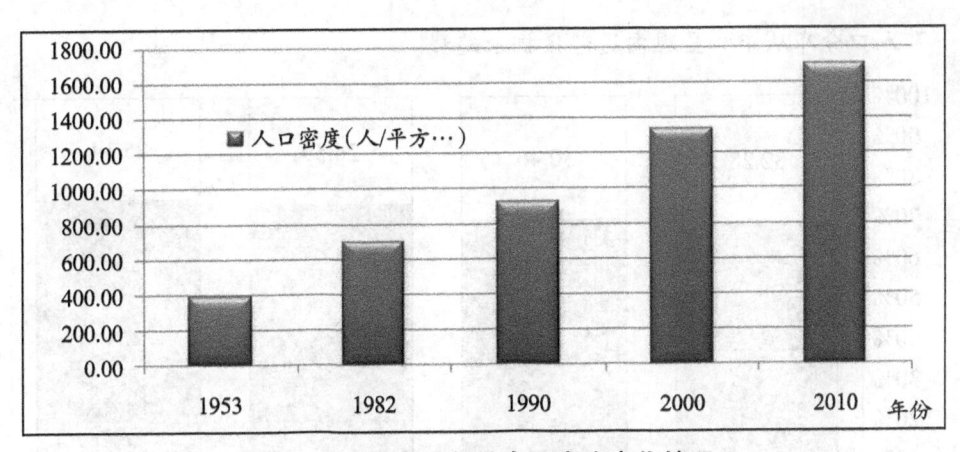

图3 广州市主要年份人口密度变化情况

6. 常住人口分布中心区人口密度高,外围人口密度低。

从总体上看,广州市常住人口分布呈中心区人口密度高,外围人口密度低的局面。2008年广州市全市人口密度是每平方公里1351.26人,低于上海(2978人),高于北京(1033人)。就城市的中心城区的人口密度来说,越秀区常住人口分布密度最高,每平方公里30363.91人,低于上海原黄浦区(43425人),高于北京原宣武区(29614人)。广州市人口密度最低的城区是从化市,每平方公里257.53人,低于上海崇明县(567人),高于北京的延庆县(144人)。广州市各区人口分布密度可以通过下图直观地显示。

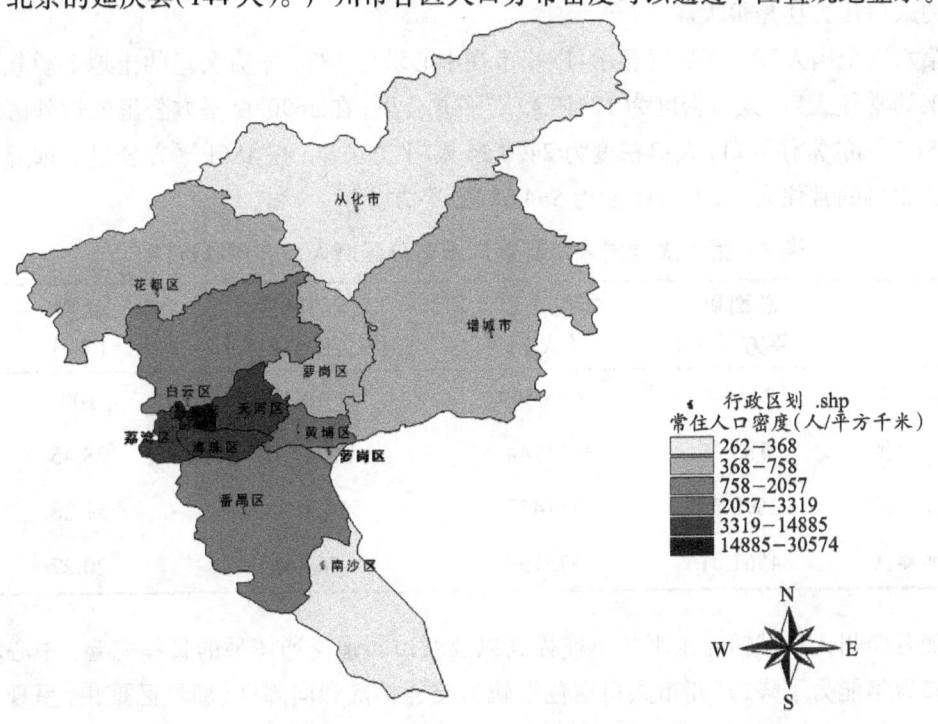

图4 广州市人口密度空间分布图

7. 人口分布从中心呈现向近郊区扩张趋势。

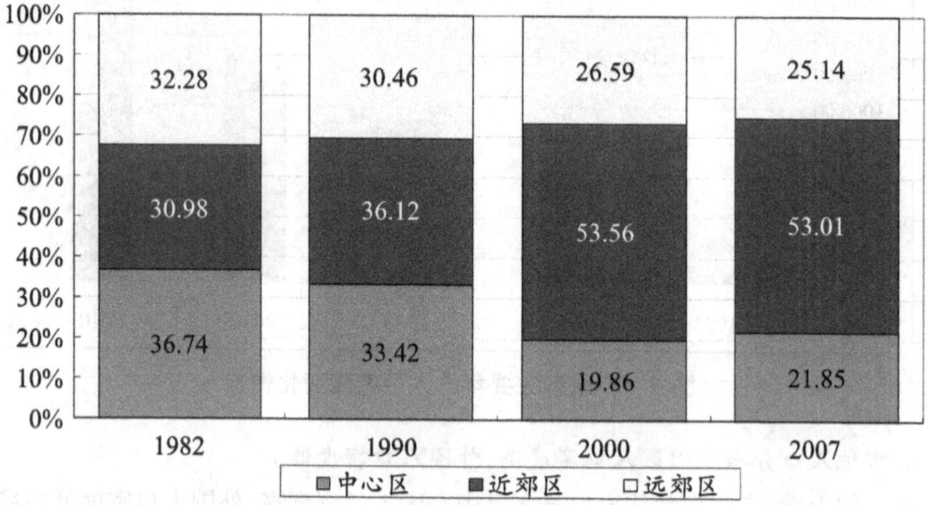

图5 广州市常住人口区域分布图

年份	中心区	近郊区	远郊区
1982	36.74	30.98	32.28
1990	33.42	36.12	30.46
2000	19.86	53.56	26.59
2007	21.85	53.01	25.14

1990年以来，广州市常住人口向近郊区集中的趋势明显，从2007年开始，常住人口的一半以上（53.01%）居住在城市近郊区，中心区人口的比重下降到21.85%，远郊区人口下降到25.14%。但是从人口密度来看，排在前三位的是越秀区、海珠区、荔湾区等中心城区的人口压力还是很大。

第六次全国人口普查数据显示：广州市在中心城区183.3平方公里的土地上承载了28.45%的常住人口，人口密度为19717.1人/平方公里；在2690.09平方公里的近郊区承载了51.28%的常住人口，人口密度为2420.54人/平方公里；在4561平方公里的远郊区承载了20%的常住人口，人口密度为564.61人/平方公里。

表3 第六次全国人口普查广州市分区域人口布局状况

	总面积（平方千米）	常住人口（人）	人口密度（人/平方千米）	比重（%）
全　市	7434.4	12700800	1708.00	100
中心区	183.3	3614144	19717.10	28.45
近郊区	2690.09	6511457	2420.54	51.28
远郊区	4561.01	2575199	564.61	20.27

随着广州人口城镇化水平的迅速提高以及城市轨道交通体系的日臻完善，中心城区人口聚集能力下降，广州市人口居住沿轨道交通扩散和向郊区、新城区聚集，呈现出人口城市化和郊区化并进的发展态势。

8. 来穗流动人口的定居地总体集中在近郊区。

广州流动人口集中分布在白云、番禺、越秀、天河和海珠。如果从流动人口的绝对数量来看，流动人口主要的定居地是近郊区，约占全部流动人口的三分之二，远郊区约占20%，中心城区占15%左右。但如果从每平方公里的流动人口密度来看，中心城区的流动人口密度是最大的。

流动人口的空间分布主要取决于其职业特征、工作地点及生活状况。由于大部分流动人口从事的是建筑施工、制造业和基本服务业，流动人口的空间分布与城市产业布局、城市功能区划高度一致。越秀区、海珠区和荔湾区拥有众多的批发市场，导致流动人口聚集。白云区和番禺区等近郊区是广州市发展的重点区域，由于上世纪90年代城市规划规定要严格控制中心区内工业企业的新建和扩建，以控制城市中心区人口规模，并积极发展郊区工业区，将市区工业企业逐步外移，使得新城区流动人口规模随产业布局的调整和新城的建设迅速增加。远郊区也是承接老城区工业企业转移的重要地区，流动人口规模增长速度逐步加快。

根据各城市圈流动人口数量和职业构成变化特点推断，政府缓解市区人口压力的各项措施，对流动人口中第二产业就业人员的分散作用较大，大量企业工人迁往城市外围地区，相对而言，对从事商贸批发和基本服务业的流动人口的分散作用是有限的，老城区流动人口难以往外疏散。

9. 人口自然增长率在波动中逐渐达到低水平。

自新中国成立以来，广州市的人口出生率经历了大幅起落，并最终走向平稳的演变历程。上世纪50年代，人口平均出生率水平始终保持在30‰以上，1957年达到39.49‰，形成了一次人口出生高峰，年平均出生人口规模为11.58万人。在经历了"三年困难"时期的回落之后，出生率在1962年出现反弹，并达到38.78‰的次高水平，出生人口数为14.29万人。1963年开始推行粗线条计划生育政策，出生人口数和出生率略有下降，但依然维持在较高水平位置，年均出生人口和出生率分别达到10万人和24‰以上。伴随上世纪70年代中期全面实行计划生育政策，1976年的出生率水平降到14.46‰的历史新低。1979年以后，受上世纪50年代出生高峰人口进入婚育年龄阶段的影响，出现了第三次人口出生高峰，年均出生人口数攀升至8.5万人以上，出生率回升到15‰以上。伴随持续的计划生育政策的推行，特别是增城、从化等农业人口生育观念的逐渐转变，少生孩子的家庭越来越普及，人口出生率持续下降，2001年下降到10‰以下，年出生人口数减少到不足6.7万人，此后，生育率一直维持在较低水平。

一项针对广州农村地区家庭生育意愿的调查表明：广州市农村育龄夫妇大约每年轻10岁，其生育观就向现代城市家庭生育观靠近一步，农村育龄夫妇生育观表现出较为清晰可见的代际递进梯度。

2010—2012年间，受第四次人口出生高峰的影响，人口出生率出现上扬。2010年为

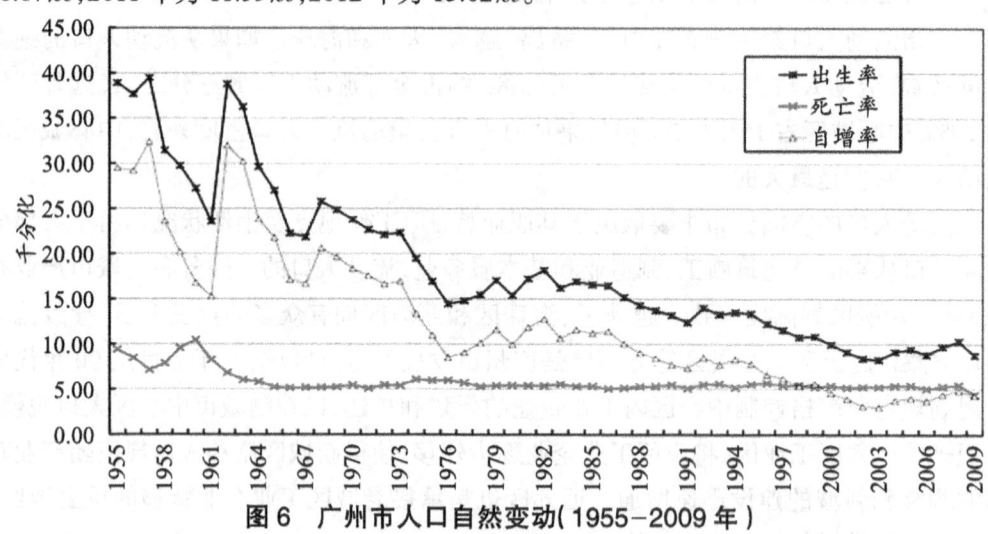

11.17‰,2011年为11.59‰,2012年为13.02‰。

图6 广州市人口自然变动(1955-2009年)

从历史变动趋势来看,1960年之前,广州市人口死亡率基本维持在7-9‰的范围内;"三年困难"时期死亡率回升,最高时达到10‰(1960年),年死亡人口达到3万人以上;之后,人口死亡率快速回落,自1964年开始下降到6‰以下,并在此之后一直保持在5-6‰的稳定低死亡率水平。广州市人口死亡率水平超前于出生率水平,率先实现了从高到低的转变,2009年只有4.43‰。

人口自然增长率是人口出生率和死亡率相抵减的结果,自1990年开始,人口自然增长率下降到10‰以下,2000年-2009年,广州市人口自然增长率基本在5‰左右徘徊。与人口出生率变化规律相同,2010-2012年连续三年的人口自然增长率出现上扬。2010年为5.85‰,2011年为6.42‰,2012年为7.22‰。

综上所述,广州市户籍人口比重相对外来人口比重持续下降,外来人口流动性较强,离开中心区奔赴富余区的可能性较大。

二、广州市人口变动的必要性分析

(一)聚集—扩散模型下的广州产业转移变化分析

根据城市发展理论,城市发展指标也是城市竞争力的重要体现。聚集—扩散理论是国外研究城市发展规律的重要理论。哈佛大学教授迈克尔·波特(Michael E porter)较早给出定义。诺贝尔经济学奖获得者谬尔达尔(G·Myrdal)在其累积循环因果论中认为,集聚效应是指劳动力、资金等生产要素从不发达区域向发达区域流动,使区域差异不断扩大;扩散效应是指发达地区发展到一定程度后,生产成本逐渐上升,外部经济缩小,各生产要素从发达地区向不发达区域流动,并使区域发展差异越来越小。著名学者赫希曼(A.O.Hirschman)提出不平衡增长理论,哈格斯特朗(T.Hagerstrand)提出扩散理论,把城市与区域间各种"力"的消长概括为两种力的作用——"集聚力"和"扩散力"。根据这个规律,当城市经济集聚发展到一定阶段,扩散是不以人的意志为转移的,必然会产生。在生产要素高度聚集的过程中,城市经济获得快速发展并走向现代化。随着城市经济的繁荣和人民的富裕,城市经济发展再从聚集走向扩散,发展速度从高速转入中低速。因此,城市经济的聚集和扩散的临界点实际上是一个城市走向发达的转折点。

广东省统计局提出了聚集与扩散临界点的两个指导性评判指标,第一个是人均GDP的临界区间(3000美元到5000美元),第二个是第三产业增加值的比重大于等于50%,也就是超过第一和第二产业的增加值,产业形成"三二一"结构,第二产业将从聚集转为扩散,第三产业仍加快聚集。通过人均GDP和第三产业比重这2个指标,我们能清楚地看到这种聚集与扩散的分野。

研判集聚与扩散运动过程的转折点(又称临界点),可以预知区域经济的整体走势及下一个增长点何时何处出现。广东省统计局拟参照工业化国家从集聚到扩散的转折点数据,提出广东各经济区域集聚——扩散临界点评判指标及参考值(见表4)。

表4 广东省工业化阶段经济区域集聚——扩散临界点评判指标

评判指标	单位	临界点(参考值)
GDP增长率	%	从长期高速增长(8%以上)转入中低速(5%以下)
人均GDP	美元	3000-5000(2000年-2003年)
第三产业增加值比重	%	≥50(1998年)

当然,考虑到广州市整体的人口和经济聚集能力,"GDP增长率"这个评判指标在广州各区还未显现出拐点迹象。本文参照的聚集扩散临界点主要参考的是上表中的另外两个评判指标。

(二)广州的城市规划和人力资源需求的变化分析

近10年来广州的城市规划蓝图:"南拓"拓出了南沙重化工业新区,"北优"优出了现代汽车生态工业城,"东进"进出了新兴的工业开发区,"西联"联出了市场广阔的广佛都市圈。

根据广州市规划局的有关资料显示,广州未来人力资源需求状况的变化将反映在一下方面:继续实施"南拓、北优、东进、西联、中调"的十字方针,促进城市空间发展从拓展增长走向优化提升,形成"一个都会区——中心三区,两个新城区——南沙、萝岗,三个副中心——花都、从化、增城"的多中心网络型城市空间结构。

1. 建设一个都会区、两个新城区、三个副中心。

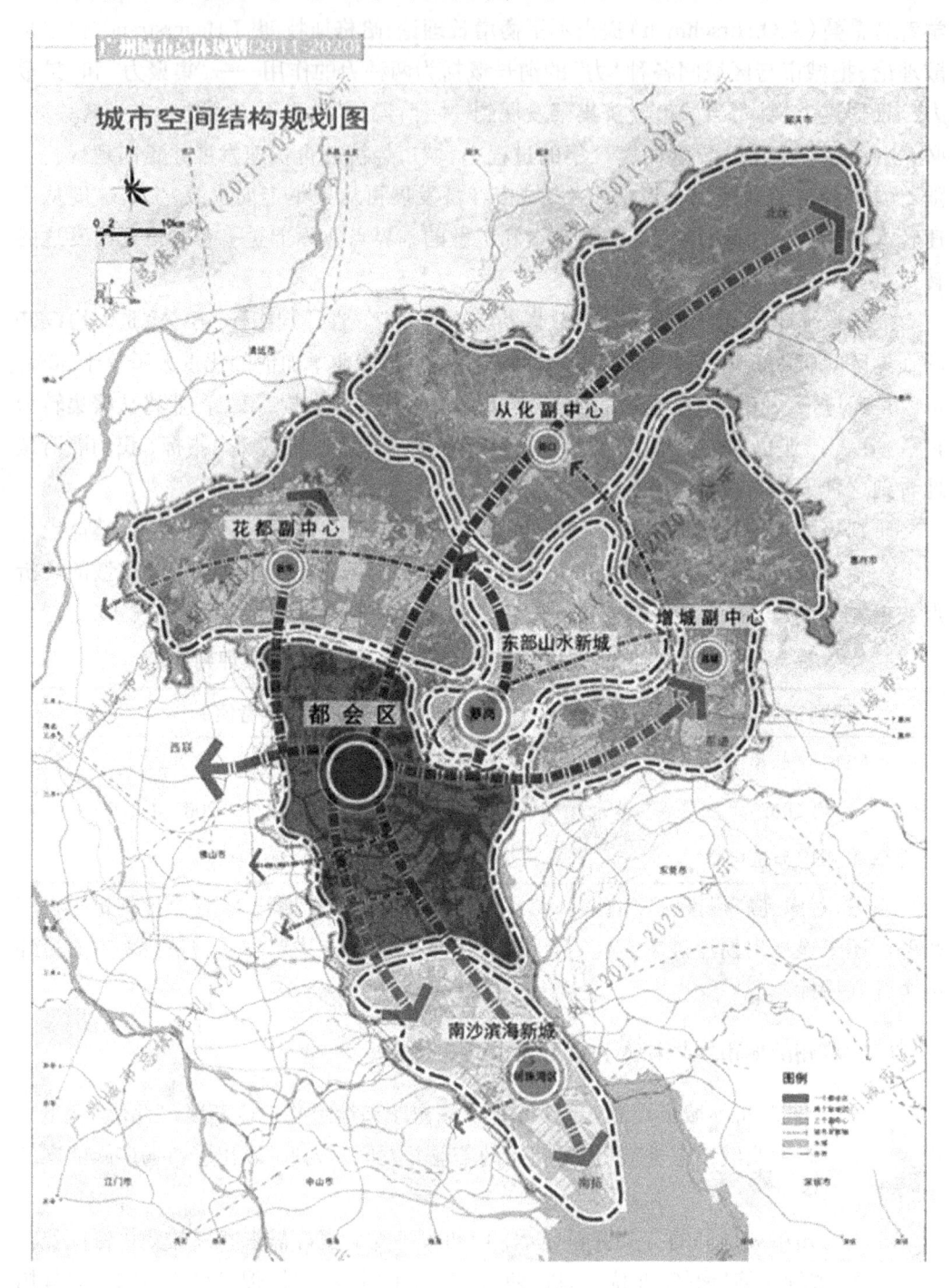

图7　广州规划图1

36 产业规划视角下的广州市人口变动研究

2. 建设13个现代服务业战略性地区；建设9个先进制造业及新兴产业战略性地区。

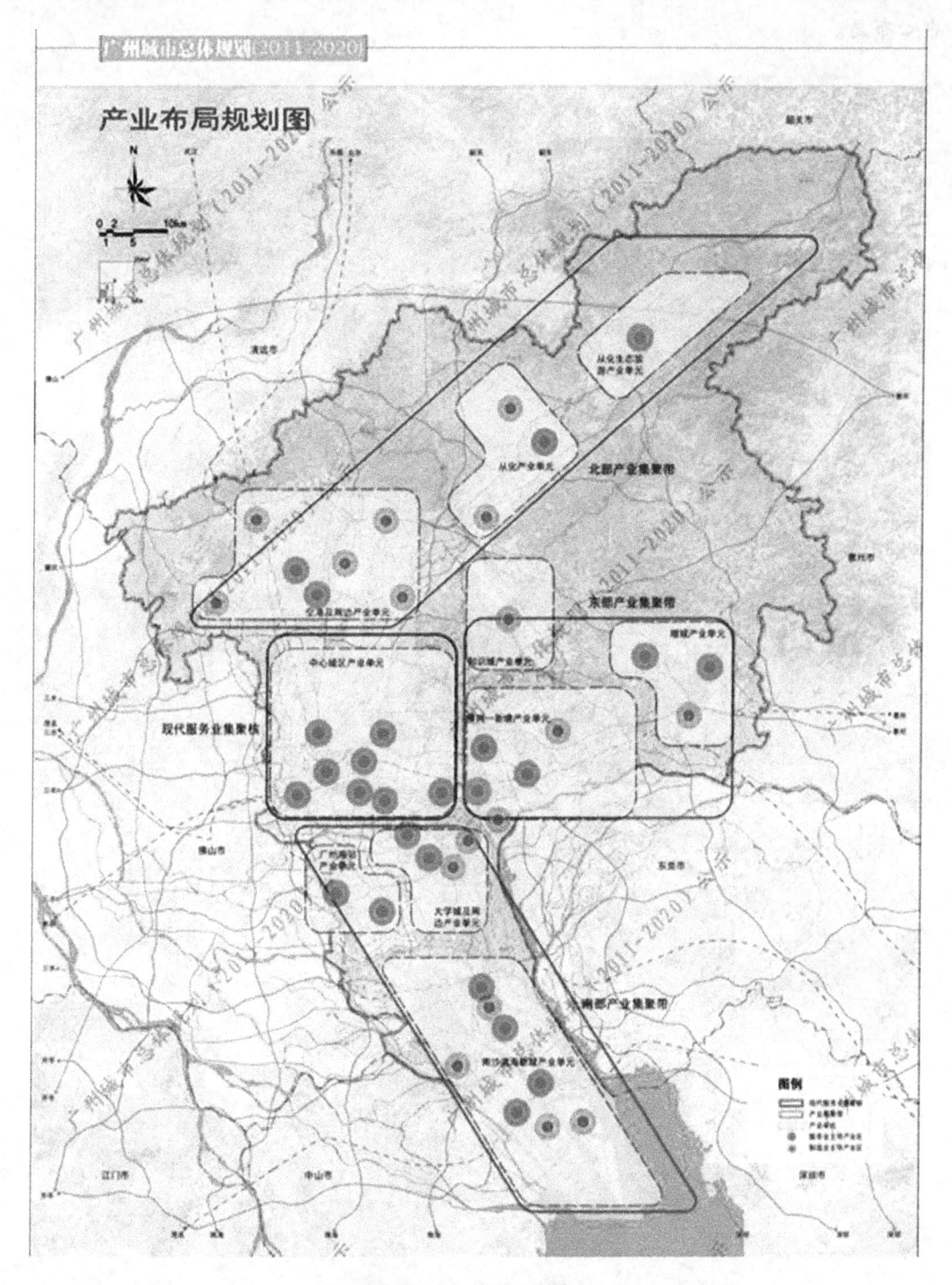

图8 广州规划图2

3. 形成"两主、六次、多地区"(两个主中心、六个次中心、多个地区服务中心)的公共中心布局。

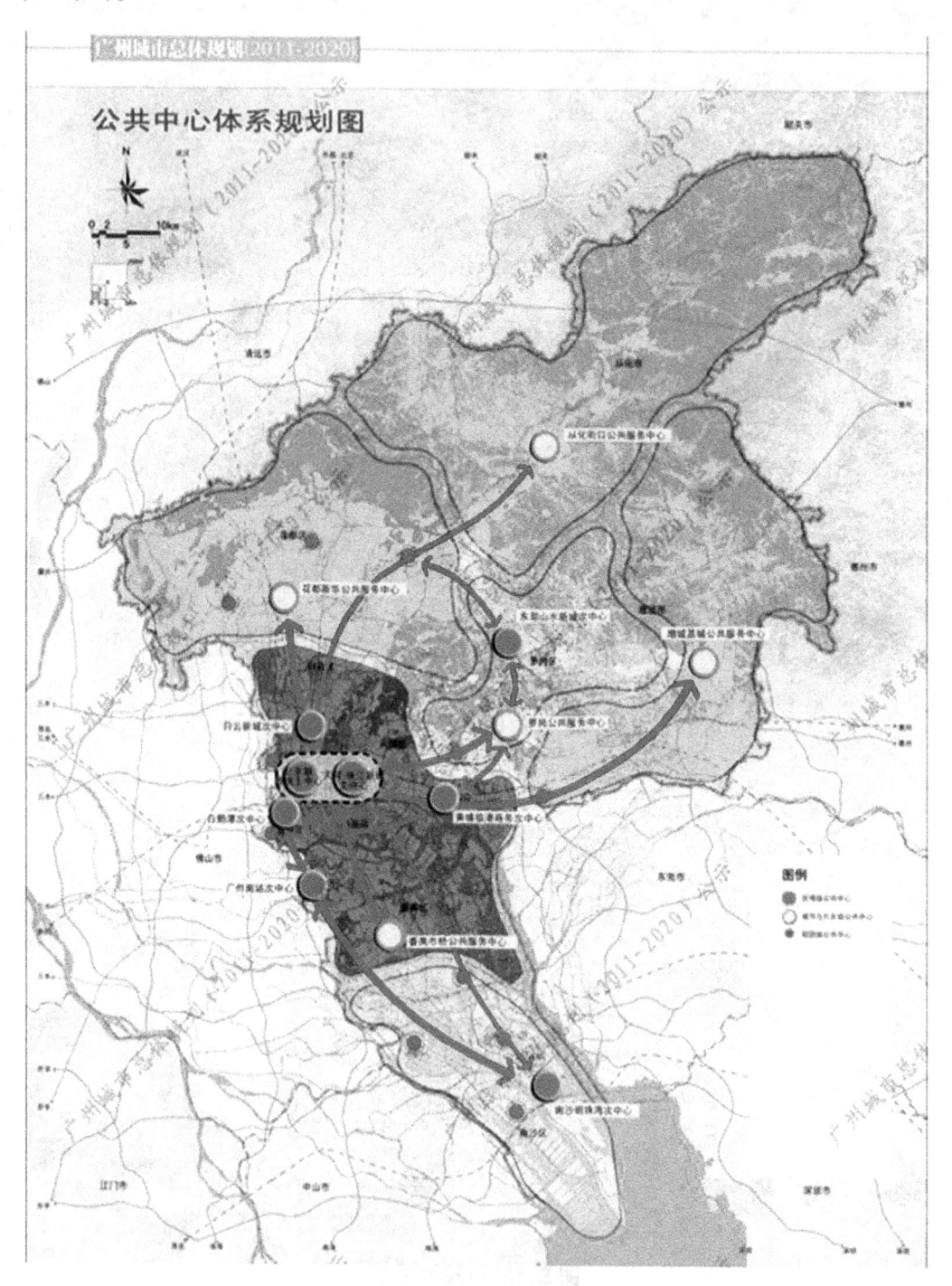

图9 广州规划图3

从以上规划可以看出,广州市的人口布局与产业定位不匹配。实际上,广州市各区的优势产业定位和各区实际的就业状况不完全相符,产业同一化现象明显,并没有实现对人口的合理分流。人口素质在各区的分布也不能满足各区对人才需求的目标定位,如越秀区的产业定位是现代服务业和高新技术产业,重点培养和建设金融商贸人才,但是数据显示,金融、经济管理和商贸人才占从业比重不足2.26%,各类专业技能人才占全区从事人数比重不足1/3。过低的区域整体人才素质和重点建设人才素质,难以满足区域经济结构的战略调整,不利于整体的经济发展和人口结构优化。

三、广州市人口变动的必然性分析

(一)广州未来城市产业和人口客观发展必然性

各要素的主要流动趋势是从中心三区(荔湾、越秀和海珠)逐渐向周边四区(黄埔、花都、南沙、萝岗)聚集,中心三区和周边四区的产业在人口挪移中将不断得到升级和配套完善;中短期看,天河、白云、番禺三区还有有限吸纳高素质人才的空间;而增城、从化两市则将长期保持人口总量的平衡以及人口结构的改善和产业的升级换代。

表5 广州各区资源聚集—扩散拐点

	常住人口减少拐点	人均GDP拐点	第三产业产值比重拐点	市内人口聚集扩散方向	自然资源人口承载力
全市	没有到	2000-2003	1998	—	—
荔湾区	2011		2007以前	扩散	超载
越秀区	2011		2007以前	扩散	超载
海珠区	没有到		2007以前	拐点	超载
天河区	没有到		2007以前	拐点	富余
白云区	没有到		2007以前	拐点	富余
黄埔区	没有到		没有到	聚集	富余
番禺区	没有到		2009年	拐点	富余
花都区	没有到		没有到	聚集	富余
南沙区	没有到		没有到	聚集	富余
萝岗区	没有到		没有到	聚集	富余
增城市	没有到		没有到	聚集	拐点
从化市	没有到		没有到	聚集	拐点

资料来源:《广州统计信息手册2012》。

必然聚集区：花都区、萝岗区、黄埔区、南沙区（提高土地利用率和城市综合管理能力，大力发展"银发产业"及其配套第三产业，吸引人才的同时加强职业技能教育投入）。

必然扩散区：荔湾区、越秀区（转出低利润的落后产业和老龄人口）、海珠区（转出高龄老龄人口，加强职业培训，改善人口结构）。

准扩散—聚集区：天河区、白云区、番禺区（提高土地利用率和城市综合管理能力，吸引和培养高端人才，从而改善人口结构）。

资源平衡区：增城市、从化市（提升产业配比，带动改善人口结构）。

（二）人为规划的干预和对策

各个区都想把低附加值产业和低端人口排除出去，引进高端的人才。但是广州市和各区不管是户籍人口还是常住人口还一直处于净增加的状态，高端人才和产业如果不与相应的中低端人才和产业实现合理配套，对于留住这些高端人才和产业持续发展，也会产生很大的掣肘。

所以解决办法是尽快实现三规合一（市政规划、国土规划和发展规划一体化），加强高中低端产业配套的规划，强化职业技能培训。应规范政府的规制边界，顺应行业利润率和生活成本提升的经济规律，实现人才合理有序的区间流动、升级，实现市内人才的各有所需和各有所用。

在不同的区县应采用与经济和社会发展规律相适应的不同人口和产业政策，在必然聚集区应注重提高土地利用率和城市综合管理能力，大力发展"银发产业"及其配套第三产业，吸引人才的同时加强职业技能教育投入；在必然扩散区转出低利润的落后产业和老龄人口，并加强职业培训，提高人口整体的职业技能和素质；在准扩散-聚集区应提高土地利用率和城市综合管理能力，吸引和培养高端人才，从而改善人口结构；在资源平衡区应提升产业结构，优化产业配比，带动改善人口结构。

特别说明：本文涉及的人口数据来自广州市人口计生局的一手调研（注名来自统计年鉴的除外），因国家法律规定此类数据的合法公布单位是国家统计部门，故相应数据不便对社会公开，也不便罗列全文。某些具体数据虽然来自严谨的调研和推算，但仅作为政府决策的内部参考，望见谅！

37

技术标准联盟的内涵和运作模式研究

张世益 李 芳
(中南财经政法大学工商管理学院 湖北 武汉 430073)

> **摘 要**：技术标准联盟是技术标准与专利一体化趋势发展到一定阶段的必然产物，是专利联盟的高级形式和未来发展方向。作为一种以建立和推广某种技术标准为导向的战略性组织，技术标准联盟可以有效地建立产业最佳竞争秩序、共享企业资源、分散风险、打造事实标准、利用网络效应获取优势。国外技术标准联盟的组建和运作模式方面的成功经验对我国企业利用专利联盟运作自主技术标准有很大的借鉴意义。本文探讨究竟什么是技术标准联盟和它的运作方式，来对技术标准联盟进行进一步的解析。
>
> **关键词**：技术标准；专利；技术标准联盟；专利联盟

一、技术标准与专利一体化趋势催生技术标准联盟

技术标准被ISO定义为重复性的技术事项在一定范围内的统一规定，它将广泛认可的一些技术细节要求和技术方案规范化，目的是让相关的产品或者服务达到安全标准或市场准入要求，获得最佳的经济和社会效益。但对于高新技术产业来说，技术标准存在的主要目的不仅是作为"准入门槛"，更是用来提供编码化的关于产品或服务的相关信息，保证产品与系统间的互换、互联和兼容，从而减少信息交换成本，获得最佳经济与社会效益。

技术标准作为一种公共产品(public goods)，有开放性、无偿性和公益性的特点。然而，在技术标准化的过程中我们不得不面对的趋势是：①技术标准似乎已无法绕开专利，

[基金项目]：本文受到梅丽霞副教授主持的国家自然科学基金青年项目资助(批准号：71103202)。
[作者简介]：张世益(1988–)，女，湖北荆州，中南财经政法大学工商管理学院，硕士研究生。
李芳(1988–)，女，湖南郴州，中南财经政法大学工商管理学院，硕士研究生。

越来越多的标准需要包含专利技术,不论是事实标准还是法定标准。根据欧洲电信标准协会公布的数据,GSM移动通信标准包含的专利数目从1998年的380项增长到2004年的3600项(李再扬,2003)。②一些跨国企业推行的"技术专利化、专利标准化、标准垄断化"的技术标准模式在全球范围内将其技术独占优势化为市场垄断优势之后,谋取了巨额利润,并将竞争者阻挡在游戏之外,①许多效仿者纷纷开始模仿采用这条专利捆绑标准的道路。技术标准追求的是公开性、普适性,而专利技术追求较强的排他性和绝对的私有产权,两者之间存在冲突,这一"公"一"私"互斥的两种事物,会阻碍技术标准的发展。那么他们为何能够结合起来,发挥巨大的作用呢?

根据技术标准的经济功能,可以把技术标准分为产品标准和非产品标准(乔治·泰奇,2002)。非产品标准是由国家和国际标准组织制定,是纯粹的公共产品(pure public goods)。而在产品标准的制定过程中,国际或区域的标准化组织只起到协调作用,相关企业才是产品标准制定的主体。在产品标准的推广过程中,它作为事实标准,是由市场竞争选择出最后的胜者。所以,产品标准从制定到推广往往伴随各个相关企业间的博弈,它是公共产品但不是纯粹的公共产品。从本质上来说,这种现象其实就是公共产品由私人提供的问题(韩昱,2012)。科斯在1974年的灯塔例证中就证实了公共产品由私人提供的可能性。那么在标准无法绕开专利的情况下,企业当然希望能够在标准中嵌入自己的技术专利,"公器私用"为企业谋求超额利润。尤其是在信息通信技术ICT产业中,是否累积了大量的用户安装基础才是影响企业成功的关键因素,而不是简单地由企业技术的先进性和效率优劣来决定胜负,成为主导的技术标准就可以使企业获得大量的用户群。此外,技术是技术标准的基石和内容,专利保护下的技术创新成果是技术发展的决定因素,技术标准要想反映或者引领技术发展,就必须要利用到相关技术专利的内容。因此,技术标准的专利化是一种强势联合,使得知识产权专利权人的市场竞争力倍增,这既在客观上无法避免,也是企业主观乐于推动的一种发展方向。

然而,技术标准化及技术标准与专利的一体化趋势可能会导致许多问题,从行业标准制定的角度来说,如果一个标准需要的专利过多会引起"反公的悲剧"(tragedy of anti-commons),②许多标准因为涉及的专利所有者众多,而且无法得到所有权利人的许可导致标准制定的搁浅或者推迟,最终影响行业的发展方向与速度。Shapiro(2001)将充斥了"潜水艇专利"(submarine patent)、"专利雷阵"(patent mining)及易遗漏专利的专利密布的产业环境比喻为专利灌丛(patent thickets)。③当标准的制定者需要在这样的行业中

---

① 如微软和因特尔的在电脑操作系统的"Wintel"标准。
② 由于某项资源的产权分割在不同人手中,每个权利人能阻止他人使用,但又不能自己单独使用,使得资源不能被充分利用。
③ 潜水艇专利是指专利审核机关审核专利需要的时间比较长,相关厂商在不知情的情况下使用该专利,甚至在生效前已被广泛使用,一旦专利授予后,这些厂商就侵害了该专利权。专利雷阵是指许多专利人在他人使用该专利时并不告知,等达到一定规模后再索取高额专利使用费的情形。

制定标准时,不仅会困难重重,还会遭受被"专利绑架标准"的尴尬境地(徐明华、陈锦其,2009)。从企业自身的发展的角度来说,现代生产已经高度地模块化,企业尤其是高新技术企业很难拥有能生产出一项产品的所有专利,也少有企业有能力能仅依靠自己攻克所有技术难题、完整地独立生产产品。尤其是在具有网络效应的高新技术产业中,技术标准专利化可能带来的网络锁定效应、敲竹杠问题会给企业的发展带来巨大风险,在这些行业中,企业最怕的就是没有跟上主流的技术范式,即技术标准。因此,单个企业建立或者独享技术标准的可能性很小。这就需要一个中间体组织作为桥梁。标准尤其注重系统性、完备性以及公益性,这都是技术专利所不具备的特征,这个中间体组织要能够化解标准与知识产权矛盾,引导产业发展需要的,连接起"标准"和以专利为主体的企业"知识产权",这个中间体组织就是技术标准联盟组织。

二、技术标准联盟是专利联盟的升级与演化

在以往的文献中,这种中间体的联盟组织往往有两种不同的定义。一种是专利联盟(patent pool),也叫专利池、专利联营;另外一种是技术标准联盟,也常表述为标准联盟、技术联盟化联盟。专利联盟虽有150年的历史,但近20年发展得极为迅速,它是"两个或者两个以上的专利人达成协议,相互交叉许可或共同向第三方许可其专利的联营型组织,或者是指这种安排下的专利集合体。专利池通常是由某一个技术领域内多家掌握核心专利技术的厂商通过协议结成,各成员拥有的核心专利是其进入专利池的入场券"(詹映、朱雪忠,2007)。技术标准联盟是产业中的优势企业为了生存或者提升竞争能力以技术标准的开发和商业运作为合作内容,以契约关系为纽带而建立起来的一种产业战略联盟(李庆满,2009)。这两个概念看似侧重点不一样,前者聚焦于专利,后者聚焦在标准上,但其实质相似。只是随着专利标准化的趋势,大部分的专利间的竞争在最后都表现为不同技术标准之间的竞争。它们的不同之处代表了产业竞争的不同历史阶段,反映了经济演变的前进轨迹,体现了技术标准作为产业竞争的高级形式会成为日后的主要竞争战略手段。以前企业总是投入大量人力物力财力搞研发,进行专利大战。如今,世界一流领先企业都看到了站在专利之上的事实标准带来的无限威力,都想成为"制定规则者"而不是单纯的参与者,通过改变游戏规则和节奏击退竞争者。可以说,技术标准联盟是专利联盟基础上的演化和升级。研究文献可以发现,研究专利联盟的学者在引用DVD 3C/6C、GSM、MPEG-4、BD等专利联盟时,经常强调它们是"技术标准下的开发式专利池"(詹映、朱雪忠,2007)。其实技术标准联盟并非不强调技术专利了,只是将联盟的作用不再囿于专利研发和交叉许可,还包括了专利的市场推行和扩散,不同联盟间展开更全方位的竞争。如代表了技术标准联盟发展的最为成功的案例:BD联盟与HD-DVD联盟。仔细研究这两个联盟的盟友(见表1),可以发现,技术标准联

盟将整个产业链的相关利益都拉入了联盟中,而并非只欢迎拥有核心技术的企业间的横向联营,整个联盟变成了横向和纵向多方面延伸的网络型联盟体组织。正是在收官阶段内容商和零售商的加入使得 BD 技术标准获得了最后的胜利(上方文,2008)。在 GSM 标准联盟中,Siemens 所拥有的专利微乎其微,但是它有交互平台方面的优势,这正是其他盟友所不具备的。为了加速标准的推广,联盟已经不再只给拥有核心专利的企业入场券,凡是有助于本联盟的标准成为最后赢家的企业都可以加入进来。这种趋势,其实并非只限于高新技术行业,但是在具有网络效应的高新技术行业中,这种推动力或者决定性更加显而易见。因此,技术标准联盟比单纯的专利联盟更加符合未来产业竞争的发展方向。

表1 BD 联盟与 HD-DVD 联盟的主要成员

	BD 蓝光标准联盟	HD-DVD 红光标准联盟
一级盟友 (共同推出 BD 标准)	索尼(发起者) 飞利浦、松下(研发核心) 日立、先锋、三星、LG、夏普、汤普逊 (6家后进入一起推出 BD 标准) 三菱机电(蓝光协会第10位盟友)	东芝(发起者) NEC(路径相同,有自己设计) MEMORY-TECH、Toshiba
二级盟友 (电脑硬件、软件厂商)	惠普、戴尔、联想、Acer	Microsoft、Intel
三级盟友 (内容提供商)	Disney、20th Fox、Columbia、MGM、Warner(两种技术标准都支持,后倒戈到 BD 阵营)	Universal、Paramout
四级盟友(零售商)	沃尔玛、百思买	无

近年来,我国出现了许多区域性的企业标准联盟组织,如深圳 LED 产业标准联盟、顺德电压力锅标准联盟、温州继电器标准联盟等等。联盟成员也并不都是某一技术领域内掌握核心技术专利的厂商,许多还是传统行业。但是企业标准联盟组织缔结在一起能够使区域特色产品质量提升,避免同业的过度竞争,联合企业资源共同研发核心专利技术。这类型的标准联盟组织虽然与提及的那些国外巨头公司组成的技术标准联盟有所不同,但许多要解决的问题和运作模式都存在许多相通之处。专利或者标准战略除了需要技术创造能力还需要管理运用能力,前者受到技术能力、经济发展阶段、市场需求层次等多种因素制约,不能一蹴而就,后者则可以在短期内通过学习得到很大提升。因此,了解技术标准联盟的运作模式和内在机理对于我们利用标准联盟来解决自身的问题是非常有借鉴意义的。

三、技术标准联盟的组建与运作

我国的 TD-SCDMA 标准遭受冷遇、EVD 联盟在 BD 的打压下溃散、区域性的企业联盟标准收获甚少。除了技术先进性和优劣程度方面的原因，运作策略和组建模式上也存在问题，甚至是我国技术标准联盟失败的主要原因，高新技术行业的技术标准在很大程度上都不再能够通过技术比较来分出绝对胜负，因此，联盟的运作和管理能力对成败尤为重要。一个技术标准联盟的成功要走好以下几步：

（一）组建技术标准联盟

技术标准联盟按发起主体者的不同一般分为两类：一类是事实标准下的联盟，它一般由处于技术和市场领先地位的企业所倡导，通过联盟的合力来扩大技术标准的的技术完备性和市场容量，直至使自己的技术标准成为事实标准占领市场。DVD 3C/6C 联盟和 BD 联盟都属于此类；另外一类联盟的发起人是政府或者国际国内标准化组织，目的在于制定法定的正式标准，联盟的主要参与者是拥有核心和必要专利的企业，在后来的推广使用过程中主要是由联盟企业来发挥主要作用，GSM 联盟和 MPEG 联盟都属于这种。这两种不同的联盟标准的倡导者和发起人的不同导致了技术标准联盟不同的运作方式和发展方向。EVD 标准的持有者——北京阜国数字技术有限公司曾雄心勃勃宣言要大力狙击数年来一直对中国高清影碟机与碟片市场虎视眈眈的日本两大 DVD 高清标准，使得中国 DVD 行业在自主技术标准发展上能走上健康发展的轨迹。EVD 标准的主要支持者和推广者金典环球公司也一直宣称"将 EVD 进行到底"。EVD 标准的研发早于 BD 一到两年，其清晰度也让 BD 和 HD-DVD 的研发者叹服，它的失败主要是在非技术层面的市场运作"暗战"中败北。最初组成 EVD 联盟的九大企业并未互相配合、齐头并进，推进产业化过程，EVD 联盟不仅要面对盟友可有可无、摇摆不定的尴尬境地，而且 2005 年夏新和长虹竟公然倒戈加盟 HD-DVD 联盟。在 EVD 的体系中，机器、技术、片源事实上分别由新科、北京阜国以及金典环球来承担，可是我们会发现这三家企业都没有足够的市场份额和行业号召力，这导致了 EVD 联盟的先天不足。再加上国际两大主流标准的狙击，失败也在所难免。因此，组建技术标准联盟的先锋者必定要是在某一个行业中有足够的技术和市场分量的"领头羊"，此外，最好是既有构成该技术标准核心技术又同时需要倚赖该标准生产产品的公司。Thomson 最后放弃加入 DVD 联盟而独立许可，IBM 最后也未加入 MPED-2 联盟，同样在 3G 的三大标准联盟中都没有高通公司的身影，这是因为当公司决定推出终端产品市场竞争行业时，光靠收取专利许可费就可高枕无忧，没有必要冒着风险去"趟浑水"加入某个行业联盟而使得自己代价惨重。Aoki(2004)和 Kim(2004)提出专门从事研发的企业对许可费的定价高于研发生产一体化的企业，从而导致他们可能选择成为局外人会更有利。因此，作为一个联盟的发起者必须要具备两个条件：①在本行业中有足够的影响力和号召力，自己也要具备强大的研发实力，掌握主要的核心技术；②最好是研发和生产一体化的企业。

标准联盟在组建过程中要面临的第二大问题就是盟友的选择问题。联盟要想具有完整性和完备性，就最好把所有相关的必要专利和拥有市场优势的相关方都吸收进来。专利的关系分为三种：一是牵制关系，创新多是在前人基础上的累积式创新，这种新专利和原有专利间的关系叫做牵制关系；二是互补关系，当产业化中两种专利一起能获得更大收益时就形成互补关系；三是替代关系，两项专利完全独立且有相似功能可互相替代(Clarkson,2004)。通常我们将牵制和互补专利称为必要专利，技术标准联盟在选择专利时要保证整体上的非替代性，尽量选取必要专利，这项工作最后交由第三方的评估机构来完成更有益。此外，BD联盟将沃尔玛和百思买等完全没有任何技术专利的零售商也拉入进来。于2003年由联想、TCL、康佳、海信、长城等五家国内电子信息骨干企业信产部共同发起的"闪联"在盟友选择上也更加多元化。所以说，在技术专利联盟的成员选择上要尽量覆盖整个产业链，保证产品标准推行的各个环节都能制胜。此外，我们再组建联盟标准联盟要开发新的策略去吸引更多的外国企业加盟，累积客户基础优势。对于国外企业的标准联盟，有条件的中国企业应该积极参与(陈欣,2007)。总之，在选择盟友时要尽量考虑以下三个问题：①要选择拥有必要专利关系的技术型企业；②要尽量多争取盟友，考虑到产业链的各个环节；③选择加入企业时要尽量多元化、吸引更多的外国企业加盟。

组建技术联盟还要注意技术联盟成立的时间点问题。我国现在已经构建的技术标准联盟多半属于非"前端控制"型联盟。"前端控制"型联盟主要是指相关产业企业根据自身优势，联合和分工研发核心技术，然后形成自己的专利池，最后形成技术标准。这类型的联盟成立的时间点是在专利形成前。而我们的技术标准联盟多半是技术转让型联盟，合作方式是通过交叉许可、以低廉的价格购买或提供非技术服务手段来获得联盟内其他企业的技术专利。但"前端控制"型技术标准联盟更有利于我国的技术联盟发展。因为目前我国企业的研发能力与世界大公司相比还有很大的差距，许多小型的技术标准联盟中很多企业甚至都不具备独立的研发能力。"前端控制"型的联盟可以根据企业成员的优势，联合和分工研发核心技术，形成专利池，再推广自身的技术标准(余文斌、华鹰,2009)。这就让众多的小企业能够聚集起来形成合力，突破技术瓶颈，互利共赢。但这非常需要有经验的优良联盟管理机构做好企业间的投入管理和利益分配，避免内耗或者效率低下等容易发生的问题。

(二)技术标准联盟的管理模式

技术标准联盟的管理机构一般采用两种方式：一种是另外成立一个专门的独立实

体,专利的许可和标准的制定分离,该独立机构负责专利许可事物;另外一种是不另设独立机构,委托其成员代表管理。标准联盟的管理机构主要负责管理联盟的知识产权许可原则、许可方式、许可费标准和代理诉讼权等三个方面的内容。联盟的管理机构是联盟运作的主要推手,因此选择设立一个怎么样的管理机构是联盟运作的主要内容。下面我们来比较 MPEG-2 联盟、DVD 3C、DVD 6C 联盟的运作模式。DVD 3C 和 DVD 6C 的运作模式很类似,都是由拥有核心专利的企业发起,企业主要成员就各种许可协议的条款协商一致,分别授权飞利浦公司和东芝公司进行管理。MPEG-LA 是 MPEG-2 标准联盟下的独立的专利授权管理公司,它负责管理联盟的许可事宜。

三个联盟对外的许可原则都是 FRAND 公平合理非歧视原则,对内 DVD 的两个联盟主要保障所有成员的平等地位,避免拥有专利少的企业被欺压。MPEG 联盟间的成员对管理机构 MPEG-LA 进行非排他的许可是指如果愿意它们也可以和别的成员进行专利的互换和交叉许可或者单独许可。许可方式上,DVD 联盟是对内交叉许可,对外作为独立的联盟个体许可。MPEG 联盟是对 MPEG-LA 进行非排他许可,对外也是作为一个整体独立许可。

在必要专利的评估阶段,DVD 的两个标准联盟没有外聘专业的评估机构,造成了一些非必要专利和无效专利进入了联盟,产生了专利非法搭售等问题,两个联盟之间也有专利重叠和交替现象,这引发了许多专利诉讼和垄断指控。而 MPEG 联盟则是由独立的专业专利评估机构和专家来进行评估,MPEG 联盟邀请了多个专利评估机构和来自不同国家的专家进行专利评估,最后得出的结论非常公正可靠、令人信服。

DVD 的两个联盟属于横向交叉型联盟,DVD 的制造商一定要同时向 3C、6C 联盟和汤普森公司取得专利才能顺利地生产出产品。繁复且高昂的不合理收费方式也造成了产业链下游的企业抱怨收费过高,扼杀了下游生产商的获利空间,反过来也限制了联盟自身的发展。通过下表可以看出,这两个联盟的许可费收入比例非常高,一个是 3.5%,一个是 4%,而且有最低的收费限制。而 MPEG-2 采取固定收费,而且在此后的发展过程中,2002 年将许可费率调低,使得更多的厂家购买该联盟的技术标准。此外,MPEG-2 联盟属于纵向并列型的标准联盟,厂商可以直接通过向 MPEG-2 进行一站式的购买获得生产权(姚远,宋伟,2010),不仅价格合理、购买方便,而且避免了不必要的专利诉讼。

在专利诉讼方面,MPEG-2 成员往往是由相关的成员共同起诉,而不是由 MPEG-LA 公司,这比单个起诉更加有优势,被告人都最终选择了从联盟获得打包许可。曾经被 MPEG-2 成员共同起诉的 Compad、Dell、SAGEM 最后都成为了联盟的被许可人。DVD 3C 联盟曾经被东芝公司在美国起诉涉嫌垄断,最终迫使 3C 联盟做出了专利费降价的决定。有人曾起诉 Philips 公司涉嫌无效专利,最终该公司败诉将无效专利从专利清单中撤出。这都说明了在专利诉讼优劣方面,MPEG-2 公司可能比 DVD 3C 和 6C 联盟更加具有优势。

通过分析了这三个联盟的运作方式之后,可以得出这样的结论:在联盟的组建方面,成立独立的管理公司进行管理可能是更加好的方式,在专利许可费的订立和联盟对外许可原则和方式的选择上也要考虑到被许可人的承受能力和产业发展等问题。但由于这两者一个是企业间自发形成的联盟,一个是由国际组织发起的联盟,可能在目标和运作模式上有较大的差异。我们在运作自己的技术标准联盟中需要考虑到自身的目标和成员的性质,然后再选择合理的方式。

表2　DVD 3C、DVD 6C、MPEG-2三个联盟的管理模式比较

	DVD 3C	DVD 6C	MPEG-2
管理主体	飞利浦	东芝	MPEG-LA
许可原则	对内:平等原则 对外:FRAND原则	对内:平等原则 对外:FRAND原则	联盟成员对MPEG-LA进行非排他许可。对外:FRAND原则
必要专利定义	独立专家未公布	独立专家未公布	外部专业专利评估机构和专家
许可方式	对内交叉许可 对外独立个体许可	对内交叉许可 对外独立个体许可	成员对MPEG-LA非排他许可,对外独立个体许可
许可费收取	净销售价格*3.5%,并有最低收费限制	净销售价格*4%,并有最低收费限制	固定收费,并有间歇性价格调整
诉讼权	成员保留起诉权,但要通知其他成员	成员保留起诉权,但要通知其他成员	成员保留起诉权,但要通知MPEG-LA
成员单独许可权	有	有	有

资料来源：http://www.justice.gov/atr/public/busreview/215742.htm
http://www.justice.gov/atr/public/busreview/2485.htm
http://www.justice.gov/atr/public/busreview/2121.htm

（三）技术联盟标准的推广模式

在联盟标准的推广模式方面,基本都是采取低价和优惠政策的方式来先争取盟友,然后再利用手中的技术标准来收取专利费用或者来推广自己的技术标准下的产品的"先松后紧"的运作方式。这时候,已经加入了联盟的企业如果成功地将自己联盟的标准推广为这个行业的事实标准,那么他们能够以比别人低得多的成本来生产产品。在拥有强大的网络外部性的ICT等高新技术行业中,获得大规模的用户基础,成为事实标准后,往往能达到赢者通吃、败者颗粒无收的结果。

四、结论与启示

中国是世界上最大的发展中国家,现有的以政府和标准化组织为主体的技术标准

体系不足以支持产业市场规模和企业技术能力的迅速扩张,因而更加需要技术标准联盟来加快产业技术标准和企业的发展升级。目前我国很少有企业的技术创新能力能够撼动产业技术走向,如果采用美国式的市场驱动技术标准模式,结果很可能是跨国公司利用已获得的知识产权保护的事实标准进一步控制我国的高新科技产业。以企业为主导的技术标准联盟是一种将市场机制和组织机制优势混合的一种技术标准制定和推广制度,有利于市场渗透和联合研发,是当前中国比较现实的选择(吕铁,2005)。

在组建技术标准联盟的过程中,要选择有实力有影响力的企业作为联盟的核心成员,制定好完备的知识产权政策和协商机制,加强企业间的盟友联系,建立一个开放的、有动态适应力的企业标准联盟。

参考文献

[1] Carl Shapiro. Navigating the Patent Thicket: Cross Licenses, Patent pools, and Standard-setting [J]. Innovation policy and the economy, 2001, (1).

[2] Clarkson, G. Objective Identification of Patent Thickets: A Network Analytic Approach [D]. Harvard Business School Doctoral Thesis, 2004.

[3] Aoki, Reiko and Sadao Nagaoka. The Consortium Standard and Patent Pools [J]. The Economic Review (Keizai Ken-kyu), 2004, 55: 345-356.

[4] Kim Sung - Hwan. Vertical Structure and Patent Pools [J]. Review of Industrial Organization, 2004, 25: 231 - 250.

[5] [美]乔治·泰奇.研究与开发政策的经济学[M].清华大学出版社,2002.

[6] 韩昱.专利联盟与技术标准的一体化分析:基于公共产品提供的视角[J].技术经济与管理研究,2012,(7).

[7] 李庆满.产业集群条件下技术标准联盟形成的动因探析[J].物流与采购研究,2009,(28).

[8] 陈欣.国外企业利用专利联盟运作技术标准的实践及其启示[J].科研管理,2007,(7).

[9] 余扬,杨少华.GSM:技术标准化联盟的成功案例[J].中国工业经济,2003,(7).

[10] 徐明华,陈锦其.专利联盟理论及其对我国企业专利战略的启示[J].科研管理,2009,(7).

[11] 詹映,朱雪忠.标准和专利战的主角——专利池解析[J].研究与发展管理,2007,(2).

[12] 文斌,华鹰.技术联盟"前端控制"型专利池构建与运作模式研究[J].科技与法律,2009(6).

[13] 姚远,宋伟.专利标准化趋势下的专利联盟形成模式比较——DVD模式与MPEG模式[J].科学学研究,2010,(10).

[14] 吕铁.论技术标准与产业标准战略[J].中国工业经济,2005.(7).

38 产城融合视角下服务业与制造业集群协同发展模式研究
——以盐城环保产业园为例

周海波

(东南大学 集团经济与产业组织研究中心 江苏 南京 211189)

摘 要：四化同步是新一届政府对于我国经济发展的战略定位，产城融合是这一背景下区域经济发展的趋势和方向。产城融合的根本要求是制造业与服务业的协同促进，实现竞争力的共同提升，而产业集群正是产业竞争力提升的关键。纵观目前我国各地的产业园区，仍偏重于单一的生产型园区经济，缺乏城市服务业的依托，产城脱节问题比较严重。因此，解决产城脱节问题，走产城融合发展之路显得刻不容缓。本文将首先总结国内外对于制造业与服务业集群式协同发展的研究现状，其次在此基础上分析产城融合的实质内涵与实现途径，再其次案例分析盐城环保产业园的产城融合发展路径，最后对于我国其他地区实现产城融合提出一些建议。

关键词：产城融合；产业集群；协同发展

一、引言

"工业化与城镇化互动发展"这一产城融合发展概念，首次出现于我国国民经济和社会发展第十二个五年规划纲要中。党的十八大再次肯定了这一发展模式，且通过加入信息化与农业现代化实现"四化同步"对此进行了补充和升华。当前阶段，产城融合首要实现制造业与服务业的融合协同发展，而产业集群作为为创造竞争优势而形成的一种产业空间组织形式，其具有的群体竞争优势和集聚发展的规模效益是其他形式无法比拟的，将成为制造业与服务业竞争力提升的关键。可纵观一些地区的"十二五"规划文本，对于"产城融合"的理解不到位，要么在规划产业园区时，偏重于"单一的生产型园区经济",缺乏城市的依托;要么在规划城镇时,偏重于"土地的城市化",缺乏产业和人口的支撑,从而陷入"产城脱节"的误区。本文将首先总结国内外对于制造业与服务业集群式协同发展的研究现状,其次在此基础上分析产城融合的实质内涵与实现途径,再其次案例分析盐城环保产业园的产城融合发展路径,最后对于我国其他地区实现产城融合提出一些建议。

二、文献综述

(一)国内外研究现状

国外学者对于制造业与服务业集群协同效应的研究,主要是针对生产性服务业集聚与制造业集聚的互动关系,认为随着制造业集聚程度的提高,生产性服务业集聚将获得更大的发展机遇。

Porterfeild 和 Pulver(1991)认为在"后工业化(post-industry)"国家,高度集聚的生产性服务业为了贴近市场,会倾向于在本国或国外制造业集聚地区集聚。Marshall(1989)则认为并不是所有生产性服务业都受到制造业变动的影响,生产性服务业可以通过重组和调整避开制造业转移带来的需求下降影响。Alonso-Villar 和 Chamorro-Rivas(2001)在克鲁格曼中心—外围模型的基础上,加入生产性服务业部门,建立了新的生产性服务业中心—制造业集聚外围模型,并用数值模拟分析了贸易和信息技术对生产性服务业和制造业区位的影响。Richard(2002)利用美国的样本数据进行了实证分析,研究发现生产性服务业的发展有利于制造业的集聚。Chyau 和 Linda(2003)分析了改革开放后,香港的服务业中心——珠三角地区制造业外围集聚模式的演变过程,并通过计量模型得出城市规模、城市化水平、地区经济和距离中心(香港)的距离是影响香港制造业FDI集聚的因素。Andersson(2004)通过对瑞典地区产业区位进行分析,认为生产性服务业区位和制造业区位倾向于协同定位,它们互为函数关系。依靠自组织形成的制造业集群和生产性服务业一般位于城市,城市外围要形成制造业集群必须依靠生产性服务业的带动。Desmet 和 Fafchamps(2005)则通过美国郡级区域数据,实证研究了生产性服务业与制造业双重集聚的互动效应,分析认为,在同一地理区域范围内,生产性服务业集聚度要高于制造业,而且有促进制造业集聚的作用。Eraydin 和 Koroglu(2007)通过对土耳其三个产业集群案例研究发现:相对于应用全球性生产服务业,制造业产业集群内企业更倾向于采用地方性生产服务。但他们认为能否采用和是否经常性采用全球化生产服务是体现产业集群国际竞争力的标志。Krenz(2010)以欧盟1970–2005年的产业数据为样本,测算了服务业集聚与制造业集聚之间的相互影响关系,并指出1970–2005年间,零售贸易对纺织业集聚的影响最大。特别地,他认为贸易理论和新贸易理论能解释服务部门的集聚趋向,而新经济地理学却无能为力。

国内学者郑吉昌和夏晴(2005)指出制造业集群形成、发展和保持竞争优势需要良好的服务业支持。郑才林(2008)研究了细分的生产性服务业对不同阶段产业集群的影响。陈国亮(2009)初步构建了生产性服务业集聚与制造业集聚的二元集聚理论模型。朱海燕(2008)、魏江和周丹(2010)通过对浙江产业集群的实证研究,剖析了知识密集型服务业对产业集群升级的作用机理。张益丰、黎美玲(2011)通过对中国分省数据进行实证研究,发现生产性服务业集聚与先进制造业集聚呈强烈的正相关关系,而且地区收入水平增长与生存成本上涨对不同地区集聚的形成影响不同。而江静、刘志彪(2010)指出,世界工厂的定位使中国生产性服务缺乏有效市场需求的支撑而发展滞后。

(二)国内外研究存在的不足

1. 产业维度上的研究不足

以往观点认为制造业集群可以通过"上下游产业关联"和"治理"以达到可持续发展。但这却解释不了我国一些发展成熟,上下游配套完善的产业集群为什么长期徘徊于"低价值增长"的漩涡中。其实,这与我们长期缺乏思考生产性服务业于制造业集群中的作用机制有关。生产性服务的供给不足和制造业集群的生产性服务需求不盛共同导致了制造业集群缺乏提升整体竞争力的机制。30多年的制造业实践,中国制造企业已经有足够的组装生产能力,但这些大都属于低价值环节,高价值环节则是由生产性服务业创造的。一方面,生产性服务业的主要组成——金融保险业、科技研发服务业、信息服务业、物流业和商贸服务业在我国都带有极大的垄断性和薄弱性,生产性服务业的供给严重不足和供需不匹配导致制造业集群缺乏升级武器。另一方面,我国制造业集群天生带有民营企业、中小企业、代工企业等属性,这些性质决定了它们的整体水平较低,对高端的知识密集型服务业需求疲软。因此,放松生产性服务业发展的束缚,探索基于制造业集群这一平台,生产性服务业以何种模式嵌入制造业的发展是很有必要的。

2. 空间维度上的研究不足

目前大量产业集群的理论模型扩展一般是以克鲁格曼的中心—外围模型(1990、1991、1999)为蓝本,假设存在制造业和农业两部门,并最终形成制造业中心—农业外围的经济空间分布。但是考究世界发达国家和地区以及我国港澳珠三角地区、长三角地区和环渤海地区的经济发展轨迹,对新的产业空间结构进行分析,我们发现,当一个区域中农业份额越来越少的时候,应该考虑以生产性服务业为中心、制造业处于外围的现实情况。在一个区域中,当形成制造业中心—农业外围后,随着制造业集聚程度的提升与集聚地理范围的扩大,外围农业变得更小。制造业集聚度最强大的地区率先打破制造业中心—农业外围局面,通过把制造业从城市中心挤逼到外围或把制造业从城市中心迁移到其他地区,原来的制造业中心升级为以生产性服务业为主的中心,从而形成生产性服务业集聚中心——制造业集聚于外围的产业空间协同结构。生产性服务业与制造业的空间协同集聚也是值得关注的研究方向。

三、产城融合的实质内涵及互动机理

(一)产城融合的实质内涵

产城融合发展已经成为目前城市经济发展的一种趋势和方向。"产"是指产业集聚区空间,在我国目前大多为制造业集聚区,"城"是指城市其他功能区空间,主要是服务业集聚区。产城融合发展的实质就是制造业集聚区与服务业集聚区的互动协同发展,以产兴城、以城育产,积极培育产业集群,形成服务业集聚中心——制造业集聚于外围的产业空间协同结构,达到产城互动、和谐发展的目的。

(二)产城融合的互动机理

1. 以"产"兴"城",即制造业集聚区对于服务业集聚区的发展具有良好的促进作用。产业集聚区是某种特定产业和与其相关的产业组成的产业链,或者是不同类型的产业相互支撑并在一定的地域范围内聚集,从而实现了规模效益递增,降低了生产要素的流动成本和交易成本,进而扩大产业集聚区的经济总量。良好健康的制造业集群以若干特色主导产业为支撑,产业集聚特征明显,产业结构合理,其集聚程度越高,意味着对生产性服务的需求越大,生产性服务业的发展机遇必然比非制造业集聚区域要多,而且制造业集聚带来的劳动人口集中,将促进生活服务业等其他服务业的集聚发展,从而吸纳城市人口就业,增加税收,加快城市建设步伐,提高城市竞争力。

2. 以"城"育"产",即服务业集聚区对于制造业集聚区的发展具有重要的支持作用。发育健全的生产性服务业在某一地区的存在通过专业化分工提高了制造业全要素生产率,降低了制造企业的成本,并进一步通过关联效应促进制造业集聚。而生活服务业的发展具有满足居民日趋丰富的生活需要和个性发展的功能,因此生活服务业的集聚将有效吸引制造业领域的高素质人才的集聚,改善制造业内部就业结构,从而提升制造业集聚区的创新水平。

四、产城融合空间发展模式

德国地理学家克里斯塔勒提出的中心地理论、瑞典学者哈格斯特兰提出的中心地理论、法国经济学家佩鲁的增长极理论是区域空间结构理论的研究基础。从产城融合角度出发，充分考虑到集聚区内部功能结构与周边区域的协调。制造业与服务业集聚区的空间结构主要有以下四种发展模式：

（一）主城区包含提升模式

这种发展模式主要是制造业集聚区融合于主城区的服务业集聚区中，其形成依赖于主城区较早的工业基础。这种空间类型的制造业集聚区在基础设施共享、用地布局上都拥有很大优势，但其对城市空间及环境造成的负面影响较大。因此，此类产业集聚区的空间发展往往有两种形式：一是形成"产业区—隔离带—生活区"的空间发展模式，预留足够的生态防护空间将产业区与生活区隔离，同时加强产业区的环境治理，植入融合因子，最终达到产城空间互不影响、协同发展的目的；二是重新确定主导产业，积极引导污染工业企业的普遍退出、多种类型的第三产业和新型工业企业入驻，逐步将以第二产业为主导的产业集聚区逐步向第三产业为主导转化，最终实现产业集聚区的产城融合式转型升级。

（二）边缘生长融合模式

边缘生长型制造业集聚区位于主城区附近，便于利用主城区的公共服务设施和市政基础设施，充分享受到主城区服务业集聚的益处，并与主城区实现资源共享，降低基础设施投入成本，其最终目的是通过制造业集聚区与城市服务业集聚区各个互动因素的衔接，达到网状空间协同发展的目的。此类产业集聚区的空间发展往往呈现出与主城区空间共同向四周呈网络状蔓延的趋势，或呈扇形、或组团状，影响产城空间融合发展的措施关键在于两种空间内部各功能分区的对接、道路网系统的对接、各项用地布局的对接等方面。

（三）点—轴式拓展模式

此种模式适用于位于主城区远郊且依托乡镇发展的制造业集聚区，其主要依赖子城的服务业发展，制造业集聚区的建设可带动子城服务业集聚区的发展，并随着制造业集聚区的发展，与子城区的融合可形成主城区远郊的一个经济增长极，同时借助铁路、高速公路、省道等交通与主城区的服务业集聚区形成联系，最终形成"点—轴"式空间发展模式。此类空间类型的制造业集聚区需要解决两个方面的问题，一是子城区服务能力的建设；二是如何处理好与主城区、子城区的空间联系。

（四）卫星城组团发展模式

此种模式对应于那些位于城市中远郊、发展规模较大、有很强的政策支撑、无可依托基础设施的制造业集聚区。其用地不受母城空间拓展的影响，选址、性质发展余地较大,但各项生活配套设施及基础设施必须与生产设施进行共建,因此整体效益短时间内无法显现。但是随着制造业集聚区的建设,较其他空间类型的制造业集聚区功能性更强,具有城市功能的所有特征,可以作为分担主城区部分职能的卫星城的角色,与主城区的服务业集聚区实现协同发展。此类空间类型的制造业集聚区建设过程中的主要问题是相关服务配套设施的完善,同时积极与主城区进行功能分工,积极朝着复合型、综合型卫星城组团式产业集聚区的方向发展。

五、案例分析——盐城环保产业园

环保产业是一个跨学科、综合性强、技术含量高的新兴产业,它是以防治城乡污染和改善生态环境、保护自然资源为目的所进行的技术开发、产品生产、商品流通、资源利用信息服务、工程承包等活动的总称。环保产业主要存在四个方面的特殊性:经济活动的负环境外部性的产物、产品的多样性、企业分布的分散性、企业规模多为中小型。环保产业所生产的产品既包括公共产品也包括私人产品,因此环保产业属于政府行为和市场行为交叉的产业。因此,环保产业的发展需要政府力量的介入,协调环保产业与市场机制的相互关系,引导其集聚形成集聚竞争优势,实现产城融合发展。江苏盐城环保产业园的发展为我们指明了一条后发地区产城融合的发展路径。

江苏盐城环保产业园成立于2009年,园区西靠盐城市区,东临黄海之滨,在沿海高速以东、新洋港以南,中期规划50平方公里,近期规划26平方公里,其中启动区6.69平方公里。目前是中国规划面积最大的国家级环保产业基地,是江苏沿海经济带上濒海最近的国家级环保产业基地,建设了国家级汞污染控制工程研究中心、中科院工程研究所、会展交易中心、公共信息服务区、金融服务区和商贸休闲区。现在的园区初步形成了"448"的产业格局:四个环保产业基地,四大重点环保产业,八大支撑平台,在制造业发展的良好环境下,配套发展服务业,实现网络状边缘生长式产城融合。盐城环保产业园的产城融合发展路径主要分以下三步:

(一)规划引领,超高速建立绿色环保制造基地

"五位一体"建设"美丽中国"的提出带来了环保产业的大发展。盐城市政府着力优化产业结构,发展低碳环保产业,先后出台了《盐城市环保产业发展振兴规划纲要》和《盐城市人民政府关于推进江苏盐城环保产业园建设与发展的政策意见》来推动环保产业在盐城的发展。

规划纲要明确提出,通过3-5年努力确保全市环保产业总体水平处于国内前列,到2012年,全市环保产业年收入达到500亿元,成为全市新的经济增长极;通过5-8年努力,环保产业年总收入达到1000亿元,成为全市支柱产业之一。为保证规划目标的完成,盐城市、区两级政府加大投入,以超常规速度推进园区各项建设工作,2009年9月到2011年一年多时间内完成了近40公里的路网建设;顺利建成启用科技研发平台"绿巢"、10栋各800平方米的科学家工作室。截至2011年,园区先后引进57个亿元以上项目,协议总投资超200亿元。园区利用四年时间,从无到有打造出国内领先的绿色环保制造基地。

(二)人才引进,助力制造业企业高端攀升

针对园区环保产业人才队伍建设滞后、技术创新能力不强的现状,园区加大人才引进力度。在发展前期,政府牵头引进12名国内外环保领域的领军人才和119名环保博士,加强产学研合作力度,指导服务环保产业园与清华大学、复旦大学、同济大学、南京大学、东南大学、武汉理工大学建起了6家实验室或研究院。

政府鼓励引导盐城市重点环保企业向园区集聚,通过技术创新、搬迁改造,实现企业转型升级,加大产业招商力度,引进实施一批产业龙头项目,提升产业发展层次。仅2011年就在园区落户8家上市公司和全国烟气治理的四强企业。其中包括全国工业水处理行业首屈一指的龙头企业北京万邦达环保技术股份有限公司,全国大气污染治理行业的龙头企业菲达集团等。充分利用龙头企业,引领带动环保产业的高端攀升,做优发展标准和完善市场规范,在区内构成良性竞争和良性循环的企业氛围。

(三)两端剥离,特色推动产城融合发展

作为制造业和服务业双轮驱动的园区,盐城环保产业园区创新提出环保产业的研发过程配合整个产业发展,配合设备制造产业发展,引进了国家级检验检测研发机构,将烟气治理、水处理装备产业、绿色建材产业、固体废弃物处理处置产业作为重点发展产业,改善工业发展带来的环境问题。

园区规划四个基地——国家级的环保技术研发及装备制造基地、国家环保技术成果材料交易基地、环保城镇环保生活低碳示范基地、全国环保工程服务基地;八大平台——工程总包和工程设计及技术研发平台、技术研发及工业设计平台、制造平台、工程施工、工程运营、工程检测平台。其四个基地中三个半涉及服务业,半个涉及制造业,八大平台在突出重点产业之外更强调研发中心的发展。目的是希望强化工业制造链两端——研发与市场,将两端逐渐剥离但保有制造业本身的核心制造能力,由研发中心和市场服务业引领形成园区今后的服务业聚集区的特色。在盐城服务业发展相对薄弱的基础上,将工业发展和服务业发展特色融合,实现制造业的服务化和服务业的制造化,给盐城二、三产业发展带来活力。同时将本地制造业向周边小园区扩散的结构,形成一个新型的服务业中心—制造业外围的结构,激发周边地区产业的积极性和灵活性,走产业发展与城市发展相结合的道路,促进产城融合发展。

六、结论与建议

产城融合是目前城市经济发展的一种趋势和方向,是城市化进程中摆脱"产城脱节"的根本方法。国外的纽约曼哈顿、国内的中国—新加坡苏州工业园等范例表明,一个成熟的产业集群,一定是制造业与服务业融合的个性十足的城镇社区。由此可见,产城融合的突破口就是激发城镇社区这一结构单元活力,把产业园区作为城镇社区加以精心打造,把城镇社区提升为产业发展服务区,从而实现产业园区由工业园区向产业集中区转型,产业集中区向产业社区提升,产业社区向城市特色功能区嬗变,推动经济发展从"单一的生产型园区经济"向多功能的"生产、服务、消费"等多点支撑城市型经济转型,使产业园区借助城市功能,城市功能服务产业园区。

产城融合的根本要求是提升服务业与制造业的融合程度,总结盐城经验,可以发现产城融合具体可从以下几个方面着手推进:着力搭建高端产学研创新平台,借力"产研一体"加快突破产业关联性大、带动性强的关键技术;完善金融风险监测制度及金融企业内外部监管制度,鼓励企业内部构建金融预警与应急系统,推进产业资本与金融资本融合,提升企业资本运营档次和产业国际竞争力;加深信息产业在各领域应用程度,推进信息技术对生产过程的改造和产品研发的支撑,促进信息产业对新兴领域及新型业态的拓展。

参考文献

[1] Porterfield, S. L. and G. C. Pulver. Exports, Imports, and Locations of Services Producers [J]. International Regional Science Review, 1991, 14: 41-59.

[2] Marshall, J. N. Corporate Reorganization and the Geography of Services: Evidence from the Motor Vehicle Aftermarket in the West Midlands Region of the UK[J]. Regional Studies, 1989, 23: 139-150.

[3] Alonso-Villar, Olga and Jose-Maria Chamorro-Rivas. How do Producer Services Affect the Location of Manufacturing Firms? The Role of Information Accessibility[J]. Environment and Planning, 2001, 33: 1621-1642.

[4] Richard G W. Factors Associated with the Development of Nonmetropolitan Growth Nodes in Producer Services Industries: 1980-1990[J]. Rural Sociology, 2002, 67(3): 416-441.

[5] Tuan, C. and Linda F. Y. Ng,. FDI Facilitated by Agglomeration Economies:Evidence from Manufacturing and Services Joint Ventures in China,Journal of Asian Economics,2003,13:749-765.

[6] Desmet K,Fafchamps M. Changes in the Spatial Concentration of Employment Across US Countries:A sectoral Analysis 1972-2000[J]. Journal of Economic Geography,2005,5(3):261-284.

[7] Eraydin, A. and B. A. Koroglu. Increasing Role of Services in Competitive Power and Innovativeness of Firms and Industrial Clusters[J], European Planning Studies, 2007,15(7):905-925.

[8] 郑吉昌,夏晴.服务业发展与产业集群竞争优势——以浙江产业集群发展为例[J].财贸经济,2005,7.

[9] 郑才林.生产性服务对不同阶段产业集群竞争力影响研究[D].浙江大学,2008.

[10] 陈国亮.新经济地理学角度的生产性服务业集聚[M].浙江大学,2009.

[11] 朱海燕.基于知识型服务机构嵌入视角的产业集群升级机制研究[D].浙江大学,2009.

[12] 魏江,周丹.生产性服务业与制造业互动机理研究——以乐清低压电器产业链为例[J].科学学研究,2010,8.

[13] 张益丰,黎美玲.先进制造业与生存性服务业双重集聚研究[J].广东商学院学报,2011,2:9-16.

[14] 江静,刘志彪.世界工厂的定位能促进中国生产性服务业发展吗[J].经济理论与经济管理,2001,3:62-68.

39

基于区域创新体系的高科技园区策划方法研究
——以广州知识城为例

周 洋

(华南理工大学土木与交通学院 广州 510640)

摘 要：20世纪后半期以来，世界上已有上千个高科技园区诞生，它们已经是区域与国家发展的引擎。在这种背景下，高科技园区项目也成为我国近30年的开发热点。然而，这些科技园区大多没有达到预期的目标。大量高科技园区的前期策划缺陷，与我们的规划方法和决策机制有着密切关系。本文首先简要回顾了国内外高科技园区开发的背景和现状，根据市场驱动型和政府导向型两种开发模式，指出了高科技园区开发的决策困局。在国内外学者已有学术文献的基础上，本文尝试提出一个基于区域创新体系的高科技园区策划理论，它构建了一个由产业、大学与研究机构、政府、社会网络、人力资源与企业家精神五大因素组成的新钻石模型。最后，本文将新钻石理论应用于广州知识城的案例分析，并且提出了自己的意见。

关键词：高科技园区；区域创新体系；新钻石模型；广州知识城

一、引言

1951年，高科技园区起源于硅谷斯坦福科学园；1969年，英国兴建剑桥科学园；在1980年代，这种产业组织在世界各国得到快速发展。至今，世界上已有上千个高科技园区。实践证明，高科技园区已经成为区域与国家发展的引擎。在那些成功的高科技园区中，市场需求得到迅速反应，创新活动得到良好激励，资源、知识与人才得到有效配置，从而使创新经济蓬勃发展。

1984年，中国设立首批沿海经济技术开发区。同年，中国政府启动了著名的"火炬计划"，基本目标是促进科研成果转化为生产力，其核心任务就是建设一批高科技园区。

此后还不断推出"星火计划"、"863计划"、"国家百万工程"等(孙林,2006)。这些科技园区涵盖了IT、生物工程、新材料、光电一体化、移动通讯、新能源及环境保护等,极大地提升了中国在高科技领域的水平。到1990年代,全国各地开发区、科技园区的建设数目急剧增长、到处蔓延。

在大力开发的同时,盲目决策带来的弊端开始出现:"造城运动"留下了许多烂尾楼;大片崭新的厂房和办公区冷冷清清;一些所谓高新技术园区是"挂羊头卖狗肉",真正有高新技术含量的企业并不多。据苏州大学教授董洁林的研究,截至2012年底,国家级高新开发区有105个,国家级经济技术开发区有145个,国家级大学科技园有94个,这三类开发区共344个,省级开发区大约是国家级的5倍,估计超过1500个,再加上市级和县级开发区,全国合计应有数千之多。然而,国家级开发区的创新效率达标率不到30%(董洁林,2013)。大量高科技园区的前期策划缺陷,与我们的规划方法和决策机制有着密切关系。

二、高科技园区开发的决策困局

高科技园区(High-Tech Park),是指由知识密集、技术密集企业聚集而建立的高新技术产业开发区。一般都与大学或研究中心有密切联系,具有强大的科技知识产业化功能。高科技园区的其他名字有:高新技术产业区、科学院、技术园、研究园、软件园区、科学城、知识城等。

(一)政府主导型开发模式的先天局限

纵观世界各国的高科技园区,可以归纳为市场驱动与政府主导两种基本的类型。有些园区是以上两种类型的混合体。美国是世界高科技的领军者,高科技产业产值约占GDP10%,他们的创新园区如硅谷、128公路、北卡三角区等基本上是在市场机制作用下自然生长而成;这些年,欧洲、日本、以色列、新加坡等效仿美国,由政府主导建造高科技园区,由于尽量发挥市场机制作用也取得了成功。

在中国,高科技园区多数是由政府主导建设的。由于市场经济环境还不够成熟,地方政府急功近利,所以我国创建与发展科技园区面临着更为复杂的矛盾和更为特殊的困难。综观我们的经验与教训,会发现有两个理性规划的先天局限:

第一,产业定位问题。

高科技园区开发主要是由政府规划、投资和管理。园区的盈利模式要靠房地产,项目引进都围绕所谓的科技发展战略、国家新兴战略性产业的概念进行。这样导致的必然结果,大部分园区的主导产业规划是一样的:IT产业、生物医药、新材料、新能源等等。主观随意的决策带来了发展的隐患。

39 基于区域创新体系的高科技园区策划方法研究
——以广州知识城为例

第二,难以形成集群效应。

集群效应,原来是指同种生物生活在一起所产生的有利作用。产业园区的集群效应,则是指集中于该园区内的一个主导产业为核心的相关产业,或某特定领域内大量相互联系的中小企业与各种相关支持机构通过网络关系紧密联系在一起,合作推动创新和发展。由政府主导规划建设的开发区,非常依赖招商引资,导致入驻园区中的企业之间往往没有什么产业链的协作关系,致使其无法产生集群作用。这样的高技术园区很难可持续发展。

(二)项目决策阶段不被重视

对于每个工程建设项目而言,其全寿命周期包括决策阶段、设计和计划阶段、施工阶段、运行阶段。其中,决策阶段奠定了项目的发展基础,是整个项目成败的关键,却又是在我国最不被重视的阶段。

工程项目的累计投资曲线和经济性影响程度曲线是正好相反的,呈现X型关系(如图1)。累计投资曲线逐步上升,经济性影响程度曲线逐步下降。即是说,在项目决策阶段,投资额比较少,但是项目经济性影响程度很高。由于人们对项目的重视程度总是随着累计投资额增加而增强的,因此往往忽略了决策阶段工作的重要性,这就为项目日后的失误埋下了祸根。

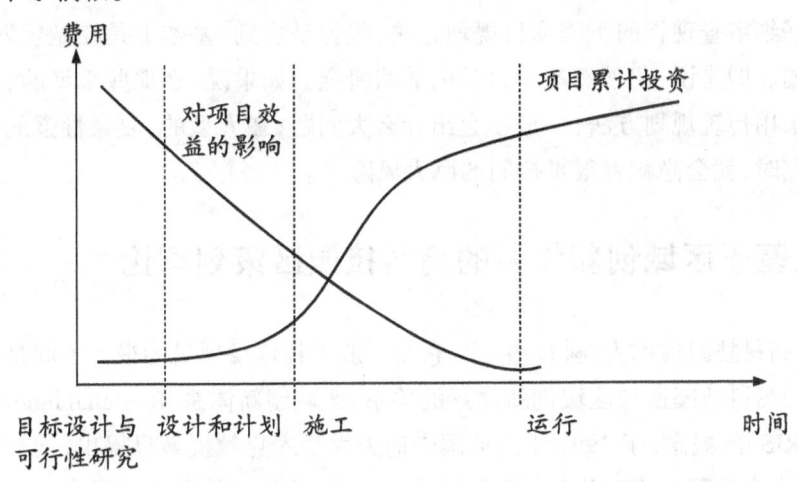

图1 工程项目的累计投资曲线和经济性影响程度曲线

(三)传统策划方法的缺陷

策划,在《辞海》中的定义是"策书、筹划、计划、谋略"。如果翻译成英文,就是Strategic Planning。虽然中英文的"策划"概念有着明显的文化差异,但是都显示了,策划应是策略、战略与规划的结合。由此可知,项目策划与项目规划的区别,就是要在规划的工作程序之前加上"Strategic、策略、战略、谋略"。简言之,就是要做好战略分析的研究,这也是本文要强调的。

《工程项目前期策划》一书中称,我国工程项目管理理论体系中对前期策划不重视,在实践中把前期决策过程与实施阶段管理割裂开来,他们编写这本教材的目的就是要改变这个现状。该书系统介绍了目前大学土木工程系、城市规划系普遍使用的项目建议书、可行性研究等规划方法(乐云等,2011)。

按照我国的有关规定,在工程项目建设的决策阶段都要求做项目建议书和可行性研究。它们作为一种成熟的规划技术在工程规划、城市规划领域得到了推广和普遍使用,也为科学规划提供了一定的专业规范。

西方国家的工程规划实践中,则会正视建设项目存在着从小到大的不同规模,复杂性也相差甚远。哥伦比亚大学土木工程系教授F.H.格里菲斯在《工程师用工程项目计划》中指出,工程建设行业正在发生变化,不断发展的技术和日益激烈的竞争要求土木工程师不能仅从传统的专业角度看问题,而要主动参与项目规划、可行性研究、融资、设计、运营和维护等。他将项目规划分为活动计划、项目计划、项目群规划等三个层次加以考虑,让工程师、规划师在处理大型、复杂的项目规划时,具有更强的能力。格里菲斯进一步陈述了计划过程六大约束条件:物质约束、技术约束、经济约束、社会约束、生态约束、政治约束,初步触及了战略分析的要素(F.H.格里菲斯,2006)。

如果仔细审查现行的工程项目规划方法,很容易看到:基本上是在做规划,而没有做战略规划。即是说,仍然忽略了科学的战略研究。如果说,在那些小型的、简单的项目决策时采用传统规划方法,一般不会出什么大问题;在大型的、复杂性强的项目需要做决策研究时,就会隐藏着很难控制的巨大风险了。

三、基于区域创新体系的高科技园区策划理论

现在,高科技园被称为"科技地产",它与一般工程建设项目的最大不同是什么呢?就是成功的高科技园区与区域创新体系的关系。区域创新体系(Regional Innovation System,简称 RIS)的概念,于1992年由英国卡迪夫大学库克教授最早提出,他将 RIS 定义为"主要是由在地理上相互分工与关联的生产企业、研究机构和高等教育机构等构成的区域性组织系统,该系统支持并产生创新"。关于区域创新体系的性质、类型、要素和运作机制等,国内外学者已经从不同角度做了许多研究。

(一)波特的钻石模型

在迈克尔·波特提出"钻石模型"之前,对于产业集群现象的相关理论有工业区位论、增长极理论、生产力布局等。钻石模型用于分析一个国家或地区的产业集群为什么

39 基于区域创新体系的高科技园区策划方法研究
——以广州知识城为例

会在国际上有较强的竞争力(迈克尔·波特,2002)。

波特认为,决定一个国家的某种产业竞争力的有四个因素:生产要素——包括人力资源、天然资源、知识资源、资本资源、基础设施;需求条件——主要是本国市场的需求;相关产业和支持产业的表现——这些产业和相关上游产业是否有国际竞争力;企业的战略、结构、竞争对手的表现。波特认为这四个要素具有双向作用,形成钻石体系(图2)。

钻石模型提供了一种分析产业发展的框架,这个框架不仅罗列了影响产业发展的重要因素,更直观地指出它们之间的关系。波特进一步阐述了产业集群的四个发展阶段是:要素推动、投资推动、创新推动、财富推动。这对于高科技园区开发具有极大的指导意义。

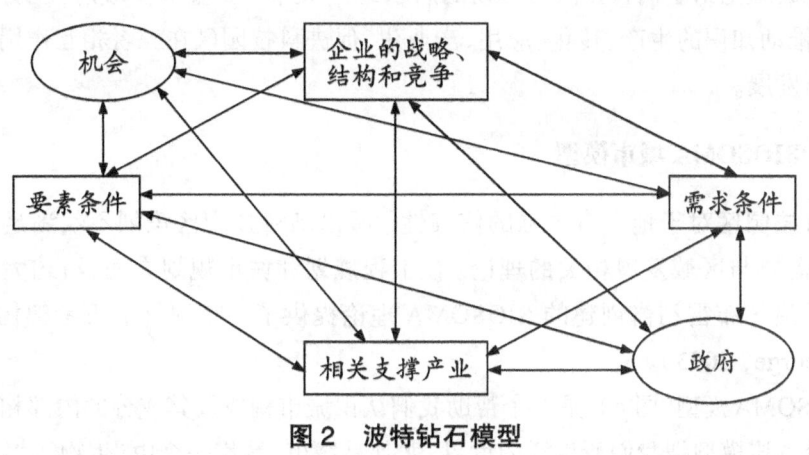

图2 波特钻石模型

(二)三螺旋理论

三螺旋模型由三个部门组成:大学和研究机构;产业部门;政府部门(图3)。这三个部门在履行传统的知识创造、财富生产和政策协调职能外,各部门之间的互动还衍生出一系列新的职能,最终孕育了以知识为基础的创新型社会(亨利·埃茨科威兹,2003)。

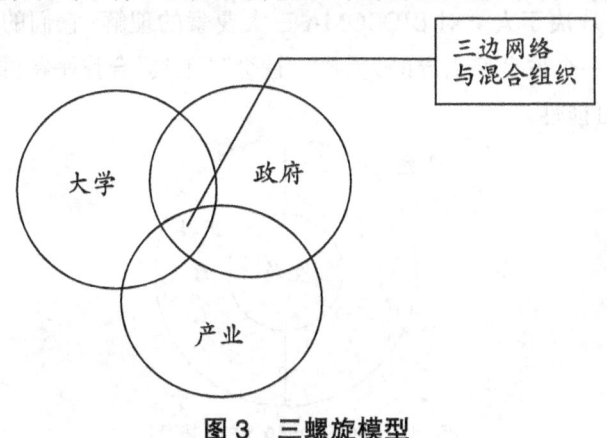

图3 三螺旋模型

三螺旋理论来源于两种传统的政府—产业模式：政府干预模式和自由放任主义模式。政府干预模式强调政府的作用，自由放任主义则关注作为经济发展动力的市场。以知识为基础的社会的出现，新的模式取代了以上的矛盾冲突：大学和研究机构被引入主要机构范围，也重新构造了产业与政府的关系。

在美国，大学与政府、企业间的互利合作拥有悠久的历史。在二战期间，美国联邦政府向多间美国大学提供了大量资助，用于研究军事项目。战后，政府继续为大学和企业提供研究经费，推进针对现实问题的科学技术研究。知识在经济发展中的地位越来越重要，使得大学与企业走得越来越近，最终让美国大学成为高科技发展的核心机构。

三螺旋理论给予高科技园区开发的启示是："大学—产业界—政府"三方应当相互协调，以推动知识的生产、转化、应用、产业化，促进科技园区在三者相互作用的动态过程中不断发展。

（三）BIOSOMA城市模型

高科技园区对于地点有很强的依赖性，所以高科技园区策划不仅满足于做选址策划，还需要与区域发展相关的理论。在工程规划和城市规划方面，纽约大学理工学院教授乔治·布雷利洛创建的BIOSOMA理论提供了一个很好的思考架构（Bugliarello, George, 2003）。

BIOSOMA模型（图4），是一个帮助我们认识城市构成及其成分的内部相互作用的科学理论。该模型把我们所生活的世界，尤其是城市，看作一个由"生物"、"社会"、"工具"（biology-society-machine）三大要素所构成的整体，而这三大要素互相作用、共同影响着人类社会的各个方面，决定着城市未来发展。

"生物"、"社会"、"工具"三者的互相作用，在世界上过半数人口居住的城市中表现得最为显著。城市的存在依赖着水源、能源、食物、电话、电脑、交通系统，还有从医院、学校到政府的社会组织。当这三大要素或它们间的关系发生差错时，灾难便在城市中降临。城市发展，取决于人类对BIOSOMA三大要素的理解：它们的不同特征、潜在可能、系统差错以及一个被良好引导的"生物""社会""工具"合作平衡的局面，能为城市的未来带来机会与可能性。

图4 BIOSOMA城市模型

39 基于区域创新体系的高科技园区策划方法研究
——以广州知识城为例

BIOSOMA模型为高科技园区开发策划提供了很好的思考框架——一个完整的高科技园区,应该是由人、社区、基础设施三大部分,以及三者发展的商业环境共同构成的,三者之间互相作用、共同发展。做到这些部分的协调发展,是高科技园区繁荣发展的基础。

(四)安纳利·萨克森宁的社会网络理论

很多学者引进社会网络理论来研究技术创新现象,认为创新是一个社会演化过程,以促进创新活动为目的,企业充分利用地域范围内的社会关系、规范、价值和交互作用等社会资本以增强区域创新能力和竞争力。

许多高科技园区的开发建设过多地把资源投放到基础设施方面,却忽略了社会网络和创新社区的作用。那么,高科技园区的内在协调的系统究竟是怎么样的?加州大学贝克利分校安纳利·萨克森宁教授在《地区优势》中通过比较硅谷与128公路的发展,指出了硅谷成功的关键——以地区网络为基础的产业体系,支持了分散试验和学习的过程,从而培养起成功地适应变化的能力,使得硅谷在变化的局面中不断取得胜利(安纳利·萨克森宁,2000)。在《创业冒险家》中,萨克森宁进一步探讨了硅谷模式通过归国创业家对以色列、中国台湾、中国大陆和印度的影响。她认为"人才环流"已经成为一个强大的经济力量,引发新兴市场的发展(安纳利·萨克森宁,2008)。

(五)适用于高科技园区开发的新钻石模型

综上所述,国内外学者在项目策划、城市与区域规划、产业集群等方面已有许多成熟的文献,却没有形成一个令人信服的高科技园区策划理论。因此,本文在充分研究这些文献资料基础上,综合上述的钻石模型、BIOSOMA城市模型、三螺旋理论、社会创新网络的思想,形成新的钻石模型(如图5)。

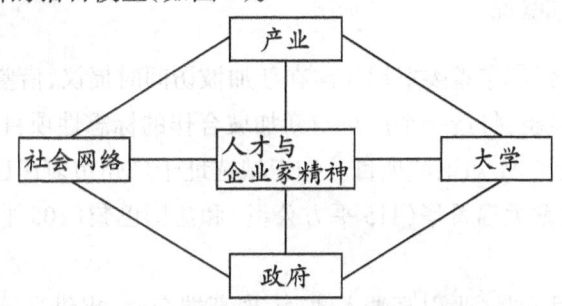

图5 高科技园区策划的新钻石模型

在高科技园区策划的新钻石模型中,五个要素及其相互联系可以这样解释:

1. 这个模型中的产业结构,可以理解为围绕着特定产业进行合作的一个企业集群,他们有包括高科技企业、相关支持机构、金融机构等在内的产业成员。一个富有创新活力的产业结构,其重要特征是:大型企业和中小企业并存,并且由市场驱动发展。

2. 大学与产业形成良性互动,是高科技园区特有的运作方式。研究与开发、企业咨询、职业培训、大学生创新竞赛等,都是常见的活动方式。大学与产业两者在知识、资源、人力方面互相交换,带来技术创新的源泉和高科技园区发展的动力。

3. 政府,对于产业、大学是一种支持和引导的关系。在弱政府之下,政府通过制订政策和建设制度环境,对于高科技产业的发展起着基础支持的作用,市场可能展现出更强的活力,典型的例子是硅谷。当强政府出现时,政府直接做发展规划,典型的例子是芬兰。在我国,高科技园区的开发建设大多是由政府带头的,从战略规划到具体的政策和实施,政府对于高科技园区有着决定性的作用。

4. 本模型在左节点加入社会网络因素,强调了高科技人才的社会网络对高科技园区起到促进人脉建立、信息流动的作用。无论是企业内部、不同企业之间,还是企业、大学、政府之间的交流合作,都或多或少地依赖社会网络来完成。一个有效的社会网络,不仅会有效地组织本地资源,更可以搭建该地区和外界信息互动的桥梁。

5. 在钻石模型中心的是人力资源和企业家精神。人力资源和企业家精神,是一切创新的源动力。创新与企业家精神蕴含在高科技园区中的产业、大学、政府、社会网络的方方面面,主导这个创新系统的运行。

从整体结构上看,新钻石模型诠释了在高科技园区中的人、设施和机构、社会的相互关系,与BIOSOMA城市模型是一致的。以上五个要素构成一个系统,发挥整体协调、合作创新的作用。

四、广州知识城案例研究

(一)知识城规划概况

2008年9月,时任广东省委书记汪洋在新加坡访问时提议,借鉴新加坡在城市建设与产业发展的先进经验,打造一个广东与新加坡合作的标志性项目。新方积极响应,双方决定共同建设中新广州知识城项目。知识城选址于广州市萝岗区,规划总面积123平方公里,将超过加拿大温哥华(115平方公里)和法国巴黎(105平方公里),规划总人口50万人。

知识城的发展目标是"吸引高端人才、汇聚高端产业、提供高端服务",打造成为引领广州乃至中国知识型经济发展的新引擎、汇聚全球精英的人才高地、国际一流水平的生态宜居新城、中新战略合作的杰出典范。

在产业规划方面,按照"重点突出、远近结合"原则,确定了近期重点发展新一代信息技术、文化创意产业、科教服务业;重点培育新能源与节能环保产业、新材料产业、生物与健康产业;大力发展总部经济。由此形成以知识密集型服务业为主导,高附加值制造业为支撑,宜居产业为配套的产业结构。

但是,知识城作为一项工程浩大的高科技产业集群开发区,在相关的前期规划设计方案中有没有做科学的战略研究与论证?是否符合高科技园区的特殊规律?产业战略定位合理吗?能否形成集群效应?这些疑问并没有令人信服的答案。并且,与类似的中新合作项目——苏州工业园、天津生态园相比,广州知识城却显得有点"默默无闻"。

(二)兰德知识城战略规划报告评述

2011年,广州市政府决定委托美国兰德公司做一项关于知识城创新体系建设的战略研究。兰德公司于2011年5月开始展开调查研究,并于2012年底提交了两份研究报告。其中,《知识城创新体系建设战略纲要》分析了知识城在未来规划中的主要挑战,提出三项战略建议,并按照各项政策措施的优先级和实施难度制订了的路线图(Crane,Keith,2012);《创建知识城的创新体系》对本项目的阶段性成果进行分析汇编,提供了详细的数据资料的支持,还研究了三个有参考价值的案例:硅谷IT产业集群、马里兰州生命科学集群、以色列高科技集群(Crane,Keith,2012)。

兰德报告指出:为将知识城建设成为一座汇聚创新型产业及相关知识型人才,领先于环境和科技的新城,就必须吸引创新型企业和人才入驻这座新城,并且长期扎根于此。知识城成败的关键在于能否形成一个成功的创新型产业集群。为此,兰德公司为知识城的创新体系建立了一个简易的结构模型,如图6所示。

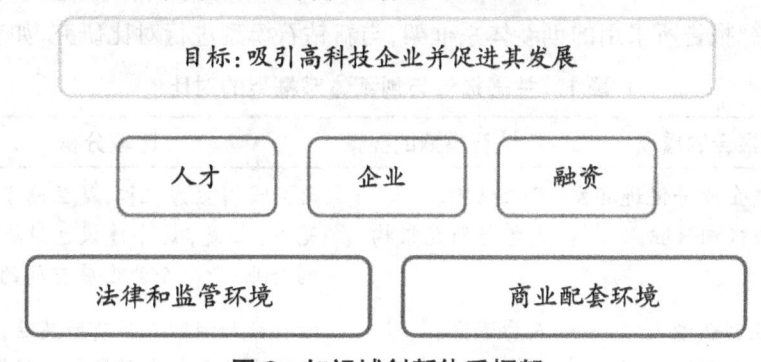

图6 知识城创新体系框架

根据该创新体系框架,广州知识城建设的三大战略目标如下:

1. **吸引高科技企业并促进其发展。**

兰德报告认为,知识城为吸引高科技企业并促进其发展,应采取两个方面的措施:吸引主力机构入驻并营销知识城、提升整体创新环境而非针对特定产业。

兰德建议,知识城应该大力吸引主力机构。根据国际经验,高科技产业集群一般是围绕着一家或者多家主力机构而形成的。这些主力机构包括:配备大量研发设备的知名公司、研究机构、研究型大学,它们能带来很多好处,例如吸引希望与之展开业务合作的供应商和客户入驻、提供人才的来源,甚至成为连接全球市场架起桥梁,向其他公司和个人传递知识城是理想驻点的信号。

2. 吸引和留住高科技创新型人才。

广州有中山大学、华南理工大学两所重点大学,作为培养高素质人才的机构在创新领域十分重要。此外,广州开发区有 2000 名海归人才和 700 家由海归人才创办的公司,他们的海外网络资源对于成功形成产业集群十分重要。兰德公司认为,知识城吸引人才的措施主要分为提高知识城生活品质、吸引人才并建立网络两部分。

根据兰德的调查,很多企业家表示广州开发区的政策有助于建立供应商、销售和支持网络。同时,研究表明,集群发展过程中个人所创建的网络更为重要。因此,广州开发区应意识到自发式或非自发式网络的重要性,集中力量创建某些难以自发形成的特定网络。

3. 确保创新性融资的可获得性。

创新型融资是形成创新体系的第三大支柱。就融资问题,兰德公司为知识城推荐两个方面的措施:提高创新型融资的可获得性、改善其他融资形式。

总体来说,兰德报告的战略建议重点突出、针对性强,并且给出了具有实际操作价值的一系列政策措施。

(三)分析与建议

现将兰德报告所采用的创新体系框架,与新钻石模型进行对比研究,如表 1 所示。

表 1 兰德报告与创新体系框架的对比

兰德报告的重点	新钻石模型的要素	比较分析
吸引高科技企业并促进其发展——主力机构入驻	产业结构、大学与研究机构	大力吸引主力机构,是兰德方案的一大亮点,但是,这个建议也隐藏着压制初创企业、中小企业发展空间的风险
吸引和留住创新型人才——高技能劳动力群体	人力资源、社会网络	对移民和海归人员有所关注;对技术企业家群体和社会网络仅有所提及,但是应有更深入的研究
确保创新型融资的可获得性——天使投资和风险资本	产业结构	高科技产业与风险投资的关系是一体两面的。这是兰德报告很出色的部分

通读兰德报告,它对企业、人力资源、融资三大主题的研究是比较透切的,在法律监管和商业环境配套方面也提供了很有价值的看法。但是,我认为报告在产业结构、大学、社会网络三个环节存在明显缺陷。因此,我提出三大建议:

1. 构建富有创新活力的产业结构。

知识城现有的规划方案以及兰德公司的战略研究报告均表明，知识城的招商目标是跨国企业、上市企业等大公司，并没有给予中小企业足够的发展空间。知识城如果拒绝或限制这些创新型小企业的入驻，将会损害这个区域的创新能力。

广州作为一座历史悠久的南方港口贸易城市，具有开放多元、重视市场、讲求绩效的传统，亦是改革开放的先锋。与之有相似文化的香港、深圳都发展了很有活力的自由市场经济。因此，广州知识城应该借鉴深圳高新区在科技产业发展方面的成功经验，在知识城建立市场驱动型的技术创新体系，让包括大量中小企业在内的创新型企业成为创新的主角。

2. 积极引进理工科大学并发挥其作用。

在知识城的现有规划方案中，对大学比较重视，称在3年时间内吸引南洋理工大学等新加坡知名大学到知识城实施教育合作项目，在10年时间内吸引5~10所全球知名的大学、教育培训机构和研发机构入驻知识城。在这个问题上，兰德提出更为实际的建议。兰德认为知识城坐落在广州，享有中山大学、华南理工大学两家"985"工程大学，这是知识城发展的一项宝贵资产，应该发挥这些大学的作用。很可惜，这个问题没有深入展开。

在兰德公司对硅谷、马里兰州、以色列的案例研究中也可以看出：本地优秀的理工科大学和高科技园区的积极互动，是推动高科技产业发展的重要因素。我认为，一个显而易见的结论是：华南理工大学、广东工业大学这样的理工科名校，对知识城的发展非常重要。虽然知识城也可以引进外省、甚至外国名校，但是因为地理距离和社会网络等因素的制约，本地理工科大学才是运作三螺旋创新体系的主角，具有无可替代的作用。

3. 建设创新社区。

对于社会网络的重要性，兰德报告主要是从人才流动相关的政策以及利用海归人员的关系网络方面提出建议。没有提出创新社区方面的意见。

硅谷的马车轮酒吧带来的启示：一些供高科技人才在下班后逗留的非正式场所，是高科技园区信息流动和人际关系连接的节点。它们促使人们打破公司之间的屏障，使得硅谷的公司从相对孤立的固体变成一个共生网络，从而为硅谷带来了应对变化环境的适应力。同样，我们希望在知识城看到更多类似的交流场所。在知识城的街道布置一些咖啡厅、酒吧，不仅会为街道带来多元化和活力，更将成为人们进行非正式交流的场所。

广州还有一项很少被发现的优势——岭南文化。据资料，海外70%的华人华侨来自广东；大多数唐人街的第一语言是粤语。因此，知识城可以效仿硅谷、新竹、班加罗尔的方式，积极引进海外资源，与海外"粤侨"建立网络和合作关系，达成信息环流和资源分享。这对于科技园的发展有着重要推动作用。

五、结论

随着21世纪知识经济时代的到来,高科技园区开发了许多国家地区寻求经济发展、提高竞争力的热点建设项目。为了提出一个针对高科技园区策划的系统指导理论,本文总结了国内外学者在项目策划、区域创新等方面的一些经典理论,并且以此为基础,尝试提出适用于高科技园区策划的新钻石模型。该模型包含了产业、大学与研究机构、政府、社会网络、人力资源与企业家精神五大要素,并描述了它们之间网络状的动态关系。

但是,本文提出的理论模型仍需要进一步完善,尤其是在更多的项目实践中论证和修改。同时,我会继续关注广州知识城的发展,一方面检验自己的研究成果,另一方面希望为解决实际问题贡献自己的力量。

参考文献

[1] 孙林. 中国高科技产业的发展[A]. 亚太信息技术园——地区性数字鸿沟之启示[C]. 北京:北京邮电大学出版社,2006.

[2] 董洁林. 做减法比做加法更有益于中国[N]. 华尔街日报,2013-3-14.

[3] 乐云,李勇奎. 工程项目前期策划[M]. 北京:中国建筑工业出版社,2011.

[4] F.H.格里菲斯,约翰 V.法尔. 工程师用工程项目计划[M]. 北京:清华大学出版社,2006.

[5] 迈克尔·波特. 国家竞争优势[M]. 北京:华夏出版社,2002.

[6] 亨利·埃茨科威兹. 三螺旋[M]. 上海:东方出版社,2003.

[7] George Bugliarello. The BOISOMA – Reflections on the Synthesis of Biology, Society and Machine [M]. Brooklyn: Polytechnic University Press, 2003.

[8] 安纳利·萨克森宁. 地区优势:硅谷和128公路地区的文化与竞争[M]. 上海:上海远东出版社,2000.

[9] 安纳利·萨克森宁. 新世代科技冒险家[M]. 台湾:天下杂志出版社,2008.

[10] Keith Crane. Creating an Innovation System for Knowledge City[R]. Santa Monica: RAND Corporation, 2012.

[11] Keith Crane. An Outline of Strategies for Building an Innovation System for Knowledge City [R]. Santa Monica: RAND Corporation, 2012.

40

从地方化到去地方化：
中国沿海外贸加工业空间格局变化

朱华友

(浙江师范大学经济与管理学院　浙江 金华　321004)

摘　要：中国沿海外贸加工业的形成大多与全球外包活动有关，受到全球生产网络组织结构的深刻影响。近年来，一些企业受到跨国公司或全球贸易商的控制，逐订单而居，开始了"俘获"型转移，出现了"去地方化(delocalization)"现象，对地区经济社会产生了深刻的影响。鉴于沿海外贸加工业发展成功与否对国家社会稳定、经济发展及国际竞争力的重要性，研究我国沿海外贸加工业的去地方化现象具有重要的现实意义。论文从地方化和去地方化的概念和内涵入手，首先分析了中国外贸加工业的形成和地方化集聚特征，其次研究了全球生产网络背景下中国沿海外贸加工业去地方化的形式和机理，认为去地方化的形式主要有生产者驱动的去地方化、购买者驱动的去地方化和混合型驱动的去地方化，其作用力主要有来自网络权力和地方政策的拉力、生产要素成本的推力、社会联系与运输成本的阻力。在此基础上，重点分析了三种去地方化形式下我国沿海外贸加工业转移的态势，并从整体上勾画出去地方化的态势与格局。最后对我国沿海外贸加工业去地方化下的转移升级进行了思考。

关键词：去地方化；外贸加工业；态势与格局；中国

一、问题提出

改革开放以来，受到全球外包活动的深刻影响，中国在沿海地区形成了众多的外贸加工集群。加工贸易的发展带动了我国经济的发展，缓解了我国沿海地区的就业压力，

[基金项目]：基金资助：国家自然科学基金《我国沿海外贸加工集群的去地方化问题研究》(41171106)。
[作者简介]：朱华友(1967-)，男，安徽枞阳人，教授，博士。主要研究方向为产业集群与区域发展。

加大了我国进出口总额,推动了我国产业结构的调整。但是也面临着诸多发展的瓶颈,如处于国际价值链低端、附加值较低、产业结构层次较低、对外依存度过高等问题。近年来,我国东部沿海一些地区进行的"腾笼换鸟"政策在加速对加工企业的"挤出效应",再加上中西部地区积极改善投资环境、出台优惠政策以及国家的战略导向等因素,以加工贸易为代表的一系列劳动密集型产业西迁俨然已经成为了一种不可逆转的趋势。

需要认识的是,中国沿海外贸加工业集群主要由跨国公司主导,并通过依托 OEM 方式所建立的大规模生产体系和生产基地的海外迁移等方式来降低生产成本。在生产网络上表现出"低关联、高外向度"的特点,典型代表为广东深圳、东莞、江苏昆山等电子类加工贸易产业集群(陈耀,冯超,2008)。一些企业受到跨国公司或全球贸易商的控制,逐订单而居,开始了"俘获"型转移,出现了"去地方化(delocalization)"现象,对地方经济社会产生了深刻的影响。如东莞鞋业集群企业在巴西派诺蒙公司的操纵下,从东莞厚街镇到成都武侯区再到四川崇州市(王缉慈,2011),东莞家具业集群企业在台资企业台升国际集团的引导下,从东莞大岭山向浙江嘉善转移。因此,在全球生产网络背景下,如何认识我国沿海外贸加工业的去地方化现象、中国外贸加工业去地方化的空间格局怎样等等都是关系到国家经济发展的重大命题。基于上述背景,本文从六个方面进行了研究:第一部分,引言;第二部分分析了地方化及去地方化的概念,并进行了理论回顾;第三部分分析了中国沿海外贸加工业的地方化特征;第四部分研究了中国沿海外贸加工业的去地方化形式与机理;第五部分分析了中国外贸加工业的去地方化态势与格局;第六部分,结论与思考。

二、地方化与去地方化:概念与文献回顾

(一)地方化概念及内涵

1. 地方化与区域根植性。

简单来说,地方化就是企业融入地方或者被地方接受的过程。从文献分析来看,与地方化相近的概念有本地化、本土化等。可以看出,这些概念均隐含了本地联系的内容,即区域根植性。根植性又与嵌入概念(Grannovetter,1985)有关,"嵌入"用以获得活动被固定在某一特定的区域,并通过直接和间接的副产品(包括与本地供应商的后向联系)来推动当地或国家的经济发展(Liu Weidong,Dicken P.,2006)。全球生产网络在地域和机能上将企业联系在一起的同时,也将企业所处的社会、空间组织等包含在内,在不同尺度和内容的考察中,有两种形式的嵌入最为重要:地域嵌入和网络嵌入。

从某种意义上说,地域嵌入是指把企业植入根深蒂固的社会和经济的关系中去,并使其能融入到地方企业中去,与当地企业能共同获得良好的发展(Henderson J,et al.,

2002)。在实际应用中,如果企业吸收了来自于当地的资源(如劳动力或中间产品),且拥有了难以复制的特质,那么企业就实现了地域嵌入。一个企业嵌入的程度越深,那么它创造的更多的价值就会被它运营所在的地区获得。全球生产网络通常选择嵌入在社会经济发展动力较强的区域,这里主要包含了两个方面:一是全球生产网络内的领导企业进入,以契约的形式,利用当地已存在或建立的中小企业集群优势,建立次级合同制造或者是辅助生产;另一方面则是领导企业在特定的区位,通过外包吸引新的企业入驻,创建一个新的地方化经济及社会关联,包括已存在的本土企业和外来企业。地域嵌入在价值创造方面可能带来的是空间上的占据,并同时反作用于公司所在全球生产网络内的其他部分(Grabher,1993)。此外,国家及地方政府政策(税收、人才等)的差异也会促使全球生产网络内的特定部分嵌入于特定的区域,形成新的节点。当然,随着时间的推移,这种嵌入的正面效应并非是一成不变的。如当某一网络旗舰结束了与某一地区的关系(关闭工厂或是撤离投资),此时便出现了分裂过程,这将很可能破坏原先的经济发展及价值获取(Pike A, et al., 2000)。从发展的角度来看,全球生产网络内的企业在一个地区的嵌入模式和程度对于价值创造、提升和获取是一个重要因素。

网络嵌入则不再关注区域问题,更多地关注的是网络结构、结构内部的关联程度以及网络成员间关系的稳定性。网络嵌入是网络主体相互之间的各种正式和非正式关系所建立的结果,它对网络内稳定关系的构建十分重要。同时,网络内成员间关系的持久性和稳定性决定了网络镶嵌及全球生产网络作为一个整体的结构演化(李健,宁越敏,2011)。网络嵌入主要是揭示网络成员之间的关系,全球生产网络则关注的是特定商品或服务生产过程中的所有商业行动者其组织过程及架构,同时还关注了更为宽广的制度网络,包括了一些非商业主体,如政府与非政府组织等。

2. 地方化与行业集聚。

经济活动的空间地方化的重要原因是集聚经济的存在。全球价值链(GVC)的各价值环节离散地分布于全球各地,实现了价值链的"片段化"(Amdt, Kierzkowski, 2001),不同的价值环节在特定的地域又有高度地理集聚的特点(Gereffi Kaplinsky, 2001),从而形成了各具特色的产业地方化。Hoover(1937)将聚集经济系统地分为规模经济、地方化经济和城市化经济三类。规模经济是指企业从事专业化生产所形成的单位成本随产出递减的利益;地方化经济是指在一个特定公司之外、一个特定产业之内的集中化经营的经济,企业在特定地区集中产生的熟练劳动力聚集、投入和产出品的低运费以及信息溢出的利益;城市化经济则是指在个体厂商和产业外部实现的规模经济,它们反映一定地区内私人和公共投资总额以及劳力、资本、金融、法律和公共服务的集中,定位地点的高度城市化提供给企业在公共产品、交通运输、基础设施以及专业化服务等方面的利益。新经济地理学理论强调集聚的地方化经济特征,认为集聚力来源一是市场规模效应(关联效应)。其中前向关联称为价格指数效应,后向关联称为本地市场效应,二者综合表现为产业前后向关联效应。二是溢出效应。企业之间通过正式或非正式交流和沟通产生溢出效应，与集聚区域之外的企业相比较，集聚产生的企业之间溢出效应产生额外的收益就是集聚力的根源。三是劳动力池效应。主要表现为通过劳动力的供求匹配，提高工人的工资和企业的收益(Marques,Helena,2001)。

(二)去地方化

经济活动的去地方化(delocalization)与地方化(localization)交替在一起，影响着制造业的空间秩序。在全球化浪潮中，经济活动的去地方化对工业化地区产生了广泛的社会影响，表现为二战以来的制造业活动从北半球到南半球的转移，这种转移形成的新的劳动空间分工往往伴随着投资转移产生的"逐底竞争"，伴随着低工资、低税率和低环境限制，因而引起了较多的学术关注。

去地方化既是空间过程，即生产过程的完全或部分的转移现象(UNIDO,2003)，也是功能整合过程，即企业供应链在不同空间尺度的分离与再组合(王缉慈,2011)。与一般意义上的产业转移相比，去地方化重视企业与地方的互动互赖关系以及这些关系对地方生产网络的影响，如对本地产业的前后向联系、社会资本和就业等方面的影响。去地方化的表现形式有外包、分包和FDI等，但是又与它们在内涵上不同(UNIDO,2003)。从产业集群的角度上说，是企业离开集群("去地方化"de-localization)而到另外一个地方再造集群或再融入产业集群的过程("再地方化"re-localization)，这个再地方化的过程也不是一朝一夕的(王缉慈,2010)。目前去地方化的研究主要在欧美，多集中在劳动密集型产业。研究主要表现在三个方面(朱华友,王缉慈,2013)：一是去地方化对区际竞争力的影响。Lois和Christos(2004)研究了德国、希腊和马其顿之间制造业去地方化的三边关系，认为三个国家间存在着由于去地方化而形成的生产网络关系对三方都有利。但是对德国母公司最有利，对马其顿有利程度小。Lyberaki(2011)从上述三国之间制造业发展关系的角度论述了去地方化是一个全球竞争的调整过程。特别地，文章研究了希腊服装业发展中的挑战和陷阱，认为去地方化下的全球发展会加强发达国家原来的优势。二是去地方化对产业升级的影响。Kalantaridis, et al.(2003)认为去地方化在一个或少数企业的策略和绩效中并无直接关联。甚至在特定背景下，降级也可以导致积极的结果。三是去地方化对区域社会的影响。欧盟特别目标研究项目对欧盟五个新老成员国(英国、希腊、爱沙尼亚、波兰和保加利亚)的四种劳动密集型产业(三个对劳动力成本非常敏感的部门即服装业、鞋业和电子业以及一个对劳动力技能非常敏感的部门即软件业)的实证研究认为，在去地方化和区域失业的增加二者间没有直接联系(Labrianidis, et al.,2007)。

目前中国关于企业去地方化的研究较少。欧美学者的研究多是从经济和社会的综合视角研究企业的主动去地方化，对于企业在跨国公司主导下被动的去地方化研究不够。对中国沿海外贸加工业来说，由于其多处于全球价值链的低端，容易出现跨国公司主导下的被动去地方化，因此需要从战略的角度进行思考。

三、中国沿海外贸加工业的地方化：起源与集聚

(一)中国外贸加工业的起源

外贸加工也称加工贸易，是以"原料进口—加工—再出口"为特征的贸易形式。常见类型主要有四种：进料加工、来料加工、协作生产和境外加工贸易。就其本质而言，加工贸易实际上是一种产业内分工，是各国在产品不同生产环节上开展国际分工并根据各自的生产环节实现产品价值链增值的对外贸易方式。

我国加工贸易的发展经历了三个阶段：以"三来一补"贸易方式为主的起步阶段(1978-1987年)、以外资企业"进料加工"为主的大发展阶段(1988-2000年)和以高新技术产品为主的长足发展阶段(2001年-   )(邓娜，侯少夫，2012)。

1.以"三来一补"贸易方式为主的起步阶段(1978-1987年)。"三来一补"也被称作来料加工装配业务，"三来一补"具体指的是：来样加工、来料加工、来件装配和补偿贸易。"三来一补"这一贸易方式的形成与我国改革开放初期的资金短缺、外汇储备较少、原材料供应不足、技术能力有限、设备装置不足的困境分不开。"三来一补"的贸易方式非常适合当时的中国国情，不仅充分利用了本国的优势资源最大限度地发挥了国内的生产力，而且增加了我国的外汇收入促进了人民的就业，保障了改革开放政策的顺利实施。

2.以外资企业"进料加工"为主的大发展阶段(1988-2000年)。1995年我国的加工贸易出口总额首次超过一般贸易的出口总额，真正占据了我国对外贸易的"半壁江山"。加工贸易成为我国最主要的贸易方式之一。这一时期，我国的加工贸易呈现出如下两个新的特征：第一，外资企业成为加工贸易的经营主体，跨国公司数量猛增；第二，"进料加工"成为加工贸易的主要方式。

3.以高新技术产品为主的长足发展阶段(2001-   )。2001年11月我国加入了WTO组织，迈入了加工贸易发展的新时代。该时期，我国积极承接以IT的加工制造为主的高新技术产业，促进了我国沿海地区高新技术产业的快速发展。

(二)中国外贸加工业的地方化集聚

1. **空间集中差异**。

为了描绘中国东部沿海外贸加工业在各省市的空间分布情况，我们用行业集中度指标进行测算。

$$CRn = \sum_{i=1}^{n} X_i/X \times 100\%$$

其中，CRn 表示行业集中度，n 表示地区数，其取值一般为 1、3、4、5 等；i 表示某个行业或产业；X_i 可以是 i 行业的总产值或就业人数，X 是研究区域的总产值或就业人数。计算结果见表1。

表1 中国东部、中部、西部和东北地区外贸加工业集中度变化

地区	1997	2000	2003	2006	2009	2011
CR(东部)	0.95	0.93	0.94	0.92	0.89	0.88
CR(东北)	—	—	—	0.029	0.027	0.026
CR(中部)	—	0.017*	0.036*	0.048	0.055	0.06
CR(西部)	—	—	—	—	—	—

注："—"表示部分数据缺失，带*表示中部地区7省份除了河南省以外的行业集中度的数值。

可以看出，东部地区所占的绝对值最大，同时比重逐渐呈现出下降的趋势，而东北的比重也逐年下降，但是中部地区的比重呈现出明显的上扬趋势。

为了更清楚地反映外贸加工业在东部沿海省份的集中状况，我们分析了从1995年到2011年行业集中度 CR_4。见表2。

表2 1995-2011年中国外贸加工业行业集中度情况

年份	比重最大省份	CR_1	比重第二省份	CR_2	比重第三省份	CR_3	比重第四省份	CR_4
2011	广东	0.29	上海	0.45	江苏	0.60	山东	0.65
2010	广东	0.31	上海	0.49	江苏	0.66	山东	0.71
2009	广东	0.34	上海	0.53	江苏	0.71	山东	0.77
2008	广东	0.39	上海	0.60	江苏	0.79	山东	0.84
2005	广东	0.42	上海	0.64	江苏	0.85	山东	0.90
2000	广东	0.52	上海	0.71	江苏	0.81	山东	0.86
1995	广东	0.56	上海	0.70	江苏	0.76	福建	0.81

从表2中可以看出，东部沿海的外贸加工业主要集中在广东、上海、江苏和山东（自2000年以来）这四个省市，进一步佐证了我们前面所提出的观点：中国外贸加工业主要集中在东部地区，在东部地区内部又主要集中于广东、江苏、上海和山东四个省份。另外，广东省几乎占据了中国外贸加工业的"半壁江山"，1990年代比重一度超过50%；其次，四省集中度呈现出先上升后下降的趋势。

2. 区域专业化程度。

区位商是指一个地区某一产业增加值在本地区的比重与全国同一产业在全国的比重之比,它反映了区域产业的专业化水平。一般地,区域产业的专业化直接反映区域比较优势转化为竞争优势程度及产业在全国市场份额的大小,间接反映出其竞争优势。其计算公式为:

$$Q = \frac{N_1/A_1}{N_0/A_0}$$

其中 N_1 为研究区域某部门产值(或从业人员数);A_1 为研究区域所有部门产值(或从业人员数);N_0 为背景区域某部门产值(或从业人员数);A_0 为背景区域所有部门产值(或从业人员数)。通过计算某一区域产业的区位商,可以找出该区域在全国具有一定地位的优势产业,并根据区位商 Q 值的大小来衡量其专门化率。Q 的值越大,则专门化率也越大。

根据中国区域经济发展的实际情况,将香港和澳门两个特别行政区以及台湾地区除外,将本文研究的区域范围界定为:东部板块包括北京、天津、河北、上海、江苏、浙江、福建、山东和广东 9 个省市;东北板块包括黑龙江、吉林、辽宁 3 个省份;中部板块包括山西、安徽、江西、河南、海南、湖南和湖北 7 个省;西部板块包括广西、重庆、四川、贵州、云南、西藏、陕西、甘肃、青海、宁夏、新疆和内蒙古 12 个省区。这里需要特别指出的是,考虑到海南省的加工贸易规模小、加工贸易企业少、成本高、投资环境有待改善、市场经济意识和竞争意识不强等因素,把海南省列为中部省份。具体结果见表 3。

表3 中国东部、中部、西部和东北地区不同年份区位商平均值

地区	1997	2000	2003	2006	2009	2011
东部地区	0.85	0.94	0.87	0.92	0.83	0.71
东北地区	—	—	0.40	0.41	0.38	0.33
中部地区	0.30※	0.30*	0.21*	0.34	0.35	0.38
西部地区	—	—	—	—	—	—

注:"—"表示部分数据缺失,带*表示中部地区 7 省份除了河南以外的平均值,带※表示除了河南和湖北以外的 5 省市的平均值。

整体来看:(1)东部地区的区位商平均值最大,每个年份都大于 0.8,平均值整体呈现出先上升后下降的趋势;(2)东北地区的外贸加工业自 2003 年以后区位商呈现出下降的趋势;(3)中部地区的外贸加工业发展呈现出上升的趋势。

从东部地区 9 省内部来看,根据 2011 年的数据计算,广东、江苏、上海等 3 个省份的区位商远大于 1,说明外贸加工业在这些地区优势比较明显,专业化程度高。山东、福建等省份区位商的值接近 1,说明外贸加工业在这些地方集聚明显。浙江省由于特殊的

省情孕育了发达的民营经济,因此,区位商值只有0.36。

四、中国沿海外贸加工业的去地方化:形式与机理

(一)去地方化的形式

中国沿海外贸加工业的形成大多与全球外包活动有关,受到全球生产网络组织结构的深刻影响。全球生产网络是指产品的生产活动涉及到两个以上国家的企业,这些企业彼此相互联系在一起进而形成的生产网络(Gereffi,1999),包含了价值链的全部环节并相互作用,如研发、产品设计、制造、分配以及服务等(Borrus,1997)。全球价值链的提出者Gereffi和Korzeniewicz(1994)把全球价值链分为生产者驱动型(producer-driven)和购买者驱动型(buyer-driven)两种,准确地反映了治理者和被治理的全球生产联系,因此本文借鉴此动力分类,将我国沿海外贸加工业的去地方化形式分为生产者驱动的去地方化、购买者驱动的去地方化和混合型驱动下的去地方化三种类型。

1. **生产者驱动下的去地方化。**

生产者驱动型的主体通常是在资本及技术方面有其特有优势的全球跨国寡头厂商。为了实现更多的价值创造,获取更多的技术租金及组织租金,跨国公司主要通过外包或是直接投资将价值链中的不同环节转移到不同的区位生产,自身专注于产品的研发、设计和营销等附加值高的环节,并在全球范围内整合资源。我国沿海外贸加工业主要由跨国公司主导,并依托贴牌加工(OEM)方式所建立的大规模生产体系和生产基地,从事组装和零部件加工等价值链上的低附加值工作。

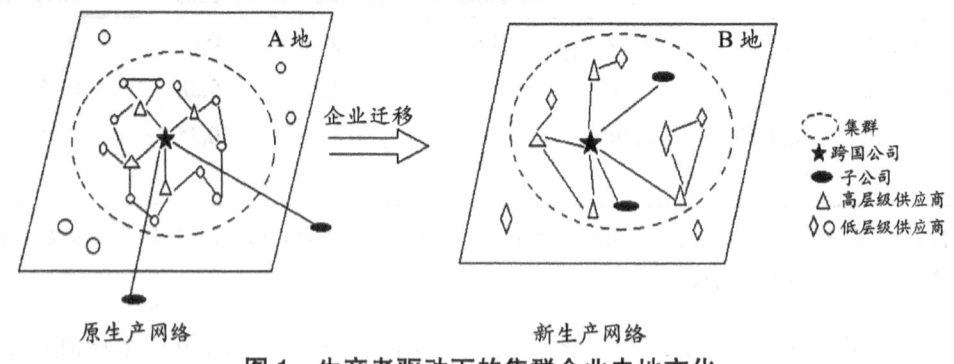

图1 生产者驱动下的集群企业去地方化

在全球生产网络内,网络权力成为集群企业去地方化的内在驱动力。基于网络内权力的不对称性,生产型领导企业在进行跨界生产扩张时,会促使其供应商以及其跨国子公司毗邻其分布(如图1),以领导吸聚式的形式整体转移。跨国公司通常选择建立子公司或与当地资源和能力的拥有者建立正式和非正式的合作关系,将它们纳入自己的

生产体系,构建一个价值创造的共同体,并在网络内进行价值链各环节的专业分工和有机结合,从而使各种资源和能力得到更加有效地利用。受到网络权力的影响,一些权力层级较低的企业以"俘获"的方式被动跟随跨国公司进行转移,产生去地方化现象。

2. 购买者驱动下的去地方化。

购买者(全球贸易商)通过全球采购和贴牌加工(OEM)等生产方式组织跨国商品流通网络,形成强大的市场需求。"购买者驱动"型价值链的领导者是一些大型零售商、品牌商和供应链管理者,他们因为拥有品牌优势和对销售渠道的控制,通过全球采购和贴牌加工等生产方式组织起跨国商品流通网络,形成强大的市场需求。这些大购买商虽然不具有生产能力,但却能凭借对市场需求的垄断,对众多供应商产生强大的吸附力,使其实际具有了强大的生产能力。当原材料及生产成本上升时,全球贸易商将生产活动外包至生产成本更加低廉的地区或是靠近原材料地的目标市场。受到订单和生产成本的压力,低层次供应商不得不向劳动力、土地等低成本地区转移,形成新的生产网络。我国沿海一些外贸加工企业由于原材料和产品销售具有两头在外的特点,形成了对国际厂商订单的强烈依赖。对原材料和劳动力、土地成本具有较高的敏感性。见图2。

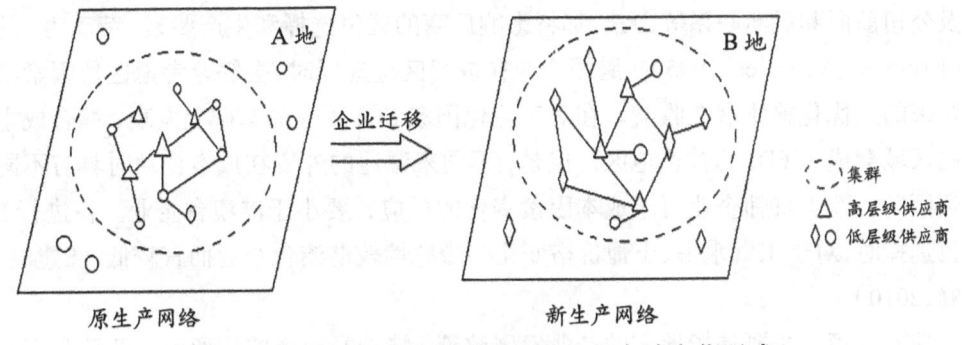

图2 购买者驱动型网络内集群企业去地方化形式

3. 混合型驱动的去地方化。

同一产业部门也可以有两种驱动力同时存在,如在服装行业,GAP是典型的没有工厂的购买者驱动体系,而Levi-Strauss则建立了自己的垂直专业化生产体系。从许多产业的发展情况看,全球价值链动力机制有一种向购买者驱动转化的趋势。两个过去较为典型的生产者驱动型价值链——汽车和计算机产业价值链都出现了逐渐向购买者驱动转变的趋势(蒙丹,2011)。我国沿海外贸加工业中的电子、服装产业在去地方化过程中,往往受到两种驱动力的共同作用,即一方面跟随跨国公司转移,另一方面受海外市场的影响比较大。

(二)去地方化的作用力

在全球化竞争背景下,我国沿海外贸加工集群基于全球网络根植性或非当地联系而生成，从而决定了其区位选择都显著地受制于跨国公司或全球贸易商的战略意图。因此，在决定我国沿海外贸加工业去地方化的过程中，网络权力和地方政策等发挥着去地方化的拉力作用，地方联系成为企业去地方化的粘性，要素成本提升成为企业去地方化的推力。

1. 去地方化拉力

网络权力。网络权力是指在特定的企业网络中，一个企业动员或驱使其他企业实现自身意愿，满足自身利益需求的能力（景秀艳，2009），表现在企业经济行为中对其他关联企业的影响力和控制力。网络权力具体分为强制权、奖赏权、参照权、专家权、法定权五种（张云逸，曾刚，2010）。强制权表现为跨国公司可以对供应商停止供货或更换供应商，奖赏权表现为跨国公司保证供应商或购买或予以回扣，法定权表现为跨国公司被合作者跟随，专家权表现为供应商提供信息和技术支持，参照权表现为跨国公司制定的各种合同和规则。全球领导公司有权在全球决定生产网络中各价值链环节的网络区位，并拉动供应商区位重构。

网络权力的作用力可以用跨国公司生产环节在我国的区位选择走向来反映。新经济地理学理论研究证明，运输成本、市场需求、劳动力资源和成本、制造业中间产品的投入及公司前向和后向联系等因素，都将影响厂商的区位选择和生产要素（劳动力）的流动（Krugman, Venables, 1995）。跨国企业在进行区位选择时，会综合考虑区位因素给企业带来的最优化整体潜在收益。在对工业化国家FDI研究的基础上发现，综合成本最低的区域会成为FDI的首选地区。但是，不同来源地的外资在成本变动时具有不同的投资倾向。欧美日韩企业对于成本因素变化的反应，要小于港澳台企业。在进行FDI区位选择时，对于工资水平、土地价格变化的敏感性较港澳台企业而言较低（汪建成，丘凌峰，2010）。

地方政策。主要是指地方的产业发展政策，特别是地方的招商引资政策和产业转移政策。产业政策已经成为地方经济发展的重要因素，发挥投资的引力或推力作用。

各级政府在政策上都在鼓励产业转移，尤其是产业的区际转移。首先，从国家层面来看，国家西部大开发政策中，鼓励东部地区企业到西部投资，并给予优惠政策。2010年先后出台了《关于进一步做好利用外资工作的若干意见》《关于中西部地区承接产业转移的指导意见》等，为中西部地区承接东部沿海产业转移明确了方向，同时也在政策支持上再度强化。国家新修订了《中西部地区外商投资优势产业目录（2008年修订）》，进一步扩大了中西部地区外商投资的领域和范围。同时，为了促进中西部地区有序承接产业转移，推动建立沿海城市与中西部城市间产业转移对口合作机制，国家在上海、江苏等东部地区建立了产业转移促进中心，而且也开始在中西部地区建立承接产业转移示范基地。国家商务部先后确立了好几批中西部的重点转移城市：第一批为南昌、赣州、郴州、武汉、新乡、焦作、合肥、芜湖、太原等9个城市，第二批是西安等22个城市为第二批加工贸易重点承接地。其次，从中西部省份等欠发达地区来看，中西部各地区政府积极到东部地区引资招商,并在财政、税收、信贷和土地等方面给予诸多优惠,以吸引企业向当地转移。第三,从东部省份的角度来看,东部发达地区政府也鼓励失去优势产业的迁出,积极地实施"腾笼换鸟"政策,改变高投入、高消耗、高排放的粗放型增长方式,换来质量与效益、经济与社会协调的增长方式。

2. 去地方化推力

去地方化推力主要表现为生产要素成本的上升。要素成本主要包括显性的生产要素和隐性的交易成本。显然,显性成本的衡量相较于隐性成本更加地直观和客观,所以可以通过土地和劳动力成本来度量显性生产要素成本在生产经营环境中的变化。

土地成本。以商业营业用房价格来度量土地成本,选取东部两个城市杭州和宁波,西部两个城市重庆和成都,通过四个城市商业营业用房的价格来定性研究近年来土地价格的变化趋势。见表4。可以看出,各城市的土地用地价格都有所上涨,东部地区土地价格高于其他地区。以上海、沈阳、武汉、兰州四个城市为例,2007至2011年,商业营业用房价格增长率依次为1.43%、28%、43%、31%。总体而言,东部不仅增长率明显高于西部城市,而且绝对量也高于西部。

表4 四大地区15个代表城市商业营业用房价格比较(单位:元/平方米)

分区	代表城市	2007年	2008年	2009年	2010年	2011年
东部地区	北京	14956	14965	17148	10142	22425
	上海	6479	6479	6610	15237	15779
	南京	7025	6929	8404	12234	15100
	杭州	8815	8931	8332	10355	13421
东北地区	沈阳	6080	6080	6681	7113	7788
	长春	4357	4347	5227	6073	6500
	哈尔滨	3902	3901	5925	5092	7363
中部地区	南昌	4322	4321	7773	6369	7599
	郑州	6567	6780	8311	8418	10030
	武汉	8121	8148	8099	11161	11576
	长沙	6515	6516	5528	8571	9568
西部地区	成都	6668	6583	6562	8760	9293
	兰州	4848	4856	5498	5177	6345
	乌鲁木齐	3800	4299	5380	6221	6348
	昆明	7062	6811	7203	7960	7826

数据来源:2007—2011年房地产统计年鉴。

劳动力成本。以2011年全国制造业职工的平均工资为例,绘制了表5。可以看出,东部省份中上海市和广东省的平均工资水平高于全国,分别高出4.2%和7.6%,而像西部地区的甘肃省和陕西省的工资水平则远远低于全国的平均工资水平,具有劳动力成本优势。

表5 2011年东部、中部、西部和东北地区的各代表省份制造业平均工资

年份	全国	东部地区		东北地区		中部地区		西部地区	
2011	24138	上海	广东	辽宁	吉林	安徽	江西	陕西	甘肃
		25150	25938	22621	18099	23398	20916	17360	14639

资料来源:2011年中国统计年鉴。

3. 去地方化阻力

产业关联效应。企业一旦与地方产业形成由于生产技术、工艺环节及价值实现之间的产品前后向关联,就会产生粘性。前向关联称为价格指数效应,后向关联称为本地市场效应,二者综合表现为产业前后向关联效应。外贸加工业的后向关联部门通常是原材料、中间产品或零部件等的生产部门和企业,而其前向关联通常是向相关部门提供操作、培训、维修、营销网络和售后服务等。

社会联系效应。社会联系主要是社会资本。社会资本是嵌入和来自于个体或社会单元所拥有的关系网络,并且能够通过这种关系网络提供的实际和潜在资源的总和(Naphapiet, Ghoshal, 1998)。具体表现为处于企业内的个人、组织通过与内部、外部的对象长期交往、合作所形成的一系列认同关系,以及在这些关系背后沉淀下来的历史传统、价值理念、相互信任、共享规范、行为范式和规则体系(常伟,2010)。与经济联系相比,社会资本一个最重要的特性就是个体不可携带性和不可完全复制性,在一定程度上与特定地域特点相关。东莞有些台资企业由于不满意东莞当地的治安和人才局限,迁移到长三角,但是后来又迁移回东莞了。原因是迁移出去后,企业原来嵌入在东莞本地的产业链中的社会关系网络断了,社会资本消失了。因此,从生产网络的角度来说,社会资本在企业去地方化的粘性因素中显得更加重要。

运输成本。运输成本被新经济地理学视为影响工业集聚的最重要的影响因素。运输成本一旦超过了由于生产要素降低带来的好处,则会对地区间贸易形成阻碍,使企业转移无法实现。

4. 几种力的相互作用

我国沿海外贸加工业的地方产业关联弱,因此去地方化阻力主要来源于运输成本和社会联系。拉力和推力之和大于阻力(粘性),就会产业外贸加工企业的去地方化。如图3所示。

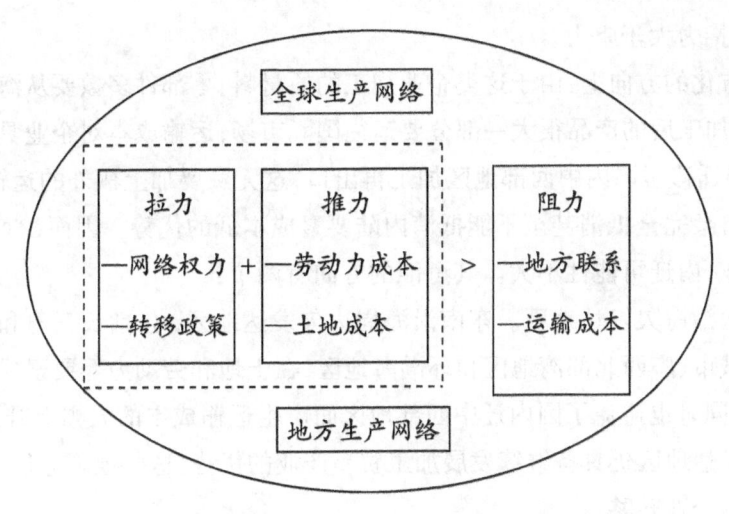

图3 我国沿海外贸加工业去地方化的相互作用力

五、去地方化下的中国外贸加工业的空间格局

(一)生产者驱动的中国沿海外贸加工业去地方化格局

对于生产型驱动的去地方化形式而言,其拉力主要是跨国公司的网络权力,另外还有转入地的政策,其推力来源于生产要素成本的上升,其阻力则来源于地方社会联系效应,并且拉力与推力作用之和大于阻力。

可以用跨国公司的区位取向变化来表示网络权力的方向。2007年以来,中西部地区对外商投资的吸引力加大,外商投资"北上"和"西进"的趋势日益明显。中西部一些重点优势地区近年来实际利用外资的增长速度非常快。根据文献对跨国公司制造功能的分布研究来看,区域性总部和商务功能聚集在一线城市,生产功能布局于省会和一线城市周边地区(贺灿飞,肖晓俊,2011),其布局密度按城市等级呈现梯度递减,表现了跨国公司制造功能的梯度递减。从上海、北京、天津、苏州、广州逐步向无锡、常州、杭州、南京、大连、青岛、东莞、佛山转移,进而向武汉、西安、成都、哈尔滨等地转移,然后向黄石、绵阳、保定、廊坊等更低等级城市扩展。围绕中心城市向中小城市地区蔓延,形成了典型"中心—外围"结构(朱彦刚,贺灿飞,刘作丽,2010)。因此,生产型驱动的外贸加工业其转移的方向是靠近中心城市的次级城市,靠近沿海的中西部地区。

(二)购买者驱动的中国沿海外贸加工业去地方化格局

对于购买型驱动的去地方化形式而言,其推力是生产要素成本如劳动力成本、土地成本的上升和转出地的产业转移政策的吸引,其阻力则来源于运输成本和地方社会联系效应,并且推力大于阻力。

在去地方化的方向上,由于这类企业加工的原材料、零部件多数要从海外运输到生产组装地来,加工后的产品很大一部分要运往国际市场,运输成本对企业具有举足轻重的意义。如果迁移至国内中西部地区加工再出口,这无疑要加上额外的运输成本,高额的运输成本将会完全抵消甚至不能抵消内陆要素成本低的优势。因而,"两头在外"的加工贸易企业,内迁可能性不大。其可能的方向有两个:

一是东南沿海欠发达地区。东南沿海周边欠发达地区,包括长三角和珠三角周边的一些中小城市、广西北部湾地区和环渤海地区,在土地和劳动力等要素成本上仍具有一定的优势,同时也避免了因内迁中西部地区而产生运输成本的大幅上升。因此,东南沿海周边欠发达地区仍具备继续发展加工贸易产业的优势,这些地区应创造条件,积极吸引加工贸易企业转移。

二是海外国家。由于当前最便宜的长距离运输形式仍是水运,而东南亚一些国家,同我国的长三角、珠三角距离世界主要市场——美国、欧洲、日本的海上运输距离相当,并且这些地区的要素价格低于我国东部发达地区,因此,出于降低生产成本和运输成本的考虑,这就成为我国沿海地区加工贸易产业转移方向的可能选择。

(三)中国沿海外贸加工业去地方化的整体格局

从前文分析可以看出,随着内外部发展条件的变化,我国沿海外贸加工业转移的路径主要有三条:一是向东部地区欠发达地区转移,二是向中西部转移,三是向海外转移。如图5所示。外贸加工业的特点决定了其在国内转移形成了特殊的空间格局,即东部欠发达地区成为主要移入地,中部地区及临近沿海的西部地区具有较强的承接优势,省内转移成为重要的形式。

1. 东部欠发达地区成为主要移入地。

东部欠发达地区之所为成为我国沿海外贸加工业的主要迁入地,还在于其综合的区位优势和产业优势。从区位条件来看,这里具有临海优势,交通信息条件好,原材料和运输成本低,科技相对发达;从产业发展来看,由于临近沿海发达地区,产业分工协作条件好,产业链相对完整;从市场条件来看,市场规模效应好,外贸加工业区位商大于1,具有市场集聚外部性。

2. 中部地区和临近沿海的西部地区机遇较多。

相对于东部地区而言,中部地区劳动力资源丰富,劳动力成本低;相对于西部而言,中部地区运输成本低,具有一定的信息和技术优势,因此具有承接转移的综合优势。

临近沿海的西部地区如广西、贵州等地,具有近水楼台之便。其优势主要是运输成本低,产业协作便利,因此只要在政策等方面运用得当,会有相当的机遇。

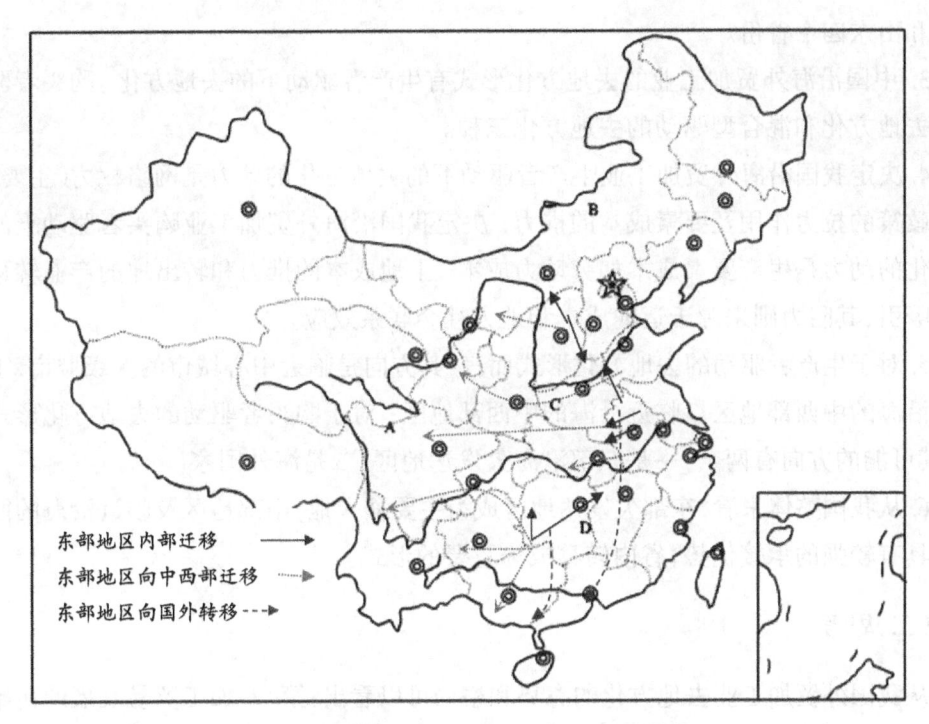

40 从地方化到去地方化：中国沿海外贸加工业空间格局变化

图4 中国沿海外贸加工业转移趋势图

3. 省内转移成为重要形式。

受地方区域政策的影响，我国沿海外贸加工业在省内的转移也很明显。如广东省政府2005年出台《关于山区及东西两翼与珠江三角洲联手推进产业转移的意见（试行）》，鼓励珠三角产业向山区及东西两翼转移；江苏省政府2006年实施"南北共建工业园区"的新策略，在苏北地区省级以上开发区中，划出一定面积土地，由苏南地区开发区负责规划、投资开发、招商引资和经营管理等。这些政策使产业在省内转移成为一种重要的形式。

六、结论与思考

（一）结论

主要结论如下：

1. 中国沿海外贸加工业受到全球生产网络组织结构的深刻影响，在生产网络上表现出"低关联、高外向度"的特点。受到跨国公司或全球贸易商的控制，一些企业开始了"俘获"型转移，出现了"去地方化（delocalization）"现象。

2. 中国外贸加工业主要集中在东部地区，在东部地区内部又主要集中于广东、江苏、上海和山东四个省份。

3. 中国沿海外贸加工业的去地方化形式有生产者驱动下的去地方化、购买者驱动下的去地方化和混合型驱动的去地方化三种。

4. 决定我国沿海外贸加工业生产者驱动下的去地方化的动力是网络权力（主要）和地方政策的拉力作用及要素成本的推力；决定我国沿海外贸加工业购买者驱动下的去地方化的动力是生产要素成本如劳动力成本、土地成本的推力和转出地的产业转移政策的吸引，其阻力则来源于运输成本和地方社会联系效应。

5. 对于生产者驱动的去地方化形式而言，其方向是临近中心城市的次级城市，主要位于沿海的中西部地区。临近沿海的中西部地区；对于购买者驱动的去地方化形式而言，其可能的方向有两个：一是东部沿海欠发达地区，二是海外国家。

6. 从我国整体来看，东部欠发达地区成为主要移入地，中部地区及临近沿海的西部地区具有较强的承接优势，省内转移成为重要的形式。

（二）思考

从我国外贸加工业去地方化的态势和格局可以看出：第一，加工贸易发展的初始条件决定了其在全球生产网络中的地位和作用，也决定了其转移的方向和路径；第二，承接地的区位条件很重要，如运输成本、地理邻近等；第三，梯度转移是规律。以往我国东中西梯度的粗略划分不能准确地刻画我国外贸加工业转移的路径和方向，要从市场规模、地方联系的视角深入划分。同时，由于中国"产权区域"特征的存在，地方政府在制定产业转移政策时，重视省内转移，因此要注意省内梯度的划分。

有三个方面需要思考：一是西部地区对于外贸加工业转移不能太乐观。要加强基础设施建设，特别是物流方面的建设，降低运输成本。要提升产业配套服务能力和水平，形成产业关联效应，吸引跨国公司进驻。要加强对本地企业家的扶持，培育企业发展氛围。二是东部地区要利用契机加强结构调整的步伐，运用战略性思维进行产业转型的全方位调控，从产业转移与转型的阵痛中获得新生。三是在产业转移过程中，构建产业发展的大国战略。我国外贸加工业由于转移的"被俘获型"，无论是向内陆转移，还是向国外转移，仍然处于全球价值链的低端环节，难以摆脱"逐底竞争"的困境。因此，要鼓励我国外贸加工企业利用去地方化和再地方化的契机，脱离全球价值链的权力结构，利用国内市场规模效应，进行产业链重新整合，建立与全球跨国公司权力竞争的国内价值链体系，提升产业全球竞争力。

参考文献

[1] Amdt S, Kierzkowski H. Fragment: New Production Patterns in The World Economy [M]. Oxford: Oxford University Press, 2001.

[2] Borrus M. Left of Dead: Asian production networks and the revival of U.S. Electronics.In the China Circle: Economics and Electronics in The PR, Taiwan, and Hong Kong[M]. Edited by B.Naughton, Washington, D.C.: Brookings Institution Press, 1997.

[3] Gereffi G, Korzeniewicz M. Commodity chains and global capitalism [M]. London: Praeger, 1994.

[4] Gereffi G, Kaplinsky R. The value of value chains: Spreading The Gains from Globalisation [J]. IDS Bulletin, 2001, 32(3).

[5] Gereffi G. International Trade and Industry Upgrading in The Apparel Commodity Chain[J]. Journal of International Economies, 1999, 48(1).

[6] Grabher G. The Weakness of Strong Ties: The Lock-in of Regional Development in The Ruhrarea in Grabher G (ed), The Embedded Firm: On The Socio-Economics of Inter-firm Relations[J]. London, Routledge, 1993.

[7] Grannovetter M. Economic Action and Economic Structure: The Problem of Embeddedness [J]. American Journal of Sociology, 1985, (91).

[8] Henderson J, Dicken P, Hess M, et al. Global Production Networks and The Analysis of Economic Development[J]. Review of International Political Economy, 2002, (3).

[9] Kalantaridis C, Slava S, Sochka K. Globalization Processes in The Clothing Industry of Transcarpathia, Western Ukraine[J]. Regional Studies, 2003, 37(2).

[10] Krugman P.R. and Venables A.J. Globalization and The Inequality of Nations [J]. Quarterly Journal of Economics, 1995, 110(4).

[11] Labrianidis L, Domanski B, Kalantaridis C, et al. The Moving Frontier: The Changing Geography of Production in Labour Intensive Industries[M]. Specific Targeted Research Project, Priority 7. Final Report: Synthesis.2007.

[12] Liu Weidong, Dicken P. Transnational Corporations and "Obligated Embeddedness": Foreign Direct Investment in China's Automobile Industry[J]. Environment and Planning A. 2006, (38).

[13] Lois L. The delocalization of Production in labour Intensive Industries: Instances of Triangular Manufacturing Between Germany, Greece and FYROM [J]. European Planning Stu-

dies, 2004, 12(8).
[14] Lyberaki Delocalization, Triangular Manufacturing, and Windows of Opportunity: Some Lessons from Greek Clothing Producers in A Fast-Changing Global Context [J]. Regional Studies, 2011, 45(2).
[15] Marques, Helena. The "New" Economics Theories[Z]. Working Papers, 2001, 104.
[16] Naphapiet J, Ghoshal S. Social Capital, Intellectual Capital, and The Organizational Advantage [J]. Academy of Management Review, 1998, 23(2).
[17] Pike A, Lagendijk, Vale M. Critical Reflections on "embeddedness" in Economic Geography: The Case of Labour Market Governance and Training in The Automotive Industry in The North-East Region of England in A Giunta, A Lagendijk and A Pike (eds), Restructuring Industry and Territory[J]. The Experience of Europe's Regions, London: The Stationery Office, 2000.
[18] UNIDO. International Subcontracting Versus Delocalization? A survey of The literature and Case-Studies from The SPX Network[R]. UNIDO Report, UNIDO, Geneva. 2003.
[19] 常伟. 社会资本对集群内企业跨地域转移行为的影响研究[D]. 西安：西安理工大学，2010.
[20] 陈耀, 冯超. 贸易成本、本地关联与产业集群迁移[J]. 中国工业经济, 2008, (3).
[21] 邓娜, 侯少夫. 中国加工贸易的发展历程与政策演变[J]. 开放导报, 2012, 165(6).
[22] 贺灿飞, 肖晓俊. 跨国公司功能区位实证研究[J]. 地理学报, 2011, 66(12).
[23] 景秀艳. 网络权力与企业投资空间决策——以台资网络为例[J]. 人文地理, 2009(4).
[24] 李健, 宁越敏. 全球生产网络的浮现及其探讨[J]. 上海经济研究, 2011, (9).
[25] 蒙丹. 全球价值链驱动机制演变趋势及启示[J]. 发展研究, 2011(2).
[26] 王缉慈. 让低端产业集群"飞"[J]. 北大商业评论, 2011, (4).
[27] 王缉慈等. 超越集群——中国产业集群的理论探索[M]. 科学出版社, 2010.
[28] 汪建成, 丘凌峰. 成本变动与跨国公司在华区位选择倾向[J]. 国际经贸探索, 2010, 26(10).
[29] 张云逸, 曾刚. 技术权力影响下的产业集群演化研究——以上海汽车产业集群为例[J]. 人文地理, 2010, (2).
[30] 朱华友, 王缉慈. 去地方化与区域发展：欧美实证与中国启示[J]. 经济地理, 2013, 33(2).
[31] 朱彦刚, 贺灿飞, 刘作丽. 跨国公司的功能区位选择与城市功能专业化研究[J]. 中国软科学, 2010, (11).

41

资源环境约束、认知行为偏差与产业集群发展困境

——基于江苏特色产业集群的实证分析

朱英明

（南京理工大学经济管理学院）

摘　要：本文在新古典经济学和行为经济学框架下，对资源环境约束与认知行为偏差对产业集群发展困境的影响机制进行分析；利用结构方程模型（SEM），对资源环境约束与认知行为偏差对产业集群发展困境的影响程度进行实证研究。研究表明：（1）与资源环境约束相比（总效果为0.410），企业自身存在的认知行为偏差（总效果为1.235）是导致产业集群发展困境更为重要的原因。与企业自身存在的认知偏差（总效果为0.406）相比，企业自身存在的行为偏差（总效果为0.829）是引致产业集群发展困境的更为重要的因素。（2）在认知偏差对产业集群发展困境的影响机制中，资源环境约束是一个重要的中介变量（直接效果0.190＜间接效果0.216），这一中介变量对产业集群发展困境的影响不容忽视。在行为偏差对产业集群发展困境的影响机制中，资源环境约束不是一个重要的中介变量（直接效果0.753＞间接效果0.076），这一中介变量对产业集群发展困境的影响可以忽视。（3）在所有观察变量对潜在变量的解释中，羊群行为对行为偏差的影响最大（载荷系数为0.920），影响程度依次降低的顺序是：确认偏差对认知偏差的影响（载荷系数为0.89）、土地资源约束对资源环境约束的影响（载荷系数为0.823）、创新困境对集群困境的影响（载荷系数为0.780）、水资源约束对资源环境约束的影响（载荷系数为0.747）。在此基础上，本文提出破解区域产业集群发展困境的优先方向、路径选择和关键对策。

关键词：资源环境约束；认知偏差；行为偏差；产业集群发展困境

[基金项目]：本文得到国家社会科学基金重点项目"我国创新驱动发展的路径选择、突破方向与政策研究：创新集群的视角（11AZD003）"、国家自然科学基金项目"资源环境约束、认知行为偏差和区域产业集聚困境研究（71073080）"、工信部工业和信息化政策研究软课题"全球价值链下区域产业升级的路径选择与政策研究"（工信厅政[2010]46号）以及南京理工大学自主科研专项计划项目（AE89131、AE89132、AE89112）的资助。

一、引言

在产业集群过程中,各地区在获取各种形式的集聚经济的同时,也产生了各种形式的集聚不经济,由此导致某一产业及其相关支撑产业或不同类型的产业在特定地域范围地理集中过程中净集聚经济利益的非最大化,从而影响地区产业集群的可持续发展能力。一旦这种集聚不经济占据强势,地区产业集群便由此不可避免地陷入较为困难的发展处境之中,区域产业集群发展困境问题由此产生(朱英明,2011)。综观我国各地区的产业集群现象,我们会发现不同类型的产业集群发展困境,例如逐底竞争和集群转移困境(王缉慈,张晔,2008)、产业集群边缘化困境(吴月越,2007)、产业集群创新困境(朱明礼等,2006;田中伟,2006)、产业集群技术创新困境(胡大立,张伟,2007;魏剑锋,2008)、产业集群升级困境(刘东,张杰,2006;张杰,刘志彪,2007;陈捷,2008)、产业集群的无序性困境(王缉慈,张晔,2008;朱英明,2011)、产业集群的掠夺性困境(冯薇,2006;朱英明,2011)、产业集群的盲目性困境(朱英明,2011)等等。尽管产业集群发展困境的表现形式不同,但是其共同特征在于阻碍了产业集群的可持续发展。

传统的产业集群理论认为,区域资源环境的承载能力决定了产业集群的发展规模,区域资源环境状况对产业集群发展产生重要影响,资源环境约束是区域产业集群发展困境的主因。但是,企业集群区位决策过程存在的各种认知偏差,企业空间集群过程中的行为偏差是否也是产业集群发展困境产生的重要因素?企业的认知偏差和行为偏差是否通过资源环境约束的中介效应,导致产业集群发展困境愈陷愈深?为此,本文在新古典经济学和和行为经济学框架下,对产业集群发展困境问题进行深入研究。本文的结构安排如下:第二部分是国内外产业集群发展困境研究的文献综述,第三部对资源环境约束与认知行为偏差对产业集群发展困境的影响机制进行分析,第四部分是实证结果与分析,第五部分是全文的结论和对策建议。

二、国内外产业集群发展困境研究:文献综述

自1990年代末期以来,对产业集群发展困境的研究主要集中在以下五个方面[①](见表1):第一,产业集群环境损害困境研究。在产业集群发展过程中,存在两种类型的外部性,即环境负外部性(集聚不经济)和集聚正外部性(集聚经济)。环境负外部性要求限制区域经济活动,而集聚经济的利用则要求促进区域经济活动,区域发展过程中必须

---

① 本部分借鉴了朱英明等的研究成果:朱英明等.产业集聚困境研究:回顾与展望[J].经济评论,2011,2.

41 资源环境约束、认知行为偏差与产业集群发展困境
——基于江苏特色产业集群的实证分析

在这两种外部性间作出权衡。因此，研究这两种外部性间的相互作用及其对区域发展的影响，是产业集群发展困境研究的重要内容之一。相关研究包括：Grazi 等（2007）、Verhoef 和 Nijkamp（2002）、Hosoe 和 Naito（2006）、Bowen 等（2009）。

第二，产业集群区域不公平困境研究。由于产业集群所带来的各种经济利益，所以那些产业集群条件好、集聚规模大、集聚水平高的地区容易出现产业过度集群的现象，相反，那些产业集群条件差、集聚规模小、集聚水平低的地区则会出现产业集群不足的现象。产业集群的区域不均衡现象的加剧引发了区域间发展差距扩大以及区域间发展的不公平。为此，有些学者以区域公平为研究对象对产业集群区域不公平的困境进行了探讨。相关研究成果包括：Behrens 和 Thisse（2006）、江曼琦（2006）、Suedekum（2006）、Dupont（2007）、吴颖和蒲勇健（2008）、杜瑜和樊杰（2008）。

第三，产业集群社会不公平困境研究。在产业集群形成机制研究领域，大多数研究不考虑企业或工业迁移对居住在新地区的经济主体带来的利益或损失，也不考虑对留下来的那些经济主体带来的利益或损失。因此，大多数相关研究并不考虑产业集群的社会愿望问题，相关研究中是否有太多或太少的集聚仍是不清楚的（Charlot et al.，2006）。换言之，相关研究中产业集群是否是社会公平的产业集群仍是亟待研究的问题。为此，有些学者对产业集群的社会不公平困境进行了探讨。相关研究成果包括：Ottaviano 和 Thisse（2002）、Charlot 等（2006）、Pflüger 和 Südekum（2008）。

第四，集群租金征收困境研究。在区域经济一体化过程中出现两个相关的问题，一个是各国（各地区）财政自主权的削弱，另一个是经济活动的空间集群。前者是税收竞争文献关注的焦点，后者则是 NEG 文献关注的焦点。伴随着区域一体化进程的发展，与区域产业集群有关的税收问题成为国际学术界努力探讨的重要问题之一（Ludema & Wooton，2000）。由于 EU 的东扩，与产业集群有关的税收问题再次成为国际学术界研究的热点（Coulibaly，2008）。相关研究主要回答的问题是，基于产业集群的"集群租金"存在并可以被征税吗？产业集群的租金征收困境成为有些学者研究的重要课题。相关研究成果包括：Kind（1998）、Andersson 和 Forslid（2003）、Coulibaly（2008）、Baldwin 和 Krugman（2004）、Borck 和 Pfl-üger（2006）。

第五，破解产业集群困境的对策研究。针对区域发展过程中出现的不同产业集群发展困境，国内外学者试图提出破解产业集群发展困境的对策措施，以便促进产业集群的可持续发展。相关研究成果包括：陈佳贵和王钦（2005）、刘树成（2005）、Combes 等（2005）、连远强（2006）。

表1 产业集群发展困境相关研究成果

研究内容	作者及年代	研究框架或理论依据	研究对象或结论
（1）产业集群环境损害困境研究	Grazi等（2007）	构建包括集聚效应、环境负外部性、区域间贸易和各种土地利用类型的两区域空间经济模型	只有当环境负外部性大大超过经济福利的其他部分即集聚和贸易效应时，生态足迹（EF）方法与以社会福利最大化为目标的方法一致。
	Verhoef和Nijkamp（2002）	构建包括环境负外部性和集聚外部性的单中心城市一般空间均衡模型	追求环境目标有时可能以降低集聚经济作为代价，但是有时也可能促进这些集聚经济。
	Hosoe和Naito（2006）	环境因素引入到新经济地理学（NEG）模型中	人口的均衡分布取决于环境资本损害的模式，在跨边界污染存在的情况下，某些均衡的分布模式是可能的，并有多重均衡。
	Bowen等（2009）	将产业集群纳入环境公平分析框架中	产业集群是新泽西州具有空气污染许可证的工业设施区位的重要决定因素，从环境公平研究中删除它们将导致严重误导性的经验结果和结论。
（2）产业集群区域不公平困境研究	Behrens和Thisse（2006）	构建具有流动资本的两国贸易模型	在固定组织成本对称性情况下，市场在哪里导致过度集聚，规划者就在哪里选择非对称的组织成本（经济一体化解释为公司固定组织成本），甚至更多的集群。
	江曼琦（2006）	城市精明增长理论	过度聚集或聚集的密度不够都会带来许多城市问题，城市问题源于城市发展过程中的过度集聚和集聚密度不够，前者造成交通拥挤等问题，后者引起城市蔓延问题。
	Suedekum（2006）	将不可贸易的家庭物品作为第三个部门纳入到NEG模型中	核心—边缘（C-P）结构能够内生地出现，在该结构中核心地区是更昂贵的区域。假如区域产业集群过程中生活成本上升，那么核心地区没有获得名义工资溢价的不可流动的工人会经历实际工资的降低，因为核心地区有更高的生活成本指数。
	Dupont（2007）	内生增长模型	地区间思想交易（Trade in Ideas）成本的降低，即学习溢出效应的全球化，对增长和不平等有类似货物贸易成本降低那样有益的结果，尽管它并不产生集群。

41 资源环境约束、认知行为偏差与产业集群发展困境
——基于江苏特色产业集群的实证分析

续表

研究内容	作者及年代	研究框架或理论依据	研究对象或结论
	吴颖和蒲勇健（2008）	NEG模型	在最优产业集群阈值范围内，区域系统内的适度集群会带来总体福利水平的增加；大于适度集群阈值，则过度集聚的负外部性会对区域系统福利带来损失。
	杜瑜和樊杰（2008）	都市区空间结构理论	将产业集群导致都市区空间功能市场失灵的原因归结为：资源的公共物品属性导致产业集散的低效与无序，环境的公共物品属性导致产业过度集群，一些公益性基本公共服务业由于自身具有规模报酬递增特性容易导致空间过度集群。
(3)产业集群社会不公平困境研究	Ottaviano和Thisse（2002）	修改后的Krugman的C-P模型	当运输成本高或低时，市场导致经济活动的分散或集群，市场结果是社会所向往的。然而，对于运输成本的中间值来说，市场导致经济活动的过多集群，而经济活动的分散是社会需要的。
	Charlot等（2006）	Krugman的C-P模型	区域间迁移战略是防止经济一体化引致的产业集群损害边缘地区利益的重要战略；当区域间迁移战略没有实施时，存在效率和公平间的权衡。
	Pflüger和Südekum（2008）	简单的NEG模型	市场均衡的特征在于低水平自由贸易的过度集群和高水平自由贸易的集群不足。以集群的市场趋势与社会需要的数量差表示的"金钱外部性净值"，是市场失灵的基本原因。
(4)集群租金征收困境研究	Kind（1998）	NEG模型	在产业集群存在的情况下，即使资本在国际间完全流动，开放型经济中资本征税文献中零来源税不再是最优政策。通过正来源税，政府能够利用集群力产生的区位惯性。作为产业集群地的国家或地区，通过征收资本收入的来源税，能够增加一国的福利。
	Andersson和Forslid（2003）	构建包括对流动和不流动劳动力征收比例税，税收用于生产公共物品的模型	由于对流动劳动力征税的增加，流动要素分散的对称均衡是不稳定的。甚至对流动要素完全协调的税收增加，也使得对称均衡不稳定。征税的范围取决于生产是集群还是分散。当流动要素集中时，集群力引起的惯性使得税收没有变为最低，因而产生可征税的租金。

465

续表

研究内容	作者及年代	研究框架或理论依据	研究对象或结论
	Coulibaly（2008）	构建税收差异与集群租金间关系的NEG模型	因为需求和供给联系，生产一旦集群在一个地区，生产往往粘滞在那里。核心地区流动要素产生集群租金，集群力将流动要素转变为半固定的流动要素，因此，这种集群租金能够被地方政府征税。
	Baldwin和Krugman（2004）	构建包括税收的NEG模型	由于产业集群所产生的集群租金，更加紧密的一体化将导致"竞争到顶"，而不是基本税收竞争模型（BTCM）中的"竞争到底"。
	Borck和Pflüger（2006）	NEG模型	与产业对称性分配的稳定均衡和产业完全集群在一个区域的稳定均衡的结果不同，当只有部分集群和流动要素没有获得集群租金时，税收差异作为税收博弈的一种均衡出现，集群力的存在也表明没有必要采用税收协调政策。
（5）破解产业集群困境的对策研究	陈佳贵和王钦（2005）	路径依赖理论	中国产业集群的主要竞争优势还是低成本，处于集群发展的低端道路，存在支撑区域产业集群的竞争优势缺口，按照如何规避和摆脱锁定状态的思路提供了相关政策建议。
	刘树成（2005）	集聚效益倒U型理论	任何集群都是有一定限度的，特别是在人们对环境质量的要求日益提高的今天，集群的程度更应引起人们的重视，以防止由于过分集群引发过多的环境问题。
	Combes等（2005）	NEG模型	他们考虑不完全劳动力流动、地方（土地）供应规制以及劳动力参与决策等空间政策含义，表明地方劳动力的集群供应是区域应对冲击调整的基本决定因素。
	连远强（2006）	羊群行为理论	建议政府部门高度重视产业集群过程中产生的羊群行为，正确认识并有效利用羊群行为及其效应，培养"领头羊"，吸引"群羊"，营造一个良好的产业集群环境，同时要以循环经济模式和协调发展的理念来打造一种产业和谐集群地。

41 资源环境约束、认知行为偏差与产业集群发展困境
——基于江苏特色产业集群的实证分析

综上所述,国内外有关学者在产业集群的环境损害困境、区域不公平困境、社会不公平困境、集聚租金征收困境以及破解产业集群发展困境的对策等相关内容分别进行了探索性研究。但是已有研究缺乏对认知行为偏差与资源环境约束在产业集群发展困境中所起作用的比较系统和深入的研究,有关认知行为偏差与资源环境约束对产业集群发展困境的影响研究的理论探讨刚刚起步,还没有形成较为完整的理论分析框架,更多研究往往停留在认识论的层次,关于方法论与实证方面的研究较少,也缺少先进的技术手段方面的研究。已有研究的不足之处具体表现在以下四个方面:第一,现有的产业集群发展困境研究大多是在新经济地理学框架下进行的,其他学科或理论研究框架下的产业集群发展困境研究需要得到加强,以便丰富产业集群发展困境研究成果。第二,有关资源环境约束对产业集群发展困境的影响研究的定性描述居多,理论与实证研究偏少。第三,有关认知行为偏差对产业集群发展困境的作用机理的探讨还是一个空白,亟待借鉴相关学科尤其是行为经济学的研究成果进行跨学科联合研究。第四,同时考虑资源环境约束与认知行为偏差方面对产业集群发展困境影响的实证研究刚刚起步,具有很大的研究潜力。为此,本文着重对认知行为偏差与资源环境约束对产业集群发展困境的影响进行深入研究,试图弥补已有研究存在的缺陷。

三、资源环境约束与认知行为偏差对产业集群发展困境的影响机制分析

(一)资源环境约束对产业集群发展困境的影响机制分析

大量相同或不同产业的企业在特定区位的空间集群,在促进区域经济增长的同时,必然扩大对自然资源的需求,加大自然资源消耗数量。与此同时,产业空间集群现象也导致区域污染物排放总量增加,加剧环境损害程度。自然资源与生态环境是产业集群形成过程的基础因素和基本条件。由于区域自然资源数量有限,生态环境承载力有度,所以从产业集群可持续发展的角度看,加大自然资源消耗和加剧环境损害的粗放式产业集群模式是不可持续的,这种粗放式产业集群模式必然导致产业集群发展困境。作为世界上最大的发展中国家,在快速工业化和城市化背景下,我国产业集群的资源消耗和环境损害问题更加凸显,资源环境约束已经成为产业集群发展困境最重要的影响因素之一。为此,本文基于新古典经济增长理论,分析资源环境约束对产业集群发展困境的影响机制。

Romer(2001)基于新古典经济学理论,提出了一个资源约束下的经济增长模型,在该模型中,他考虑到资源和土地对经济增长的限制,生产函数为:

$$Y(t) = K(t)^{\alpha}R(t)^{\beta}T(t)^{\phi}[A(t)L(t)]^{1-\alpha-\beta-\phi} \quad \alpha>0, \beta>0, \gamma>0, \alpha+\beta+\phi<1 \quad (1)$$

其中 Y、K、L、A 分别表示产出、资本、劳动和知识（或劳动的有效性），R 表示生产中可利用的资源，T 表示土地数量，α 是资本生产弹性，β 是资源生产弹性，ϕ 是土地生产弹性，A 与 L 以乘积的形式引入，AL 表示有效劳动。资本、劳动与劳动有效性的动态性等同于经典的索洛模型，即 $\dot{K}(t) = sY(t) - \delta K(t), \dot{L}(t) = nL(t), \dot{A}(t) = gA(t)$。$s$ 为储蓄率，δ 为资本的折旧率，n 和 g 分别为劳动和技术进步的增长率。

在借鉴 Romer（2001）关于资源约束经济增长模型的基础上，首先，本文增加产业集群生产过程中资源消耗所产生的污染物，将其视为产业集群生产中资源消耗产生的副产品，对产业集群的产出产生负效应。其次，本文放宽原模型中经济规模报酬不变的假设，因为在产业集群生产过程中的规模报酬不变的假设将导致要素实际贡献额的估计有偏。最后，假设产业集群中 $0<\alpha<1$，则公式（1）变为：

$$Y(t) = K(t)^{\alpha}R(t)^{\beta}P(t)^{-\varepsilon}[A(t)L(t)]^{\gamma} \quad (2)$$

其中 γ 为有效劳动的生产弹性，P 为产业集群资源消耗所产生的污染物的数量，$\varepsilon>0$，$-\varepsilon$ 为污染物的生产弹性，负号表示对产出具有负效应。并假设污染物流量方程为（吴桥生和程金华，2009；刘耀彬和杨新梅，2011）：

$$P(t) = \mu R(t)^{\lambda}, \mu, \lambda > 0 \quad (3)$$

其中 λ 是资源消耗对环境污染的产出弹性系数。将（3）式代入（2）式，得到：

$$Y(t) = \mu^{\lambda}K(t)^{\alpha}R(t)^{\beta-\varepsilon\lambda}[A(t)L(t)]^{\gamma} \quad (4)$$

假设产业集群生产过程中资源对总产出的贡献要大于其生产过程中增加污染物产生的负面影响，即：

$$\beta > \varepsilon\lambda \quad (5)$$

考虑到我国产业集群发展过程中，稀缺程度最高、依存程度最高和使用程度最为普遍的自然资源当属水资源与土地资源，因而本文中的资源投入主要是指水土资源投入。作为临界性资源的水土资源，随着产业集群的不断发展，对水土资源的需求也在迅速增长。虽然中国水土资源总量比较丰富，但水土资源的地区分布不均衡，地区水土资源的实际供给量较低，地区水土资源人均占有量更低（朱英明等，2012）。因而，在产业集群发展过程中，水土资源的增长率必然是下降的。为此，本文假设：

$$\dot{R}(t) = -rR(t), r > 0 \quad (6)$$

根据（3）式和（6）式得到产业集群生产过程中资源消耗所产生的污染物排放的增长率方程：

$$\dot{P}(t) = -r\lambda P(t) \quad (7)$$

对（4）式两边取对数，可以得到：

$$\ln Y(t) = \lambda\ln\mu + \alpha\ln K(t) + (\beta-\varepsilon\lambda)R(t) + \gamma[\ln A(t) + \ln L(t)] \quad (8)$$

41 资源环境约束、认知行为偏差与产业集群发展困境
——基于江苏特色产业集群的实证分析

对等式(8)两边对时间求导,可以得到各变量的增长率关系:

$$g_Y(t) = \alpha g_K(t) + (\beta-\varepsilon\lambda)g_R(t) + \gamma[g_A(t) + g_L(t)] \quad (9)$$

(9)式中 $g_X(t)$ 表示 X 的增长率。考虑到 A、L 和 R 的增长率分别为 g、n 和 $-r$,则(9)式变为:

$$g_Y(t) = \alpha g_K(t) - (\beta-\varepsilon\lambda)r + \gamma(g + n) \quad (10)$$

在平衡增长路径上, $g_Y(t)$ 与 $g_K(t)$ 相等,则:

$$g_Y^{bgp} = \frac{\gamma(g + n) - (\beta-\varepsilon\lambda)r}{1-\alpha} \quad (11)$$

产业集群中单位劳动力平均产出增长率为:

$$g_{Y/L}^{bgp} = g_Y^{bgp} - g_L^{bgp} = \frac{\gamma(g + n) - (\beta-\varepsilon\lambda)r}{1-\alpha} - n = \frac{\gamma(g + n) - (\beta-\varepsilon\lambda)r - n + n\alpha}{1-\alpha} \quad (12)$$

(12)式表明,对于单位劳动力平均产出的增长率来说,在平衡增长路径上,技术进步仍将是提高产业集群经济增长率的重要因素,其对人均产出增长率的贡献为 $\frac{g\gamma}{1-\alpha}$,理论上有可能在保证资源环境可持续利用条件下,实现产业集群的可持续增长,从而缓解产业集群发展困境。在这种情况下,劳动力的作用就变得比较复杂了,其对人均产出增长率的贡献为 $\frac{(\gamma+\alpha-1)n}{1-\alpha}$,可能为正也可能为负。在平衡增长路径上,产业集群单位劳动力平均产出的增长率或者为正,或者为负,其为负的经济含义是,资源环境约束会引起产业集群单位劳动力平均产出最终下降,产业集群发展困境由此产生。

在单位劳动力平均可利用的资源数量不变情况下(由(3)式可知,单位劳动力平均可利用的资源数量污染物数量也不变),资源的增长率不再是 $-r$ 而是 n(资源利用产生的污染物的增长率不再是 $-r\lambda$ 而是 $n\lambda$)。在这种情况下,不存在资源环境约束,这正是产业集群可持续发展所要求的。由(12)式可以得到资源环境不受约束下产业集群平衡增长路径上单位劳动力平均产出的增长率为:

$$\hat{g}_{Y/L}^{bgp} = \frac{\gamma(g + n) + (\beta-\varepsilon\lambda)n - n + n\alpha}{1-\alpha} \quad (13)$$

正是由于资源环境约束,才使得产业集群产生了不可持续的发展困境。对于这种发展困境,我们可以利用资源环境不受约束与受到约束情况下产业集群平衡增长路径上单位劳动力平均产出的增长率之差,即所谓的"增长尾效"(Romer,2001;沈坤荣、李影,2010;谢淑玲等,2005)来表征。因此,资源环境约束下的产业集群发展困境为:

$$Cluster_{dilemma} = \hat{g}_{Y/L}^{bgp} - g_{Y/L}^{bgp} = \frac{(\beta-\varepsilon\lambda)(r + n)}{1-\alpha} \quad (14)$$

由(14)式可知,资源环境约束下产业集群发展困境随着资源的生产弹性 β、资源投入增长率的绝对值 r、劳动力增长率 n、资本的生产弹性 α 的增加而递增,随着污染物的生产弹性绝对值 ε 与资源消耗对环境污染的产出弹性系数 λ 的乘积的增加而递减。

由(5)式可知, $\beta > \varepsilon\lambda$,因而 $(\beta-\varepsilon\lambda) > 0$ 。由(6)式和(7)式可知,资源约束投入增长率

与资源消耗所产生的污染物增长率间存在着正向关系。所以在(14)中,在其他参数值给定的情况下,产业集群资源投入增长率越低即r值越大(产业集群资源消耗所产生的污染物排放量增长率也越低即rλ越大),资源约束加强(环境约束减弱)对产业集群经济增长的阻碍就越大,产业集群发展困境就越大。除了产业集群内部的资源消耗引致的环境约束外,如果产业集群遭受外部环境冲击时(例如太湖流域蓝藻事件的冲击),环境约束将得到强化,那么资源约束加强与环境约束加强双重叠加作用的结果将引致产业集群更大的发展困境。

由(14)式得到:

$$\frac{\partial(Cluster_{dilemma})}{\partial \beta} = \frac{r+n}{1-\alpha} > 0 \tag{15}$$

$$\frac{\partial(Cluster_{dilemma})}{\partial(-\varepsilon)} = \frac{\lambda(r+n)}{1-\alpha} > 0 \tag{16}$$

从(15)式可以看出,资源的生产弹性越大,产业集群发展困境就越大。β的大小体现出产业集群生产中资源尤其是水土资源的重要性,这是产业集群发展过程中资源稀缺的结果。在产业集群发展过程中,通过进一步发挥知识或有效劳动的优势(溢出效应),相对提高γ的生产弹性,从而降低资源的生产弹性,有利于降低产业集群发展困境。(16)式表明,产业集群资源消耗所产生的污染物的生产负效应越明显,产业集群发展困境就越大。这一结果也表明,通过对产业集群的自然资本进行投资,进而培育自然资本,可以降低资源消耗所产生的污染物的生产弹性,从而降低产业集群发展困境[②]。由此得到命题H1:

H1:资源环境约束将导致产业集群发展困境,资源环境约束对产业集群发展困境具有正向影响。

(二)认知行为偏差对产业集群发展困境的影响机制分析

上述从宏观层面分析了资源环境约束对区域产业集群发展困境形成的作用机制,在上述分析中,实际上隐含着一个重要的假设条件,即在产业集群发展过程中,企业区位选择的认知行为是完全理性的,也就是说,不同的企业拥有相同的知识和完备的信息集,企业区位选择的认知行为是无差异的。但是,通过对我国产业集群的考察发现,企

---

② 最早提出自然资本的概念的是Pearce(1988),他认为,如果自然环境被当作一种自然资产存量服务于经济函数,可持续发展政策目标就可能具有可操作性。自然资本是指一国现存自然资源和环境的经济价值。和其他资本一样,自然资本也能提供商品和服务,其存量通过可再生资源的自然增长和人类的投资活动而增加(刘伟和魏杰,2005)。自然资本构成了人类经济活动的基础,自然与资本没有清晰的界线,所谓"自然资本培育"既不是纯粹的自然生产,也不是独立的人类生产。自然资本的含义显示了自然和资本联系的多元属性,表达了自然过程的经济学视角(成金华,2005)。相对于非产业集群地区而言,产业集群地区由于大量企业在特定区位的空间集聚导致其面临更大的资源环境约束,因此,投资于自然资本和自然资本培育,能够促进产业集群的可持续发展,减轻产业集群发展困境。

41 资源环境约束、认知行为偏差与产业集群发展困境
——基于江苏特色产业集群的实证分析

业的区位选择认知行为表现与上述理论假设有着极大的差异,企业在集群区位决策过程中存在各种认知偏差,企业的认知偏差会导致企业集群区位选择上出现各种行为偏差。这种非理性的认知行为偏差之所以会发生,在很大程度上是由于企业决策者的主观期望值会随着内外部环境的变化而变化,在决策过程中决策者会不断降低自己的期望值,但始终存在着让期望值最大化的努力倾向。企业为实现期望值最大化的认知行为努力,反映其追求期望值最大化的实际心理和行为过程,这一过程可以界定为"认知行为最大化"[3]。对于这种认知行为偏差,支配这种认知行为的内在原因,是为了通过这种认知行为获得比理性认知行为更高的效用值。换言之,非理性的认知行为偏差是行为主体的一种支出,体现为资源的不合理利用或交易成本的增加,这种支出的目的和消费商品一样,是为了获得效用。从这种意义上来说,如同资源环境约束那样,企业的认知行为偏差也能改变资源环境约束状况,对产业集群发展困境产生重要影响。当然,其影响不仅仅局限于此。为此,本文借鉴行为经济学的有关研究成果,从微观层面进一步考察企业的认知偏差与行为偏差对产业集群发展困境的影响机制。

1. 认知偏差对产业集群发展困境的影响机制

企业的认知偏差是企业认识和处理各种信息过程中产生的集群行为与客观实际不一致的认知心理现象。企业在"感知信息→处理信息→产生决策→采取行动"的整个集群认知链条中,存在各种类型的认知偏差。企业的认知偏差是产业集群发展过程中企业普遍存在的认知心理现象,具有客观存在性。为此,本文就我国企业在集群区位决策过程中普遍存在的确认偏差、框定偏差和时间偏好偏差等三类认知偏差及其对产业集群发展困境的影响机制做简要分析。

企业的确认偏差是指企业在集群区位决策过程中一旦形成一个信念较强的假设或设想,就会有意识地寻找有利于证实自身信念的各种证据,不再关注那些否定该设想的证据,并人为地扭曲新的信息。由于确认偏差的存在,当企业空间集群形成一种"集群企业获得超常规发展并获得更多的利益"的信念时,企业往往对有利于产业集群发展的信息或证据特别敏感与接受,能够成为产业集群成员的要求非常强烈,其结果是大量企业进入集群中,加剧产业集群的资源环境约束;相反,当产业集群开始出现各种发展问题时,企业又往往只看到不利于产业集群发展的信息或外部冲击,尽快迁移出产业集群的愿望非常强烈,其结果可能是大量企业退出产业集群,产业集群发展的资源环境约束暂时得到减轻。这时,地方政府有可能出台支持产业集群发展的资源环境政策,大量企业再次迁入集群中,产业集群发展的资源环境约束再次得到加强。企业的确认偏差有可能造成产业集群资源环境约束的周期性变化,不仅通过加剧资源约束间接引致产业

---

[3]何大安(2006)在其《选择行为的理性与非理性融合》中,提出了"决策行为转化和行为最大化"的观点,他用这种观点来解释金融市场中的投资行为。在本文中,作者借鉴他的观点,但作者不是应用于金融市场而是产业集群中。

集群发展困境,而且通过破坏产业集群发展的社会资本、企业家精神和区域文化等非正式制度安排直接引致产业集群发展困境。

当企业通过不是透明的框定来看待产业集群发展问题时,它的判断与决策在很大程度上取决于产业集群发展问题所表现出来的特殊框定,这就是企业的框定依赖。由企业的框定依赖导致的认知与判断的偏差即为企业的框定偏差。这类偏差表明,企业对于产业集群发展的判断与决策依赖于所面临的决策问题的形式,而不是决策问题的本质,从而导致企业做出不同的发展决策。例如,在我国资源驱动型产业集群中,较多企业最初入驻产业集群时,更多地考虑先行企业集群过程中得到的集聚经济利益,并未考虑空间集群过程中可能出现的集聚不经济(负外部性)问题,进而片面地认为入驻产业集群对企业是百利无一害的,由此导致大量企业入驻产业集群,其结果是不仅通过加剧资源约束间接引致产业集群发展困境,而且可能直接引致集群企业间的无序竞争困境。

在我国产业集群发展过程中,部分企业的集群整体利益意识淡薄,往往倾向于推迟执行那些需要立即投入但报酬滞后的集群发展行动方案,而马上执行那些能立即带来报酬但投入滞后的集群发展行动方案。如果集群企业需要在近期与远期之间做出集群发展的行动方案选择,即使知道拖到远期去做比近期做需要付出更多的努力,企业可能仍然以企业利益高于集群利益的态度要将此行动方案拖到远期,这就是企业的时间偏好偏差。例如,在我国的自发成长型产业集群中,由于产业结构老化、产品过时、技术落后、体制陈旧等原因,产业集群也存在老化、衰退甚至灭亡的风险。尽管产业集群所在地区的地方政府对于集群转型升级给予了较大力度的政策支持,但是由于集群企业存在的时间偏好偏差,致使集群企业转型升级步伐缓慢,成效甚微,这在一定程度上导致了产业集群升级困境和技术创新困境。

2. 行为偏差对产业集群发展困境的影响机制

企业的认知活动产生于外部刺激和内部心理需求,是企业空间集群行为的基础与导向。在产业集群发展过程中,企业在集群区位决策过程存在的各种认知偏差,会导致企业集群区位选择和决策上出现各种行为偏差。为此,本文就我国企业在空间集群过程中较为普遍的羊群行为、政策依赖性偏差和噪音集群偏差等三类行为偏差及其对产业集群发展困境的影响机制做出如下分析。

在区域产业集群过程中,在需求方(产业集群地)向供给方(集群企业)提供的信息不完全和企业对信息加工和处理的准确程度不高的情况下,众多企业的集群行为就不可能是完全理性的,将在更大程度上取决于其他企业的集群行为,凯恩斯及其后来人称这种行为为"羊群行为"(连远强,2005)。对于处于生命周期早期阶段的产业集群而言,伴随着行业中的龙头企业选择进入某一产业集群,很快就会有相同行业的大批企业模仿跟进,这种"羊群行为"除了加剧产业集群的资源环境约束从而加剧产业集群发展困境外,将可能直接导致集群企业间恶性竞争困境。对于处于生命周期中后期阶段的产

41 资源环境约束、认知行为偏差与产业集群发展困境
——基于江苏特色产业集群的实证分析

业集群而言,如果产业集群出现不利于集群企业经营的环境因素,行业的龙头企业可能选择迁出产业集群,"羊群行为"可能引起相同行业的其他企业或者与之配套的大量企业纷纷选择迁出,这将导致集群企业的转移困境甚至整个集群转移困境。

一般而言,地方政府在产业集群发展上的驱动意识和宏观调控意识,对企业的集群行为有很强的导向作用。与发达国家企业集群行为不同,我国的企业集群行为受区域优惠政策的影响较严重,企业集群的区位选择倾向于优惠政策出台的区域,企业的集群行为在政策反应上存在"政策依赖性偏差"。其结果是:一方面,企业的政策依赖性偏差将加剧优惠政策出台多的区域的资源环境约束,进而直接加剧产业集群发展困境;另一方面,企业的政策依赖性偏差将削弱优惠政策出台少的区域的产业集群竞争力,直接导致这些区域产业集群被边缘化的困境和集群转移困境。

产业集群中的某些企业为了追求自身利益,把注意力集中到那些与产业集群整体发展无关、但可能影响产业集群发展的"噪音"(跑关系、跑项目、跑补助等)上,产业集群过程中的这种行为称为噪音集群偏差。在同一产业的不同企业构成的产业集群中,由于企业间的产品同质化现象严重,所以企业间的竞争异常激烈,为了在产业集群中得以生存与发展,甚至为了获取更大的经济利益,企业不是在工艺创新和产品创新上下功夫,而是通过"关系网络"获取企业发展的各种资源。由于这种获取资源的收益远远大于成本,所以噪音集群偏差会在造成产业集群成员间关系的扭曲,使其他企业在产业集群发展上无所作为,良好的集群发展环境被破坏,由此引致产业集群的升级困境、创新困境或被边缘化困境。

综上所述,由于企业自身存在的的认知偏差和行为偏差,一方面,通过改变资源环境约束下的产业集群发展困境方程(14)中的有关参数,尤其是资源环境投入增长率,间接引致产业集群发展困境;另一方面,通过企业自身存在的各种类型的认知偏差和行为偏差,直接导致多种产业集群发展困境。企业自身存在的认知偏差与行为偏差对产业集群发展困境的影响是上述两个方面综合作用的结果,不仅取决于不同类型的认知偏差和行为偏差的影响力度,而且也深受资源环境约束这一中介因素的中介效应的大小。由此得到命题 H2、H3 和 H4:

H2:认知偏差将导致产业集群的资源环境约束,认知偏差对产业集群资源环境约束具有正向影响(H2.1);行为偏差将导致产业集群的资源环境约束,行为偏差对产业集群资源环境约束具有正向影响(H2.2)。

H3:认知偏差将导致产业集群发展困境,认知偏差对产业集群发展困境具有正向影响(H3.1);行为偏差将导致产业集群发展困境,行为偏差对产业集群发展困境具有正向影响(H3.2)。

H4:认知偏差通过产业集群资源环境约束这一中介变量间接导致产业集群发展困境,在认知偏差对产业集群发展困境的影响中,资源环境约束这一中介变量具有较大的

影响力(H4.1);行为偏差通过产业集群资源环境约束这一中介变量间接导致产业集群发展困境,在行为偏差对产业集群发展困境的影响中,资源环境约束这一中介变量具有较大的影响力(H4.2)。

四、资源环境约束与认知行为偏差对产业集群发展困境影响的实证分析

(一)数据采集与理论模型构建

作者于2012年7月上旬对江苏省经济和信息化委员会(中小企业局)认定的部分特色产业集群进行了问卷调查。江苏特色产业集群是依托相关产业集聚区,具有一定产业规模和企业集聚,已建成较为完善的公共服务平台,具有较高知名度和特色的产业集群。江苏特色产业集群的认定始于2009年,目前已经认定了三批共69个特色产业集群。这些特色产业集群的共同特征是:第一,产业集聚度高。具有较强的产业优势和竞争力,有较强的产业配套能力,产出规模50亿元以上或国内市场占有率30%以上,有一批具有较高声誉的行业龙头企业。第二,产业成长性好。产业符合国家产业政策发展方向,产业集群近3年的年平均发展速度达到15%以上,具有广阔的市场空间和发展潜力。第三,产业创新能力强。集群内企业重视科技进步与技术创新,研发投入占营业收入的比重不低于2%。优先吸纳高新技术企业、科技型企业入驻,创建名牌产品,打造区域品牌,拥有5个省级以上名牌产品、驰(著)名商标。第四,公共服务完善。按照产业发展内在需要建立并逐步完善各类公共服务平台,初步具备研发设计、检验检测、业务培训、信息咨询、知识产权保护、融资担保、产品展销、物流服务等功能,其中,有1家是省级以上公共服务平台。第五,发展环境优良。当地政府已出台促进产业集群发展资金、税收、用地等方面的鼓励政策,充分发挥产业政策和行业规划的导向作用,指导和扶持产业集群发展。第六带动力强。产业集群成为当地经济的主要增长点,为地区社会事业发展提供强大的经济支持,促进地方充分就业,促进社会和谐,对周边地区产业集聚发展,有一定的示范和带动作用[④]。具有这些特征的特色产业集群是否也存在发展困境?如果特色产业集群存在明显的发展困境,那么那些非特色产业集群势必存在更大的发展困境。为了破解江苏面广量多的产业集群的发展困境,尽快为政府决策部门提供决策依据,我们选择部分特色产业集群作为案例,试图更好地揭示我国经济发达地区

---

④ 江苏特色产业集群的这些特征源于《江苏省特色产业集群认定办法(试行)》(苏中小合作[2011]119号)中第二章第四条的申报条件。

41 资源环境约束、认知行为偏差与产业集群发展困境
——基于江苏特色产业集群的实证分析

产业集群是否存在发展困境,存在哪些困境,困境产生的原因是什么。为了使得选择的特色产业集群具有地区代表性,本文选择苏南、苏北和苏中地区的特色产业集群(表2)。问卷调查内容是有关企业在集群过程中的资源环境约束、认知偏差、行为偏差、集群发展困境等相关情况。

表2 江苏特色产业集群问卷调查样本分布情况

地区分布		样本企业数量(家)	所占样本比例(%)
苏南地区	常州强化木地板产业集群	48	29.63
	常州轨道交通产业集群	29	17.90
苏北地区	盐城市建湖县石油装备产业集群	29	17.90
	盐城市建湖县节能电光源产业集群	30	18.52
苏中地区	扬州市宝应县输变电装备产业集群	26	16.05
合计		162	100

本文的数据全部来自于产业集群的问卷调查,要测量的是影响产业集群发展困境的各潜在变量之间的结构关系,因此本文选择结构方程模型(SEM)方法。SEM属于比较常用的综合性统计分析技术和模型方法。该方法允许同时处理多个因变量,能够测量分析潜在变量,可以同时估计因子结构和因子关系并比较和评价不同的理论模型。计量经济学中的联立方程模型虽然也使用联立方程组,但是类似于多元回归,只能处理有观察值的变量,并且还要假定其观察值不存在测量误差。然而,许多变量不能直接测量,即使可以找到一些观察变量作为这些潜在变量的"标识",但这些潜在变量的观察标识总是包含了大量的测量误差。传统的因子分析允许对潜在变量设立多元标识,也可以处理测量误差,但是,它不能分析因子之间的关系。只有结构方程模型既可以分析潜在变量之间的结构关系,又能够处理测量误差。所以对本文所要研究的问题而言,SEM无疑是非常合适的技术手段(王冀宁和赵顺龙,2007)。

在前述资源环境约束、认知行为偏差对产业集群发展困境的影响机制分析的基础上,根据结构模型的构建原理,本文将认知偏差和行为偏差设定为外生潜在变量,将资源环境约束和集群发展困境设为内生潜在变量,构建反映潜在变量之间关系的结构模型。根据样本特色产业集群在资源环境约束、认知偏差、行为偏差和集群发展困境方面的特征表现,构建反映确定的潜在变量与选择的观察变量之间的关系的测量模型。在结构模型和测量模型构建的基础上,构建本文研究的理论模型(图1)。

(二)描述性统计与实证结果

以往的研究认为,资源环境约束是区域产业集群发展困境的主因。但是,企业集群

区位决策过程中存在的各种认知偏差,企业空间集群过程中的行为偏差是否也是产业集群发展困境产生的重要因素?企业的认知偏差和行为偏差是否通过资源环境约束的中介效应,导致产业集群发展困境愈陷愈深?为此,本部分首先对样本数据进行描述性统计分析,然后对结构方程模型进行估计,最后给出实证分析结果。

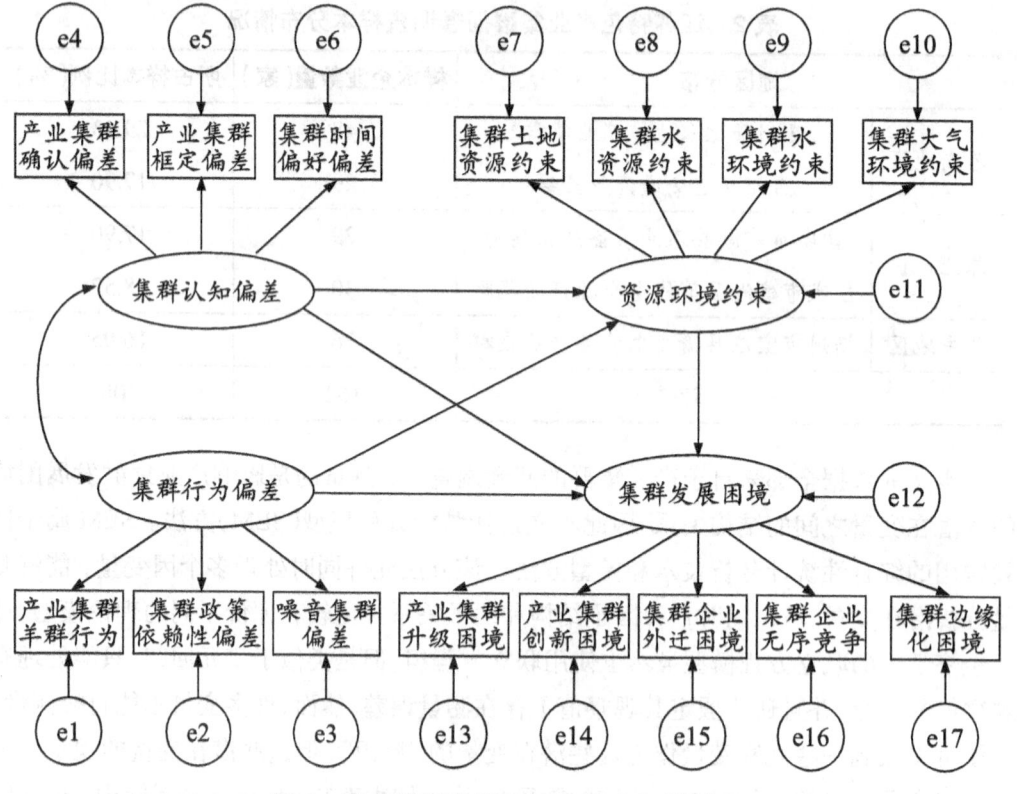

图1 产业集群发展困境结构方程模型图

当建立结构方程模型所使用的数据是由直接调查得到的结果时,调查数据是否能说明调查的结论,需要对数据的有效程度(效度)和可信程度(即信度)进行分析。在对样本企业问卷效度进行检验时,运用主成分分析法对影响潜在变量的观察变量进行探索性因素分析,按照特征值大于1的原则和最大方差法正交旋转,得到第一主成分的方差贡献率(表3),能够帮助我们考察所涉及的问题即观察变量的重要性。由表3看出,所有潜在变量第一主成分方差贡献率都大于40%,观察变量对潜在变量的贡献率较大,说明观察变量的选择与所研究的问题关系较密切。根据社会科学研究常用的方法,以克朗巴哈(Cronbach)α系数作为量表信度评价标准,如果克朗巴哈(Cronbach)α系数在0.35~0.70之间,则认为变量的内部具有一致性。从表3中可以看出,对问卷涉及的克朗巴哈(Cronbach)α系数都大于0.35,说明本研究所采用的问卷表通过信度检验。

表3 问卷调查数据的效度与信度分析

潜在变量	第一主成分特征值	第一主成分方差(%)	克朗巴哈α系数
集群认知偏差	1.70	42.52	0.42
集群行为偏差	1.91	47.85	0.45
资源环境约束	1.72	43.07	0.50
集群发展困境	1.91	47.78	0.61

表4 样本的潜在变量和观察变量的描述性统计说明

变量	均值	标准差	变异系数
产业集群确认偏差	3.748	0.863	0.230
产业集群框定偏差	3.485	1.021	0.293
产业集群时间偏好偏差	3.245	0.629	0.194
产业集群认知偏差	3.493	2.255	0.173
产业集群羊群行为	2.761	0.881	0.319
产业集群噪音集聚偏差	2.718	0.966	0.355
产业集群政策依赖性偏差	2.877	0.887	0.308
产业集群行为偏差	2.785	1.464	0.175
产业集群用水约束	2.883	1.039	0.360
产业集群用地约束	3.644	1.010	0.277
产业集群水环境约束	2.656	0.925	0.348
产业集群大气环境约束	3.491	0.925	0.265
产业集群资源环境约束	3.169	2.462	0.194
产业集群无序竞争困境	2.804	0.838	0.299
产业集群企业外迁困境	2.387	0.706	0.296
产业集群创新困境	3.141	1.116	0.355
产业集群升级困境	3.117	0.819	0.263
产业集群边缘化困境	2.221	0.794	0.357
产业集群发展困境	2.734	2.692	0.197

表4提供了样本的潜在变量和观察变量的描述性统计量。由于本文的问卷调查采用Likert5点量表形式,而且四个潜在变量的均值均大于2.5,考虑到问卷调查样本是江

苏政府部门认定的特色产业集群,这总体表明产业集群存在一定的发展困境,资源环境约束问题已经显现,企业在集群过程中确实存在认知偏差和行为偏差。尤其是认知偏差和资源环境约束这两个变量的问题回答的均值都比较高,这充分说明企业集群决策过程中确实存在比较大的认知偏差,产业集群发展确实面临着较大的资源环境约束。从四个潜在变量的变异系数看,产业集群的认知偏差与行为偏差的变异系数都较小,这表明样本企业对于产业集群中存在的认知偏差和行为偏差的看法较为一致,这也充分说明产业集群发展过程中普遍存在认知偏差和行为偏差,它们已经成为影响产业集群可持续发展的重要因素,也是以往的产业集群研究中常常被忽视的方面。相比较而言,资源环境约束与产业集群发展困境的变异系数相对较大,这表明样本企业对于这两个问题的看法存在较大的差异,这可能与我们选择的样本集群的类型有关(传统产业集群与战略性新兴产业集群),也可能与样本集群类型的地域分布有关(经济发达地区、经济较发达地区以及经济欠发达地区)。

利用 Amos 7.0 软件对 SEM 模型进行参数估计,经过多次修正之后,得到理论假设能够接受和拟合度良好的模型(表 5)。由表 5 看出,在测量模型的主要总体拟合指标中,模型卡方值为 50,自由度为 36,$p = 0.06 > 0.05$,表示模型接受理论假设。$RMSEA = 0.46 < 0.05$,$GFI = 0.957 > 0.900$,$NIF = 0.966 > 0.900$,$CFI = 0.99 > 0.900$,表明模型拟合度良好。

表 5 估计模型的拟合指标

统计量	卡方值	自由度	p 值	RMSEA	GFI	NFI	CFI
模型指标	50	36	0.06	0.460	0.957	0.966	0.990

表 6 为结构方程模型路径系数与载荷系数的估计结果。由表 6 看出,除了集群企业外迁困境对产业集群发展困境的影响不显著外,模型的路径系数和载荷系数[5]均比较理想,都通过了显著性检验,因而结构方程模型路径系数和载荷系数的估计结果可信程度是很高的。我们首先利用标准化载荷系数估计值,分析不同观察变量对其相应的潜在变量的解释程度[6]。在对"产业集群认知偏差"这个潜在变量的解释中,对产业

---

[5] 潜在变量与潜在变量间的回归系数称为路径系数,潜在变量与观察变量间的回归系数称为载荷系数(易丹辉,2008)。

[6] 利用非标准化参数估计值分析不同的观察变量对潜在变量的影响程度时,涉及到识别性问题。在表 6 中,在潜在变量和各观察变量之间的载荷系数中有一个观察变量出现"1",其余的观察变量则没有。这个"1"表示识别性,也就是在非标准化的估计值中,作为解释的基准。识别性的问题就是"等化"的问题,所谓等化就是将潜在变量的测量单位与观察变量的测量单位设为相同(荣泰生,2009)。利用非标准化参数估计值进行分析时,只能对同一潜在变量的观察变量的影响程度进行比较,不能对不同潜在变量的观察变量的影响程度进行比较。因此,本文的分析中利用标准化参数估计值。

41 资源环境约束、认知行为偏差与产业集群发展困境
——基于江苏特色产业集群的实证分析

集群认知偏差影响程度由大到小的观察变量的顺序是：确认偏差、时间偏好偏差和框定偏差。在对"产业集群行为偏差"这个潜在变量的解释中，对产业集群行为偏差影响程度由大到小的观察变量的顺序是：羊群行为、噪音集聚偏差和政策依赖性偏差。在对"资源环境约束"这个潜在变量的解释中，对资源环境约束影响程度由大到小的观察变量的顺序是：土地资源约束、水资源约束、大气环境约束、水环境约束。在对"产业集群发展困境"这个潜在变量的解释中，对产业集群发展困境影响程度由大到小的观察变量的顺序是：创新困境、升级困境、无序竞争困境、边缘化困境、企业外迁困境。此外，在所有潜在变量中，羊群行为对产业集群行为偏差的影响最大（载荷系数为0.920），影响程度依次降低的顺序是：确认偏差对产业集群认知偏差的影响（载荷系数为0.89）、土地资源约束对资源环境约束的影响（载荷系数为0.823）、创新困境对产业集群发展困境的影响（载荷系数为0.780）、水资源约束对资源环境约束的影响（载荷系数为0.747）。上述观察变量对潜在变量的影响程度的排序，将为我们破解产业集群发展困境提供决策顺序。

由于本文主要是分析认知偏差、行为偏差与资源环境约束对集群发展困境的影响，所以我们更关心外生潜在变量认知偏差与行为偏差对内生潜在变量资源环境约束和集群发展困境的影响状况。由表6可知，资源环境约束对产业集群发展困境影响的标准化路径系数是0.410，这表明产业集群地区的资源环境约束对产业集群发展困境产生显著的正向影响，即产业集群地区的资源环境约束越强，则由此引致的产业集群发展困境就越深。命题1由此得到验证。

由表6看出，认知偏差对资源环境约束的标准化路径系数是0.526，行为偏差对资源环境约束的标准化路径系数是0.185，这表明产业集群过程中企业存在的认知偏差及其行为偏差，都对资源环境约束产生显著的正向影响，即产业集群的认知偏差和行为偏差越大，则由此引致的资源环境约束就越大。命题2由此得到证明。相对于行为偏差来说，认知偏差对产业集群的资源环境约束作用更大。可能的原因在于，本研究的样本是江苏省政府相关部门认定的江苏特色产业集群，特色产业集群严格的申报条件使得产业集群过程中存在的行为偏差受到较大影响，导致集群企业的资源消耗和环境损害受到较大限制，因而产业集群的资源环境约束程度由此降低。而产业集群过程中的认知偏差则受不到相关认定条款的影响，导致资源消耗和环境损害受到较少限制，因而产业集群的资源环境约束程度没有较大程度的降低。

由表6发现，企业的认知偏差对产业集群发展困境影响的路径系数是0.190，企业的行为偏差对产业集群发展困境影响的路径系数是0.753，这表明产业集群过程中企业存在的认知偏差及其行为偏差，都对产业集群发展困境产生显著的正向影响，即产业集群的认知偏差和行为偏差越大，则由此引致的产业集群发展困境就越大。命题3由此得到证明。需要我们高度重视的是，企业的行为偏差对产业集群发展困境的影响程度要比

企业的认知偏差对产业集群发展困境的影响程度高得多,而且在对产业集群发展困境产生影响的所有路径系数中,企业的行为偏差的路径系数最高。这说明在产业集群发展的新形势下,资源环境约束已经不是产业集群发展困境的主因,取而代之的是企业区位决策过程中的行为偏差,这为今后决策者破解产业集群发展困境提供了全新的决策思路。

表6 结构方程模型路径系数与载荷系数估计结果

变量间的关系	非标准化参数估计值	标准差	临界比率值	p 值	标准化参数估计值
资源环境约束<－产业集群认知偏差	0.540	0.097	5.559	0.000***	0.526
资源环境约束<－产业集群行为偏差	0.396	0.166	2.382	0.017*	0.185
产业集群发展困境<－产业集群行为偏差	0.799	0.188	4.241	0.000***	0.753
产业集群发展困境<－资源环境约束	0.204	0.071	2.854	0.004**	0.410
产业集群发展困境<－产业集群认知偏差	0.097	0.045	2.178	0.029*	0.190
土地资源约束<－资源环境约束	1.000	—	—	—	0.823
大气环境约束<－资源环境约束	0.942	0.118	7.954	0.000***	0.690
水资源约束<－资源环境约束	0.881	0.073	11.988	0.000***	0.747
水环境约束<－资源环境约束	0.449	0.097	4.611	0.000***	0.393
噪音集聚偏差<－产业集群行为偏差	1.000	—	—	—	0.386
羊群行为<－产业集群行为偏差	2.816	0.606	4.650	0.000***	0.920
政策依赖性偏差<－产业集群行为偏差	0.782	0.186	4.201	0.000***	0.332
确认偏差<－产业集群认知偏差	1.000	—	—	—	0.890
框定偏差<－产业集群认知偏差	0.548	0.099	5.535	0.000***	0.427
时间偏好偏差<－产业集群认知偏差	0.586	0.071	8.250	0.000***	0.618
边缘化困境<－产业集群发展困境	1.000	—	—	—	0.482
无序性困境<－产业集群发展困境	1.191	0.223	5.334	0.000***	0.515
创新困境<－产业集群发展困境	2.249	0.415	5.418	0.000***	0.780
升级困境<－产业集群发展困境	1.176	0.275	4.285	0.000***	0.531
企业外迁困境<－产业集群发展困境	0.176	0.111	1.588	0.112 n.s.	0.096

注:未列标准差者为参照指标,是限制估计参数。n.s.、*、**、***分别表示 $p > 0.05$、$p < 0.05$、$p < 0.01$、$p < 0.001$。

41 资源环境约束、认知行为偏差与产业集群发展困境
——基于江苏特色产业集群的实证分析

在分别分析了认知偏差、行为偏差和资源环境约束对产业集群发展困境的影响之后,有必要对两个外生潜在变量对产业集群发展困境影响的直接效果、间接效果和总效果,展开分析以便了解影响产业集群发展困境的中介变量的影响力以及总效果的大小。由图1和表6可知,认知偏差对产业集群发展困境的直接效果 = 0.190,认知偏差对产业集群发展困境的间接效果 = 认知偏差对资源环境约束的直接效果0.526*资源环境约束对产业集群发展困境的直接效果0.410 = 0.216,认知偏差对产业集群发展困境的总效果 = 0.190 + 0.216 = 0.406。由于认知偏差对产业集群发展困境的直接效果(0.190) < 认知偏差对产业集群发展困境的间接效果(0.216),所以,在认知偏差对产业集群发展困境的影响中,资源环境约束这一中介变量具有较大的影响力[7]。命题H4.1由此得到证明。这启示我们,在分析企业的认知偏差对产业集群发展困境的影响时,我们需要透过资源环境约束因素,充分重视资源环境约束这一中介变量对产业集群发展困境的中介效应。

行为偏差对产业集群发展困境的直接效果 = 0.753,行为偏差对产业集群发展困境的间接效果 = 行为偏差对资源环境约束的直接效果0.185*资源环境约束对产业集群发展困境的直接效果0.410 = 0.076,行为偏差对集群发展困境的总效果 = 0.753 + 0.076 = 0.829。由于行为偏差对产业集群发展困境的直接效果(0.753) > 认知偏差对产业集群发展困境的间接效果(0.076),所以,在行为偏差对产业集群发展困境的影响中,资源环境约束这个中介变量并不能发挥重要影响作用,资源环境约束这一中介变量影响力可以忽略[8]。命题H4.2没有得到证明,这说明命题H4.2在江苏特色产业集群中不成立,在江苏的非特色产业集群、全国其他省市的产业集群中是否成立,也是我们今后需要进一步研究的内容。

比较企业的认知偏差和行为偏差对产业集群发展困境影响的总效果可知,行为偏差对产业集群发展困境的影响程度更大,这警示我们,在破解我国集群发展困境的对策措施中,除了要破解传统的资源环境约束外,还必须重视纠正企业存在的各种认知偏差和行为偏差,而且要更加高度重视纠正企业的各种行为偏差。

五、结论与对策建议

区域产业集群发展有利于经济要素的集约和优化配置,有利于行业间的融合和相互协作,有利于资源的共享和循环利用,是实现区域产业结构调整和合理布局的有效途

---

[7][8] 结构方程模型中直接效果和间接效果间关系原则是这样的:如果直接效果 > 间接效果,表示中介变量不发挥作用,研究者可忽略此中介变量;如果直接效果 < 间接效果,表示中介变量具有影响力,研究者要重视此中介变量(荣泰生,2009)。

径。产业集群已经成为发展现代制造业的集中区、吸引投资创业的重点区和机制改革的先导区,产业集群已经成为区域经济发展的重要载体。但是,在产业集群发展过程中,各地区依然沿用过去大量消耗资源和破坏环境的粗放式产业集群模式,企业集群区位决策过程中存在各种认知偏差,以及企业空间集群过程中存在各种行为偏差,致使区域产业集群面临多种发展困境,已经严重制约了产业集群的可持续发展。

传统的产业集群理论认为,资源环境约束是产业集群发展困境的主因。行为经济学理论则强调了企业集群过程中存在的各种认知偏差和行为偏差对产业集群发展困境的重要影响。为此,本文在新古典经济学和和行为经济学框架下,对认知偏差、行为偏差与资源环境约束对产业集群发展困境的影响问题进行理论与实证研究。本文的研究表明:第一,与资源环境约束相比(总效果为0.410),企业自身存在的认知行为偏差(总效果为1.235)是导致产业集群发展困境更为重要的原因。与企业自身存在的认知偏差(总效果为0.406)相比,企业自身存在的行为偏差(总效果为0.829)是引致产业集群发展困境的更重要的因素。第二,在认知偏差对产业集群发展困境的影响机制中,资源环境约束是一个重要的中介变量(直接效果0.190 < 间接效果0.216),这一中介变量对产业集群发展困境的影响不容忽视。在行为偏差对产业集群发展困境的影响机制中,资源环境约束不是一个重要的中介变量(直接效果0.753 > 间接效果0.076),这一中介变量对产业集群发展困境的影响可以忽视。第三,在所有观察变量对潜在变量的解释中,羊群行为对行为偏差的影响最大(载荷系数为0.920),影响程度依次降低的顺序是:确认偏差对认知偏差的影响(载荷系数为0.89)、土地资源约束对资源环境约束的影响(载荷系数为0.823)、创新困境对产业集群发展困境的影响(载荷系数为0.780)、水资源约束对资源环境约束的影响(载荷系数为0.747)。

上述结论在政策上具有非常重要的意义。第一,在区域转型升级发展的背景下,区域资源环境状况、经济发展水平、社会文化传统等要素已成为影响和约束产业集群发展的外部条件,而反映企业身上经常稳定表现出来的心理特点的个性心理特征和反映企业进行区位决策活动基本动力的个性倾向性则是影响和约束产业集群发展的内在要素。在内外因素的共同作用下,企业通常会出现各种各样的认知行为偏差。相对于产业集群发展的外部条件的相对稳定性,产业集群发展的内在要素则具有更大的可变性。因此,破解产业集群发展困境的优先方向应当是,更加关注企业自身存在的认知行为偏差,一方面需要企业主管部门对企业进行集群发展的整体利益和个体利益间关系的普及教育,另一方面需要企业主管部门对企业进行心理学和行为经济学等方面的普及教育,让企业切实认识到自身存在认知行为偏差对产业集群可持续发展造成的较大负面影响,以此促进破解产业集群发展困境。第二,考虑到在认知偏差对产业集群发展困境的影响机制中,资源环境约束是一个重要的中介变量,而在行为偏差对产业集群发展困境的影响机制中,资源环境约束不是一个可以忽略的中介变量。因此,破解产业集群发展困

41 资源环境约束、认知行为偏差与产业集群发展困境
——基于江苏特色产业集群的实证分析

境的路径选择应充分考虑区域资源环境约束这一中介变量在产业集群发展困境形成中的中介效应的强弱,根据各区域这一中介变量对集群发展困境的中介效应的不同来选择破解区域产业集群困境的具体路径。第三,由于各观察变量对相应的潜在变量的贡献程度差异巨大,所以破解区域产业集群发展困境的关键对策是,针对那些载荷系数最大的观察变量提出相应的破解对策。就本文的研究而言,具体的对策措施是:纠正企业的羊群行为 + 纠正企业的确认偏差 + 降低区域土地资源约束 + 降低水资源约束。在破解产业集群发展困境中,关键要破解产业集群的创新发展困境。

参考文献

[1] Andersson, R. Forslid. Tax Competition and Economic Geography[J]. Journal of Public Economic Theory, 2003,5(2):279–303.

[2] Baldwin, P. Krugman. Agglomeration, Integration and Tax Harmonization[J]. European Economic Review, 2004,48(1): 1–23.

[3] Behrens, J.-F. Thisse. Agglomeration versus Product Variety Im[J]. plications for Regional Inequalities Journal of Regional Science,2006, 46(5):867–880.

[4] Borck, Pflüger. Agglomeration and Tax Competition E[J]. uropean Economic Review, 2006,50(3):647–668.

[5] Bowen, W. M., M. Atlas, S. Lee. Industrial Agglomeration and the Regional Scientific Explanation of Perceived Environmental Injustice[J]. The Annals of Regional Science, 2009, 43(4): 1013–1031.

[6] Charlot, S. et al. Agglomeration and Welfare, pp. the Core~Periphery Model in the Light of Bentham, Kaldor, and Rawls[J]. Journal of Public Economics,2006, 90(1~2:325~347.

[7] Combes, P. P. et al. Agglomeration and the Adjustment of the Spatial Economy[J]. Regional Science, 2005,84(3): 311~349.

[8] Dupont, V. Do Geographical Agglomeration, Growth and Equity Conflict?[J]. Regional Science, 2007,86(2):193–212.

[9] Grazi, F. et al. Spatial welfare economics versus Ecological Footprint, pp. Modeling Agglomeration, Externalities and Trad[J]. Environment Resource Economics, 2007, 38(1): 135–153.

[10] Hosoe, M., T. Naito. Trans-boundary Pollution Transmission and Regional Agglomeration Effects[J]. Regional Science, 85(1), pp. 99–119.

[11] Ludema, R. D., I. Wooton. Economic Geography and the Fiscal Effects of Regional Integration[J]. Journal of International Economics, 2000, 52(2):.331-357.

[12] Ottaviano, G. I. P, J.-F. Thisse. Integration, Agglomeration and the Political Economics of Factor Mobility[J]. Journal of Public Economics, 2002, 83(3):429-456.

[13] Pearce, D. Economics, Equity and Sustainable Development[J]. Futures, 1988, 20(6):598-605.

[14] Pflüger, M., J. Südekum. Integration, Agglomeration and Welfare[J]. Journal of Urban Economics, 2008, 63(2):544-566.

[15] Suedekum. Agglomeration and Regional Costs of Living[J]. Journal of Regional Science, 2006 46(3): 529-543.

[16] Verhoef, E. T., P. Nijkamp. Externalities in Urban Sustainability: Environmental versus Localization-Type Agglomeration Externalities in a General Spatial Equilibrium Model of a Single-Sector Mono-Centric Industrial City[J]. Ecological Economics, 40(2):157-179.

[17] 陈佳贵,王钦.中国产业集群可持续发展与公共政策选择[J].中国工业经济,2005,9.

[18] 陈捷.嵌入全球价值链的地方产业集群升级困境研究[J].成都行政学院学报,2008,6.

[19] 成金华.自然资本及其定价模型[J].中国地质大学学报:社会科学版,2005,1.

[20] 杜瑜,樊杰.基于产业—人口集聚分析的都市经济区空间功能分异:以我国三大都市经济区为例[J].北京大学学报:自然科学版,2008,3.

[21] 冯薇.产业集聚与生态工业园的建设[J].中国人口·资源与环境,2006,3.

[22] 何大安.选择行为的理性与非理性[M].上海:上海人民出版社,2006.

[23] 胡大立,张伟.产业集群技术创新的困境及突破:基于完全信息静态博弈的分析[J].江西财经大学学报,2007,5.

[24] 江曼琦.从聚集经济利益谈我国城乡经济发展问题[J].学习与探索,2006,6.

[25] 连远强.产业集聚过程中的羊群行为分析[J].科技进步与对策,2006,4.

[26] 刘东,张杰.社会资本视野中我国地方产业集群升级困境的制度解析[J].江西社会科学,2006,3.

[27] 王冀宁,赵顺龙.外部性约束、认知偏差、行为偏差与农户贷款困境:来自716户农户贷款调查问卷数据的实证检验[J].管理世界,2007,9.

[28] 吴桥生,成金华.能源约束与中国工业化发展研究[M].科学出版社,2009.

[29] 吴颖,蒲勇健.区域过度集聚负外部性的福利影响及对策研究:基于空间经济学方法的模拟分析[J].财经研究,2008,1.

[30] 王缉慈,张晔.沿海地区外向型产业集群的形成、困境摆脱与升级前景[J].改革,2008,5.

[31] 朱明礼,刘鼎,罗韬.产业集群创新困境:基于企业行为的思考[J].湖北经济学院学报:人文社会科学版,2006,9.

[32] 朱英明,杨连盛,吕慧君,沈星.资源短缺、环境损害及其产业集聚效果研究:基于21世纪我国省级工业集聚的实证分析[J].管理世界,2012,11.

42 论产业集群是否有利于中小企业融资

左斯宜

(中南财经政法大学工商管理学院 湖北 武汉 430073)

> **摘 要**：融资难长期以来困扰着我国中小企业的发展。近年来，随着政府的不断支持与推动，各地方的产业集群遍地开花，从产业集群视角出发的集群融资成为了中小企业解决融资难的一大方法。纵观国内外相关研究，我国学者多从集群融资优势理论、社会资本论及银行博弈论这三方面入手，认为产业集群有利于中小企业融资；而国外学者多通过实证分析的方法对某个具体集群进行具体分析，得到的结果不尽相同。本文首先对国内外相关文献进行梳理，接着将集群融资和我国目前产业集群演化现状联系起来，提出笔者的见解，进而激发读者对产业集群和中小企业融资问题之间的联系有更为有益的探讨。
>
> **关键词**：产业集群；集群融资；关系

一、引言

产业集群是指在特定区域中，具有竞争与合作关系，且在地理上集中，有交互关联性的企业、专业化供应商、服务供应商、金融机构、相关产业的厂商及其他相关机构组成的群体。产业集群的发展在一定程度上代表了一个经济体或其中某个区域、地区经济发展的水平。近年来，我国各地方政府多采用建设"高新技术开发园区"的政策，试图通过培育地方产业集群，达到拉动区域经济增长的目的。问题是，产业集群的形成需要大量的企业作为支撑，而这些企业中大部分都是资金力量薄弱的中小企业，中小企业融资难问题很大程度上影响着产业集群的发展。产业集群是否对集群内部中小企业融资有利，下面，本文将针对这一问题，对该方面的中外文献进行研究整理，以期为集群融资研究提供一个较为清晰全面的背景框架。

二、产业集群有益于中小企业融资

国外学者在此问题上,很少有专门的文献著作可寻,大多是在实证研究某个具体产业集群时,对该集群中的金融制度模式提出研究结果和理论见解。反观国内学者,大多研究从集群融资优势论、社会资本论和银行博弈论等方面入手,定性分析了产业集群对集群内中小企业融资能够带来益处。

(一)国外文献梳理

国外文献方面,部分学者分析了产业集群内的中小企业融资优势。Becattini(1990)在研究意大利中小企业网络化发展时,强调了产业集群中本地银行在放宽信贷方面的作用。他指出,银行受益于企业的地理集聚特点,可以方便地搜集到借款企业的优质信息,从而缓解了逆向选择问题;同时,地理上的接近使得银行可以密切关注借款企业,有效预防了道德风险的发生。Montganery(1996)在此基础上引入了社会资本概念,他认为,借款人的赖账行为会损害小组中其他成员的利益,也会损害该借款人在周围社区的声誉和信誉度,从而大大减少他个人的社会资本。如果借款人认为贷款的数额不足以弥补由于赖账而造成的社会资本损失,他就不会故意不还款。Basley 和 Coate 探讨了小组成员利用彼此之间的社会成本,对债务拖欠的同伴施加"同伴压力",并定义了连带责任对小组成员的约束作用。Dei Ottati(1995)指出,产业区内存在信任等社会因素和关联性交易,这直接促进了企业间商业信用的生成与发展。Fabianietal(2000)通过实证分析比较了产业集群内外企业在融资表现上的差异,发现集群内部企业的融资状况优于集群外部企业,其原因是集群环境有利于解决信用问题。Finaldi Russo 和 Rossi(2001)分析了1989年至1995年期间,1700家意大利公司的面板数据,发现处于产业集群内的企业和银行系统具有更为优良的金融关系,他们的信贷成本更低、面对融资约束的可能性更小。他们指出,和集群外的企业相比,集群内围绕一种最终产品所形成的企业生产网络有利于企业融资。

(二)国内文献梳理

集群融资优势论方面,蒋志芬(2008)等从集群内企业协同竞争、资源共享、区域网络及地理上的"根植性"等特点出发,认为集群内部中小企业融资可以克服单个企业的"弱势"地位,形成独特的融资优势。杜传文(2004)提出了产业集群有助于企业进入资本市场进行直接融资。他认为集群内较早进入资本市场的大企业可以利用资本市场中的巨大资金支持给其他中小企业树立良好的示范效应,促使其丰富融资渠道并努力改善内部财务状况,强化其信用能力。屠竣玉、吴彦颉和杨芥舟(2009)等学者围绕集群内中小企业的根植性、柔韧性和共生性三个特征分析了其融资优势。他们认为，集群内中小企业的地域依附性和相互协作程度强，集群中的中小企业迁移的机会成本很高，这就大大减少了其机会主义倾向，提高了守信程度。而且，集群内积聚了大量的企业和可利用的经济资源，使得集群内经济要素和资源的配置效率得到提高，集群内企业逃废债务的可能性就会大大减少。另外，集群内企业在产业上的相互关联性，其实质是一种深度分工模式、围绕同一产业的一系列企业和机构的共同体，集群内的企业可共享诸多的生产要素，包括人才、市场、技术、信息等。这是集群企业获得内部和外部规模经济双重效益的根本所在。银行通过对集群内同一产业的相关企业贷款，不仅企业之间的共生性可以减少贷款的风险，而且还能从规模经济中大大受益。

社会资本理论方面，张荣刚（2005）指出中小企业集群社会网络的深度根植及其社会网络支持下的集群供应链系统的共同作用使集群内企业得到相对比较充分的金融支持。王越、刘珂（2008）则将网络结构、信任合作、认知环境提升到社会资本的层面来剖析中小企业融资行为的内在结构关系，并验证了集群条件下社会资本对中小企业融资效用的影响。刘轶、张飞（2009）则进一步从集群企业社会资本的特殊性出发，将社会资本因素引入集群企业的融资过程中，着重分析了社会资本对集群企业融资的影响，认为社会资本在集群企业融资过程中能起到提供"软担保"的作用。

关于银企博弈方面的研究，魏守华等（2002）论证了在银企之间重复的动态博弈中，可建立起稳定的合作关系，因而利用企业的信用，有助于银行扩展信用贷款，解决集群内中小企业信贷中担保不足的重大难题。方松泉和刘志超（2010）还定量分析了中小企业集群前后的融资情况，显示出产业集群内的中小企业具有融资优势。

三、产业集群不利于中小企业融资

与上述学者的观点不同，有些研究者认为集群环境对企业融资的影响是复杂的，甚至是负面的。

（一）国外文献梳理

Conti 和 Ferri（1997）认为，产业区环境有利于小型合作金融机构的运作，但对本地业务的过分依赖会导致金融机构的风险增加。Pagnini（1998）指出，产业集群内企业业务往来频繁，相互依赖，导致金融机构在进行风险评估时不仅要考察贷款申请企业的状况，还要考察与该企业相关联的企业的经营状况，这会造成金融机构风险甄别和监督成本上升，从而降低金融机构的贷款意愿。Allen 和 Gale（2001）认为，产业集群内企业之间错综复杂的网络关系，使得财务困境的传递异常迅速，最为典型的就是企业破产导致的多米诺骨牌现象。

（二）国内文献梳理

蒋海玲（2010）作为国内学者中少数"反对派"的代表，从整个宏观经济环境和集群生命周期的角度出发，认为在经济形势下滑期，由于产业集群的关联性引发系统性金融风险的可能性很大，企业之间相互担保、借贷的行为容易造成"一荣俱荣，一损俱损"的局面，甚至扩大为区域性金融风险。且随着企业数量增多和企业规模扩大，集聚不经济对企业的影响也越来越大，金融风险随之增加。王先蒙等（2011）认为，集群内的锁定效应会弱化集群内企业的创新性和竞争力，从而削弱企业的融资能力，且集群内企业形成的特定文化嵌入型风险会无形中排斥外来资金来源，阻碍外源性融资。

四、相关理论评价

从上述国内外文献综述中，笔者发现，支持产业集群利于中小企业融资的学者多从以下三方面解读这种融资优势：

（一）利用集群内部的信息机制

中小企业的融资困难，主要原因是信息的不对称，按时间可将其分为事前与事后的不对称性，前者造成逆向选择，后者造成道德风险。逆向选择使得融资的配置效率大大降低，而道德风险又会降低银行等融资款提供方的提供意愿。多数学者认为，集群内的企业几乎处于同一行业中，内部的产业链相对完整，且企业在与相关机构的长期沟通中，建立起了广泛多元的关系网络，使得信息流动更为频繁而迅速。也就是说，集群内部的金融机构，可通过更为多样化、更为快速的渠道得到更加可靠真实的信息。在企业融资前，金融机构可以以更低的成本获得企业风险评估结果，规避逆向选择的可能性；在融资期间，金融机构能更加方便地进行监督，规避道德风险；在融资后期，金融机构也能更为紧密地了解企业的经营状况，有效防止效益失败的发生。这样一来，金融机构与中小企业可以通过紧密的合作实现双赢。

（二）利用集群内部的信任、声誉机制

在集群内部，各个企业通过专业分工与协作密切联合在一起。集群内的中小企业由于迁移机会成本过高等问题，不能轻易地脱离集群环境，反而其长期稳定发展离不开整个集群大环境所产生的协同作用。企业间的频繁交易可加速信任的建立，企业往往从长远利益大于当前利益的基础上，建立长期信用关系。集群融资收益于上述机制，有效地遏制了机会主义萌芽，减少了违约率、增大了守信度，进而使贷款风险降低，这样一来，银行的贷款意愿相对宽松，中小企业融资成功率出现上升。不仅如此，集群内中小

企业大多数的专业抵押物也更加容易变现,在企业无力按时偿还贷款时,银行可把抵押物出售于集群内的其他企业,产权灵活性与设备的市场需求性对信贷风险提供了很大的弥补。

(三)利用规模、乘数效应

银行在集群内部可为其中相同产业的许多企业贷款,银行可进行批发融资,获得贷款规模经济效应,调查、审核、监督都可以批量操作,减少大量重复工作,成本大大降低,提高了融资效率。集群在地域上的集中性,使得交易空间范围与对象更为稳定,也可以降低成本的发生。同时,和集群外部同类企业相比,集群内企业的密切合作,通过同业拆借、支付延缓等方法,使资金发生放大效应,通过银行货币指数得以进一步放大,集群内资金累计快、周转快、利用率高,促使集群的区域经济飞速增长,最终使得银行收益增加,有助于银企双赢。

笔者认为,上述产业集群所体现出的能够被集群融资所利用的优点是在一定的既定前提条件下才能完全发挥出来。比如,产业集群需要具有一定的成熟度,各主体相互间的关系随着时间的推移已经潜移默化出足够的协同效应,这样集群融资才能合理地得益于信息机制、信任机制等集群特点所带来的优势效应。反观我国目前多数由政府打造出来的"开发园区"的现状,集群融资能否发挥出优势仍有待考证。

五、工业园区与产业集群

工业园区(开发区)作为我国政策工具的历史始于1980年代初中央提出设立四个经济特区和十五个沿海开放城市的重大决策,1990年代我国逐渐形成开发工业园区的高潮,其初衷大多是吸引外资,后来的确取得了很大的成就。沿海地区的经验是划出一片土地作为开发区,提供良好的基础设施和优惠的税收政策,就可能产生增长奇迹。在国家政策的扶持下,出于吸引外资和科研成果产业化的需求,各级地方政府在工业园区和高新技术产业开发区的规划建设中均表现出了极大的积极性。工业园区建设迅速成为政府行为下以城市化、工业化为特征的中国现代化的独特方式。在2004年开发区土地整改以前,我国各类开发区(工业园区)数量之大和分布之广,是原来各级政府所始料不及的。

佛罗贝尔等早就解释过这类园区的地域范围特征和发展条件。尽管自设立经济特区以来,各式各样的产业联系和贸易形态(有形和无形的),伴随着信息、人员、物资以及管理和交流的联系而日渐丰富,但工业园区内部的产业联系仍然不甚密切,呈现内部疲软状态。例如,东莞的外资企业和大部分合资合作企业不仅原料、营销两头在外,而且研发机构也在外,靠境外母公司研发机构提供技术支撑。

可见，产业集群并非是单纯的地理邻近，更为重要的是其中各主体间的组织邻近，且这种组织邻近，是很难单纯去"打造"出来的。近年来，我国各级政府在积极打造产业集群的同时，或是忽视了这种地理邻近中各个主体间关系网络的建立，或是忽略了集群专业产业与本地区域经济特点的联系，这两种忽视，很大程度上导致了"打造"的失败，也就是说，很多所谓的开发园区并没有顺利地发展成为产业集群，也就不能为中小企业融资提供更多的保障，更不用说后期的产业升级了。

六、我国的集群融资难点

笔者认为，根据我国产业集群相关政策的特殊性，集群融资并不能发挥其应有的作用。

首先，在多数以"筑巢引凤"方式打造出来的集群中，并不存在信息对称机制和信任机制，这种集群在政府政策驱动下，靠着吸引世界五百强、吸引企业总部等方式使企业聚集起来，这些企业与机构之间没有长期自然沟通所潜移默化积累下的关系基础，甚至连企业与企业之间都是陌生的，自然不存在良好的信息流通或信任关系。

其次，集群融资或许能够短期地缓解中小企业资金周转的压力，但是对于中小企业的成长并没有长期的持续性帮助，并且，集群融资在产业集群成长的作用机制中所起到的作用也不明显，它不像风险投资，能够对企业成长有持续性作用进而影响集群的升级发展，只是单方面短期地起到缓和作用。

七、总结

综上所述，国外学者因其国家本身拥有完善的金融制度和法律条例，对中小企业融资的研究多集中在创投行业的发展上，认为集群融资只是辅助方式且部分学者持谨慎态度。而国内学者中以集群融资优势理论的研究者最多，且多从产业集群的特点出发，定性研究集群融资的优势。近年来，我国学者多将研究重点放在集群融资模式与渠道的创新上，认为产业集群能够帮助中小企业扩宽融资路径，给金融创新提供孕育环境。可是，在政府外力干预下的"开发园区"是否有条件发挥集群融资的优势？基于集群融资创新的各种融资渠道能否真正解决企业资金问题？这些融资渠道能否促进产业集群的成长甚至产业升级？这都是值得进一步考察研究的问题。

参考文献

[1] Becattini, G4 The Marshallian industrial district as a socio-economic notion, in Industrial Districts and Inter-Firm Co-operation in Italy[J]. International Institute for Labour, Geneva, 1990.

[2] Conigliani, C., Ferri, G., Generale, A. The impact of bank-? rm relations on the propagation of monetary policy squeezes: an empirical assessment for Italy[J]. Banca Nazionale del Lavoro Quarterly Review, 1997, 202.

[3] Conti, G., Ferri, G. Local banks and local economic development[J]. European Regional Science Association, 1997, 8..

[4] Dei Ottati, G. Tra mercato e comunitaá, Franco Angeli, Milano. Pagnini, M. (1998) I vincoli? nanziari per le imprese distrettuali: una analisi su dati bancari[J]. the XIX Italian Conference of Regional Sciences, 1995, 10.

[5] Elisa Ughetto. Industrial districts and financial constraints to innovation[J]. International Review of Applied Economics, 20099; 597-624.

[6] Paolo Finaldi Russo, Paola Rossi. Credit constraints in Italian industrial districts. Applied Economics, 2001, 33, 1469-1477.

[7] 屠竣玉, 吴彦颉, 杨芥舟. 基于产业集群的中小企业融资问题研究[J]. 管理观察, 2009, 6: 118-120.

[8] 魏守华, 刘光海, 邵东涛. 产业集群内中小企业间接融资特点及策略研究[J]. 财经研究, 2002(09): 53-59.

[9] 蒋海玲. 创新型产业集群的金融支持研究[J]. 产业观察, 2010(10): 104-105.

[10] 王先蒙, 周发明, 杨亦民. 产业集群对中小企业融资行为影响分析[J]. 融资研究, 2011(09): 6-7.

[11] 卢亚娟, 褚保金. 区域产业集群发展的金融支持机制研究: 案例分析[J]. 经济学动态, 2011(04): 92-95.

43

Market Centralization in Clusters' Development as Research Area In Ukraine

Valentyn Velychko

Abstract: Theoretical and practical aspects of cluster model based on market centralization are an area of cluster research in Ukraine. The reasearch is an inegrative part of mainstream research directions in Ukraine: economic globalization and regionalization; European economic integration; market and centralization dilemma, principles of clasters' performance etc. which publications of I. Burakovsky, V.Chuzhykova, A. Filipenko, B. Gubsky, D. Lukyanenko, V.Novitsky, Y. Pakhomov, O. Plotnikov, A.Poruchnyk, Y. Savelyev to name a few are dealt with.

Being stacked on European integration and exposed to strong competition from European firms Ukraine is highly motivated to expand its share on the EU market, raise up its competitiveness and high-end exports striving to overcome dependence on raw and semi-raw material export.

Theoretical basics of centralization process in clusters' system and modern conceptions are in scope of research of Ukrainian scholars. There are determined clusters' place in market centralization mechanism and the main issues of clusters' formation under conditions of active state economic policy. Research methodology elaborated by them may be divided in two layers. Top one includes dialectic and systematic methods which might be used to build up market centralization concept and track the influence of globalization and regionalization on it. The low level is presented by critical evaluation of experience of both developed and developing countries in creating clusters and implementation of its models in Ukraine.

4.3 Market Centralization in Clusters' Development as Research Area In Ukraine

Competitiveness of Ukrainian economy becomes a crucial factor of its policy of transformation and reforms. Being in transition from centralized to market economy Ukraine considers cluster model as an important yet not only one tool in securing its economic competitiveness. Thinking that existing models of clusters of mature market economy under transition economy conditions should be adapted to it offer cluster model based on market centralization Ukrainian experts offered market centralization as a cornerstone of new cluster model in Ukraine.

The cluster model has been developing in the framework of restructuring of real economy system and reform of government economic policy. Scholars refer to interaction between market mechanisms and state regulation instruments in clusters' activities. They argue that international competition makes strong impact on modern clusters' existence and activity. At the same time Ukraine European integration and association course and cluster development success in the European Union creates favorable economic environment for clusters' emergence and functioning. And also need and expediency of clusters' forming in Ukraine.

Government agencies' efforts to speed up cluster development and its stimulation in market centralization mode form prerequisites for greater contribution of cluster policies to further development of the national economy.

Keywords: cluster, market centralization, cluster-oriented policy, market regulations, competiveness, benchmarking, market linkages, cluster SWOT analysis

After a dynamic construction in more then two decades as an independent nation, Ukraine's economy has overcome the economic crises of the first decade of the 21nd century and registered real growth in the last two-three years. Even so, as the country moves toward integration into and association with the European Union, raising the level and productivity of investment and promoting innovation become paramount concerns for the Ukrainian government. The country faces the challenge of overcoming the remnants of heavy industrial legacy of the past and completing the transition to a competitive market economy. Further structural reforms are needed to create the legal and regulatory framework and spatial structure that can meet the demands of an economy aspiring to compete successfully in regional environment. Building and strengthening market institutions is still laying within the authority of the Ukrainian government being busy in adopting changes in laws and regulations to encompass changes in business practices and behavior. Recently it demands developing an innovation model of growth which includes its regional component. Now the government has recognized the urgency of continued structural reforms to stimulate investment and innovation including those under the cluster mode.

Macroeconomic policies have succeeded in economic growth, with low inflation and a stable exchange rate. The government has launched a number of investment climate initiatives to create the framework for raising both the level and productivity of investment. Since 2002, it has been carrying out its Investment Climate Action Plan (ICAP) laying out a series of policy actions and milestones for the period of the decade. Those actions were designed to contribute to the restructuring of the economy essential for sustainable performance and regional development.

In addition to the "standard" elements of structural reform, such as land, tax, stock market, finance and judicial reform the ICAP also included measures designed to accelerate the regional transformation of the economy. These measures include support for the organic development of competitive spatial value chains, that is, clusters. At the national level, the government is now in the process of implementing cluster-oriented structural policies as an alternative to the traditional industrial policies. At the regional and local level, it is encouraging private-public initiatives to accelerate the formation and growth of competitive clusters.

The introducing and implementing cluster-oriented development policies created an environment that gets rid from remnants of the command economy of the past. Now clusters have already had legal, institutional and business friendly support from the government. This phenomenon could be considered as a form of market centralization.

Some of the relevant features of the Ukrainian economy and its recent growth experience, lessons drawn from the efforts to introduce the concept of cluster-oriented development policies and building a constituency in the Ukrainian environment, and some recent developments are as follows.

Initial steps to reorient industrial policies to encourage and support the organic development of competitive clusters has been already taken by the government agencies. However, much remains to be done over the years to come, both in terms of building the vertical and lateral market linkages essential to the emergence of competitive clusters, and in terms of the broader structural reforms needed to create an environment that encourages investment and fosters innovation in the clusters.

At least two central problems should be resolved to achieve goals mentioned above.

The first one - to combine recovery with structural change. Between 2008 and 2013, the first two years, coincided with the world economic crises, Ukraine's GDP contracted sharply. In fact, the country experiences a decline in 2009-2010 which was worse than those in the European Union and the US. The broad pattern of this experience was not atypical for the former command economies of Eastern Europe and Eurasia in their transition to the market, but Ukraine's fall was more pronounced and lasted longer than in most other economies in this group. Ukraine's economic decline reflected both unfavorable conditions and slow progress in structural reforms needed to promote a rapid transformation of the economy. As a result of the role Ukraine was assigned in the economy of the Soviet Union, it entered independence over-industrialized and heavily dependent on exports, largely of low value-added products, such as metals, steel and semi-finished goods. The Ukrainian economy was, and continues to be, closely linked to Russia accounted for the substantial share of its exports; even today, roughly a fifth of Ukraine's total exports go to Russia. Moreover, the production technology in Ukraine's industry and energy sector keeps it highly dependent on Russia for energy.

The slowdown in the rate of growth points to underlying weaknesses that threaten sustained growth. Unlike the experience in other transition economies, such as Poland or Latvia, Ukraine's recovery was not preceded or accompanied by significant structural changes in the economy. It was driven by favorable demand developments, first in export markets for metal ores, chemicals and grain, in large part a result of the European and Russian market recovery following its financial crisis, and then in the domestic economy, largely as a consequence of gains in consumption from infrastructure projects implemented in the framework of the EURO-2012 transport and sport facilities construction, real wages growth and payment discipline for pensions.

The turnaround in recent years was remarkable: in 2011-2012 the Ukrainian economy rebounded from the decline of the previous 2 years term, with real GDP growth of about 4-5 percent. Preliminary figures for 2013 1st quarter indicate continued growth, but at a slow rate. The rebound created opportunities for sectors that were traditionally Ukraine's strength. However, they are not permanent and therefore cannot serve as a basis for sustained growth. In fact, these temporary shifts may have harmed medium to long-term prospects by lessening the urgency of measures to accelerate the restructuring of the economy, including its spatial structure, essential to compete successfully in global markets both at home and abroad.

The second one to improve the investment climate. Ukraine's current political leaders have reaffirmed the country's long lasting course towards European integration. However, the association with the European Union (as an important step to integration) is not just a political, but also an economic matter. Today's Ukrainian economy is not able to compete head-on with most of the EU countries, including those from Central Europe. Modernizing the economy and building competitiveness will require increased and more productive investment. However, most investors, both foreign and domestic, see the country's business environment as an obstacle to the creation and expansion of competitive clusters. As a result, little investment to clusters has been substantially achieved, less than what is needed. Instead, much of the investment has gone into maintaining and supporting raw material sectors, retarding structural transformation.

Concerns of investors to clusters include the tax system, not necessarily just the level of taxes, but the frequent changes and often arbitrary administration. Weaknesses in the legal and regulatory framework hamper the establishment of new businesses in clusters, and impose a significant burden on entrepreneurs trying to run a business. While there has been progress in terms of deregulation, significant obstacles remain to enterprise formation and development, the key to clusters building.

The perceptions of investors also determine Ukraine's position in any number of international rankings and ratings of business environment or competitiveness. The Global Competitiveness Report of the World Economic Forum, for example, ranks Ukraine 59th out of 75 countries on the Growth Competitiveness Index. Similarly, an analysis by the Economist Intelligence Unit (EIU) of the business environment in 27 transition economies for the period 2006-2010 places Ukraine 23rd. Although the EIU projects the highest relative improvement in the business environment score among the 27 economies for 2011-2012 for Ukraine, moving it up to #19, the projected gains in foreign direct investment (FDI) still leave the country behind the leaders in the group. Using FDI per capita as the example the figure for Ukraine is one-tenth of that of the leaders.

The overall rankings of the country's business environment and competitiveness, however, mask some important differences that can help set priorities in structural reform efforts. For example, the survey used to determine the Current Competitiveness Index in the Global Competitiveness Report, carried out by the team led by Michael Porter, and focusing on the four elements of the Porter diamond, illustrates these differences. Investors see relative strengths in the following areas (rank number in parenthesis):

- Employment rules (#5)
- Pay vs. productivity (#8)
- Specialized research and training services (#14)
- Railroad infrastructure (#14)
- Tertiary enrolment (#21)
- Capacity for innovation (#29)

By highlighting the lack of foreign direct investment to transfer technology and stimulate innovation in clusters, the survey respondents add a dimension to the concern over low levels of foreign direct investment. On this criterion, Ukraine is ranked low among the 75 countries included in the survey. In addition, the dichotomy between the rankings for "capacity for innovation" and "firm-level innovation" is striking. While it is in part a result of the actual wording of the pertinent survey questions, it does in fact capture some of the dilemma of the Ukrainian economy the slow pace to realize its potential.

The unfavorable business environment in clusters also reflects the need of strong market linkages and institutions. Large parts of Ukraine's rural economy in particular operate in a "pre-market" mode. For example, some foodstuffs clusters, such as milk or potato, very slowly or even unsuccessfully expanded their market share in high-end foodstuff markets. The remainder is either produced and consumed at home, or distributed through informal channels. This lack of an effective "market culture" hampers the rapid development of one of Ukraine's clusters in most promising sectors, agribusiness.

The third one to secure centralization policy effectiveness. Ukraine's strive to realize its innovation potential and build a truly competitive economy is rooted in structural weaknesses. Government recognizes the need for accelerating structural reforms as a precondition for pursuing the country's European integration in form of association and for opening the country to global competition within the WTO. They have launched a strategic initiative to tackle the structural weaknesses of the economy, outlining the chosen scope and pace of structural reforms to improve the investment climate throughout the country in form of action plans, programmes etc.

Government took series of legislative, regulatory and administrative steps to produce real reform at an accelerated pace. It includes over 90 individual measures, ranging from sweeping reforms of major policy elements to important administrative actions. The breadth of coverage of policies reflects an understanding that no single structural reform is sufficient for promoting growth. Instead, what matters is progress across a broad range of areas, combined with a credible commitment to prohibit reversals. The current measures to address the structural reform effectiveness include further deregulation and liberalization of business activities and creation of an effective competitive environment, establishment of a stable and predictable legal framework; transparency in the decision making procedures of executive bodies; development of corporate governance; improvement of investment climate in clusters; promotion of long-term financing, tax reform and stock market development; creation of a pension investment system; development of Special (Free) Economic Zones, territories with a special regime of investment activity and depressed territories; elimination of structural distortions in the economy; development of the domestic market infrastructure; promotion of investment in scientific, technology and innovation activities; and creation of high-productivity jobs.

Most importantly, the reforms seek to encourage and support, rather than control, entrepreneurship by making it easier to establish and run small and medium businesses in clusters. Streamlining regulations and changing administrative practices that govern the setup and running of businesses is therefore major focus of the government activities agenda.

The reforms also address the need to simplify the tax regime and make it more stable through firm implementation of tax legislation, and to ensure an even-handed and efficient administration of tax laws. The government efforts include measures to strengthen the rule of law, and to build up the country's financial sector by restructuring its banking system, developing the stock market, adopting proper corporate governance structures, and establishing a viable pensions system.

In general, reforms aim at building and reinforcing market structures and institutions to accelerate the transformation of the economy, especially by cluster model implementation and encouragement. These reforms include a commitment to innovative policy approaches as an alternative to traditional industrial policies, in particular the option of cluster-oriented development policies. These policies signals a departure from state-owned industrial policy in favor to a comprehensive, realistic framework for the implementation of structural reforms across cluster spectrum. The emphasis is on execution, rather than planning. The inter ministerial task force, chaired by the Ministry of Economic Development and Trade of Ukraine, is in charge of tracking implementation. While the task force has no executive powers itself, it will demand updates from each agency responsible for particular measures, and the effect of peer pressure should not be underestimated.

The cluster-oriented development policies is the product of a dialogue between the Government and the private sector, as well as international organizations. Much of it has been influenced by the recommendations of the European Commission and the OECD to the Government. The dialogue with the EU and OECD has continued.

The emphasis on execution is also reflected in the attention the Government is paying to the task of monitoring which looks not only at the implementation of measures, but is primarily concerned with impacts on the investment climate and entrepreneurship. Monitoring is therefore designed to include tracking perceptions of foreign investors and investment analysts, as reflected in country competitiveness rankings and ratings, as well as a systematic assessment of the views of domestic investors and entrepreneurs throughout the country. Impacts on the cluster economy is a special concern.

Now the Government facing the challenge to overcome resistance to some of the reforms needed from vested interests in the bureaucracy as well as in the private sector. Key measures depend on the support and cooperation of the Parliament which has not been a hotbed of market reforms. By approaching the execution of the policy process, its principal sponsors take a realistic stance that allows for flexibility in a strategic management context. Hopes and prospects for the Ukrainian economy are riding on their ability to stay the course.

Within the strategic government management, the introduction of cluster-oriented development policies can reinforce the effects of improvements in the investment climate by actively encouraging and supporting the development of market and business linkages to promote vertical and horizontal integration and stimulate innovation. To date Ukraine get ready to start the "cluster fever." Local initiatives has already implemented in many regions in Ukraine have sought to develop clusters, there some information on their success or failure is available.

Many regions in Western Ukraine have overcome orientation on "saving" the heavy industries and begin promote the development of new, competitive activities. But in some cases, an emerging interest in cluster-oriented policies has been tinged with skepticism that they might be another patent solution peddled by foreign advisers.

Translating the emerging interest into concrete policy steps therefore required a deliberate and patient approach to build support in both the government and the private sector, and to address the some skepticism. Official approach has involved the following elements:

Benchmarking. The government agencies examined a wide range of comparative rankings and ratings, including appraisals of competitiveness and business environment, and sovereign risk assessments by ratings agencies (Moody's, Standard and Poor's, Fitch), export credit agencies, and financial advisers (Institutional Investor). The emphasis was less on where Ukraine stood, but on the factors entering these rankings and ratings and their relationship to elements of the investment climate initiative. We presented the results of this analysis in a series of workshops and presentations in public meetings, such as the OECD-Ukraine Forum on Investment and Enterprise Development in early 2012. This approach was helpful in overcoming defensive reactions and focus on the strategic implications of the information contained in the rankings and ratings. Benchmarking will play a central role in monitoring the impact of the implementation of the cluster-oriented legislation and rules on the investment climate. Current plans call for a periodic survey of domestic investors tailored after the survey used for determining the Current Competitiveness Index of the Global Competitiveness Report.

Competitive positions analysis. Using detailed trade data for the European Union, the Government agencies conducted a competitive positions analysis patterned after the Competitiveness Analysis of Nations (TradeCAN) method developed by the UN Economic Commission for Latin America and the Caribbean, distributed by the World Bank. This analysis in effect uses a variant of the venerable "Boston" strategy matrix. It allocates Ukrainian exports to the EU into four quadrants defined by the growth of EU import markets and the growth of the Ukrainian market share.

The results of this analysis confirmed the continuing importance of raw materials and semifinished goods in Ukraine's international competitive position. On the positive side, the analysis helped identify some possible opportunities for forward integration, for example in wood processing and agribusiness segments. However, rather than presenting the findings separately as stand-alone report, they have been used as background information for the policy dialogue within the government, and between the government and private sector associations.

Assessment of market linkages. This analysis continues as part of the dialogue with private sector associations and representatives. For one part of it, we used data on the variation of prices for consumer products across the regions (oblasts) of the country to obtain a measure of overall market integration. We complemented the statistical analysis with assessments of local market linkages in selected locations and sectors. Both uncertainties in the legal framework, in particular contract enforcement, and lack of information hamper the emergence of dense economic networks that essential to the organic development of clusters at the local (as well as at the national) level.

Education and outreach. To raise awareness of the concepts of an experience with cluster-based national and regional development policies, we conducted a systematic review of cases relevant to the situation in Ukraine, and presented the results in a series of position papers and workshops. Several high-ranking officials of the Ministry of Economy and the country's leading stock exchange participated in a regional conference on building competitiveness in transition economies.

Finally, the government agencies conducted introductory workshops with selected private enterprise groups in several sectors.

Dialogue with private sector associations. The government agencies has begun a series of consultations with private sector associations for sectors that are part of potential clusters. These consultations focus on obstacles to competitiveness that enterprises are facing, including weaknesses and capability gaps in the value chain. They typically involve a brief presentation on concepts of competitiveness, innovation, value chain analysis and clusters. If the initial discussion suggest interest and competitive prospects, the dialogue expands to include other elements of the (potential) cluster. While broader policy issues taxes, regulations, contract enforcement tend to dominate the discussions of obstacles to competitiveness, the systematic review of the links in the value chain often identifies specific capability gaps that are amenable to joint action. An example may be the reorientation of the curriculum of a shipbuilding academy to focus increasingly on the design of, say, recreational boats. Alternatively, participants in pre-cluster workshops and discussions may see immediate benefits from establishing or strengthening local market linkages to connect elements of a value chain that may have relied on external relationships.

Partnering of central and local governments for cluster development. On a pilot basis, the government agencies have brought together representatives of the central government in Kyiv with local government officials and business leaders to explore jointly opportunities for launching local cluster initiatives. These pilot efforts have focused on possibilities in boatbuilding and maritime tourism in the Kherson and Mykola? v communities on the Black Sea, west of the Crimea. The response to these "pre-cluster" meetings has been positive, but resource constraints have hampered adequate follow-up.

In its outreach efforts, the government agencies has emphasized its role as a catalyst and facilitator. While officials have been ready to provide guidance and information, with support from the USAID-funded Support for Economic and Fiscal Reform (SEFR) Project, they have stressed that the impetus for next steps needs to come from the private sector. In an environment that still reflects the effects of virtually total state dominance over the economy, insisting on a true partnership between the public and the private sectors is critical for realistic expectations. This posture also signals that clusters are not a reincarnation of the "industrial complex" of the socialist era under a new label. Support for cluster formation and development manifests also a new form of public-private interaction, encouraging a change in the mindset of both government officials and private entrepreneurs.

The pre-cluster meetings with private sector associations to date have highlighted the need for further analysis to identify the potential benefits to private entrepreneurs of engaging in any cluster development initiative. Far-sighted business leaders appreciate the need for vertical integration, both backward and forward. However, the experiences of the past have created a culture of mistrust, which hampers attempts to build horizontal linkages and engage in joint action while remaining competitors.

Both the adoption of the cluster-oriented policies and the decision to d launch new pilot cluster initiative are recent events. There has been appreciable progress in terms of identifying candidates for the pilot cluster, and working with them in initial mapping and appraisal exercises. At the national level, both the wood processing and furniture industries and the information and communications technology (ICT) clusters appear to have some potential, and others, such as ceramics or pharmaceuticals, deserve further scrutiny, but perhaps with more of a geographic focus. Representatives of light industry, including garments and shoes, expressed interest.

In order to set up wood processing and furniture cluster, the government agencies has worked with the industry association and related institutions in conducting a cluster mapping and appraisal exercise.

The group produced an initial map of the furniture cluster. The group is now in the process of carrying out a cluster SWOT analysis, structuring it around the four sets of criteria of the Porter diamond.

Information and communications technology is based on Ukraine's (still) high levels of education, in particular in science, and its scientific and engineering tradition provide a fertile soil for the development of a competitive ICT cluster, including both hardware and software. The advantage is threatened by the continuing emigration of highly qualified IT professionals, difficulties in maintaining high educational standards, and the lack of adequate protection of intellectual property rights. Some obstacles to the development of a competitive ICT cluster include shortcomings in the country's telecommunications infrastructure, and a lack of certifications and standards, in particular quality control. Finally, while Ukraine size constitutes a potentially interesting market, effective domestic demand for ICT products and services is underdeveloped. Industry leaders have recognized the importance of vertical integration, and have taken steps to form alliances along the ICT value chain. However, they appear less interested at this point in developing and strengthening horizontal linkages, since perceptions of shared problems and capability gaps are limited. Areas such as education and training, certification and standards, and IT procurement policies would appear to warrant further attention as possibilities for joint action.

At the local level, officials and community leaders in Kherson and Mykola? v (and in other regions, such as Dnipropetrovsk) have stated their intent to carry out a form of participatory analysis of competitive advantage. This analysis would serve as a prelude to exploring the development of a cluster-based local economic development efforts in these communities.

In general, Ukraine is in the early stages of introducing cluster-oriented policies as a complement or alternative to traditional industrial policies. This initiative proceeds within the framework of the a comprehensive program to improve the country's investment climate and stimulate investment and innovation over the next eight years. Well-designed and well-executed cluster development support policies can leverage improvements in the investment climate and investment promotion. Whether the initiative can continue successfully depends in part on political stability to ensure that resources are available to follow through on the initiative.

References

[1] Asheim B., Isaksen A., Nauwelaers C., Todtling F. Regional Innovation Policy for Small-Medium Enterprises[J]. Edward Elgar Publishing, 2003.

[2] Becattini G. From Marshall's to the Italian "Industrial districts". A Brief Critical Reconstruction [http://www.competitiveness.org/newsletter/files/becattini.pdf].

[3] Porter Michael E. Cluster and Economic Policy // Harvard Business School Institute for strategy/[J]. White Paper, 2007, 11.

[4] Camagni R. On the concept of Territorial Competitiveness: Sound or Misleading? [J]. Urban Studies, 2012, 13.

44

Mixed Duopoly with Foreign Firm and Subcontracting

Yuanzhen Lyu[1] Jie Shuai[2]

June 5, 2013

JEL Classification Codes: L13, L32, L33

> **Abstract**: Existing literatures on mixed oligopoly markets usually focus on competition relationship among different types of firms. But reality shows cooperation among firms besides the competition relationship. Using a location model, we allow public firm competing with foreign firm, and at the mean time cooperating with it through subcontracting. We find that variation in costs or tariffs has no effect on either firm's position. Tariff on input can raise social welfare and government will charge an input tariff to the extent of costs difference. Tariff on final good has no effect on welfare but will raise prices. Compared to no tariff at all, tariff on inputs alone raises retail prices, but tariffs on both inputs and final goods may reduce prices. Consumer surplus is higher when retail prices are lower. We also find that comparing to competing with domestic private firm, when public firm competing with foreign firm, social welfare is lower, but consumer welfare is higher.
>
> **Keywords**: Mixed duopoly; Subcontracting; Location competition.

1 Introduction

As the development of economies, relationships among different firms within the same

---

[1] Nankai University, #94 Weijin Rd., Tianjin 300071, P.R. China. E-mail: lvyuanzhen@gmail.com.

[2] Corresponding author. Nankai Institute of Economics, Nankai University, #94 Weijin Rd., Tianjin 300071, P.R. China. E-mail: jshuai@nankai.edu.cn.

industry are not restricted to competition anymore. Besides competition, they usually cooperate with each other in some way. One common example of cooperation is subcontracting[①]. For some reasons such as technology advantages, cost advantages etc., one firm may subcontract part of production to its competitors. Spiegel (1993) gives some examples in his paper, such as, Zenith Electronics built laptops for Hewlett-Packard, and Mazda Motor Co. produced the Ford Probe.

Subcontracting does not only exist among private firms within the same country, but also exists among firms from different countries with different ownership. On one hand, as one of the fastest developing market, China has attracted lots of foreign direct investments and exports. On the other hand, due to some historical reasons, a lot of domestic firms in China are owned by Chinese government. An interesting phenomenon in China then, is that in many markets such as automobiles, bulk pharmaceutical and milk powder, we see that domestic public firms compete against foreign firms, and at the same time they cooperate with each other in certain ways. For example, First Automobile Works (FAW), a leading public firm in automobile industry in China, uses Toyota's engine VVT-i for its Hongqi HQ3, while the engine is used for Toyota's Crown Mejesta at the same time[②]. Chery Automobile Co. Ltd, also a public automobile enterprise in China, uses Mini-Cooper's engine Tritec for its Chery Amulet.[③]

To our best knowledge, there has been no literature on this subject yet. Leaving several interesting questions to be answered: When public firms compete and cooperate with foreign firms at the same time, what is the welfare effect of the presence of foreign firm? Will public firm behaves differently when competing with foreign firm comparing to competing with domestic private firm? Will firms' locations differ from the model with pure private duopoly or mixed duopoly but with domestic private firm? What is the optimal tariffs and their effects on welfare? To address these questions, we discuss a mixed duopoly model' la Hotelling, in which one public firm competes against a foreign firm and cooperates with it through subcontracting at the same time. We find that first, presence of foreign firm lowers domestic social welfare since its profit is not accounted in domestic welfare. But consumer surplus is higher in presence of foreign firm. The reason is that the presence of foreign firm has two opposite effects

---

① Some papers use outsourcing.
② Technical parameters of Hongqi HQ3 and Crown Mejesta. Retrieved February 18, 2013 from http://www.faw-hongqi.com.cn/ and http://toyota.jp/crownmajesta/dynamism/engine/index.html
③ Jingyi Ma (August 19, 2012), Origin of Chery and Mini Sharing Tritec. Retrieved February 18, 2013 from. http://www.autohome.com.cn/tech/201208/380864.html

on consumer welfare, *travel cost effect* which lowers consumer welfare and *price effect* which increases consumer welfare. Our results suggest that the price effect dominates the *travel cost effect*, thus consumer welfare is higher. Second, public firm is more aggressive in its location and pricing choice in presence of foreign firm than competing with domestic firm. Third, both firms' locations and market shares are independent of variation in tariffs or production costs. The public firm locates close to the center of the market and foreign firm locates close to the end. Fourth, tariff on intermediate good can increase welfare whereas tariff on final good cannot. Tariff on both inputs and final goods may actually lower retail prices and raise consumer welfare comparing to no tariff at all. This is in sharp contrast to existing studies (e.g. Chao and Yu (2006) and Wang et al. (2010)) which usually find that tariffs hurt consumers.

The rest of the paper proceeds as follows. Section 2 reviews the related literature. Basic model is presented in Section 3 and analyzed in Section 4. Section 5 contains the concluding remarks. Proofs of Lemmas and Propositions are presented in Appendix A. And we show that our results hold qualitatively under an alternative model in Appendix B.

2 Related literature

Economic research on public firm regulating oligopoly markets can be traced back at least to Merrill and Schneider (1966). Since then, many economists have given their contributions into different aspects of this field. In contrast to Merrill and Schneider (1966) who look at nationalization of a private firm, Anderson et al. (1997) investigate privatization of a public firm in a market with differentiated products. They point out that profitable public firm should not necessarily be privatized. Empirical studies on privatization focus on its effect on firms' performance and reaches no general conclusion. Using panel data from rural and urban firms of China, Dong et al. (2006) find that adoption of some degree of private ownership significantly improves urban firms' productivity but not for rural firms. La Porta and Lopez-de Silanes (1999) find privatization improves firms' productivity using data from Mexico. And in the transition economies of central Europe, Frydman et al. (1999) find that privatization to outsider owner can improve firms' revenue and productivity whereas privatization to insider owner has no significant effect.

Discussions about nationalization or privatization have been extended to partial state ownership. George and Manna (1996) look at a homogeneous product market and find that if private firm is more effcient, partial public ownership may be welfare improving. Bennett and Maw (2003) discuss an optimal partial state ownership in a duopoly model with heterogenous product. Kumar and Saha (2008) examine a partial public firm competing with private firm in an à la Hotelling modela and find that welfare increases with government's share of the public firm.

Besides these discussions about ownership of public firms, many works study public firms' regulating effects on mixed markets. Harris and Wiens (1980) discuss how a dominant public firm can increase effciency in oligopoly market with alternative features: homogeneous products, incomplete information, and heterogeneous products. The heterogeneous products discussed in Harris and Wiens (1980), has been extended to spatial competition of mixed market. Cremer et al. (1991) look at a mixed oligopoly with horizontal product differentiation. They find that the social welfare depends on the number of firms (n). When $n = 2$ or $n \geqslant 6$, one public firm can increase social welfare. Especially when one public firm competes against one private firm, the location choice is the first best one. Matsushima and Matsumura (2003) look at a circular city model in which one public firm competes against private firms through quantity competition. They find that in equilibrium, all private firms locate at the same point while the public firm locates at the opposite side. Li (2006) extends Matsushima and Matsumura (2003) to a case of more than one public firm, and finds that private firms agglomerate regardless of the number of public firms.

Since private firms are usually perceived more effcient than public firms, cost asymmetry is introduced to spatial model of mixed markets. Cardenas (2007) extends Matsushima and Matsumura (2003) by incorporating a large production costs difference between public and private firms, and he uses a linear city model to represent product differentiation instead of circular model. He finds that if the costs difference is large enough, firms agglomerate at the market center. While firms' production costs are exogenously given in above spatial models, Matsumura and Matsushima (2004) endogenize production cost in a Hotelling-type spatial model. They find that private firm's cost is lower than that of the public firm, and even there exists a cost difference, locations of the firms are socially effcient. The latter finding extends Cremer et al. (1991) to the case of cost asymmetry.

In the strand of public firm competing with foreign firm, some economists try to address the question of whether we should privatize a public firm. Matsumura et al. (2009) extend mixed oligopoly model of Anderson et al. (1997) to a case with foreign firms. They find that if the country depends on foreign capital in the private sector, privatization is more likely to improve welfare, but in the short run the opposite tendency exists. Difierent from Matsumura et al. (2009) in which tariff is not allowed, Pal and White (1998) assume domestic government can either subsidize domestic firm or charge a tariff on foreign firm. They find that when subsidy is used, privatization always increase social welfare, whereas welfare may increase or decrease with privatization if import tariff is used. Some other literatures focus on optimal tariff on foreign firm. Chao and Yu (2006) look at a mixed oligopoly model in which one (partial) public firm competes with n foreign firms. With homogenous product and constant marginal cost, they find that tariff decreases with number of foreign firms but increases with degree of privatization. Wang et al. (2010) compare optimum-welfare tariff with maximum-revenue tariff in a linear mixed oligopoly model with foreign competitors and asymmetric costs. Some other economists study the question that how market equilibrium is changed in presence of foreign firms. Fjell and Pal (1996) consider a mixed oligopoly market with one public firm and both domestic privates firms and foreign firms. They find that a existence of foreign firm leads to a lower equilibrium price and a different allocation of production. Heywood and Ye (2009) use Hotelling type model to examine spatial price discrimination with foreign firm. Our paper uses a Hotelling type model to examine the mixed market with foreign firm too, but is different from theirs in several aspects. First, firms use a delivered price to discriminate consumers according to their locations in their model, while we use mill price and there is no price discrimination. Second, since we focus on the subcontracting relationship, we do not consider domestic private firms as they do[④]. Third, the subcontracting and tariff discussed in our model are not presented in theirs.

Within the scope of pure private industry, there are many literatures exploring subcontracting among firms. An important reason of subcontracting is that firms may encounter some diseconomies of scale. A simple representation of the diseconomies of scale is that firms may have a convex cost function. Kamien et al. (1989) discuss such a model in which firms compete in price to serve the whole market in the first stage, and due to the convex cost function, winner of the first stage subcontracts part of production in the second stage. They find the price could be above or below socially optimal price, depending on who decides the subcontracting contract. Spiegel (1993) finds when firms' production costs are the same, even the cost function is convex, there is no subcontracting and two firms engage in Cournot competition. While above literatures assume both firms can produce the input, Arya et al. (2008) look at a duopoly model in which only one firm can produce the input. Under this structure, they find that subcontracting can be used as an instrument to avoid aggressive retail competition. Andaluz (2009) examines the effects of subcontracting on vertical product differentiation and finds that

---

④ When the model includes more than two firms, it raises a series questions such as how many different costs do we have in the model, how many firms will engage in subcontracting.

the degree of differentiation is conditioned both on consignor's bargaining power and the ratio of transport costs. Within the subcontracting context, the most related work to our paper is Liang and Mai (2006). The authors develop a variant of Hotelling's model with subcontracting to examine the principle of minimum differentiation. In their model, two spatially competing firms have different marginal costs, and the high cost firm can subcontract its input to the low cost firm. They find that if the ratio of transport rates between the subcontracted input and the final product is suffciently large, the principle of minimum differentiation arises, otherwise the principle of maximum differentiation arises.

3 The model

Following Hotelling's location model, we assume that there are two firms (1 and 2), each chooses a location x_i ($i = 1, 2$) for its final product over an interval $[0, 1]$. Without loss of generality, we assume that $x_1 \leq x_2$. There is a unit mass of consumers, whose preferences are uniformly distributed over the interval $[0, 1]$. Each consumer is assumed to buy exactly one unit of final product from either firm, and her utility loss of buying a not perfectly matched product (transport cost) takes a quadratic form. For example, consider a generic consumer located at x, her utility of buying from firm 1 and 2 are respectively:

$$u_1 = V - p_1 - t(x - x_1)^2, u_2 = V - p_2 - t(x - x_2)^2$$

where t is transport cost coeffcient, p_i ($i = 1, 2$) is firm i's price, and V is consumers' reservation price. It is readily shown the marginal consumer's location is:

$$\hat{x} = \frac{p_2 - p_1}{2t(x_2 - x_1)} + \frac{x_1 + x_2}{2}$$

Firm 1 and 2's demands are then respectively:

$$q_1 = \frac{p_2 - p_1}{2t(x_2 - x_1)} + \frac{x_1 + x_2}{2}, \quad q_2 = 1 - \left(\frac{p_2 - p_1}{2t(x_2 - x_1)} + \frac{x_1 + x_2}{2}\right)$$

The two firms use an intermediate input to produce a final product. For simplicity we assume that firms employ one unit of input to produce one unit of final good. Firms' costs of producing final goods are the same, which we normalize to zero for simplicity, but their costs of producing input are different[5]. Firm i produces input with a constant marginal cost c_i. Without loss of generality, we assume that $c_1 > c_2$. As usually observed that foreign firms are more effcient in production, so we assume that public firm is firm 1 and foreign firm is firm 2.

The foreign firm may produce its inputs and/or final goods either within the country or

---

⑤ Liang and Mai (2006) use the same setup.

outside the country. In the latter case, the foreign firm needs to import the input and/or final good into the country, and the domestic government can charge a per unit tariff on the imported objects. The per unit tariff on input is denoted by t_m, and tariff on final goods is denoted by t_f.

Since foreign firm has lower cost of producing input, public firm can either produce its own input or subcontract out the production of intermediate input, depending on cost difference. In the latter case, the public firm is a consignor, and the foreign firm is a subcontractor in input market. The surplus from subcontracting, denoted by S, is the cost saved from subcontracting.

$$S = (c_1 - c_2 - t_m)q_s$$

where q_s is the quantity of input subcontracted, and t_m is the input tariff when applicable. The division of the surplus is assumed to follow a Nash bargaining process. Firm 1 and 2 get proportions α and 1−α of the surplus respectively, with $α \in [0, 1]$. We assume that the cost difference is large enough so that the surplus is positive.

The game is played in three stages. In the first stage, each firm simultaneously chooses its location of final good. In the second stage, firms choose their prices of final goods simultaneously and then each firm's demand is revealed. In the last stage, firms subcontract input production. The equilibrium concept we adopt is sub-game perfect Nash equilibrium (hereafter SPNE). Since both firms can get a share of the surplus through subcontracting and will not affect its profit from the final good market. It can be easily shown that a SPNE must consists of both firms engaging in subcontracting and the subcontracted quantity is the public firm's demand from final goods market, i.e. $q_s = q_1$.[⑥] In some sense, it can be viewed that the whole market is served by the foreign firm, directly (foreign firm sells to consumers directly) and indirectly (foreign firm produces for the public firm and have public firm serving the rest consumers).

Each firm's objective can be characterized as following. The foreign firm's objective is to maximize its profit.

$$\pi_2 = (p_2 - c_2 - t_i)q_2 + (1-α)S$$

where $t_i (i = m, f)$ is the tariff on foreign firm. When foreign firm only produces input outside the country, government charges tariff on input, i.e. $t_i = t_m$. When foreign firm only produces final good outside the country, government charges tariff on final goods, i.e. $t_i = t_f$

---

⑥ Choosing vertical foreclosure is not a reliable threaten to make public firm comprises in location and/or price, and thus is not an optimal strategy for the foreign firm in the last stage. An alternative game structure, in which foreign firm can choose vertical foreclosure is discussed in Appendix B.

and in subcontracting surplus S, $t_m = 0$. When foreign firm produces both inputs and final goods outside the country, it will only import a quantity of input required by public firm q_1 and quantity of final good equals to its demand q_2. In this case, $t_i = t_f$, but t_m is not zero.

The public firm wants to maximize social surplus that consists of its profit, consumer surplus and tariff income[⑦]. Its profit can be written as following:

$$\pi = (p_1 - c_1)q_1 + \alpha S.$$

Consumer surplus is their reservation price subtracting the price they paid and the transportation cost. The total transportation cost can be written as following:

$$UL = \int_0^x t(x - x_1)^2 dx + \int_x^1 t(x_2 - x)^2 dx,$$

then the consumer surplus is:

$$CS = V - UL - p_1 q_1 - p_2 q_2, \tag{1}$$

and social welfare is:

$$SS = \pi_1 + CS + t_f q_2 + t_m q_i, \tag{2}$$

where q_i is the input imported. It equals to 1 when the foreign firm only has input produced outside the country, equals to 0 when inputs are produced within the country, and equals to q_1 when both inputs and final goods are produced outside the country.

4 Analysis

According to where the foreign firm produces its inputs and final goods, we have following four cases:

- Case 1: Both inputs and final goods are produced within the country.
- Case 2: Inputs are produced outside the country but final goods are produced within the country.
- Case 3: Inputs are produced within the country but the final goods are produced outside the country.
- Case 4: Both inputs and final goods are produced outside the country.

Next, we start with case 1, in which there is no tariff on foreign firm at all.

4.1 No tariff on foreign firm

When the foreign firm produces both inputs and final goods within the country, the gov-

---

[⑦] The public firm does not collect tariff, but as we assumed in the model, it is owned by the government, so it has the same objective as the government, i.e. maximizing social welfare.

ernment can not charge tariff on either. The unique pure strategy SPNE is characterized in the following proposition.

Proposition 1 *When both inputs and final goods are produced within the country, in equilibrium*:

- *The public firm and the foreign firm's locations and prices are respectively*:

$$x_1 = \frac{3\sqrt{7}-7}{2} \approx 0.49, p_1 = (1-\alpha)c_1 + \alpha c_2;$$

$$x_2 = \frac{\sqrt{7}-1}{2} \approx 0.82, p_2 = (1-\alpha)c_1 + \alpha c_2 + (16-6\sqrt{7})t \approx (1-\alpha)c_1 + \alpha c_2 + 0.13t.$$

- *The public firm and foreign firm's prices are respectively*:

$$q_1 = \frac{\sqrt{7}-1}{2} \approx 0.82, \quad q_2 = \frac{3-\sqrt{7}}{2} \approx 0.18.$$

- *The social surplus, consumer surplus and foreign firm's profit are*:

$$SS = CS = \left(\frac{7\sqrt{7}}{2} - \frac{28}{3}\right)t + V - c_1 + \alpha(c_1 - c_2),$$

$$\pi_2 = (45 - 17\sqrt{7})t + (c_1 - c_2)(1-\alpha).$$

Proof. See Appendix.

The public firm charges a price equal to its actual marginal cost[⑧]. As a result, public firms' profit is zero and social welfare equals to consumer welfare. The foreign firm's price is higher than public firm's price by approximately $0.13t$. The prices difference between the two firms is determined by the transport cost coeffcient, which is indeed a measure of product differentiation[⑨]. An increasing in t gives the foreign firm more market power. Our results indicate that the foreign firm uses this market power to increase its price. Although both firms' prices depend on their costs, prices difference is independent of costs. Moreover, our results indicate that the firms' locations and their market shares are constant, i.e. independent of the two firms' production costs and transport cost coeffcient. Why is that? To maximize social welfare, the public firm has incentives to minimize transport cost as well as foreign firm's profit. On one hand, when the transport cost coeffcient t increases, the public firm responds by sharing the market more equally with the foreign firm to reduce transport cost. On the other hand, when tincreases, foreign firm can charge a higher price and thus gets possible higher profit. As a response, the public firm prefers to lower the foreign firm's market share in order to reduce its profit gain from a price rising. Our results indicate that these two effects offset each other exactly for every t value, and the public firm's location is independent of t. For the foreign firm,

---

[⑧] It can be easily seen that under subcontracting, the public firm's actual production cost is $c_1 - \alpha(c_1 - c_2)$.

[⑨] An extreme case is when $t = 0$, the two firms' products are identical. A Betrand competition leads both firms to choose a price equal to public firm's marginal cost.

as we argued, it explores the increasing of t by charging higher price and keeps its location unchanged. Our results indicate that firms will response to a variation in costs by changing their prices rather than locations.

Comparing our equilibrium locations with Heywood and Ye (2009), we share a common point that equilibrium locations are independent of transport cost coeffcient[⑩]. But the equilibrium locations of public firm and foreign firms are respectively (0.5, 0.83) in their model[⑪]. And they conclude that the addition of foreign firm has no effect on the location of public firm and the value domestic welfare. It can be easily verified that when there is only public firm in our model, the public firm locates at the center of the market (0.5) and social welfare is $V - \frac{t}{12} - c_1$. We compare social welfare with and without foreign firm:

$$\left(\frac{7\sqrt{7}}{2} - \frac{28}{3}\right)t + V - c_1 + \alpha(c_1 - c_2) - \left(V - \frac{t}{12} - c_1\right) \approx 0.01t + \alpha(c_1 - c_2) > 0.$$

The addition of foreign firm changes public firm's location and increases social welfare in our model.

We next present an alternative case, public firm competes against domestic private firm, to illustrate how public firm will behave differently when the other firm is domestic private firm. We assume that public firm is still firm 1 and private is firm 2. When the market consists of a public firm and a domestic private firm, the private firm's profit is accounted into domestic welfare. The public firm's objective therefore is to minimize consumers' transport cost UL. It is usually assumed that the private firm is more effective than the public firm. We thus assume the private firm is the low cost firm which produces input for the public firm. The corresponding SPNE is characterized in following Lemma.

Lemma 1 *When public firm competes against a domestic private firm, and subcontracts its input to the private firm, in equilibrium*:

- The public firm and the private firm's locations and prices are respectively:

$$x_1 = \frac{1}{4}, p_1 = \frac{1}{2}t + c_1 - \alpha(c_1 - c_2), x_2 = \frac{3}{4}, p_2 = \frac{1}{2}t + c_1 - \alpha(c_1 - c_2)$$

- The two firms share the market equally, i.e. $q_1 = q_2 = \frac{1}{2}$.

---

⑩ Since they normalize both firms' production costs to zero, whether equilibrium locations depends on costs in their model is unknown.

⑪ In Heywood and Ye (2009), public firm locates to the right of foreign firm, and the equilibrium locations are ($\frac{1}{2}$, $\frac{1}{6}$) for public firm and foreign firm respectively. Due to symmetry, when assuming public firm locates to the left of foreign firm, this equilibrium location is equivalent to ($\frac{1}{2}$, $\frac{5}{6}$) for public firm and foreign firm respectively.

• *The social surplus, consumer surplus and private firm's profit are*:
$$SS = V - \frac{1}{48}t - c_2, CS = V - \frac{25}{48}t - (1-\alpha)c_1 - \alpha c_2, \pi_v = \frac{1}{4}t + (1-\alpha)(c_1 - c_2).$$

Our Lemma 1 is a special case of Shuai (2012), we thus skip the proof and refer interested readers to his paper for details of proof and discussion.

Comparing these two cases, we have following proposition.

Proposition 2 *Comparing to competing with domestic firm, when public firm competes with foreign firm, it is more aggressive in both location and pricing choices. As a result, foreign firm's profit is lower than domestic private firm. Social welfare is lower but consumer surplus is higher.*

Proof. Public firm charges a lower price and a location closer to the center in presence of foreign firm, it therefore more aggressive in both strategies. Social surplus is undoubtedly lower in presence of foreign firm as whose profit is not accounted in domestic welfare. Using consumer welfare in proposition 1 minus consumer welfare in lemma 1, we get $\frac{56\sqrt{7}-141}{16}t \approx 0.448t$. Consequently, consumer surplus is higher in presence of foreign firm.

Since the foreign firm's profit is not accounted in domestic welfare, the public firm is more aggressive so as to lower foreign firm's profit. Comparing to domestic private firm, the presence of foreign firm affects consumer welfare in two aspects, first it causes two firms deviating from the locations that minimize transport costs, which increases consumers' transport cost and lowers consumer welfare, *travel cost effect*; second, it drives down prices, which raises consumer welfare, *price effect*. Overall, our results suggest the *price effect* dominates the *travel cost effect*, and consumer welfare always increases with foreign firm.

4.2 Tariff on foreign firm

In the remaining 3 cases, the government will charge tariff on either the inputs or the final goods or both. Under this situation, the government chooses optimal tariff rates to maximize social surplus. We therefore add one stage (stage zero) before our initial three-stage game, in which the government chooses its tariff with the objective of maximizing social welfare.

Tariff on input

When the inputs are produced outside the country but the final goods are produced within the country, the government can only charge tariff on the inputs. The unique pure strategy equilibrium is summarized in following proposition.

Proposition 3 *When the government can only charge tariff on the inputs, in the unique SPNE*:

- The public and foreign firm's locations and prices are respectively:
$$x_1 = \frac{3\sqrt{7}-7}{2} \approx 0.49, \quad p_1 = c_1;$$
- The public and the foreign firm's demands are respectively:
$$q_1 = \frac{\sqrt{7}-1}{2} \approx 0.82, \quad q_2 = \frac{3-\sqrt{7}}{2} \approx 0.18.$$
- The tariff rate on input is $t_m = c_1 - c_2$, and total tariff income equals to $c_1 - c_2$
- The social surplus, consumer surplus and foreign firm's profit are:
$$SS = \left(\frac{7\sqrt{7}}{2} - \frac{28}{3}\right)t + V - c_2, \quad CS = \left(\frac{7\sqrt{7}}{2} - \frac{28}{3}\right)t + V - c_1, \quad \pi_2 = (45 - 17\sqrt{7})t \approx 0.02t.$$

Proof. See Appendix.

When the foreign firm produces the inputs outside the domestic country, the government can charge a tariff on the inputs. Not surprisingly, the per unit tariff equals to the per unit surplus from subcontracting. The government keeps all benefit from subcontracting within the domestic country.

Firms' locations and market shares are constant for similar reasons as when there is no tariff. Since all surplus is collected by the government, the share of surplus does not matter anymore. Neither firms' profits, nor social surplus, or foreign firm's profit is affected by the share α. Both firms' prices are higher than the case without tariff, but the price difference is the same as the case without tariff and depends on t only.

Tariff on final goods

When the foreign firm chooses to produce the inputs within the country but produces the final goods outside the country, the government can only charge tariff on the final goods. The unique pure strategy SPNE is presented in the next proposition.

Proposition 4 *When the government can only charge tariff on the final goods, in the unique SPNE:*

- The public firm and the foreign firm's locations and prices are respectively:
$$x_1 = \frac{3\sqrt{7}-7}{2} \approx 0.49, \quad p_1 = (1-\alpha)c_1 + \alpha c_2 + t_f;$$
$$x_2 = \frac{\sqrt{7}-1}{2} \approx 0.82, \quad p_2 = c_1 - \alpha(c_1 - c_2) + (16 - 6\sqrt{7})t + t_f \approx (1-\alpha)c_1 + \alpha c_2 + t_f + 0.13t.$$
- The public firm and the foreign firm's demands are respectively:
$$q_1 = \frac{\sqrt{7}-1}{2} \approx 0.82, \quad q_2 = \frac{3-\sqrt{7}}{2} \approx 0.18.$$
- The tariff rate on final goods has no effect on social surplus, the total tariff income equals to $t_f q_2$.

- The social surplus, consumer surplus and foreign firm's profit are:

$$SS = \left(\frac{7\sqrt{7}}{2} - \frac{28}{3}\right)t + V - c_1 + \alpha(c_1 - c_2),$$

$$CS = \left(\frac{7\sqrt{7}}{2} - \frac{28}{3}\right)t + V - c_1 + \alpha(c_1 - c_2) - t_f,$$

$$\pi_2 = (45 - 17\sqrt{7})t + (c_1 - c_2)(1 - \alpha).$$

Proof. See Appendix.

When the government can only charge tariff on final goods, firms' locations are again fixed. A more interesting insight here is that an increasing in final goods tariff will increase both firms' prices by the same amount, leaving the prices difference unchanged. As a result, each firm's market share does not vary with tariff. And the gain from tariff on final goods is just offset by the loss of consumer surplus, leaving social welfare and foreign firm's profit unchanged.

Tariff on both inputs and final goods.

When both inputs and final goods are produced outside the country, the government can charge tariffs on both. The unique pure strategy SPNE then is summarized in following proposition.

Proposition 5 *When the government can charge tariff on both, in the unique SPNE:*

- The public firm and the foreign firm's strategic choices are:

$$x_1 = \frac{3\sqrt{7} - 7}{2} \approx 0.49, \quad p_1 = c_2 + t_f;$$

$$x_2 = \frac{\sqrt{7} - 1}{2} \approx 0.82, \quad p_2 = c_2 + t_f + (16 - 6\sqrt{7})t \approx c_2 + t_f + 0.13t.$$

- The public firm and the foreign firm's demands are respectively:

$$q_1 = \frac{\sqrt{7} - 1}{2} \approx 0.82, \quad q_2 = \frac{3 - \sqrt{7}}{2} \approx 0.18.$$

- The government will charge a tariff of $t_m = c_1 - c_2$ on the inputs and the tariff on final goods has no effect on social surplus. The total tariff income is $(c_1 - c_2)q_1 + t_f q_2$.

- The social surplus, consumer surplus and foreign firm's profit are:

$$SS = \left(\frac{7\sqrt{7}}{2} - \frac{28}{3}\right)t + V - c_2, \quad CS = \left(\frac{7\sqrt{7}}{2} - \frac{28}{3}\right)t + V - c_2 - t_f, \quad \pi_2 = (45 - 17\sqrt{7})t.$$

Proof. See Appendix.

When government can charge tariff on both inputs and final goods, in equilibrium, firms' locations and market shares are independent of tariffs. The government will charge an input tariff to the extent of extracting all surplus from subcontracting, and the tariff on final goods has no effect on social welfare or foreign firm's profit. What is interesting here is that when government charges tariff on both inputs and final goods, the retail prices are lower than those in the cases where the government charges tariff only on inputs or final goods. Moreover, since the tariff on final goods has no effect on social welfare but lowers consumer surplus, government can charge zero tariff on final goods, i.e. $t_f = 0$. In this case, the prices are even lower than the case with no tariff at all. Tariffs lower retail prices and help consumers! This is in sharp contrast to existing studies. For example, Chao and Yu (2006) and Wang et al. (2010) find that tariffs lower consumer surplus[12]. Why is that? Note that when government charges tariff on inputs, it leaves no surplus for the foreign firm from subcontracting[13]. In the government's perspective, the actual domestic production cost is c_2 (public firm's production cost after subcontracting plus per unit tariff on inputs). From the government's point of view, after tariff, the lowest price it can take is lowered to c_2. And consumers benefit from lower prices. It is worth pointing out that at the price of c_2, the public firm operates at a loss[14].

From all four cases, we can see that firms' locations and their market shares are constant, so is the prices difference between foreign firm and public firm. We summarize consumer surplus, social surplus, and foreign firm's profit in table 1. To ease exhibition, we convert fractions into approximate decimal points.

Based on table 1 we have following proposition.

Tariff	CS	SS	π_2
No tariff	$V-c_1+\alpha(c_1-c_2)-0.07t$	$V-c_1+\alpha(c_1-c_2)-0.07t$	$(c_1-c_2)(1-\alpha)+0.02t$
On input	$V-c_1-0.07t$	$V-c_2-0.07t$	$0.02t$
On good	$V-c_1+\alpha(c_1-c_2)-0.07t-t_f$	$V-c_1+\alpha(c_1-c_2)-0.07t$	$(c_1-c_2)(1-\alpha)+0.02t$
On both	$V-c_2-0.07t-t_f$	$V-c_2-0.07t$	$0.02t$

Table 1: Tariff impact

---

[12] Chao and Yu (2006) do not explicitly analyze tariff's effect on consumer surplus, but from equation (7) and (8) of their paper, it is easily to verity that tariff lowers quantity supplied which in turn raises price and hurts consumers.

[13] This makes foreign firm indifferent between with and without subcontracting, and here we assume that foreign firm will engage in subcontracting. Alternatively, one may think the input tariff can be a little bit lower and leaves foreign firm an in？nite small gain from subcontracting. Under our current model setup, the subcontracting decision is made at the last stage of the game, thus strategic foreclosure is not a SPNE for foreign firm. An alternative structure of the game which allows strategic foreclosure is discussed in Appendix B. And we find that our major results continue to hold qualitatively.

[14] Some Chinese public firms such as Aluminium Corporation of China, Metallurgical Corporation of China Ltd., and China Ocean Shipping (Group) Company (COSCO), operate at a loss while at the mean time receiving Chinese government's subsidies. Details can be found from (2012) annual reports of these listed companies.

Proposition 6 *After comparing where government can charge tariff on inputs or final goods or both, we have*
- *Firms' locations and market share are independent of production costs or tariff choice.*
- *Government tariff on inputs can increase social surplus and decrease foreign firm's profit. An optimal input tariff is to the extent of cost difference.*
- *Government tariff on final goods has no effect on social surplus or foreign firm's profit, but will raise prices by its value and thus lower consumers surplus.*
- *Compared to no tariff at all, if government only charges tariff on inputs, retail prices are raised, and if government charges tariff on inputs as well as final goods, retail prices may be lower. Consumer surplus is higher when prices are lower.*

In the past three decades, developed countries have moved their production sector to developing countries to enjoy a lower production cost[15] or avoid tariffs. At the mean time, many countries have joined World Trade Organization which lowers tariffs for its member countries. Our results indicate that in either case, a variation in tariff will not change firms' positioning. If there exists subcontracting between domestic firm and foreign firm, the government can use input tariff to extract some benefit from subcontracting, which will increase domestic social surplus but lower consumer welfare. Tariff on final good has no effect on social surplus but will lower consumer surplus. Based on this, in some instances, it may be better to exempt final good tariff. When government can charge tariff on both inputs and final goods, consumer surplus can be higher with tariff comparing to without tariff.

5 Conclusion

Existing literatures on mixed oligopoly market usually focus on the competition relationship among firms, while reality presents some cooperation relationship among (partly) public firms and domestic/foreign private firms. One form of cooperation is through subcontracting among firms. To fill the difference between theory and reality, we examine both competition and cooperation between public firm and foreign firm. Specifically, we examine a location model with one domestic firm and one foreign firm engaging in subcontracting. We find that the public firm will be more aggressive in its location and pricing choice when competing with foreign firm comparing to competing with domestic private firm. As a result, the public firm

---

[15] Mostly due to a lower labor cost.

allows more profit for domestic private firm than foreign firm. Although social welfare is lower in presence of foreign firm, consumer welfare is higher.

We also consider the case that foreign firm produces outside the country and thus the government can charge tariffs on either inputs or final goods or both. We find that firms' locations and market share are constant, i.e. independent of production costs or tariffs. Our results have some practical implications for countries with both public firm and foreign firm. Developing countries, such as China, have enjoyed a great improvement in its production sector as well as a major change in tariff scheme (after joining the World Trade Organization) in last three decades. Our results imply that variations in these two factors have no effect on positioning of products. We also find that the tariff on final goods has no effect on social welfare but hurts consumers. And the tariff on input can raise social welfare, but its effect on consumer welfare depends. If government only tariffs inputs, consumer surplus is lower, but if government tariffs both inputs and final goods, consumer surplus can be higher.

In the paper, we assume perfect inelastic industry demand so that our model are comparable to existing literatures which typically make the same assumption[16]. Relaxing of this assumption may alter our results and requires further investigation. Since our focus is on the firms interaction at the final products market, as in Liang and Mai (2006), we treat the subcontracting in a relative simple way[17]. Future researches can introduce a more complex subcontracting contract and examine its effect on firms' decision about subcontracting.

Appendix A: Proof of Propositions

Proof of Proposition 1

When there is no tariff on foreign firm, the public firm chooses its location and price to maximize social surplus characterized as following:

$$SS = \pi_p + CS = (p_1 - c_1)q_1 + \alpha s + V - UL - p_1 q_1 - q_2 q_2,$$

while foreign firm maximize its profit. We use backward induction to solve for SPNE. Starting from the second stage, we calculate two first order conditions and set them equal to zero:

$$\frac{\partial SS}{\partial p_1} = \frac{p_1 - c_1 + \alpha c_1 - c_2}{2t(x_1 - x_2)} = 0,$$

$$\frac{\partial \pi_2}{\partial p_2} = \frac{2 - x_1 - x_2}{2} + \frac{2p_2 - p_1 - c_1 + (c_1 - c_2)\alpha}{2t(x_1 - x_2)} = 0.$$

---

[16] Our results apply to some industries with perfect inelastic demand or nearly perfect inelastic demand, such as agriculture market, crude oil market, etc.

[17] The share of surplus from subcontracting is divided by Nash bargaining of the two firms.

We get[18]
$$p_1 = c_1(1-\alpha) + \alpha c_2, \quad p_2 = t(-x_1 + x_2) + c_1(1-\alpha) + \alpha c_2 + \frac{t(x_1^2 - x_2^2)}{2}.$$

We plug in the optimal prices and calculate first order conditions of the first stage:
$$\frac{\partial SS}{\partial x_1} = -\frac{(3x_1^2 + 24x_1 + 2x_1x_2 - x_2^2 - 12)t}{16} = 0,$$
$$\frac{\partial \pi_2}{\partial x_2} = -\frac{(x_1^2 - 2x_1x_2 - 3x_2^2 - 4 + 8x_2)t}{8} = 0.$$

Solving first order conditions we get[19]:
$$x_1 = \frac{3\sqrt{7} - 7}{2}, \quad x_2 = \frac{\sqrt{7} - 1}{2}.$$

We then plug x_1 and x_2 back into p_1 and p_2, we get
$$p_1 = (1-\alpha)c_1 + \alpha c_2, \quad p_2 = (1-\alpha)c_1 + \alpha c_2 + (16 - 6\sqrt{7}).$$
$$q_1 = \frac{\sqrt{7} - 1}{2}, \quad q_2 = \frac{3 - \sqrt{7}}{2}.$$
$$SS = \left(\frac{7\sqrt{7}}{2} - \frac{28}{3}\right)t + V - c_1 + \alpha(c_1 - c_2), \quad \pi_2 = (45 - 17\sqrt{7})t + (c_1 - c_2)(1 - \alpha).$$

It can be easily verified that the public firm's price equals to its cost after subcontracting, thus its profit is zero and consumer welfare equals social welfare.

Proof of Proposition 3

When the government can only charge tariff on the inputs, it can choose tariff on inputs t_m and the public firm's location and price to maximize social surplus characterized as following:
$$SS = \pi_p + CS + t_m(q_s + q_2) = (p_1 - c_2)q_1 + \alpha s + V - UL - p_1q_1 - p_2q_2 + t_m(q_s + q_2),$$

while foreign firm maximizes its profit. We use backward induction to solve for SPNE. Different from the section above, we have three stages here. Starting from the third stage, we calculate two first order conditions and set them equal to zero:
$$\frac{\partial SS}{\partial p_1} = \frac{p_1 - c_1 + \alpha c_1 - \alpha c_2 - \alpha t_m}{2t(x_1 - x_2)} = 0,$$
$$\frac{\partial \pi_2}{\partial p_2} = \frac{-2tx_1 + 2tx_2 + p_1 + tx_1^2 - 2p_2 - tx_2^2 + c_1 - \alpha c_1 + \alpha c_2 + \alpha t_m}{2t(-x_1 + x_2)} = 0.$$

We get[20]
$$p_1 = c_1(1-\alpha) + \alpha c_2 + \alpha t_m, \quad p_2 = t(-x_1 + x_2) + \alpha t_m + c_1(1-\alpha) + \alpha c_2 + \frac{t(x_1^2 - x_2^2)}{2}.$$

We plug in the optimal prices and calculate first order conditions of the second stage:

---

[18] Second order conditions are satisfied as $\frac{\partial^2 SS}{\partial p_1^2} = \frac{1}{2t(x_1-x_2)} < 0$, and $\frac{\partial^2 \pi_2}{\partial p_2^2} = \frac{1}{t(x_1-x_2)} < 0$.

[19] Second order conditions are satisfied as $\frac{\partial^2 SS}{\partial x_1^2} = -\frac{(3x_1 + 12 + x_2)t}{8} < 0$, and $\frac{\partial^2 \pi_2}{\partial x_2^2} = \frac{(x_1 + 3x_2 - 4)t}{4} < 0$.

[20] Second order conditions are satisfied as $\frac{\partial^2 SS}{\partial p_1^2} = \frac{1}{2t(x_1-x_2)} < 0$, and $\frac{\partial^2 \pi_2}{\partial p_2^2} = \frac{1}{t(x_1-x_2)} < 0$.

$$\frac{\partial SS}{\partial x_1} = -\frac{(3x_1^2 + 24x_1 + 2x_1x_2 - x_2^2 - 12)t}{16} = 0, \frac{\partial \pi_2}{\partial x_2} = -\frac{(x_1^2 - 2x_1x_2 - 3x_2^2 - 4 + 8x_2)t}{8} = 0.$$

Solving first order conditions we get[⑳]:

$$x_1 = \frac{3\sqrt{7}-7}{2}, \quad x_2 = \frac{\sqrt{7}-1}{2}.$$

We then plug in the optimal locations and calculate first order condition of the first stage:

$$\frac{\partial SS}{\partial t_m} = 1 - \alpha > 0$$

So in order to maximize social surplus and also make subcontracting possible, government needs to put tariff at:

$$t_m = c_1 - c_2$$

We then plug t_m, x_1 and x_2 back into p_1 and p_2, we get.

$$p_1 = c_1, \quad p_2 = c_1 + (16 - 6\sqrt{7})t.$$

$$q_1 = \frac{\sqrt{7}-1}{2}, \quad q_2 = \frac{3-\sqrt{7}}{2}.$$

$$SS = \left(\frac{7\sqrt{7}}{2} - \frac{28}{3}\right)t + V - c_2, \quad \pi_2 = (45 - 17\sqrt{7})t.$$

Proof of Proposition 4

When the government can only charge tariff on the final goods, it can choose tariff on final goods t_f and the public firm's location and price to maximize social surplus characterized as following:

$$SS = \pi_p + CS + t_f q_2 = (p_1 - c_1)q_1 + \alpha s + V - UL - p_1 q_1 - p_2 q_2 + t_f q_2,$$

while foreign firm maximizes its profit. We use backward induction to solve for SPNE. Exactly as the section above, we have three stages here. Starting from the third stage, we calculate two first order conditions and set them equal to zero:

$$\frac{\partial SS}{\partial p_1} = \frac{p_1 - c_1 + \alpha c_1 - \alpha c_2 - \alpha t_f}{2t(x_1 - x_2)} = 0,$$

$$\frac{\partial \pi_2}{\partial p_2} = \frac{-2tx_1 + 2tx_2 + p_1 + tx_1^2 - 2p_2 - tx_2^2 + c_1 - \alpha c_1 + \alpha c_2 + \alpha t_f}{2t(-x_1 + x_2)} = 0.$$

We get[㉒]

$$p_1 = c_1(1-\alpha) + \alpha c_2 + t_f, \quad p_2 = t(-x_1 + x_2) + t_f + c_1(1-\alpha) + \alpha c_2 + \frac{t(x_1^2 - x_2^2)}{2}.$$

We plug in the optimal prices and calculate first order conditions of the second stage:

$$\frac{\partial SS}{\partial x_1} = -\frac{(3x_1^2 + 24x_1 + 2x_1x_2 - x_2^2 - 12)t}{16} = 0, \frac{\partial \pi_2}{\partial x_2} = -\frac{(x_1^2 - 2x_1x_2 - 3x_2^2 - 4 + 8x_2)t}{8} = 0.$$

㉑ Second order conditions are satisfied $\frac{\partial^2 SS}{\partial x_1^2} = -\frac{(3x_1 + 12 + x_2)t}{8} < 0$, and $\frac{\partial^2 \pi_2}{\partial x_2^2} = -\frac{(x_1 + 3x_2 - 4)t}{4} < 0$.

㉒ Second order conditions are satisfied as $\frac{\partial^2 SS}{\partial p_1^2} = \frac{1}{2t(x_1 - x_2)} < 0$, and $\frac{\partial^2 \pi_2}{\partial p_2^2} = \frac{1}{t(x_1 - x_2)} < 0$.

Solving first order conditions we get[23]:

$$x_1 = \frac{3\sqrt{7}-7}{2}, \quad x_2 = \frac{\sqrt{7}-1}{2}.$$

We then plug in the optimal locations and calculate first order condition of the first stage:

$$\frac{\partial SS}{\partial t_m} = 0$$

So imposing a tariff on final goods has no effect on social surplus, government doesn't have motivation to put tariff on final good. We then plug x_1 and x_2 back into p_1 and p_2, we get

$$p_1 = c_1 + t_f - \alpha c_1 + \alpha c_2, \quad p_2 = c_1 + (16-6\sqrt{7})t + t_f - \alpha c_1 + \alpha c_2,$$

$$q_1 = \frac{\sqrt{7}-1}{2}, \quad q_2 = \frac{3-\sqrt{7}}{2}.$$

$$SS = \left(\frac{7\sqrt{7}}{2} - \frac{28}{3}\right)t + V - c_1(1-\alpha) - \alpha c_2, \quad \pi_2 = (45-17\sqrt{7})t + (c_1-c_2)(1-\alpha).$$

$$CS = \left(\frac{7\sqrt{7}}{2} - \frac{28}{3}\right)t + V - c_1(1-\alpha) - \alpha c_2 - t_f.$$

Proof of Proposition 5

When the government can charge tariff on the inputs and final goods, it can choose tariff t_m, t_f and the public firm's location and price to maximize social surplus characterized as following:

$$SS = \pi_p + CS + t_m q_s + t_f q_2 = (p_1-c_1)q_1 + \alpha s + V - UL - p_1 q_1 - p_2 q_2 + t_m q_s + t_f q_2,$$

while foreign firm maximizes its profit. We use backward induction to solve for SPNE. As with the section above, we have three stages here. Starting from the third stage, we calculate two first order conditions and set them equal to zero:

$$\frac{\partial SS}{\partial p_1} = \frac{p_1 - c_1 + \frac{\alpha}{\alpha} c_1 - \frac{\alpha}{\alpha} c_2 - t_m + t_m - t_f}{2t(x_1-x_2)} = 0,$$

$$\frac{\partial \pi_2}{\partial p_2} = \frac{-2tx_1 + 2tx_2 + p_1 + tx_1^2 - 2p_2 - tx_2^2 + t_f + c_1 - t_m - \frac{\alpha}{\alpha} c_1 + \frac{\alpha}{\alpha} c_2 + \frac{\alpha}{\alpha} t_m}{2t(-x_1+x_2)} = 0.$$

We get[24]

$$p_1 = c_1(1-\alpha) + \alpha c_2 - t_m(1-\alpha) + t_f,$$

$$p_2 = t(-x_1 + x_2) + \alpha t_m + c_1(1-\alpha) + \alpha c_2 - t_m + t_f + \frac{t(x_1^2 - x_2^2)}{2}.$$

We plug in the optimal prices and calculate first order conditions of the second stage:

$$\frac{\partial SS}{\partial x_1} = -\frac{(3x_1^2 + 24x_1 + 2x_1 x_2 - x_2^2 - 12)t}{16} = 0, \quad \frac{\partial \pi_2}{\partial x_2} = -\frac{(x_1^2 - 2x_1 x_2 - 3x_2^2 - 4 + 8x_2)t}{8} = 0.$$

---

[23] Second order conditions are satisfied as $\frac{\partial^2 SS}{\partial x_1^2} = -\frac{(3x_1+12+x_2)t}{8} < 0$, and $\frac{\partial^2 \pi_2}{\partial x_2^2} = \frac{(x_1+3x_2-4)t}{4} < 0$.

[24] Second order conditions are satisfied as $\frac{\partial^2 SS}{\partial p_1^2} = \frac{1}{2t(x_1-x_2)} < 0$, and $\frac{\partial^2 \pi_2}{\partial p_1^2} = \frac{1}{t(x_1-x_2)} < 0$.

Solving first order conditions we get[25]:

$$x_1 = \frac{3\sqrt{7}-7}{2}, \quad x_2 = \frac{\sqrt{7}-1}{2}.$$

We then plug in the optimal locations and calculate first order condition of the first stage:

$$\frac{\partial SS}{\partial t_m} = 1-\alpha > 0, \quad \frac{\partial SS}{\partial t_f} = 0.$$

So tariff on final goods again does not have effect on social surplus and in order to maximize social surplus and also make subcontracting possible, government needs to put tariff on inputs at:

$$t_m = c_1 - c_2$$

We then plug t_m, x_1 and x_2 back into p_1 and p_2, we get

$$p_1 = c_2 + t_f, \quad p_2 = c_2 + t_f + (16-6\sqrt{7})t,$$

$$q_1 = \frac{\sqrt{7}-1}{2}, \quad q_2 = \frac{3-\sqrt{7}}{2}.$$

$$SS = \left(\frac{7\sqrt{7}}{2} - \frac{28}{3}\right)t + V - c_2, \quad \pi_2 = (45-17\sqrt{7})t.$$

$$CS = \left(\frac{7\sqrt{7}}{2} - \frac{28}{3}\right)t + V - c_2 - t_f.$$

Appendix B: Alternative game structure

In the main context, we assume the subcontracting decision is made at the last stage. Thus foreign firm will not choose vertical foreclosure in equilibrium. We modify our original game here by having the subcontracting decision being made at the first stage, and then foreign firm can use vertical foreclosure to require lower tariffs from the domestic government. We denote foreign firm's profit under subcontracting by π_2^S and its profit under vertical foreclosure by π_2^V. Then we must have $\pi_2^S \geq \pi_2^V$ to have foreign firm engaging in subcontracting. This condition restricts the tariffa that government can charge. We have shown in main context that any tariff on final goods will be shifted completely to consumers and have no effect on foreign firm's profit. Thus this restriction applies to the input tariff.

We first calculate foreign firm's profit under vertical foreclosure. Due to the complexity of the game, we cannot find analytical solutions and have to solve the game numerically[26]. We normalize $c_2 = 0$ and $t = 1$. We find that when c_1 is small enough, i.e. $0 < c_1 < 0.0942$, there exists pure strategy Nash equilibrium (hereafter PSNE) in location choice. When $c_1 > 0.0942$, there is no PSNE and it is impossible to solve for mixed strategy equilibrium due to the complexity of the game. We thus pick $c_1 = 0.06$[27]. We get foreign firm's profit:

---

[25] Second order conditions are satisfied as $\frac{\partial^2 SS}{\partial x_1^2} = -\frac{(3x_1+12+x_2)t}{8} < 0$, and $\frac{\partial^2 \pi_2}{\partial x_2^2} = \frac{(x_1+3x_2-4)t}{4} < 0$.

[26] Maple file are available upon request.

[27] We have also tried other values such as $c_1 = 0.01$ and get qualitatively the same results.

$$\pi_2^V = 0.0354$$

We next look at the case that government can only charge input tariff on foreign firm. We find that when $t_m = 0.06 - \dfrac{0.013}{1-\alpha}$, $\pi_2^S = \pi_2^V$. In this case, the social welfare and consumer surplus under subcontracting are:

$$SS = V - 0.0874, \quad CS = V - \dfrac{0.226\alpha^2 - 0.565\alpha + 0.3672}{(1-\alpha)^2}.$$

When there is no tariff and foreign firm produces input for public firm, it can be easily shown that the social welfare and consumer surplus under subcontracting are:

$$SS = V - 0.1332 + 0.06\alpha, \quad CS = V - 0.1332 + 0.06\alpha.$$

Comparing these two cases, we can see that, when $\alpha < 0.763$, social welfare is higher with input tariff, otherwise is lower. And consumer surplus is always lower when imposing input tariff.

We next move to the case with both tariffs. We find that when $t_m = 0.06 - \dfrac{0.013}{1-\alpha}$, $\pi_2^S = \pi_2^V$. And after imposing this input tariff, social welfare and consumer surplus under subcontracting are:

$$SS = V - 0.0877, \quad CS = V - 0.0877 - t_f.$$

Comparing to the case with no tariff at all, we find that when $\alpha < 0.758$, social welfare is higher with both tariffs, otherwise is lower. And when $\alpha < 0.758 - 16.67 t_f$, consumer surplus is higher with both tariffs, otherwise is lower.

Comparing to our results in the main model, we can see that our major conclusion continue to hold qualitatively in this alternative game structure. Tariff on inputs alone can raise social welfare but will lower consumer surplus, tariff on both inputs and final goods can raise social welfare and consumer surplus.

References

[1] Andaluz, J. Vertical Product Differentiation with Subcontracting [J]. *Papers in Regional Science*, 2009(4):785-798.

[2] Anderson, Simon P., Andre Palma, Jacques-Francois Thisse. Privatization and Effciency in a Differentiated Industry[J], *European Economic Review*, 1997(9):1635-1654.

[3] Arya, Anil, Brian Mittendorf, David E.M. Sappington. Outsourcing, Vertical Integration, and

Price vs. Quantity Competition [J]. *International Journal of Industrial Organization*, 2008 (1):1-16.

[4] Bennett, John, James Maw. Privatization, partial state ownership, and competition[J]. *Journal of Comparative Economics*, 2003(1):58-74.

[5] Cardenas, Oscar J. Mixed Oligopoly and Spatial Agglomeration: A Comment[J]. *Canadian Journal of Economics/Revue canadienne d' conomique*, 2007(1): 340-346.

[6] Chao, Chi-Chur, Eden SH Yu. Partial Privatization, Foreign Competition, and Optimum Tariff[J]. *Review of International Economics*, 2006(1):87-92.

[7] Cremer, Helmuth, Maurice Marchand, Jacques-Franois Thisse. Mixed Oligopoly with Differentiated Products[J]. *International Journal of Industrial Organization*, 1991(1):43-53.

[8] Dong, Xiao-yuan, Louis Putterman, Bulent Unel. Privatization and firm performance: A comparison between rural and urban enterprises in China[J]. *Journal of Comparative Economics*, 2006(3): 608-633.

[9] Fjell, Kenneth, Debashis Pal. A Mixed Oligopoly in the Presence of Foreign Private Firms [J]. *The Canadian Journal of Economics / Revue canadienne d' Economique*, 1996(3): 737-743.

[10] Frydman, Roman, Cheryl Gray, Marek Hessel, Andrzej Rapaczynski. When does privatization work? The impact of private ownership on corporate performance in the transition economies[J]. *The Quarterly Journal of Economics*, 1999(4):1153-1191.

[11] George, Kenneth, Manfredi M. A. Manna. Mixed Duopoly, Ineffciency, and Public Ownership[J]. Review of Industrial Organization, 1996(11):853-860.

[12] Harris, Richard G., Elmer G. Wiens. Government Enterprise: An Instrument for the In ternal Regulation of Industry [J]. *The Canadian Journal of Economics / Revue canadienne d' Economique*, 1980(1):125-132.

[13] Heywood, John S., Guangliang Ye. Mixed oligopoly and spatial price discrimination with foreign firms[J]. *Regional Science and Urban Economics*, 2009(5):592-601.

[14] Kamien, Morton I., Lode Li, Dov Samet. Bertrand Competition with Subcontracting [J]. *The RAND Journal of Economics*, 1989(4):553-567.

[15] Kumar, Ashutosh, Bibhas Saha. Spatial competition in a mixed duopoly with one partially nationalized firm[J]. *Journal of Comparative Economics*, 2008(2):326-341.

[16] La Porta, Rafael, Florencio Lopez-de Silanes. The benefits of privatization: Evidence from Mexico[J]. *The Quarterly Journal of Economics*, 1999(4):1193-1242.

[17] Li, Changying. Location Choice in A Mixed Oligopoly," *Economic Modelling*, 2006(1): 131-141.

[18] Liang, Wen-Jung, Chao-Cheng Mai. Validity of The Principle of Minimum Differentiation

under Vertical Subcontracting[J]. *Regional Science and Urban Economics*, 2006(3): 373-384.

[19] Matsumura, T., N. Matsumura, I. Ishibashi. Privatization and Entries of Foreign Enterprises in a Differentiated Industry [J]. *Journal of Economics*, 2009(98): 203-219.

[20] Matsumura, Toshihiro, Noriaki Matsushima. Endogenous Cost Differentials between Public and Private Enterprises: A Mixed Duopoly Approach [J]. *Economica*, 2004 (284): 671-688.

[21] Matsushima, Noriaki, Toshihiro Matsumura. Mixed Oligopoly and Spatial Agglomeration [J]. *Canadian Journal of Economics/Revue canadienne d'conomique*, 2003(1):62-87.

[22] Merrill, William C., Norman Schneider. Government Firms in Oligopoly Industries: A Short-run Analysis[J]. *The Quarterly Journal of Economics*, 1966(3):400-412.

[23] Pal, Debashis, Mark D White. Mixed oligopoly, privatization, and strategic trade policy [J]. *Southern Economic Journal*, 1988:264-281.

[24] Shuai, Jie. Mixed Duopoly with Cost Asymmetry and Subcontracting[J]. *working paper*, 2012.

[25] Spiegel, Yossef. Horizontal Subcontracting [J]. *The RAND Journal of Economics*, 1993 (4):570-590.

[26] Wang, Leonard FS, Jean Wang, JEN-YAO LEE. Optimum-Welfare and Maximum-Revenue Tariffs in Mixed Oligopoly with Foreign Competitors[J]. *Australian Economic* Papers, 2011(1):60-72.

后 记

成长在创新与创业的大时代

改革开放三十多年，我国的经济增长与社会发展取得了举世瞩目的成就。如此巨大的进步与发展，既离不开中国人自强不息的奋斗与探索，也离不开全球经济一体化的宏观环境。我国企业的创新与创业，大多与产业集群的成长息息相关，也深深植根于全球经济多尺度的产业转型与空间重构动态过程之中。

中国发展迅速的产业集群与经济腾飞高度相关，与科技创新高度相关，与文化变迁高度相关，在吸引投资、出口创汇、创造就业等方面贡献突出，受到国内外越来越多的关注，成为当代研究中国的一个不容忽视的主题。在独特的经济转型背景下，我国的产业集群走出了多样化的道路，深刻地改变着全国的经济空间格局。考察中国产业集群的发展，探究它发生和演化的内在机制，预想它变幻不羁的未来，既引人入胜，又充满着挑战。

自2002年开始，每年一度的"产业集群与区域发展"学术会议已经成为国内外研究产业集群与区域发展问题的跨学科、跨领域的学界盛事。2013年7月6-7日，第十二届产业集群与区域发展学术会议在武汉隆重举行。时至今日，会议结束已一年有余，关于这次会议的诸多精彩场景却仍然萦绕在眼前，令人难以忘怀。

几乎每年都来参加会议的教授们，如王缉慈、金祥荣、王珺、顾庆良、曾刚、李新春、梁琦、臧旭恒、刘曙光、胡汉辉、丘海雄、刘卫东、岳芳敏等，以及虽未出席本次会议但是一直热心参与和关注"产业集群与区域发展"系列会议的教授们，如魏江、苗长虹、贺灿飞、赵伟等人，已成为吸引国内外大批青年学者积极投稿参加产业集群会议的"旗舰"型人物。他们分别来自地理学、经济学、管理学、社会学等不同的学科领域，在各自的研究领域都是学术泰斗级的人物，但是每一次出现在产业集群年会上的时候，他们都是那么谦虚严谨、和蔼可亲、相互尊重、平易近人，以致力于推动中国的产业集群和区域发展研究为目标，以促进跨学科之间的对话和交流为宗旨，以培养和提携青年学者为己任，为年轻后学树立了做人和做学问的最佳榜样。

忘不了，在大会的特邀报告上，北京大学王缉慈老师和广东省社科院王珺老师分别就"在地产热背景下探寻产业集群研究的真知"和"城镇化进程中的集群发展"发表真知灼见；来自科技部火炬中心的肖晗彬副处长介绍了我国"创新型产业集群"的试点工作政策与进展；来自温州市委党校的朱康对老师给我们带来了温州债务危机的详实调研数据，揭示了温州区域性金融危机的内在机理；来自台北的瞿宛文女士以台湾产业转型的经验与教训强调研究要西学中用，服务于本土社会发展。衷心感谢每一位特邀嘉宾，你们立足于国际理论前沿的高度，又有调研中国本土产业集群动态的深度，吸引无数年轻学子和研究者景仰的目光和追随的脚步！

忘不了，会议期间全国多地遭遇十年不遇的瓢泼大雨，多地城市积水，陆空交通堵塞，航班和高铁大面积晚点，浙江大学经济学院的金祥荣教授作为本次会议的轮值主席，在杭州机场滞留了24小时后仍坚持赶赴武汉出席这次会议；来自东南大学的胡汉辉教授带领二十余名弟子来武汉参会，团队协作，气场强大；来自上海奉贤开发区的金晓中老师和东华大学顾庆良教授因大雨误了航班，路途辗转了几十个小时，辛劳疲惫；来自苏州的杨锐博士错过了火车，不得不在车站过一夜……但是所有这些困难没有阻挡住150余名参会者从全国各地汇集武汉的脚步，也浇灭不了参会者千里迢迢共聚江城探索中国产业集群研究与发展新问题的热情。感谢每一位参会代表，因为你们的到来，七月的武汉格外阳光灿烂、芬芳热烈！

忘不了，在会议的招待晚宴上，金祥荣老师与梁琦老师的"深情对唱"，王珺老师高歌一曲《呼伦贝尔大草原》，刘曙光老师令人惊艳的京剧唱段表演，还有我们可爱的中南财经政法大学学生为参会嘉宾们表演的精彩舞蹈和小提琴三重奏。更忘不了，我们的学生志愿者统一穿着橙色上衣，在王缉慈老师的手风琴伴奏下合唱一曲《相亲相爱》，仿佛重演2005年第五届产业集群会议在北京大学成功举办的盛况！正应了那句话——"聚是一团火，散是满天星"！感谢每一位参加第十二届产业集群会议的学生志愿者，正是你们默默无闻的付出与奉献，才成就了这一次会议的圆满成功。

忘不了，学校领导和同事们对本次会议的鼎力支持。第十二届产业集群与区域发展学术会议在武汉的成功举办，离不开中南财经政法大学校长杨灿明教授、工商管理学院院长陈池波教授和副院长任剑新教授、MBA学院院长胡立君教授、工商管理系主任胡川教授，以及我可爱可敬的同事们——石军伟教授、钱学锋教授、文豪副教授、田毕飞副教授、曹丽莉副教授、魏永长博士等人的鼎力支持与帮助。大家团结协作，为产业集群与区域发展系列会议留下了难忘的一页。

本论文集凝聚了上述各方面专家、学者、领导、同事和朋友的心血与付出。第十二届产业集群与区域发展学术会议的大会主题是"创新集群的成长与演化"，围绕这个主题，国内150多名研究者投稿、参会，除了大学和研究机构的科研人员，还有相当一部分

后记　成长在创新与创业的大时代

参会代表是来自各地发改委、高新区管委会、科技部（厅）、知识产权局等主管部门的政策实践者，还有来自乌克兰和台湾地区的学者。大会共征集正式参会论文73篇，这些论文的议题从演化经济地理学到产业集群转移与产业升级，从高科技园区到创新集群，从社会资本到文化创意集群，选题丰富，切中时事，紧密围绕当前我国创新驱动与经济转型的时代背景，发现了许多新颖而有趣的研究结论。经专家审议，共遴选44篇，结集出版，以志纪念。

从个人到企业，从城市到国家，成长的故事很多，成长的经历各不相同。我们有幸成长在这个创新与创业的大时代，个人成长的轨迹、企业成长的空间、城市成长的机制，与国家成长的战略紧密联系在一起，共同描绘了一幅美丽的中国梦蓝图。作为成长在创新与创业大时代的中国人，愿我们携手并进、一同成长。

是以为记。

梅丽霞
2014年8月25日
于湖北武汉